GÉNÉALOGIE

DE LA FAMILLE DE FARCY

AGE QVOD AGIS
M

GÉNÉALOGIE

DE LA FAMILLE

DE FARCY

Par Paul de FARCY

« Jamais ne varie »

LAVAL

IMPRIMERIE DE L. MOREAU, RUE DU LIEUTENANT, 2.

1891

DE FARCY : *d'or fretté d'azur de six pièces, au chef de gueules.* Couronne de Marquis. Supports : deux lions adossés au naturel, lampassés de gueules (XVIIIe siècle). Devise : JAMAIS NE VARIE.

Le berceau de la famille de Farcy est LE PONTFARCY, actuellement commune du canton de Saint-Sever (Calvados). En 1332, ce fief appartenait à Richard Carbonnel, chevalier, du chef de sa femme qui en était l'héritière. Cependant ce nom fut dès lors relevé par la branche cadette. Celle-ci avait sa résidence principale à la Chapelle-Heuzebrocq, qu'elle possédait depuis l'an 1200. C'était un quart de fief de haubert, situé paroisse de ce nom, maintenant commune de Guilberville, canton de Thorigny (Manche). On trouve dès le XIIIe siècle le FIEF-FARCI, dont Jean Loir, écuyer, rendait aveu en 1541. Il était situé commune de Longueville, canton d'Isigny (Calvados). Une charte du XIIIe siècle parle aussi du CHAMP-FARSI, commune d'Hauteville, canton de Saint-Sauveur-le-Vicomte (Manche). Le FIEF DE FARCY était situé commune de Courseulles, canton de Creully (Calvados). Enfin, Charles de Farcy, mort sans postérité vers 1725, légua à sa femme les PRÉS-FARCY, situés commune de Coulonges-sur-Sarthe, canton du Mesle (Orne).

L'orthographe du nom a beaucoup varié : on le trouve écrit *Farsit, Farssi, de Farsis, Falsi, de Pontfalsi, Le Farci*... A partir du XVIIe siècle, l'*y* final a presque toujours remplacé l'*i*.

Originaire de Normandie, la famille de Farcy s'est établie successivement au Maine, en Bretagne et en Anjou, où elle a possédé les fiefs et seigneuries d'Arquenay, Augan, Ballée, Basanville, Bazenville, Beaumont, Beaurepaire, Beauvais, la Beauvais, la Bigottière, Billé, Blohihoult, Bosmal, Boutigny, Brécilien, Breilbrard, Bresséant, Brunard, Cangens, la Capperonnière, la Carterie, la Celle-en-Coglais, le Chalonge, Champagne, Chantelou, Champfleury, la Chapelle-Heuzebrocq, Chaussain, la Chesnaie, Combourtillé, la Coquardière, la Cour-du-Bos, la Couverie, Cuillé, la Daguerie, la Déhennerie, la Droittière, Faillou, la Fauconnerie, Flins, Gastines, la Gaze, la Gervoyère, Goupilly, la Gouretière, Gouveiz, la Graffardière, Grandpont, les Granges, les Hattières, la Haute-Forêt, Hauterive, l'Isle, Kerlo, Lahart, Landepoutre, Lanoster, Launay-Villiers, Lessart, Linières, Louverné, Lozier, Malnoë, la Mare, le Maresc, le Mesnil-Séran, Montabert, Montaigu, Montavallon, Montbron, Montcharderoul, Monterfil, Montmartin-en-Graigne, Montoray, la Motte, Monchamps, Mué, Neuchatel, Ozouville, Paisnel, le Parc, Parcé, la Perrine, la Petite Robichère, Pierre-Solain, Plainchesne, le Plessis, le Plessis-Cucé, Pontfarcy, la Potterie, la Rigaudière, la Rivière, le Rocher, le Rocher-Portal, le Rocher-Volainne, la Rode, la Ronce, le Roseray, Sainte-Cécile, Saint-Laurent, Setdoiz, Sougéal, Tresséaul, la Troquerie, la Trosnière, la Veillière, Vigré, la Villedubois, la Villejosse, Villétable, etc.

On trouve, dans l'élection de Valognes, une famille Féray, Férey, portant aussi : *d'or fretté d'azur de 6 pièces, au chef de gueules* et dont le nom a été fréquemment écrit Farcy [1]. Mais il est impossible de savoir si quelque lien de parenté a jamais uni ces deux familles. Messire Jehan Férey, chevalier, seigneur de Durescu,

1. Notamment dans deux exemplaires de l'armorial du héraut Navarre (1396). *Bibliothèque nationale, fonds français*, 5239, *et Cabinet des titres*, vol. 180.

conseiller du privé conseil du Roy, intendant de ses finances et garde du scel des obligations de la Vicomté d'Orbec, n'eut qu'un seul fils de sa femme Jeanne de Launoy, François Férey, écuyer, bailli de Cotentin, qui mourut lui-même sans alliance vers 1592.

Voici un curieux jeton aux armes de ce Jehan Férey, dont nous devons la connaissance à l'obligeance d'un ancien élève de l'École des Chartes.

L'original, en cuivre, fait partie du Cabinet de France et se trouve à la Bibliothèque Nationale.

Quoiqu'il soit impossible d'énumérer toutes les sources où ont été puisés les documents qui vont suivre, nous essaierons cependant d'indiquer les principales :

Les *Archives de la Manche* renferment les pièces les plus anciennes. Combien ne faut-il pas regretter le vandalisme de certain préfet qui, pour créer de nouveaux chemins, fit vendre cent mille kilogrammes de parchemins, provenant de la baronnie de Thorigny, dont relevait le Pontfarcy !

Les *Archives du Calvados, de l'Orne, de la Mayenne,* etc. — La *Galerie Mancel,* à Caen.

Les *Archives Nationales* où sont conservés les aveux de la Cour des Comptes.

La *Bibliothèque Nationale* possède plusieurs dossiers sur les Farcy, les pièces originales, les titres scellés de Gaignères, etc.

Les *registres de l'état civil* des villes et communes d'Alençon, Laval, Rennes, Arquenay, Cuillé, etc.

Les *titres originaux* des branches de la Villedubois et du Pontfarcy, qui nous ont été si obligeamment communiqués.

Ceux de la branche du Roseray, qui nous appartiennent, ainsi qu'à Mme Meignan, propriétaire actuelle du château de ce nom, etc., etc.

INTRODUCTION

Avant d'énumérer les titres originaux qui doivent servir exclusivement à établir la généalogie de la famille de FARCY, il est indispensable de jeter un coup d'œil sur ceux qui la concernent ou s'y rattachent d'une manière générale.

C'est pourquoi, après avoir examiné successivement les généalogies, notes et renseignements imprimés, nous publierons *in extenso* les maintenues de noblesse, les arrêts du Conseil, les preuves de Malte etc., afin de n'avoir plus à revenir sur ces documents qui ne sauraient appartenir à celui-là seul qui les a obtenus.

La généalogie de la famille de Farcy a été publiée par d'HOZIER, dans *l'Armorial général de France, registre* II, *première partie*. La Chesnaie des Bois la donne également dans son *Dictionnaire de la Noblesse, 3e édition*, T. VII, p. 710. LAINÉ lui a consacré un article qui nous arrêtera plus longtemps, dans son *Dictionnaire des maisons nobles de France*, T. I, p. 433. DE COURCY, dans son *Nobiliaire de Bretagne*, et DE MAUDE, dans l'*Armorial de l'ancien diocèse du Mans*, ont également imprimé quelques renseignements sur les de Farcy.

D'Hozier est le premier qui, vers 1740, ait publié une généalogie de la maison de FARCY. Il a puisé, sans doute, dans les documents originaux fournis par la famille, mais son travail n'est, à vrai dire, que la paraphrase des maintenues de noblesse, obtenues de 1665 à 1717, dont il reproduit, d'ailleurs, toutes les erreurs. Il est fâcheux que, cédant à la mode du temps, à des usages admis alors, quoiqu'inadmissibles, il ait cru pouvoir lui rattacher tout ce qu'on avait jusque là trouvé de nobles portant le nom de Farcy. Il n'a pas compris quelles armes il donnerait à ses rivaux en voulant absolument réunir en un même faisceau tous les individus portant le même nom, sans tenir compte ni de l'éloignement des provinces, ni des déplacements qu'il n'essayait même pas d'expliquer ! S'il est injuste de le rendre seul responsable de ces attributions fantaisistes qu'il a copiées dans la *Recherche* de Chauvelin en 1717 et dans les Preuves de Malte de 1726, nous n'essaierons cependant ni de l'excuser ni de le défendre. Il faut, sans scrupule comme sans hésitation, sacrifier tous les personnages du nom de Farcy qui ne se rattachent pas directement à la Normandie ou à la Bretagne. Rendons donc au Soissonnais et au Beauvaisis ce qui leur appartient exclusivement et considérons comme absolument étrangers à la famille : Hugues, les deux Robert, Galois et les enfants de Hugues de Farci ! Nous aurons d'ailleurs occasion de faire d'autres rectifications bien plus importantes.

La Chesnaie des Bois n'ayant publié qu'une analyse de l'article de d'Hozier, nous n'en parlerons pas ici.

Si l'on doit blâmer, dans d'Hozier, une trop grande facilité qui lui fait admettre certains noms sans preuves suffisantes, l'on ne devrait pas avoir le même reproche à faire à Lainé, qui paraît prémuni contre ces sortes d'erreurs. Il ne cite que les documents originaux qu'il a eus entre les mains. Aussi ses affirmations semblent-elles, à première vue, défier toute critique, et la logique inflexible avec laquelle il expose les faits laisse-t-elle le lecteur convaincu de sa science et de sa profonde impartialité ! Voilà pourquoi tous ceux qui, depuis cette époque, ont publié des armoriaux, ont laissé de côté le *vieux* d'Hozier pour s'en rapporter complètement à cet homme consciencieux.

Aussi, sans céder à une indignation pourtant légitime, mais ne consultant que la froide raison, nous allons étudier son article qui est resté malheureusement sans réponse jusqu'ici et ne confirme que trop le mot fameux de Voltaire : *mentez, mentez, il en restera toujours quelque chose !*

Ne fallait-il pas en effet que Lainé, composant lui-même *pour de l'argent* des généalogies que nous voudrions croire toutes exactes, trouvât mal tout ce que d'Hozier avait écrit avant lui ? Il le suit pas à pas, s'extasiant sur sa simplicité, dénonçant sa vénalité et sa grossière ignorance et cela afin de se faire à lui-même une réclame plus retentissante. L'article suivant, pour lequel il s'était, d'ailleurs, bien gardé de consulter la famille, en est la preuve évidente :

Farcy (de), seigneur de Painel, de Malnoë, de Saint-Laurent, de la Dagrie, de Cuillé, de Roseray, en Normandie, en Anjou, en Bretagne et dans le Maine. — Quoique suivant les titres ou produits devant le juge d'armes, pour la composition de cet article, ou énoncés dans l'arrêt de la Chambre établie à Rennes, en 1668, pour la réformation de la noblesse de Bretagne, toutes les différentes branches qui composent la nombreuse famille de Farcy, n'ayent prouvé leur noblesse par une filiation suivie que depuis 1456, on ne peut douter que le nom de Farcy ne soit beaucoup plus ancien.

A l'issue de ce protocole, M. d'Hozier cite tout ce qu'il a pu trouver d'ancien sur le nom de Farcy, en Picardie, en Bretagne, en Beauvaisis et ailleurs ; en résumant cette compilation on voit que ce nom, commun à plusieurs familles nobles, dans les temps les plus reculés et les pays les plus opposés, a pu l'être à des familles qui ne l'étaient pas et c'est ce que les faits vont justifier.

Après avoir résumé en un extrait succinct l'article de d'Hozier, Lainé continue ainsi :

... Il est surprenant qu'une famille qui justifie par titres et qualités sa noblesse depuis 1459, ait eu recours à des lettres de noblesse dans un temps tout récent, lors de la recherche, et il ne l'est pas moins qu'un généalogiste revêtu d'un caractère officiel, ne donne pas au moins quelques raisons atténuantes, tant bonnes que mauvaises, contre ces lettres de noblesse que l'on voit dans tous les dépôts publics et qui protestent hautement ou contre le savoir du juge d'armes, ou contre son impartialité. Les voici :

N. de Farcy, sieur de Paisnel, fut anobli par Louis XIII, en 1634. — Bibliothèque de l'Arsenal. — Registres 698, 699, 755.

Annibal de Farcy, sieur de Saint-Laurent, fut anobli en considération de ses services militaires pendant sa jeunesse et de ceux de ses trois frères qui ont servi dignement sous Henri III et Henri IV, dont deux sont morts au service, ainsi que de ceux de ses enfants élevés dans la profession des armes, s'étant trouvés en Hollande, aux sièges de Bois-le-Duc, Venloo, Ruremonde, Maëstrick et Rembergue et en France, à ceux de Corbie, la Chapelle, le Chastelet, Hesdin et où ils ont fait preuve de leur courage. Données à Paris, en 1643. Registrées en la cour des aydes à charge de paier 100# tournois d'amende, le 23 mai 1644. — Bibliothèque de l'Arsenal. — Registres 698, 4980.

Cette origine, au reste, n'a rien que de très honorable pour cette famille et les degrés qui précèdent Annibal Farcy paraissent mériter peu de regrets.

Laissons de côté le *protocole de d'Hozier* et les quelques individus appartenant « *aux pays les plus opposés.* » Constatons de suite, en passant, que la Bretagne et la Normandie se touchent et par conséquent ont dû avoir des rapports qui seront d'ailleurs prouvés d'une manière irréfutable, car ce sera par suite d'une alliance avec une autre famille de Normandie que nous verrons les Farcy faire des dons à une abbaye, sise en Bretagne, comme aussi transiger avec un seigneur de Vitré, parce qu'il était, du chef de sa femme, *possesseur de fiefs situés en Normandie.* Deux choses ressortent donc clairement de cet article, l'ignorance feinte de d'Hozier et l'anoblissement de 1634, faisant sortir une famille du rang des roturiers, afin de l'élever à la classe des privilégiés !

L'ignorance de d'Hozier! Admettons-la un instant. — Mais du moins il savait compter : jamais il n'eût confondu, pour en faire une seule date, 1634 et 1668. Un écart de trente-quatre ans entre l'anoblissement et la recherche ne vous semble rien, puisque vous écrivez « dans un temps récent, *lors* de la recherche.... »

L'anoblissement de 1634! — Vous affirmez que d'Hozier l'a connu : certes oui! et l'on verra tout à l'heure que vous avez raison de l'affirmer. Mais alors, dites-vous, il n'en parle pas, il l'a donc dissimulé. Ce n'est plus de l'ignorance, c'est de la vénalité! Heureusement vous êtes là! Vous avez retrouvé les textes, vous les avez lus, examinés, publiés, ayant ainsi la joie de confondre un rival et la satisfaction de débarrasser une famille de quelques degrés peu dignes de vos regrets!

D'Hozier n'est plus là pour vous demander compte de la véracité des textes que vous citez. Nous répondrons pour lui. Car ce n'est pas tout de lire, il faudrait savoir le faire. Si donc, non content d'avoir trouvé dans les registres de l'Arsenal l'entête d'un anoblissement, vous aviez cherché le texte lui-même, vous en eussiez trouvé une copie collationnée dans.... le dossier même de d'Hozier, à la Bibliothèque Nationale, où tout le monde peut le voir et le consulter! Alors vous eussiez pu vous assurer que ces lettres d'anoblissement étaient des lettres de CONFIRMATION DE NOBLESSE, et qu'elles exigèrent, pour être enregistrées en la Cour des Aydes, des preuves de cent ans, qui furent faites contradictoirement avec les habitants de Laval. Si d'Hozier ne les a pas citées, c'est que, dans son article, il s'est contenté de reproduire la filiation d'après les diverses maintenues. Que ne vous en prenez-vous aux gens de la réformation de Bretagne, en 1668? Ils citent en effet, parmi les preuves fournies, l'arrêt du 23 mai 1643, reconnaissant ainsi que ces lettres ne faisaient que confirmer l'état d'une famille qui prouvait ses cent ans de noblesse antérieure, et ne parlant nullement d'un anoblissement même en temps que besoin.

Mais, dira-t-on, Lainé a été induit en erreur par les sources où il a puisé! Il n'a même pas cette excuse, car les textes qu'il cite *n'existent pas* à la Bibliothèque de l'Arsenal. Mais il en existe d'autres dont nous devons la connaissance à la bienveillance de M. Ed. Thierry, son ancien directeur. Les voici :

De Farcy. — Lettres de noblesse accordées par le Roy Louis XIII, en faveur de N. de Farcy, sieur de Penel et autres de sa famille en Bretagne et sa postérité, données à Paris, en l'an mil six cent trente-sept. Expédiées et enregistrées sans finance, en la Chambre des comptes de Paris, audit an 1637.

Recueil des anoblissements accordés par les rois de France, qui ont été enregistrés dans la Chambre des Comptes de Paris, depuis 1350 jusqu'en 1668.

Bibliothèque de l'Arsenal, n° 4939 (ancien 699). P. 370.

De Farcy, sieur de Pesnel et autres, 1637. — Annoblis de la province de Bretagne, dont les annoblissements ont paru lors de la reformation de Bretagne, selon l'ordre qu'ils ont été jugez.

Bibliothèque de l'Arsenal, n° 4903 (ancien 698). P. 269.

1644... de Farcy. — Suite des lettres de noblesse, enregistrées en la cour des aydes.

Bibliothèque de l'Arsenal, n° 4903 (ancien 698). P. 435.

Ce sont bien les textes que Lainé a eus en vue, puisque les cotes sont les mêmes.

Il résulte donc que cet auteur si méticuleux a lu 1634 là où il y a 1637 et que l'entête du deuxième article — entête que nous retrouverons aux lettres de confirmation de noblesse de 1643 — n'existe que dans son imagination !

Puis il ajoute : « *Cette origine, au reste, n'a rien que de très honorable pour cette famille et les degrés qui précèdent Annibal Farcy paraissent mériter peu de regrets.* »

Voilà certes un soufflet légèrement donné et dont La Fontaine a placé le pendant sur la joue de son jardinier ! mais aussi

Comme en termes galants ces choses-là sont dites !

Ainsi donc voilà un homme qui, après avoir découvert l'indication de textes qu'il affirme avoir été dissimulés jusqu'à lui, s'en tient là, ne les publie pas, ne les lit pas.... et ose néanmoins s'inscrire en faux contre la noblesse d'une famille qu'il n'a même pas appelée à se défendre ! Or il résulte du vrai texte qu'elle a prouvé les cent ans de noblesse qu'on lui contestait. C'est donc à Lainé seul et non pas à d'Hozier qu'il faut appliquer ces paroles : *ces lettres protestent hautement et contre son savoir et contre son impartialité !*

M. de Courcy, dans la seconde édition de son *Nobiliaire de Bretagne*, T. I, p. 297, a publié l'article suivant :

FARCY (orig. de Normandie), sieur de Saint-Laurent, etc., etc.

Extraction : Réformation de 1668. Trois générations. Ressort de Rennes....

Michel, enquesteur à Alençon, en 1530, marié à Françoise du Moulin, bisaïeul d'Annibal, procureur fiscal et procureur général des eaux et forêts du Comté de Laval, en 1601, anobli en 1634, pour services militaires, sous Henri III et Henri IV.....

Il est malheureux que cet auteur si consciencieux ait été réduit, faute d'avoir eu entre les mains les documents originaux qui vont suivre, à s'en rapporter aux dires de Lainé [1] et aux manuscrits annotés de la Recherche de 1668, dont il avait su cependant relever certaines erreurs, que l'on trouve dans la première édition. Ceux-ci font, en effet, descendre la famille de Farcy d'homonymes habitués dès le commencement du XVIe siècle à Saint-Georges de Rennes [2]. Par le texte de la maintenue qu'on lira plus loin, il se fût assuré que la famille de Farcy a été reconnue « *noble et issue d'ancienne extraction*

1. La 3e édition, qui vient de paraître, rectifie les faits.

2. Cette famille, que l'on trouve dans les registres de l'état civil de Rennes, jusqu'en 1735, n'avait aucun rapport avec celle qui nous occupe. Elle a fourni deux échevins à la ville de Rennes, Pierre (1614) et Bonaventure (1620), des procureurs, des avocats au parlement, etc. Elle possédait les terres de la Ricoquais, Renoncourt, Landesrousses, le Tertre, la Motte, la Mettrie, la Jaunaye, la Rivière, Servigné, la Crespinière, etc. ; elle s'allia aux familles : Phelippot de la Carperaye, Pierre de la Gravellaye, Gaudé du Breil, Collet de la Hallerie, Fournel de la Fontaine, Drouet du Tertre, Le Gras de la Champaignerie, Cochet de la Gélinière, Ravend de la Fresnelière, Halna du Val. de Boisramé, etc.

noble » et qu'elle y a fourni les preuves de cinq générations et non de trois, qu'elle n'aurait pas eues d'ailleurs si l'on admettait l'anoblissement de 1643.

M. de Maude reproduit, dans son *Essai sur l'Armorial de l'ancien diocèse du Mans*, l'article de Lainé, p. 131, et dit p. 294 :

De PONT-FARCY ou de FARCY... maintenue en 1717. Noblesse d'ancienne extraction, venue de Normandie au Maine, connue en 1420. Elle prouva sa descendance depuis Jean de Farcy, époux de Louise de Briqueville et aïeul des sieurs de Farcy, vivants en 1717....

Et comme ces deux articles lui paraissaient contradictoires, l'auteur ajoute prudemment : « Nous ne savons pourquoi cette famille fut anoblie par Louis XIII ! »

TITRES GÉNÉRAUX

MAINTENUES DE NOBLESSE, &

Le 1er janvier 1463, le Roi Louis XI adressait à Me Raymond Montfaoucq, général des monnaies en Normandie, une commission pour rechercher les usurpateurs de noblesse dans cette province.

Jean Farcy ou de Farcy, de la paroisse de Bonneville-la-Louvet, sergenterie de Moyaux, élection de Lisieux, fut maintenu noble.

Ce Jean possédait en effet, dans cette paroisse, le fief de la Court du Bosc, qui lui venait du chef de sa femme, Marie Le Baillif. Il n'habitait plus l'ancien fief de la famille, la Chapelle-Heuzebroc, quoiqu'il en rendît encore aveu l'année suivante.

Georges, ou Grégoire Farcy, de la paroisse de Guilberville, sergenterie de Thorigny, élection de Bayeux, fut renvoyé payer taille.

Petit-fils d'un Giffard Farcy, écuyer, que l'on verra posséder en parage les fiefs des aînés, n'ayant entre les mains aucuns titres puisque Jean n'habitait plus le pays, il fut condamné comme tant d'autres que, quelques années plus tard, Montfaut rétablissait lui-même. Il mourut d'ailleurs sans postérité, puisque sa part d'héritage revint à ses cousins.

La *Recherche de la Noblesse de Normandie,* par R. Montfaut, a été imprimée plusieurs fois ; on en trouve aussi un grand nombre d'exemplaires manuscrits. La meilleure édition est incontestablement celle publiée en 1818, par M. Labbey de la Roque[1].

Election de Lisieux..., nobles, sergenterie de Moyaux, p. 23 :
Jean de Farcy *alias* Jean Farcy, Bonneville-la-Louvet.
Election de Bayeux.... Renvoyés, sergenterie de Thorigny, p. 57.
Georges *alias* Grégoire Farcy, de Guilberville :

— Guillaume Farcy fut taxé parmi les nobles tenant noblement, pour le ban de la Noblesse d'Alençon, en 1551.

Roolle des deniers qui seront prins et fournis tant pour la solde et apointement des capitaines, lieutenants généraux, capitaines particuliers, leurs lieutenants et autres officiers des bandes et des commissaires et des controlleurs qu'aux gens de robes assistans aux montres tenues à la congregation du ban et arriere-ban, donné le 25e jour de novembre 1551 des nobles et noblement tenants au duché et bailliage d'Alençon, aussi de ceux qui firent le service en état d'hommes d'armes et d'archer, tant en personne et pour leurs fiefs qu'aussi au lieu des personnes inhabiles et roturières, tous d'autres, par Me Pierre de Lyée escuier qui a été commins et députéz par les nobles et noblement tenants.... Les dits deniers a estre prins, employez et levez sur les personnes, fiefs et nobles tenemens cy après desnomméz en la manière qui en suit :

Premièrement.

La Chastellenie d'Alençon.

Gilles de Saint-Denis Escuier Seigneur du Hertré. . . . . 6#
.... Maître Guillaume Farcy sur le moulin de Paisnel en Val-Flambert 10s

1. *Le Hérault d'armes* a publié une édition de Montfaut, d'après un exemplaire absolument défectueux et écrit en patois normand. On y dit notamment que le nom de Grégoire Farcy est remplacé par celui de Jean Lenfant dans celle de Labbey de la Roque, ce qui est faux.

Ensuivent les noms des nobles qui ne tiennent point noblement taxez en la dite Vicomté pour leurs personnes......

Jean de Torcy Escuier . . . . 2# 6s, etc.

Communiqué par M. le Comte de Contades, château de Saint-Maurice-du-Désert (Orne).

Les registres de la Bibliothèque de l'Arsenal, cités plus haut, sont les seuls textes connus qui parlent d'un anoblissement en 1637, sous Louis XIII. Pour nous, il y a erreur, et les lettres patentes qu'ils relatent sont celles-là mêmes obtenues en 1643.

Tout d'abord il ne saurait y avoir d'incertitude quant à l'identité du personnage qui les a obtenues. La famille n'était alors représentée que par deux frères, ayant laissé postérité : — 1° Daniel Farcy, fils du premier mariage de Léonard, sieur de Pesnel et d'Anne Buherré. Il est qualifié sieur de Pesnel, fut conseiller au présidial et contrôleur au grenier à sel d'Alençon, se maria en 1607 et vivait encore en 1650. De lui descend la branche aînée qui s'éteignit à la fin du XVIIIe siècle. Il habitait Alençon et y jouissait, *en qualité de bourgeois de cette ville*, de l'exemption de la taille[1]. Il n'avait donc aucun intérêt à solliciter des lettres de maintenue, puisque son état n'était pas contesté. — 2° Annibal Farcy, fils du second mariage de Léonard et de Catherine Bizeul, fut seigneur de Saint-Laurent et est aussi qualifié quelquefois sieur de Pesnel. Après avoir servi dans les armées royales, il quitta sa ville natale et vint à cause de son mariage se fixer à Laval où il exerça la charge de procureur fiscal et général des eaux et forêts du comté. C'est ce nouveau venu, membre ardent de la religion prétendue réformée, que les habitants de Laval voulurent imposer à la taille. Aussi quoique les registres de l'Arsenal ne mentionnent pas le prénom de l'impétrant, il ne peut être question que du second.

D'ailleurs la rédaction même du texte est erronée :

1. Voir Odolant Desnos, T. II, p. 406, 417. La première recherche de la noblesse de la Généralité d'Alençon fut faite en 1666, par de Marle.

Lettres de noblesse accordées par le Roy Louis XIII en faveur de N. de Farcy sieur de Painel et autres de sa famille de Bretagne et sa postérité... en 1637.

Annibal est en effet le seul dont les enfants se soient établis dans cette province, mais en 1637 ils n'y résidaient pas encore. En 1629, quatre de ses fils assistent aux sièges de Venloo, etc., en 1633, à celui de Rimbergue, en 1638, à ceux de la Chapelle et de Landrecies, enfin, en 1639, à celui de Hesdin. Alors seulement ils se retirent du service. Deux d'entre eux épousent les deux sœurs et s'établissent l'un en Bretagne, l'autre en Anjou ; presque en même temps, Jacques, sieur de la Villedubois et René, sieur de la Daguerie, épousent aussi deux demoiselles de Gennes. Ainsi donc, les deux frères qui demeurèrent en Bretagne ne pouvaient y être installés en 1637, puisqu'ils étaient encore au service et ne se marièrent qu'en 1639 et 1640.

Si Annibal Farcy avait eu recours à des lettres de noblesse en 1637, il n'aurait eu qu'à les montrer aux habitants de Laval six ans plus tard, lorsqu'ils prétendirent l'imposer à la taille. Elles ne pouvaient être ni perdues ni oubliées ! Eussent-elles été, comme l'usage commençait à s'établir, révoquées par quelque édit récent, il eût suffi d'en obtenir la confirmation en payant une nouvelle indemnité.

Mais le registre 698 donne la clef de l'énigme. On y lit en effet :

Annoblissement. N. de Farcy et autres 1637.
Enrégistrement en la Cour des Aydes. De Farcy 1644.

L'anoblissement de 1637 n'aurait donc été enregistré aux Aydes qu'en 1644 ! ce qui est faux, puisque ce furent les lettres obtenues en mai 1643.

Devant l'impossibilité de trouver des Farcy établis en Bretagne avant 1639, devant l'inutilité des lettres de 1643, si celles de 1637 avaient été obtenues, enfin devant l'existence des lettres de 1643, enregistrées en 1644, ne doit-on pas croire à une erreur de copiste et lire 1643 au lieu de 1637 ?

Bibliothèque Nationale. Dossiers de Farcy. — Copie collationnée du XVIIIe siècle.

Confirmation de noblesse et annoblissement en tant que besoin pour Hannibal de Farcy, seigneur de Saint-Laurent et ses enfants, en date du 23 mai 1643[1].

Louis, par la grace de Dieu, Roy de France et de Navarre, à tous présens et advenir salut. Nostre cher et bien amé Hannibal de Farcy, sieur de Saint-Laurent, nous a très humblement fait remontrer qu'il est issu de noble et antienne race, ses prédécesseurs ayant toujours vescu noblement, sans avoir esté imposéz aux rooles des tailles. Ayant eu cinq frères, lesquels ont servi dignement sous Henry trois et Henry quatrième, deux des quelz sont mortz dans le service et qu'en suivant leur exemple il a porté dès sa jeunesse les armes aux sièges d'Amiens et aultres occasions, jusques à ce qu'il auroit changé de profession en prenant la robe longue et depuis ce tens il auroit nourry tous ses enfants en la mesme volonté de nous rendre service, les ayant fait eslever avec grande despense et grands fraiz et les auroit envoyés en Hollande, dans nos trouppes françoises où ils ont assisté ez sièges de Bolduc, Venlo, Ruremonde, Maestric et Rimbergue, et depuis dans cestuy nostre Royaume, sous nostre très honoré Seigneur par dedans les armées commandées par nos cousins les maréchaux de Chastillon et de Brezé et depuis ez sièges de Corbye, Landrecye, la Capelle, le Castelet, Hédin et aultres lieux où il n'est point passé d'occasion qu'ils ne nous aient donné des preuves très grandes de leur courage et affection à nostre service. Les uns en qualité de gendarmes dans une de nos compaignies, les autres en qualité de cappitaines de gens de pied et sont encore en même estat de nous continuer leur service et obeissance. Mais d'autant que par les guerres et remuements de la Ligue et aultre qui ont esté dans la province de Normandie dont il est natif, ses titres de noblesse ont été perdus. Il luy est impossible

1. Cette date est celle de l'enregistrement en la Cour des Aydes et non celle des lettres de confirmation elles-mêmes.

de les pouvoir retrouver pour justiffier sa dite noblesse. Et néanmoins mettant en considération (tant) les services dudit Annibal de Farcy que de ses ancestres et ses enfants, Voulons et nous plaist qu'il jouisse du tiltre et de la qualité de noble dont ses dits prédécesseurs ont jouy et de nouveau en temps que besoing est ou seroit nous l'avons luy et ses enfants naiz et à naistre, en loyal mariage, décoré et décorons par ces présentes de la qualité de noble et tiltre d'escuier et les avons annoblis et annoblissons de nostre grace spéciale, plaine puissance et autorité royalle, Voulons et nous plaist qu'à tous actes, lieux et endroits, tant en jugement que dehors ils soyent censez, reputtez nobles et puissent prétendre tous honneurs, rangs, prérogatives, preéminences, séances qu'ont accoustumé gens nobles et extraits de noble et ancienne race et comme telz puissent posséder tous fiefs, seigneuries, héritages nobles de quelque qualité et nature qu'ilz soyent, en jouir et user ensemble de l'exemption de toutes

tailles, creues, levées, impositions et aultres charges tout ainsi que les autres nobles de nostre Royaume, sans qu'ilz soyent tenus payer la finance deue pour les francs-fiefs et nouveaux acquestz et qu'ils puissent porter leurs armes timbrées, telles quelles sont cy emprainctes[1] et sans que pour ce ilz soyent tenus de nous payer aucune finance à quelque somme qu'elle se puisse monter, encorres qu'elle ne soit exprimée ni icy speciffiée. De la quelle nous les avons dès à present deschargez et deschargeons en tant que besoing est ou seroit, nous leur en faisons don par ces présentes signées de nostre main pourvu que par cy après le dit Hannibal de Farcy ou ses enfants ne facent acte dérogeant à noblesse. Sy donnons en mandement à nos améz et féaulx conseillers de nostre cour des aydes et gens de nostre chambre des comptes à Paris, présidents et trésoriers de France à Tours et à tous nos aultres justiciers et officiers qu'il appartiendra que de ces présentes et de tout le contenu cy dessus ilz facent chacun en droit soy jouir et user le dit Hannibal de Farcy et ses dits enfants naiz et à naistre en loyal mariage et leur postérité pleinement, paisiblement, sans y aporter aucun refus, restriction ny modification cessant et faisant cesser tous troubles de empeschement au contraire. Car tel est nostre bon plaisir nonobstant tous ce dit ordonnance et ce qui a esté par nous ordonné par noz déclarations du mois de janvier 1634 et mois de.... 1640 sur le règlement de nos tailles et aultres faictes et à faire à ce contraire. Aux quelles nous avons desrogé et desrogeons par ces présentes et à la dérogatoire des dérogatoires d'icelle. Et afin que ce soit chose ferme et stable à tousjours, nous avons fait mettre nostre scel à ces dites présentes sauf en aultre chose nostre droit et l'aultruy en tout. DONNÉ à Paris au mois de décembre 1643 et de nostre règne le premier. Signé Louis et à costé viza sur le reply par le Roy, la Reine régente, sa mère présente, de Guénegaud et scellé du grand sceau de cire verte sur lacqs de soye rouge et verte. Et encorres sur le dit reply est escript. Registrée en la Cour des Aydes, ouy le procureur général du Roy pour jouir par ledit Hannibal de Farcy et ses enfants naiz et à naistre en loyal mariage des privillèges attribuez aux Nobles de ce Royaume, tant et sy longuement

1. Cet écusson est calqué sur celui qui orne les lettres de noblesse accordées en 1646 à Jacques Gallet, originaire d'Alençon. *(Titre original en notre possession).*

qu'ils vivront noblement et ne feront acte desrogeant à noblesse. En aumosnant par les dits de Farcy la somme de 100 livres tournois suivant l'arrest dujourd'huy. Donné à Paris en la dite Cour des Aydes, le XXIIIe jour de may mil six cent quarante-quatre (*Signé*) BOUCHER.

Collationné à l'original par moi Conseiller en la Cour du Roy et de ses finances.

(*Signé*) MATHAREL.

Arrest de la Cour des Aydes portant enrégistrement des lettres de confirmation de noblesse et d'anoblissement en tant que besoin pour Hannibal de Farcy et ses enfans et du 23 mars 1644.

Extrait du registre de la Cour des Aydes.

Leu par la cour les lettres patentes du Roy données à Paris au mois de décembre mil six cens quarante trois signées Louis, à costé viza sur le reply par le Roy, la Royne régente, sa mère présente, de Guénegaud et scellées du grand seau de cire verte sur lacqs de soye rouge et verte obtenues par Hannibal de Farcy sieur de Saint Laurens par les quelles et pour les causes et considérations y contenues Sa Majesté en tant que besoing seroit l'a annobly et décoré du tiltre de noblesse luy et ses enfans naiz et à naistre en loyal mariage et tous lieux soit en jugement ou hors jugement, veult sadite Majesté qu'ils puissent prendre la qualité d'Escuyer, rangs et séances et jouissent des mesmes privilèges que les adultes nobles du Royaume. Les dictes lettres à la cour adressantes l'arrêt d'icelle du XXVI novembre mil six cent quarante trois et lequel avant faire droict sur les dictes lettres la Cour auroit ordonné que le dit de Farcy articulleroit ses faits de généalogie et noblesse tant avec le procureur général que les habitants du lieu de sa demeure dans un moys, feroient preuve d'iceux tant par tiltre que tesmoings, un mois après les dicts habitans au contraire si bon leur sembloit escriroyent, produiroient, les parties bailleroyant contredits et salvations dans le temps de l'ordonnance. L'exploit d'assignation donné à la requeste dudit de Farcy aux habitans de Laval le VIe jour de décembre mil six cens quarante trois aux fins ds satisfaire au dit arrest. Les faitz de généalogie et noblesse dudit de Farcy accordez avec le procureur général pour faire enqueste le XXIIe jour de janvier mil six cens quarante-quatre. L'exploit du XIe de febvrier mil six cens quarante-quatre, aux dits habitants de Laval à la requeste dudict de Farcy en exécution de l'ordonnance de Maistre Guy Paslier, lieutenant en l'eslection de Laval, ensemble au substitue du procureur général en l'eslection pour estre présent à la nomination d'un adjoint en prestation de serment d'icelny, ensemble à l'ouverture des faicts articulez par ledit de Farcy et outre estre present au serment des témoins que le dit de Farcy fera comparoir devant ledit commissaire commis par la cour. Aultre exploit du XIIIe du dit moies t an, donné au susdit procureur du Roy en la dite élection et habitants dudit Laval. Le procès verbal d'icelle commencé le XIe de febvrier et aultres jours suivans mil six cens quarante quatre. L'arrest d'icelle du XI de mars ensuivant par lequel ladite enqueste est revue pour juger sauf à débattre ledit procès-verbal et sont les parties appoinctées à produire comme devant production dudit de Farcy. Procuration des dicts habitants de Laval du XXVIIIe de febvrier mil six cens quarante-quatre par laquelle ils déclarent qu'ilz ne veulent protester ni empescher l'enthérinement des dites lettres ains le consentent. Forclusions obtenues par ledit de Farcy contre le procureur général et habitans de la ville de Laval de fournir de leurs prétendus moyens de nulité et reproches de tesmoins ouvertz en l'enqueste dudit de Farcy et ce dans huictaine. Alias forclos signiffiez le XIIIe de mars mil six cent quarante-quatre. Autre forclusions du dit de Farcy contre le procureur général et manans et habitans de Laval de plus pouvoir fournir de reproches contre les dits tesmoins et moyens de nulité contre ladite enqueste signiffiée le VI d'avril mil six cent quarante quatre. Autres forclusions obtenues par ledit de Farcy contre le procureur général et habitans de Laval de fournir de leurs faitz suivant l'arrest du XXVIe de novembre mil six cens quarante trois et ce dans huictaine. Alias forclos signifié les XVII et XVIIIe du mois de décembre mil six cens quarante-trois. Aultre forclusion de fournir de leurs faitz purement et simplement signifiée le IIIIe jour de janvier mil six cent quarante quatre. Autre forclusion de faire clorre les faitz dudit de Farcy signiffiés le VIIe jour de janvier mil six cens quarante quatre. Les partages de l'an 1530 faits entre Sébastien de Farcy escuyer fils de deffunt Jean de Farcy Escuyer d'une part et Guillaume de Farcy son frère aisné d'aultre. Aultre partage fait en l'année mil cinq cens cinquante-cinq entre Jean Le Moullinet Escuyer sieur de la Templairie tutteur des enfans de luy et de damoiselle Marie Baillif sa femme, héritiers en partie de ladite damoiselle de Baillif des héritages estant hors bourgeoisie. Aultre partage du IIII de may mil cinq cens soixante-quatre entre Anthoine de Farcy Escuyer et (Richard de Marcilly Escuyer tuteur des enfans de lui et de) damoiselle Anne de Farcy sa femme, Rollin Richer et damoiselle Magdeleine de Farcy sa femme. Le contrat de mariage de l'année mil cinq cens soixante et quinze d'entre Léonard de Farcy Escuier sieur de Painelle et de damoiselle Catherine Bizeul fille de noble homme Léonard Bizeul Escuier sieur de la Croix et de damoiselle Jeanne Bonacorte (Bounacourcy) sa femme. — Conclusions du procureur général du Roy et tout considéré, La Cour a ordonné et ordonne lesdits lettres estre enrégistrées au greffe d'icelle pour jouir par ledit Annibal de Farcy et ses enfans naiz et à naistre en loyal mariage des privilèges attribuez aux nobles de ce Royaume tant et si longuement qu'ils vivront noblement et ne feront acte dérogeant à noblesse. En aulmosnant par ledit de Farcy la somme de cent livres tournois prononcée le XXIIIe jour de may mil six cent quarante-quatre.

(*Signé*) BOUCHER.

Collationné à l'original (*Signé*) DE FAELGER.

NOTA. — Que ledict Léonard de Farcy est mon grand-père dont est aussi sorti ledit Annibal de Farcy desnommé au présent arrest.

Ces lettres de confirmation, enregistrées après l'inventaire des titres originaux indiqués plus haut, ne peuvent être considérées que comme la constatation authentique de l'ancienneté de la noblesse des Farcy. Et même, si l'on ne remonta pas plus haut c'est qu'il suffisait de prouver cent années : le but était donc atteint. D'ailleurs et *ceci est capital*, si ces lettres avaient été purement et simplement des lettres d'anoblissement, elles se fussent trouvées révoquées par un édit postérieur et n'auraient pu servir pour obtenir les maintenues de 1666 et 1715.

Il est intéressant de constater le nombre d'exploits, de procès-verbaux, de forclusions, de forclos etc., qu'il a fallu entasser les uns sur les autres pour amener les habitants de Laval à produire — *ils ne produisirent rien* — puis à se désister de leur requête et à en reconnaître le mal fondé. Car il ne faut pas croire qu'ils se tinrent pour battus! Loin de là, ils continuèrent leurs poursuites, obtinrent des compulsoires en la Chancellerie de Paris le 31 septembre 1645, ce qui obligea Gilles de Farcy, fils aîné d'Hannibal, d'aller à Alençon et de rechercher à nouveau les pièces de 1530, 1548, 1555, 1564..... Elles furent collationnées une seconde fois en présence de Me Pierre Guays, sieur de la Menerie, conseiller du Roy, lieutenant criminel en l'élection de Laval, à la date du 13 novembre 1645. Ce muet personnage assista à toutes ces opérations et signa « après avoir protesté de nullité de ces présentes et les contredire, » ce qu'il se garda bien de faire autrement que sur le papier. Enfin les habitants de Laval furent déboutés de leurs poursuites par arrêt définitif de la Cour des Aydes des 31 janvier et 5 septembre 1646.

Remarquons en passant la petite note qui termine la pièce qui précède. Elle prouve que cette copie collationnée a servi aux enfants de Daniel de Farcy, fils aîné de Léonard sieur de Pesnel, lorsqu'ils obtinrent l'arrêt du Conseil en 1704. On verra plus loin que les titres originaux furent emportés en Angleterre après la révocation de l'édit de Nantes par Suzanne de Béraudin, veuve de l'aîné. Cette ardente protestante se vengeait ainsi de la famille de son mari et de ses enfants eux-mêmes qui venaient d'abandonner l'erreur de Calvin !

— **Gilles de Farcy, René sieur de la Daguerie et Charles sieur du Bois de Cuillé, tous les trois fils d'Hannibal, furent maintenus par arrêt de la Cour des Aydes du 12 mai 1665.**

Bibliothèque Nationale.—Carrés de d'Hozier, vol. 245, p. 343-346.—Extrait des registres de la Cour des Aydes. Entre le procureur général du Roi poursuite et diligence de Me Thomas Rousseau chargé de l'exécution des déclarations de sa Majesté des 8 février 1661 et 22 juin 1644, vérifiées en ladite Cour les 31 août aud. an 1661 et 5 juillet 1664, demandeurs aux fins de la commission générale du 23 juillet 1664 et exploits aux fins d'icelle du 13 janvier 1665 à ce que les deffendeurs ci-après nommés fussent tenus d'apporter au greffe de ladite cour dans un mois leurs titres en originaux en vertu desquels ils prennent les qualités d'Ecuyers autrement et à faute de ce faire dans led. temps et icelui passé que defenses leur seroient faites de plus prendre ni usurper lesdites qualités lesquelles seroient rayées et biffées de tous les actes et contrats où ils l'auroient prise et usurpée et le timbre apposé à leurs armes rompu et brisé et pour l'avoir fait qu'ils seroient condamnés en 2000 livres d'amende et aux deux sols pour livre d'icelle et aux dépens conformément aux d. déclarations. Ce faisant, qu'il seroit enjoint aux habitants, assesseurs et collecteurs des tailles des parroisses des d. deffendeurs de les imposer en leurs roles selon leurs biens et facultés et aux élus d'y tenir la main à peine d'en répondre en leurs noms propres et privés d'une part et Jean de Farcy demeurant en la ville de Laval et autres ci-après nommés assignés sous leurs noms, deffendeurs, d'autre. Vu par la Cour lesdites déclarations du Roi, ladite commission dudit jour 23 juillet dernier et lesdits exploits de signification d'icelles contenant commandements faits à Gilles de Farcy, juge ordinaire civil et criminel de ladite ville de Laval prenant le fait et cause de René et Charles de Farcy sieurs de la Daguerie et de la Cartrie ses frères, en conséquence lesdits jours 13 janvier dernier. Faits de prétendu généalogie et noblesse dudit Gilles de Farcy, production par luy faite — requête employée pour contredits par ledit Rousseau contre icelle — Salvation dudit de Farcy contre iceulx. — Requête des dits René et Charles de Farcy du 28 mars dernier à ce qu'il leur fut donné acte de ce que pour toutes escriptures et production suivant l'assignation à eux donnée sous le nom dudit Jean de Farcy déclarant qu'ils n'ont point jamais eu de frère se nommer dud. nom de Jean de Farcy et qu'ils emploient le contenu en leur requête avec la production dudit Gilles de Farcy leur frère aisné dans laquelle il auroit produit les originaux des pièces justificatives de leur qualité d'Ecuyer et de tout ce qu'ils pourroient écrire et produire en ladite instance. — Requête dudit Rousseau employée pour contre-tredit contre ladite requête d'emploi et production — Production nouvelle des dits Gilles, Charles et René de Farcy suivant leur requête du 24 avril dernier. — Requête employée pour contredit par ledit Rousseau contre icelle — Autre requête employée pour salvation par lesdits de Farcy — Acte signifié le 5 mai 1665 au procureur dudit Rousseau audit nom à la requête desdits Gilles, Charles et René de Farcy par lequel ils lui auroient déclaré que l'assignation qu'il auroit fait donner audit Jean de Farcy est nulle attendu que dans leur famille il n'y a aucun Jean de Farcy et ce afin qu'il n'en ignore l'ayant aussi déclaré par leur requête du 28 mars aud. an 1665. Le tout suivant l'arrêt du 22 avril 1662 — Conclusions du procureur général du Roy. Tout considéré, La Cour, faisant droit sur l'instance, a renvoyé et renvoie lesdits Gilles, Charles et René de Farcy des assignations à eux données à la requête du procureur général, poursuite et diligence dudit Rousseau, ce faisant les a déclarés et déclare nobles et issus de noble race et lignée, ordonne qu'ils jouiront et leur postérité née et à naître en loyal mariage des privilèges attribués aux autres nobles du Royaume tant et si longuement qu'ils vivront noblement et ne feront acte dérogeant à noblesse et si a condamné et condamne ledit Rousseau audit nom aux dépens pour tous dommages et intérêts. Prononcé le 12e jour de mai 1665 *signé* OLLIVIER.

Par sentance rendue par les officiers de l'élection de Laval, vue la requeste présentée par lesdits Gilles, René et Charles de Farcy, il est ordonné que ledit arrest sera enregistré dans les remembrances du siège de ladite élection pour y avoir recours, ladite sentance en datte du 12e juin 1665 *signé* JARDIN.

— Gilles de Farcy et Charles sieur de la Carterie furent également maintenus, le 7 septembre 1667, par Jean-Baptiste Voysin, chevalier, sieur de la Noiraye, intendant de Tours, sur preuves remontant à 1530. Nous citerons quelques pièces du XVIe siècle portant encore cette mention *Voysin de la Noiraye, paraphé ne varietur.*

Bibliothèque Nationale. — Dossiers de Farcy et titres de la Villedubois. Copie du XVIIIe siècle : Inventaire d'actes et titres de noblesse de Gilles de Farcy Ecuyer, juge ordinaire général civil et criminel du Comté de Laval et de Charles de Farcy Ecuyer seigneur de la Quarterie produits devant le sieur Voisin Chevallier seigneur de la Noiraye, Conseiller du Roy en ses conseils et maître ordinaire des requestes de son hôtel, commissaire desparti pour l'exécution des ordres de sa Majesté ès provinces d'Anjou, Touraine et Maine pour obéir à l'arrest du conseil du 22 mars 1666, suivant l'ordonnance rendue avec Me Jean de Laspaire chargé par le Roy de la recherche des usurpateurs du titre de noblesse à la fin duquel est leur déclaration que ledit inventaire est véritable, datté du 6 septembre 1667 signé de Farcy, au-dessous de laquelle leur auroit été décerné acte par ledit sieur Voisin de la représentation de leurs titres pour y avoir égard lors de la confection du catalogue des gentilshommes ordonné par l'arrest du conseil dudit jour 22 mars. Ledit acte référé à Tours le 7 septembre audit an 1667. *Signé* : VOYSIN DE LA NOIRAYE.

Catalogue des gentilshommes et nobles de la province d'Anjou.... Copie du XVIIIe siècle. Titres du Roseray.

N° 115. Charles Farcy écuyer, seigneur de la Carterie, demeurant paroisse d'Ecuillé (de Cuillé), élection de Chateaugontier, eut acte de la réprésentation de ses titres le 7 aoust 1667.

Le catalogue de la province du Maine, où était inscrit Gilles, n'a pas été conservé.

— L'arrêt de la Réformation de Bretagne fut rendu le 19 octobre 1668. Il fut obtenu par Jacques de Farcy, seigneur de la Villedubois,

François, seigneur de Saint-Laurent et René de Farcy, sieur de la Daguerie, ce dernier agissant pour les enfants mineurs de Philippe et de Charlotte Grimaudet, sa femme.

Bibliothèque Nationale. — Archives des branches de la Villedubois et du Roseray. — Grosses en parchemin. — Copies collationnées :

Extrait des registres de la Chambre de la réformation de la noblesse de Bretagne, d'Argouges, 1er pt. — Huart, rapporteur.

Entre le procureur général du Roy, demandeur, d'une part et Jacques de Farcy écuyer, sieur de Pesnel, François de Farcy écuyer, sieur de Saint-Laurent, gouverneur de la ville et chateau de Vitray, et René de Farcy écuyer, sieur de la Dagrie, oncle et tuteur des enfants mineurs de feu écuyer Philippe de Farcy et dame Charlotte Grimaudet, en leur vivant sieur et dame de la Fauconnerie, deffendeurs d'autre part. Veu par ladite Chambre établie par le Roy pour la réformation de la Noblesse du pays et duché de Bretagne par lettres patentes de Sa Majesté du mois de janvier dernier an présent mil six cent soixante et huit, trois extraits de comparution faites au greffe d'icelle par les dits Jacques, François et René de Farcy les quinze, dix-sept septembre et neuf octobre audit an, portant leur déclaration de soutenir ladite qualité d'écuyers par eux et leurs prédécesseurs prises et porter pour armes : d'or fretté d'azur au chef de gueule. Les dites déclarations signées Le Clavier. Arbre généalogique des dits de Farcy avec l'écusson de leurs dites armes et les noms de leurs prédécesseurs. Le premier des quels est Michel de Farcy écuyer, qui avoit pour frère Jean de Farcy écuyer. Et dudit Michel et de son mariage avec demoiselle Françoise du Moulin (du Moulinet), issut Guillaume de Farcy écuyer. Duquel Guillaume de son mariage avec demoiselle Marie Caget, issut Léonard de Farcy écuyer, qui épousa demoiselle Catherine Bizeul, duquel mariage issut Annibal de Farcy écuyer et seigneur de Saint-Laurent, duquel Annibal et de son mariage avec demoiselle Guyonne de Launay sont issus : Gilles de Farcy écuyer, juge ordinaire civil et criminel au Comté de Laval, Jacques de

Farcy écuyer, l'un des deffendeurs qui a épousé demoiselle Catherine de Gennes, duquel mariage sont issus : Michel de Farcy écuyer conseiller du Roi en son parlement de Normandie, René de Farcy écuyer seigneur de la Villedubois, commandant une compagnie dans le régiment de Mgr Le Dauphin et Jean de Farcy commandant une compagnie dans le régiment de Champagne ; François de Farcy écuyer seigneur de Saint-Laurent, autre deffendeur qui épousa demoiselle Claude Uzille, du quel mariage sont issus Jacques de Farcy écuyer sieur du Rocher, Jean de Farcy écuyer sieur de Saint-Laurent, capitaine de cavalerie dans le régiment de Farcy, François de Farcy écuyer sieur de Kerlo et Amaulry écuyer page de monseigneur le Landgrawe de Hesse ; René de Farcy écuyer sieur de la Dagrie qui a épousé demoiselle Marie de Gennes, du quel mariage sont issus Annibal de Farcy écuyer, conseiller du Roy en son parlement de Metz et François de Farcy écuyer sieur de la Dagrie son puisné. Ledit René de Farcy deffendeur tuteur de Jean-Charles de Farcy écuyer commandant une compagnie dans le régiment de Mgr Le Dauphin et Henry de Farcy son frère, enfants mineurs de Philippe de Farcy et de demoiselle Charlotte Grimaudet. Tous les dits de Farcy cadets de Gilles de Farcy fils aîné dudit Annibal de Farcy sieur de Saint-Laurent. Et de la branche dudit Jean de Farcy frère dudit Michel, sont issus Sébastien et François (Guillaume) de Farcy écuyers ; dudit Sébastien de Farcy est issu Antoine de Farcy écuyer. Arrest de la Cour des Aydes du vingt et cinquiesme (23) may mil six cent quarante et quatre confirmatif de la noblesse dudit Annibal de Farcy écuyer seigneur de Saint-Laurent. Signé : Boucher. — Autre arrest de la dite Cour entre les manans et habitans de Laval opposants à l'exécution dudit arrest et demandeurs à l'enterinement des lettres royaux, en forme de requeste civile par eux obtenues en la Chancellerie le vingt et neuviesme juillet mil six cent quarante et cinq, et ledit Annibal de Farcy sieur de Saint-Laurent deffendeur par la quelle la dite Cour auroit débouté les dits habitants de leur opposition et requeste civile. Le dit arrest en datte du trante et un janvier mil six cent quarante et six, au pied d'iceluy la signification faite tant au général des dits habitants de Laval qu'à leur procureur sindicq le cinquiesme septembre audit an. Acte par lequel le dit Annibal de Farcy écuyer, sieur de Saint-Laurent et demoiselle Guyonne de Launay son épouse font démission et partage noble à leurs enfans scavoir à Gilles de Farcy écuyer, leur fils aîné, Thomas de Farcy écuyer sieur de la Gouretière, mort sans enfans masles, Jacques de Farcy écuyer sieur de Pesnel, François de Farcy écuyer sieur de Saint-Laurent, René de Farcy écuyer sieur de la Dagrie, Charles de Farcy écuyer sieur de la Carterie et écuyer Philippe de Farcy sieur de la Fauconnerie pour jouir lesdits puisnés de leur partage en propre le dit acte en datte du tranticsme septembre mil six cent quarante et six. Signé : de Rotrou. Contrat de mariage entre Léonard de Farcy écuyer sieur de Pesnel, fils de deffunt Guillaume de Farcy écuyer en son vivant conseiller du Roy en son échiquier d'Alençon et demoiselle Marie Caget ses père et mère et demoiselle Catherine Bizeul fille de N. H. Léonard Bizeul sieur de la Croix et de demoiselle Jeanne de Bonnacourcy ses père et mère, ledit contrat datté du vingt et quatriesme octobre mil cinq cent soixante et quinze. Autre contrat de mariage passé entre Annibal de Farcy écuyer sieur de Saint-Laurent fils du dit Léonard et ladite Bizeul et demoiselle Guyonne de Launay du huitième fevrier mil six cent un. Signé : Razeau. Acte de partage du quatriesme may mil cinq cent soixante et quatre fait entre Antoine de Farcy écuyer d'une part et Richard de Marsilly écuyer, tuteur des enfans mineurs issus de lui et de demoiselle Anne de Farcy et Messire Raoullin Richer mary de demoiselle Magdelaine de Farcy sa femme à la fin du quel acte est rapporté que le dit Antoine de Farcy s'oblige de payer en l'acquit dudit de Marsilly tuteur la somme de cinquante livres de rante et acquitable à la succession d'écuyer Guillaume de Farcy en son vivant conseiller en l'échiquier d'Alençon, laquelle étoit due de reste à la charge d'enquesteur que possédoit autrefois écuyer Michel Farcy père du dit Guillaume. Le dit acte signé Le Comte par commission. Un extrait de régistre de l'échiquier d'Alençon dans lequel se voit que le dit Guillaume de

Farcy et autres conseillers au conseil du Roy et Reine de Navarre auroient été commis et députés pour tenir ledit échiquier, ledit extrait datté du quinze septembre mil cinq cent quarante-huit signé Boullemer, Le Roullé, Vavasseur et autres. Acte de partages faits entre Guillaume et Sébastien écuyers, frères fils et héritiers de deffunt Jean de Farcy écuyer leur père en présence et de l'advis de Michel de Farcy écuyer leur oncle enquesteur ordinaire d'Alençon ledit acte en datte du vingt et quatriesme mai mil cinq cens trante; signé Le Comte par commission. Acte d'accord fait entre Me Clérandais Bouvet et Guillaume Rouxel, bourgeois d'Alençon sur la fin duquel est rapporté fait en présence de Michel de Farcy écuyer licencié-ès-lois ledit acte en datte du vingt et cinquiesme juillet mil cinq cent trante et neuf signé Le Comte par commission. Extrait d'un acte de ferme du vingt et neuf août mil cinq cent trante et huit où le nom dudit Michel de Farcy enquesteur est aussi employé ledit acte signé dudit Lecomte par commission. Extrait d'un contrat de mariage d'entre Jean Dibon fils de Nicolas, bourgeois d'Alençon d'une part et Jeanne fille de Guillaume Queslain rapporté fait en présence de Michel de Farcy Ecuyer licencié-ès-loix enquesteur en la Vicomté d'Alençon ledit acte datté du dix huitiesme avril mil cinq cent trante cinq. Signé dudit Le Comte par commission. Deux certificats du Comte de Blin et du Maréchal de Chastillon colonel général de l'infanterie françoise en Hollande donné auxdits sieurs de Pesnel, Saint-Laurent, la Dagrie, de la Carterie et de Farcy des services par eux rendus au Roy dans ses armées tant en qualité de gendarmes, les autres en qualité de capitaines. Ledit certifficat datté du sixiesme janvier mil six cent quarante trois signé de la Meilleraye et plus bas par ledit seigneur Chezé. Scellé. Un certificat du premier aoust mil six cent trante et sept du sergent major de la ville et château de Guise d'avoir fait revue de la compagnie dudit sieur de Saint-Laurent capitaine dans ledit régiment signé Le Vérin. Une ordonnance du sieur L'Huillier d'Orgeval conseiller du Roy et premier maître des requestes ordinaires de son hostel, Intendant de la justice, police et finance de la province de l'Isle de France portant deffense aux soldats dudit sieur de Saint-Laurent et autres du régiment de Talmont de déserter. Ladite ordonnance du treiziesme juillet mil six cent trante et sept signée Guy Lhuillier d'Orgeval. Conclusions du procureur général du Roy sur l'instance d'entre luy et Me Thomas Bouesseau chargé de l'exécution des déclarations du Roy des huitième février mil six cent soixante et un et vingt et deuxième juin mil six cent soixante et quatre vérifiées en la Cour des Aydes de Paris pour la recherche des nobles, demandeurs contre lesdits Gilles, René et Charles de Farcy par lesquelles il n'empesche pour le Roy estre dit que lesdits de Farcy soyent renvoyés des assignations à eux données à la requête poursuite et diligence dudit Bouesseau et consent qu'ils soient déclarés nobles et de noble race pour jouir de ladite qualité eux et leur postérité lesdites conclusions signées Le Cameuz. Arrest de ladite Cour des aides rendu entre le procureur général du Roy audit lieu, poursuite et diligence dudit Bouesseau demandeur, lesdits Gilles, René et Charles de Farcy deffendeurs par lequel entr'autres choses ladite Cour les déclare nobles et issus de noble race et lignée et a ordonné qu'ils jouiront des privilèges attribués à la noblesse du Royaume. Ledit arrest en datte du douxième may mil six cent soixante et cinq signé Olivier. Sentance rendue par les officiers de l'élection de Laval sur la requeste présentée par lesdits Gilles, René et Charles de Farcy par laquelle il est ordonné que ledit arrest sera enregistré dans les remembrances du siège de ladite élection pour y avoir recours. Ladite sentance en datte du douxième juin mil six cent soixante et cinq signé Jardin. Inventaire d'actes et tiltres de noblesse de Gilles de Farcy écuyer juge ordinaire général civil et criminel du comté de Laval et de Charles de Farcy écuyer sieur de la Quarterie produits devant le sieur Voisin chevallier seigneur de la Noiraye conseiller du Roy en ses conseils et maître ordinaire des requestes de son hôtel commissaire départi pour l'exécution des ordres de sa Majesté ès provinces d'Anjou, Touraine et le Maine pour obeir à l'arrêt du conseil du vingt et deux mars mil six cent soixante et six suivant l'ordonnance rendue par Me Jean de Laspaire chargé par le Roy de la recherche des usurpateurs du tiltre de noblesse à la fin duquel est leur déclaration que ledit inventaire est véritable, datté du sixième septembre mil six cent soixante et sept signé de Farcy, au-dessous de laquelle leur auroit été décerné acte par ledit sieur Voisin de la représentation de leurs tiltres pour y avoir égard lors de la confection du catalogue des gentilshommes ordonné par l'arrest du conseil dudit jour vingt et deuxième mars. Ledit acte référé fait à Tours le septieme septembre audit an mil six cent soixante sept signé Voysin. Inventaire et production desdits Jacques de Farcy écuyer sieur de Pesnel, François de Farcy écuyer sieur de Saint-Laurent et ledit René de Farcy écuyer en laditte qualité de tuteur, deffendeurs, fournie au procureur général du Roy en la Chambre le sixième de ce mois tendante pour les causes contenues et actes y employés à estre maintenus en ladite qualité d'écuyers avec tous leurs droits et prérogatives attribuées à la noblesse. Conclusions du procureur général du Roy et tout ce que par devers ladite Chambre a été mis et produit au désir de leur dit inventaire de production meurement considéré. La Chambre faisant droit sur l'instance a déclaré et déclare les dits Jacques, François et les enfans dudit deffunt Philippe de Farcy nobles et issus d'ancienne extraction noble et comme tels leur a permis et à leurs descendants en mariage légitime de prendre la qualité d'écuyers et les a maintenus au droit d'avoir armes, écussons timbrés appartenant à leur qualité et jouir de tous droits, franchises et privilèges attribuées aux nobles de cette province. Ordonne que leurs noms soient employés au roolle et catalogue des nobles scavoir le dit Jacques en celui de la sénéchaussée de Rennes, dudit François en celui de la juridiction de la baronnie de Fougères avec ceux des enfans dudit Philippe de Farcy scavoir Jean-Charles et Henry, en celuy de la sénéchaussée de Rennes. Fait en ladite Chambre à Rennes le dix neuvième octobre mil six cent soixante huit.

(Signé) PIQUET.

Collationné à l'original à nous apareu et rendu par nous conseiller et secrétaire du Roy, Maison et couronne de France.

(Signé) DAMPIERRE.

Bibliothèque Nationale. — Dossiers de Farcy. — Original. — Arbre généalogique de Gilles de Farcy, cité plus haut.

— Le 4 février 1678, un arrêt du Conseil d'État maintint dans leur noblesse Charles de Farcy, petit-fils de Léonard et Anne Buherré, et Charles son frère. Cet arrêt est cité dans celui du 2 septembre 1704.

Arrest du conseil, sa Majesté y étant le 4 février 1678 par lequel Charle et autre Charle de Farci petit fils dudit Daniel comme ledit Jacques sont maintenus en leur qualité de noble et d'écuier, ordonne qu'ils jouiront ensemble leurs enfans, postérité et lignée nez et à naitre en légitime mariage des privilèges et exemptions dont jouissent les autres gentilshommes du Royaume tant qu'ils vivront noblement et ne feront acte dérogeant. Deffences à toutes personnes de les troubler et qu'ils seront inscrit et employéz dans le cathalogue des nobles du Roiaume. Dans lequel arrest sont énoncées plusieurs pièces et entre autre la généalogie de Daniel de Farci qui explique sa descendance de Michel, la fraternité avec Annibal.....

— Madeleine de Farcy, fille de Gilles, avait épousé en premières noces Léonard de Vauborel, écuyer ; et en secondes Pierre de Francier, sieur de Juvigny, alors aussi écuyer, mais elle fut imposée plus tard à la taille par les habitants de Mortain parce que son mari, dont le père avait été anobli en 1653, avait refusé de verser la somme à laquelle il avait été taxé pour la confirmation de cet anoblissement révoqué par un édit du Roi. Elle eut donc recours à des lettres de relèvement de dérogeance qui lui furent octroyées à Chaville, le 4 juillet 1681, et qui furent enregistrées à la Cour des Aydes de Normandie, le 11 juillet 1684. Voici les preuves qu'elle fournit :

Bibliothèque Nationale. — Dossiers de Farcy. — Copie du XVIIIe siècle. Extraction généalogique et descente que baille vers la Cour demoiselle Madeleine de Farci veuve en premières noces de Léonard de Vauborel écuier et en secondes noces de Pierre de Francier sieur de Juvigny, fille de Gilles de Farci écuyer et de demoiselle Elisabeth Doisseau ses père et mère. Le dit Gilles de Farci fils aîné de Hannibal de Farci écuyer sieur de Saint-Laurent et de demoiselle Guyonne de Launai et lui fils de Léonard de Farci écuyer sieur de Painel et de demoiselle Catherine Bizeuil, bisayeul et bisayeule de la dite veuve Madeleine impétrante de lettres de relèvement de dérogeance par elle obtenues en la grande chancellerie à Paris le 4 juillet 1681 et autrement impétrante du mandement de la Cour du 13 aout dernier et demanderesse en ajournement en vertu d'icelui contre les habitants en général de la ville de Mortain et collecteurs d'icelle, année présente, ajournés pour faire juger sous le bon plaisir de la Cour que les dites lettres de relèvement de dérogeance seront enrégistrées au greffe d'icelle pour par la dite veuve impétrante jouir du bénéfice des dittes lettres, en quoy faisant qu'elle sera rayée et distraite des roles des tailles en cas qu'elle y ait été comprise et employée au chapitre des nobles, avec intérêts et dépens du contredit : à laquelle fin :

Dit la dite dame impétrante que pour parvenir aux dites conclusions il lui auroit du suffire de produire l'arrest rendu en la chambre souveraine établie pour le Roi pour la réformation de la noblesse du pays et duché de Bretagne le 19e jour d'octobre 1668 sur la poursuite de Jacques de Farci écuyer sieur de Pesnel, François de Farci écuyer sieur de Saint-Laurent et René de Farci écuyer sieur de la Daguerie oncle et tuteur des enfans mineurs de Philippe de Farci écuyer tous enfans dudit Hannibal de Farci écuyer sieur de Saint-Laurent par lequel après une ample justification de tous les titres de noblesse de leur famille et généalogie par eux bailliée, la dite Chambre a déclaré les dits sieurs de Farci nobles et issus d'ancienne extraction noble et comme tels leur a permis et à leurs descendants en légitime mariage de prendre la qualité d'écuyer et les a maintenus en tous les droits, franchises et privilèges attribués aux nobles de la province et de justifier qu'elle est fille de Gilles de Farci écuyer fils aîné du dit Hannibal mais afin qu'il ne lui soit rien reproché elle passe encore plus outre et justifie sa généalogie et descente par les pièces cy après :

Le contrat de mariage de Léonard de Farci écuyer sieur de Pesnel fils de deffunt Guillaume de Farci écuyer en son vivant conseiller en l'échiquier et siège présidial d'Alençon et de demoiselle Marie Caget passé devant les tabellions de la Chatellenie d'Alençon entre ledit sieur Pesnel et demoiselle Catherine Bizeuil le 24e jour d'octobre 1575.

Item par le contrat de mariage d'Hannibal de Farci écuyer sieur de Saint-Laurent fils du dit Léonard de Farci écuyer sieur de Pesnel et de la dite demoiselle Catherine Bizeuil avec demoiselle Guionne de Launai passé devant les notaires royaux à Laval le 8e jour de février 1601.

Item par autre contrat de démission faite par le dit Hannibal de Farci écuyer sieur de Saint-Laurent et de la dite demoiselle Guionne de Launai de leurs biens en faveur de leurs enfans et des partages par eux faits en conséquence qui sont savoir : Gilles de Farci écuyer lieutenant et enquesteur civil et criminel du Comte de Laval, Thomas de Farci écuyer sieur de la Gourtière, Jacques de Farci écuyer sieur de Pesnel, François de Farci écuyer sieur de Saint-Laurent, René de Farci écuyer sieur de la Daguerie, Charles de Farci écuyer sieur de la Carterie et Philippe de Farci, écuyer en datte du 3e jour de septembre 1646.

Item par le premier contrat de mariage de la dite demoiselle Madeleine de Farci impétrante avec le dit Léonard de Vauborel fils de Mre Joachim de Vauborel sieur de Lorgerie, Saint-Georges, de la Prévanche et de Montécot passé devant les notaires royaux de Laval le 4e jour de novembre 1648 par lequel il paroit que la dite dame impétrante fut mariée par le dit Gilles de Farci et la dite demoiselle Catherine Bizeuil (*Elizabeth Doisseau*) ses père et mère.

Item se sert la dite dame impétrante d'un extrait d'arrêt de la Cour des Aides de Paris du 12 mai 1665 par lequel il paroit que le dit Gilles de Farcy écuyer son père juge ordinaire civil et criminel de Laval, René et Charles de Farci écuyers ses frères ayant été inquiétés en leur qualité lors de la recherche de Boisseau ils en furent dechargés et maintenus en leur qualité de nobles, eux et leur postérité née et à naître en loyal mariage tant et si longuement qu'ils vivront noblement et ne feront acte dérogeant à noblesse.

Item du second contrat de mariage de la dite dame impétrante avec le dit Pierre de Francier sieur de Juvigni passé devant les tabellions de Mortain le 12e jour de mai 1667.

Item se sert la dite dame impétrante du dit arrêt de la Chambre souveraine de Bretagne du dit jour 19e octobre 1668, délivré par extrait, par lequel il paroit qu'après que tous les dits titres de noblesse des dits sieurs de Farci ont été vus et communiqués à M. le procureur général du Roy, ils ont été maintenus et employés au catalogue des nobles.

Item des dites lettres de relèvement de desrogeance obtenues par la dite dame Magdelaine de Farci devant produites et datées.

Item du dit mandement de la Cour par elle obtenue après y faire approcher les dits habitants de Mortain, lieu de sa demeure pour consentir ou deffendre l'effet en l'enterinement des dites lettres pareillement ci devant induit et daté.

Item de l'exploit de la signification faite du dit mandement aux habitans du dit Mortain en parlant à leur principal collecteur à ce qu'ils n'en prétendent cause d'ignorance, chargé de leur faire savoir avec assignation à comparoitre en la Cour pour procéder sur les fins du dit mandement en date du 24e jour d'aout dernier en conséquence duquel ils ont fondé en la cour sans avoir fourni de défenses.

Par le moyen de toutes les quelles pièces soutient la dite dame impétrante que les conclusions qu'elle a ci devant prises lui seront adjugées ou autres meilleures fins remise à la prudence de la Cour. (Signé) M. Potier.

Le 14 juillet 1684, à la requeste de Me Jacques Boissel procureur de la dite dame de Farci, copie du présent délivré et signifié à Me François Le Bret procureur des habitants de Mortain en parlant à sa personne à ce qu'il n'en ignore lui déclarant que l'original de la copie, ensemble les pièces justificatives de la généalogie sont produites, à ce que ledit Le Bret ait à en prendre communication s'il avise que bien soit, le sommant de consentir ou contredire l'entérinement des dites lettres de réhabilitation obtenues par la dite dame de Farci. Fait par moi huissier soussigné.

(*Signé*) BOISSEL.

— Annibal-Auguste de Farcy de Cuillé fut reçu page de la Chambre du Roi en 1692.

Titres de la branche de la Villedubois. — Copie du XVIIIe siècle. — Certificat du duc de la Trémouille, prince de Tarente, premier gentilhomme pour le seigneur de Cuillé, page de la Chambre du Roi du 31 décembre 1692.

— Son frère Daniel-Michel de Farcy de Cuillé fut aussi reçu page du Roi en 1696.

— Le 2 septembre 1704, Jacques de Farcy, écuyer, sieur de la Drouétière, descendant du premier lit de Léonard de Farcy et d'Anne Buherré, obtint un arrêt du Conseil d'État portant maintenue de noblesse. Il avait été assigné par Charles de la Cour de Beauval le 26 mars 1700. Jacques, s'appuyant sur les maintenues obtenues par ses consanguins et ne possédant pas d'ailleurs de titres originaux, demandait qu'on reconnût ces preuves comme communes à toutes les branches de la famille de Farcy. La Cour de Beauval exigeait au contraire des preuves par titres authentiques, antérieurs à 1560. Le 15 septembre 1701, Jacques obtenait un jugement, signé de Pomereu et Bignon, qui lui accordait un nouveau délai d'un mois. En 1704 il prouva par une déclaration du sieur de Nointel, intendant de Bretagne, que les titres de noblesse de la famille avaient été emportés en Angleterre[1]. Il obtint alors d'être renvoyé devant le Conseil de Sa Majesté qui, sur le rapport de Chamillart, le maintint et déclara les preuves faites en 1668 et 1678 communes audit Jacques. Voici d'abord le jugement du 15 septembre 1701 :

1. C'est alors sans doute qu'il fit faire la copie collationnée des lettres de maintenue de 1643 et de leur enregistrement à la Cour des Aydes en 1644. Il y joignit la note qui les termine (v. p. 10).

Bibliothèque Nationale. — Nouveau d'Hozier, p. 10. — Jugement rendu à Paris le 15 septembre 1701 par les commissaires généraux par lequel vu la généalogie qui leur avoit été representée par Jacques de Farcy commençant par Michel Farcy écuyer.

Un arrêt contradictoire de la Cour des Aydes du 12 mai 1665 par lequel Gilles fils d'Annibal de Farcy tant pour lui que pour René et Charles ses frères sont maintenus en leur noblesse.

Autre arrêt de la Chambre de la réformation de la noblessé de Bretagne du 19 octobre 1668 par lequel Jacques, François et René Farcy oncle et tuteur des enfans mineurs de feu Philippe de Farcy sont déclarés nobles et issus d'ancienne extraction et maintenus aux droits de noblesse.

Un arrêt du Conseil rendu S. M. y étant le 4 février 1678 par lequel, ayant égard aux services de Charles de Farcy tué au combat d'Altenheim S. M. l'a maintenu comme aussi autre Charles son frère en la qualité de nobles et d'écuyers.

Deux extraits de contrat dans les quels Daniel de Farcy est qualifié d'écuyer du 13 avril 1646 et 24 mars 1650.

Arrêt de la Cour des Aides de Normandie du 20 juillet 1684 portant enrégistrement des lettres de relief de noblesse obtenues par Madelène de Farcy.

Le contrat de mariage de Pierre de Farcy écuyer fils de Daniel de Farcy écuyer du 7 juillet 1647.

Le contrat de mariage de Jacques de Farcy chevalier sieur de Lisle trésorier de France à Alençon petit fils de feu Daniel de Farcy écuyer du 2 janvier 1674.

Contrat de vente faite le 10 fevrier 1688 par Charles de Farcy écuyer sieur de la Gastinière et Jacques de Farcy écuyer sieur de la Drouetière d'une rente y portée.

Partage fait le 23 janvier 1690 entre Jacques de Farcy et autres de Farcy oncles et neveux des deux branches issues de Daniel.

Et autre par lui fait le 9 août 1699 et Jacques de Farcy écuyers et autres enfans et héritiers de défunt Louis de Farcy écuyer et de dame Jeanne de Peronne leurs père et mère. Lesdits commissaires ordonnent que dans un mois du jour de la signification de ce jugement faite audit Jacques de Farcy il produiroit au greffe de la commission ses titres de noblesse et filiation noble depuis et compris l'année 1560 sinon et à faute de ce serait ordonné ce que. *(Signé)* De Pomereu et Bignon.

Bibliothèque Nationale. — Dossiers de Farcy. — Copie du XVIIIe *siècle.* — Arrest du conseil portant maintenue de noblesse le 2 septembre 1704 pour Jacques de Farcy.

Extrait des registres du Conseil d'Etat. Vu par le Roi en son conseil l'exploit d'assignation donné à la requeste de Me Charles de la Cour de Beauval chargé par sa majesté du recouvrement des sommes qui doivent provenir de la recherche des usurpateurs du tiltre de noblesse à Jacques de Farcy pour comparoître dans un mois par devant les sieurs commissaires généraux du conseil députés par Sa Majesté pour ladite recherche et apporter ou envoyer dans ledit temps au greffe de la commission les tiltres et pièces en vertu desquelles ledit sieur de Farci prend la qualité de Messire, de chevalier ou d'escuier, ledit exploit du 26 mars 1700. La requeste présentée à Sa Majesté et auxdits sieurs commissaires généraux députez par Sa Majesté pour la recherche des usurpateurs du tiltre de noblesse par ledit Jacques de Farcy écuier, expositive qu'il est descendu de Michel de Farci père de Guillaume lequel eut pour fils Léonard qui fut marié deux fois la première avec demoiselle Anne Buchère et la deuxiesme avec demoiselle Catherine Bizeul, qu'il eut pour fils de ladite Anne Buchère Daniel et de Catherine Bizeul Annibal, que de Daniel sont issus Pierre, Louis, Jacques, Charles, Marie-Elisabeth et Louise-Françoise, que ledit Annibal eut pour fils : Gilles, Thomas, Jacques, François, René, Charles et Philippe, que ledit Jacques susdit est fils dudit Louis fils de Daniel, tout cela expliqué par la généalogie par luy produitte et prouvée par les pièces énoncées en l'inventaire lesquels ont été représenté par les consanguins dudit Jacques de Farcy lorsqu'ils ont été poursuivis et visés dans les arrets qui ont été rendus en faveur desdits consanguins tant ès cour des aydes de Paris et Rouen que par les sieurs commissaires de Bretagne et par Sa Majesté elle-même et de sorte que la représentation de ces arrests et la preuve que ledit Jacque de Farcy raporte qu'il est consanguin de ceux qui les ont obtenues établit parfaitement sa noblesse, par laquelle requeste ledit Jacque de Farci a conclu à ce qu'il plut à Sa Majesté le maintenir et garder ensemble ses enfans et postérité en légitime mariage en la qualité de noble, d'écuier, ordonne qu'ils jouiront des privilèges, prérogatives et exemptions y attribuées, faire deffense audit de la Cour de Beauval, son procureur commis et tous autres de les y troubler tant et si longuement qu'ils vivront noblement et qu'ils ne feront acte dérogeant à noblesse, condamner ledit de la Cour de Beauval aux dommages, intérêts et dépens envers le dit Jacque de Farci, ladite requeste signée de Farci et de Couvert son avocat au Conseil, au bas est l'ordonnance du sieur Bignon Conseiller d'Etat ordinaire intendant des finances du 30 décembre 1700 portant : soit la requeste communiquée à la Cour de Beauval pour y fournir des réponses énoncées au procureur générale de la commission. L'exploit de la signification qui en a été faite à M^e Le Noir, le jeune, avocat dudit de la Cour de Beauval le 31 desdits mois et an. Les pièces et tiltres justificatifs de la noblesse de la famille dudit Jacque de Farci par luy rapportés scavoir la généalogie par laquelle il paroit qu'il est fils de Louis de Farci lequel étoit ainsi que Pierre, Jacque et Charles fils de Daniel fils de Léonard et d'Anne Buchère, lequel Léonard eut pour père Guillaume qui étoit fils de Michel de Farci; que Charle fils de Daniel fils de Léonard eut pour fils Charle de Farci et autre ; que Léonard eut pour fils de Catherine Bizeul sa seconde femme Annibal de Farci qui eut pour fils Gille, Jacque, François, René, Charle et Philippe et que ledit Gille eut pour fille Madeleine de Farci qui fut réhabilitée estant devenue veuve de Pierre des François sieur de Turigni (de Francier sieur de Juvigny) qui n'estoit pas noble. Arrest de la Cour des Aydes de Paris contradictoirement rendu le douze may 1665 entre le procureur général du Roy poursuite et diligence de Thomas Boisseau chargé de la recherche des nobles en exécution des déclarations des années 1661 et 1664 d'une part et Gille, René et Charle de Farci qui étoient fils dudit Anibal de Farcy d'autre part par lequel lesdits Gille, René et Charle de Farci sont renvoiés des assignations à eux données à la requeste du procureur général, poursuitte et diligence dudit Boisseau déclarés nobles et issus de noble race et lignée, ordonné qu'ils jouiront et leur postérité née et à naitre en loial mariage des privilèges attribués aux autres nobles du Royaume tant et sy longuement qu'ils vivront noblement et ne feront acte dérogeant à noblesse, ledit Boisseau condamné aux dépens pour tous dommages et interest. Autre arrest de la Chambre établie pour la réformation de la noblesse de Bretagne du 19 octobre 1668 aussi contradictoirement rendu entre le procureur général du Roy d'une part, Jacques et François de Farci qui étoient fils dudit Anibal et René de Farci agissant pour les enfans mineurs de Gille (Philippe) de Farci aussi fils dudit Anibal d'autre part par lequel ledit Jacque, François et enfans dudit Philippe sont déclarés nobles et issus d'ancienne extraction noble et comme tels il leur est permis et à leurs descendans en mariage légitime de prendre qualité d'écuiers. Ils sont maintenus au droit d'avoir écussons timbrés appartenant à leur qualité et de jouir de tous droits, franchises et privilèges attribués aux nobles de la province, ordonne que leurs armes seroient emploiées aux rolles et catalogue des nobles des villes et lieux de leurs demeures dans lequel arrest sont énoncés les tiltres de noblesse de la famille desdits de Farci depuis l'année 1535. Arrest du conseil rendu Sa Majesté y étant le 4 février 1678 par lequel Charle et autre Charle de Farci petit-fils dudit Daniel, comme ledit Jacque, sont maintenus en leur qualité de noble et d'escuier, ordonné qu'ils jouiront ensemble leurs enfans, postérité et lignée nez et à naitre en légitime mariage des privilèges et exemptions dont jouissent les autres gentilshommes du Roiaume tant qu'ils vivront noblement et ne feront acte dérogeant, deffences à toutes personnes de les troubler et qu'ils seront inscrits et emploiez dans le catalogue des nobles du Roiaume dans lequel arrest sont énoncées plusieurs pièces et entr'autres la généalogie de Daniel de Farci qui explique sa descendance de Michel, la fraternité avec Anibal. L'arrest de la Cour des Aydes de Paris du 12 may 1665, l'arrest de la Chambre de Bretagne du 19 octobre 1668 et le contrat de mariage de Daniel de Farci écuier sieur de Painel fils de Léonard écuier sieur de Painel et de demoiselle Anne de Buchère ses père et mère en présence d'Anibal de Farci écuier sieur de Saint-Laurent son frère du 12 septembre 1607. Extraits des contrats des 13 février 1646 et 21 mars 1650 dans lesquels la qualité d'écuier a été donnée audit Daniel de Farci. Autre arrest de la Cour des Aydes de Normandie du 20 juillet 1684 contradictoirement rendu entre Magdelène de Farci veuve en premières nopces de Léonard de Vauborel escuier sieur de Saint-Georges du Bois et en seconde nopce de Pierre des François sieur de Turigni ayant obtenu lettre de dérogeance à noblesse pour avoir épousé ledit des François de condition roturière d'une part et les habitants en général de la ville de Mortain et ceux de la paroisse de Sainte-Marie du Bois d'autre part par lequel arrest, veu les lettres de relèvement de dérogeance, l'article des faits de généalogie et les pièces justificatives de la noblesse de la famille, ladite Cour a donné acte à ladite de Farcy de la représentation desdites lettres de relèvement de dérogeance à noblesse, ordonne qu'elles seront enrégistrées pour par elle en jouir selon leur forme et teneur en vivant noblement sans commettre de dérogeance ; dans cet arrest est exposé la généalogie de ladite Magdelène de Farci fille de Gille qui étoit fils d'Anibal, fils de Léonard de Farci. Et les pièces justificatives de la généalogie, le contrat de mariage de Pierre de Farci escuier sieur du Parc fils de Daniel de Farci escuier avec damoiselle Jacqueline Michelet, ledit Pierre de Farci assisté de demoiselle Marie Flotté sa mère, tant en son nom que comme procuratrice de Daniel de Farci escuier son mari, de Louis de Farci escuier sieur de la Drouétière et de demoiselle Elizabeth de Farci frère et sœur dudit Pierre. Contrat de constitution fait le 11 may 1668 par dame Jacqueline Michelet, veuve de Pierre du Val escuier conseiller du Roy trésorier de France en la généralité d'Alençon au profit d'Auguste du Val de 333#, 6 sols, 8 deniers de rente, mouvant 6000#, de laquelle rente Louis de Farci sieur de la Droittière père dudit Jacque produisant, Jacque et Charle de Farci frères tant pour eux que se faisant fort pour Pierre de

Farci escuier sieur du Parc leur neveu capitaine d'une compagnie dans le régiment de cavalerie dudit sieur de Farci son oncle se sont rendus caution envers le dit du Val. Contrat de mariage dudit Jacques de Farci qualifié messire chevalier sieur de Lisle fils de deffunt Daniel de Farci escuier et de dame Marie Flotté ses père et mère du 2 janvier 1674. Contrat par lequel Charles de Farci escuier sieur de la Gassinière et Jacques de Farci écuyer sieur de la Drouettière qui est le produisant ont vendu à René de Poinet sieur de la Blinière une rente de 3 livres, 2 sols, 2 deniers partenan audit sieur de la Gassinière de ses propres à luy escheuz par le partage fait entre luy et ses cohéritiers en la succession de Louis de Farci escuier sieur de la Droittière leur père du dix décembre 1668. Acte en forme de compte et partage faits entre Jacque de Farci escuier sieur de l'Isle fils de Daniel frère et héritier par bénéfice d'inventaire de deffunte damoiselle Elizabeth de Farci sa sœur d'une part et dame Anne de Houdan veuve de defunt Charle de Farci escuier sieur de la Couvrie premier capitaine et major du régiment de Grignan, mère et tutrice naturelle de Charle et autre Charle de Farci escuier sieur de la Couvrie, ses fils d'autre part, Pierre de Farci escuier sieur du Parc et Jacque de Farci escuier sieur de la Drouettière, qui est le produisant, des biens de la succession de ladite damoiselle Elizabeth de Farci du 23 janvier 1690. Autre du 9 août 1699 en forme de partage entre Jacque de Farci qui est le produisant d'une part, Louis Germain de Farci, Pierre, René, Daniel, Charles, Marie et Louise, Françoise de Farci d'autre tous qualifiés d'escuiers tant des successions de leur père et mère que de Françoise Péronne leur tante maternelle et d'Elizabeth de Farci leur tante du coté paternel. Inventaires des pièces produittes par ledit Jacque de Farci qui en contient ses inductions ; contredis, fournis de la part dudit de la Cour de Beauval signifiés à l'avocat dudit Jacque de Farci le 12 avril 1701, par lequel le dit La Cour de Beauval a soutenu que faute par ledit de Farci d'avoir justifié sa noblesse par titres authentiques antérieurs à l'année 1560 il doit etre déclaré roturier. Requeste présentée à Sa Majesté et aux sieurs commissaires généraux députés pour la recherche des usurpateurs du tiltre de la noblesse par ledit Jacque de Farci écuier tendante à ce qu'il plust à Sa Majesté luy donner acte de ce que pour reponces aux contredits fournis par le traitant contre sa production du 12 avril 1701, il emploi le contenu en la dite requeste avec ce qu'il avoit auparavant dit, escrit et produits, faisant droit sur l'instance, déclarer les arrestz par luy produits en icelle, qui ont prononcé la maintenue de noblesse en faveur de plusieurs de ses parents, communs avec luy, le maintenir en sa qualité et luy adjuger les fins et conclusions par luy prises en l'instance avec dépens. Au bas est l'ordonnance dudit sieur Bignon portant : soit la requeste communiquée au traittant et montrée au procureur général de la commission du 25 juin 1701, signiffiée le même jour. Acte signiffié à l'avocat dudit Jacque de Farci de la part dudit de la Cour de Beauval le 29 aoust audit an 1701 pour réponse à ladite requeste. Ordonnance rendue par les sieurs commissaires généraux députez pour l'exécution de la déclaration du 4 septembre 1696 et arrest du Conseil rendu en conséquence contre les usurpateurs du tiltre de noblesse du 15 septembre 1701[1] portant que dans un mois du jour de la signiffication qui seroit faite audit Jacque de Farci il produiroit au greffe de la commission ses tiltres de noblesse et filiation noble depuis et compris l'année 1560 sinon et faute de quoy il seroit ordonné ce qu'il appartiendroit, au pied dudit acte par lequel Me Gabriel Le Noir, le jeune, avocat d'Antoine Millière, subrogé à François Ferrand et Charle de la Cour de Beauval chargé de la recherche des usurpateurs du tiltre de noblesse a déclaré à l'avocat dudit Jacque de Farci qu'il reprenoit l'instance pendante devant les sieurs commissaires généraux entre ledit de Beauval et ledit de Farci avec sommation de satisfaire audit jugement des dits sieurs commissaires généraux. Ledit acte signiffié le 8 avril 1704, attendu les déclarations fournies par devers le sieur de Nointel intendant en Bretagne en conséquence du renvoy qui lui auroy été fait du mémoire ou placet dudit

1. Ce jugement, rendu par Mres de Pomereu et Bignon, existe à la Bibliothèque Nationale. — *Nouveau d'Hozier*, page 10.

Jacque de Farci par les quelles déclarations il paroist que les titres et pièces anciennes de la noblesse de la famille de Farci sont entre les mains de la veuve Michel de Farci, laquelle est passée en Angleterre pour cause de la religion et à ce qu'il fut maintenu et gardé en sa noblesse sur les pièces par lui produittes ; au pied est l'ordonnance portant soit la requeste communiqué au traitant de la recherche de la noblesse pour y fournir de réponse et montrée au procureur général de la commission du 3 may 1704. Ensuitte est l'exploit de la signification qui en a été faite audit Le Noir, le jeune, avocat du traittant le même jour ; plusieurs déclarations au nombre de six faites devant le dit sieur de Nointel le 29 novembre 1701 par les sieurs Anibal de Farci, escuier, sieur de la Dagrie, conseiller au parlement de Rennes et président aux requestes du même parlement, Annibal Auguste de Farci, écuyer, conseiller audit parlement, Jacques Annibal de Farci écuier sieur de Malnoë, Luc Doudard écuyer, Benjamin Ravenel écuier sieur du Boisteilleul et Luc Ravenel escuier, tous parens du dit Jacque de Farci pour satisfaire aux assignations à eux données devant ledit sieur de Nointel. Les dites déclarations portant que les tiltres de la famille ont toujours été entre les mains de Michel de Farci conseiller au parlement de Rouen, fils ainé de Jacques, fils ainé d'Anibal de Farci et que sa veuve est passée en Angleterre avec ses enfans après la révocation de l'édit de Nante pour continuer l'exercice de la religion prétendue réformée, qu'elle a emporté ses papiers particulièrement les tiltres de noblesse par la haine qu'elle avoit contre sa famille de ce que la plus grande partie a abjuré et qu'ils reconnoissent Jacque de Farci pour leur parent, chacun exprimant le degré de parenté. Dires du dit traitant signifiez à l'avocat dudit Jacque de Farci le 5 du même mois de may employé pour réponse la dite requête et autres pièces. Conclusion du procureur général du Roy en la dite commission de la recherche des usurpateurs du tiltre de noblesse du 7 du même mois de may par les quelles il a requis que les parties fussent renvoyées devant sa Majesté pour estre pourveu sur la demande dudit Jacque de Farci, portée par sa dite requête du 3 mai 1704 ainsi qu'il appartiendra et autres pièces. Ouy le raport du sieur Chamillard conseiller ordinaire au Conseil Royal, controlleur général des finances, le Roy en son conseil, faisant droit sur le tout a dechargé et decharge ledit de Farci du raport de ses titres de noblesse et filiation noble, ordonné par le jugement des sieurs commissaires généraux du 15 septembre 1701. A, sa Majesté, déclaré et déclare l'arrest de la chambre establie en Bretagne pour la reformation de la noblesse du 19 octobre 1668, rendu au profit de Jacques et François de Farci et des enfans de Philippe de Farci, ensemble l'arrest du conseil du 4 février 1678 rendu au profit de Charle et autre Charle de Farci communs avec ledit Jacque de Farci et en conséquence sa Majesté a maintenu et garde ledit Jacque de Farci dans sa noblesse, ensemble les enfans nés ou à naitre en légitime mariage et dans les honneurs, privilèges, prérogatives et exemptions dont jouissent les véritables gentilhommes du Royaume, fait Sa Majesté la deffence audit Millière chargé de la recherche des usurpateurs du tittre de noblesse et tous aultres de les troubler tant qu'ils ne feront acte de dérogeance. Ordonne que ledit Jacque de Farci sera inscrit dans les cathalogues des gentilhommes qui sera fait en exécution des déclarations de sa Majesté. Fait au Conseil d'Etat du Roy tenu à Versailles le 2e jour de septembre 1704. Collationné (signé) RANCHIN. Collationné à l'original par nous escuier conseiller secrétaire du Roy, maison, couronne de France et de ses finances. (*Signé*) PERET.

Collationné à la dite expédition (*Signé*) PERET par nous notaires royaux à Mamères (*Mamers. Sarthe*), y demeurant et soubsiné l'an 1711 le 18e jour de juillet. (*Signé*) CUINIÈRE et COLLIN.

— Le 7 juin 1715, Jacques René de Farcy, sieur de la Villedubois, et Annibal François. sieur de Mué, son frère, qui tous les deux habitaient Laval, furent maintenus dans leur noblesse par Bernard Chauvelin, intendant de Tours.

Titres du Roseray. — 8 juin 1715.

A Monseigneur l'intendant de la Généralité de Tours,

Supplie humblement Jacques René de Farcy écuyer seigneur

de la Villedubois, demeurant à Laval disant qu'il a été assigné à comparoir par devant vous à la requeste de Me François Ferrand chargé de la continuation de la recherche des usurpateurs du titre de noblesse, poursuite et diligence de Me Gabriel Roulleau son procureur spécial en cette généralité par exploit du dix-sept aoust 1714 pour représenter les titres en vertu desquels il prend la qualité d'écuyer; pour à quoi satisfaire le supliant vous remontre, tant pour luy que pour Annibal de Farcy écuyer sieur de Mué son frère puisné, demeurant audit Laval, qu'ils ont droit de prendre la ditte qualité de noble et d'écuyer étant descendus en ligne directe de Jacques de Farcy écuyer sieur de Paisnel et de demoiselle Catherine de Gennes leurs ayeul et ayeule. Lequel sieur Jacques de Farcy ayeul fut maintenu en sa noblesse par arrest rendu en la chambre souveraine établie en Bretagne pour la réformation de la noblesse du dix-neuf octobre 1668 de manière' qu'il suffiroit au supliant et audit Annibal de Farcy son frère de justifier leur descente dudit Jacques de Farcy et Catherine de Gennes. Cependant, sans se départir de l'effet dud. arrest de maintenue le supliant pour prouver son ancienne extraction et filiation noble vous observe que le nom de Farcy est originaire de Normandie comme il le justifiera cy après et qu'il est très ancien. D. Alexis Lobineau, bénédictin, dans son histoire de Bretagne, au premier tome, folio 160, rapporte que Raoul de Fougères voulant affranchir le duc de Bretagne du pouvoir de Henry Roy d'Angleterre qui l'obsédoit, assembla plusieurs manceaux et normands ses voisins dont il composa une armée assez forte pour surprendre Dol et Combourg, mais qu'ayant été battu le 20 aoust 1173 il s'enferma dans la tour de Dol avec quarante chevaliers du nombre des quels étoient Emery de Falaise et Geoffroy de Farcy. Le même P. dans son second tome des preuves, fol. 152, raporte un titre du mois d'avril 1214 par lequel il justifie que Jean comte de Dol et de Combourg donna à l'abbaye de la Valleville (*Vieuville*) les terres que possédoient Galan de Paluel et Geoffroy de Farcy. Renvoye audit livre de l'histoire de Bretagne reçue par les états de la dite province.

Ce même Geoffroy de Farcy ou un autre du même nom que luy, qualifié de chevalier seigneur de Montabert, fief considérable en Cotentin et possédé longtemps par les Farcy comme il se justifiera cy après, fit une transaction avec André de Vitré au mois de mai 1236 par laquelle il lui reconnoit l'hommage des terres dont il lui avoit contesté la mouvance.

Le même P. Lobineau fait mention d'un Jean de Farci qui en 1420 se rangea sous la banière du sire de Rieux avec nombre de seigneurs pour procurer la liberté du duc de Bretagne détenu prisonnier à Chantoceaux par le comte de Penthièvre. Cela se voit folio 938 au second tome des preuves. Tout quoy justifie que le nom de Farcy est très ancien et qu'ils possédoient des fiefs et des seigneuries dans un temps que les seuls gentilshommes avoient la permission d'en posséder.

Après avoir justifié par l'histoire l'ancienneté du nom de Farcy parce que l'on ne peut rapporter des titres d'un temps si éloigné, le supliant articulera seulement sa descente depuis Jean de Farcy qui eut pour femme Louise de Bricqueville[1] et qui paroit être descendu dudit Geoffroy de Farcy, ch. sieur de Montabert dont il est fait mention dans l'histoire, puisqu'il ne se trouve point d'autre famille noble du nom de Farcy que celles déclarées en l'arbre généalogique que le supliant a joint à la presente requeste pour lesquels cependant il ne fait point de production parce que les uns s'étant réfugiés en Angleterre et en Hollande, lors de la révocation de l'édit de Nantes et les autres estant établis en différentes provinces il ne peut rapporter tous les titres justificatifs de leur descente et filiation noble, les noms desquels il a seulement déclarés audit arbre généalogique afin que personne autre qu'eux ne se puisse dire de la famille noble des de Farcy.

Que dudit Jean de Farcy et Louise de Bricqueville est sorty : Pierre de Farcy escuyer sieur de Montabert et d'Auterive qui eut pour femme Jeanne de Broon d'où sortit Michel de Farcy

1. C'est ici qu'apparait pour la première fois ce Jean de Farcy mari de Louise de Briqueville ; on verra que les pièces qui suivent, datées de 1468 et 1480, sont fausses.

écuier marié à Françoise du Moulinet dont est aussi sorty Guillaume de Farcy écuyer qui fut marié à demoiselle Marie Caget dont est issu Léonard de Farcy qui épousa demoiselle Catherine Bizeul duquel mariage est sorty Annibal de Farcy marié à demoiselle Guyonne de Launay qui eurent pour fils Jacques de Farcy du mariage duquel avec Catherine de Gennes est issu René de Farcy mary de Charlotte de la Vesque père et mère dudit Jacques-René de Farcy supliant et dudit Anibal de Farcy son frère puisné.

Et pour justifier de ce que dessus, produit le supliant tant pour luy que pour ledit Annibal de Farcy son frère puisné premièrement sur le degré de Pierre de Farcy et de Jeanne de Broon sa femme :

La copie collationnée d'une fondation faite d'une messe dans l'église de Pont-Farcy, ancienne terre de Farcy, et dont ils ont tiré leur nom, scituée près de Falaise en Normandie par Pierre de Farcy et Jeanne de Broon sa femme pour eux et le repos de l'âme de Jean de Farcy et de Louise de Bricqueville leur père et mère pour vingt livres de rente qu'ils assirent sur les terres en bordelage sises en leurs fiefs et seigneuries d'Auterive et s'ils ne suffisoient pas sur les eschaetes ou fief de Montabert c'est-à-dire terres roturières, sises dans les terres et seigneuries de Montabert et d'Auterive du 18 septembre 1468. Ladite collation faite à l'original en parchemin représenté par Annibal-Auguste de Farcy chevalier sieur de Cuillé par Portier et Trois notaires royaux au Maine et résidens à Laval le 9 octobre 1714 légalisée par le sieur Le Long lieutenant général au siège royal de Laval le 10 dudit mois d'octobre 1714 et légalisée.

Par ce même titre il paroit qu'il souhaite être enterré dans l'église de Pontfarcy avec le consentement du sieur de Carbonnelle qui avoit acquis cette terre auparavant. Et il fait exécuteur testamentaire son fils ainé Jean de Farcy. Ce titre prouve que le fief de Montabert qui étoit possédé en 1236 par Geoffroy de Farcy était encore entre les mains des de Farcy dans ces temps là. Copie collationné à son original par le sieur Germond conseiller du Roy, auditeur ordinaire de la Chambre des comptes de (sic) le huitième avril 1715. En vertu d'arrêt de ladite chambre le 4 septembre 1450 aveu par Pierre Farcy écuyer à cause de Jehannette de Broon sa femme du fief de la Chapelle Heusebrocq, assis au bailliage de Caen en la vicomté de Bayeux.

Sur le degré de Michel de Farcy mary de Françoise du Moulinet. Copie collationnée à l'original en parchemin par Portier et Trois notaires royaux au Mans le 9 octobre 1714 du partage noble fait devant Jean Le Carpentier et Pierre Mesquet tabellions de la vicomté de Vire le 28 décembre 1480 entre nobles hommes écuyer Jean et Michel Farcy frères fils de deffunt noble homme écuyer Pierre de Farcy et de noble dame Jeanne de Broon sa femme des successions de leurs dits père et mère par lequel il appert que ledit Jean comme aisné noble a retenu le fief d'Auterive. Ladite copie légalisée par le sieur Le Long lieutenant général au siège Royal de Laval le 10 octobre 1714 et controllée. Copie en parchemin extraite sur la minutte par Mathieu Le Comte, l'aîné, notaire de la Cour royale du Mans demeurant en la paroisse de Saint-Pater près Alençon garde de laditte minutte du partage noble fait devant Jean Le Gendre et Jean Duval tabellions à Alençon le 24 may 1530 entre Guillaume et Sébastien Farcy écuyers frères fils et héritiers de deffunt Jean Farcy écuyer leur père des biens, héritage et imeubles de leur dit père par l'avis et présence de Michel Farcy écuyer leur oncle enquesteur ordinaire audit Alençon par lequel il appert que le fief et terre noble d'Auterive sont demeurés audit Guillaume comme aîné.

Copie en papier extraite sur la minutte par Mathieu Le Comte, l'aîné, notaire de la Cour royalle du Mans demeurant en la paroisse de Saint-Pater près Alençon garde de ladite minutte le 13 novembre 1645 du contrat de mariage d'entre Jean Dibon et Jeanneton Quelin reçue devant Jean Le Gendre et Jean Duval tabellions à Alençon le 18 avril après pasques l'an 1535 en presence d'honnête homme Me Michel Farcy écuyer licencié ès loix, enquesteur en la vicomté d'Alençon.

Copie en papier extraite de l'un des registres du tabellionnage d'Alençon par Le Comte d'un bail à ferme fait devant Guillaume Landier et Jean Duval tabellions le 29 aoust 1538 par honnête homme Pierre du Mesnil escuier sieur de Saint-Denis aux échevins et bourgeois de ladite ville d'Alençon de certaines maisons, cours et jardins, à ce faire conseillés par n. h. et sage messire Innocent le Coustellier chevalier vicomte d'Alençon et Michel Farcy écuier enquesteur ordinaire.

Copie en papier extraite par Le Comte de l'un des régistres du tabellionnage d'Alençon d'une transaction faite devant Guillaume Laudier et Jean du Val tabellions le 25 juillet 1539 entre honnête homme Me Cleriadus Bonnet sieur de Vendel et Guillaume Roussel bourgeois d'Alençon en présence de Me Michel Farcy écuyer licencié es loix. Sur le degré de Guillaume Farcy marié à demoiselle Marie Caget : un extrait en papier du régistre de l'échiquier d'Alençon tenu le 15 septembre 1548 auquel a assisté Guillaume Farcy commis et député avec autres à tenir ledit échiquier. Copie en parchemin extraite par Mathieu Le Comte, l'aîné, notaire de la cour royalle du Mans en la paroisse de Saint Pater près Alençon, garde du régistre, de l'un des régistres du tabellionnage d'Alençon le 13 novembre 1645 du partage noble fait devant Me Mathieu Barbier et Jean Le Saige tabellions en ladite chastellenye le 4 may 1564 entre Antoine Farcy écuyer fils de deffunt Sebastien Farcy écuyer et Richard de Marsilly écuyer tuteur des enfans mineurs issus de lui et de deffunte demoiselle Anne Farcy sa femme, de Me Raoulin Richer mari de demoiselle Magdeleine Farcy des biens de la succession dudit Sebastien Farcy par lequel il appert que ledit Antoine Farcy s'est obligé de payer en l'acquit dudit de Marsilly la somme de 50# de rente à la succession d'écuyer Guillaume Farcy en son vivant conseiller en l'échiquier d'Alençon qui étoit due de reste du prix de la charge d'enquesteur que possédoit autrefois écuyer Michel Farcy père dudit Guillaume laquelle rente se payoit à demoiselle Françoise du Moulinet veuve dudit Michel.

Sur le degré de Léonard de Farcy marié à demoiselle Catherine Bizeul. Copie en parchemin extraite d'un des registres du tabellionnage d'Alençon par Samuel Gillot l'aîné, tabellion royal à Alençon garde dudit registre le 13 novembre 1645 du partage noblement fait devant Mathieu Barbier et Jean Le Saige tabellions en ladite chatellenie le 2 décembre 1571 entre Léonard Farcy écuyer fils ainé et principal héritier de deffunt Guillaume Farcy écuyer en son vivant conseiller en l'échiquier d'Alençon et demoiselle Marie Caget et Jean Farcy son frère puisné des biens dudit Guillaume Farcy leur père par lequel il est fait mention que ledit Léonard avoit reçu l'amortissement de 50# de rente qui étoit due à la succession pour le restant du prix de la charge d'enquesteur ordinaire audit Alençon possédée autrefois par Michel Farcy écuyer ayeul dudit Léonard.

L'expédition en parchemin du contrat de mariage de Léonard Farcy écuyer sieur de Paisnel fils de deffunt Guillaume Farcy en son vivant conseiller en l'échiquier et siège présidial d'Alençon et de demoiselle Marie Caget avec demoiselle Catherine Bizeul reçu devant Mathieu Barbier et Jean Le Saige tabellions jurés en la chastellenye d'Alençon le 24 octobre 1575. L'expédition en parchemin d'une transaction faite sur partage entre Léonard Farcy écuyer se faisant fort tant pour luy que pour ses autres frères issus du premier mariage de deffunt Léonard Farcy écuyer sieur de Paisnel leur père d'une part et demoiselle Catherine Bizeul veuve tant en son nom que comme ayant la garde et tutelle de ses enfans mineurs issus de son mariage avec ledit deffunt Léonard d'autre part. La dite transaction reçue devant Pierre Barbier et Samuel Gillot tabellions jurés en la chastellenie d'Alençon le 25e jour d'aoust 1597.

Sur le degré d'Annibal de Farcy marié à demoiselle Guyonne de Launay. La grosse en parchemin du contrat de mariage d'écuyer Annibal de Farcy sieur de Saint Laurent avec demoiselle Guionne de Launay fait de l'avis et consentement de demoiselle Catherine Bizeul sa mère veuve d'écuyer Léonard Farcy sieur de Paisnel et d'écuyer Léonard Farcy présent audit contrat frère ainé dudit Annibal et procureur spécial de la dite Bizeul reçu devant Lezin et Razeau notaire royal établi à Laval le jeudi 8e jour du mois de février 1601.

Sur le degré de Jacques de Farcy marié à demoiselle Catherine de Gennes. La grosse en parchemin des partages faits par Annibal de Farcy écuyer sieur de Saint Laurent procureur général dans la juridiction ordinaire des eaux et forêts du comté de Laval et demoiselle Guionne de Launay son épouse de leurs biens à Gilles de Farcy écuyer lieutenant et enquesteur civil et criminel du comté de Laval leur fils ainé, Thomas de Farcy écuyer sieur de la Gouretière, Jacques de Farcy écuyer sieur de Paisnel troisième fils, François de Farcy écuyer sieur de Saint Laurent 4e fils et autres leurs enfans reçus devant Pierre Briand notaire royal et Daniel de Rotrou notaire de la cour de Laval le 3 septembre 1646. L'arrest rendu en la chambre souveraine établie par le Roy en la province de Bretagne pour la reformation de la noblesse le 19 octobre 1668 entre le procureur général du Roy et Jacques Farcy écuyer sieur de Paisnel mari de demoiselle Catherine de Gennes par lequel ledit Jacques Farcy a été maintenu dans sa noblesse d'extraction.

Sur le degré de René de Farcy marié à demoiselle Charlotte de la Vesque père et mère du suppliant et dudit Annibal de Farcy son frère. La grosse en parchemin du contrat de mariage de Mre René de Farcy sieur de la Villedubois avec demoiselle Charlotte de la Vesque reçue devant Bretin notaire royal à Rennes le 24 décembre 1677 et de lui signé auquel contrat étoient presents Mre Jacques de Farcy et dame Catherine de Gennes son épouse sieur et dame de Painel pour autoriser en tant que besoin ledit sieur de la Villedubois leur fils.

Sur le degré de Jacques René de Farcy suppliant. La grosse en papier de son contrat de mariage avec demoiselle Marie de Farcy reçu devant René Gaultier notaire royal au Maine résidant à Laval le 5 octobre 1693 où il est qualifié sieur de Mué et de la Villedubois fils de deffunt Mre René de Farcy sieur de la Villedubois et demoiselle Charlotte La Vesque sa première femme.

Sur le degré d'Annibal de Farcy frère puisné du suppliant : la grosse en parchemin du contrat de mariage de Mre Annibal de Farcy écuyer sieur de Mué, procédant sous l'autorité de Mre Jacques René Farcy écuyer sieur de la Villedubois son frère ainé avec demoiselle Marie Levesque reçu devant Salmon notaire au comté et pairie de Laval le 12 novembre 1709 délivrée par Pierre Nourry notaire au dit comté et pairie de Laval sur la minute dudit contrat comme successeur dudit Salmon et gardiataire de son protocole le neuf septembre 1714 par lequel contrat il est porté que ledit sieur de Mué entre audit mariage avec tous ses droits mobiliers et immobiliers dépendants des successions de deffunt Mre René de Farcy écuyer sieur de la Villedubois et de demoiselle Charlotte La Vesque sa première femme. Au raport des quelles pièces le suppliant estime devoir être maintenu avec ledit Annibal de Farcy son frère puisné dans leur noblesse.

Ce considéré, monseigneur, il vous plaise, veu les tiltres et pièces cy-dessus dattées et énoncées ensemble les extraits baptistaires de Jacques, François, Anne, Charlotte-Jeanne-Marie et Jacquine-Suzanne-Marie de Farcy enfans dudit Annibal de Farcy frère puisné du suppliant des 5 octobre 1710, 24 février 1712, et 13 février 1714. délivrés par le sieur Le Breton, prêtre curé de la paroisse de Saint-Tugal de Laval et légalisez par le sieur Touchard conseiller du Roy et son premier juge à Laval les 8 et 10 octobre 1714. Donnée acte au suppliant de la représentation qu'il en fait devant vous tant pour luy que pour ledit Annibal de Farcy son frère puisné. En conséquence décharger le suppliant de l'assignation dudit Ferrand, ce faisant le maintenir et garder avec ledit Annibal son frère, ensemble lesdits Jacques-François, Anne-Charlotte-Jeanne-Marie et Jacquine-Jeanne-Marie de Farcy enfans dudit Annibal de Farcy et autres ses enfans à naitre et du supliant dans le droit de prendre le titre et qualité de noble, d'écuyer, et de damoiselle tant qu'ils vivront noblement et ne feront acte dérogeant à noblesse, ordonné qu'ils jouiront des privilèges honneurs et exemptions attribuez aux autres gentilshommes et damoiselles du Royaume et qu'à cet effet ils seront inscrits au catalogue des nobles de cette généralité qui sera arrêté en exécution de l'arrest du conseil du 26 février 1697. Et vous ferez bien. *(Signé)* Massonneau, avec paraphe.

Soient les requestes et pièces communiquées au préposé dudit Ferrand pour y fournir de réponse et montrées au procureur du Roy de la commission pour donner ses conclusions, pour faire les dittes réponses et conclusions. Et le tout à nous rapporté être ordonné ce qu'il appartiendra. Fait à Tours le premier juin 1715.

(Signé) CHAUVELIN.

Le préposé dudit Ferrand qui a pris communication de la présente requeste et pièces y énoncées, et duquel n'a moyen d'empescher que le supliant et ledit Anibal de Farcy et ses enfans ne soient maintenus dans leurs qualités de nobles et d'écuyers et de demoiselles et leurs postérités nez et à naistre en légitime mariage tant qu'ils vivront noblement et ne feront acte dérogeant à noblesse à Tours ce 8 juin 1715. *(Signé)* ROULLEAU.

Veu l'assignation donnée le 17 d'aoust dernier à la requeste de François Ferrand chargé de la continuation de la recherche des usurpateurs du titre de noblesse en cette généralité, la présente requete, pièces et tiltres y énoncés et la réponse du préposé du traitant je n'empesche pour le Roy que Jacques-René de Farcy sieur de la Villedubois et Annibal de Farcy son frère puisné et les enfans dudit Annibal et leur postérité tant qu'il n'y aura acte dérogeant soient maintenus dans la qualité de nobles et d'escuyers qu'ils jouissent des privilèges accordés aux autres gentilshommes du Royaume et qu'à cet effet ils soient inscrits au catalogue des nobles de cette généralité. A Tours ce 7 de juin mil sept cent quinze. *(Signé)* GROLLEAU.

— Dès 1714 Chauvelin, intendant de Tours, avait aussi assigné François-René de Farcy, sieur de Pontfarcy et ses enfans, dame Marie du Breil, veuve de François, sa mère, ainsi que François-René et Marie de Farcy ses frère et sœur.

Sur ces entrefaites Auguste-Annibal de Farcy, sieur de Cuillé, et Jacques, sieur du Roseray, demandèrent d'intervenir dans ces preuves qui leur étaient communes et y furent autorisés par sentence du 24 octobre 1717. Comme dans la maintenue de 1715, on voit figurer des titres antérieurs au XVIe siècle qu'Auguste-Annibal de Farcy recherchait avec ardeur et faisait copier après avoir obtenu les autorisations nécessaires. Nous avons vu qu'il ne s'adressa pas toujours à des gens consciencieux et fut victime d'un maladroit faussaire.

Titres de labranche du Roseray. — *Grosse originale.* — Bernard Chauvelin chevalier seigneur de Beauséjour conseiller du Roy en ses conseils, maître des requestes ordinaires de son hôtel, intendant de justice, police et finances en la généralité de Tours.

Entre François-Ferrand chargé par Sa Majesté de la continuation de la recherche des usurpateurs du titre de noblesse ordonnée par les déclarations du Roy des 4 septembre 1696, 30 may 1702, 30 janvier 1703 et 16 janvier 1714, poursuitte et diligence de Me Gabriel Roulleau son procureur spécial en cette généralité demandeur aux fins de l'exploit du 17 aoust 1714 d'une part.

Et François-René de Farcy conseiller au parlement de Rennes demeurant ordinairement paroisse d'Arqunay *(Arquenay)* en son château de Champfleury, élection de Laval, deffendeur tant pour luy que pour François-Philippe-Camille, dame Marie-Charlotte et Eugenne-Emmanuel-Marie de Farcy ses enfans et encore pour dame Marie du Bruil veuve de François de Farcy seigneur de Pontfarcy sa mère et François-René de Farcy sieur de Montbron son frère puisné et dame Marie de Farcy femme de Jacques-René de Farcy sieur de la Villedubois sa sœur, d'autre part.

Et Auguste-Annibal de Farcy seigneur de Ceuillé, demeurant en son chateau du Bois de Ceuillé dite paroisse de Ceuillé (*Cuillé*), élection de Chateaugontier, intervenant aux fins de la requête du 23 de ce mois.

Et Jacques de Farcy sieur du Roseray demeurant en son chateau du Roseray paroisse de Ballots élection de Chateaugontier aussi intervenant suivant sa requête dudit jour.

Veu les dittes déclarations du Roy des 4 septembre 1696, 30 may 1702, 30 janvier 1703 et 16 janvier 1714, les arrêts du conseil d'état des 26 fevrier 1697, 15 may 1703 et autres, rendus pour l'exécution desd. déclarations. L'exploit d'assignation donné à la requete dud. Ferrand le 17 aoust 1714 à ladite dame Marie du Bruil veuve François de Farcy seigneur de Pontfarcy à comparoir par devant nous pour réprésenter les titres en vertu des quels elle prend la qualité de veuve, de noble et d'écuyer. La requête à nous présentée par ledit François-René de Farcy conseiller au parlement de Rennes tant pour luy que pour François-Philippe-Camille, Bonne-Marie-Charlotte et Eugenne-Emmanuel-Marie de Farcy ses enfans et encore pour la ditte dame Marie du Breuil veuve de François de Farcy sieur de Pontfarcy sa mère assignée, François-René de Farcy sieur de Montbron son frère puisné et dame Marie de Farcy épouse de Jacques-René de Farcy écuyer sieur de la Villedubois sa sœur, contenant inventaire de production des titres de leur noblesse de race et ancienne extraction. Ladite requete contenant aussi l'intervention de Annibal-Auguste de Farcy sieur de Ceuillé par laquelle ils ont remontré que le nom de Farcy est originaire de Normandie et très ancien. Don Allexis Laubineau, dans son histoire de Bretagne au premier tosme folio 160 rapporte de *(que)* Raoul de Fougères voullant affranchir le duc de Bretagne du pouvoir de Henry roy d'Angleterre qui l'obsedoit rassembla plusieurs manceaux et normands de ses voisins dont il composa une armée assé forte pour surprendre Dol et Combourt mais qu'ayant été battu le 20 aoust 1173 il s'enferma dans la tour de Dol avec 40 chevaliers du nombre des quels étoient Emery de Falaise et Geoffroy de Farcy. Que le même Père dans son second tome des preuves folio 152 raporte un titre du mois d'avril 1214 par lequel il se justifie que Jean Comte de Dol et de Combourg donna à l'abbaye de Valleville *(Vieuville)* les terres que possédoient Gallant de Palluel et Geoffroy de Farcy et que ce même Geoffroy de Farcy qualifié chevalier sieur de Montabert, fief considérable en Costentin et possédé longtemps par les Farcy fit une transaction avec André de Vitré au mois de may 1236 par laquelle il lui reconnoit l'hommage des terres de Montabert dont il lui avoit contesté la mouvance, que le même Père Laubineau fait mention d'un Jean de Farcy qui en 1420 se rangea sous la bannière du sire de Rieux avec nombre de seigneurs pour procurer la liberté du duc de Bretagne prisonnier à Chantoceaux par le comte de Pinthièvre comme il se voit folio 938 au second tomes des preuves. Ce qui justifie que le nom de Farcy est très ancien et qu'ils possedoient des fiefs et des seigneuries dans un temps que les seuls gentilshommes avoient la permission d'en posséder. Enfin qu'après avoir justifié par l'histoire de l'ancienneté du nom de Farcy parce que l'on ne peut raporter de titres suivis d'un temps sy éloigné. Ils articullent seulement leur descente de Jean de Farcy qui eut pour femme Louise de Briqueville et qui parroist estre descendu dudit Geoffroy de Farcy sieur de Montabert dont est fait mention dans l'histoire puisqu'il ne se trouve point d'autre famille noble que celle déclarée en leur arbre généalogique. Que dudit Jean de Farcy et Louise de Briqueville est sorti Pierre de Farcy écuyer sieur de Montabert et d'Auterive qui eut pour femme Jeanne de Broon dont est sorty Michel de Farcy écuyer marié à Françoise du Moulinet dont est aussi sorty Guillaume de Farcy escuyer qui fut marié à demoiselle Marie Casset *(Caget)* et dont est issu Léonard de Farcy qui épousa demoiselle Catherine Bizeul. Duquel mariage est sorty Annibal de Farcy marié à demoiselle Guionne de Launay, du mariage duquel est aussi sorty René de Farcy qui épousa Marie de Gennes et dont est issu François de Farcy mari de Marie du Bruil père et mère du produisant et des dits François-René de Farcy de Montbron et Marie de Farcy femme de Jacques-René de Farcy de la Villedubois ses frère et sœur. Lequel François-René de Farcy produisant a eu de son mariage avec demoiselle Anne Moland de la Chauvière, François-Philippe-Camille, Bonne-Marie-Charlotte et Eugenne-Emmanuel-Marie de Farcy ses enfans. Et que dudit Annibal de Farcy et de la dite demoiselle Guionne de Launay est aussy sorty Charles de Farcy qui avoit épouzé demoiselle Marguerite Uzille du mariage des quels est sorty François de Farcy mary de demoiselle Elizabeth de Guillon père et mère dudit Annibal-Auguste de Farcy de Ceuillé, intervenant qui de son mariage avec demoiselle Renée-Catherine du Moulin a eu pour enfans mâles Daniel, Armand, Auguste, Camille de Farcy et pour filles Emelie, Lucie, Céleste, Mélanie et Pélagie de Farcy. Laquelle Emelie esnée a épouzé Mre Jean-Baptiste du Bril *(Breil)* comte de Pontbrian. La dite requête tendante à ce qu'il nous plust luy donner acte de la représentation qu'il fesoit des dits titres. En conséquence décharger ladite dame Marie du Breuil veuve de François de Farcy sa mère de l'assignation à elle donnée à la requeste dudit Ferrand le 17 aoust

1714 et audit Annibal-Auguste de Farcy de son intervention à présentation des titres par luy produits pour justifier son attache à la famille du produisant et faisant droit sur le tout de maintenir et garder avec les dits François-Philippe-Camille, Bonne-Marie-Charlotte et Eugenne-Emmanuel-Marie de Farcy ses enfans, ledit François-René de Farcy son frère puisné, laditte Marie de Farcy épouze dudit sieur de la Villedubois sa sœur et ledit Annibal-Auguste de Farcy intervenant et ses enfans nez et a naitre dans leur noblesse de race et ancienne extraction, ensemble laditte dame Marie du Bruil veuve de François de Farcy mère du produisant dans sa qualité de veuve de noble et d'écuyer, ordonner qu'ils jouiront des privilèges, honneurs et exemptions attribuez à la noblesse du Royaume et qu'à cet eftet ils seront inscrits au catalogue des nobles de cette généralité qui sera arresté en exécution de l'arrest du Conseil du 26 février 1697. La ditte requeste signée Massonneau, procureur. Autre requeste à nous présentée par Jacques de Farcy sieur du Roseray intervenant ledit jour 23 du present mois par laquelle il a articulé qu'il estoit de la famille des dits de Farcy cy dessus nommés étant fils de Charles de Farcy qui avoit épouzé demoiselle Margueritte Uzille, que du mariage dudit Jacques avec demoiselle Elisabeth Pineau sont sortis Charles-René de Farcy, ayné, Jean de Farcy, Margueritte-Elisabeth de Farcy et Louise de Farcy, que ledit Charles-René de Farcy ayné, à présent décédé, avoit épousé demoiselle Charlotte de la Douespe, que de leur mariage sont issus Charles-Annibal de Farcy et Margueritte-Angélique de Farcy, au moyen de quoy a conclud à ce qu'acte luy fut donné de son intervention et réprésentation des dits titres sur laquelle faisant droit il nous plust le maintenir avec les dits Jean, Margueritte-Elizabeth et Louise de Farcy ses enfans et les dits Charles-Annibal et Marguerite-Angélique de Farcy ses petits enfans dans leur noblesse de race et ancienne extraction noble conjointement avec les dits sieurs de Farcy produisants et intervenants. Production. L'arbre généalogique desdits sieurs de Farcy en haut du quel est l'écusson de leurs armes : *d'or freté d'azur au chef de gueule*. Copie colla-

9

tionnée à son original tirée des archives du trésor de Vitré le 2e septembre 1671 d'une transaction écritte en lattin par Geoffroy de Farcy de Montabert qualifié *miles* avec André seigneur de Vitré au mois de mai 1236 par laquelle il lui reconnoit l'hommage des terres dudit fief de Montabert dont il lui avoit contesté la mouvance. Sur les degrés de Jean de Farcy mary de Louise de Briqueville et de Pierre de Farcy mary de Jeanne de Broon. Copie collationnée d'une fondation faite d'une messe dans l'église du Pontfarcy par Pierre de Farcy et Jeanne de Broon sa femme pour eux et pour le repos de l'asme de Jean de Farcy et de Louise de Briqueville leur père et mère pour 20# de rente qu'ils assoient sur les terres en bordelages sises en leur fief et seigneurie d'Hauterive, et s'ils ne suffisent pas sur les eschaetes au fief de Montabert du 18 septembre 1468. La dite collation faite à l'original en parchemin réprésenté par Annibal-Auguste de Farcy chevallier sieur de Ceuillé par Portier et Trois notaires royaux au Mans résidents à Laval le 9 octobre 1714 légalisée par le sieur Le Long, lieutenant général au siège royal de Laval le 10 dudit mois d'octobre 1714. Extrait tiré de la chambre des comptes de Paris le 9 avril 1715 en vertu d'arrêt de la ditte chambre d'un aveu rendu en icelle le 4 septembre 1450 par Pierre Farcy écuyer à cause de Jeannette de Broon sa femme du fief de la Chapelle Heusebroc assis au bailliage de Caen, en la vicomté de Bayeux. Sur le degré de Michel de Farcy mary de Françoise du Moulinet, extrait de deux aveux rendus en la chambre des comptes de Paris par Jean de Farcy écuyer frère ayné dudit Michel, du fief de la Chapelle-Heusebroc les 10 novembre 1456 et 6 décembre 1464. Ledit extrait délivré en vertu d'un arret de la ditte chambre des comptes le 9 avril 1715. Copie collationnée à l'original en parchemin par Portier et Trois notaires royaux au Mans le 9 octobre 1714 du partage noble fait devant Jean le Carpentier et Pierre Mesquet tabellions de la vicomté de Vire le 28 decembre 1480 entre nobles hommes escuyers Jean et Michel Farcy frères fils de deffunt noble homme escuyer Pierre Farcy et de noble dame Jeanne de Broon sa femme des successions de leurs dits père et mère par lequel il appert que ledit Jean comme ayné a retenu le fief de Montabert et dépendances et le fief d'Auterive. La ditte copie légalisée par le sieur Le Long, lieutenant général au siège royal de Laval le 10 octobre 1714. Expédition en parchemin tirée le 13 novembre 1645 par Mathieu Le Comte, l'ayné, notaire de la cour royalle du Mans demeurant paroisse Saint Pater près Alençon garde de la minutte du partage noble fait devant Jean Le Gendre et Jean Duval tabellions à Alençon le 24 may 1530 entre Sébastien et Guillaume Farcy escuyers frères fils et héritiers de Jean Farcy écuyer leur père des biens héritages et meubles de leur dit père par l'avis et en présence de Michel Farcy escuyer leur oncle enquesteur ordinaire audit Alençon par lequel il appert que le fief et terre noble d'Auterive sont demeurés audit Guillaume comme ayné. Autre expédition en papier tirée sur la minutte par ledit Le Comte garde de la minutte le 13 novembre 1645 du contrat de mariage d'entre Jean Dibon et Jeannette Gélain, reçu devant Jean Le Gendre et Jean Duval tabellions à Allençon le 18 avril après Pasques l'an 1535, en présence d'honnete homme Me Michel Farcy escuyer licencié ès loix enquesteur en la vicomté d'Alençon. Copie sur papier extraite de l'un des régistres du tabellionnage d'Alençon par ledit Le Comte d'un bail à ferme fait devant Guillaume Laudier et Jean Duval tabellions le 29 aout 1538 par honnete homme Pierre du Mesnil escuier sieur de Saint-Denis aux échevins et bourgeois de la ditte ville d'Alançon de certaines maisons, cours et jardins, à ce faire conseillé par n. h. et sage Me Innocent Le Coustellier chevallier vicomte d'Alançon et Michel Farcy escuier enquesteur ordinaire. Copie en papier extraite par ledit Le Compte de l'un des régistres dudit tabellionnage d'Alançon d'une transaction faite devant Guillaume Laudier et Jean du Val tabellions le 25 juillet 1539 entre honnete homme Me Cleriadus Bonnet sieur de Vendel et Guillaume Roussel bourgeois d'Alençon en présence de Me Michel Farcy escuyer licencié es loix. Sur le degré de Guillaume de Farcy marié à demoiselle Marie Casset (*Caget*) Un extrait en papier du régistre de l'échiquier d'Alançon tenu le 15 septembre 1548 auquel a assisté Guillaume de Farcy commis et député avec autres à tenir ledit échiquier. Expédition en parchemin tirée de l'un des régistres du tabellionnage d'Alançon par Mathieu Le Comte, l'ayné, notaire en la Cour royalle du Mans en la paroisse de Saint-Pater près Alançon garde dudit registre le 13 novembre 1645 du partage noble fait devant Me Mathieu Barbier et Jean Le Saige tabellions en ladite Chastellenie le 4 mai 1564 entre Antoine Farcy écuyer fils de deffunt Sébastien Farcy écuyer et Richard de Marsilly escuyer tuteur des enfans mineurs issus de luy et de deffunte demoiselle Anne Farcy sa femme et Me Roullin Richer mary de demoiselle Madeleine Farcy des biens de la succession dudit Sébastien Farcy par lequel il appert que ledit Antoine Farcy s'est obligé payer à l'acquit dudit de Marsilly la somme de 50# de rente à la succession d'écuyer Guillaume Farcy en son vivant conseiller en l'échiquier d'Alançon qui estoit due de reste du prix de la charge d'enquesteur que possédait autrefoys escuyer Michel Farci père dudit Guillaume. La quelle rente se payoit à demoiselle Françoise du Moulinet veuve dudit Michel. Sur le degré de Léonard de Farcy marié à demoiselle Catherine Bizeul. Expédition en parchemin tiré d'un des régistres du tabellionnage d'Alançon par Samuel Gillot l'ayné tabellion royal à Alançon garde dudit régistre le 13 de novembre 1645 du partage noble fait devant Mathieu Barbier et Jean Le Saige tabellions en ladite Chastellenie le 2 décembre 1571 entre Léonard Farcy escuyer fils ayné et principal héritier de deffunt Guillaume de Farcy en son vivant escuyer conseiller en l'échiquier d'Alançon et demoiselle Marie Casset (*Caget*) et Jean de Farcy escuyer son frère puisné des biens dudit Guillaume Farcy leur père par lequel il est fait mention que ledit Léonard avait reçu l'amortissement de 50# de rente qui étoient dues à ladite succession pour le restant du prix de la charge d'enquesteur ordinaire audit Alançon possédée autrefois par ledit Michel Farcy escuyer ayeul dudit Léonard. La grosse en parchemin du contrat de mariage de Léonard de Farcy écuyer sieur de Pesnel fils de deffunt Guillaume de Farcy en son vivant conseiller en l'échiquier et siège présidial d'Alançon et de demoiselle Marie Casset (*Caget*) avec demoiselle Catherine Bizeul reçu devant Mathieu Barbier et Jean Le Saige tabellions jurez en la Chastellenie d'Alançon le 24 octobre 1575. La grosse en parchemin d'une transaction faite sur partages entre Léonard de Farcy escuyer se faisant fort tant pour luy que pour ses autres frères issus du premier mariage de deffunt Léonard de Farcy écuyer sieur de Painel leur père d'une part et demoiselle Catherine Bizeul sa veuve tant en son nom que comme ayant la garde et tutelle de ses enfans mineurs, issus de son mariage avec le dit deffunt Léonard d'autre part, laditte transaction reçue devant Pierre Barbier et Samuel Gillot tabellions jurez en la Chastellenie d'Alançon le 25 d'aoust 1597. Sur le degré d'Annibal de Farcy marié à demoiselle Guyonne de Launay, la grosse en parchemin du contrat de mariage d'escuyer Annibal de Farcy sieur de Saint-Laurent avec demoiselle Guionne de Launay fait de l'avis et consentement de demoiselle Catherine Bizeul sa mère veuve d'écuyer Léonard de Farcy sieur de Pesnel et d'écuyer Léonard Farcy présent audit contrat frère ayné dudit Annibal et procureur spécial de la ditte Bizeul reçu devant Lezin Razeau notaire royal établi à Laval le jeudy huitième jour du mois de février 1601. Sur le degré de René de Farcy et de Marie de Gennes la grosse en parchemin de la démission et partage fait en conséquence par Annibal de Farcy escuyer sieur de Saint-Laurent et demoiselle Guionne de Launay son épouze le 3 septembre 1646 de leurs biens meubles et immeubles à Gilles, Thomas, Jacques, François, René et Charles de Farcy leurs enfans reçus devant de Rotrou notaire de la Cour de Laval. L'arrest rendu en la Chambre établie par le Roy pour la reformation de la noblesse du pays et duché de Bretagne ce 19 octobre 1668 au profit de Jacques Farcy escuyer sieur de Pesnel, François Farcy escuyer sieur de Saint-Laurent et René de Farcy escuyer sieur de la Daguerie marye de demoiselle Marie de Gennes, par lequel arrêt lesdits Jacques, François, René ont été maintenus en leur noblesse d'ancienne extraction et par ledit arrêt il paroit que ledit René avait pour enfans Annibal de Farcy escuyer conseiller du Roy en son parlement de Metz et François Farcy escuyer sieur de la Daguerie son puisné. La grosse en parchemin du contrat de mariage de François de Farcy escuyer sieur de

Cuillé fils de Charles de Farcy avec demoiselle Madeleine-Elizabeth de Guillon reçu devant Levasseur et son collègue, notaires au Chastelet de Paris le 15 février 1670, auquel contrat de mariage étoit présent Mre René de Farcy écuyer sieur de la Daguerie comme procureur dudit Charles de Farcy son frère en l'assistance de dame Marie de Gennes son épouse. Sur le degré de François de Farcy et de dame Marie du Breuil la grosse en parchemin du contrat de mariage de François de Farcy écuyer avec dame Marie du Breuil reçu devant Pierre Poullin notaire royal et François Jarderin notaire au comté pairie de Laval le 23 janvier 1673 auquel contrat de mariage étoient présents René de Farcy écuyer sieur de la Daguerie et dame Marie de Gennes son épouze père et mère dudit de Farcy. L'acte de partage fait noblement entre Mre François de Farcy sieur de la Daguerie conseiller au parlement de Metz fils ayné et héritier principal et noble de deffunt Mre René de Farcy et de dame Marie de Gennes sieur et dame de la Daguerie ses père et mère et Mre François de Farcy sieur de Pontfarcy son frère puisné des biens des successions desdits deffunts sieur et dame de la Daguerie arresté par André et Berthelot notaires royaux en la cour et sénéchaussée de Rennes le 7 mars 1696, controllé à Rennes le 8 des dits mois et an. Sur le degré de François-René de Farcy produisant et de dame Anne Molan son épouze, l'extrait baptistaire de François-René fils de Mre François escuyer sieur du Pont et de Marie du Bruil son épouze du 27 de septembre 1684 délivré par le sieur Le Grand pretre, commis du greffier garde et conservateur des régistres des baptêmes, mariages et sépultures de l'élection de Laval le 11 octobre 1714 légalisé par le sieur Le Long lieutenant général et particulier au siège royal de Laval lesdits jour et an. L'expédition en parchemin du contrat de mariage de messire René-François de Farcy fils ayné de Mre François de Farcy écuyer sieur du Pontfarcy, conseiller du Roy, président et premier juge magistrat dans tous les sièges royaux du Comté de Laval, maitre des eaux et forest et capitaine des chasses dudit Comté et subdélégué en titre de l'intendance et de dame Marie du Breuil son épouze avec demoiselle Anne Molan de la Chauvière, reçu devant René Guion notaire royal de la sénéchaussée d'Anjou et siège présidial d'Angers residant et réservé à Segré le dernier septembre 1706. Sur le degré des dits François-Philippe-Camille, Bonne-Marie-Charlotte et Eugenne-Emmanuel-Marie de Farcy enfans du produisant les extraits baptistaires des dits François-Philippe-Camille, Bonne-Marie-Charlotte et Eugenne-Emmanuel-Marie de Farcy enfans de François-René de Farcy chevalier sieur du Pontfarcy conseiller au parlement de Bretagne et de dame Anne Molan son épouze des 1er aoust 1709, 14 juin 1712 et 1er novembre 1713 délivrés par le sieur Le Grand pretre commis du greffier garde et conservateur des régistres des baptêmes, mariages et sépultures des paroisses de l'élection de Laval et par luy tiré des régistres des paroisses de la Trinité et Saintugal de la ville de Laval et de celle d'Arquenay près Laval le 15 novembre 1715 légalisés les dits jour et an par le sieur Le Long, lieutenant général et particulier de la sénéchaussée et siège présidial de Laval. Sur le degré de François-René de Farcy de Montbron frère puisné du produisant, l'extrait baptistaire de François-René fils de monsieur Me François Farcy escuyer sieur du Pont et de dame Marie du Breuil son épouze du 19 fevrier 1687 délivré par le sieur Bucher Ballorais procureur marguillier de la paroisse de la Trinité de Laval le 23 juillet 1710 légalisé par ledit sieur Le Long les dits jour et an. Sur le degré de dame Marie de Farcy épouze de Jacques-René de Farcy sieur de la Villedubois, extrait baptistaire de Marie fille de monsieur Me François de Farcy escuyer sieur de la Daguerie et de Marie du Bruil du 1er octobre 1678 délivré par le sieur Le Grand prestre habitué en la paroisse de la Trinité de la ville de Laval le 4 septembre 1717 et légalisé par le sieur Le Long le 3 novembre audit an 1717. L'ordonnance par nous rendu le 12 juin 1715 par laquelle nous avons maintenu Jacques-René de Farcy sieur de la Villedubois mary de la dite Marie de Farcy et Annibal de Farcy sieur de Mué son frère dans leur noblesse sur la réprésentation qu'il nous ont fait des titres justificatifs d'icelle. Sur le degré de Charles de Farcy et de Marguerite Uzille ayeul et ayeulle dudit Annibal-

Auguste de Farcy intervenant, la grosse en parchemin du contrat de mariage de Charles de Farcy escuyer sieur de la Carterie, fils de Me Annibal de Farcy procureur fiscal au Comté de Laval et de demoiselle Guionne de Launay ses père et mère avec demoiselle Marguerite Uzille, reçu devant P. Singer notaire sous la cour de Soubize le 15 septembre 1640. Sur le degré de François Farcy et de Madeleine-Elisabeth de Guillon, la grosse en parchemin du contrat de mariage de Me François de Farcy escuyer sieur du Bois de Cuillé, fils ayné de Mre Charles Farcy sieur du Bois de Cuillé et du Roseray et de dame Margueritte Uzille son épouze avec demoiselle Anne-Elizabeth de Guillon reçu devant Levasseur et son collègue notaires au chastelet de Paris le 15 fevrier 1670 auquel contrat étoient presents et assistoient Mre Gilles de Farcy escuyer et Mre René de Farcy escuyer sieur de la Daguerie au nom et comme conjointement procureurs du dit Charles de Farcy leur frère et de la dite dame Marguerite Uzille son épouze et oncles dudit François de Farcy. Sur le degré dudit Annibal-Auguste de Farcy intervenant, la grosse en parchemin du contrat de mariage de Mre Annibal Auguste de Farcy sieur de Ceuillé fils ayné et héritier présomptif principal et noble de Mre François de Farcy et de dame Marguerite-Elizabeth de Guillon sieur et dame de Ceuillé et demoiselle Renée-Catherine du Moulin reçu devant Berthelot et Bretin notaires royaux à Rennes le 31 octobre 1694. Sur le degré de Jacques de Farcy sieur du Roseray second intervenant. La grosse en parchemin du contrat de mariage de Mre Jacques de Farcy sieur du Roseray fils de deffunt Jacques *(Charles)* de Farcy sieur de la Carterie et de dame Marguerite Uzille avec demoiselle Elizabeth Pineau, ledit contrat reçu par Rivière notaire royal à Nantes le 8 may 1677 auquel contrat étoient presents les dits Charles de Farcy et Marguerite Uzille sa femme. Copie collationnée du partage fait par Charles de Farcy escuyer sieur de la Carterie de ses biens et de ceux de deffunte dame Margueritte Uzille sa femme à François de Farcy écuyer sieur du Bois de Ceuillé son fils ayné et principal héritier noble pour les preciput et avantage en sa succession et encore de ce qui pourroit en apartenir à

Jacques de Farcy écuyer sieur de Farcy *(Roseray)*, son fils puisné, à demoiselle Marguerite de Farcy épouze de Mre François Morel chevalier sieur de la Barre et à dame Claude-Charlotte de Farcy aussi épouze de monsieur Me Annibal de Farcy écuyer conseiller du Roy en son parlement de Metz et à demoiselle Catherine-Françoise de Farcy ses filles puisnéez, ledit partage reçu devant Antoine Charlette notaire royal à Angers le 2 may 1680, laditte copie collationnée par Juchet et Régeleau notaires de Genne et du Pinel le 13 novembre 1688. La grosse en papier de l'acte de ratification dudit partage par François de Farcy écuyer sieur de Ceuillé fils ayné heritier principal et noble de deffunt Charles de Farcy écuyer sieur de la Carterie et de dame Marguerite Uzille ses pères et mère, Jacques de Farcy écuyer sieur de Farcy, Mre François Morel chevalier sieur de la Barre mary de dame Marguerite de Farcy, dame Charlotte de Farcy épouze de monsieur Me Annibal de Farcy sieur de la Daguerie conseiller du Roy au parlement de Metz de luy autorizée, dame Catherine Françoise de Farcy épouze de Binjamin de Ravenelle écuyer sieur du Bois-Teilleul autorisée par justice à la poursuite de ses droits tous frères et sœurs puisnez dudit sieur de Ceuillé, ledit acte reçu devant Berthelot notaire royal à Rennes le 19 mars 1691. Et pour justifier par ledit Jacques de Farcy sieur du Roseray qu'il a tous jours vescu noblement a servi le Roy au ban de la noblesse d'Anjou touttes les fois qu'il a été convoqué rapporte un certificat de M. Le Mis de Sablé grand sénéchal d'Anjou du 23 septembre 1689 que Jacques de Farcy chevalier sieur du Roseray a servi en qualité de brigadier dans l'escadron de la noblesse d'Anjou pendant tout le temps qu'il a plu à sa Majesté retenir sa noblesse. Dans l'année 1693 en qualité de maréchal des logis suivant le certificat de M. de Senonnes. En l'année 1696 en qualité de lieutenant comme il paroist par la reveue signée du commissaire du 25e juillet 1696 auquel employ il fut nommé par quarante quatre gentilshommes de l'escadron d'Anjou, confirmé le 15 juin 1696 par l'autorité de M. Le Maréchal de Tourville et par son ordonnance du même mois et an. Les dittes quatre pièces attachées ensemble. M. de Senonnes commandant la noblesse s'étant absenté, il eut l'honneur de commander le banc comme il paroit par le certificat de M. Le Maréchal de Tourville du 20 juin 1696. Et par les ordres qui luy furent adressés le 29 aoust de la mesme année et pour faire voir dudit certificat de service pendant l'année 1696 produit l'enrégistrement qui a été fait d'iceluy aux greffes des sénéchaussées de Saumur et Baugé les 10 et 14 septembre 1696. Sur le degré de Charles-René de Farcy fils ayné dudit Jacques de Farcy sieur du Roseray, un acte d'avis donné par les parents de deffunte dame Elisabeth Pineau vivante compagne d'écuyer Jacques de Farcy sieur du Roseray portant qu'ils connoissent Charles-René de Farcy écuyer sieur du Roseray fils ayné dudit écuyer Jacques de Farcy et de demoiselle Elizabeth Pineau capable de gérer et avoir la disposition et administration de ses biens et à cet effet qu'ils sont d'avis qu'il soit émancipé le consentant de leur part, ledit acte reçu devant Hallin et Lorieux notaires du marquisat de Blin le 18 novembre 1695. La grosse en parchemin du contrat de mariage de Me Charles-René de Farcy écuyer sieur du Roseray fils ayné noble de Jacques de Farcy écuyer sieur dudit lieu du Roseray et de deffunte dame Elisabeth Pineau ses père et mère avec demoiselle Charlotte de la Douespe reçu devant Thomas et Arnoul notaire de la chastellenie de Thénie le 12 may 1701. Nos ordonnances du 23 du présent mois portant que les dites requestes des dits sieurs de Farcy, ensemble les pièces y énoncées seront communiquées au préposé dudit Ferrand pour y fournir de réponse et montrée au procureur du Roy de la commission pour donner ses conclusions. Les réponses dudit préposé étant au pied des dites requêtes portant qu'il n'a moyens d'empescher la decharge et maintenue requises du 23 et 24 de ce mois. Conclusions dudit procureur du Roy signé Grolleau et tout considéré.

Nous intendant susdit avons donné acte audit François-René de Farcy conseiller au parlement de Rennes de la dite réprésentation et audit Annibal-Auguste de Farcy de Ceuillé et Jacques de Farcy du Roseray de leurs interventions et réprésentation de leurs titres. En conséquence avons déchargé la ditte dame Marie du Bruil veuve de François de Farcy de l'assignation à elle donnée à la requeste dudit Ferrand le 17 aoust 1714. Et avons maintenu ledit François-René de Farcy conseiller, François-Philippe-Camille, Bonne-Marie-Charlotte et Eugenne-Emmanuel-Marie de Farcy ses enfans, François-René de Farcy de Montbron et Marie de Farcy épouze dudit sieur de la Villedubois ses frères et sœurs comme aussy lesdits Annibal-Auguste de Farcy de Ceuillé et Jacques de Farcy du Roseray, ensemble leurs enfans et postérité née et à naistre en légitime mariage dans leur noblesse de race et ancienne extraction, ordonnons qu'ils jouiront des privilèges, honneurs et exemptions attribuées aux autres gentilshommes du Royaume tant qu'ils vivront noblement et ne feront acte dérogeant à noblesse et qu'à cet effet ils seront inscrits au catalogue des nobles de cette généralité qui sera arrêté en exécution de l'arrêt du Conseil du 26 février 1697.

(Signé) Chauvelin, *avec paraphe*

Par Monseigneur Baize de Méré

Reçu. . . . de la présente ordonnance ce 18 janvier 1718.

(Signé) Roulleau, *avec paraphe.*

— Camille-Hippolyte-Annibal de Farcy de Cuillé fut reçu chevalier de Malte de minorité au grand prieuré d'Aquitaine sur preuves des 26 et 28 décembre 1726. Le 4 mai 1727 il paya la somme de 2325 ‡ pour son « passage de majorité. » La branche de la Villedubois possède une copie collationnée de ces preuves dont ont retrouve quelques fragments à la Bibliothèque Nationale, avec ses huit quartiers de noblesse écrits et blasonnés de la main même de d'Hozier.

L'an 1726 le 20 décembre jour de vendredy, Nous frère René de Marthel d'Ersé commandeur de Saint Jean, de sainte Catherine de Nantes et frère Victor Henri Le Roux chevalier de la Corbinière commandeur de Théval, les deux chevaliers de l'ordre de Saint Jean de Jérusalem[1], scavoir faisons qu'estant dans

1. Le premier, reçu en janvier 1700, portait *de gueules à 3 marteaux d'or 2 et 1,* au chef de l'ordre qui est *de gueules à la croix d'argent;* le 2, reçu le 17 octobre 1701, portait *d'azur au lion d'or, armé, lampassé, couronné de gueules,* au chef de l'ordre.

la ville de Gennes[2] dans l'hostellerie où pend pour enseigne le cheval Blanc, où demeure present pour hoste débitant le nommé Lestang, nous est venu trouver Mre Annibal-Auguste de Farcy chevalier seigneur de Cuillé, conseiller au parlement de Bretagne demeurant pendant l'exercice de sa charge à Rennes en Bretagne près la motte Saint Georges paroisse dudit Saint Georges, et présentement résidant au château de Cuillé paroisse dudit Cuillé province d'Anjou distant dudit lieu de Gennes où nous sommes d'environ demie lieue lequel nous a représenté une commission estant en parchemin émanée du chapitre provincial du grand prieuré d'Aquitaine tenu à Poitiers en l'hostel et commanderie de Saint-Georges le 3e jour de septembre 1726 signée le commandeur de Montenay chancellier au grand prieuré d'Aquitaine et scellée du sceau de l'aigle en cire verte obtenu en vertu de la bulle accordée par son Eminence Mgr le grand maistre de Saint-Jean de Jérusalem donnée et escripte à Malte le 19 janvier 1724 signée frère Emmanuel Pinto *vice cancellarius* et icelluy apposé le sceau de son Eminence Mgr le grand maistre tendant à la dispense de Magdelaine Le Baschelé et de Ester Girard ayeuls paternel et maternel, laquelle dispense auroit été accordée par son Eminence suivant le bref dont copie sera cy-après. En conséquence ledit noble Camille-Hippolyte-Annibal de Farcy prétendant, auroit envoyé suivant les statuts de notre ordre les titres primordiaux pour pouvoir establir sa qualité de noble et le mémorial des tiltres dont il veut se servir afin de prouver sa noblesse pour estre reçu de majorité dans ledit ordre, nous requérant de procéder à l'effet de notre commission tendant à informer et à faire les preuves de noblesse et légitimation, relligion catholique, bonne vie et mœurs de noble Camille-Hypolite-Annibal de Farcy pour estre reçu de majorité dans ledit ordre, son fils et de feue dame René-Catherine du Moulin son épouse. Nous priant et requérant de voulloir bien y procéder par audition de thémoins gentilshommes de noms et d'armes et par actes qu'il désire nous présenter au moyen de

1. Gennes, canton d'Argentré, arrondissement de Vitré (Ille-et-Vilaine).

quoi après avoir vu laditte commission dans laquelle nous sommes dénommés icelle saine et entière non rayée ni biffiée, accordée comme dit est en vertu du bref et bulle cy-dessus et de l'approbation de la vénérable langue particulière au grand prieuré d'Aquitaine tenu à Malthe le 16 avril 1725 avec permission de son Eminence Mgr le Grand Maistre référant l'examen des titres mentionnés au mémorial y envoyé par ledit sieur de Farcy de Cuillé père. Laditte approbation signée par le chevallier de Rouville, le chevalier de La Laurencie et le chevalier de Serainchamps, procureur de la vénérable langue de France et par frère Jean-Baptiste-Etienne secrettaire de laditte langue. Nous avons humblement accepté laditte commission avec la révérence et soumission en tel cas requis et avant de procéder aux dites preuves, suivant et au désir de notre dite commission avons appelé avec nous Me Jean-Luc Bigot nottaire royal au siège présidial de Rennes demeurant à la Guerche paroisse de Rasnée en la présence duquel avons juré l'un à l'autre sur la croix et habit de notre ordre de bien et fidellement vacquer à l'effet de notre commission, comme aussy avons pareillement fait faire le serment audit Bigot notaire royal sur les Saints Evangiles après avoir les uns et les autres entendu la sainte messe lequel nous a promis et juré ainsi que nous le lui avons enjoint de bien et fidellement rédiger par escript tout ce qui lui sera par nous ordonné et dicté, de le tenir secret et de n'en révéler aucune chose à personne quelconque à quoy nous confians et pour exécuter le contenu de notre dite commission nous avons fait insérer le Breff de son Eminence Mgr le Grand Maistre dans lequel est inséré la Bulle de dispense susditte et l'approbation du mémorial des titres de la vénérable langue de France au grand prieuré d'Aquitaine et la commission dudit grand prieuré d'Aquitaine donnée au chapitre provincial de Poitiers comme en suit :

Frater D. Antonius Manoel Vilhena Dei gratia sacræ domus hospitalis sancti Joannis Herosolitani et militaris ordinis Sancti Sepulchri domus magister humilis pauperumque Jesu Christi custos universis et singulis præsentes nostras litteras visuris, lecturis et audituris salutem. Notum facimus et in verbo veri-

tatis attestamur quatenus in frunc. mum. Magle. decretum extractum fuit ex libro Bullarum in cameraria nostra conservato in quo similiari notari ac registrari solent quod quidem in hanc publicam formam extrari et redigi jussimus ut ubique tam in judicio quam extra eidem plena et indubitata fides adhibeatur cujus tenor est qui sequitur videlicet.

In nomine domini amen. Die XIX mensis Januarii 1724 *dominus magnus magister auctoritate et facultate sibi per infra litteras apostolicas in forma brevis domini nostri domini Benedicœ divina providentia papæ XIII datas Romæ apud Sanctam Majorem sub annulo piscatoris die XVIII novembris postremo elapsi pontificatus sui anno primo cum derogatione statutorum et ordinum capitalium ceterumque in eisdem expressorum attributa nobili Camilo Hypolito Annibali de* Farcy *inter fratres milites venerandæ linguæ Franciæ recepi cupienti ut licet probationes nobilitatis familliarum seu quartorum Magdalenæ de* Le Bachelé *ejus abaviæ paternæ et de Esther* Girard *ejus abaviæ maternæ minime faciat nihilus dummodo nullum aliud canonicum ei hac in re obstet impedimentum, ipseque ad id idoneus reperiatur, in fratrem militem de justicia de veneranda lingua francia servantem alias servandum recipi ac admitti habitumque per humiles fratres milites gestari solitum suscipere et professionem per eodem emitti consuetam sub tempore expresse emittere ac omnibus et singulis prærogativis, præeminentiis, privilegiis, honoribus, juribus, gratiis et indultis quibus alii fratres milites ejudem v. linguæ franciæ de tota justicia recepti tum de jure, usu et consuetudine quam alias quomodo et utuntur et fruuntur et gaudent ac uti, frui, et gaudere possunt et poterunt, pari modo uti, frui et gaudere libere et licite possit et valeat in omnibus. Et per omnia perinde ac si nobilitatis prædictarum familiarum seu quartorum de* Le Bachelé *abaviæ paternæ et de Esther* Girard *abaviæ maternæ probationes juxta prescriptum statutorum seu stabilimentorum et ordinum capitalium fecisse reperiretur, dicta auctoritate apostolica concessit et indulsit præsentibus discretis Didaco Cumba et Angelo Vocari cameræ suæ cubiculariis testibus per me Bajulium fratrem Emmanuelem Pinto vice cancellarium ad præmissa vocatis et rogatis.*

Et quia ita se habet veritas ideo in hujus rei testimonium bulla nostra maglit. in cera nigra præsentibus est impressa; datum Melitœ in conventu nostro die XIX *mensis januarii* 1724 *juxta stilum nostræ cancellariæ registrata in cancellia Bajus* frère Emmanuel Pinto *vicecancellarius* et scellé en cire.

Extrait des régistres de la vénérable langue de France.

Ce jourd'hui 16 avril 1725 avec permission de son Emminence frère D. Antoine Manoel de Villeheha digne grand maître de l'ordre de Saint-Jean de Jerusalem et du Saint-Sépulcre, s'est tenue la vénérable langue particulière du grand prieuré d'Aquitaine, président en icelle illustre M^re^ le Chevalier frère François de la Rochebrochard, commandeur de Villegas en laquelle se sont levés Messieurs les chevaliers frère Anne-Charles de Tudest commandeur de la Lande-le-Verchers, et frère Jean-Francois-Anne Renault de la Bourdonnaye cy-devant nommés commissaires pour voir, examiner le mémorial des titres de noblesse et autres escriptures dont veut se servir noble Camille-Hipolite-Annibal de Farcy pour pouvoir estre reçu au rang des chevaliers de justice dans ledit prieuré d'Aquitaine dans les limites duquel il est né. Lesquels dits commissaires ont rapporté avoir vu et examiné avec toute l'attention et l'exactitude possible ledit mémorial et ayant remarqué que les titres de noblesse qui y sont énoncés prouvent suffisamment la noblesse que nos statuts et ordination ordonne pour estre reçu audit rang des chevaliers à la réserve de deux bisayeuls paternel et maternel dont le susdit prétendant est dispensé de prouver la noblesse par un bref apostolique et passé par son Emminence ont été de sentiment que la vénérable langue permette audit prétendant de demander des commissaires au vénérable chapitre ou assemblée provincial dudit prieuré pour procéder au procès-verbal de ses preuves de légitimation et de noblesse.

Sur quoy tous les seigneurs de ladite vénérable langue procédant avec voix, suffrages et ballottes ont approuvé et suivy les sentiments cy-dessus énoncés de mesdits sieurs commissaires. En joignant à ceux qui seront nommés à faire les dittes preuves d'estre attentifs à la vérification des titres énoncés dans ledit mémorial. Le tout passé. *(sic.)* Les procureurs de la vénérable langue de France signé Le Chevalier Ferra de Rouville, Le Chevalier de la Laurencie, Le Chevalier de Serainchamps et frère Jean-Baptiste Etienne, sécrétaire. Nous frère Joseph de Lemerie des Choisis chevalier de l'ordre de Saint-Jean de Jerusalem commandeur des commanderies de Blezon et du Fretay, président à l'assemblée provinciale tenant en la ville de Poitiers en l'hostel de Saint-Georges. Les commandeurs, chevaliers y estant assemblés s'est levé illustre Monsieur le Chevalier des Choisies lequel a esté prié de demander à cette vénérable assemblée un renouvellement de commission en faveur de noble Camille-Hyppolite-Annibal de Farcy désire sous l'habit des frères chevaliers dud. ordre servir à la deffense de la foy et pour y parvenir requiert commission luy estre donnée pour faire les preuves de sa noblesse, légitimation, bonne vie et mœurs et a présenté blason des armes des quatre familles et le mémorial des titres dont il prétend se servir pour justiffier la noblesse. Lesquels ayant été examiné par les commissaires à ce députés et trouvé iceux suffisants pour faire ladite preuve, la vénérable assemblée luy accordant sa requête a commis et député les chevaliers et bien amés commandeurs, chevaliers et frères Messieurs les commandeurs de la Bellinais, Marthel commandeur de Sainte Catherinne de Nantes, de la Tourlandry et de la Corbinnière ou à deux d'iceulx et leur donne pouvoir de vacquer à la ditte commission pour l'exécution de laquelle ils se rendront dans le lieu le plus proche voisin de la naissance ou autre lieu le plus commode dudit noble Anibal Hypolite de Farcy sans toutes fois que ce soit dans leurs maisons où estant assemblés ils feront le serment entre les mains l'un de l'autre et sur la croix et habit de notre ordre d'y vacquer selon les louables us et statuts de notre ordre et ensuite de ce prendront icelluy des père et mère ou autres les réprésentants comme les dits père et mère ne détiennent aucun bien appartenant à notre dit ordre et les y feront renoncer en cas qu'ils s'en trouve à leur possession. Et comme les quatre témoins qui leur seront présentés sont gentilshommes de nom et d'armes, bons catholiques et qu'ils ne sont parents, alliés ni favorables dudit prétendant leur feront signer leurs dépositions, entendront ensuitte celles des dits quatre gentilshommes temoins après avoir pris leur serment, s'informeront d'eux de la noblesse, légitimation, bonne vie et mœurs dudit prétendant comme aussi de ses père et mère, ayeuls et ayeulles, bisayeuls et bisayeulles tant paternel que maternel jusqu'à 100 ans, s'enquiereront s'il est des limites de ce prieuré, sur quels fonds baptismaux il a esté baptisé, s'il a atteint l'age porté par les statuts, se feront vériffier par le papier baptistaire de la paroisse où il a esté baptisé signé du curé ou vicaire de la ditte paroisse certifié par l'évêque du diocèse, son grand vicaire ou official. Et le feront insérer dans le procès verbal des dites preuves, s'informeront s'il est sain de corps et d'esprit et capable de rendre service à l'ordre, s'il est débiteur de grandes sommes de déniers, s'il a été repris de justice, s'il a promis ou contracté mariage, s'il a fait vœu à autre relligion, si les père et mère usurpent point du bien de notre ordre et s'ils ne sont point issus de race juive ou mahométanne et infidelle, s'ils reconnoissent les armes des quatre familles y estre depuis plus de 100 ans et leur feront depeindre de leurs blazons et signer leurs dépositions, verront ensuitte les contracts de mariage et les partages et les aveus rendus aux seigneurs de fief, les vérifieront sur les originaux en cas qu'ils les puissent trouver à quatre lieues à la ronde tant ès chambres des comptes, protocolles des nottaires passeurs d'iceulx, feront ensuite une preuve secrette et séparée en laquelle ils entendront quatre temoins à leur choix et non présentés des parties les quels seront les plus anciens et honnorables gens de bien du voisinnage desquels ils prendront le serment et s'informeront comme dessus de la noblesse, légitimation, bonne vie et mœurs dudit prétendant et de ses père et mère, ayeuls et ayeulles, bisayeuls et bisayeulles comme aussi de celle des quatre témoins de la preuve principale, comme ils sont bons catholiques et gens de bien, en la déposition des quels foy peut estre adjoustée et qu'ils ne sont alliés ny favorables dudit noble Camille-Hypolite-Anibal de Farcy, la joindront à la preuve principalle et feront rédiger le tout par escript par le chancellier ou à deffaut de luy par le vice chancellier ou à deffaut de l'un ou de l'autre par un nottaire royal ou de cour laize lequel ils appelleront avec eux pour adjoints auquel ils feront apparoistre les provisions de sa charge de nottaire qu'ils inscriront, luy feront faire le serment de fidellement rédiger par escript, de tenir le tout secret et inscriront le mémorial des pièces dont il a été parlé cy dessus et envoiront le tout clos et scellé du scel de leurs armes et signés d'eux, dudit chancellier, vice chancellier ou nottaire au premier chapitre ou assemblée qui se tiendra à ce prieuré assez à temps pour qu'on puisse donner des commissaires pour les recevoir et examiner. Donné et fait à Poitiers sous le seing dudit chancellier et scellé dudit prieuré le 3e jour de septembre 1726 ainsi signé Le commandeur de Montenay chancellier au grand prieuré d'Aquitaine et scellé du sceau de l'aigle sur cire verte.

Ensuite nous avons interpellé ledit Bigot nottaire sécrétaire et adjoint de réprésenter les provisions de son office. . . . (*en suit la teneur*).

Et auparavant que de vacquer aux preuves et à l'interrogation des temoins que mondit sieur de Cuillé désire nous présenter pour justiffier la noblesse, filiation et légitimation de noble Camille-Hypolite-Annibal de Farcy son fils, nous l'avons requis de nous présenter son extrait baptistaire bien et deuement légalisé pour être inseré au présent procès verbal suivant les statuts de notre ordre, ce qu'il a présentement fait.

Extrait de bapteme de Camille-Hypolite-Annibal de Farcy. Extrait des registres de bapteme de la paroisse de Pimpont. Le 24 mars 1710 a esté baptisé par moi soussigné prieur recteur de l'abbaye et paroisse de Pimpont Camille-Hypolite-Annibal de Farcy né du jour précédent fils de Mre Annibal-Auguste de Farcy seigneur de Cuillé conseiller (*du Roy*) en son parlement de Bretagne et de dame Renée-Catherinne du Moulin son épouse. A esté parain Jacques-Daniel-Annibal de Farcy frère, et maraine Magdelaine-Marie-Emilie de Farcy frère et sœur du baptisé qui ont signé. Signé F. C. H. Guignan prieur recteur. Je soussigné certifie que le present extrait est conforme à son original fait à l'abbaye de Pimpont ce 1er avril 1726. Signé F. Tabary, curé de Pimpont.

Officialis sancti Maclovii de Bedano, rector de Concoret, in diocesi Macloviensi, notum facimus et attestamur universis instrumentum supra scriptum esse munitum chirographo vicarii ecclesiæ parrochialis de Pinpont in dicta diocesi, dicto instrumento fidem indubiam adhiberi debere. Datum in prætorio dictæ nostræ officialitatis et curiæ, die aprilis secunda anni supra millesimum septengentesimi vigintesimi sexti sub sigillo dictæ nostræ curiæ signoque manuali nostro. P. de la Noë rector de Concoret officialis. Scélé de cire rouge.

Ensuitte nous commissaires susdits avons fait appeler devant nous ledit sieur de Cuillé père de noble Camille-Hypolite-Annibal de FARCY, prétendant, duquel le serment préalablement pris, luy avons demandé si les quatre gentilshommes témoins qu'il désire nous présenter pour estre ouys sur sa noblesse et sur celle de ses ancestres et de son fils tant du côté paternel que du maternel sont bons gentilshommes de nom et d'armes et s'ils ne leur sont point ou à son dit fils escuyer prétendant parents, alliés ou favorables. Il nous a affirmé que non et qu'ils sont gentilshommes de nom et d'armes. Nous l'avons aussy enquis s'il possède ou s'il a connoissance qu'aucun des prédécesseurs tant du côté paternel que maternel de son dit fils ayent usurpés ou usurpent aucun bien appartenant à notre ordre lequel par le serment nous a dit et affirmé qu'il ne détient en son particulier aucun bien de notre ordre et qu'il n'a connoissance qu'aucuns des prédécesseurs de son dit fils en possedent et qu'au cas qu'il s'en trouve cy après il y renonce dès à présent et à l'endroit a representé le blason peint sur parchemin des armoiries des quatre familles et a signé. (*Signé*) Annibal Auguste de Farcy.

Et s'étant ledit sieur de Cuillé retiré nous avons vacqué à l'audition et enqueste desdits temoins pour parvenir à la ditte preuve de noblesse dudit Camille-Hypolite-Annibal de FARCY en la forme et manière qui suit les ayant pour cet effet appelés et fait venir devant nous l'un après l'autre.

S'estant d'abord présenté Mre Pierre du PLESSIX d'Argentré[1]

1. Pierre du Plessis d'Argentré, né en 1672, était fils d'Alexis, mort doyen des états

chevalier sieur dudit lieu, agé d'environ 53 ans, auquel avons fait faire le serment sur les Saints Evangiles à luy présentés en tel cas requis de déposer et nous dire vérité sur ce qu'il sera par nous enquis suivant notre ditte commission et hors la présence dudit sieur de Cuillé et de son dit fils escuyer prétendant et de tous autres et luy avons en premier lieu demandé s'il n'est pas parent, allié ou favorable dudit Camille-Hypolite-Annibal de Farcy escuyer, prétendant, il nous a répondu que non mais bien le connoistre pour l'avoir souvent fois veu étant à la maison de son père à Rennes où il estudioit sous un précepteur qui est actuellement dans la maison de son père, sous les R. P. Jesuittes dudit Rennes ainsy que la jeunesse de pareilles maisons a coutume de s'appliquer, et aux exercices nobles et qu'il est bien reçu pour gentilhommes de nom et d'armes tant du côté paternel que maternel de ce par nous enquis. Interrogé sur quels fonds baptismaux il a été baptisé et qui sont ses parrain et marraine. Il nous a dit et répondu qu'il a été baptisé sur les fonds baptismaux de la paroisse de Pinpont et tenu sur les fonds de baptême par Mre Jacques-Daniel-Annibal de Farcy et demoiselle Margueritte-Magdeleine-Emilie de Farcy frère et sœur du prétendant et qu'il aura au mois de mars prochain 17 ans accomplis.

Enquis ledit sieur déposant si ledit Camille-Hypolite-Annibal de Farcy prétendant est débiteur de grosses sommes de déniers, s'il a été repris de justice, s'il a promis ou contracté mariage ou fait vœu en d'autres relligion il nous a répondu qu'il n'est débiteur d'aucune somme de déniers à sa connoissance, qu'il n'a point été repris de justice et n'a fait aucune promesse de mariage ny de vœux à aucune relligion. Enquis si ses père et mère n'usurpent aucun bien appartenant à notre ordre il nous a répondu et dit n'avoir de ce aucune connaissance et qu'il les croit trop bien nés et trop judicieux pour rien usurper à personne. Dit outre le-

de la noblesse de Bretagne, et de Marguerite de Tanouarn, et petit fils de Jean-Baptiste, écuyer, sieur du Plessis d'Argentré et de Catherine Bizeul, parente d'autre Catherine, femme, en 1575, de Léonard de Farcy, écuyer, 3e aïeul du prétendant. — Armoiries : *de gueules à 10 billettes d'or, 4, 3, 2 et 1.*

dit sieur déposant que ledit noble Camille-Hypolite-Annibal de Farcy prétendant est fils de Mre Auguste-Annibal de Farcy chevalier sieur de Cuillé, censeiller au parlement de Bretagne et de dame Catherine du Moulin son épouse et que ledit Auguste-Annibal de Farcy, est fils de Mre François de Farcy vivant chevalier sieur des terres de Cuillé et de Gastines et de dame Magdelaine d'Eguillon et que ledit François de Farcy étoit fils d'autre messire Charles de Farcy sieur dudit Cuillé et du Roserais et de la Carterie et de dame Margueritte Uzille son épouse, même que laditte Magdelaine d'Eguillon grand'mère du prétendant est issue de Mre Charles d'Eguillon sieur des Touches, ingénieur du Roy et de dame Magdelaine Le Baschélé son épouse pour l'avoir entendu dire comme aussy que ladite Renée-Catherine du Moulin vivante mère du prétendant étoit fille de Mre Daniel du Moulin sieur du Lavouer et du Brossay et de dame Esther Uzille sa femme, que ledit Daniel du Moulin est fils de sieur Pierre du Moulin et de dame Sara de Gelhay, que Esther Uzille ayeulle du prétendant du côté paternel estoit *(fille)* d'escuyer Jean Uzille vivant sénéchal de Quintin et de dame Esther Girard sa femme ainsy que ledit sieur déposant l'a ouy dire. Dit outre ledit sieur déposant que lesdits sieur et dame de Farcy de Cuillé ont toujours porté et portent actuellement pour armes : *d'or fretté d'azur au chef de gueulles* et lesdits du Moulin *d'argent à la croix encrée de sable chargée en cœur d'une coquille d'or*, et que lesdits d'Eguillon ont porté et portent pour armes *d'argent au croissant d'azur surmonté d'une merlette de sable au chef d'or chargés (de) trois roses de gueulles.* Lesdits Uzilles ont aussy pour armes *d'argent à la fasce de gueulles chargée de 3 croissants d'or, aux 3 trefles de sinoples deux et un.* Lesdits Gelhay *au 1er et 4e d'or à la croix engreslée de sable cantonée d'une rose de gueulles, au 2 et 3e de gueules à la bande d'argent chargée d'hermines.*. Et que lesdits Le Bachelé portent : *d'argent au lion montant de gueules armé lampassé d'or.* Représenté en l'endroit audit sieur déposant le blason des quatre familles du prétendant, de leurs armoiries peintes en parchemin a dit les reconnoistre pour être celles dont ils se sont toujours servy ainsy qu'il l'a cy-devant déclaré.

Enquis si ledit prétendant n'est point de race juive, mahométanne ou infidelle s'il est de bonne vie et mœurs, et de la relligion catholique, si les père ou mère ou autre de ses parents ou alliés ne retiennent point de biens à notre ordre a répondu que ledit prétendant n'est point de race juive mahométanne ny infidelle et qu'il n'a aucune connaissance que ses père et mère, parents ou alliés retiennent aucun bien à l'ordre qu'il est issu de famille catolique apostolique et romaine, laquelle relligion ses père et mère lui ont fait et font actuellement exercer, que lesdits de Farcy, du Moullin, d'Eguillon, Le Baschelé, Uzille, Gelhay et Girard, parents et alliés tant du côté paternel que maternel du prétendant sont tous bons gentilshommes de nom et d'armes et comme tels ont été de temps à autre convoqués aux bancs et arrière bancs de cette province et vescus en gens de bien et d'honneurs ainsy que des gentilshommes bien nés ont coutume de vivre et qu'il n'y a aucune tache dans toutes les familles cy-dessus articulées à la connoissance du déposant. C'est sa déposition dont lecture luy faite de mot à autre il l'a affirmé véritable et dit qu'elle contient vérité, y a persisté et signé ce 20 décembre 1726 *(signé)* PIERRE DU PLESSIX D'ARGENTRÉ.

Ledit seigneur du Plessis d'Argentré s'étant retiré, s'est présenté pour second témoin Mre René de JUIGNÉ[1] chevalier sieur du Parvis, de Beauchesne âgé d'environ 45 ans... *suit sa déposition...* S'étant retiré ledit sieur de Juigné s'est présenté pour troisième témoin Mre Paul-Germain de VALORY[2] chevalier sieur de la Pommeraye et autres lieux âgé d'environ 44 ans... *suit sa déposition...* Ledit sieur de Valory s'étant retiré *(s'est présenté)* pour quatrième témoin Mre Madelon-Hyacinthe du BUAT[3] chevalier sieur de la Subrardière et autres lieux âgés d'environ 37 ans... *suit sa deposition...* Le 23e du présent mois de décembre dit an 1726 nous commissaires susdits étant rassemblés et notre sus-

1. De JUIGNÉ, famille dont était Henry, reçu chevalier de Malte en 1664. *D'argent au lion de gueules, armé, lampassé, couronné d'or.*

2. P. de VALORY avait épousé en 1703 René-Charlotte du Plessis d'Argentré. *d'or au laurier de sinople au chef de gueules.*

3. Du BUAT. *D'azur à 3 quintefeuilles d'or.* (Voir *Généalogie du Buat*, p. 192).

dit adjoint en laditte ville de Gennes pour continuer notre ditte commission ayant été interrompu par ce jourd'hui jour de dimanche ledit sieur de Cuillé père du prétendant s'est présenté devant nous lequel pour plus ample preuve et vérification de la noblesse et légitimation dudit noble Camille-Hypolite-Annibal de Farcy son fils après l'audition des quatre témoins gentilshommes nous a requis de voulloir présentement procéder à l'examen des contrats de mariage, partages, et autres titres nécessaires, pour la confection des preuves litterales de la noblesse de son fils tant du côté paternel que maternel, lequel prétendant il a fait comparoir devant nous qui nous a paru sain de corps et d'esprit agréable et de bonnes manière qui nous denotte une véritable noblesse par la politesse, ce que nous avons accordé audit sieur de Cuillé et de luy pris et reçu d'abondant le serment au cas requis et accoustumé sur les saints évangiles il a promis de ne nous représenter aucuns actes, contrats ni titre pour preuve de la noblesse et légitimation de son dit fils qui ne soyent vrais, sincères, authentiques, non falsifiés et hors de tous soupçons. Lesquels il nous a présentement mis en mains pour en faire la vérification, estre extraits et employés dans notre présent procès-verbal ceux que nous jugerons à propos suivant notre commission du chapitre provincial du grand prieuré d'Aquitaine cy-devant enrégistré et a ledit sieur de Cuillé signé et laissé entre nos mains le mémorial des titres dont il entend se servir pour prouver la noblesse de son fils qu'il a envoyé à Malthe affin de faciliter laditte vérification signé Annibal-Auguste de Farcy de Cuillé.

Et après avoir fait retirer ledit sieur de Cuillé père du présenté, nous avons procédé à la vérification des papiers sur ledit mémorial comme il suit :

Premièrement l'extrait de baptême du prétendant cy devant transcript tout au long du 22 mars 1710 délivré par F. Tabary curé de Paimpont, diocèse de Saint Malo, légalisé par le révérend official dudit Saint Malo où ledit Camille-Hypolite-Annibal de Farcy est dit fils de messire Annibal-Auguste de Farcy sieur de Cuillé conseiller au parlement de Bretagne et de dame Renée Catherinne du Moulin.

Noblesse dans l'estoc paternel du prétendant.

Le contrat de mariage de Mre Annibal-Auguste de FARCY sieur de Cuillé fils aisné, héritier présomptif et noble de Mre François de FARCY et de dame Magdelaine-Elisabeth d'EGUILLON sieur et dame de Cuillé ses père et mère avec demoiselle Renée Catherinne du MOULIN fille puisnée de feu Mre Daniel du MOULIN et de dame Esther UZILLE sieur et dame du Lavoir rapporté à Rennes en Bretagne le 31e octobre 1694 par Bretin et Berthelot nottaires royaux, grosse originale en parchemin. Extrait des épousailles dudit Annibal Auguste de FARCY et de dame Renée Catherinne du MOULIN sa femme délivré le 6 février 1695 par Mre Julien Angers de la Haye recteur de la paroisse de Saint Jean de Rennes. Arret de reception dans la charge de conseiller au parlement de Bretagne dont il est pourvu et provisions de laditte charge des 7 novembre et 3 decembre 1696. Enqueste pour prouver l'âge dudit Annibal-Auguste de Farcy chevalier en vertu de commission du présidial d'Angers adressé au sénéchal de Craon, composé de 3 gentilshommes, 2 pretres et deux notables, son extrait de baptême ayant été perdu, par laquelle enquête il est dit fils de Mre François de FARCY et de dame Magdelaine-Elisabeth d'EGUILLON du 17 juillet 1696, grosse originale délivrée par Gendri, greffier. Acte de tutelle donnée audit Annibal-Auguste de FARCY chevalier sieur de Cuillé des personnes et biens des Mre Michel-Daniel et François de FARCY de Cuillé ses frères par Mr de Boislesve lieutenant général au présidial d'Angers sur les conclusions du sieur Crépy, procureur du Roy en testament olographe et dernière volonté de Mre François de FARCY sieur de Cuillé leur père, la ditte tutelle du 17 avril 1698 signé, délivré en parchemin par Alleaume greffier dudit présidial avec la procuration des parents y attachée.

Partage noble sous signature privée fait entre lesdits Annibal Auguste de FARCY chevalier sieur de Cuillé et Mre François de FARCY son frère puisné des biens de leurs père et mère et de Mre Michel-Daniel de FARCY leur frère tué au combat de Malaga lesdits partages n'ayant point été rapportés devant nottaires pour éviter les droits de centiesme dénier nouvellement estably par le Roy sur les successions collatéralles et ledit partage étant devenu inutile par le decès dudit François de Farcy mort depuis au service du Roy sans enfans, icelluy sur papier commun en datte du 31 octobre 1716 signé Annibal-Auguste de Farcy et Charles François de Farcy son frère.

Aveu que rend le dit Annibal-Auguste de FARCY chevalier sieur de la terre et chastellenie de Cuillé à h. et t. p. François de Neuville duc de Villeroy à cause de la baronnie de Pouancé. Le dit aveu en parchemin reçu le 29 novembre 1704 par Poisson baillif dudit Pouancé, Barré procureur fiscal, Value greffier et signé d'eux et dudit Annibal-Auguste de Farcy.

Certifficat imprimé du Mis de Senonne commandant le ban de la noblesse d'Anjou et Saumurois par lequel il atteste que ledit Annibal-Auguste de Farcy chevalier sieur de Cuillé a servi en qualité d'aide major de la noblesse sur les costes de Bretagne. Ledit certifficat signé La Motte de Senonne à Saumur le 19 septembre 1693 et scellé du sceau de ses armes. Deux certificats de M. le duc de la Trémouille premier gentilhomme de la chambre du Roy comme ledit Annibal-Auguste de Farcy servait le feu Roy Louis XIV en qualité de page de la chambre. Lesdits certifficats des 9 avril et 31 decembre 1692 signé Charles de la Trémouille et à yceulx apposé le sceau de ses armes.

Les minuttes du greffe de l'intendant de la généralité de Touraine ayant été perdues depuis la réformation généralle qui en fut faite en 1663, le Roy ordonna qu'il en seroit faite une nouvelle dans l'année 1714. Lors de laquelle ledit Mre Annibal-Auguste de FARCY produisit ses titres sur lesquels il fut maintenu dans la qualité de gentilhomme de race et ancienne extraction noble suivant la sentance de M. Chauvelin intendant de Touraine, Anjou et Mayne le 28 decembre 1717 en vélin signé Chauvelin et Baize de Méré.

Ayeul. Contrat de mariage de Mre François de FARCY sieur de Cuillé ayeul du prétendant, fils de Mre Charles de FARCY sieur de la Carterie et de dame Margueritte UZILLE ses père et mère avec demoiselle Elisabeth d'EGUILLON fille de Mre Charles d'EGUILLON sieur des Touches et de dame Magdelaine LE BACHELÉ du

15 février 1670, grosse originalle en parchemin au rapport de Levasseur et Lange son collègue nottaires du Chastelet de Paris. Ratification dudit contrat de mariage par Mre Charles de FARCY sieur de la Carterie et par dame Margueritte UZILLE sa femme, grosse originalle du 28 mars 1675 au rapport de Louis Burlourde nottaire au bourg et paroisse de Cuillé déposé chez le Vasseur et Charles nottaires au Chastelet de Paris et délivrée par eux. Contrat d'acquet fait par ledit Mre François de FARCY chevalier sieur de Cuillé et par dame Magdelaine-Elizabeth d'EGUILLON son épouse de la terre, seigneurie et paroisse de Gastinnes, grosse originalle en parchemin délivrée par Paillard nottaire royal registrateur. Testament dudit François de FARCY escuyer sieur de Cuillé du 14 février 1698 par les quel il dispose de ses biens noblement et de la tutelle de ses cadets qu'il défère audit Annibal-Auguste de FARCY père du prétendant comme il a été dit cy dessus. Acte de ragrandissement de partages du 19 mars 1691 par devant Berthelot nottaire royal à Rennes entre ledit François de FARCY écuyer sieur de Cuillé et ses frères et sœurs enfans de Charles de FARCY écuyer et de Margueritte UZILLE qui avoit pour consort Jacques de FARCY sieur du Roserais et les dames Margueritte de FARCY dame de la Barre MOREL, Charlotte de FARCY dame de la Daguerie *(femme du)* président aux requestes du pallais à Rennes et dame Catherinne de FARCY dame du Boisteilleul de RAVENEL. Aveu rendu par ledit François de FARCY écuyer sieur de Cuillé à Mgr le duc de Villeroy le 24e juillet 1685 signé François de Farcy, Burlourde et Bois, nottaires, reçu le 26 du même mois et an signé à la reception Fauveau baillif, Barré procureur fiscal, Le Chanteux greffier ledit aveu rendu de la chastellenie de Cuillé.

Lettre du Roy Louis XIV du 6e decembre 1684 par laquelle ledit François de FARCY sieur de Cuillé est commis avec le sieur de Nointel intendant des provinces de Tourainne, Anjou et Maine aux affaires qui concerne les prétendus réformés. La ditte lettre signée LOUIS et plus bas PHELIPPEAUX.

Convocation aux arrières bans des gentilshommes de la province d'Anjou dudit Mre François de FARCY chevalier sieur de Cuillé le 15 avril 1690 auquel temps il soudoit un gentilhomme pour marcher dans sa place estant retenu chez luy pour ses affaires domestiques. En 1692 où il s'excusa sur le service que rendoit son fils comme page du Roy et convocation en 1693 pour se rendre à Saumur, les dits actes signés Boislève lieutenant général d'Anjou. Certifficat de services donné audit François de Farcy gentilhomme d'Anjou par M. le maréchal de Turennes qui atteste qu'il donna avant d'avoir été prisonnier dans une rencontre beaucoup de valleur et de conduite du 18 janvier 1675 signé de Turennes et à icelluy apposé le sceau de ses armes. Certifficat de M. le Mis de Sablé commandant l'arrière ban d'Anjou donné audit François de Farcy le 21 janvier 1675. Passeport de M. le duc de Lorraine du 14 janvier 1675 audit François de Farcy gentilhomme d'Anjou signé Charles de Lorraine et à y celluy apposé le sceau de ses armes. En cet endroit est intervenu ledit sieur de Farcy de Cuillé père du prétendant, nous a supplié de voulloir bien insérer au present les pièces cy après non comprises dans son mémorial. Ce que luy avons accordé.

La première un certifficat de service de l'arrière ban comme gentilhomme d'Anjou à Jacques de Farcy chevalier sieur du Roserais frère dudit François de Farcy cy dessus nommé, ayeul du prétendant en qualité de brigadier dudit arrière ban signé de Servien Mis de Sablé et scellé de son sceau. Autre certifficat de service accordé audit Jacques de Farcy chevalier sieur du Roserais en qualité de mareschal des logis de l'arrière ban d'Anjou en 1693 signé de la Motte de Senonne. Nomination audit employ de mareschal des logis par 46 gentilshommes qui ont signé ainsy que nous avons vu. Revue de la noblesse d'Anjou estant à Saint Jean d'Angély en 1696 où ledit Jacques de Farcy est employé comme lieutenant de l'arriere ban d'Anjou et Saumurois en datte du 25 juillet 1696 signé J. de Farcy lieutenant, Pontmoreau commissaire et Dullis controleur. Certifficat de M. le maréchal de Tourville commandant à la Rochelle justiffiant que ledit Jacques de Farcy commandoit l'escadron des gentilshommes d'Anjou pour l'arrière ban à la Rochelle du 30e juin 1696 signé le maréchal de Tourville et scellé de son sceau. Ordre envoyé par mon dit sieur le Maréchal audit sieur Jacques de Farcy en qualité de commandant pour congédier l'arrière ban d'Anjou en datte du 29 aout 1696 signé de mon dit sieur de Tourville. Et s'est retiré ledit sieur de Cuillé après quoy avons continué la présente comme il suit :

Bisayeul. Contrat de mariage de Charles de Farcy escuyer, bisayeul du prétendant fils de noble Annibal de Farcy et de Guyonne de Launay avec demoiselle Margueritte Uzille fille de N. Jan Uzille sieur du Coing et de demoiselle Hélène de Stangier rapporté à Soubize, pays d'Aunis par Granger nottaire, grosse originalle en parchemin. Partage noble du 12 may 1680 que fait par devant Chasles nottaire royal à Angers ledit Charles de Farcy escuyer sieur de la Carterie en son vivant de tous ses biens et de ceux de feue dame Margueritte Uzille son épouse entre Mre François de Farcy sieur de Cuillé son heritier principal et noble et ses autres enfans. Comparution dudit Charles de Farcy escuyer à la convocation du ban des gentilshommes d'Anjou avec obligation de faire servir François de Farcy escuyer sieur de Cuillé son fils, s'en excusant accause de son grand âge. Arrest de la cour des aydes du 12 mars 1665, rendu à Paris, par lequel ledit Charles de Farcy est déclaré noble et issu de noble race, grosse originalle délivrée et signée Ollivier, greffier. Sentance de la réformation de la noblesse des provinces de Tourraine, Anjou et Mainne rendue le 7 septembre 1664 par M. de la Noiraye Voisin, intendant de la ditte généralité pour le Roy par laquelle il est ordonné que ledit Charles de Farcy et Gilles de Farcy son frère seront insérés au rolle des gentilshommes de ces provinces.

A cet endroit le dit sieur de Farcy de Cuillé père du prétendant, nous est venu requerir de voulloir bien insérer au present un arrêt rendu le 19 octobre 1668 en la chambre de la réformation de la noblesse establie au parlement de Bretagne, lequel arrêt n'est point compris dans son mémorial parce qu'il n'est point dans la ligne de ceux y mentionnés et qu'il n'a jamais été domicilié en Bretagne avant d'y avoir achepté une charge mais comme ceux qui y sont establis sont de mêmes noms et mêmes armes il a interrest de faire voir ceux de sa famille qui ont toujours été reconnus pour gentilshommes dans les lieux où ils se sont establis. Ce que nous luy avons accordé et ayant examinés ledit arrêt en parchemin en datte du 19 octobre 1668 avons vu que Jacques, François et les enfans de Philippe de Farcy sont maintenus par ladite chambre dans la qualité d'escuyer d'ancienne extraction noble. Ledit arrêt signé Picquet greffier en chef du parlement de Bretagne. Après quoy ledit sieur de Cuillé s'étant retiré, nous avons continué le présent en vertu de notre ditte commission.

Deux certifficats des mareschaux de la Meilleraye et de Chastillon qui attestent que ledit Charles de Farcy et ses frères ont bien servi le Roy en 1629, 1632 et 1633, à yceux apposé le sceau de leurs armes, l'un signé de la Meilleraye le 6e janvier 1643 l'autre signé de Chastillon le 27 avril 1644.

Trisayeul. Contrat de mariage d'Annibal de Farcy écuyer sieur de Saint-Laurent, trisayeul du prétendant, fils d'escuyer Léonard de Farcy sieur de Painel et de dame Catherine Bizeul ses père et mère avec demoiselle Guyonne de Launay rapporté à Laval par Razeau, nottaire royal, le 8 fevrier 1601, grosse originale en velin. Démission faite par le dit Annibal de Farcy écuyer sieur de Laint-Laurent et par dame Guyonne de Launay son épouse de tous leurs biens entre les mains de Gilles de Farcy écuyer leur herittier principal et noble, qui désigne par le même acte le partage à ses cadets au nombre desquels est Charles de Farcy bisayeul du prétendant. Ledit acte par grosse originalle en veslin rapportée à Laval par de Rotrou nottaire royal le 3e septembre 1640.

Quatrième ayeul. Contrat de mariage de Léonard de Farcy écuyer sieur de Pesnel quadrisayeul du prétendant fils de Guillaume de Farcy escuyer et de demoiselle Marie Caget avec demoiselle Catherinne Bizeul fille de N. Léonard Bizeul et de demoiselle Jeanne de Bonnacourcy, grosse originalle en parchemin rapportée à Alençon par Le Sage et Mathieu Durbier tabellions jurés aud. Alençon le 24 octobre 1575. Grosse originalle d'un contrat de partage noble passé à Alençon entre Léonard de Farcy écuyer fils aisné et principal heritier et Jan son frère puisné escuyers enfans de Guillaume de Farcy pour restant du prix de la charge de conseiller du Roy à Alençon possédée par Michel de Farcy escuyer ayeul de Léonard du 2e jour de decembre 1571, la ditte grosse extraicte du tabellionnage d'Alençon signé Gillot tabellion royal dudit Alençon, grosse originalle en parchemin d'une transaction faite sur partage entre Léonard de Farcy écuyer se faisant fort tant pour luy que pour ses autres frères estant au service du Roy et ses sœurs issus du premier mariage dudit Léonard de Farcy, ledit acte passé à Alençon le 25 aout 1597 rapporté par Barbier et Giclot tabellions audit Alençon.

Cinquième ayeul. Partage noble passé le 4e may 1564 à Alençon devant Mathieu Barbier et Jean le Sage tabellions à Alençon entre Anthoine de Farcy écuyer heritier principal et noble, Richard de Marcilly escuyer et Anne de Farcy par lequel il est reconnu qu'il est deu 50# de rente de reste à Guillaume de Farcy escuyer, du prix de la charge de conseiller possedée par écuyer Michel de Farcy son père, expédition en papier délivrée et signée par M[e] Le Comte tabellion à Alençon.

Partage noble entre Jean du Moulinet et Sébastien de Farcy avec Françoise Le Baillif femme en première noce de Jan de Farcy écuyer par lequel il est reconnu qu'il n'appartient qu'un viage aux cadets, des biens sittués dans le Mainne ledit acte passé avec Guillaume de Farcy frère de Sébastien par Guillaume Landier et Jean Duval tabellions à Alençon le 15e juillet 1555 délivré par le Comte tabellion à Alençon.

Sixième ayeul. Acte du 29 aout 1538 par lequel Michel de Farcy conseiller à Alençon est qualifié d'escuyer conseiller à Alençon rapporté par Guillaume Landier et Jan Duval tabellions delivré par le Comte tabellion dudit Alençon. Acte du 25 juillet 1539 rapporté par lesdits Landiers et Duval tabellions par lequel le dit Michel de Farcy est qualiffié d'escuyer conseiller à Alençon.

Partage noble entre Guillaume et Sébastien de Farcy frères partageant noblement la succession de Jan de Farcy écuyer leur père par l'advis et en présence de Michel de Farcy leur oncle frère dudit Jean de Farcy par lequel partage il demeure à Guillaume aisné la terre noble et fieff d'Autrive, paroisse d'Auterive venue de la succession dudit Jan de Farcy écuyer, le dit acte en papier rapporté le 24 may 1530 par Jan le Gendre et Jan Duval tabellions à Alençon délivré par le Comte tabellion. Partage noble entre ledit Michel de Farcy écuyer et Jan de Farcy écuyer et son frère aisné enfans de Pierre de FARCY et Janne de BROON sa femme par lequel ledit Jan de Farcy retient la terre et fief d'Auterive et le fief de Montabert passé le 28 decembre 1480 à Vir par le Charpentier et Le Mesquier notaire, dudit lieus ledit acte collationné par deux nottaires à Laval le Trois et le Portier légalisé par Lelong lieutenant général du comté de Laval. Deux aveus rendus au Roy par Jan de Farcy escuyer le vendredi 12e de novembre 1456 et le 6e décembre 1464 du fieff de haubert de la Chapelle de Hensibroc et terres d'Auterives sous le fieff et domaine de Caen délivré par arrêt de la chambre des comptes de Paris, collationné aux originaux par Germond ledit extrait dans le même cahier au haut duquel est l'arrêt de ladite chambre.

Septiesme ayeul. Autre aveu rendu au Roy pour les mêmes terres et fieffs de la Chapelle Hensibroc par Pierre de FARCY escuyer et par Janne de BROON sa femme signé dudit Pierre de Farcy et scellé de son scel d'armes le 4e septembre 1450 ledit aveu délivré dans la même forme que dessus et dans le même cahier. Testament de Pierre de Farcy escuyer et Janne de Broon sa femme par lequel ils font une fondation pour le repos de l'âme de Jan de FARCY escuyer leur père et de Louise de BRIQUEVILLE pour estre desservie dans l'église et paroisse de Pontfarcy province de Normandie, passé à Falaise le 18 septembre 1468. Collationné à l'original par Portier et trois nottaires à Laval, légalisé : LELONG. Transaction qui suit :

Universis præsentes litteras inspecturis vel audituris Gaufrigus Farcy de Montabert miles salutem in Domino. Noveritis quod cum concertatio diu fuisset inter dominum Andream de Vitreaco ex una parte et me ex altera videlicet super homagio, relevio et monstra hominum meorum quæ omnia idem Andreas dominus Vitriaci a me petebat sibi fieri et ego negabam, tandem ad hanc formam pacis idem Andreas et ego devenimus hac scilicet quod ego in bona prosperitate mei corporis et sensus dictum homagium, relevium et montram hominum meorum quæ antea negaveram eidem Andreæ recognovi quia jus suum erat, de iis me recepit in hominem. Et propter ea quæ eidem Andreæ antea negaveram, dedi domino Andreæ et concessi et bona fide volui omnem terram quam de ipso Andrea teneo in tota parrochia de Coues in omnibus locis aliis in quibus de eodem Andrea teneo pro me quittando de illis quæ foris fuerant sive malefacerem eidem Andreæ, tenendum in perpetuum et possidendum, hereditarie eidem Andreæ et heredibus suis successive post decessum meum ita etiam quod de tota terra prædicta cessum prædictum Andream. Et idem Andreas mihi donavit omnes fructus et provinctus ejusdem terræ quamdiu vixero habendas et recipiendas per manum Godefridi de Capella servientis ejusdem Andreæ in illa terra et quod esset ratum et stabile et ne posset in posterum infirmari ad majorem ejus rei affirmationem eidem Andreæ meas dedi præsentes litteras cum sigillo meo sigillatas in hujus rei testimonium et munimen. Datum apud Monbrayum anno Domini millesimo ducentesimo tricesimo sexto mensis Maii. Collationné à l'original à nous apparu par Jan Girard sieur du Grandchamps intendant des affaires de Mgr le prince de Tarente et icelluy rendu audit sieur de Grandchamps pour remettre ainsy qu'il nous a dit aux archives des titres de mondit sieur par nous conseiller secrétaire du Roy, maison et couronne de France à Vitré ce 2e jour de septembre 1671 signé J. Girard, Bréal et le Clavier.

Procès-verbal de la réformation de la noblesse de Normandie faite par Rémond de Montfaulq commissaire du Roy Louis XI où Jan de FARCY est inséré comme noble et exempt de tailles et subsides, ledit procès-verbal commencé le 4 janvier 1463 signé de Rémond de Montflaouq.

Copie tirée des archives de l'église de Beauvais en ces termes *Ego Petrus.....* [1]

1. Ces pièces, ne concernent pas la famille de Farcy comme il a été dit plus haut, ne sont pas reproduites ici.

Veu l'histoire de Bretagne du P. Lobinot benédictin, imprimé par privilège du Roy et par ordre des Etats par laquelle il se voit folio 160 que Raoul de Fougères rassembla plusieurs manceaux et normands de ses voisins dont il composa une armée assez forte pour surprendre Dol et Combourg mais qu'ayant été défait il s'enferma dans la tour de Dol avec 40 chevaliers au nombre desquels il compte Emerie de FALAISE et Geoffroy de FARCY ce qui se passa en l'an 1230 (1173). Ce qui fait conjecturer que c'est le même Geoffroy *miles* sieur de Montabert qui traite avec André baron de Vitré en 1236. Il se voit encore que ce Geoffroy de Farcy étoit possesseur de la terre et fieff de haubert de Montabert dont Pierre de Farcy escuyer, dont descend le prétendant, rendit aveu au roi en 1450 et Jan de Farcy en 1464. Le mesme P. Lobineau folio 938 au second tome fait mention d'un Jan de Farcy escuyer qui se rengea au nombre des seigneurs en 1420 sous la bannière du sire de Rieux pour procurer la liberté du duc de Bretagne détenu à Chateauceaux.

Titres de la famille des d'Eguillon,..... des Uzille,..... Le Bachélé,..... des du Moulin,..... des Uzille,..... des Gelhay,...., Esther Girard.....

Apres quoy et ayant examiné tous lesdits titres avec attestation nous avons appelé devant nous ledit seigneur de Cuillé père du prétendant à qui nous les avons remis et avons trouvés tous les titres apparus par le père du prétendant entiers en bonne forme, et sans aucune falsification et a ledit sieur de Cuillé signé la décharge desdicts actes signé Annibal-Auguste de Farcy de Cuillé.

De tout quoy nous avons fait et rédigé le présent procès-verbal et certifié véritable tant de Mgr l'éminentissime grand maistre qu'à son secret conseil et à Mrs de la vénérable langue de France et du chapitre ou assemblée provincial du grand prieuré d'Aquitaine, même y avoir travaillé avec toute l'attention requise selon les louables us et coutumes de notre ordre en foy de quoy nous l'avons signé et icelluy fait contresigner audit Bigot notre adjoint et sur icelluy procès-verbal auquel nous avons vacqué depuis ledit jour 20e du présent mois de décembre jusqu'à ce 28e dudit mois et an 1726 y avons apposé les cachets de nos armes sur cire d'Espagne rouge et en conséquence nous sommes d'avis que les preuves referées audit procès-verbal soient reçues comme suffisantes pour la réception de noble Camille-Hypolite-Annibal de Farcy dans notre ordre pour avoir ouy les temoins gentilsbommes à nous présentés par ledit sieur de Cuillé son père. Et veu les titres justifiant sa noblesse et celles de ses ancêtres tant en son estoc qu'en celluy de demoiselle Renée-Catherinne du Moulin sa mère. Arresté en laditte auberge du Cheval-Blanc où demeure pour hoste débitant Armel Métivier surnommé Lestang et Marie Vennier sa femme. Ce jour 28 décembre 1726 environ les 10 heures du matin signé en l'original, P. René de Marthel d'Ercé commandeur de Nantes et à costé scellé de son sceau de ses armes en cire rouge, F. Victor-Henry Le Roux chevalier de la Corbinière commandeur de Théval et aussi scellé de son sceau de ses armes en cire rouge et de J. L. Bigot nottaire royal l'an 1726. Le 28 décembre nous F. René de Marthel d'Ercé commandeur de Nantes et F. Victor-Henry Le Roux chevalier de la Corbinière commandeur de Théval, les deux chevaliers de l'ordre de Saint-Jean de Jérusalem exécutant la commission à nous donnée en vertu du breff de l'éminentissime Mgr le grand maistre et du sacré conseil au chapitre provincial tenu en l'hostel de Saint-Georges de Poitiers le 3e jour de septembre de l'an présent 1726 signé le commandeur de Montenay chevalier au grand prieuré d'Aquitaine scellé du sceau de l'aigle sur cire verte à nous représenté par Mre Annibal-Auguste de Farcy chevalier sieur de Cuillé conseiller au parlement de Bretagne père de M. Camille-Hypolite-Annibal de Farcy prétendant estre reçu chevalier de notre ordre, après avoir vacqué en la ville de Gennes le 20e du présent mois de décembre dit an 1726 et autres jours suivants aux preuves et enqueste de la légitimation de noblesse, bonne vie et mœurs dudit prétendant, de ses père et mère, ayeuls et ayeulles, bizayeuls et bizayeulles, tant en l'estoc paternels que maternels comme il conste par notre procès-verbal clos et arresté ce jour. Nous dits commandeurs pour achever entierrement notre ditte commission et conformément aux statues et ordonnance de notre dit ordre avons en l'absence et à l'insu dudit sieur de Cuillé procédé à la preuve et enqueste secrette de la noblesse, légitimation, bonne vie et mœurs et catholicité tant dudit noble Camille-Hypolite-Annibal de Farcy prétendant et dudit sieur de Cuillé et dame Renée-Catherine du Moulin et de ses autheurs ayant avec nous Me Jan-Luc Bigot nottaire royal demeurant en la ville de la Guerche, de luy à cette fin le serment pris sur les saints évangiles et après nous être enquis de plusieurs privés et honnestes gens de la ditte ville de Gennes escartée du chasteau de Cuillé d'environ demie lieue où réside présentement le prétendant et demeure aussy présentement son père nous nous sommes transportés avec nostre adjoint dans plusieurs endroits de la ville et avons fait rencontre de Me Jullien RUBIN sieur de la Grimaudière avocat en parlement âgé d'environ 53 ans bourgeois dudit Gennes en la demeure duquel étant entré, de luy le serment pris sur le saint évangile, nous a dit n'estre parent, allié ny favorable dudit prétendant ny de ses père et mère auquel ayant fait lecture par notre adjoint de nos enquêtes publiques et procès-verbaux il nous a dit bien connoistre le prétendant pour estre fils dudit sieur de Cuillé et de laditte dame Renée-Catherine du Moulin lesquels sont de familles nobles très anciennes, bien réputés bons gentilshommes, bons catholiques et gens de bien et qu'il a ouy dire à tous les anciens du pays que leurs prédécesseurs ont toujours vescu noblement sans avoir dérogé à noblesse. Nous l'avons aussi enquis s'il connoit les quatre gentilshommes par nous ouys en notre première enqueste que nous lui avons nommés, a dit les connoistre et qu'ils sont bons gentilshommes de nom et d'armes vivant noblement eux et les leurs à sa connoissance, qu'ils sont bons catholiques, apostoliques et Romains et qu'ils ne sont aucunement parents ny alliés dudit prétendant. Et est ce qu'il nous a dit bien savoir et que sa présente déposition contient vérité, y persiter et a signé. Signé de la Grimaudière Rubin.

Suit la déposition de n. h. Jullien HOGREL bourgeois de laditte ville âgé d'environ 77 ans...

Celle den. h. Jacques-Marie ROULLEAU sieur de Contrie ancien capitaine de la milice bourgeoise de la ville de Vitré, bourgeois de Gennes âgé d'environ 48 ans...

Et enfin celle de n. h. René PIEL sieur de la Quinottière bourgeois de laditte ville de Gennes.....

Nous commissaires susdits avons fait et arresté le présent même pris les preuves secrettes comme devant en laditte ville de Gennes en Bretagne distante de la maison dudit sieur de Cuillé d'environ demi lieue sur l'avis qu'on nous a donné que les paroissiens de Cuillé et autres voisins de laditte maison de Cuillé estoient pour la plus grande partie vassaux ou favorables dudit sieur de Cuillé. Fait, conclud et arresté audit Gennes, ditte auberge du Cheval-Blanc ce dit jour 28 décembre 1726. Signé F. René Marthel d'Ercé commandeur de Nantes et scellé du sceau de ses armes en cire rouge. F. Victor-Henry Le Roux chevalier de la Corbinnière commandeur de Théval et aussi scellé à costé du sceau de ses armes en cire rouge et J. L. Bigot nottaire royal.

Collationné à l'original nous apparu et rendu avec le présent par nous conseiller secrétaire du Roy maison et couronne de France. *(Signé)* PELLENET.

— En 1751, Charles-René-Auguste de Farcy de Boutigny fut reçu page de la Reine.

Original. — 9 janvier 1750. — Lettre du duc de Béthune à Madame la maréchale de Montmorency pour lui promettre une place de page de la Reine pour le sieur de Farcy.

Bibliothèque Nationale. IX degrés de parenté pour certifier comme Charles-René-Auguste de Farcy du Roseray de Boutigny, né en 1734 âgé de 16 ans et 21 jours, a la noblesse nécessaire pour être admis comme page. Pièce, mémoire et état des pièces pour la réception de Ch. R. A. de Farcy aux pages de la Reine.

— En 1753, son frère Jean-René-Annibal fut également reçu page de la Reine.

Bibliothèque Nationale. — IX degrés de parenté pour certifier à la Reine et à M. le comte de Tessé son premier écuyer que Jean-René-Annibal de Farcy du Roseray né en 1736, âgé de 17 ans 5 mois à la noblesse nécessaire pour être admis au nombre des pages que sa Majesté fait élever dans ses écuries.

— En 1770, Charles-Louis-Annibal de Farcy de la Beauvais, alors âgé de huit ans, fut reçu à l'École royale et militaire de La Flèche.

Original. — Preuves de noblesse pour l'école royale et militaire.
Bibliothèque Nationale. — Tableau généalogique de six degrés pour ces preuves.

— Le 19 février 1785 Charles-René-Joseph de Farcy, sieur de la Villedubois, présenta des preuves de noblesse pour faire recevoir à l'École royale et militaire de La Flèche ses enfants dont les noms suivent :

Jean-Marie-Protaire de Farcy de la Villedubois.
François-Xavier-Adolphe de Farcy.
Charles-Anne-Mathurin de Farcy.
Félix-Marie-Auguste de Farcy.
Joachim-Joseph-Marie-Toussaint de Farcy de Beaumont.

Original. — *Titres de la Villedubois et Bibliothèque Nationale.* — Preuves et tableau généalogique.

— Enfin le 13 juin 1863 un jugement rendu par le tribunal de Châteaugontier rectifia certains actes de l'état civil où le nom de Farcy avait été avec intention écrit Defarcy par les officiers de l'état civil, *ayant reçu des ordres à cet égard*, sous le règne de Louis-Philippe.

Extrait. — Napoléon, par la grâce de Dieu et la volonté nationale, Empereur des Français, à tous présents et à venir salut.

Le tribunal civil de première instance séant à Châteaugontier, département de la Mayenne, a rendu le jugement suivant :

Oui le rapport fait à l'audience publique de ce jour par Me Boullier de Branche juge commis, d'une requête présentée par M. Alfred de Farcy, propriétaire, demeurant à Châteaugontier ayant pour avoué Me Hat, de laquelle requête la teneur suit :

A Messieurs les président et juges composant le tribunal civil de première instance séant à Châteaugontier; Monsieur Alfred de Farcy propriétaire demeurant à Châteaugontier, rue

Dorée, époux de Madame Louise-Marie-Joséphine de Penfentenio de Cheffontaines, ayant Me Hat pour avoué,

A l'honneur de vous exposer qu'il vient demander au tribunal la rectification de divers actes de l'état civil dans les circonstances ci-après indiquées :

M. Alfred-Annibal de Farcy, exposant, est né à Angers le 30 août 1816 du mariage de M. Charles-Louis-Annibal de Farcy son père, président de chambre à la cour royale d'Angers, membre de la chambre des députés et de Mme Anne-Elizabeth-Pauline de Bonchamps ses père et mère décédés. Le nom de famille de l'exposant doit être écrit ainsi : DE FARCY. En effet dans les anciens titres de noblesse que produit l'exposant comme dans la plupart des contrats civils ou actes de l'état civil, c'est de cette manière que se trouve ortographié le nom de Farcy. Ainsi le nom de famille de l'exposant se trouve écrit en deux mots DE et FARCY avec un grand F dans les actes ci-après :

1° Un extrait des registres de la chambre de la réformation de la noblesse de Bretagne en date du 19 octobre 1668.

2° Un acte de mariage portant la date du 12 mai 1700.

3° L'acte de naissance de M. de Farcy, père de l'exposant, daté du 1er janvier 1763.

4° L'acte de mariage du même M. de Farcy avec Mlle de Bonchamps et portant la date du 18 vendémiaire an douze.

5° Divers pièces émanées de la chancellerie en 1826 et 1827.

6° L'extrait des registres des actes de décès de la ville de Paris en date du 13 avril 1728.

7° Enfin l'acte de contrat de mariage de l'exposant avec Mlle de Cheffontaines passé devant Mes de Beaumont et Gault, notaires à Châteaugontier, le 13 janvier 1840 enregistré.

Cependant le nom de famille de l'exposant a été mal orthographié puisque dans les actes qui vont être ci-après énoncés il se trouve écrit d'un seul mot et avec un petit F c'est-à-dire DEFARCY. Cette erreur existe :

1° Dans l'acte de naissance de l'exposant en date à Angers du 30 août 1816.

2° Dans son acte de mariage avec Mlle de Cheffontaines fait

à la mairie de la commune de Fromentières le 13 janvier 1840.

3° Dans l'acte de naissance de son fils M. Paul-Marie-Hyacinthe de Farcy, né à Châteaugontier le 10 décembre 1840.

4° Et dans l'acte de naissance du second fils de l'exposant M. Louis-Marie-Annibal de Farcy, né aussi à Chateaugontier le 27 novembre 1841.

En conséquence l'exposant conclut à ce qu'il plaise au tribunal dire et reconnaitre que la véritable orthographe du nom de famille de l'exposant est DE FARCY, en deux mots, avec la particule DE et un grand F à Farcy; Ordonner que la rectification sera faite: 1° sur l'acte de naissance dudit exposant en date à Angers du 30 août 1816; 2° sur l'acte de mariage dudit exposant en date à Fromentières du 13 janvier 1840; 3° sur l'acte de naissance de M. Paul-Marie-Hyacinthe de Farcy (sic) en date, ces deux derniers actes à Chateaugontier du dix décembre 1840 et 27 novembre 1841. Que cette erreur aura pour objet l'erreur qui a été commise en écrivant le nom de Farcy en un seul mot et sans un grand F alors que la véritable orthographe du nom est DE FARCY en deux mots et avec un grand F.

Et ordonner en outre que le jugement.à intervenir sera transcrit sur les registres de l'état civil conformément à la loi, que mention sera faite des dites rectifications en marge des actes réformés et de toutes les autres expéditions qui pourront en être délivrées par la suite à peine de tous dépens, dommages et intérêts contre l'officier qui les auroit délivrées.

C'est justice *(Signé)* L. HAT.

Vu la requête qui précède: Nous Président du Tribunal civil, Ordonnons la communication de cette requête et des pièces à l'appui au ministère public et commettons M. Boullier de Branche, juge, pour en faire rapport à l'audience. Donné en notre cabinet au palais de Justice à Chateaugontier le 6 juin 1863.

(Signé) V. LE DAUPHIN.

Vu au parquet, le Procureur Impérial *(Signé)* P. B. GIRAUD.

Vu par le tribunal ladite requête après avoir entendu M. le juge rapporteur dans son rapport, le ministère public dans ses conclusions et qu'il en a été délibéré.

Attendu que ces erreurs sont démontrées par : 1° un extrait des registres de la chambre de la réformation de la noblesse de Bretagne en date du 19 octobre 1668 ; 2° un acte de mariage en date du 12 may 1700 ; 3° l'acte de naissance de M. de Farcy père de l'exposant en date du 1er janvier 1763 ; 4° l'acte de mariage du même avec demoiselle de Bonchamps en date du 18 vendémiaire an XII ; 5° diverses pièces émanés de la Chancellerie en 1826 et 1827 ; 6° l'extrait du registre des actes de décès de la ville de Paris en date du 13 avril 1828 ; 7° enfin l'acte de contrat de mariage de l'exposant avec demoiselle de Cheffontaines passé devant Mes de Beaumont et Gault, notaires à Chateaugontier, le 13 janvier 1840 ; Attendu qu'il y a lieu d'ordonner la rectification des erreurs qu'il s'agit ; Par ces motifs le tribunal ordonne que la rectification du nom patronymique de DEFARCY sera faite en écrivant DE FARCY au lieu de DEFARCY sur :

1° L'acte de naissance de l'exposant en date à Angers du 30 août 1816 ; 2° Sur l'acte de mariage dudit exposant en date à Fromentières du 13 janvier 1840 ; 3° L'acte de naissance de Paul-Marie-Hyacinthe de Farcy en date à Chateaugontier du 10 décembre 1840 ; 4° Et enfin l'acte de naissance de Louis-Marie Annibal de Farcy en date à Chateaugontier du 27 novembre 1841.

Ordonne en outre que le présent jugement sera transcrit sur les registres courants de l'état civil des communes d'Angers, Fromentières et Chateaugontier et annoté en marge des actes réformés qui ne pourront plus être délivrés qu'avec la rectification de l'erreur qui y figure. A quoi faire tous officiers de l'état civil ou autres dépositaires des registres pourront être contraints, quoi faisant ils seront valablement quittes et déchargés.

Ainsi jugé par jugement civil en premier ressort et prononcé, séance publique tenante, par nous Jean-Marie-Valentin Le Dauphin président, Julien Chévrollier premier juge suppléant, remplaçant M. Eugène-Aimé Anquetil juge, en congé, Gabriel Boullier de Branche juge, en présence de M. Pierre-René Giraud procureur impérial, en assistance de Me Arthur-Jacques Rivier greffier. En la salle d'audience du palais de justice à Chateaugontier le 13 juin 1863.

La minute est signée : V. LE DAUPHIN, RIVIER....

FILIATION

DE LA FAMILLE DE FARCY

SEIGNEURS DE MONTABERT, &

On a placé ici un certain nombre de membres de la famille de Farcy dont il a été impossible de trouver l'attache. Aussi les degrés supposés sont-ils indiqués par des chiffres placés entre parenthèses.

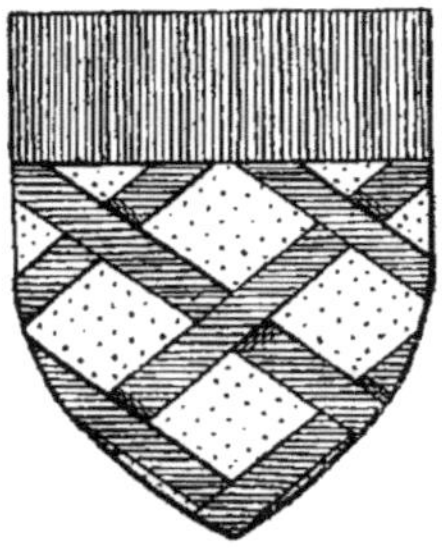

1147. — Gualtier de PONTFARCY, chevalier banneret, est le pre- (I)
mier[1] membre de la famille dont le nom soit parvenu jusqu'à nous. Il prit la croix en 1147 et se rendit en Palestine avec la seconde croisade.

1. On trouve, quelques années auparavant, un Guidard de FARSIS, chevalier, donnant un fief à l'abbaye de Jumièges, mais rien ne prouve son attache à la famille qui nous occupe.

Gallia Christiana, T. XI, p. 961. — *Hoc ipso anno (1128) alodem apud sanctum Martinum de Boasla prope Meduntam (Guillelmus cognomine secundus ex monacho Gemeticensi abbas) accepit a Guidardo de Farsis milite eo pacto ut sibi vel filio monasticum ordinem suscipere volenti liber tribueretur ingressus.*

Extrait collationné du XVIIIe siècle. — Le catalogue de plusieurs nobles et gentilshommes du pays de Caulx et vicontés de Rouen, Coustances et Bayeux qui furent à la croisade deuxième de l'an 1147 à 1200 tiré de divers et antiens rolles et cartulayres de Normandie par M. N. de Bigot chevalier seigneur de Somesnil conseiller du Roy en sa cour des aydes et finances de Normandie.

Messires Ricard de Harecourt, baneret ; Godefroy de Vauchon ; Hugues de Clercy Mortimer ; sire Anguerran de Fontaines-Martel ; Robert de Bray visconte de Carentan ; Gualtier de Pontfarcy, baneret ; Eberard de Maulduict ; Aleaume de Guyots baron de Thibouville ; syre Archambault Costé sieur de Senneville et de Videlin ; Aymerie des Hayes baron de Hébertot ; Isambart d'Orival sire de la Roque ; le Seigneur de Rotz, chevallier baneret ; le sire de la Porte, baron de Tourville ; Odoart de Carbonel sire de Canisy ; Herbert chastelain de Rotz ; Hondor de Grentemesnil ; Rouxelin de Guyots ; le sénéchal de Roncheville ; Odet de Tanquerell, baneret ; Marcel de Rotz chevalier bascheler et syre Mallet dict Fitz-gérald syre de Grasville.

Extrait par le conseiller du Roy près le tribunal des maréchaux de France juridiction du point d'honneur. *(Signé)* du Londel de la Garenne.

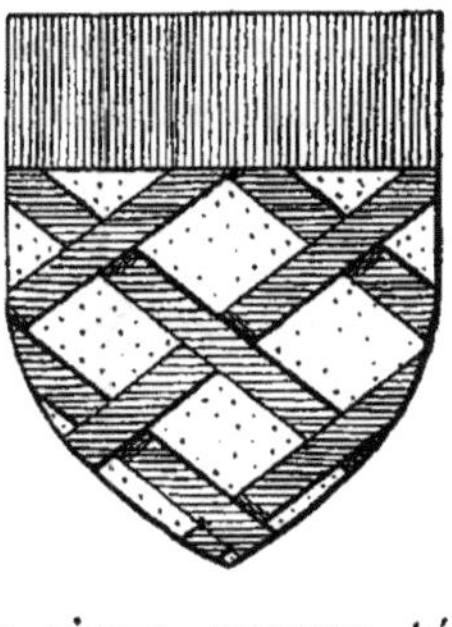

(II) **1163. — Ansger Farsi signe comme témoin d'un accord entre l'abbé de la Luzerne et Guillaume de Saint-Jean, au sujet de maisons sises à Torville[1].**

1. Tourville, canton de Saint-Malo de la Lande, arr[t] de Coutances (Manche).

Arch. de la Manche. — Copie ancienne sur papier. — Notum sit omnibus quod quærela quæ erat inter abbatem et canonicos de Lucerna et W. de sancto Johanne super mansuris de Torvilla habuit concordiam et sopita est, sicut in carta quæ inde facta est determinatur ; præsentibus et testimonium præbentibus : Willelmo de Braeio, Ricardo de Haia, Ricardo de Meri, Hugone Carbonel, Ansgero Farsi, Rogero Poherio, Willelmo de Oreval et aliis quampluribus.

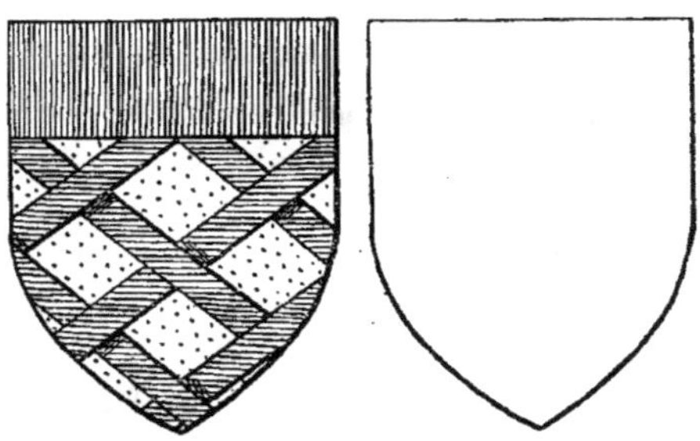

XIIe siècle. — Richard Farsi donna au prieuré de Villers-Canivet[1] un tenement assis à Villers. (II)

Ce don fut confirmé par Roger Suhart, mari de sa fille, Denise Farsi. Il avait un frère, Robert de Farsi, qui de sa femme nommée Hais Corbel, avait entr'autres enfants un fils ainé nommé Guillaume. Ceux-ci avaient aussi fait un don au dit prieuré, comme il se voit par la charte rapportée ci-après.

Archives du Calvados. — Villers-Canivet. N° 36. — Sciant omnes tam præsentes quam futuri ad quos præsens carta pervenerit quod ego Rogerius Suhart et Dionisia uxor mea concessimus Deo et beatæ Mariæ et sacrimonialibus de Vilers in perpetuam elemosinam terram quam Robertus Maillart et Johannes filius ejus dederunt eis in elemosinam in villa de Vilers et terram quam dedit eis Willelmus Aostin, in eadem villa, quæ est de eodem

1. Villers-Canivet, canton et arrondissement de Falaise (Calvados).

feodo, quam terram Ricardus Farsi pater Dionisiæ uxoris meæ antea eisdem sacrimonialibus concesserat. Concessimus etiam eisdem sacrimonialibus habendas et possidendas quiete et pacifice in perpetuam elemosinam terram quam Robertus Buinun et Willelmus Corbel filius ejus et Haelina uxor ejus et Robertus de Farsi et Hais uxor ejus et Willelmus filius ejus primogenitus et terram quam Hilleberlus Bristout et Albereda uxor ejus et Willelmus filius ejus primogenitus eis dederunt. Item sciendum est quod concessimus prædictis sanctimonialibus in perpetuam elemosinam, integre, omnia excambia et omnes elemosinas quas fecerunt homines mei eisdem sanctimonialibus in eadem villa de omnibus terris quæ erant de feodo nostro. Has elemosinas prænominatas optulimus et posuimus super altare beatæ Mariæ per præsentis cartæ impositionem et habuimus de caritate earumdem sanctimonialium propter hoc concedendum XL solidos andegavenses. Ego scilicet Rogerius Suhart nominatim XXX solidos et Dionisia uxor mea X solidos. Ut autem sæpedictæ sanctimoniales hœc omnia suprascripta sine aliqua contradictione in perpetuam elemosinam habeant et possideant, eadem præsenti carta et sigilli nostri munimine fecimus confirmari. Testibus his : Ricardo Pinel, Galterio de Solengeio, Willelmo Basso et Radulfo filio ejus, Willelmo Pinel, Ricardo nepote, Anleis Morin et aliis pluribus.

SUHART
de gueules à la croix fleurdelysée d'argent.

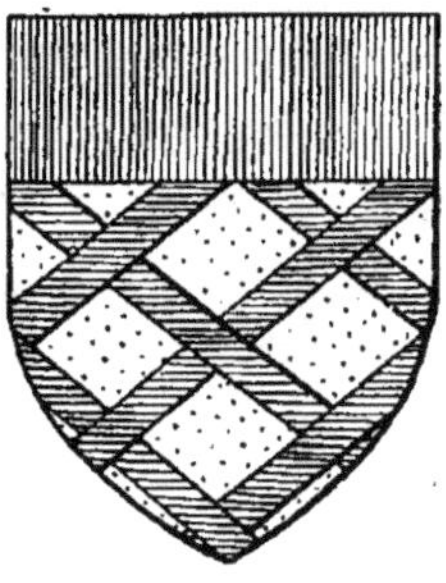

(III) *Fin du XII*e *siècle.* — Denise FARSI épousa Roger SUHART. Tous deux ils confirmèrent les dons de Richard FARSI et de son frère Robert de FARSI.

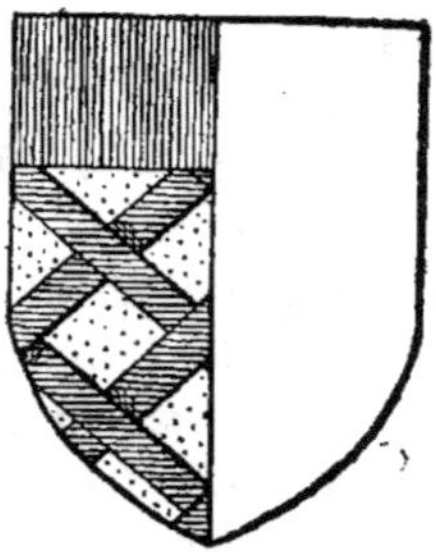

1178-1198. — Raoul FARSI, écuyer, reçut confirmation par Raoul TAISSON, des tenements que Jourdain Taisson son père lui avait donnés à Chévry[1] et à Rauville[2]. (II)

Archives de la Manche. — Original. — Notum sit omnibus tam futuris quam præsentibus quod ego Radulfus Taisson concessi et hac carta mea confirmavi Radulfo Farsi scutifero donationem quam eidem R. fecit pro servitio suo Jordanus pater meus de tenementis quæ tenet idem R. apud Chevreium et Raalvillam. Actum est hoc apud Rocam[3], *præsentibus multis et attestantibus.*

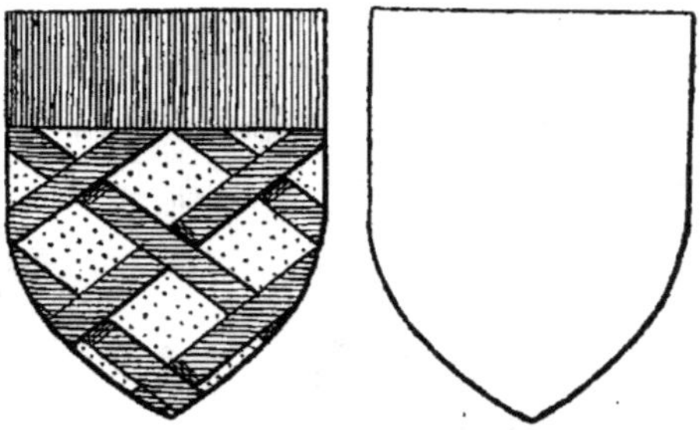

1173-1189. — Geoffroy FARSI, chevalier, fut fait prisonnier le 10 août 1173 dans un combat livré par Henri, roi d'Angleterre, à (II)

1. Chevry, canton de Tessy, arrondissement de Saint-Lô (Manche).
2. Rauville-la-Place, canton de Saint-Sauveur, arrondissement de Valognes (Manche).
3. La Roche-Tesson, sis à la Colombe, canton de Percy, arr. de Saint-Lô (Manche).

Raoul de Fougères qui s'était révolté contre lui. En 1188, il devait diverses sommes au trésor royal. L'année suivante, il figure comme témoin d'une donation faite à Blanchelande par Nicolas du Hommet. Il épousa N... dont il eut, au moins, deux fils et trois filles :

Dom Lobineau. Hist. de Bretagne, T. 1, p. 160 et D. Morice, T. 1, p. 992. — Chevaliers emmenés prisonniers à Portorson : *Asculphe de Saint-Hilaire*[1], *Guillaume Patric*, *Patri de la Lande*, *Aimeri de Falaise*, *Geoffroy Farci*, Guillaume de Roulant, Raoul de Sens, Jean le Boutciller, Le Voyer de Dol, *Guillaume des Loges*, Guillaume de la Mote, Robert de Tréhant, Payen Cornu, Renaud Pinczon, *Renaud de Champlambert*, Eudon le Bastard et plusieurs autres. Furent faits prisonniers en la tour de Dol : *Hugues comte de Chestre*, Raoul de Fougères, Hamon Lespine, Leones, *Robert Patric, Ingerrant Patric*, Richard de Louvecot, Guyon Gouyon, Olivier de la Roche, Alain de Tinteniac, Juhel fils de Raoul de Fougères, Giron de Châteaugiron, *Philippe de Landevy*, *Guillaume de Gorran*, Juhel de Mayenne, Geoffroy de la Boissière, Renaud de la Marche, Le Marchis, Hervé de Vitré, Hamelin de Esné, Guillaume de Saint-Brice, Guillaume du Chastelier, Guillaume d'Orange, *Raoul Vintras, Robert le Bouteiller*, *Henri de Gray*, Grainbaud fils de Hakel, *Geoffroy Labbé*, Jean Chaourscin, Jean de Broerie, *Hugues Avenel*, *Hamelin de Préaux*, *Sowel de la Bazoge*, Suard Bourdin, Gaultier Bruon, Jean Ransart, *Hugues de Bouexé*, Jourdain de la Mastrue, *Henri et Philippe de Saint-Hilaire* frères d'Asculphe, Barthélemy de la Brouissière, Herbert du Bueil, Bauran de Tanet, Rolland fils de Raoul, Guillaume de Miniac, Guy Boutefait, Saldewin Gouyon, Juhel du Pont, *Hamelin Labbé*, *Robert de Bazoges*, Elie d'Aubigné, Renault Le Chat, Jean des Courtils, *Philippe de Louvigné*, Henri de Gastines, Henri de Saint-Etienne, Guillaume de la Chapelle, *Roger des Loges*, Benalard de Serland, Guillaume de Boisbéranger, Jean de la Ruelle, Olivier de Montsorel, Hamon de Rochefort, Robert de Lespinay, *Jean des Loges*, Geoffroy Carloet, Raoul de Tomal, *Raoul le Potier*, *Gilbert de Croe*,

1. Les noms écrits en italiques, dans cette pièce, appartiennent à la Normandie.

Raoul Poucin, *Mathieu de Praels*, *Richard de Combrai*, Guillaume le François, Olivier Baude, *Raoul Ruffin*, Springad, Roger de Chevreulle, *Guillaume des Loges* et plusieurs autres.

Mémoires de la Société des Antiquaires de Normandie, T. XVI. 27², 28 et 94. 1188. — Ricardus Silvanus reddit compotum de misericordiis promissis et finibus bailliæ de Vira, scilicet. . . . de Galfrido Farsi C sol. pro plegio Roberti Pincernæ. — Galfridus Farsi reddit compotum de C sol. pro eodem. In thesauro IV lib. Et debet XX sol. — Gaufridus Farsi debet XX sol. de jurea.

Archives de la Manche. — Vidimus de 1389. — 1189. Anno ab incarnatione Domini millesimo centesimo octogesimo nono. Ego Ricardus de Humeto filius Willelmi de Humeto constabularius domini regis, notum facio omnibus ad quos præsens carta pervenerit quod pro salute animæ patris mei et matris meæ et pro salute animæ meæ et uxoris meæ Egidiæ et antecessorum et successorum meorum donavi et in perpetuum concessi Deo et abbatiæ Sancti Nicolai de Blancalanda et canonicis ibidem Deo servientibus in perpetuam et puram et liberam et quietam elemosinam in Pouppevilla[1] et Varrevilla[2] omnes decimas grangiarum mearum videlicet, cum ad illas carrus attulerit garbas sive quadriga vel quocumque modo afferantur et undecumque novem in grangiis vel in quocumque loco computentur decimæ canonicis reddantur et totas decimas garbagiorum et omnium denariorum excepto theloneo et excepto redditu molendini de Vado. Donavi etiam prædictæ abbatiæ decimas omnium illarum rerum quæcumque ex prædictis maneriis domino exeunt etiam feni et camparti, crassi piscis et feriæ campaniæ, sicut eas melius et liberius habuerunt in tempore Ricardi de Haia. Testibus magistro Roberto de Haia, Philippo de Osmunvilla, sacerdotibus, Willelmo de Humeto, filio meo primogenito, Gauffrido Farsi, Willelmo Foliot, Ricardo Malerbe, Roberto du Tot, Willelmo

1. Pouppeville, fief à Sainte-Marie-du-Mont, canton de Sainte-Mère-Eglise, arrondissement de Valognes (Manche).
2. Varreville, canton de Sainte-Mère-Eglise, etc.

de Pert, Ricardo de la Vendelee, Magistro Henrico medico, Anchetil de Luitehara, Eudone Hare et pluribus aliis.

Archives de la Manche.— Original.— Notum sit omnibus tam futuris quam præsentibus quod Thomas Collunciarum dominus ecclesiæ sanctæ Mariæ de Munmorel et ei servientibus pro anima patris sui et matris suæ et omnium antecessorum suorum dedit quinque solidos Andegavensium in elemosinam quos reddet ei annuatim Willelmus Parvus sacerdos, ejus capellanus apud festum Sancti Michaelis ; quod quia vetustas præsentia delere consuevit scripto suo commendavit et sigilli sui impressione confirmavit et etiam testes subtus annotavit. Scilicet hujus elemosinæ Hugo de Collunces testis est, Willelmus Corbel, Gaufridus Farsi, Willelmus monacus, Ricardus de Messunceles, Willelmus Fruntinus, Willelmus de Talvenda, Guido de Sancto Benengo, Robertus de Brestonia, Willelmus Munnerius, Johannes sacerdos de Capella, et multi alii.

Il signe enfin, avec son fils Guillaume, une charte que l'on trouvera plus loin.

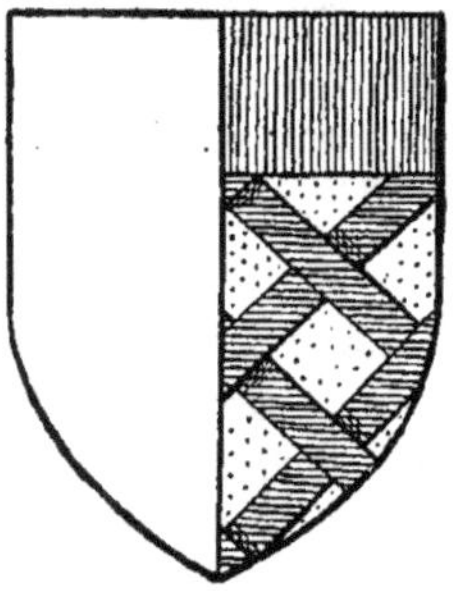

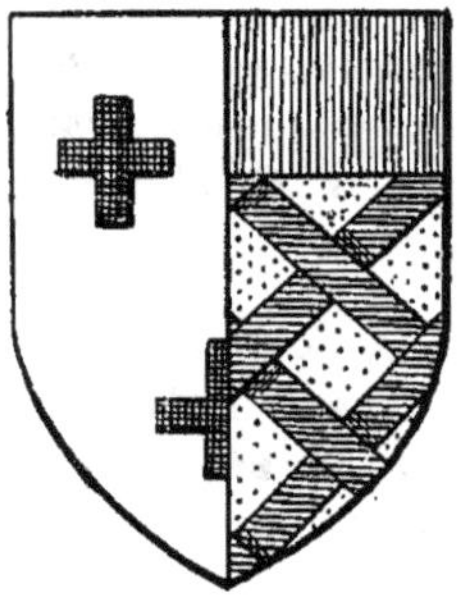

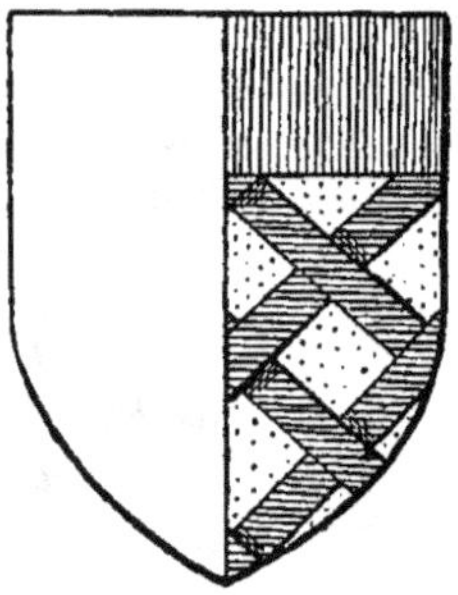

(III) 1196. — Iva Farsi femme d'Aubert de Floaville, chevalier, Marguerite, femme de Jean de Hirel [1], chevalier, et Jeanne, femme de Galan de Palluel, aussi chevalier, figurent avec leurs frères Guillaume et Géoffroy dans une donation faite en commun à l'abbaye de la Vieuxville, au diocèse de Dol.

1. de Hirel : *d'argent à 3 croisilles de sable.*

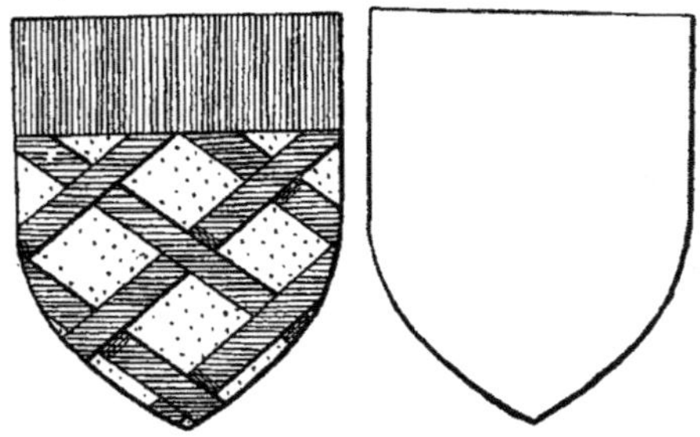

1196. — Géoffroy Farci, chevalier, outre le don précédent, attesta une donation faite à Saint-Sauveur par Guillaume Corbet. Il avait épousé N. dont il eut un fils : (III)

Daniel, qualifié clerc, dans un titre de 1196. (IV)

D. Morice, *histoire de Bretagne, T. I des Preuves, p. 726. — Universis notum sit quod Gaufridus Farsi, homo Asculfi de Soligneio dedit abbatiæ Veterisvillæ duas acras terræ, quod donum confirmavit H. de Soligneio et Yseldis uxor sua. Actum est hoc anno M. C. XC. VI. mense januarii sub testibus istis : M. abbate Veteris Villæ, Luca et Nichola monachis, H. de Soligneio, R. de Floavilla, Johanne de Hirel militibus, Matheo Genart, Galan de Paluel. W. filio Roberti et multis aliis.*

Id. — P. 826. — Ego H. de Soligneio. . . . noveritis quod Gaufridus Farsi homo meus de Paluel dedit abbatiæ Veteris Villæ duas acras terræ, unam virgeiam in virideria veteri ante domum monachorum de Bella Insula, concedente filio suo Daniele clericalo et fratre ejus majore nomine Willelmo et tribus sororibus eorum Yva, Margarita et Johanna et earum maritis, tali conditione quod monachi de propriis sumptibus necessaria providebunt victum videlicet et vestitum et tradent eum doctoribus ad erudiendum donec ad intelligibilem ætatem perveniat scilicet XVIII annorum quo fieri possit monachus si velit. Hoc ego et Yseldis uxor mea concessimus. Actum anno ab incarnatione domini M. C. XC. VI, mense januarii. Testibus Mauricio ab-

bate Veteris villæ, Auberto de Floavilla, Johanne de Hirel et Galan de Paluel militibus. . . . .

Archives de la Manche. — Cartulaire de Saint-Sauveur-le-Vicomte, charte 259, folio 43, verso. — Apud Columbam in heremitagio. Notum sit omnibus tam præsentibus quam futuris quod ego Willelmus Corbet dedi Hugoni de Haya terram quam Jordanus teleonarius tenebeat de me et presentacionem Sanctæ Mariæ de Margerei[1] *cum tota terra dicti Jordani. Dedi et enim prædictam terram Deo et abbatiæ Sancti Salvatoris et Sanctæ Mariæ heremi de Columba*[2] *coram domino Viviano Constanciensi episcopo apud sanctum Laudum. Ipse enim prædictus Hugo terram illam et præsentationem prædictæ ecclesiæ tenebit de abbatia Sancti Salvatoris ita quod quatuor denarios Andegavensium annuatim reddet monachis Sanctæ Mariæ heremi de Columba ad festum Sancti Michaelis. Et prædictus Hugo a modo neque mihi neque heredibus meis de donatione ista respondebit. Et ut hoc ratum permaneat presenti scripto cum sigilli mei munimine confirmavi. Testibus his Roberto de Montabel, Gaulfrido Farsi, Gaufrido presbitero de Chiveri*[3]*, Gaufrido Vautier, Gaufrido de Bruil, Reginaldo Pedeferrato, Willelmo Burnel.*

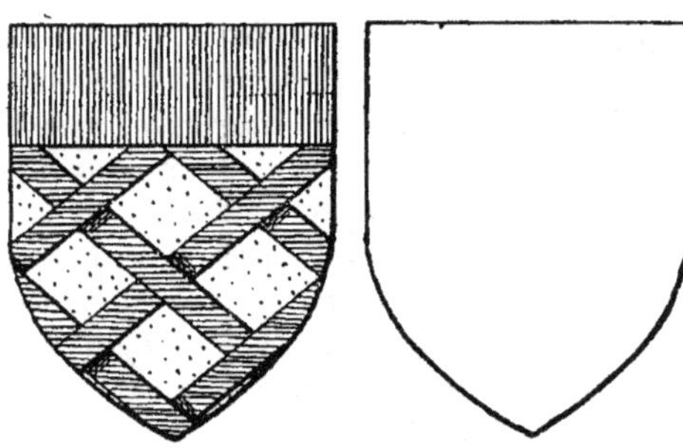

(III) 1196. — Guillaume Farsi, outre les dons faits à l'abbaye de la Vieuxville, figure, ainsi que son père Géoffroy, comme témoin de

1. Margueray, canton de Percy, arrondissement de Saint-Lô (Manche).
2. La Colombe, id. id.
3. Chévry, canton de Tessy, arrondissement de Saint-Lô (Manche).

diverses donations faites à Savigny avant 1200. Il épousa N. dont il eut deux fils Géoffroy et Alberède.

D. Taillandier. Histoire de Bretagne T. II, P. CXLIX. — Maurice abbé de la Vieuxville transigea en 1196 avec Jean élu de Dol sur plusieurs dixmes, il reçut la même année deux acres de terre qui lui furent donnés par Guillaume Farsi homme d'Hasculphe de Soligné.

Archives de la Manche. — Cartulaire de Savigny, folio 66, charte 88. — In episcopatu Baiocensi. — Omnibus ad quos præsens scriptum pervenerit Willelmus dictus abbas Savigneii salutem. Sciatis nos tradidisse Willelmo de Fornellis illud de masura Chapel apud Planam Sylvam[1] *quod Radulfus pater ejus tenuit de nobis infra stagnum suum et juxta stagnum tenendum de nobis jure hereditario pro tribus quarteriis frumenti annui redditus et duabus gallinis et viginti ovis et duobus panibus. Quod ut ratum sit præsenti scripto fecimus annotari. Hujus rei testes sunt Willelmus Bacon, Radulfus de Conde archidiaconus Baiocensis et Gaufridus frater ejus, Johannes decanus de Coutum, Gaufridus Farsi, Willelmus Farsi, Willelmus Trove, Robertus de Elemosina, Durandus de Elemosina, Ranulfus Rase et multi alii.*

Id. — Folio 90, charte 69. — In Episcopatu Redonensi. — Andreas dominus Vitreii præsentibus et futuris salutem. Sciatis quod Gaufridus de Gasto et Oriot uxor ejus, concedentibus filiis suis Alano et Petro dederunt monachis Savigneii in elemosinam omnino liberam et quietam quicquid habebant in decima de Taslia scilicet duodecimam partem. Quod ut ratum sit in perpetuum scriptum sigilli mei munimine roborari. Testibus his Petro presbitero de Breun, Alano Britone, Luca de Sancto Desiderio, Gaufrido Forestario, Ruelano de Domaigneio, Willelmo Farsi, Johanne de Maton, Roberto de Galola et aliis multis.

1. Pleineseuvre, canton de Saint-Sever, arrondissement de Vire (Calvados).

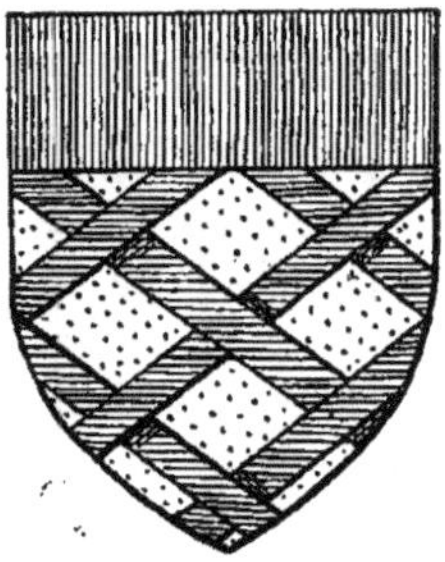

(IV) 1220-1236. — Geoffroy Farsi, chevalier, sieur du Mesnil Séran et de Montabert, rendit aveu au Roi et eut un différend avec son suzerain, André de Vitré. Il ne paraît pas qu'il ait eu de postérité.

Mémoires des Antiquaires de Normandie, T. X, p. 169[2]. — *Gaufridus Farci tenet inde* (de Percy) *unum feodum apud Mesnil Seram*[1].

Titre de la branche du Roseray. — Copie ancienne. — Universis præsentes litteras inspecturis vel audituris Gaufridus Farsi de Montaber miles salutem in Domino. Noveritis quod cum contestatio diu fuisset inter Dominum Andream de Vitreaco[2] *ex una parte et me ex altera videlicet super homagio, relevio et monstra hominum meorum, quæ omnia idem Andreas dominus Vitriaci a me petebat sibi fieri et ego negabam, tandem ad hanc formam pacis idem Andreas et ego devenimus ita scilicet quod ego in bona prosperitate mei corporis et sensus dictum homagium, relevium et monstram hominum meorum quæ antea negaveram eidem Andreæ recognovi quia jus suum erat et de iis me recepit in hominem et propter ea quæ eidem Andreæ antea negaveram dedi domino Andreæ et concessi et bona fide volui omnem terram*

1. Il est cité sous le nom de Geoffroy Farsi, sieur du Mesnil Héron, écuyer, dans *Les conquestes et les trophées des Norman-François*, par Du Moulin, p. 476.

2. Cet André de Vitré, fils de Robert et petit-fils de N de Vitré, devenu sieur de Rye en Bessin par son mariage avec l'héritière de cette terre, avait de nombreuses possessions en Normandie. Il suivit le parti du roi de France qui lui donna en 1205 le fief de Saint-Sever près Vire et plus tard 500 livres de revenu à établir sur des fiefs Normands dans l'échiquier de la Saint-Michel 1230. Il n'eut qu'une fille, Philippa, qui prit le voile en 1268 et donna ses biens à l'abbaye de Sainte-Marie près Saint-Cloud. *(Mémoires de la Société d'Agriculture etc. de Bayeux 1874. P. 152).*

quam de ipso Andrea teneo in tota parrochia de Corres (alias *Coues) et in omnibus aliis locis in quibus de eodem Andrea teneo, pro me quittando de illis quæ foris feceram sive malefeceram eidem Andreæ tenendam in perpetuum et possidendam hereditarie eidem Andreæ et heredibus suis successive post decessum meum ita etiam quod de tota terra prædicta sessum prædictum Andream et idem Andreas mihi donavit omnes fructus et proventus ejusdem terræ quamdiu vixero habendas et recipiendas per manum Godefridi de Capella servientis ejusdem Andreæ in illa terra. Et quod hoc esset ratum et stabile et ne posset in posterum infirmari ad majorem ejus rei affirmationem eidem Andreæ meas dedi præsentes litteras cum sigillo meo sigillatas in hujus rei testimonium et munimen. Datum apud Monbrayum anno domini millesimo ducentesimo tricesimo sexto mense Maii.*

Collationné à l'original à nous apparu par Jean Girard Sr de Grandchamps, intendant des affaires de Mgr le prince de Tarente et icelluy rendu audit Sr de Grandchamps pour remettre ainsi qu'il nous a dit aux archives des titres de mond. Seigneur par nous conseillers secrétaires du Roy, maison et couronne de France, à Vitré ce 2e jour de septembre 1671. (*Signé*) J. GIRARD, BRÉAL, J. HELLAMEL. — Inventorié et cotté 99. (*Signé*) MELLET.

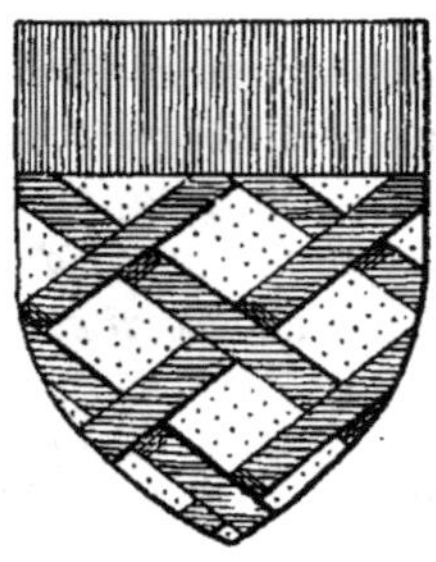

1210. Alberède FARSI, chevalier, fit plusieurs donations à l'abbaye (IV)
de Blanchelande. On ignore s'il fut marié.

Archives de la Manche. — Copie ancienne sur papier. — Notum sit omnibus qui præsens scriptum viderint quod Ego Alveredus Farsi miles, donavi abbatiæ Sancti Nicolai de Blancalanda in perpetuam et quietam elemosinam totum tenementum quod tenuit Phaleth et antecessores ejus de antecessoribus meis apud Herovillam[1] *ita quod Radulphus Bochu serviens meus tenebit hereditarie de abbatia totum illud tenementum et reddet inde annuatim eidem abbatiæ unam libram piperis ad festum Sancti Michaelis. Et ut hæc mea donatio firma sit in posterum, præsentis cartæ eam testimonio confirmo. Actum est hoc anno incarnationis millesimo ducentesimo decimo, mense Januarii, apud Blancamlandam.*

Id. — Notum sit omnibus præsentibus et futuris quod ego Alveredus Farsi miles caritatis intuitu et pro salute animæ Ricardi de Humeto et meæ et antecessorum meorum donavi Deo et abbatiæ Sancti Nicolai de Blancalanda et canonicis ibidem Deo servientibus in perpetuam et quietam elemosinam totum maisnagium Godefridi de Maresco quod de me tenebat apud Corcellam[2] *et insuper tantum de eodem tenemento unde persolvet annuatim prædictæ abbatiæ tres sextarios ordei ad festum sancti Michaelis. Ut hæc autem mea donatio firma sit et stabilis in posterum præsenti scripto et sigilli mei testimonio et munimine roboravi. Testibus (sic).*

Id. — Original. — Notum sit omnibus tam futuris quam præsentibus quod ego Thomas de Coesneriis pro salute animæ meæ et antecessorum meorum clamavi quietum abbatiæ sancti Nicholai de Blancalanda totum jus quod clamabam habere in ecclesia Sanctæ Margaritæ de Dusseio[3] *ex donatione domini mei Willelmi de Humetis constabularii Normanniæ et concessi donationem quam pædictus constabularius dominus meus fecit prædictæ abbatiæ de prænominata ecclesia. Et ut hæc mea concessio firma sit in posterum eam præsentis cartæ testimonio et sigilli*

1. Hérouville, canton et arrondissement de Caen (Calvados).
2. Courseulles, canton de Creully, arrondissement de Caen (Calvados).
3. Ducy, canton de Tilly-sur-Seulles, arrondissement de Caen (Calvados).

mei munimine confirmavi. Testibus Willelmo de Humetis juniore, Thoma de Humetis et Engerranno fratre ejus, Radulpho de Montibus et Rogero fratre ejus, Willelmo monacho, Willelmo de Mesnillo, Alberedo Farsi, Thoma de Geron, Bigotho de Tere et Petro fratre ejus et multis aliis. — (Au dos) *Thomas de Coesneriis pro ecclesia de Duxeio.*

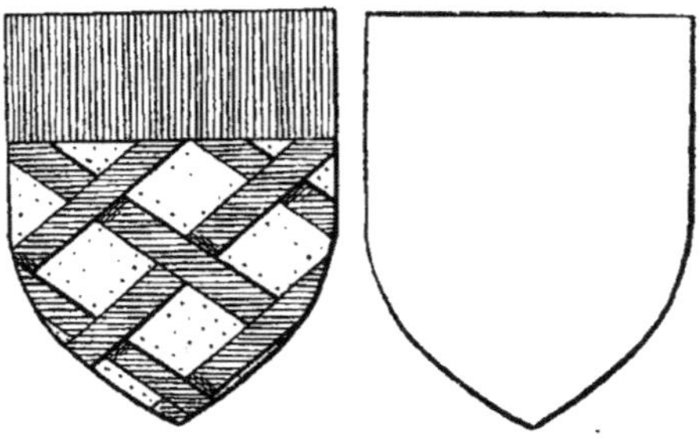

1188. — Roger Farsi, chevalier, vivait en 1188. Il épousa N. dont (II)
il eut plusieurs enfants :

Mém. de la Société des Antiquaires de Normandie, T. XVI, P. 23[2]. — *Willelmus Poignard reddit compotum de empreumpto facto in baillia sua de Cadomo scilicet..... de Rogero Farsi X libras.....*

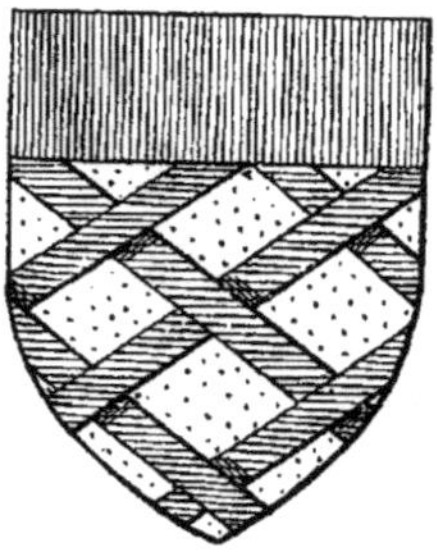

1214. — Nicolas Farsi, prêtre, puis doyen, fit une donation à Mon- (III)
tebourg.

Cart. de Montebourg. — Archives de la Manche. Copie. — 1214. — Notum sit omnibus tam præsentibus quam futuris quod ego Nicholaus Farsi presbiter dedi et concessi et præsenti carta mea confirmavi Deo et Sanctæ Mariæ Montisburgi et monachis ibidem Deo servientibus quoddam mesnagium cum gardino situm apud hamellum quod dicitur Laumosne[1] *et unam peciam terræ quæ sita est apud Les Clos et aliam quæ sita est sub gardino Sansonis de Laumosne in puram et perpetuam elemosinam. Ut autem hæc mea donatio perpetuam obtineat firmitatem, ipsam præsentis scripti testimonio et sigilli mei appositione roboravi. Actum anno graciæ millesimo ducentesimo X. IIII°.*

Id. — Notum sit præsentibus et futuris quod ego Guillelmus Goberth dedi et concessi Deo et Sanctæ Mariæ Montisburgi et monachis ibidem Deo servientibus pro salute animæ meæ et patris et matris meæ et omnium antecessorum meorum tres acras terræ in parrochia de Autevilla[2]*, scilicet duas virgatas in cruta juxta Haiam et in cruta Tirel tres virgatas et in Vivam Landam unam acram et in Novo Clauso juxta Haiam tres virgatas. Et ut hoc ratum permaneat in futurum sigilli mei munimine et præsenti carta confirmavi. Testibus Nicholao Farsi presbitero tunc decano, Willelmo Augustino et pluribus aliis.*

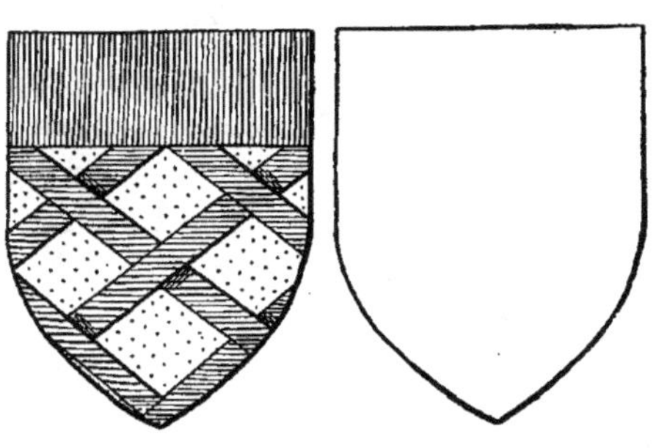

1214. — Roger Farsi, chevalier, seigneur d'Hauteville, figure

1. Laumosne, à Colomby, canton de Saint-Sauveur, arrondissement de Valognes (Manche).
2. Hauteville, près Orglandes, canton de Saint-Sauveur, arrondissement de Valognes (Manche).

comme témoin dans une donation faite à Montebourg. Il épousa N. dont il eut plusieurs enfants.

Archives de la Manche. — Cartulaire de Montebourg. — Copie. — Notum sit omnibus tam præsentibus quam futuris quod ego Willelmus de Monasteriis pro salute animæ meæ et Willelmi filii mei et patris et matris meæ et omnium antecessorum sive successorum meorum dedi et concessi et præsenti carta confirmavi Deo et sanctæ Mariæ Montisburgii et monachis ibi Deo servientibus in perpetuam elemosinam quatuor acras terræ in parrochia Hautevilla ex quibus scilicet Ricardus de Spina tenet duas acras jure hereditario juxta fossam del Coudrei et de hac terra reddit prædictus Ricardus annuatim quinque solidos usualis monetæ ad festum Sancti Pauli et quatuor panes cenomanensium et quatuor gallinas ad Natale et quadraginta ova ad Pascha ; alias autem duas acras quæ vertunt super campum a Lestrier tenet Nicholaus filius prædicti Ricardi jure hereditario, de quibus reddit annuatim quinque solidos usualis monetæ ad festum Sancti Pauli et quatuor panes cenomanensium et quatuor gallinas ad Natale et quadraginta ova ad Pascha. Hanc vero donationem et concessionem feci ego Willelmus de Monasteriis prædictæ abbatiæ et monachis liberam et quietam sicut meum dominicum. Et ut hæc donatio rata et inconcussa permaneat, præsens scriptum sigilli mei munimine roboravi. Testibus Rogero Farsi, Andrea de Applegard, Willelmo Augustin et multis aliis.

Il existe aux archives de la Manche un sceau détaché qui doit, à cause de la belle qualité de la cire, de sa dureté et de la couleur

rougeâtre, venir des titres de l'abbaye de Savigny[1]. Il est au nom de Roger Farsi et on peut l'attribuer à celui qui nous occupe. La forme des lettres se rapporte bien au commencement du XIIIe siècle et d'ailleurs on ne connaît d'autre Roger Farci que celui qui vivait en 1214. Ce sceau, de

1. Ce sceau détaché provient avec un certain nombre d'autres d'une acquisition faite en 1865 par M. Dubosc, archiviste de la Manche, chez un cirier de la ville de Saint-Lô. Ce-

forme ronde, mesure 0.03 c. Il est profondément gravé et l'empreinte a gardé toute sa netteté. Au centre, un écu chargé d'un fretté avec un chef. Tout autour on lit cette légende : ✠ SIGILLVM ROGERI FARSI.

C'est le document le plus ancien où se trouvent les armoiries de la famille de Farcy.

DE L'AUMOSNE
d'argent à deux fasces de gueules surmontées de 2 canettes de sable.

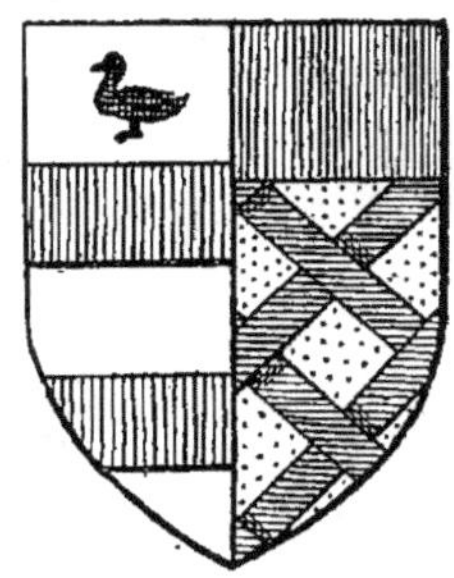

(IV) Mathilde FARSI, femme de Jean de l'AUMOSNE, écuyer, en 1231.

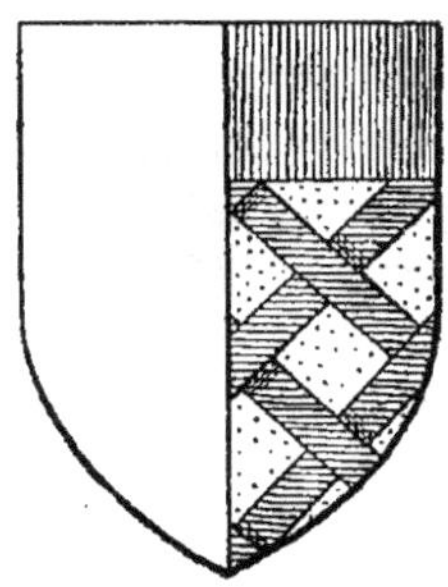

1231. — Nicolas FARSI, écuyer, seigneur d'Hauteville, filleul sans doute de Nicolas, doyen en 1214, fit un don de mariage à sa sœur. Il épousa N. dont il eut un fils nommé Guillaume.

lui-ci, lors de la vente des parchemins de Thorigny, s'était rendu adjudicataire des sceaux de cire, et avait conservé ceux qui lui paraissaient les plus beaux. Les autres furent fondus et coulés en cierges de couleurs assorties !

Archives de la Manche. — Copie ancienne. — Notum sit omnibus tam futuris quam præsentibus quod ego Nicolaus Farsi armiger donavi Johanni de Elemosina et Mathildi uxori ejus, sorori meæ quatuor quarteria frumenti percipienda annuatim in tenementis Ricardi de Runevilla et Radulfi de Capite villæ, sitis in parrochia de Oglandris[1]. *Et ut hoc ratum sit, præsens scriptum sigilli mei munimine roboravi. Actum anno domini M. CC. XXXI. mense Marcio.*

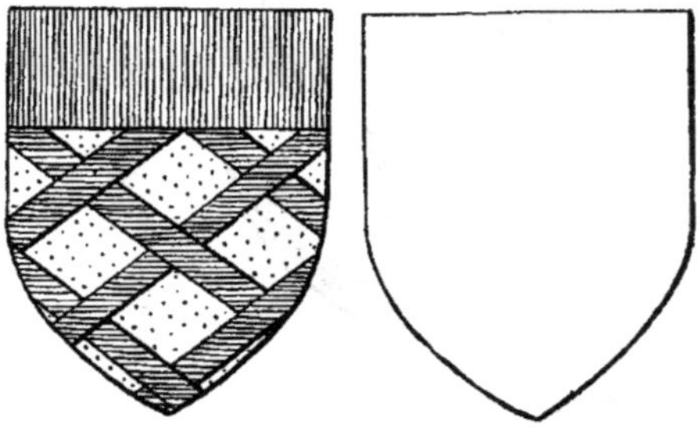

1299. — Guillaume Farsi, sieur d'Hauteville, est cité dans un acte de **1299**. Il épousa N. dont il eut plusieurs enfants. (v)

Archives de la Manche. — Extrait d'un terrier du XVe siècle, Abbaye de Montebourg. — Apud Hautevillam, Guillelmus Farsi XII denarios, II panes turonensium, II gallinas super unam petiam terræ sitam in dicta parrochia quæ vocatur gardinum Elemosinæ. Item super unam aliam petiam terræ sitam apud clausa. Item super unam aliam petiam terræ sitam sub gardinum Sansonis de Elemosina anno.... nonagesimo nono.

1. Orglandes, canton de Saint-Sauveur, arrondissement de Valognes (Manche)

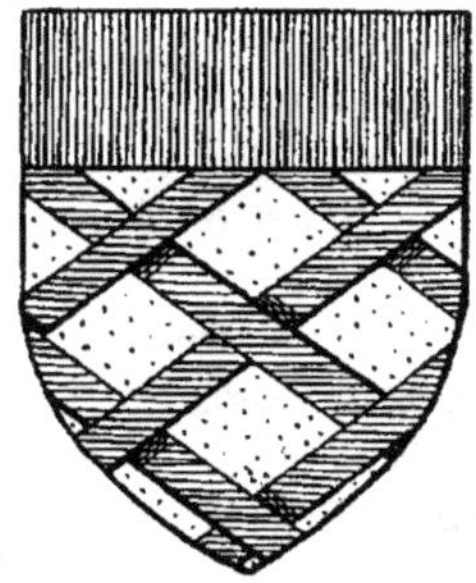

(VI) *XIVe siècle.* — Nicolas Farsi devait certaines redevances à Montebourg.

Arch. de la Manche. — Grand livre blanc, terrier de Montebourg, H. 8391. — Redditus quæ debentur annuatim, ratione hereditatis magistri Nicolai de Ingarvilla apud Sanctum Marcannum[1]*.... Nicholaus Farsi, II bussellorum frumenti a hoche* (non arasés), *III p. de Mansseis* (pains manceaux), *III capons pour demie acre de terre et i a reseantise* (résidence).

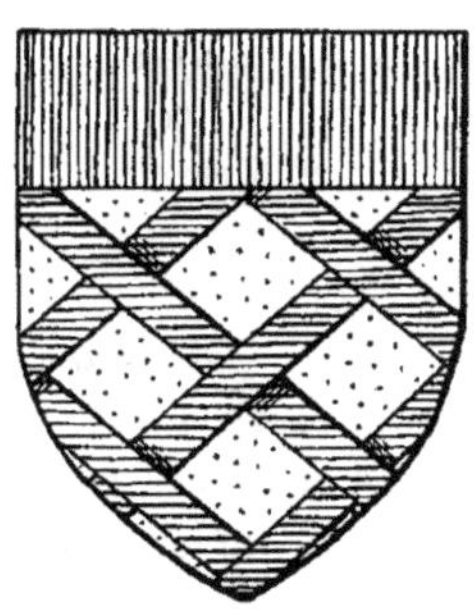

Jacques Farsi, sieur d'Hauteville, est le dernier de cette branche qui soit connu.

1. Saint-Marcouf, canton de Montebourg, arrondissement de Valognes (Manche).

Arch. de la Manche. — Idem, folio 448. — Apud Hautevillam. — Jacobus Farsi de Hautevilla tenet in eadem parrochia unam virgatam et dimidiam terræ sitam ad clausum Elemosynæ juxta Colinum Piquenot et Rogerum Cornart a lateribus et butat ad vicum Elemosinæ.

Item tenet unam acram sitam ad Clausos juxta Thomam Le Cointe et Guillelmum Poncel a lateribus et butat ad cheminum de Ponte de Rouvilla.

Item tenet unam acram sitam ad Elemosinam juxta heredes Juliani de Elemosina et Petrum Tirel a lateribus et butat ad gardinum Rogeri Cornart et debet XII denarios turonensium ad festum Sancti Michaelis, duas gallinas cum homagio.

Ricardus de Spina, de Columbeio, tenet in parrochia de Hautevilla XV virgatas terræ sitas in duobus peciis, videlicet una sita est en trans (au quartier) *de Campo Farsi juxta terram Johannis Le Rosti et Colinum Langlois a lateribus et butat ad terram Roberti de Spina de Columbeio. Alia pecia sita est en trans de Campo Farsi prædicto juxta Willelmum Poncel et Johannem Le Roussel a lateribus et butat ad fossam du Coudray et debet X solidos turonensium ad festum Sancti Pauli et Sancti Michaelis, VIII panes cenomanensium, VIII capones, IIII^{XX} ova cum ommagio.*

Petrus Gascoing de Oglandris tenet in parrochia de Hautevilla duas virgatas terræ vel cocirca sitas in monte de Rouvilla juxta Colinum Goubert et Robertum Cornart a lateribus et butat super Jacobum Falsi et debet IX denarios ad festum Sancti Michaelis cum hommagio.

Nicolaus Goubert de Oglandres tenet in parrochia de Hautevilla dimidiam acram et dimidiam virgatam terræ sitam in monte de Rouvilla juxta Petrum Gascoing, et heredes Colini Gosselin a lateribus et butat super Jacobum Falsi et debet unum quarterium frumenti ad mensuram de Orglandres, unum panem turonensem et unam gallinam cum hommagio.

SEIGNEURS DE LA CHAPELLE-HEUZEBROC

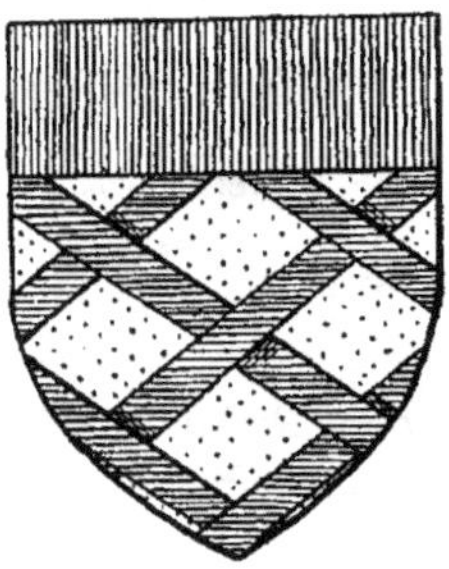

de Soligné : *écartelé d'argent et de gueules.*

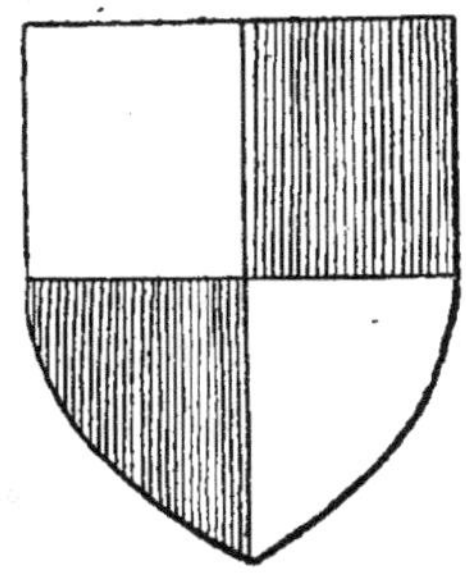

Ier Degré. Hugues Farci, chevalier, seigneur de Pontfarcy, de plusieurs fiefs en Angleterre, dont il rendit aveu en 1203, et par sa femme de la Chapelle-Heuzebroc, descendait sans doute de Gualtier de Pontfarcy, chevalier, croisé en 1147. Il avait épousé, dans la seconde moitié du XIIe siècle, Mathilde de Soligné, fille de Robert, chevalier et petite fille de Jean de Soligné, chevalier, qui, avec Alix sa femme, avait fondé en 1143 l'abbaye de Montmorel, au diocèse d'Avranches. En la mariant, son père et Jean son frère lui donnèrent 30 acres de terre à la Chapelle [1], sur lesquels elle en aumôna deux à la paroisse

1. Ce fut là le premier noyau de ce fief de la Chapelle-Heuzebroc qui appartenait encore à ses descendants en 1512 et qui comprenait alors 90 acres de terre, actuellement commune de Guilberville, canton de Thorigny, arrondissement de Saint-Lô (Manche).

en 1200. Hugues fit aussi quelques dons au prieuré de la Bloutière et était mort en 1203, laissant au moins trois enfants :

1 Raoul qui suit, 2 N., et 3 Jean.

Archives de la Manche. — *Cahier des rentes, fermes, etc., de Montmorel, p. 144. — Notum sit omnibus futuris et præsentibus quod Robertus de Suligneio de assensu et voluntate Johannis filii sui donavit Matillidi filiæ suæ in maritagio cum Hugone Farsi triginta acras terræ apud Capellam. Postea vero prædicta Matillis dedit ecclesiæ prædicti loci ad usus fabricæ ejusdem duas acras prædictæ terræ, prædictis Roberto, Johanne et Hugone præsentibus et confirmantibus.*

Rotuli litterarum patentium in turri Londinensi asservati, vol. I, fol. 49 v. — Hic suscribitur inquisitio terrarum quomodo Barones Regis inquirunt videlicet per sacramentum vicecomitis. Scire et omnium Baronum et eorum Francigenarum et tocius centuriatus presbiteri præpositi, VI villani uniuscujusque villæ.... Isti homines juraverunt.... In Nordstonnehundred juraverunt Walterus de Cleis, Rogerus Maurini filius, Hugo Farsit, Robertus filius Varini, Godelive Azor, Godmarus de Gretona, Waluricus de Grettona et omnes alii Franci et Angli de hoc hundred juraverunt.

Archives de la Manche. — Cartulaire de la Bloutière. — Copie ancienne. — Philippus Dei gracia Francorum rex notum facimus tam præsentibus quam futuris quod nos vidimus litteras infra scriptas formam quæ sequitur continentes. Universis præsentes litteras inspecturis Laurencius dictus Herout clericus domini regis deputatus ab eodem domino rege super acquisitis ecclesiarum et ignobilium personarum in Constanciensi et Cadomensi bailliviis salutem in Domino. Notum facimus quod viri religiosi, prior et conventus de Bloeteria Constanciensis Diocesis finaverunt cum viro venerabili et discreto magistro Guillelmo Boucel clerico ejusdem domini regis nuper in baillivia Cadomensi ad hæc destinato super retinendis, habendis et in posterum possidendis ab eis et eorum successoribus nomine suo et monasterii sui sine coactione vendendi vel extra manum suam ponendi, rebus inferius annotatis, acquisitis ab eisdem in baillivia Cadomensi. Videlicet in parrochia de Bellone, ex venditione Beneiste sex boissellos frumenti. Ex dono Guillelmi de Argogiis militis uno quarterio frumenti..... Item decem et novem solidos turonenses per manum Guillelmi Roscelini et suorum participum; ex venditione Hugonis Farsi decem solidos; ex venditione Johannis Alveredi viginti quatuor solidos, quatuor panes, et quatuor gallinas; Item in parrochia de Sancto Mauro..., ex venditione Hugonis Farsi duobus solidis in parrochia de Capella Sesserini[1].... Item in parrochia Sancti Petri de Truncheto[2] ex venditione Hugonis Farsi septem solidos, quatuor denarios. Item in parrochia de Sancta Cecilia[3] ex venditione dicti Hugonis Farsi duobus solidis Turonensium.. .. Datum anno domini M° CC° nonagesimo quarto die Jovis ante festum Purificationis beatæ Mariæ virginis. Actum Parisiis mense Februarii.

IIe Degré. 1° Raoul qui suit.

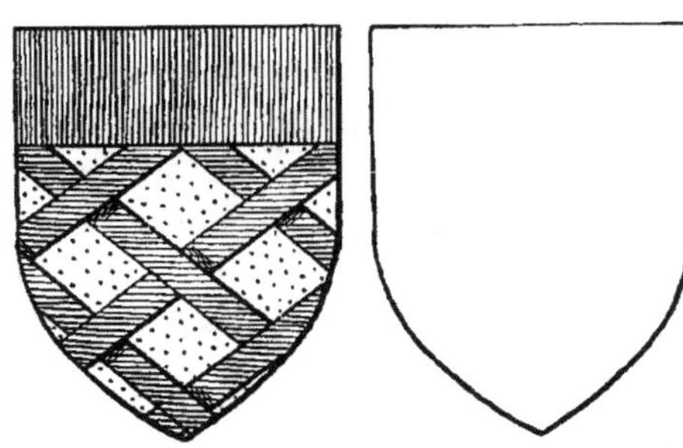

2° N. Farsi, épousa N. dont il eut :

1. La Chapelle Cesselin, canton de Saint-Pois, arrondissement de Mortain (Manche).
2. Le Tronquay, canton de Balleroy, arrondissement de Bayeux (Calvados).
3. Sainte-Cécile, canton de Villedieu, arrondissement d'Avranches (Manche).

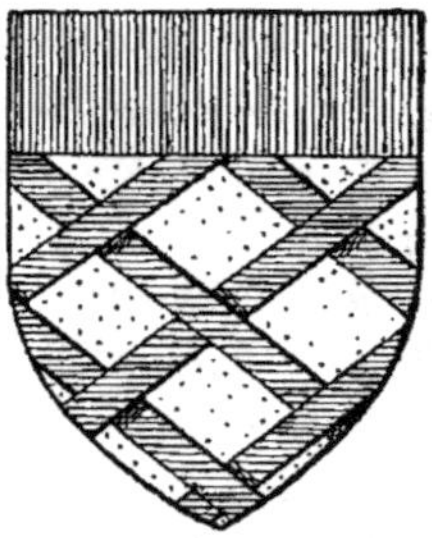

IIIe *degré.* — Raoul Farsi, cité dans une charte de 1230, avec son oncle Raoul.

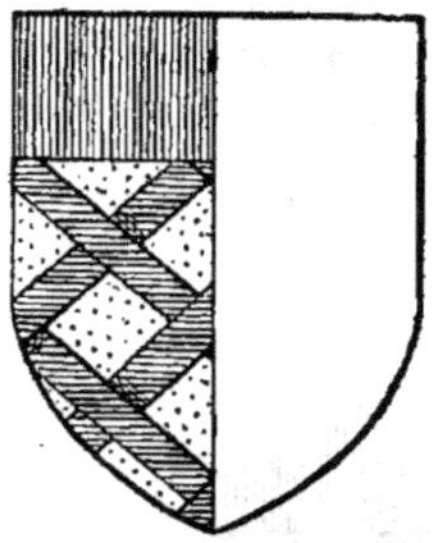

3° Jean Farsi, connu par divers dons ou échanges que confirma son consin Jean de Dol de Combourg, fils d'Hasculphe de Soligné, celui-ci oncle de sa mère Mathilde. Il ne paraît pas qu'il ait eu de postérité.

Archives de la Manche. — Original. — 1232. — Universis Christi fidelibus præsentes litteras visuris vel audituris Johannes de Dolo dominus Comburnii salutem in domino. Noverit universitas vestra quod Gaufridus Appolleigne dedit, coram me, Johanni Farsi et heredibus suis in perpetuam hereditatem totam terram quam jam dictus Johannes emit a Graelem Forrei et a suis junioribus videlicet campum situm juxta domum Ruallonì dou Jarcin, ha-

bendum in perpetuum et pacifice possidendum ad tenendum de jam dicto G. et de suis heredibus et obediendum pro ipso et pro suis heredibus tanquam pro domino sibi et suis heredibus tres solidos monetæ currentis videlicet ad festum Beati Michaelis annuatim persolvendo. Et de hac pactione inter ipsos facta ego sum plegius et custos quod jam dictus G. et sui heredes dictum Johannem et suos heredes permittent pulchre tenere. Quod ut ratum et stabile permaneat in futurum, ego ad peticionem utriusque partis, litteras istas sigillo meo sigillavi ad majorem hujus rei firmitatem. Actum anno Domini M° CC° XXX° secundo.

Id. — *1235.* — *Universis Christi fidelibus præsentem paginam inspecturis Johannes de Dolo dominus Comburnii salutem in domino. Noverit universitas vestra quod Adam de Paluel et Ægidius Danebaut, in præsentia mea constituti, assensu et voluntate mea, pro salute animarum suarum dederunt et concesserunt abbatiæ Beatæ Mariæ de Montemorelli et canonicis ibidem Deo servientibus, videlicet Adam terram suam de Peilloielle de qua dicti canonici reddent mihi annuatim ad Natale Domini quatuor solidos cenomanensium et dimidiam minam frumenti. Et sciendum quod dictus Adam tenebit et habebit prædictam terram a prædictis canonicis reddendo exinde eis ad Natale Domini quinque solidos turonensium annuatim et cum dictus Adam obierit, prædicta terra in dominicum canonicorum remanebit. Prædictus vero Ægiddius unam minam frumenti et decem et octo turonenses cum Johanne Farsi et cum Ricardo Boistart et participibus suis unum boissellum frumenti annui redditus ad Natale Domini recipiendos. Hæc supradicta tenebunt et habebunt dicti canonici in puram et perpetuam elemosinam absque ulla reclamatione sui vel heredum suorum. Hoc enim sciendum est quod prædicti canonici in prædictis tenementis pro redditu suo ultra terminum detento justiciam suam exercere poterunt. Hanc autem donationem dicti Adam et Ægiddius dictæ abbatiæ contra omnes homines tenentur garantizare. Ad majorem autem confirmationem, quoniam dicti Adam et Ægiddius sigilla propria non habebant, ad petitionem ipsorum præsentem paginam sigilli mei munimine roboravi. Actum anno domini M° CC° tricesimo quinto.*

Id. — 1236. — *Universis Christi fidelibus præsentes litteras visuris vel audituris Johannes de Dolo dominus Comburnii salutem in Domino. Noverit universitas vestra quod Alanus Apolleigne dedit Giloni heredi Oriondis La Danebaude unam minam frumenti annui redditus et XVIII denarios monetæ currentis com Johanne Farsi et unum boissellum frumenti quod habebat in feodo as Chiflarz sibi habendum in dicto feodo absque magis ita quod hoc totum habebit in perpetuum sibi et suis in perpetuum sine aliqua obedientia habendum et pacifice possidendum Et hoc dicto Giloni dedit per habendum sibi et suis heredibus omne illud quod Oriendis La Danebaude emerat a Gaufrido Pellipario. Quod ut firmum et stabile permaneat in futurum ego ad petitionem utriusque partis litteras istas sigillo meo sigillavi in hujus rei testimonium et munimen. Actum anno Domini M° CC° XXX° sexto.*

Id. — 1241. — *Universis Christi fidelibus præsens scriptum inspecturis Johannes de Dolo, miles, dominus de Combore salutem. Noverit universitas vestra me pro salute animæ meæ, Alienor uxoris meæ, antecessorum et heredum meorum dedisse, concessisse et hac præsenti carta confirmasse abbatiæ Montismorelli et canonicis ibidem Deo servientibus omnes elemosinas quas ego et antecessores mei et Jodoinus filius meus primogenitus et homines mei pro salute animarum nostrarum prædictis canonicis dedimus in puram et perpetuam elemosinam de cætero possidendas et habendas absque ulla reclamatione mei vel heredum meorum immunes ab omnibus redditibus, tallüs, servitiis, auxiliis et aliis omnibus exactionibus ita quod nulli hominum ratione mei vel heredum meorum in dictis elemosinis de cætero liceat nanna capere vel in eis aliquam justiciam exercere. Prænominati vero canonici sine calumpnia tam ipsi quam eorumdem homines communitatem in terra nostra habebunt eamdem quam in eadem terra nostri homines habere dinoscuntur. Ad majorem hujus rei confirmationem et veritatis declarationem Ego prædictus Johannes aliquas de prædictis elemosinis per præsens scrip-*

tum volui exprimere nominatim. Ex dono Hasculfi patris mei et Yseudis matris meæ cum assensu meo tenementum quod Galanus Gula tenuit apud Paluel. Item ex dono Guillelmi de Argogiis, clerici, clausum de Belleille. Item ex dono Jodoini filii mei primogeniti duas minas et dimidiam frumenti de terra Verderie apud Paluel cum clauso de la Rage cum assensu meo. Item ex dono Guillelmi presbiteri de Paluel clausum de la Foliete cum assensu meo. Item ex dono meo cum assensu fratrum meorum ecclesiam de Paluel cum omnibus pertinenciis suis. Item ex dono meo totam terram quam dicti canonici clauserunt vel de cætero claudere poterunt inter mare et clausuras suas de Peloeile cum dicis infra clausuras terrarum prædictorum canonicorum contemptis tali modo quod de terris quas de cætero dicti canonici claudere voluerint inter mare et terram suam de Peloeile sicut in carta quam inde dicti canonici de me habent continetur. Pro una quaque acra terræ michi et heredibus meis annuatim tres chabocellos frumenti reddere tenebuntur. Item ex dono meo tredecim chabocellos frumenti quod dicti canonici michi reddebant de clausuris suis novis et quatuor chabocellos frumenti et octo solidos turonensium quos idem canonici michi reddebant de terris quas cum assensu meo dedit eis Gilo, clericus, filius Oriendis La Danebaude. Item ex dono Gaufridi Appolloine cum assensu meo tenementum Guillelmi Jodoini et duo jugera terræ de dominico suo sita juxta tenementum dicti Guillelmi in parrochia Sancti Marcani. Item ex dono Adæ de Paluel cum assensu meo terram suam de Peloïlle. Item ex dono Gilonis, clerici, filii Oriendis La Danebaude cum assensu meo et Gaufridi Appolloine unam minam frumenti annui redditus et decem octo denarios cum Johanne Farsi et unum boissellum frumenti cum Ricardo Boistart et particibus suis. Item ex dono Alani Appolloine terram quam Johannes Farsi emit de Graelemo Forre de Ardevon et participibus suis situm juxta domum Rualelmi de Jardin cum tota terra sita inter dictam terram et cheminum, in qua terra dictus abbas et canonici nullum hominum meorum sine assensu mei vel heredum meorum possunt recipere ad manendum. Has omnes elemosinas et alias si quas habent dicti canonici a die ista et ab antea ex donatione mea antecessorum, heredum necnon et hominum meorum Ego prædictus Johannes et Alienor uxor mea, pro Dei amore, dictis abbatiæ et canonicis præsenti scripto et sigillorum nostrorum munimine confirmavimus secundum formam in præsenti carta superius annotatam. Actum est hoc anno domini M° CC° XL° primo mense Marcii in crastino beati Albini episcopi.

Id. — *1246.* — *Universis sanctæ matris ecclesiæ filiis ad quos præsens scriptum pervenerit Stephanus divina permissione Dolensis episcopus, æternam in Domino salutem. Noverit universitas vestra nos omnes redditus canonicorum beatæ Mariæ de Montemorelli quos in episcopatu nostro, ex donatione Christi fidelium possident et omnia quæ eis juste et canonice collata sunt et in posterum justis modis conferentur sub nostro suscepisse protectione et collata approbasse, quantumque in nobis est, salvo jure episcopali confirmasse de quibus ea propriis duximus exprimenda vocabulis quæ possident ex dono Hasculphi de Solligne et Ysepdis... Item ex dono dicti Gillonis clerici et Gaufridi Apolloine unam minam frumenti annui redditus et decem et octo denarios con Johanne Farsi et unum boissellum frumenti con Ricardo Boistard et particibus suis. Item ex dono Alani Apolloine terram quam Johannes Farsi emit de Graalemo Forre de Ardevon et particibus suis sitam juxta domum Rualemi du Jardin con tota terra sita inter dictam terram et cheminum juxta molendinum ad ventum, quam terram prædictus Johannes de Dolo contulit canonicis memoratis.... Has autem elemosinas et donationes quas dicti canonici habent in episcopatu nostro et alias si quas habent vel de cætero justis modis habere poterunt, ratas habentes, salvo jure nostro in omnibus, confirmamus, præsentem paginam sigilli nostri munimine hujus rei testimonium roborantes. Datum anno Domini M° CC° XL° sexto, die jovis proxima post cineres, mense Februarii apud Dolum.*

Id. — *1259.* — *Universis præsentes litteras inspecturis officialis Dolensis salutem in Domino. Cum contentio verteretur coram nobis inter religiosos viros abbatem et conventum Beatæ Mariæ de*

Montemorelli, Abrincensis dyocœsis ex una parte et Gaufridum Apollayne nostræ dyocœsis ex altera, tunc temporis armigerum super quibusdam terris, redditibus, obedienciis iisdem religiosis a patre dicti Gaufridi et ejus antecessoribus, ut dicitur, elemosinatis, sitis in parrochia Sancti Marcanni et de Ros supra Coysnon ; tandem constitutus in jure coram nobis dictus Gaufridus confessus fuit quod, pravo ductus consilio, dictos religiosos super prædictis injuste molestabat, confitens prædicta tam quam rediens ad cor, data et elemosinata a patre suo et antecessoribus supradictis fuisse religiosis supradictis in perpetuum habenda et possidenda et videlicet tenementum et feodum au Hure in parrochia Sancti Marcanni et tenementum Johannis Farsi et Michaelis Lespingor et eorum participum situm in parrochia de Ros juxta molendinum domini Johannis de Dolo militis, volens et concedens pro salute animœ suæ et antecessorum suorum hæc prædicta dictis religiosis in puram et perpetuam elemosinam remanere excepta una acra terræ cum quodam ortulo sitis in parrochia Sancti Marcanni inter duas hayas prope terram as Picoz, quam acram cum ortulo prædicti religiosi eidem Gaufrido et heredibus suis in excambium assignarunt pro quadam pecia terræ contigua manerio dictorum religiosorum de Paluel sita in feodo as Pinarz eisdem a dicto Gaufrido in excambium, ut dictum est, pro dicta acra terræ et ortulo assignata, quam peciam terræ juravit dictus Gaufridus in perpetuam dictis religiosis ab omnibus garantizare. Juravit etiam dictus Gaufridus quod prædictos religiosos seu aliquem eorum vel eorum homines aut colones dictarum terrarum super prædictis de cætero nullatenus molestabit per se vel per alium nec procurabit molestari, obligans heredes suos specialiter et expresse ad hæc prædicta. Et nos ipsum Gaufridum ad omnia supradicta tenenda præsentem et consentientem finaliter condampnamus. Datum anno graciæ M° CC° quinquagesimo nono.

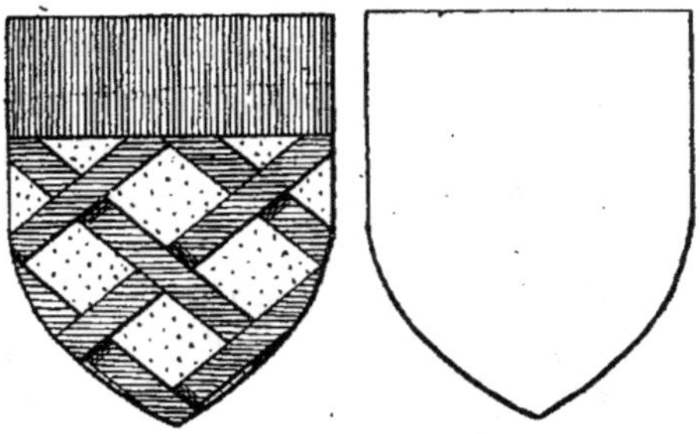

1. Raoul Farci, chevalier, seigneur de la Rode, en Angleterre, de la Chapelle Heuzebroc, etc., était mineur lors de la mort de son père. Ayant pris le parti de Philippe-Auguste, roi de France, auquel il rendit aveu en 1220, il eut ses terres d'Angleterre confisquées par le Roi Jean. En 1222 il confirma divers dons faits à l'abbaye de Montmorel et lui donna, avec Raoul son neveu, la dîme de son moulin de Sétduiz [1]. Il mourut jeune, laissant de N.... au moins trois enfants :

1° Richard, 2° Geoffroy et 3° Robert.

Rotuli litterarum patentium in turri Londinensi asservati, vol. I, pars. I, folio 69[2]. — *1203. — Willelmus de Bathon, clericus, habet litteras domini regis patentes de presentatione ad ecclesiam de la Rode quæ est de donatione regis ratione terræ Rannulfi Farsi quæ est in manu domini regis. Et diriguntur litteræ illæ domino Bathonensi episcopo.*

Mémoires des Antiquaires de Normandie, T. XV, p. 132[2]. — *1203. — Rotulus de valore terrarum Normannorum inceptus anno regni regis Johannis sexto.....*

Sumerset. — Roda — terra Ranulfi Farsi.

Willelmus præpositus, Jacobus de la Rode, Lucas Furmage, Willelmus Le Wulf, Philippus de la Rode, jurati, dicunt quod terra illa valet sine instauramento L solidos et nullum instau-

1. Sedoitz, commune de Guilbertville, canton de Thorigny (Manche).

ramentum ibi est. Et si instaurata esset, valeret LXX solidos et nichil inde amotum est.

Cartulaire de Philippe-Auguste. — Biblioth. Nationale, folio XXV v. — 1220. — Ranulfus Farsi tenet dimidium feodum apud Montbrayum.

Archives de la Manche. — Cahier des rentes, fermes et métairies de Montmorel, XVIe siècle. — 1222. — De Ranulfo Farsi. — Omnibus innotescat Christi fidelibus quod ego Ranulfus Farsi cum essem in abbatia de Montemorelli morbo gravatus concessi et confirmavi abbati et monachis ejusdem abbatiæ omnes donationes aut venditiones quas eisdem fecerunt homines mei in parrochiis de Ros et de Guillebertivilla. Actum est hoc anno domini millesimo CC°. XX°. II°. mense Marcio et appensione sigilli mei roboratum.

Archives de la Manche. — Original. — S. D. — (Vers 1231) — Universis sanctæ matris ecclesiæ fidelibus ad quos præsens scriptum pervenerit. Robertus dei gracia Baiocensis episcopus salutem in domino perpetuam. Ad universitatis vestræ noticiam volumus pervenire nos quasdam cartas ecclesiæ beatæ Mariæ de Montemorelli inspexisse in quibus quædam donaciones et elemosinæ eidem ecclesiæ et canonicis regularibus ibidem Deo deservientibus a fidelibus nostræ dyocæsis factæ continentur. Videlicet ex dono Radulfi Farsi, de assensu et voluntate Ranulfi nepotis sui totam decimam molendini sui de Setduiz in puram et perpetuam elemosinam. Ita quod si aliquo tempore decima prædicti molendini tria quarteria frumenti annuatim non valuerit, prædictus R. et heredes sui tenebuntur prænominatis canonicis reddere annuatim in eodem molendino tria quarteria frumenti ad mensuram de Gislebertvilla..... Ex dono Johannis de Solenneio et Hasculfi filii sui quatuor acras terræ apud Culcellas quæ sunt apud Perellas de suo dominio et tres acras terræ et tres virgatas apud Beneium et duas acras et unam virgatam de terra Andreæ sui servientis quam ei dederant pro servitio suo et domum quam Herveius canonicus abbatiæ de Montemorelli dedit cum terra quæ ad illam domum pertinet et dimidiam acram terræ quam Robertus Senescallus Curcellarum dedit prædictæ abbatiæ pro eodem Herveo et tres acras terræ et unam virgatam quas Hugo nepos Osberti de Berneres dedit eidem abbatiæ pro Ranulfo suo alunno, quas ei dederat pro suo servitio in puram et perpetuam elemosinam. Nos vero præscriptas donationes et elemosinas seu etiam confirmationes sæpedictæ abbatiæ et canonicis regularibus in eadem abbatia Deo deservientibus, a fidelibus divinæ pietatis intuitu, factas et collatas sicut in cartis eorum juste et rationabiliter plenius continetur gratas et ratas habentes et plurimum approbantes præsente pagina et sigilli nostri appensione dignum duximus confirmare.

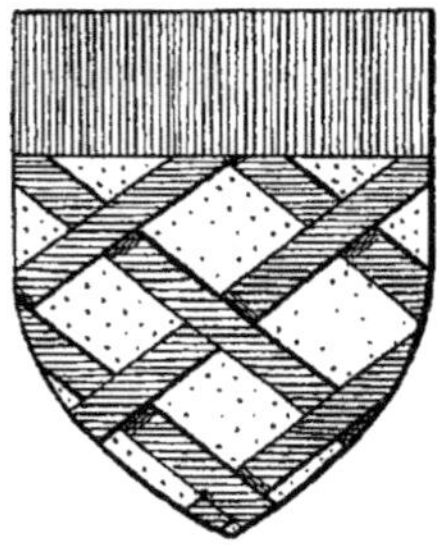

1° Richard qui suit. IIIe Degré.

2° Geoffroy Farci, vivait vers 1240, d'après une charte de confirmation de Jean de Soligné.

Archives de la Manche. — Copie du XVIe S. — S. D. — De Ros sur Coisnon. — Notum sit omnibus hanc paginam visuris quod ego Johannes de Sulineio ratam habui venditionem quam fecit Gaufridus Jodoin Gaufrido Farsi armigero de tribus jugeris terræ, sitis in parrochia de Ros supra Coysnum juxta tenementum Radulfi de Maresco sicut in carta quam inde fecerunt amplius determinatur. Actum est hoc apud Sanctum Marcannum et sigillo meo sigillatum.

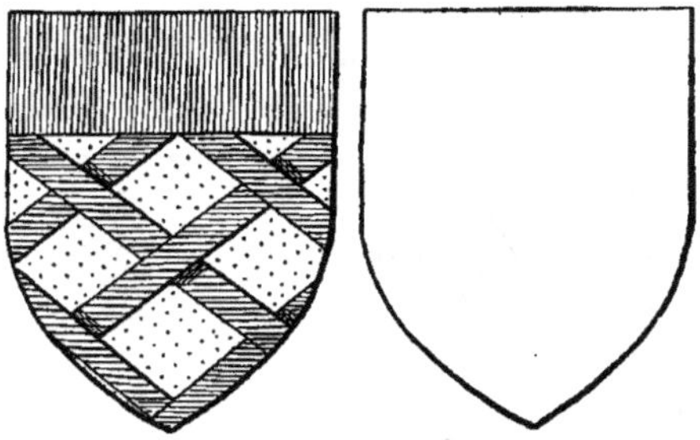

3° Robert Farci, épousa Eremberge.... Celle-ci était veuve et sans enfants, en 1263, quand elle donna à l'abbaye de Cerisy la moitié de la maison Girard de Saint-Marcel, sise à Paris, vis-à-vis de l'église Saint-Honoré, pour fonder son anniversaire[1].

Archives de la Manche. — Copie du Cartulaire de Cerisy. XVIIe siècle. P. 543. — 1263. — A tous ceux qui ces presentes lettres verront, l'official de la Cour de Paris, salut en notre Seigneur. — Scavoir faisons qu'Eremberge veuve de deffunt Robert Farcy, constituée en nostre présence, a affirmé et recogneu devant nous qu'elle avoit, tenoit et possédoit de son conquest, la moitié d'une maison scize, comme dit est, à l'opposite et vis-à-vis de l'église Saint-Honoré en la censive de Monsieur L'Evesque de Paris, laquelle maison s'appelle la maison Girard de Saint-Marcel, laquelle moitié de la ditte maison comme elle se contient, la dicte Eremberge, comparente comme dessus, a recognue avoir donné et concédé irrevocablement, à perpetuité, par donation entre vifs, au monastère ou église de Cerisy, diocèse de Bayeux, pour le salut de son âme et de ses amis, pour un service par an par apprès son deceds, qui sera faict par cy apprès tous les ans en la dicte eglize, se reservant toutesfois et retenant l'usufruict d'icelle, sa vie durant, seulement, en sorte que la dicte moitié de maison apprès son deceds retourne franchement et sans contredit audit monastère. Et a promis sa foy, sa main dans la

1. Que dirait Laisné? Voici encore un Farci marié dans un pays bien éloigné.....!

nostre que elle ne viendra par cy apprès contre la dicte donation et concession. Donné l'an de nostre Seigneur mil deux cens soixante et trois au mois de Juin.

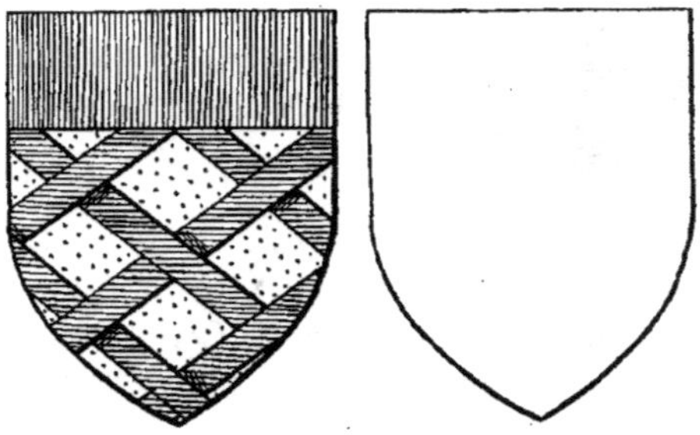

I. Richard Farci, chevalier, seigneur de Pontfarcy, de la Chapelle-Heuzebroc et de Setdouiz, donna en 1246 à l'abbaye de Montmorel ses droits au patronage de Guilberville et confirma le don de son père Raoul sur son moulin de Setdouiz. IIIe Degré.

Il épousa N..., dont il eut un fils nommé Geoffroy.

Archives de la Manche. — Original. — 1246. — Carta Ricardi Farsi et confirmatio pro decimis apud Gillebertivillam et pro sex boisellis frumenti Gillebertivillæ. — Universis Christi fidelibus præsentem cartulam audituris Ricardus Farsi salutem. Noverint omnes quod ego concedo et hac presenti carta confirmo abbatiæ Montismorelli et canonicis ibidem Deo servientibus omnes decimas totius territorii mei de Set Dois videlicet a cruce quæ dicitur Crux Roelleœ, prout dividitur per chiminum dictum as Loux, usque ad ruam quæ dicitur Rua Manselli. Et ecciam decimas totius territorii siti sub dominio meo in parrochia de Gillebertivilla tam in masura de Chantepie quam alibi. Dono ecciam eis et concedo decimas novalium omnium terrarum ad novam culturam redactarum sive redigendarum in posterum in territoriis antedictis, videlicet nemoribus, landis, pratis, et aliis quibuscumque. Et insuper dono et confirmo prædictis canonicis quidquid juris vel possessionis michi vel heredibus posset conti-

gere in patronatu ecclesiæ antedictæ. Quæ omnia dono et spontanea voluntate concedo in perpetuam elemosinam sine aliqua reclamatione mei vel heredum meorum sæpedictis canonicis quiete et pacifice in perpetuum possedenda. Præterea concedo et confirmo illud donum quod Radulfus Farsi pater meus, miles, eisdem canonicis contulit sex boissellos frumenti annui redditus ad

mensuram de Capella in molendino meo de Set Doiz ad festum beati Michaelis percipiendos. Quod ut ratum permaneat in futurum præsentem cartam sigilli mei munimine roboravi in testimonium et munimen. Actum est anno graciæ millesimo ducentesimo quadragesimo quinto, mense Septembris.

A cette charte est appendu le sceau de Richard Farsi, en cire brune. Il est rond et mesure 0.043 m. Au centre l'écu fretté avec un chef. La légende porte : ✠ S'. RICARDI FARSI MILITI...

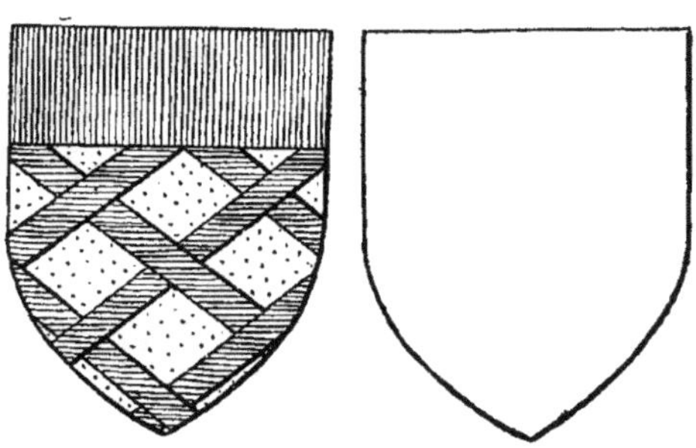

IVe DEGRÉ. Geoffroy FARCI, chevalier, sieur du Pontfarcy, de la Chapelle-Heuzebroc, etc., était exempt du service militaire en 1261. Lors de la convocation du ban de 1272, son fils comparut pour lui au bailliage de Caen pour la Chapelle-Heuzebroc et lui-même fut convoqué pour la vicomté de Vire, où était situé le Pontfarcy.

Il eut de N.... 1° Geoffroy, 2° Jamin et 3° Louis.

Bibliothèque Nationale. — Fiefs du Roi. — Mss français, N° 107. — 1261. — Le sire de Pontfarsi exempt de service.

De la Roque. — Traité de l'arrière ban, P. 72. — Hi sunt qui comparuerunt Turonis in quindena Paschæ M. CC, LXXII, pro exercitu Domini regis Franciæ.... de Baillivia Cadomensi.... Gauffridus Farsi armiger comparuit pro Gauffrido Farsi milite dicens se non debere exercitum nisi centum solidos annui redditus et XIX quarteria et II bossellos avenæ... .

Id. — P. 83. — Hæc sunt nomina militum et aliorum Baillivicæ Cadomensis qui submoniti sunt quod item sint Turonis hac instanti quindena post Pascha in armis et equis pro servitio domini regis faciendo.... in vicecomitatu Castriviromuri.... Gaufridus Farsi miles.

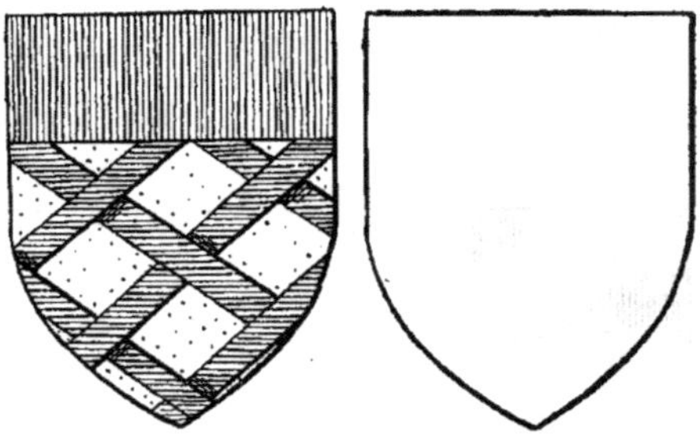

1. Geoffroy Farsi, chevalier, seigneur du Pontfarcy, de Sainte-Cécile, de Gouvets, servit pour son père en 1272. V° Degré.

Il épousa N.... dont il eut une fille unique.

Archives de la Manche. — Copie du Livre Noir du diocèse de Coutances. — 1279. — Registrum confectum super patronatibus ecclesiarum totius diocæsis Constantiensis per inquisitionem factam coram venerabili patre Johanne Constanciensi episcopo, anno domini M° CC° LI° per personas et rectores ecclesiarum juratos et su-

per valore earumdem secumdum collectores decimæ quinti anni et sexti. Anno domini M° CC° LXX° VIII° et M° CC° LXX° IX°.

Archidiaconatus Vallis Viriæ — decanatus de Mombreio.

Ecclesia sanctæ Ceciliæ. — Patroni Robertus Murdac pro parte et dominus de Pontefalsi pro indiviso. Rector Magister Thomas Gualon percipit omnia et valet *LX*#.

.... Ecclesia de Pontefalsi — patronus dominus G. de Pontefalsi. Rector debet percipere totum et valet *XV*#.

Ecclesia de Gouveiz[1] *— patronus dominus Andreas de Vitriaco cujusdam portionis. Rector illius porcionis percipit altalagium et totam decimam in parrochianis suis certis. Dominus G. de Pontefalsi patronus est alterius portionis. Rector ejusdem percipit totum in suis certis parrochianis et valet pro G. de Formigneio* *XXXV*#.

CARBONNEL : *Coupé de gueules et d'azur, à 3 besans d'hermines, posés 2 et 1.*

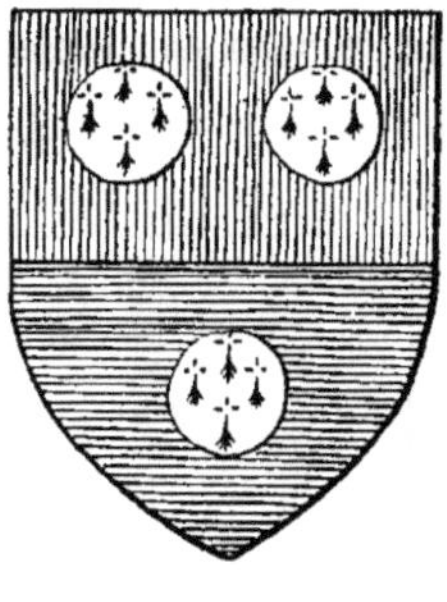

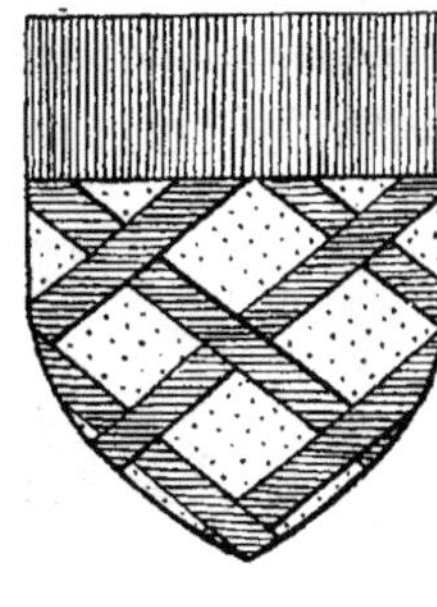

N. FARSI, dame du Pontfarcy, épousa Richard CARBONNEL, chevalier, qui vivait encore en 1332.

Stapleton. T. II. p. 241. — 1332. — Richard Carbonnel, chevalier, patron de l'église de Pontfarcy *ratione uxoris suæ*.

1. Gouvets, canton de Tessy, arrondissement de Saint-Lô (Manche).

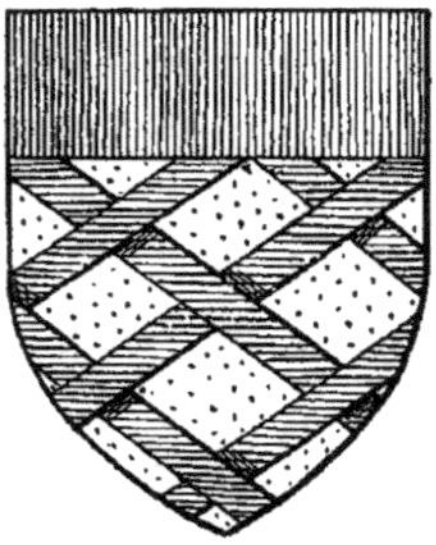

2° Jamin FARCY, écuyer, seigneur de Basenville [1], fit un don à l'abbaye du Mont-Saint-Michel en 1281 ; il mourut sans postérité. Ve Degré.

Mémoires des Antiquaires de Normandie, T. XXIX, P. 388. — *Les curieuses recherches du Mont-Saint-Michel* 1281. — Donation par Jamin Farsi, sieur de Basneville [2], à la seigneurie de Domjean, de la sixième gerbe de dîme en la paroisse de Saint-Louet. — Noté le 20 janvier 1647.

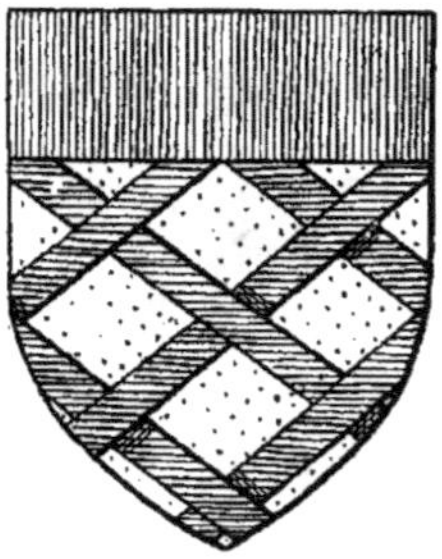

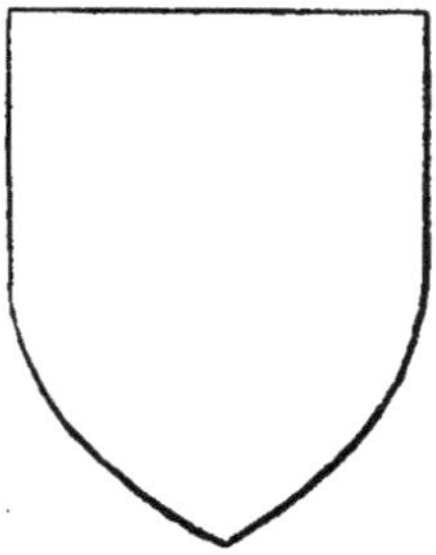

3° Louis du PONTFARCY, alias FARSSI, écuyer, sieur de la Chapelle-Heuzebroc, de Basenville, servait encore en 1339. Il eut un procès avec Montmorel pour le patronage de Guilberville et se dé- Ve DEGRÉ.

1. Basenville, commune de Saint-Louet-sur-Vire, canton de Tessy, arrondissement de Saint-Lô (Manche).

2. C'est une erreur ; le texte porte Basville ; il faut lire Basenville et non Basneville.

sista de ses prétentions en 1355. Il avait été nommé maître-ès-forêts de Bur-le-Roy et son nom figure en cette qualité dans plusieurs enquêtes. Il épousa N. dont il eut quatre enfants: 1° Guillaume, 2° Giffard, 3° Pierre et 4° Collinet.

Bibliothèque Nationale. — Titres scellés de Clairambault, registre 88. fol. 6921 et 6923. — Saichent tuit que Je Loys de Pontfarsy, dou bailliage de Caen ai eu et receu de François de Lhospital chevalier des aubalestriers dou Roy notre sire sur ce qui m'est dehu pour le demourant des gaiges de trois escuyers de ma compaingnie depuis en cest darnier ost jusqu'au XXVIIe jour d'octobre l'an M. CCC. XXXIX sept livres sept souls tournois. De laquelle somme je me tiens à bien content sous mon scel à Saint-Quantin le XXVIIIe jour d'octobre de l'an dessus dis.

Id. — Sachent tuit que Je Loys du Pontfarcy du bailliage de Caen ai eu et receu de François de Lospital chevalier des arbalestiers messire le Roy, sur le demourant de mes gaiges et de trois escuiers de ma compaignie despuis en cest darnier host douze livres tournois dont je me tiens pour bien paié. Donné à Paris sous mon scel le XVIe jour de novembre l'an mil CCC. XXXIX.

Id. — Sachent tous que Je Loys du Pontfarci escuier du bailliage de Caen ai eu et receu de François de Lospital chevalier des arbalestiers du Roy nostre sire sur ce qui deu m'estoit et aus genzdarmes de ma compaignie, depuis en ce dernier host jusques au XXVIIe jour de novembre dernier passez douze livres tornois de quoy je me tieng pour bien paié. Donné à Paris sous mon scel le XXe jour de novembre l'an mil CCC. trente et neuf.

Id. — Sachent touz que Je Loys du Pontfarcy escuier du bailliage de Caen ay eu... sur ce qui deu m'estoit pour le demourant de mes gaiges et des gensdarmes de ma compaignie despuis en ce dernier host de Burenfosse jusqu'au XXVIIe jour d'octobre dernier passé cinquante trois soulz tournois de quoy je me tieng pour bien payé. Donné à Paris sous mon scel le XVIIe jour d'avril l'an M. CCC. XL.

Ces quatre pièces sont scellées en cire rouge, du scel de

Louis Farci. Il est fort important de remarquer que tandis qu'il s'appelle Loys du Pontfarci dans le titre lui-même[1], son sceau porte pour légende : S. LOIS. FARSSI ES..... . Sceau rond de 0.015^{m}. Au centre écu fretté de 8 pièces avec un chef.

Archives de la Manche. — Original 1355. — A tous ceux qui ces presentes lettres verront Michel le Candelier lieutenant général de Monsour Robert de Warignies chevalier, bailli de Caen, salut. Comme l'église parrochial de Gilleberville, du dyocèse de Baiex et assise en la vicomté d'icelui leu, fust demorée sans curé par la mort de Mestre Johan de Byon, desrain rectour d'icelle et religieux hommes et honnestes, l'abbé et le couvent de nostre dame de Montmorel, en dyocèse d'Avrenches, affermans estre vraiz patrons d'icelle, par le siège de Romme eussent la dicte église impetrée à estre appliquée à eulx et à lours usages et pour estre deservie par un de lours chanoines et cen nonobstant, Monsieur Denis Sorel, prestre Rommipete, à la collacion ou présentation des diz religieux, disant que d'icelle église li devoit estre pourveu par la vertu de sa grace, eust icelle acceptée, si comme il disoit, et par la vertu de sa dicte grace par les exécutours d'icelle eussent esté mandéz et faiz bans, preconizations sur le droit du patronage de la dicte église et as diz bans se fussent opposez Loys Farsi escuier et Johan de Banville fils et heir de Julien de Banville, ensement escuier, disanz, chacun de soy, le droit et la présentation du patronage de la dicte église à eulx appartenir et non as diz religieux. De la partie d'iceulx religieux faite protestacion de leur droit et de la grace à eulx faite par le siège de Romme, si comme eulx disoient, jouste ce que dessus est dit, et cependant, de la partie de Guiffart Farsi, filz dudit Loys, eust esté donné à entendre à la cour du Rey nostre sire que le droit du patronage de la dicte église et la présentation d'icelle appartenoit audit nostre sire le Roy et non pas as

1. Il est certain qu'à cette époque il ne pouvait être seigneur du Pontfarcy qui appartenait à Richard Carbonnel, mari de sa cousine germaine. On verra quelques-uns de ses descendants porter indifféremment ces deux noms dans le XVIe siècle.

diz Loys et Johan de Banville ou à aucun d'iceuls et par ce eust le dit nostre sire le Roy présentey à la dicte église ledit Guiffard à Révérend Père en Dieu Monsieur Leveque de Baiex, par la vertu de laquelle présentacion ledit Monsieur Levesque avait de rechief fait faire bans ou préconizations sur le cas dudit patronage, as quiez bans les dis religieux s'estoient opposez et fait protestacion de leur droit, comme dessus est dit, et toutes vois, pour ce que l'opposicion qui mise avoit esté sur le cas dudit patronage de la partie desdiz Loys et Johan de Banville n'avoit pas été fait en leurs personnes ne par aucuns qui à ce fussent par euls fondez, avoient les diz religieux fait ajourner les diz Loys et Johan de Banville pour savoir se il voudroient faillir ou advouer à ceuls qui opposer s'estoient en leur nom, sur le cas dudit patronage, et ensement l'avoient fait insinuer au procureur du Roy nostre sire parceque il entendoient à soustenir vers tous les dessus diz que à euls soul et pour le tout appartenoit le patronage et présentacion de ladicte église et que il avoient titres, confirmacions de princes et possessions telles sur le cas, que le procureur dudit Seigneur, ne ensement les diz Loys et Johan de Banville n'estoient sur ce à recevoir à aucun procès se faire le vouloient. Sur quel cas en certaine assise de Thorigny desrainement passée à laquelle ledit adjournement avoit esté fait ledit Johan de Banville avoit failli à l'opposicion qui mise avoit esté en son nom as diz bans sur le cas dudit patronage, parce que les diz religieux s'en estoient allez de cen desliéz et en la possession dudit patronage; pourtant comme audit Johan estoit et pour tant comme audit procureur du Roy nostre sire, et ensement audit Loys estoit entre chacun d'iceuls, d'une part, et les diz religieux d'autre, avoit esté la chose continuée à la prochaine assise de Baiex, afin que les diz religieux monstrassent les faiz, titres et escriptures que il avoient sur le cas et pour procéder sur ce, si comme de raison appartendroit. Scavoir faisons que es dites assises de Baiex tenues par nous leutenant dessus dit l'an de grace mil CCC. LV. le mercredi avant la feste Saint-Père-aus-liens, se représentèrent Monsieur Johan Le Valois, procureur général du Roy nostre sire en bailliage de Caen, et ledit Loys en sa personne, chascun de soy d'une part et frère Estienne abbé dudit lieu de Montmorel et frère Nicole Courlesvaux, procureur pour le couvent d'icellui leu, d'autre, lesquels abbé et procureur de son dit couvent monstrèrent par lettres et escriptures escriptes et scellées les choses ci-après ensuivantes.

Premièrement par une chartre scellée des seaulx de Johan de Soligney, jadis Seigneur de la dicte ville de Guilleberville, de Aliz, sa fame, et de Hascoit, leur filz, faisant mencion comme ils avoient donné à l'iglese de Montmorel et as chanoines illecques Deu servans la dicte église de Guillebertville et plusieurs autres nommées et especifiés ès dictes lettres ovecques autres héritages certains en iceuls contenuz, de toutes les quelles choses, il se disoient estre saisiz pésiblement.

Et ensement monstrèrent certaine chartre de Henri jadis roi de Angleterre et duc de Normandie et d'Aquitaine et comte d'Anjou, contenant que il confermoit le don et octroy des choses dessus dictes et vouloit que les diz religieux les tenissent bien et en pais, franchement, entièrement et honorablement o toutes leurs appartenances en la manière que ledit Johan de Soligny, sa dite fame et son dit filz les leur avoient données.

Et ensement monstrèrent une lettre de confirmation sur ce faicte par Henry pour le temps evesque de Baiex.

Et en oultre il montroient une lettre scellée du scel dudit Henri evesque contenant que il avoit receu à la vicairie de ladite église certaine personne appelée Guillaume Le Clerc à la présentacion des diz religieux.

Et estoient toutes les lettres dessus dictes faictes et passées en présence des témoings nommés en icelles et sans date.

Par après, ledit abbé et procureur de son couvent montrèrent unes lettres scellées du scel de Thomas jadis evesque de Baiex d'une institucion faicte à la dicte église, après la mort dudit Guillaume Le Clerc, de certaine personne appelée Bartholomeu de Dabeuf, par la dévolution du temps, sauf le droit des diz religieus après sa mort et estoit le date des dictes lettres l'an mil CC. XXX. IIII, en moys de septembre.

Par après, monstrèrent un vidisse des premières lettres dessus dictes touchant du don de ladicte église, scellé du scel de Guillaume jadis evesque d'Avrenches.

Par après, ils montrèrent trois paires de lettres, unes scellées des seaulx de l'abbé et du couvent de Montmorel, qui lors estoit, de quoy la date estoit l'an mil CC. LXXV. par quoy il apparessoit quil avoient presenté maistre Julien de Merey prestre à ladicte église, et les aultres deus estoient l'une scellée du scel de Guillaume lors evesque de Baiex et l'austre de maistre Johan Le Boucher, lors archediacre en l'eglise de Baiex qui contenoient comme ledit maistre Julien, à la présentation des diz religieus avoit été institué en ladicte eglise de Guillebertville et estoient les dictes lettres en date de l'an desrainement desclaré.

Par après il montrèrent unes lettres scellées du scel de la baillie de Caen faict en l'assise de Thorigny l'an mil CCC. X. le lundi avant la tiephaine, contenant que Robert de Carville alias de la Ruete, amenda certaine opposicion que il avoit faicte contre les diz religieus sur le cas dudict patronage et que par cen, les diz religieus eurent lettres allantes au prélat afin que certaine personne que il avoient présenté à ladicte eglise, il fust reçu. De rechief ils monstrèrent unes lettres scellées du scel de Richart Farsy[1], jadis ancesour dudit Loys, si comme euls disoient parlesquelles il apparcissoit que, se il avoit oncques eu aucun droit à ladicte église, il avoit donné et transporté as diz religieus en perpétuité ovecques autres certaines choses es dictes lettres contenues.

Item les diz religieus monstrèrent unes lettres de l'official de Coutances qui lors estoit subexécuteur de la grace de court de Romme audit maistre Johan de Byon, desrain rectour de ladicte église par laquelle il appareissoit que, à la collacion ou provision des diz religieus, il avoit esté pourveu de ladicte église audit Maistre Johan par sentance sur ce donnée en l'an mil CCC. XXII. Et lequel maistre Johan de Byon l'avoit tenue tout le temps de sa vie durant jusques en ceste présente anée qu'il estoit alé de vie à trespassement. Parmi les quiex faiz et escriptures dessus

1. C'est la charte publiée P. 123.

dictes et par plusours raisons et déclarations que les diz abbé et procureur de son dit couvent, disoient et mesmement comme il prétendoient que le Rey nostre sire qui a present est segnour de ladicte ville de Guilleberville avoit et à cause en icelle partie des hers ou successours dudit Johan de Soligny, par cause de cen que ils se forfirent des forfaitures d'Engleterre[1] et non autrement, ils disoient et maintenoient que à euls et non à autre appartenoit le droit et présentacion dudit patronage et requeroient o grant instance, que sur ce le procureur et le conseil du seignour voulsissent voiers et considérer leurs faiz et leurs titres affin que sur ce il ne les voulissent mettre en procès ne le dit Loys ensement, et se faire le vouloient. Si disoient-il que, veu le titre de leur don, les confirmacions du prince, et de levesque que il portoient, les faiz et possessions après ensuies et mesmement que il apparessoit de la possession du derrain rectour de la dicte église, ledit procureur du Roy nostre sire ne ensement ledit Loys n'estoient sur ce à recevoir à aucun procès vers les diz religieus, lequel le procureur du Roy nostre sire, conseillé en ceste partie par Monsieur Robert de Hotetot, chevalier, maistre des arbalestriers et par maistre Symon Baudri, conseiller du Roy nostre sire, par Robert Le Marchant vicomte de Baiex, par Jamin Dariot et Henri le Campain advocatz dudit seigneur o seuls appelé ledit Loys Farsy pour les instruire du droit du Roy nostre sire se aucun en y avoit se taist à part pour soy conseiller et pour voiers les dittes escriptures qui baillées ly furent. Et après grand intervalle de temps revindrent tous en jugement. Et fut relacion faicte par les diz conseillers, vicomte, advocaz et procureur dessus diz par les seremens qu'il avoient audit Seignour que veus et considérés les diz titres, les possessions et les raisons des diz religieus et tout ce qu'il proveint aver trové par ledit Loys, meimes par lequel ne par autres il ne troveint en aucune manière que le Roy nostre sire eust rien en la ville de Guillebertville, for à cause de la forfaicture des héritiers dudit de Soligny, qui ladite église avoit donnée aus diz religieus avant

1. Ils avaient suivi le parti de Jean-sans-Terre contre Philippe-Auguste.

ceu par grant longour de temps que les dictes forfectures fussent avenues, il ne veioient ou appercevoient cause ne raison par quoy le procureur du Roy nostre sire deust iceuls religieus sur ce metre ne tenir en procès ne la besoigne parsuir ne de équité ne de rigour ensemble. Et ledit Loys dist que parme les faiz et titres que il veict et mesmement par unes lettres qui estoient du fait de un de ses ancesours il n'avoueit ne n'entendoit à advouer l'opposicion qui en son nom avoit esté mise as diz bans, sur le cas dudit patronage, ne n'en entendit à prendre procès ovecques les diz religieux. Parmy lesquelles relacions, par le conseil et jugement de la Court où il avoit le nombre de quatre chevaliers et de plus, les diz religieus s'en alèrent déliez de la presentation faicte par le Roy nostre sire à ladicte église et de l'opposicion sur ce mise, en nom dudit Loys sur le cas dudit patronage, et en la sesine d'iceluy. Et furent as diz religieus octriées lettres convenables pour aler au prélat; ledit procureur du Roy nostre sire retinst ses raisons sauves sur le cas, se autrefoiz il appareissoit que audit Seigneur appartenist aucun droit sur le cas dessus dit. Et ledit abbé et procureur de son dit couvent retindrent leurs raisons sauves au contraire. En tesmoing des quelles choses nous avons scellé ces lettres du scel de quoy nous usons en dit office et à greneur confirmacion, y avons fait metre par nostre relacion le grant scel as causes de la dicte baillie. Ce fut faict et donné en l'an et en jour deu merquedi dessus diz.

Scel orné d'une grande fleur de lys ; au contresceau un château à..... trois tours avec cette légende..... IVIE CADOM...

Original communiqué par M. de Molandé. — 1345. — Philippe par la grace de Dieu rois de France scavoir faisons à touz presens et avenir que nous avons veu unes lettres ouvertes contenant la forme qui ensuit. A tous ceux qui ces présentes lettres verront, Jehan du Four maistre et enquesteur des eaux et forez du Roy nostre sire par tout son royaume et de celles de Monsieur Le Duc de Normandie salut. Comme de la partie de Guillaume Brassart escuier nous eussent esté présentées les lettres du duc nostre Seigneur contenant la forme que ensuit : Jehan aisné fils du roi de France, duc de Normandie, conte de Poitiers, d'Anjou et du Maine et de Montfort aus maistres de nos forestz salut. Guillaume Brasart nous a monstré en complaignant que comme il ait par la closture de son manoir de Couvert une tousche de bois qui pour l'usage dudit manoir fut plantée de la main d'ancienneté par les prédécesseurs dudit Guillaume et iceluy Guillaume et ceux de qui il a cause aient tenu ladite tousche de bois et en soient et aient esté en possession et saisine de si long temps que il n'est mémoire du contraire sens en paier tiers ne dangier. Néantmoins Renoust Le Cherretier sergent de nos forestz de Bur a empeschié et se efforce à empeschier sur ce ledit complaingnant et a prins audit bois certaines bestes estans ou dit pasturage encontre le lieu d'iceluy bois non deffensable en disant que en icelluy nous avons tiers et dangier laquelle chose ne peust estre par ce que dit est ou grief dommage dudit complaingnant si comme il dit. Pourquoi nous vous mandons et à chascun de vous que se appeléz ceus qui seront à appeler, il vous appert estre ainsi, faites cessier ledit sergent dudit empeschement et joir ledit complaingnant de ladite possession de son dit bois en la manière que il et ses prédécesseurs en ont joy, nonobstant le dit empeschement mis induement comme dit est es lettres subreptices, empetrées ou à empetrer au contraire. Données à Paris le XXe jour de novembre l'an de grace mil trois cens quarante-cinc souz nostre scel nouvel. Et pour ce que nous estions occupés des besoignes dudit Seigneur eussions commandé et commis à Loys du Pontfarcy maistre des forecz du Bur et à maistre Thomas de Lou clerc des dites fores que selon la coustume en icelles et des circonstances ils se enformassent diligemment appeléz ceus qui seront à appeler et ce que trouvé en auroient nous renvoiassent enclouz sous leurs sceauls afin de ordenner ce que raison seroit. Les quels commissaires pour accomplir nostre mandement eussent fait et parfait information sur ce, laquelle ils nous eussent renvoié enclouse sous leurs seauls. Sachent tous que l'an de grace mil CCC. quarante et cinc le second jour de mars à Breteuil, ladicte informacion fut ouverte en jugement en la présence de grant foison de bonnes gens par laquelle il apparoist que lesdis commissaires avoient appelé ledit Renoust Charretier qui avoit fait la prinse des bestes dessus dites pour savoir la cause qui à ce l'avoit meu. Lequel avoit respons qu'il avoit faite laditc prise pour ce qu'il pensoit que le duc nostre seigneur avoit tiers et dangier ou dit bois de Couvert et aussi avoient appelé Thomas Barquet sergent pour Mgr Jehan Haumont chevalier sergent fieffé des forets du Bur establi procureur du duc quand à ce et plusieurs sergens et bonnes gens avec eus présens et aussi avoient appelé et fait jurer pour déposer l'un après l'autre trente tesmoings anciens tant sergens comme autres discrez prochains et sachans du fait et des circonstances si comme par ladicte information apparoist la déposition desquels tesmoings fut levé et publié en jugement en la présence dudit Brasart qui à ce s'estoit sousmis pour droit et jugement entendre, par laquelle déposition des diz tesmoings tous accordans ensemble, trouvé fut que le bois dudit Guillaume Brasart estoit enclos de fossés iuques aux murs et parois de son manoir avec ses jardins tout avironné de ses domaines et que ledit bois, manoir, dommaines et plusieurs autres choses que ledit Guillaume a en la ville de Couvert sont tenu du duc nostre seigneur sans moien par un quart de fieu de chevalier et par trois sols et dix déniers de rente que l'on appelle granerie et ensement que les ancesseurs dudit Guillaume qui jadis furent grans et puissans avoient faict planter et semer ledit bois pour l'ennoblissement et usage dudit manoir..... Jehan père dudit Guillaume en vendi sans paier tiers ne dangier au duc nostre Seigneur et mesment en donna une partie de la tonsure..... pour le mariage de sa fille sœur dudit Guillaume. Lequel Jehan le vendi et en fist sa voulenté et en poia disme au prestre de Couvert et non par tiers ne dangier car tiers ne dangier ne doivent-il point..... Et de ce avoient esté les ancesseurs dudit Guillaume en possession et saisine paisible de si longtemps qu'il n'est memoire du contraire. Jasdit ce que plusieurs des diz tesmoings deposent qu'il avoient veu planter partie dudit bois et au devant veu le fons labourer ne oncques empeschement ny avoit esté mis jusques au temps que ledit Renoust Le Charretier avoit fait ladite prise induement et sens cause. Et toutes ces choses déposoient, si comme il apparoist par ladite information tant de vue, de scoue que de créance. Et disoient les causes qui à ce les mouvoient qui toutes estoient raisonnables. Après laquelle information ainsi leue en jugement publiée et ouverte comme dit est, demandé fut aus sages estans en jugement sus ce leur avis, lesquels tous accordablement disèrent et jugèrent que parmi ladite informacion, veue ladite déposition, le procureur du seigneur n'avoit cause de demander tiers ne dangier ou bois dessus dit mais en estoit franc et à tort avoit esté faite la prise des dites bestes en icelui bois et d'icelle devoit estre ledit Guillaume restabli. Par le conseil desquels sages, eue sur ce grant délibération, meismes audit Guillaume ledit bois au délivré comme franc de tiers et de dangier..... Ce fut fait l'an, le jour et lieu dessus diz. Nous aians agréables, fermes et estables icelles voulons, louons, octroions, aggréons, rattifions, approuvons et de grace especial, de certaine science et de nostre auctorité et plein pouvoir roial confirmons. Et que ce soit ferme et estable à perpétuité. Nous avons fait mectre nostre scel à ces présentes lettres. Sauves en autres choses nostre droit et l'autrui en toutes. Donné à Paris l'an de grace mil trois cens quarante cinc ou mois de mars. Sine financia. *(Signé)* S. DE SANCTO JUSTO.

Bibliothèque du Chapitre de Bayeux. — Liber Ruber. fol II^c XIIII v. 1391. — Enquête pour le Boisdelle appartenant à l'évêque de Bayeux... Le XIV mars allèrent chez Jehan Corniquem sergent en la londe de Montaubeuf lequel se gesoit malade en son lit de l'age de IIII^XX ans..... avoit veu huit maistres du Bur c'est assavoir Jean Dosnicres, Loys Farsy, Guerry Hautbergon, Pierre de Chaumoncel, Henri Petitclerc, Guillaume de Bois-Bacon et Marie, ne se recole pas du nom du huictiesme.....

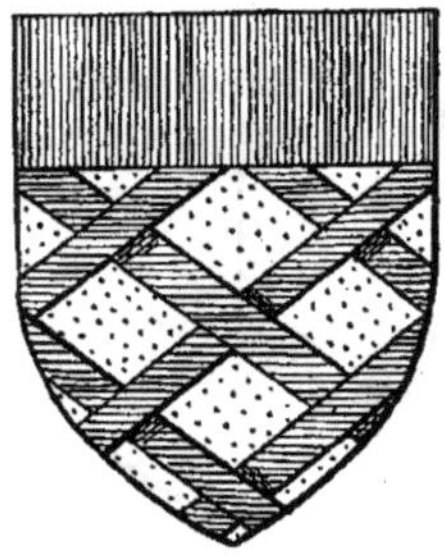

VIe Degré. 1° Guillaume, qui suit :

2° Giffart Farsi, prêtre, présenté par le Roi pour être nommé à la cure de Guilberville, comme on l'a vu, page 129.

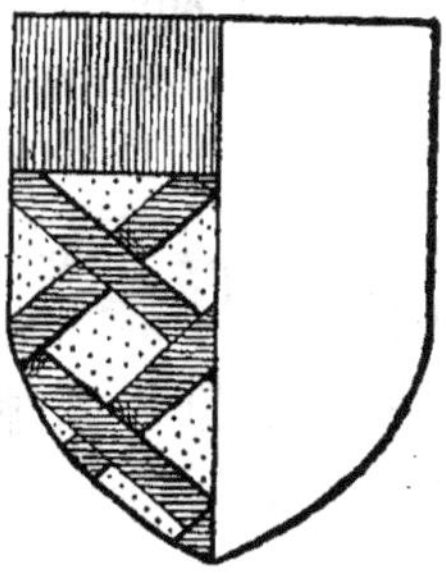

3° Pierre de Farsy, chevalier, servait en 1352.

Bibliothèque Nationale. Titres scellés de Clairambault, registre 48.— 1352. — La montre de Mons. Pierre de Farsy chevalier et de deux escuiers de sa compagnie reçue le viie janvier mil CCC. LII.

Ledit Pierre chevalier.

Jean de la Samry.

Jehan de Dole.

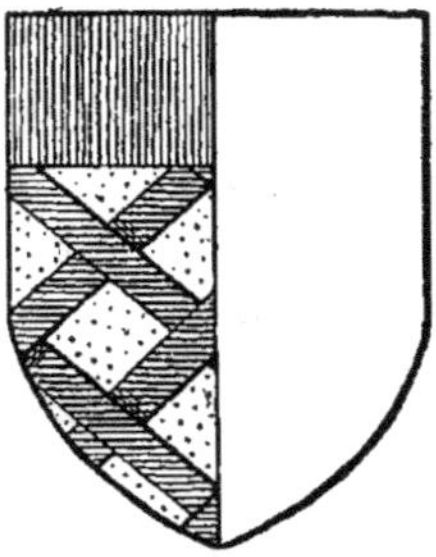

4° Collinet de Farcy, écuyer, servait aussi en 1352.

Bibliothèque Nationale, Titres scellés de Clairambault, registre 79. fol.6238.

1352. — La montre de Henri de Mucq en sa compagnie d'un escuyer reçue au Pontaudemer le XIIIe juillet M. CCC. LII.

Ledit Henry, cheval cler fauve hongre du prix XXX ₶.

Collinet de Farcy, cheval ...... XXX ₶.

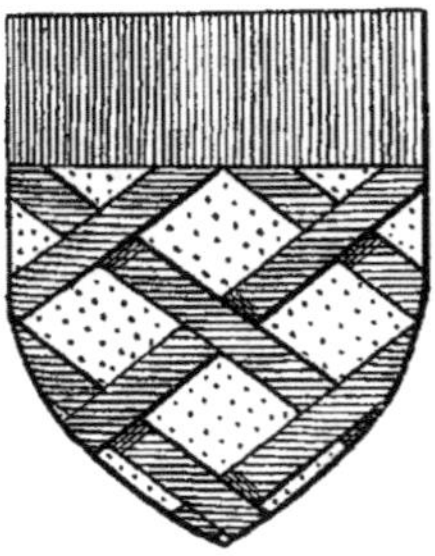

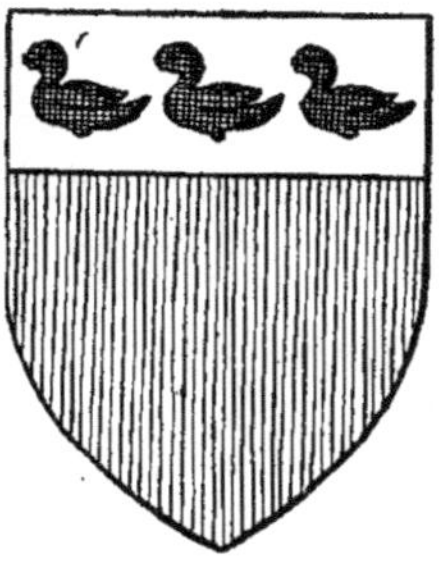

de Bazenville
de gueules au chef d'argent chargé de 3 merlettes de sable.

1° Guillaume Falsi, chevalier, seigneur de la Chapelle-Heuzebroc, Bazenville[1], épousa N..., fille de Guillaume de Bazenville, chevalier, seigneur du lieu. Elle était veuve dès 1356. Ils eurent de leur union trois enfants: 1 Guillaume, 2 Pierre ou Perrinet, et 3 Thomas. VIe Degré.

1. Bazenville, canton de Ryes, arrondissement de Bayeux (Calvados).

Beziers. — Histoire de Bayeux, P. 34 et 35. — Livre Pelut. – 1356. — Decanatus de Crolleio...... Alia portio de Basenvilla (valet) XXVIII ††. Relicta Guillelmi Falsi quondam militis.... taxata XIIII ††.... Capella leprosariæ de Petra Solenni XV ††. Relicta domini G. Falsi militis.... non fuit taxata.

VIIe Degré. 1° Guillaume qui suit.

2° Pierre ou Perrinet de Farcy, servait en 1363 et 1385.

Bibliothèque Nationale, Fonds français 21495 fol. 1. — 1363. — C'est la monstre de mons. Guillaume sire d'Ivry chevalier banneret, VII autres chevaliers, bacheliers XLIIII escuiers et XXI archierz armés de sa compaignie reçus aux gaiges du Roy nostre sire et de Monsieur le duc de Normandie son aisné fils et lieutenant au siège devant Rolleboiste le XVe jour de mars l'an mil CCC. LXIII soulz le gouvernement de Mons Bertrand du Guerchin capitaine général ès partie de Normandie par deça la rivière de Saine et au bailliage, ressort de Chartres.

Premièrement.

Chevaliers. — Ledit Mons Guillaume sire d'Ivry, Mons Fouques de Marcilly, Mons Lancelot de Bières, le sire de Rambules, le sire de Betizi, Mons de Sabreval de Longueval, Mons Guilbert de Sainte-Degnonde, Mons Karle d'Araniez.

Ecuiers. — Guillaume Feriaux, Hanequin de Questre, Perrinet de Farcy, Jehan de Lozu, Robin des Près, Sarrazin de Richemont, Simon de Fleins, Corbelot, Robert de Thinnaneville,

Jacques Le Blant, Perrot Courtarvel, Jacquemart Le Peltier, Guillet du Fay, Hannequin Miramont, Pierre Cornil, Simonet Cornil, Guillot de Bigars, Regnouart de Avon, Ferrault Daraniez, Urbain de Clamart, Perot de Buconel, Brunel de Archelurde, Copin de la Marche, F. de Manarno, Simon de Rambules, Pierre du Tichos, Havart Ambures, Huard de Cambriet, Jehan de Peries, Hutin de Saint-Martin, Henry de Beaumont, Thevenin des Otiaux, B. des Otiaux, Adam de Gombaut, Guillemot Bruart, Raoul de Frocourt, M. de Flory, Jehan de Chamutel, Jacquemart le Prevost, Simon....., Adam de Conil, Jehan de....

Archiers armés. — Thomas de Glos, Robin Arnou, Hannequin de Boutildam, Jehan Lifaucheur, Thomas du Giès, Robinet de la Haye, Robin Landry, Jehan de Penes, Colin de Byon, Hannequin de Grossonville, A. de Liège, Perrot le Hamarnet, Le Bastard de Mons, Guillaume du Lion, Robin le Maréchal, Guillaume Ferrant, Jehan du Perriez, Guillaume de Beaurepaire, Jehan Fernagu, Jehan Nicol, Jehan Petitgrand.

Bibliothèque Nationale. Titres scellés de Clairambault, registre 67, fol. 5228. — 1380. — La revue de messire Thomas de la Luiserne chevalier et neuf escuiers de sa compaignie des quelx Jehan Hardy étoit chief en monstre de luy et des deux derrains escuiers de la dite revue reçue à Carenten le 1er juillet 1380.

Premièrement ledit messire Thomas de la Luiserne chevalier, escuiers Jehan de Pierrefuite, Guillaume Le Breton, Perrinet Farssy, Robin de Villiers, Richard de Vierville, Andrieu de la Bronche, Jehan Hardy, Jehan de Beuzeville, Philippot de Pirou.

Id. — Même revue passée le 1er jour d'aoust à Carenten.

Id. — La revue de... et onze escuiers de sa compaignie reçue à Carenten le 1er jour de février 1380 (1381)... Escuiers Perrinet Farcy, Jehan de Beuseville, Robert de Telle, Jehan de Campront, Guillaume Le Breton, Robin de Villers, Guillaume Le Cauf, Richard de Telle, Robinet de Percy, Jehan de Baudre, Jehan de Pierrefuite.

Id. — *Registre 46 fol. 3408.* — 1385. — Sachent tuit que je Perrinet Farcy confesse avoir eu et reçu de Jehan Le Flamant trésorier des guerres du Roy nostre sire la somme de quinze francs d'or en prest sur les gaiges de moy desservis et à desservir en ces presentes guerres au pays de Normandie sous Mons. de la Ferté de la quelle somme de quinze francs d'or dessus dite je me tieng pour content et bien paié donné soubs mon scel le XVIe jour de mars l'an mil CCC. IIII^{XX} cinq.

Cette quittance porte le sceau en cire rouge de Perrinet. Il est rond et mesurait 0.025. Au centre un écu fretté, chargé en cœur d'une hermine, au chef chargé de 3 merlettes, en souvenir sans doute des armoiries de sa mère ; de la légende on lit encore :.... ERI. ET....

D. Morice. Histoire de Bretagne. Preuves, t. II, p. 492. — 1385. — La monstre de M. Nicole Paynel chevalier bachelier et de deux autres chevaliers bacheliers et quarante-cinq escuiers, onze archers armés et dix autres archers à cheval de sa compagnie reçue à Arras le 18 juing 1385.

Premier ledit M. Nicole, M. Fouque Paynel chevalier M. Thomas de Brulie... escuier Pierre Farsy...

Id. — *P. 491. et Bibliothèque Nationale, Titres scellés de Clairambault, registre 83 fol. 6520.* — 1385. — La revue de mons. Nicole Painel chevalier bachelier et ung autre chevalier bachelier, XXXX et VII escuiers et onze archiers avec lui reçus au logis devant le Daim le XXe jour d'aoust l'an mil CCC quatre vingt et cinq.

Et premièrement ledit M. Nicole chevalier, mons Thomas de Bruly chevalier. Escuiers Guillaume de la Haie, Fouquet de Beauchamps, Guillaume Fournel, Guillaume le Katel, Thomas Rogier, Vigor de Rouselin, Guillaume Houssart, Colin Nicole, Robert de la Rochelle, Jacquart de Rouveray, Jehan de Roveray, Jehan le Breton, Thomas Farcy, Jehan des Loges, Pierre Farsy, Jehan de Loysiaux, Robin du Bos, Guillaume le Comte, Jehan de la Lande, Jehan de Maubré, Jehan de Cantily, Colin de Murdrac, Guillaume de Cambernon, Jehan de la Halle, Robin Nicolle, Jehan de Caurout, Simon D'Oville, Philippe du Quesnoy, Guillaume du Fonteny, Guillaume de la Mote, Robin Claret, Girardin du Chastel, Jehan de Courverain, Guillaume Grante, Estienne Marsie, Thomas Ermont, Thomin Morel, Guillaume du

Bois, Jehan de la Haie, Guillaume de Virville, Denis de Cabourt, Geoffroy Le Gloux, Richard Lanselhoine, Colin de Bonneval, Jehan de la Mote dit Breton, Guillaume Fauviel.

Archers armés. — Jehan Blondel, Robert de Nuselbart, Jacques de Prully, Rémy de la Barre, Pierre de la Roque, Mathieu Douer, Robert de Sully, Bertrand Le Gar, Guillaume Godet, Nicolas Vibar, Thomas Hévin.

3° Thomas Farcy servait en 1385, avec Pierre, son frère, dans la montre de Nicole Paynel, comme on vient de le voir.

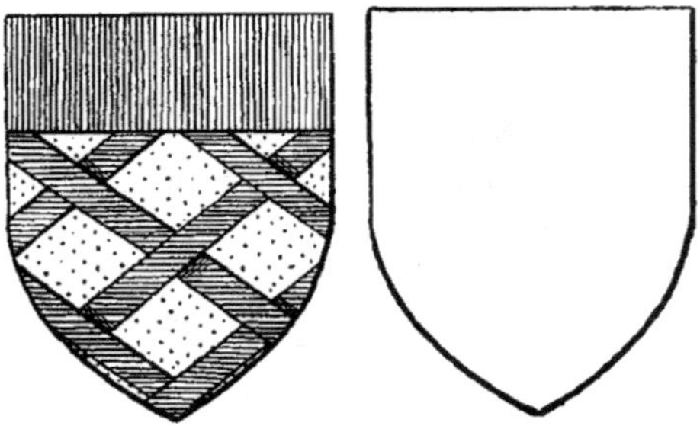

1° Guillaume Farcy ou du Pontfarcy, écuyer, sieur de la Chapelle-Heuzebroc, Basenville, la Mare[1], etc., épousa N. dont il eut trois enfants : 1° Pierre, 2° Giffard et 3° Massiotte. Il était mort en 1399. VIIe Degré.

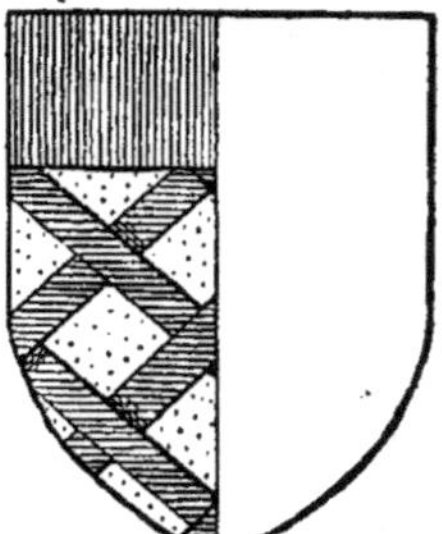

1° Pierre Farcy, qui suit. VIIIe Degré.

1. La Mare, fief sis à Saint-Louet.

2° Giffart Farsi, écuyer, sieur en partie de Basenville, figure dans plusieurs aveux de son frère Pierre. Il épousa N. dont il eut deux enfants : 1° N. et 2° Etienne.

Voir l'aveu de 1399 à l'article de Pierre, p. 150.

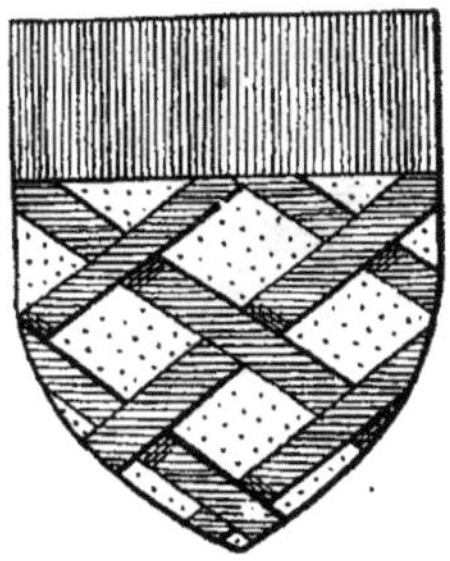

IXe *degré.*— 2° Etienne Farsi, prêtre, nommé le 6 novembre 1436 à la cure de la Chapelle-Heuzebroc, sur la présentation de son cousin germain, Pierre Farcy, écuyer.

Recueil des présentations. — 1436-1446. — 1436. Dictus vicarius contulit Steffano Farcy ecclesiam parrachialem de Capella Heuzebroc vacantem per obitum Petri Drieu ultimi rectoris ad presentationem Petri Farcy armigeri. Investitur per traditionem litterarum, manu decani de Thorigneio.

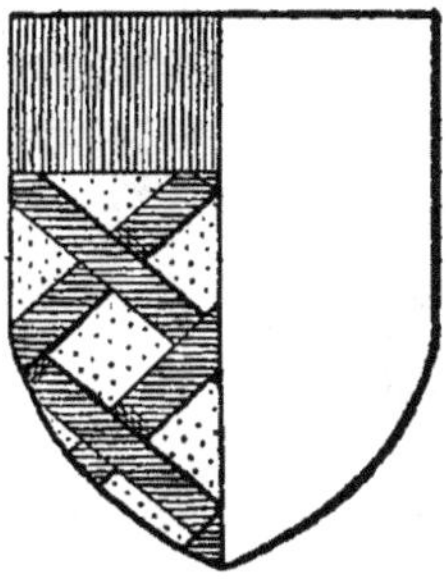

1° N. Farsi, écuyer, sieur en partie de Basenville, est cité dans les aveux de Pierre Farcy, sieur de la Chapelle-Heuzebroc, sous le nom de « *les hoirs Giffart Farcy.* » Il épousa N. dont il eut Georges ou Grégoire.

Voir plus loin les aveux de 1450 et 1484.

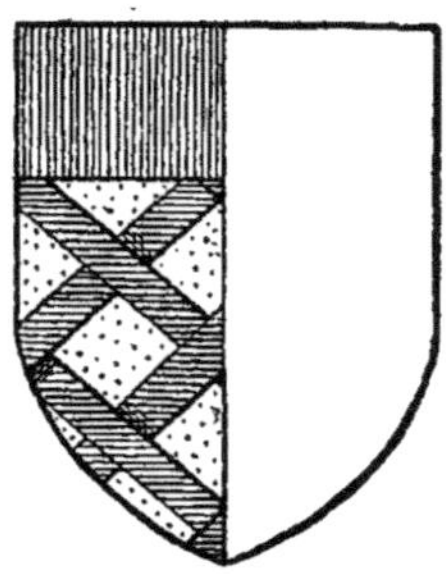

Xe *Degré.* — Georges ou Grégoire Farci demeurait en 1463 à Guilberville. Il ne put fournir les titres de sa noblesse, son aîné ayant quitté le pays, et fut condamné par Montfaucq en 1463. V. p. 1 et 2.

On ignore s'il fut maintenu dans la suite. Il dut, au reste, mourir sans postérité, car après lui le nom de Farcy disparut dans les environs de Bayeux.

de Sainte-Marie
écartelé
d'or et d'azur

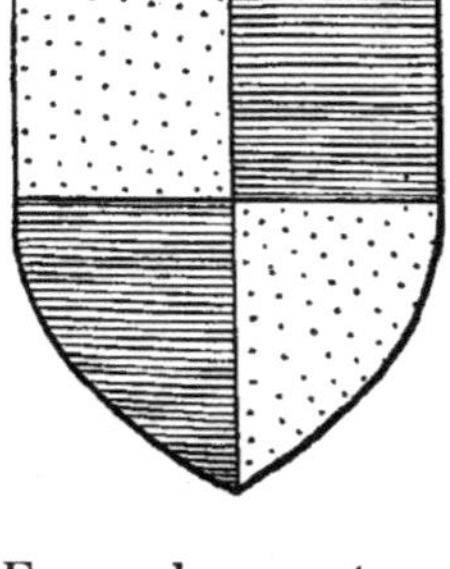

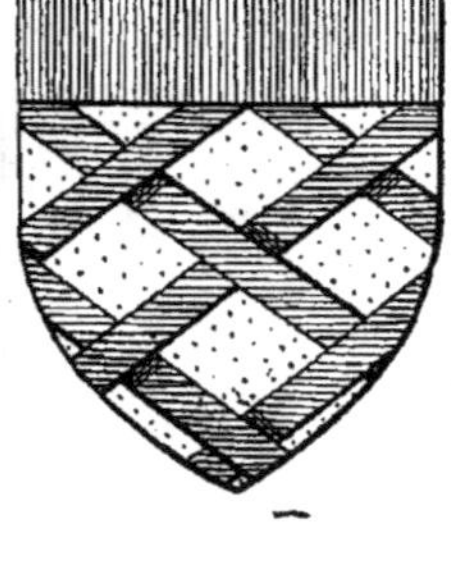

3° Massiotte Farci, demeurée mineure lors de la mort de ses parents, est citée dans un aveu rendu en 1399 par son frère Pierre. VIIIe Degré.

Elle épousa N. de Sainte-Marie, écuyer, sieur de Laumont et d'Outreleau, dont elle eut un fils, Michel, qui rendit aveu des terres à lui venues du chef de sa mère, le 15 mars 1469.

Archives Nationales. Chambre des Comptes, III^C XXVIII. — Du Roy notre sire à cause de la chatellenie vicomté de Bayeux ou bailliage de Caen Je Michel de Sainte-Marie escuier confesse et advoue tenir par foy et par hommage un quart de fief nommé le fief de la Chapelle Heuzebrot tenu noblement et franchement et d'icelui quart de fieu les hoirs de feu Giffart Farcy tiennent de moi en parage un huictième de fieu nommé :

Le fieu de Bassanville noblement et franchement tenu à court et usaige..... et une franche vavassorerie nommée la vavassorerie de la Mare..... duquel quart de fieu dessus nommé je suis tenu paier au Roi notre dit Seigneur..... Item en suis tenu paier XII boisseaulx de froment de rente ancienne aux religieux, abbé et couvent de Sainte-Croix de Saint-Lô et avecques les choses dessus dites en suis tenu faire, payer au Roy notre dit Seigneur reliefs, treisiemes et aides accoutumées et tel service d'ost qui d'un quart de fieu peut et doit appartenir au Roy notre dit Seigneur le cas éschéant protestant de plus ou moins bailler et faire plus grande déclaration se mesure est, comme ensuite se faire le doy retenant sur tout mes raisons sauves. En tesmoing des quelles choses j'ay signé ces presentes de mon seing manuel et scellées du scel de mes armes et pour garantye, approbation des dites choses j'ai fait mettre le scel de Pontaudemer le XVe jour de mars l'an mil CCCC cinquante et neuf.

(Signé) De Sainte-Marie.

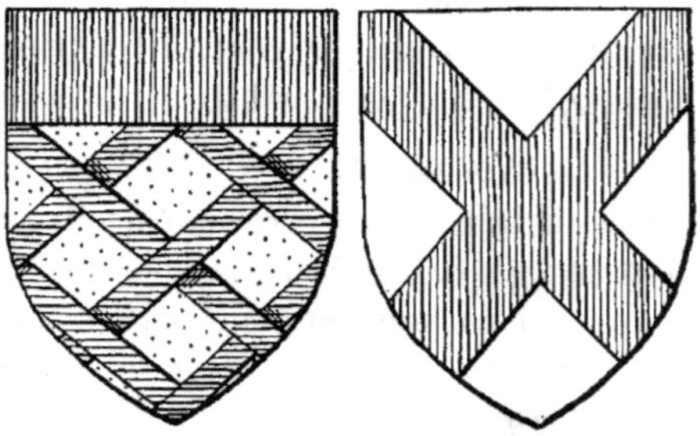

DE LA LANDE
d'argent au sautoir de gueules

1° Pierre FARCI, escuier, seigneur de la Chapelle-Heuzebroc, Basanville, la Mare, etc., fut tabellion au Pontfarcy en 1404 et servait en 1415. Il avait épousé dès avant 1390 demoiselle Marie de la LANDE, dame en partie de Montmartin-en-Graignes [1], fille de N. de la LANDE, sieur du lieu et de Annette de PIROU [2], dame de Montpinchon. Etant veuve en 1418, elle obtint du roi d'Angleterre des lettres de confirmation d'héritages. VIIIe DEGRÉ.

Ils eurent de leur union un fils nommé Pierre.

Bibliothèque du Chapitre de Bayeux. Liber ruber, ch. 477, fol. 199. — Sachent tuit que je Pierre Farcy ay aujourdhuy faict hommage à Révérend Père en Dieu Mons. Nicole par la permission divine evesque de Bayeux d'un franc fieu ou membre de fieu tenu dudit Révérend Père du quel le chief est assis en la paroisse de Montmartin en Grayne le quel fieu Jehan de Léseaux escuier tient en parage de moi et de damoiselle Marie de la Lande, ma femme à cause d'elle, et lui promet bailler ou faire bailler le dénombrement dudit fieu et de ses appartenances dedens quarante jours prouchains venans. En tesmoing de ce j'ay scellé ces lettres de mon propre scel. Le derrain jour de janvier l'an mil trois cens quatrevingtz et dix. *(Cet acte d'aveu est cité par Hermant. Histoire du diocèse de Bayeux. P. 293).*

1. Montmartin-en-Graignes, canton de Saint-Jean, arrondissement de Saint-Lô (Manche).

2. De Pirou : *de sinople à la bande d'argent, cotoyée de 2 cotices de même.*

Archives de la Manche. — Original. — 1391. — In nomine domini amen. Per hoc præsens publicum instrumentum cunctis pateat evidenter quod anno a nativitate ejusdem millesimo trecentesimo nonagesimo primo mensis octobris, die ottava, indictione quarta decima pontificatus sanctissimi in Christo patris ac Domini nostri Clementis divina providentia papæ septimi anno tercio decimo in nostrum notariorum publicorum testium que subscriptorum ad hæc vocatorum et rogatorum presentia personaliter constitutus. Nobilis et potens dominus Dominus Guillelmus de Villaribus miles, dominus temporalis de Hommeto ex una parte et frater Robertus Gervasii presbiter prior prioratus sancti Fromondi, ordinis sancti Benedicti, Constantiensis diocesis ex altero. Et cum prænominati dominus de Hommeto et prior sancti Fromondi insimul equester ad dictum locum sancti Fromondi personaliter accessissent, videlicet ante crucem existentem in introitu cimeterii prædicti loci sancti Fromondi pro pocessionem dicti prioratus capiendo, habendo et obtinendo, verumtamen prælibatus frater Robertus descendens de equo suo prænominatum dominum de Hommeto tanquam fundatorem et patronum verum ipsius prioratus peciit et cum instancia magna requisivit quatinus eumdem fratrem Robertum in possessionem corporalem, actualem et realem ipsius prioratus poneret et induceret. Quiquidem miles dixit et respondit isto modo : Frater Roberte, Ego sum promptus et paratus facere debitum meum si vestrum vultis facere. Vos scitis quod iste prioratus sancti Fromondi fuit et est ab antiquo per predecessores meos dominos de Hommeto fundatus et ordinatus et ob hoc ego sum fundator et patronus ejusdem et habeo multas et magnas dignitates, libertates et franchisias in eodem. Idcirco si vultis michi solvere et reddere atque facere ea in quibus michi tenemini tanquam fundatori et vero patrono istius prioratus sancti Fromondi et prout consuetum est fieri per predecessores vestros priores ejusdem prioratus michi et predecessoribus meis dominis de Hommeto et prout habui et habeo possessionem pacificam, etiam ab antiquo illam possessionem quam petitis libentissime vobis tradam et in eodem prioratu vos intromittam. Audiens hoc idem frater Robertus prædicto domino de Hommeto eo tunc tanquam fundatori et vero patrono ipsius prioratus obedivit promittendo sibi solvere, facere et reddere omnia jura sua modo et forma quibus consuetum erat eidem domino de Hommeto solvi et fieri a predecessoribus suis prioribus ipsius prioratus sancti Fromondi. Post modum idem frater Robertus tradidit, reddidit et liberavit eidem domino de Hommeto aut alio nomine dicti militis equum quem equitaverat idem frater Robertus cum phalera ad dictum militem jure suo spectantem. Deinde in eodem loco super quamdam lapidem sedit idem frater Robertus et ibi de ocreis suis fuit per quemdam vocatum Johannem Pimont officiarium prænominati domini de Hommeto discalciatus, quas ocreas habuit et retinuit ad se idem officiarius eciam jure pleno dicti fundatoris prout consuetum erat fieri prioribus antiquis ejusdem fratris Roberti prædecessoribus. Præmissis quoque sic peractis ipsis milite et priore de dicto loco recedentibus etiam in dicto prioratu Sancti Fromondi intrantibus atque infra ecclesiam ante altare Sancti Fromondi insimul personaliter comparentibus die et hora prædictis, ipso priore petente et requirente dictum militem quatinus possessionem prædictam sibi tradere et liberare vellet. Quiquidem miles gratuiter et benignole per tradicionem clavium portæ et totius prioratus possessionem corporalem, actualem et realem tradidit et liberavit ac de eodem jurium quoque et pertinentiarum ejusdem eumdem fratrem Robertum investivit, adhibitis solemnitatibus in talibus fieri et adhiberi consuetis. De et super quibus omnibus et singulis supra scriptis qualibet parcium peciit sibi super hoc fieri publicum instrumentum unum vel plura. Acta fuerunt hæc in dicto loco sancti Fromondi hora quasi meridieri ipsius diei sub anno, mense, die, indictione et pontificatu prædictis, præsentibus ad hæc venerabilibus et discretis viris magistro Thoma Muloti canonico Baiocensi, Johanne le Grant vicecomite Constanciensi, Alberico Levesque, Johanne Yseut, Thoma de Villiers, Gauffrido de la Vallée, Petro Cauvelande, Petro Farsi, religiosis viris fratre Ricardo Pinchonis, fratre Ricardo Le Mière religiosis de Perrigna, necnon fratribus Thoma Regnaume, Petro de Thorigny religiosis dicti prioratus sancti Fromondi Baiocensis et Constanciensis diocesium cum pluribus aliis testibus fide dignis vocatis ad hæc specialiter et rogatis. — Et ego Johannes Durandi clericus Constanciensis diocesis publicus imperiali auctoritate notarius præmissis omnibus et singulis dum sic agerentur et fierint modo et forma quibus supra una cum prænominatis testibus ad hæc specialiter vocatis et rogatis præsens et personaliter interfui; quæ sic fieri, dici, vidi et audivi et in hanc formam publicam redegi et posui ac publicavi. Et per aliam manum, pluribus aliis impeditus negociis, scribi feci nomine signoque meo solito signavi requisitus et rogatus in fidem et testimonium præ missorum. *(Signé)* Durant.

Archives de la Manche. — Compte du domaine de Carentan rendu par Thomas Pierre, vicomte et receveur en l'année mil trois cens quatre vingt et seize.. fol. 16. — Partie des amendes de bailliage pour ce present terme de Pasques tauxies et bailliés audict vicomte par Jehan Petit lieutenant général de honorable homme et sage maistre Jehan Ailgenbourse bailli de Costentin. Premièrement...

Regnault Nicolle V sols.....
Messire Raoul Faouc chevalier XL s.....
Nicolas de Groucie escuier X s.....
Jehan Damours X s.....
Pierres Farcy escuier et sa femme XX s.
Raoul de Canfour XL s.....
Guillaume Bloville XX s.....

Archives Nationales. — Chambre des Comptes, registre coté, 5e partie folio 76 v et p. 306. V^c XXI. — 1399. — A tous ceulx qui ces lettres verront Nicolas Potier vicomte de Bayeux salut. Scavoir faisons que par devant nous fut present Pierres du Pontfarcy escuier lequel advoua tenir du Roy nostre syre par foy et par hommage un quart de fieu de haubert nommé le fieu de la Chapelle-Heuzebrot assis en la paroisse dudit lieu de la Chapelle et s'extend en ycelle paroisse ès parroisses de Bouvrigny, de Guilleberville et illecques environ pour cause duquel iceluy escuier a esté en la garde d'icelluy Seigneur pour cause de soubsaage de lui et de damoiselle Massiotte du Pontfarcy sa sœur, enffans et hoirs de feu Guillaume du Pontfarcy jadis escuier leur père, lequel quart de fieu valoit par an anciennement XLII livres VIII sols VI deniers, en deniers, XLIX quartiers de froment mesure dudit lieu XXX boisseaulx d'avoine mesure dudit lieu, six vingts treize gélines, vingt et six chappons avec les œfs à ce appartenant. Au quel fieu il y a manoir et demaine à ce appartenant contenant IIII^{XX} X acres de terre ou environ tant en terres labourables, prez, moulins à eaus que en bruyère et boys croissant sur ycelui demaine. Lequel vault par an en toutes choses XX #t ou environ avec le droict de patronnaige et de présenter à l'église parrochial dudit lieu de la Chapelle-Heuzebroc. Lesquelles rentes et revenus dessus desclairées sont grandement appeticiez pour cause des guerres et mortalités qui sont esté sur ce pays et ne vallent de present que XXXV livres en deniers ou environ, XXXIX quartiers de froment, C gelines, XV chappons et œfs à ce appartenant. Et le manoir et demaine avec le revenu du moulin dessus desclairés vault de présent XX livres tournois par an. Duquel quart de fieu dessus desclairé Giffart Farcy escuier tient de moy en parage un huictième de fieu de chevalier à court et usage séant en la paroisse de Saint-Louet nommé le fief de Bassanville avec une franche vavassorerie nommée la vavassorerie de la Maire contenant X acres de terre ou environ. Duquel quart de fieu de chevalier iceluy escuier est tenu faire au Roy nostre dit Seigneur hommage avec reliefs, treiziesmes et aides coustumières quand le cas s'offre et luy en est deu à icelui Seigneur C s. t. de rente chacun an au terme Saint-Michiel pour cause de la granerie de Guilberville et XIX quartiers II boisseaulx d'avoine barbée laquelle avoine se paie avec les avoines deues à iceluy seigneur chacun an, au terme de Pasques, par les habitans de Guilleberville et sont les XIX quartiers II boisseaulx du nombre de cent XIX quartiers qui se livrent chacun an audit terme par lesdits habitans. Par raison duquel quart de fieu dessus declairé iceluy escuier est tenu faire par chacun an à Girot Le Fevre six #t. de rente par raison et à cause d'un don de mariage piécà faict à un des prédécesseurs d'icelui Girot. Item à Jehanne veuve de feu Jehan Morin X$^{#l}$. de rente pour cause d'un don de mariage japieça faict à un nommé Roullant et à sa femme père et mère de ladite Johanne et XII boisseaulx de froment de rente aux relligieux abbé et couvent de Sainte-Croix de Saint-Lô. Icelluy escuier obéissant à plus dire et desclairer et icelui dénombrement croistre et amenuister toultes et quantes foys que il lui vendra à connoissance. En tesmoing de ce, nous, à la requeste dudit escuier, avons scellé ces presentes du grand scel aux causes de ladite vicomté le vingtroisiesme jour du mois de juillet mil trois cent quatrevingt dix neuf.

Galerie Mancel à Caen. — Notes généalogiques.. 1399. 1400. — Coppie sous le scel des obligations de la vicomté de Baieux. A tous ceulx qui ces lettres verront Nicolas Potier vicomte de Bayeux et commissaire en ceste partie de Nosseigneurs les gens des comptes et trésoriers du Roy notre sire à Paris. Scavoir faisons que par Pierre Farcy escuier seigneur de la Chapelle-Heuzebroc nous ont aujourd'hui esté présentées les lettres de nos seigneurs les gens des comptes et trésoriers attachées à un transcript d'un denombrement par luy baillée en ladicte chambre des comptes sous le scel de la prévosté de Paris desquelles la teneur en suit : En suit le transcript de la teneur des lettres de nos dits seigneurs les gens des comptes et trésoriers du Roy nostre sire à Paris au bailli de Caen et au vicomte de Baieux ou à leurs lieutenans salut. Il nous est apparu par lettres patentes du Roy nostre dict sire données le 8e jour d'avril dernier passé que Pierre Farcy escuier a faict foy et hommage aicelin seigneur de la paroisse de la Chapelle de Heuzebroc et de ses appartenances... sur ce a fourni en la chambre desdits comptes son denombrement soubz le scel de la dite vicomté, au vidimus duquel faict soubz le scel du Chastellet de Paris ses présentes sont attachées soubz l'un de nos signes. Sy vous mandons et à chacun de vous sy comme à luy appartiendra que si, appelé le procureur du Roy notre dit Seigneur ou dit bailliage, il vous apparoit les parties contenues en dict denombrement estre bien et duement spécifiées et definies et qui ny ait aucune chose mise ou préjudice du Roy et recues toutes voys..... tous les droicts et devoirs qui leur sont consequents pour ce deulz et appartenant à icelluy sire vous ou aucuns de vous pour cause de foy et hommage non faiz et de dénombrement non baillée, ne contrariés, molestés ou empeschiés, ne fectes, ne souffrés contraindre, molester ou empeschier en aucune manière ledit escuier en sa dicte paroisse de la Chapelle de Heuzebroc ne ès appartenances d'icelle mais l'en souffrés et laisser jouier et user paisiblement dore en avant se aucunes choses ny a pourquoy faire ne le doiez. Laquelle ou cas quelle y soit, nous rescriviez à nous pour en ordonner comme de raison appartendra. Et avant que aucune délivrance soit fecte dudit fieu soiez bien et duement instruits des choses dessus dictes donné à Paris le XIIIe jour de février l'an mil III^{C} IIII^{XX} et dix neuf. Item la teneur du transcript dessus dict en suit : A tous ceux qui ces presentes lettres verront Jehan sieur de Folleville chevalier conseiller du Roy notre dit Seigneur garde de la prévosté de Paris salut. Scavoir faisons que l'an mil III^{C} IIII^{XX} et dix neuf le jeudi VIIIe jour de janvier de nous veues unes lettres scellées en simple queue et cire vert du scel si comme il apparest donc mention est faicte en icelluy desquels la teneur sensuit : A tous ceux..... Et nous à ce present transcript avons mis le scel de la prevosté de Paris l'an et jour dessus ditz....... Soubz le grand scel aux causes de ladite vicomté le 3e jour de may l'an mil IIII$_{C}$ ainsi signé..... collation faicte, Bacon *avec paraphe.*

Pièce lacérée est très fatiguée.

La Roque. Histoire de la Maison d'Harcourt. II, P. 1555. — 1404. — Contrat passé devant Pierre Farcy tabellion à Pontfarcy le 10 janvier 1404.

Original. — 1413. — Amendes et explois du bailliage de Costentin escheux en la vicomté d'Avrenches depuis le terme de Pasques l'an mil IIIIc et treize jusques au terme Saint-Michiel prochain ensuivant tauxées par nous Jehan B..., lieutenant général de noble homme mons. Jehan sire d'Ivay chevalier conseiller chambellan du Roy notre sire et son bailli de Costentin à ce presens et appelés Jehan Le Chien vicomte dudit lieu et Guillaume Bailleul procureur du Roy notre sire ou dit bailliage et baillées au dit vicomte pour faire cuillir et pour les rendre au compteur du Roy notre sire en son prouchain compte.

Premièrement.

...... Pierres Farcy escuier vers Jehan de Mouchy X sols... Fouquet de la Mote escuier fils Guillaume de la Mote vers le procureur du Roy LX^{s}. Praslin de Quernet escuier vers Jehan Hamelin VI#. Pierres Farcy escuier vers Jehan de Mouchy XX^{s}..... Mons Nicole Paynel et Madame sa femme vers Jehan de Ruys XL$^{s.}$ Mons Fouques de la Champaigne vers ledit de Ruis XL^{s}..... Guillaume de Husson escuier vers les religieux du Mont X^{s}......

Bibliothèque Nationale. — Titres scellés de Clairambault Vol. 46. — 1415. — La montre de messire Raoul Fauque chevalier bachelier et de neuf escuiers de sa compaignie reçue à Carentan le second jour d'aoust mil CCCC et quinze.

C'est assavoir. Ledit chevalier bachelier. Robin Mondret, Robin de Liré, Philippe du Rosel, Jehan d'Angles, Pierre de Andy, Perrot Montfil, Pierre Farcy, Guillaume Oseray et Robin Collin.

Id. — Collection Bréquigny. Normandie, T. III, fol. 224-225. — Pro Michaele de Grimouville. Rex..... sciatis quod cum nuper inter carissimum consanguineum nostrum Johannem comitem de Huntyngdon et capitaneum villæ et civitatis nostrarum de Coustances ac alios ibidem ad tunc existentes inter cætera concordatum fuisset et appunctuatum quod omnes illi qui sub obedientia nostra conversi et heredum nostrorum jurati ligei homines et subjecti fore vellent, haberent et tenerent omnino hereditates, terras, bona et possessiones quæ ipsi ante ultimum descensum et infra ballivam nostram de Costentyn habuerunt et tenuerunt; jamque Michael de Grimouville armiger nobis supplicaverit ut cum ipse gratiæ et obedientiæ nostræ se submiserit ac juratus ligeus noster existat, ut dicit, velimus eidem Michaeli hereditates, terras, bona et possessiones sua quæcumque infra ballivam prædictam existentia juxta formam concordiæ et appunctuamenti prædictorum concedere gratiose, Nos volentes concordiam et appunctuamentum prædicta in omnibus et singulis suis articulis inviolabiliter observari, de gratia nostra speciali concessimus eidem Michaeli hereditates, bona et possessiones, sua prædicta habenda per servicia et jura inde debita et consueta juxta formam concordiæ et appunctuamenti prædictorum de dono nostro. Reservata semper.... dum tamen.... In cujus.... teste ut supra XIIII die Novembris.

Per ipsum regem. Consimiles litteras regis patentes sub eadem data et eadem forma habent subscripti scilicet.....

Maria de la Launde quæ fuit uxor Petri Farcy armigeri. Teste rege in exercitu suo ante civitatem Rothomag. XXIII die Novembris.....

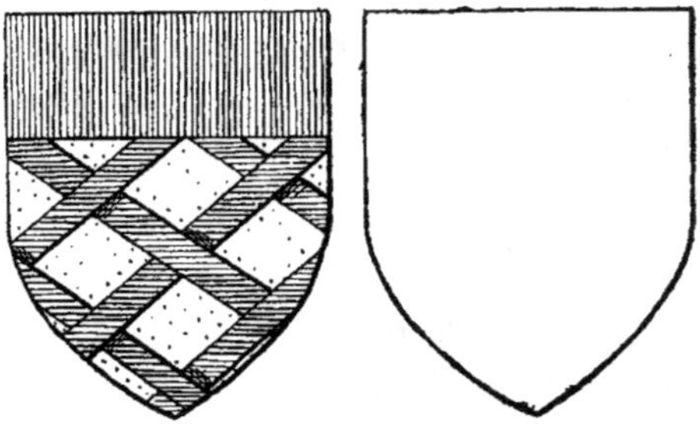

DE BYON

1° Pierre FARCY, écuyer, seigneur de la Chapelle-Heuzebroc, Basenville, la Mare et à cause de sa femme de Montcharderoul, du Rocher, prêta serment au roi d'Angleterre en 1421. Il présenta à l'église de la Chapelle-Heuzebroc ainsi qu'à la chapelle Saint-Antoine-du-Marest en 1436 et 1449, et obtint aussi des délais pour rendre aveu de ses terres à Henri VI. IX° DEGRÉ.

Il avait épousé dès avant 1439 demoiselle Jeanne de BYON, fille de N. écuyer, sieur de Montcharderoul et du Rocher.

Aussitôt après la journée de Formigny, qui délivra la Normandie du joug des Anglais, il rendit aveu à Charles VII et mourut quelques années après, laissant un fils nommé Jean.

D'Hozier, d'après la maintenue de 1715 et les preuves de Malte, commence ainsi la filiation suivie de la famille de Farcy :

1er degré. — Jean Farci, 1er du nom, écuyer, qui avait épousé Louise de Briqueville. On les trouve tous les deux nommés dans le testament mutuel que leur fils.

2e degré. — N. h. Pierre Farci écuyer fit le 18 septembre de l'an 1468 avec Jeanne de Broon sa femme. On voit de plus par ce titre qu'ils avoient alors les terres, fiefs et seigneuries de Montabert et d'Auterive, sans compter le fief de la Chapelle-Heuzebrocq fief situé dans la paroisse de ce nom, au bailliage de Caen, viconté de Bayeux et dont Pierre Farci avoit donné son aveu au Roy en la chambre des comptes de Normandie dès le 4 septembre 1450. Pierre Farci et Jeanne de Broon eurent pour enfans 1 Jean Farci II du nom qui suit; 2 Michel Farci dont il sera parlé cy-après et 3 Philippe Farci qui mourut avant le 28 décembre 1480.

3e degré. — N. h. Jean Farci, II du nom, écuyer, transigea le 28 décembre 1480 avec Michel Farci son frère pour la succession de leurs père et mère et épousa demoiselle Françoise Le Bailli, laquelle était veuve de lui le 24 mai 1530.....

Tout ce qui précède repose sur trois pièces, dont deux produites en *original*, lors de la recherche de 1715 par Annibal de Farcy de Cuillé, sont manifestement fausses. La concordance des dates établie dans ces deux tableaux suffirait à elle seule à le démontrer.

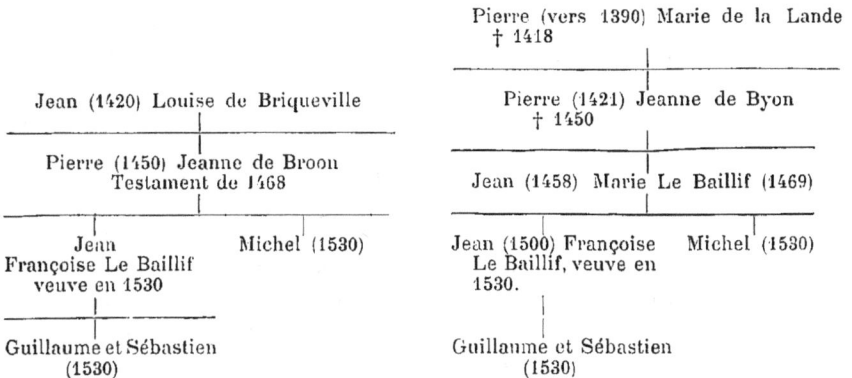

Jean (1420) Louise de Briqueville
Pierre (1450) Jeanne de Broon
Testament de 1468
Jean — Françoise Le Baillif veuve en 1530 | Michel (1530)
Guillaume et Sébastien (1530)

Pierre (vers 1390) Marie de la Lande
† 1418
Pierre (1421) Jeanne de Byon
† 1450
Jean (1458) Marie Le Baillif (1469)
Jean (1500) Françoise Le Baillif, veuve en 1530. | Michel (1530)
Guillaume et Sébastien (1530)

Un Jean Farsi est au nombre des écuyers de la montre de Raoul de Coëtquen, maréchal de Bretagne, reçue le 18 mai 1420. (*D. Morice, histoire de Bretagne, T. II, p. 492*). Cette liste qui ne comprend pas moins de 240 noms est entièrement bretonne et rien ne prouve que le Jean Farci ici mentionné soit seul à ne pas l'être et de plus qu'il fût normand. Le testament de Pierre, daté de 1468, donne pour femme à ce Jean une Louise de Briqueville, fille de Philippe et de Anne de Houdetot, mais rien dans la généalogie, pourtant bien connue de ces deux familles normandes, ne vient confirmer ces dires ; d'ailleurs, la lecture du testament lui-même prouve l'ignorance du faussaire qui a fabriqué cette pièce.

Copie XVIIIe s. — Au nom du Père, du fils, du Saint-Esprit. Amen. Nous noble homme écuier Pierre de Farcy et Jeanne de Broon sa femme scavoir faisons que nous sains de corps et de pensée graces à N. S. considérant qu'il n'est chose plus certaine que la mort ne plus incertaine que l'heure d'icelle, voulant prévenir l'angoisse douloureuse de maladie mortelle et la presse d'icelle qui tellement offusque l'entendement que par détresse de peines ne peut penser au sauvement de son âme donnons à l'expiation de nos pechés XX ## de rante annuelle et perpetuelle pour estre célébrée une messe tous les mardis de l'année à notre grand autier du benoist moustier de Pontfarcy après nostre decebs pour le sauvement de nos ames et celles de nos seigneurs et pères, dames et mères Jean de Farcy et Loysse de Briqueville, Philippe de Briqueville et Anne de Houdetot et nos parens et amis trespassés ; ladite rente sise sur nos terres en bordelage scise en nos fiefs et seigneurie d'Auterive et s'ils ne suffisent sur les echaestes au fief de Montabert pour estre payés par nos successeurs à chacune fête de Toussaints. Voulons o l'assentiment de Henry Carbonnel nos corps estre ensépulturés audit moustier et quand à ce exécuter et anteriner avons commis et ordonné nos exécuteurs Jehan notre fils aisné, Benoist Quentin, Hermeel et avons au present apposé nostre scel à Falaise ce 18 septembre mil IIII^C LXVIII. Signé Hémeril avec paraphe. — Collationné à l'original en parchemin à nous representé par Annibal-Auguste de Farcy chevalier sieur de Cuillé et à lui rendu par nous notaires royaux gardenottes héreditaires au Maine résidents à Laval soussignés avec ledit sieur de Cuillé le 9 octobre 1714 signé A. A. de Farcy de Cuillé, Trois notaire royal, Portier notaire royal, Gilles-Michel Le Long du

Genetay conseiller du Roy lieutenant général et particulier assesseur criminel au siège de Laval certiffions que les signatures Portier et Trois notaires en cette ville cy-dessus apposés sont véritables. En foy de quoy nous avons signé à Laval ce 10 octobre 1714 signé Le Long, gratis. Controllé à Laval le 9 octobre 1714 reçu 5 s. 6 d. Signé Dubuisson.

La date ne saurait être exacte puisque Pierre Farcy mourut entre le 4 septembre 1450, jour où il rendit aveu au roi Charles VII et le 9 novembre 1456, où son fils Jean fit foi et hommage pour les mêmes terres. Il y avait plus de 140 ans que la terre du Pontfarcy était passée aux Carbonnel par une alliance et depuis cette époque les Farcy n'en conservèrent d'autre souvenir que le nom. Tant qu'au fief de Montabert, on l'a vu, en 1236, possédé, il est vrai, par un Farcy ne se rattachant pas à la branche qui nous occupe actuellement. Tout est donc faux dans cet acte ; il en est de même du suivant que l'on donne ici de suite pour n'y plus revenir :

Copie XVIIIe s. — Du 22 décembre mil IIII^C^ IIII^XX^ devant nous Jehan Le Carpentier et Pierre Mesguet tabellions en la vicomté de Vire furent presents personnellement en droit nobles hommes escuyers Jean et Michel Farcy frères fils de deffunt N. H. écuier Pierre Farcy et de N. D^e^ Jeanne de Broon sa femme lesquels voulant partir entre eux les biens meubles et héritages venants des successions de leurs dits père et mère dont ledit Jean avoit saisine comme aisné noble pourquoy lui avoit été faict demande par ledit Michel son frère depuis la mort de leurs père et mère pour jouissance de la portion de laquelle avoit été par chacun an suffisamment payé audit Michel par ledit Jehan, lequel soutenait l'avoir fait à suffisance par ce que luy appartenoit outre son droict naturel pour choisir de fief, autre droict acquis par la mort de Philippe leur frère depuis la mort de leurs père et mère. Il auroit outre nourry et entretenu deuement ledit Michel auquel la majorité étant advenue et voulant appointer et accorder leurs différens, a ledit Jean retenu le fief de Montabert et dependances et le fief et terre d'Auterive et a donné audit Michel les terres en bordellages sises aux dits lieux et oultre six mille livres deues de reste de la vendition du fief Farcy, terre et seigneurie de Pontfarcy, par N. H. Henry Carbonnel sieur de Brimont avec la rente d'icelle somme la presente année, décharge néantmoins de payer ledit Jean les fondations et dottations faites par leurs dits père et mère. Tout ce qui dit est et accordé étant pour la succession de leur père. Et quand aux biens de leur mère a retenu ledit Jean, les fiefs et Seig[ries] de la Chapelle-Heuzibroc et Saint-Louet Montchardrou, du Rocher et a baillé et octroyé audit Michel la maison d'Alençon scize rue de la Juifverie et mille livres tournois constitués sur noble écuier Jean de Marcilly. Le restant de la dite heredité en meubles et heritages restants audit Jean dont ledit Michel se tient content et s'en acquittent l'un vers l'autre et demeurent garanteurs de ce que chacun a eu et tient en sa lottie et partage fors les dettes assises sur ces fiefs pour cause d'iceulx que ledit Jean connoit et dont il se charge. De quoy et tout autre lesdits sont demeurés à un et d'accord. A se tenir engagent et obligent de part et d'autre leurs biens meubles et immeubles, faict et passé audit Vire presents Geoffroy de Houdetot et Jehan de Marcilly. (Signé) J. Le Carpentier, P. Mesguet. Controllé sur l'original à Laval le 9 octobre 1714 reçu 5 s. 6 d. *Signé:* Dubuisson... Collationné... *Signé:* Fournier.

Tout est également faux dans cet acte où sont amoncelées comme à plaisir contradictions et impossibilités. Pierre Farcy, nous l'avons vu, était mort avant 1456, et puisqu'il y avait 24 ans que sa succession était ouverte et près de 44 qu'il était marié, son fils Michel ne pouvait sortir de minorité en 1480. — Jamais il n'avait possédé ni le fief de Montabert ni celui d'Hauterive qui fut apporté à Jean son petit fils par Françoise Le Baillif, sa femme. — Jamais le Ponfarcy ne fut vendu, mais il passa dans une autre famille par un mariage. — Le fief de la Chapelle-Heuzebroc n'était point dans la succession de Jeanne de Byon, puisqu'il a passé de père en fils à neuf générations de Farcy! — Comment un partage fait à Vire a-t-il eu pour témoins un d'Houtetot dont la famille habitait alors la Haute-Normandie, et un de Marcilly, originaire de la ville d'Alençon même? Mais il fallait bien réunir ces différents noms, pour rattacher Jean à Pierre et Pierre à autre Jean!

Ces deux actes sont donc des faux, fabriqués de toutes pièces par quelqu'un qui put ainsi abuser de la confiance d'Annibal de Farcy de Cuillé ! Mais on le voit, il était loin d'être de la force de ceux qui *opèrent* de nos jours ! Cependant sur le moment, on les crut authentiques : d'Hozier y fut trompé comme Chauvelin, comme les commissaires de Malte. Mais plus tard l'erreur fut reconnue par d'Hozier de Serigny : sur les copies collationnées qui lui passèrent par les mains et qui existent à la Bibliothèque Nationale, il écrivit en gros caractères : TRÈS FAUSSES.

Il faut bien se garder de confondre ces deux actes apparaissant pour la première fois en 1714, avec les copies collationnées faites en 1645 contradictoirement avec le procureur des habitants de Laval et dont plusieurs existent encore en original.

Relevons encore une autre erreur, mais celle-ci plus légère : le nom de Jeanne, femme de Pierre Farcy, doit être lu de BYON et non de BROON. La famille de Byon, qui a donné son nom à la paroisse de Bion, canton de Mortain, est connue depuis le XIe siècle [1]. Les de Broon, originaires de Bretagne, ne s'établirent en Normandie que beaucoup plus tard, en 1561, par leur alliance avec la famille Le Verrier.

Enfin la similitude des noms de baptême du père et du fils, leur alliance avec deux demoiselles portant le même nom de famille sont la cause d'une confusion qui n'en a fait qu'un seul personnage. La femme de Jean Farcy, qui se remaria en 1530 avec Jean du Moulinet, ne pouvait être la même que celle qui en 1458 était l'épouse d'un autre Jean. Elle aurait eu, lors de son second mariage, plus de 90 ans !

Ceci bien expliqué, voici les pièces qui concernent Pierre Farcy :

Bibliothèque nationale. — Collection Bréquigny, Normandie, T. XII, p. 280, 281. — 1421. — Consimiles litteras regis patentes sub eodem waranto habent suscripti, mutatis mutandi, videlicet.... Petrus Farcy armiger juratus.....

Datum apud Castrum Regis Rothomagi XVI die Martii.

1. Voir Pitard. *Nobiliaire manuscrit de Mortain.*

Registre des présentations. — Original. — 6 novembre 1436. — Dictus Vicarius contulit Steffano Farcy ecclesiam parrochialem de Capella Heuzebroc vacantem per obitum Petri Drieu ultimi rectoris ad presentationem Petri Farcy armigeri. Investitur per traditionem litterarum, manu decani de Thorigneio.

Id. — 26 août 1439. — D. Vicarius refusavit presentationem Petri Farsi et domicellæ Johannæ de Bion ejus uxoris factam de persona Johannis Miseray clerici ad Capellam sancti Anthonii de Maresc[1] *vacantem per mortem Johannis Harel clerici, ultimi rectoris et inter recepit presentationem domini Oliverii de Vassy militis.*

Id. — 24 Juin 1439. — D. Vicarius contulit Johanni Anzere clerico Capellam sancti Anthonii du Marest in persona Johannis de Sancto Fromando, capto et levato brevi inter dominum Oliverium de Vassy militem et Petrum Farcy et uxorem suam finito sic quod dictæ partes voluerunt et consenserunt quod dicta capella impleatur de persona dicti Ansere, salvo jure dictarum partium. Investitur per traditione litterarum manu decani loci.

Id. — 23 Décembre 1443. — D. Vicarius admisit presentationem providi viri Petri Farcy..... presentandum ad capellam sancti Anthonii de Maresco dictam factam de persona domini Hugonis Pouchim vacantem per mortem Johannis Anzere ultimi rectoris et ea die habuit mandatum ad banna.

Id. — 10 Janvier 1444. — D. Vicarius contulit domino Hugoni Pouchin presbitero capellam Sancti Anthonii de Maresco fundatam in parrochia Laconis vacantem per mortem Johannis Anzerey ultimi rectoris ad presentationem providi viri Petri Farsi assentientis jus presentandi ad eamdem sibi pertinens ad causam uxoris suæ.

Bibliothèque Nationale. — Pièces originales. — 1442. — Henry par la grace de Dieu roi de France et d'Angleterre à nos amés et féaulx les

1. Chapelle du Maresc. — Commune de Lasson, canton de Creully, arrondissement de Caen (Calvados).

gens de nos comptes de Rouen, trésoriers généraux, gouverneurs de toutes nos finances en France et Normandie. Au bailly de Caen, vicomte dudit bailliage et à tous nos autres justiciers et officiers ou à leurs lieutenans salut et dilection. Reçue avons humble supplication de nos bien amés Pierre Farcy écuier et Jehanne de Byon sa femme damoiselle, Seigneurs de la Chapelle-Heuzebrocq et autres assis audit bailliage contenant comme à cause et par raison de leurs terres et seigneuries qui tiennent de nous, ils nous soient tenus faire foy et hommage et bailler adveu et dénombrement par escript ce qu'ils n'ont peu ne peuvent encore bonnement faire obstant la fortune des guerres par quoy ils doubtent que vous ou aucun de vous vicomtes ne leur ayez mis ou veullez mettre destourbies ou empeschement en leurs dites terres et seigneuries qui seroit en leur très grand grief, preiudice et domage et plus pourroit estre si par nous ne leur estoit sur ce pourveu de nostre gracieux normenable remède, si comme ils dient, à nous très humblement requerant icelluy. Pourquoy nous, ces choses considerées, auxdits suppliants avons donné et octroyé, donnons et octroyons de graces espéciale par ces presentes terme, respit et souffrance de nous faire lesdits foy et hommage et bailler leur dit aveu et denombrement par escript jusques à un an à compter du jour de la date de ces presentes. Pourveu que lesdits suppliants feront serment de féaulté es mains de vous bailli ou de vos lieutenans et paieront les drois et devoirs pour ce deubs et accoutumés se faits et paiés ne les ont. Sy vous mandons expressement, enioignons et à chascun de vous si comme il appartiend que de nos presentes grace, terme, respit et souffrances vous faites, souffrez et laissiez lesdits supplians joir et user plainement et paisiblement sans pour celuy faire donner ne souffrir estre faict mis ou donné en leurs dites terres et seigneuries ne es soins et revenus d'icelles aucun arrest, destourbies ou empeschement en aucune manière au contraire. Car ainsi nous plaist-il et voullons qu'il soit faict non obstant que lesdits supplians aient eu autreffois semblable grace et respit de nous et quelconques lettres subreptices impetrées ou à impetrer au contraire. Donné à Rouen le XXIe jour de juin l'an de grace mil IIII^C XLII et de notre regne le XXe par le Roy à la relation du conseil. *Signé :* SERREPOND.

Id. — *27 juin 1443.* — Idem. — Donné à Rouen soulz notre scel ordonné en l'absence du grand, le XXVIIe jour de juing l'an de grace mil IIII^C quarante trois et de nostre regne le vingt ungiesme par le conseil. *Signé :* DELORME.

Id. — *13 septembre 1445.....* Ce qu'il n'a pu ne pourroit encore bonnement faire tant par ce que ses lettres, titres, chartes et autres escriptures sont dispersées en plusieurs lieux de notre royaume de France à l'occasion de la guerre, lesquelles il ne peut pas bonnement retrouver que autrement..... donné à Honfleur... le XIIIe jour de septembre l'an de grace mil IIII^C quarante cinq et de notre regne le vingtroisième par le conseil. *Signé :* J. DE LA MOTE.

Id. — *21 août 1447.* — Idem. — Donné à Mante le XXIe jour d'aout l'an de grace mil quatre cens quarante sept et de nostre regne le vingt cinquiesme par le Roy à la relation du conseil. *Signé :* J. DE LA MOTE.

Archives Nationales. — Chambre des Comptes. 4526. IIII 9^v XXV. — 1450. — Charles par la grace de Dieu Roy de France à nos amés et feaulx conseillers les gens de nos comptes et trésoriers à Paris, à nos baillis de Costentin et de Caen, vicontes de Bayeux et Vire et à tous nos autres justiciers en iceulx bailliages et vicontés ou à leurs lieuxtenans salut et dilection scavoir vous faisons que notre bien amé Pierre Farcy escuier nous a aujourd'hui fait pour luy et pour sa femme en la personne de notre amé et féal chancellier les foy et homage que tenu nous estoit faire par raison du fief de la Chapelle-Heuzebrocq assis en la vicomté de Bayeux et de deux membres de fief situés en la paroisse de Tourneux, l'autre en la paroisse de Saint-Germain-de-Talvende tenus de nous à cause de notre viconté de Vire et aussi par raison du fief de Saint-Louet et d'une vavassorerie appelée la Mare tenue de nous à cause de nostre duché de Normandie. Aux quels foy et hommage nous l'avons reçu sauf nostre droict et l'aultruy. Se vous mandons et a chacun de vous se comme à lui appartiendra que pour cause desd. foy et hommage non faicts vous ne faites, ne donnez, ne souffrez estre fait et donné aud. Farcy ne à sa dite femme aucun destourbies ou empeschement aucun. Se lesd. fiefs ou parties d'iceulx et aucunes de leurs appartenances ou aucuns de leurs biens sont ou estoient pour ce prins ou mis en nostre main; se les metiez et faites mettre sans delay à plaine delivrance, pourveu que led. Pierre Farcy susdit nous baille par escript dedans temps deu son denombrement et adveu et qu'il fasse et paie les arrests, droits et devoirs se aucuns en sont pour ce deubz, donné à Caen le XXVIIe jour de juillet lan de grace mil IIII^{c} cinquante et de notre regne le XXVIII. Par le Roy à votre relation. *Signé :* Damet.

Id. — *P.* 299^{t}. — 1450. — Du Roy nostre sire je Pierre de Farcy escuier confesse et adveue tenir par foy et par hommage un quart de fieu de haubert tenu à court et usage nommé le fieu de la Chapelle-Heuzebroc assis au bailliage de Caen en la vicomté de Baieux dont le chief est assis en lad. parroisse dudit lieu de la Chapelle-Heuzebroc et s'extend es paroisses de Beuvrigny, Guilberville et illeques environnantes lequel vault chacun an de rentes en deniers XLII$^{\#}$ VIII$^{s.}$ VI$^{d.\ t.}$, XLIX quartiers de froment mesure dudit lieu, XXX boisseaux d'avoine, six vingt treize quelines, XXI chappons avec les œufs et finances à ce appartenans. Au quel fieu il y a manoir, domaine contenant XCX acres de terre ou environ tant en terres labourables, prés, moulins à eaus, colombier, boys que autrement. Lequel domaine et moulin a eaux vault commun an XX$^{\#}$ ou environ. Et j'ai droit par raison de mondit fieu au patronaige de lad. église dud. lieu de la Chapelle quand il vacque. Lequel patronnaige d'église vault commun an XX$^{\#}$ ou environ. Duquel fieu je suis tenu paier au Roy notre S^{r} passant par la main du granereur de Guilberville cent sols tour. de rente au terme Saint-Michel en septembre pour cause de la granerie de Guilberville et XIX quartiers, II boisseaulx d'avoine non barbée chacun an au terme de Pasques laquelle avoine se paye avec les avoines dues au Roy notre dit S^{r} au compteur de Bayeux par les dits habitans de Guillerville qui sont du nombre de CXIX quartiers qui se tirent chacun an sur les dits habitans au terme de Pasques.

Item je suis tenu paier a cause de mondit fieu XII boisseaux de froment de rente ancienne deue aux religieux, abbé et couvent de S^{te}-

Croix de Saint-Lô. Et je suis tenu paier reliefs, treiziesmes, aides coustumières quand le cas s'offre. Duquel fieu les hoirs Geffroy Farcy tiennent en parage de moy ung huictieme de fieu tenu à coustume et usage séant en la parroisse de Saint-Louet nommé le fief de Bassenville qui vault chacun an en toutes choses XX ‡ ou environ. Item la franche vavassorerie de la Mare contenant X acres de terre ou environ qui peut valoir en toutes choses X^{s} de rente ou environ. Item je confesse et advoue tenir du Roy notre dit S^{r} a cause de Jehannette de Byon ma femme une franche vavassorerie tenue à coustume et usage assis en la paroisse de Saint-Germain-de-Talvende[1] nommé le Rochier et vault commun an $XXVII^{s.}$ $4^{d.t.}$ ou environ, LXIV quartiers d'avoine mesure de Vire, XXVII boisseaux de froment à la Saint-Michel en septembre, a Noel IIII chapons, IIII quelines, XL œufs, un chapeau de roses à la Saint-Jean, à court et usage, reliefs, treiziesmes usages vallant commun an VI ‡ $V^{d.}$ ou environ. Item un fieu nommé le fieu de Montchardrou assis au Tourneux[2] en la vicomté de Vire et vault chacun an en deniers $XXX^{s.t.}$ ou environ VIII quartiers de froment VIII chappons XII gelines XX deniers pour pains et C œufs ou environ. Item y a un moulin a bléy qui vault LX^{s} de rente ou environ. Item III quartiers d'avoine et V boisselées d'avoine et vault la coustume et usage, reliefs treiziesmes et autres adventures X^{s} de rente ou environ. Et se relièvent lad. vavassorerie et fieu chacun pour un huictieme de fieu dont il est deub au Roy nostre dit S^{r} foy et hommage, reliefs treiziesmes quand le cas s'offre. En tesmoing de quoi j'ai signé ces presentes de mon seing manuel et scellés de mon sceel d'armes l'an mil CCCC. L, le 4e jour de septembre et pour graigneur approbation et cognoissance à ma requeste a esté mis le sceel des obligations de la vicomté de Vire en l'an et jour dit.

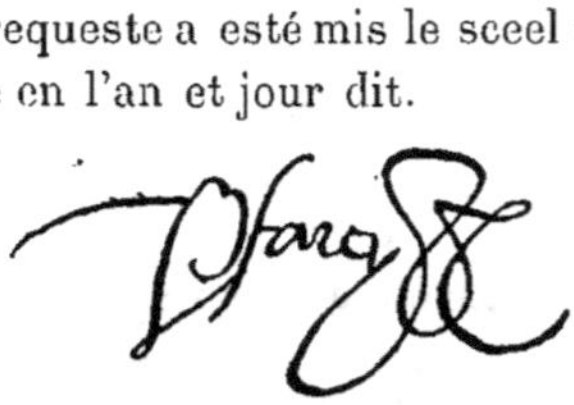

1. Saint-Germain-de-Talvende, canton et arrondissement de Vire (Calvados).
2. Le Tourneur, canton de Bény-Bocage, arrondissement de Vire.

Et au dos est écrit. Le Bailliage de Caen. Pierre Farcy escuier pour son fief de la Chapelle-Heuzebroc. Registrata.

Galerie Mancel à Caen. — Titres généalogiques. 1450. — A tous ceux qui ces presentes lettres verront Nicolas de Fouloigne escuier garde du sceel des obligations de la vicomté de Bayeux salut scavoir faisons que aujourd'hui 1er jour de mai l'an mil CCCC cinquante et ung par Hervieu Bacon tabellion du Roy nostre sire juré et commis en la sergenterie de Thorigny nous a été témoigné et relaté sous son saing manuel avoir veu et visité et diligemment regardé mot après mot ung mandement donné à Pierre Avayne lieutenant général de Gonsalles d'Arcs écuier, huissier d'armes du Roy notre dit S[r] et son vicomte de Bayeux commissaire en cette partie de nos seigneurs les généraux des comptes et tresoriers du Roy notre sire à Paris dont la teneur ensuit: A tous ceux qui.... presentation par Pierres Farcy écuier des lettres des gens des comptes attachées à son denombrement.... sous le scel de la prévosté de Paris le 17 septembre l'an 1450. Vidimus de son aveu par Robert d'Estouteville sieur de Bayne, baron d'Yvoy chevalier chamberlen du Roy notre sire et garde de la prevosté de Paris.... Et pour ce que rappelé et témoigné nous a esté de plusieurs des hommes tenans de lad. terre et seigneurie dud. lieu de la Chapelle-Heuzebroc lesquels nous avons fait venir devant notre athorné en la presence de Pierre Blancvillain substitut du procureur du Roy notre dit sieur audit lieu de Thorigny et les parties spécifiées et déclarées en icelui denombrement estoient et sont bien deuement baillies et déclarées en iceluy et qu'il n'y a chose mise au préjudice du Roy notre dit sire. Nous et par vertu des lettres de nos seigneurs des comptes dessus transcriptes avons délivré et délivrons par ces presentes audit Farcy ses dites terres et seigneuries de la Chapelle-Heuzebroc avecq toutes les aultres terres que tient et poursuict à cause dudit lieu en mecte de la vicomté de Bayeux et donné en mendement aux sergents de ladite vicomté et à chacun d'eulx que ledit P. Farcy ils laissent, souffrent et faictent jouir et exploiter de sa dite terre et seigneurie sans lui faire ou donner sur ce nul empeschement. Donné pour tesmoing de ce soubs nostre scel sy mis le

IIIIe jour de novembre 1450. Ainsi signé. Collation faicte J. Durant et nous garde des dessus dits avons mis à ce present vidimus ou transcript à la relation dudit tabellion le scel des obligations de la vicomté de Bayeux. Ce fut faict en l'an et jour dessus premiers dicts. Collation faicte. (*Signé*) Bacon *avec paraphe.*

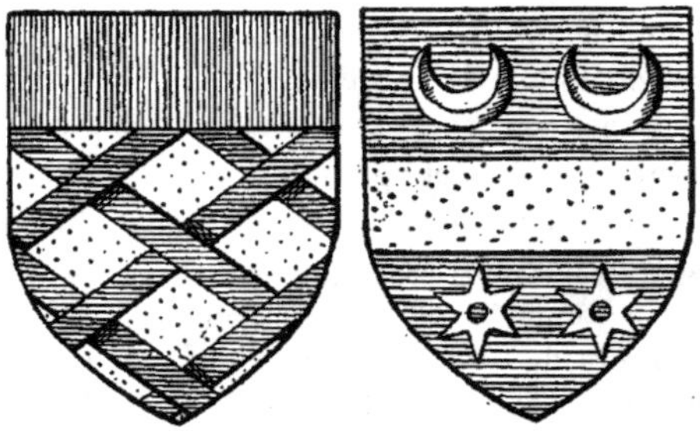

le Baillif
d'azur à la fasce d'or acc. en chef de 2 croissants et en pointe de 2 molettes le tout d'argent.

Xe Degré.

1° Jean de Farcy, alias du Pontfarcy, écuyer, sieur de la Chapelle-Heuzebroc, Blohihoult[1], Basenville, la Mare, et du chef de sa femme de la Cour du Bosc[2] et de la Capperonnière[3], rendit de nombreux aveux de ses terres. Il avait épousé dès avant 1451 demoiselle Marie le Baillif, fille de N., sieur de la Cour du Boc et de la Capperonnière. En 1463 il fut maintenu dans sa noblesse par Raymond Montfault et mourut, laissant trois enfants : 1° Jean, 2° Michel et 3° Jacqueline.

Archives Nationales. — Chambre des Comptes. — XXXVI v. et 594. — 1450.

Charle par la grace de Dieu roi de France à nos amés et feaulx les gens de nos comptes et trésoriers à Paris au bailli de Rouen et vicomte du Pontautou et Pontaudemer, à notre procureur en ladite vicomté salut et dilection. Savoir faisons que notre bien

1. Blohihoult. — Parroisse du Boschellouin, arrondissement de Pontaudemer (Eure).
2. La Cour du Bosc. — Commune de Pierrefitte, canton de Blangy, arrondissement de Pont-Levêque (Calvados).
3. La Capperonnière. — Commune de Bonneville-la-Louvet, canton de Blangy.

amé Jehan Farcy estuier nous a aujourdhui faict à la personne de notre chier et feal cousin le conte de Dunoys par nous à ce commis les foy et homaige qu'il estoit tenu nous faire à cause du fief du Blohioult assis en ladite vicomté et ses appartenances qu'il tient de nous à cause de nostre dite vicomté. Ausquels foy et homaige nous l'avons reçu sauf notre droict et l'aultruy. Se vous mandons et à chacun de vous se comme à lui appartiendra que pour cause dudit homaige non faict vous ne facies, mettez, ne donnez, ne souffrez estre fait, mis, ou donné audit Farcy aucun destourbiez ou empeschement, au contraire. Se sondit fieu ou aucune chose des appartenances d'icelluy ou aultres de ses biens sont ou estoient pour ce prins, arrestés ou empeschés en notre main, se les mettez et faites mettre à plaine delivrance et sans delay. Car ainsi nous plaist et voulons estre faict pourveu que ledit de Farcy baille par escript de son temps deu son denombrement et aveu et qu'il face et paie les aultres droits et devoirs se aucuns en sont pour ce deuz, se fait et paié ne les a. Donné à Rouen le XXIIIIe jour de décembre l'an de grace mil CCCC cinquante et de notre règne le XXIXe. Par le Roy à la relation de Mgr le comte de Dunois à ce commis.

(Signé) Le Roy.

Id. — IIcXXII. P. 305. — 1451. — Du Roy mon souverain seigneur je Jehan de Farcy escuier tien et adveu à tenir un quart de fief de haubert nommé le fief de Blohioult dont le chief est assis dans la paroisse du Boschelouyn en la vicomté du Pontaudemer en la sergenterie d'Espaigne, ou quel fief j'ay cour, usaige, plez et juridiction, hommes, hommages, regals de mariage, reliefs, treiziesmes d'aide, rentes en deniers IV livres, XV sols, VI deniers tournois. Item en oiseaulx XXXVIII chappons et II oies. Item en œufs III^C^V œufs. Item en grains trois boisselées de blé et aussy y a ung moulin auquel appartient moultes seiches et vertes qui communs ans vault de revenu la somme de XII^#t^ Du quel fieu de ses appartenances et droits quieulxconques, je Jehan de Farcy dessus nommé doy foy et hommage, reliefs, treiziesmes d'aides, au Roy mondit souverain seigneur quand le cas eschiet. En tesmoing de ce j'ay signé ces presentes de mon sel manuel et scellées de mon propre scel le XXVIe jour de janvier l'an de grace mil CCCC cinquante et cinq.

Original. — 1451. — De Jehan Farcy escuier seigneur de la Capperonnière Je Raoul Lihault confesse et aveue à tenir dudit escuier ung fieu ou ainesse par foy et par hommage et par resseantise tant pour moi que pour mon puisné contenant quatre acres de terre ou environ jouxte d'un costé et d'un boult le quemin conduisant au moustier de Bonneville et d'autre costé le quemin qui tent au doet Piquet et d'autre bout Robin Morin et en suis tenu faire par an audit escuier tant pour moy que pour mon dit puisné XXXII boisseaux d'avoine au terme Saint-Michel à la mesure du fieu au Forest.... Es plès de la Caponnière tenu par Jehan Deshaies senechal le VIIIe juin l'an mil IIII cinquante et ung. *Signé :* DESHAIES.

Archives Nationales. — II^{c} XXVII — 1456. — Artur fils du duc de Bretaigne conte de Richemont sieur de Parthenay, connestable de France, aux gens des comptes de Mgr le Roy et trésoriers généraulx, au bailli de Caen, vicomte de Bayeux pour eux et aux dits officiers de mon dit seigneur le Roy ès dit bailliage et vicomté, à leurs lieutenants salut et dilection. Scavoir vous faisons que aujourdhui notre bien amé Jean le Farcy escuier nous a fait et au nom de mon dit seigneur le Roy les foy et hommage qu'il lui estoit tenu faire par raison du quart de fief de haubert nommé le fief de la Chapelle-Heuzebroc et d'un huictiesme de fief nommé le fief de Bassanville assis en la paroisse de Saint-Louet tenu de lui en parage sous ledit hommage et aussi d'une franche vavassorerie appelée la vavassorerie de la Mare avec les appartenances qu'il tient, le tout mouvant de mondit seigneur le Roy a cause de sa vicomté dudit lieu de Bayeux..... Donné à Vernon sous notre scel le IXe

jour de novembre l'an mil CCCC cinquante six. *Par Mgr le Comte connestable*. GOGUET.

Id. — *II^C XXVIII*. — 1456. — Je Jehan Farcy escuier confesse et avoue tenir du Roy notre seigneur par foy et par hommage c'est assavoir ung quart de fief de haubert tenu à coustume et usaige nommé le fief de la Chapelle-Heuzebroc et assis en bailliage de Caen en la vicomté de Bayeux..... du quel fieu les hoirs Geoffroy Farcy tiennent en parage de moi..... En tesmoing des quelles choses j'ai scellées ces lettres de mon propre scel et scel manuel. Ce fut fait le Xe jour de novembre mil CCCC cinquante six. *(Signé)* FARCY.

En la marge, demi bas, estoit escript ce qui ensuit. Jehan Farcy escuier cy dessus nommé certiffie que ce scel et seing manuel mis à ces lettres sont ceux desquels il use et a accoustumé d'user en ses affaires et les adveu et le coutenu es dittes lettres estre vray. Fait et certifié le vendredi XII novembre l'an mil CCCC cinquante et six. *Signé* ROUGEAU et BOCTARD *avec paraphes*.

Archives Nationales. — *Aveux du bailliage de Rouen*. 304. — 1458..... Item Jehan Farcy escuier tient ung quart de fief à cause de mon dit fief de Livet assis en la paroisse de Pierreficte et s'estend en ladite paroisse de Pierreficte nommé le fief de la Court du Boc, à cause de Marie Le Baillif sa femme et m'en est tenu faire en sa porcion comme les deux quarts devant nommés foy et hommaige, reliefs, treiziesmes, aides, coustumes quand il écheut et le quart de XL jours de service d'aoust pour la portion desdits quarante jours. En tesmoing de ce ces lettres sont scellées de mon scel d'armes et signées de mon scel manuel et a greigneur confirmation à ma requeste y a été mis le scel des obligations de la vicomté d'Orbec le XIe jour de juillet 1458. *(Signé)* JEHAN LE GRIX.

Id. — P. 277. — 1463. — Du Roy mon souverain seigneur Je Jehan de Farcy escuier tient et advoue à tenir un quart de fief de haubert nommé le fief de Blohioult..... ce XIe jour de septembre l'an de grace mil CCCC soixante trois. FARCY.

1463. Voir la maintenue de Montfault, p. 1 et 2.

Id. — V^C XXI, 1464. — Je Jehan Farcy escuier confesse... tenir... le fief de la Chapelle-Heuzebroc... le VIe jour de décembre l'an mil CCCC soixante et quatre et pour graigneure approbation y a esté mis le scel des obligations de la vicomté de Bayeux en l'an jour et mois cy dessus dit. *(Signé)* Farcy avec paraphe et scellé. *Au dos est écrit* Adveu. Caen. Jean Farcy, escuier, Registrata.

Original. — 1465. — De noble homme Jehan du Pontfarcy escuier sieur de la Cappronnière Je Robin Mallebranque tien et adveue à tenir ung fieu ou aisnesche nommé le fieu Tillon contenant quatre acres de terre tout en ung tenant assis en la paroisse de Bonneville la Louvet jouxte d'un costé et d'un bout la cave de Caloingne d'autre costé et d'un bout ladite cave et Jehan et Guillaume diz de Launoy et y en a aucune partie qui aboute aux héritiers Ricard du Quemin et Jehan Richier à cause de sa femme. Et passé le quemin tendant au moullin Cappron parmy ledit fieu. Et en suis tenu faire de rente par chacun an a mon dit Seigneur au terme Saint-Michiel dix sept sols tournois donc il y a cinq sols a cause de la fieffe de deux pièces de terre du nombre dudit fieu. Au terme de Noel quatre cappons, quatre deniers, au terme de Karesme prenant douze deniers, au terme de Pasques sexante œufs, six deniers, au terme de Pentecouste, douze sols[1]. service de prevosté à mon tour subject et bannier du moullin Cappron prières que on appelle... deux fois l'an s'il y a bestes de... Avec foy, hommage, reliefs, treiziesmes et aides coustumées quand ils eschoient baillé et advoué par ledit Mallebranque es plès dudit fieu de la Capperonnière tenu par moy Guillaume Hauvel senechal à ce commis le IXe jour de novembre l'an mil IIII^{C} sexante cinq et feut reçu sauf à blasmer. *(Signé)* HAUVEL *avec paraphe.*

Bonnin. — *Monstre Générale de la noblesse du bailliage d'Evreux.* — *Paris 1853.* — Jean Farssi escuier sieur de la Capperonnière, demeurant au bailliage de Rouen, défaillant à la montre des 17 et 18 mars 1469.

1° Jean qui suit. XIe Degré.

2° Michel. (*Voir après la filiation de son frère aîné.* p. 185).

Myée
d'azur à la fasce d'or acc. de 3 besans de même.

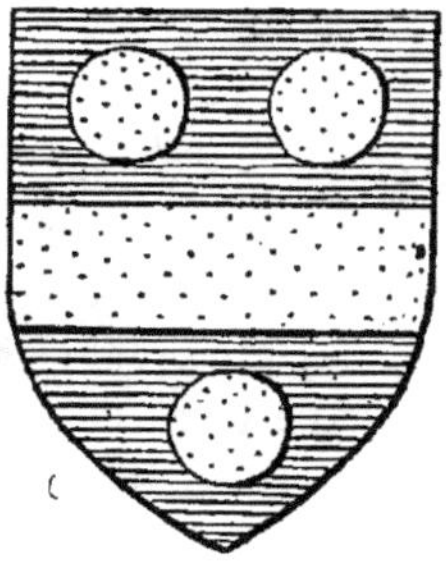

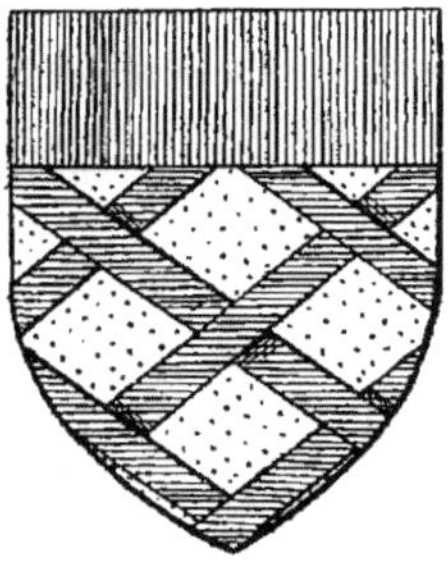

3° Jacqueline Farcy ou du Pontfarcy, dame de la Chapelle-Heuzebroc, de la Capperonnière, Blohihoult, épousa dès avant 1484 Me Anthoyne Myée, escuyer, licencié ès-lois, seigneur de Guesprey et de la Motte. Elle était veuve en 1512.

Archives Nationales. — Chambre des Comptes. — IIICXXX. — 1484. — Charles par la grace de Dieu Roy de France, à nos amés et féaulx les gens de nos comptes et trésoriers à Paris, aux baillis de Rouen, de Caen, et vicomtes de Falaise, Bayeux et du Pontaudemer ou à leurs lieutenants et à nos procureurs et receveurs ès dits bailliage salut et dilection. Savoir faisons que notre bien amé Anthoyne Myée escuier nous a aujourdhui fait à la personne de notre amé et féal chancellier les foy et hommages liges que tenû nous etoit faire par raison d'un demi fief nommé le fief de la Mothe situé et assis au dit bailliage de Caen et vicomté de Falaise tenu et mouvant de nous à cause de notre baronie de Bazoches et aussi d'un quart de fief nommé le fief de la Chapelle-Heuzebroc a cause de Jacqueline du Pontfarcy ma femme situé au dit bailliage de Caen et vicomté de Bayeux tenu et mouvant de nous à cause de notre vicomté de Bayeux, d'un autre membre de fief nommé le fief de Blohihoult situé et assis audit bailliage de Rouen vicomté de Pontaudemer tenu et mouvant de nous à cause de notre vicomté du Pontaudemer. Auquel foy et hommages nous l'avons reçu sauf notre droit et l'autruy. Si vous mandons..... Donné à Paris le XVIIe jour d'aoust l'an de grace mil CCCC quatre vingts et quatre et de notre règne le premier par le Roy à votre relation. *(Signé)* DE VILLECHAISE.

Original. — *1512.* — De noble femme damoiselle Jacquelline du Pontfarcy veufve de deffunct maistre Anthoyne Myée en son vivant escuier licencié es loix et seigneur de Gyeppray, Dame du fief terre et seigneurie de la Chapperonnière. Je Mahiet fils confesse et adveue à tenir par foy et par hommage ung fief ou tenement nommé le fief Piquet contenant une acre de terre ou environ qui jouxte d'un costé le fief Oieuldebeuf d'autre costé le chemin tendant de la Besoignerie au grant moullin d'un bout le fief Bosquier et d'autre bout le douet de la fontaine Perier. Et en suys tenu faire et paier par chacun an de rente à ma dite damoiselle trente quatre deniers. C'est assavoir au terme de Remiesons dix huict deniers, à la Saint Jehan-Baptiste saize deniers, reliefs, treisiesmes avecques les aides coustumières les cas offrans. Ainsy baillé et advoué par ledit Mahiet fils es plès de ladite seigneurie tenus sur les fiefs par moy Robert Lesvonnier lieutenant général du senéchal dudit lieu le samedy cinq^e^ jour de juing l'an mil cinq cens et douze qui fut receu sauf à blasmer.

(Signé) LEVONNIER *avec paraphe.*

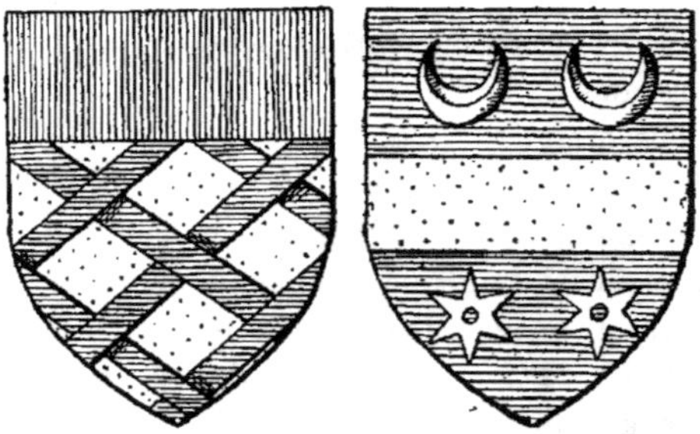

LE BAILLIF
d'azur à la fasce d'or acc. en chef de 2 croissants et en pointe de 2 molettes le tout d'argent.

1° Jean FARCY ou LE FARCY, écuyer, seigneur d'Hauterive[1], épousa Françoise LE BAILLIF, d'Alençon, qui, veuve de lui, était remariée XIe DEGRÉ.

1. Hauterive ou Paisnel, près Alençon.

en 1530 avec Jean du Moulinet, écuyer, seigneur de la Templerie. On le trouve en 1501 et 1505, agissant comme mandataire des barons de Montenay et du Hommet[1].

Il laissa de son mariage deux garçons : 1° Guillaume et 2° Sébastien.

Bibliothèque Nationale. — Pièces originales. — 1501. — Lan mil cinq cens et ung le XIe jour d'avril après Pasques devant Denis et Jean dis Cauvellende tabellions, Jehan Druault marechal et Jean Le Gentil dit de Mausalet tous de sainct Fromond promectent et s'obligent à honorable homme maistre Jehan Farcy escuier capitaigne et recepveur en la baronie de Montenay pour mons. le baron dudit lieu absent lui faire et tachier bien et duement une rey à prendre angulle de cinq braches de long ou environ et de six braches de large et en armée de cordage le tout aussy et selon ce que on a accoustumé le faire en la pescherie de Lislebonne laquelle à suffisance, pour laquelle rey faire et tachier ledit escuyer leur sera tenu bailler et delivrer dix livres de fil avecques la corde pour l'en armer et l'oultre plus que il commandra des dites dix livres de fil pour le faire de ladite longueur et layse lesdits Druault et Le Gentil le serront tenus trouver et quérir à leurs despens et estre faict pour le prix de LXX souls tournois pour toutes choses dont lesdits Druault et Le Gentil se tiennent à contens et paiés de la somme de L[s] et l'oultre plus XX[s]. ils disent que ledit escuier leur devoit paier lorsque ladite rey sera faicte et a luy baillié et livrée par les dessus dicts. La quelle rey lui promettent bailler et livrer devans la Saint Jehan Baptiste prouchaine preste et achevée de mestre en l'eaue et obligèrent biens et heritages.

(Signé) Cauvelande.

Id. — 1501. — A tous ceux qui ces presentes lettres verront Richard Basire escuier garde du scel des obligations de la viconté de Caen

1. On ignore par suite de quelles circonstances les seigneuries paternelles passèrent à sa sœur. Son père s'était-il ruiné? En tout cas s'il ne sut pas gérer sa fortune personnelle, il avait du moins la confiance de plusieurs barons du voisinage.

salut scavoir faisons que par devant Michel Basly et Martin Caillemer tabellions jurés audit lieu de Carentan fut present Pierre Maillart de la paroisse de Montmartin lequel confessa avoir prins par manière de ferme de Jehan de Farcy escuier procureur et receveur de noble et puissant seigneur Pierre de Cerizay seigneur et baron de l'honneur et baronnie du Hommet cest assavoir ung quart de la sergenterie de Carentan appartenant audit baron que tenoit et exerçoit naguères feu Jehan Lefebvre de Saint Hillaire en la compagnie des autres sergents dudit Carentan pour certain temps..... du temps du trespas dudit Lefebvre qui fut il.... merquedi dernier passé huit jours jusques au jour et terme de.... et pour tant de temps en oultre qu'il plaira audit seigneur lui entretenir..... En tesmoing de ce ces lettres sont scellées dudit scel à la rellation desdits tabellions ce fut faict en la presence de Guillaume Maillart et de Jehan Hurel tesmoings à ce le VIIe jour d'aoust l'an mil cinq centz et ung. *(Signé)* Basley et Caillemer *avec paraphes.*

Id. — *1505.* — A tous ceulx qui ces presentes lettres verront Richard Basire escuier garde du scel des obligations de la viconté de Carenten salut scavoir faisons que par devant Jehan le Bert et.... Pillon tabellions jurés pour le Roy nostre dit sire en siège dudit lieu fut present noble homme Jehan de Farcy procureur de hault et puissant Pierre de Cerisay conseiller du Roy nostre sire grant president de la court de nos seigneurs les généraux à Paris seigneur et baron de l'honneur et baronnies du Hommet et.... des sergenteries de Carenten, Saint-Lô et le Hommet lequel de Farcy par plus à plain usant du pouvoir à lui donné par ladicte procuration recours à icelles de sa bonne voulenté confesse avoir baillé et transporté de lestre de fermage pour le temps et terme de 3 ans.... à Jehan le Bourgeois, Loys de Beu et Michel Paris et à chacun d'eulx par tiers c'est assavoir..... Ce fut faict..... le dix septiesmes jour de Novembre l'an mil cinq cens cinq.

Pour ledit de Beu. *(Signé)* Hebert et Pillon, *avec paraphes.*

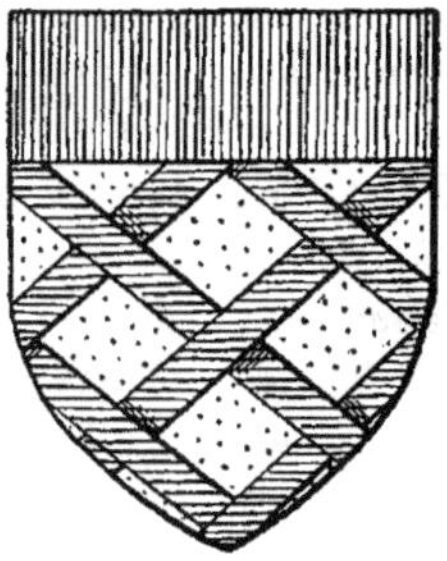

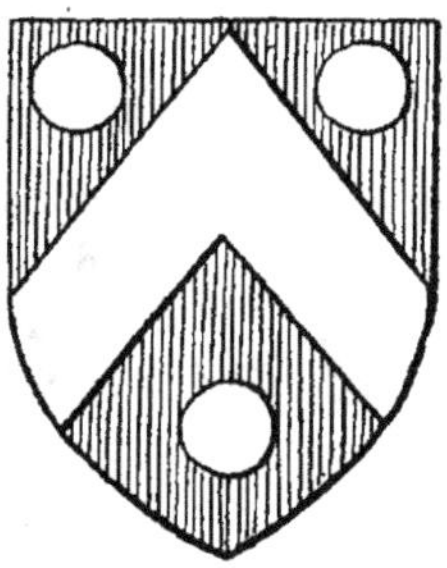

DE St-GERMAIN
de gueules au chevron acc. de 3 besans d'argent 2 et 1.

XIIe DEGRÉ.

1° Guillaume FARCY, écuyer, seigneur d'Hauterive, licencié ès-droits, avocat en cour laye, partagea avec son frère Sébastien la succession de son père en 1530. Il avait épousé damoiselle Claire de SAINT-GERMAIN. Il était mort avant 1555, sans avoir eu de postérité.

Extrait des registres du tabellionnage d'Alençon. — Société historique de l'Orne, T. I, p. 47. — Délibération des bourgeois d'Alençon pour fournir les 1000# aux quelles ils avaient été taxés pour « la » ransson du roi François Ier, et la delivrance de Messeigneurs » Les Dauphin et duc d'Orléans ses enfans detenus en Espai» gne. » 7 Decembre 1529..... Guillaume Farcy, Léonard et Jean dicts de Torcy, escuiers...

Copie collationnée. — 1530. — Du 24e jour de May mil cinq cent trente devant Jehan le Gendre et Jehan Duval tabellions à Alençon furent présents Guillaume et Sebastien Farcy escuiers frères fils et heritiers de deffunct Jean Farcy escuier leur père, les quels ont faict et arresté entreux leurs partages des biens et heritages et meubles de leur dit père comme cy après. C'est assavoir que ledit Guillaume en qualité d'aisné, ayant la saisine et garde des heritages et meubles de leur dit père par son decez et appartenant audit Sébastien puisné de faire les lots et partages d'iceulx après avoir eu communication des droits, titres et escriptures concernant lesdits biens et fait iceulx appretier et estimer par personnes connoissant la valleur des dits heritages et voulant iceulx partager commodement sans mesler lesdits heritages ni retailler les pièces de terre, ont lesdits Guillaume et Sebastien frères par l'advis et en presence de Michel Farcy escuier leur oncle enquesteur ordinaire audit Alençon fait le present partage par lequel il demeure audit Guillaume aisné le fief et terre noble d'Hauterive venu de la succession dudit Jean leur dit père commun avec les terres qui joignent et en dependent assises en ladite paroisse d'Auterive le tout tenant du Roy aux charges et rentes accoustumées, des quels fiefs et heritages ledit Jean Farcy leur père jouissoit comme aussi une maison sittuée en ladite ville d'Alençon proche le carrefour de la porte Lancrel tenant aussi du Roy à charge de XII deniers tournois de rente à la recette du domaine d'Alençon que deue est pour toute rente et charge. Un contrat de deux cent vingt livres de rente à prendre sur Simon Barbier; autre contrat de deux cent livres de rente sur François Duval, autre contrat de cent cinquante livres de rente sur François du Mesnil; autre de quatrevingt livres de rente sur Guillaume Lorgery. Autre de cinquante livres de rente sur Pierre Gandon et autre de 30 livres de rente sur Pierre Laudier et est demeuré audit Sebastien puisné une maison sittuée en la rue de la Juifverie aux charges accoustumées, X acres de terre et X journées de pré assis en la paroisse de Valflambert tout proche et joignant d'un costé le chemin tendant au village de Pesnel et de l'autre au grand chemin de Sées, douze acres de terre assise en la champaigne et proche d'Alençon et joignant ceux dudit Michel Farcy leur oncle, un contrat de cent cinquante livres de rente sur Pierre Bizeul, un contrat de LX# de rente sur Pierre de Saint Denys, autre de C livres de rente sur Pierre Ferreul, autre de quatrevingts livres de rente sur Jacques Piquet, autre de CXX livres de rente sur Pierre Hardy et autre de XL# de rente sur Guillaume Le Gendre Et au regard des meubles et déniers trouvés dans la maison dudit Jean Farcy leur père ils ont esté partagé entre ledit Guillaume et ledit Sebastien à la reserve de ce qui a été emporté par damoiselle Françoise Le Baillif leur mère comme à elle appartenans à laquelle a été donné par appointé et accord pour assignation de son douaire cinq cents livres de rente pour le paiement de laquelle somme luy a esté fourny deux contrats de rente sur les dits du Mesnil et Ferreul autres que ceux cy devant mentionnés et partagés entre les dits Guillaume et Sebastien comme venans de la succession dudit Jean leur père ainsi quil a été convenu et accordé avec ladite Le Baillif. Et comme il reste et demeure encore auxdits Guillaume et Sebastien lesdits Farcy des heritages en la province du Maine sittués en la paroisse de Saint Pater proche ledit Alençon, les quels heritages ont été cy devant engagés par ledit deffunct Jean leur père pour raison de quoy il y a procès pendant et indecis en la cour du parlement de Paris, il a été convenu et accordé entre lesdits Guillaume et Sebastien que la poursuite s'en continueroit a frais communs par ce qu'en cas de gain de procès et quils puissent rentrer ès dits heritages ainsy quils prétendent ledit Sebastien puisné aura le tiers en propre en iceulx pour son partage quoyque la coustume du Maine ne lui donne qu'à viage et au surplus lesdits Guillaume et Sebastien s'obligent l'un vers l'autre et demeurent garants de ce que chacun d'eux a eu dans son lot et partage et comme les biens meubles et argent qui se sont trouvés après le decéds dudit Jean Farcy et dont il fut faict inventaire avec ladite Le Baillif ont été partagés entre les dits Guillaume et Sebastien egallement en ce qu'il leur en appartenoit là où il se trouveroit aussi quelques doibtes dudit Jean leur père elles seront acquittées par eux égallement. De tout quoy les dites parties sont demeurées à un et d'accord et à ce tenir engagent et obligent tous leurs biens meubles et immeubles à prendre et à vendre d'office et justice. Fait et passé audit Alençon presents ledit Michel Farcy et h. h. François Le Baillif et Pierre du Mesnil. Signé Le Comte par commission, Mécruste par commission. Signé FOURNIER.

Le present extrait collationné sur le registre par moi Mathieu Le Comte l'aisné notaire juré et retenu en la cour royalle du Mans demeurant en la paroisse Saint Pater près Alençon garde dudit registre. La dite collation faite en la présence et ce requérant Gilles Farcy escuier lieutenant particulier en la juridiction ordinaire de Laval et de Me Pierre Guays sieur de la Menerie conseiller du Roi lieutenant criminel en l'élection dudit Laval pour les habitans du lieu intimés, qui a protesté de nullité de presentes et les contredire. Fait le 13e jour de novembre 1645. Signé G. Farcy. Guays avec paraphes, Le Compte avec paraphe. Et à la marge est éscript Inventorié et cotté 95 Bretaigne Buchet. Inventorié et cotté 95 Mellet. Inventorié 95 paraphé ne varietur.

Signé Voisin de la Noiraye.

Tabellionnage d'Alençon[1]. — *5 Janvier 1531.* — Procuration donnée par Mathieu Le Pelletier à Me Guillaume Farcy, présence de Me Mathieu du Mesnil et Me Michel Farcy.

Id. — *24 Février 1531.* — Vente de rente par h. h. Me Guillaume Farcy licencié es loix[2].

Id. — *2 Décembre 1532.* — Vente à h. h. Me Guillaume Farcy licencié es loix.... ès prés appelés les Parsonniers.

Id. — *3 Janvier 1533.* — Vente par h. h. Me Michel Farcy, Guillaume et Sebastien Farcy ses nepveux d'une moitié de maison indivis avec court, jardins et estables assises en cette ville dans la rue aux Sueurs où pend pour enseigne le lion d'or.

Id. — *3 ...... 1533.* — Guillaume Farcy temoin du mariage de Pasquier Barbier fils h. h. Nicolas, bourgeois d'Alençon avec Marguerite Le Boulleur fille et heritière de deffunct Bastien Le Boulleur.

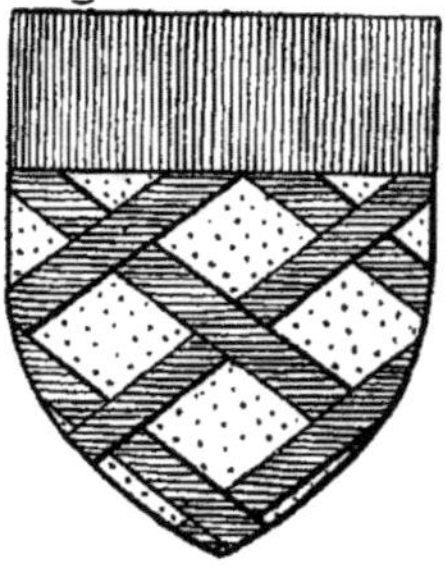

du Moulinet
d'argent à 3 anilles de sable 2 et 1.

2° Sébastien, alias Bastien Farcy, écuyer, partagé le 24 mai 1530, XIIe Degré.
par Guillaume son ainé, fut échevin d'Alençon, 1548-1553, épousa

1. Ces registres sont conservés dans l'étude de Me Mortagne, notaire à Alençon.
2. La qualité de bourgeois d'Alençon dispensait de la taille et dès lors on comprend

damoiselle Marie du Moulinet, fille de Jean, écuyer, sieur de la Templerie et de sa première femme.

En 1555 il transigea avec Jean du Moulinet, son beau-père, au sujet des biens de Françoise Le Baillif, sa mère, seconde femme de Jean.

Il mourut laissant trois enfants : 1° Antoine, 2° Anne et 3° Madeleine.

Tabellionnage d'Alençon. — *3 Janvier 1531.* — Fust present honorable fils Bastien Farcy lequel vend tant pour luy que pour ses hoirs .... à h. h. François Le Moyne, bourgeois d'Alençon.

24 Février 1531. — Vente.... à h. h. Bastien Farcy d'une rente de 7s. 6d. sur Guillaume Farcy, licencié ès drois.

2 Avril 1532. — Bastien Farcy signe à un contrat de mariage.

3 . . . 1533. — Le même signe au contrat de mariage de Pasquier Barbier.

26 Juillet 1533. — Le même vend 20^{s} de rente presence de Michel Farcy.

3 Janvier 1533. — Vente par....et Sebastien d'une demie maison rue aux Sueurs.

2 Juillet 1555. — Echange entre h. h. Me Sebastien Farcy escuier. *Sa signature*

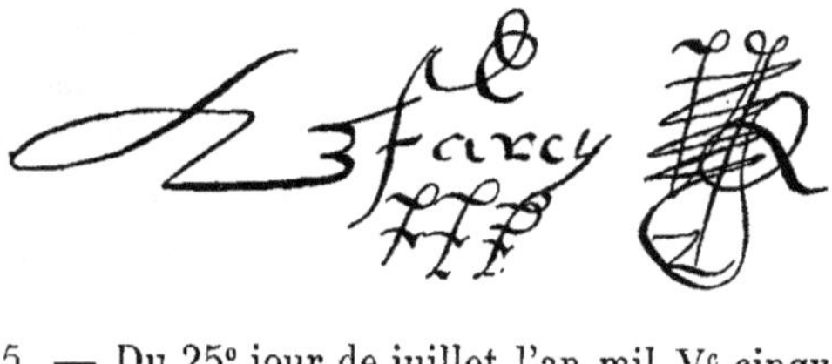

Copie collationnée. — *1555.* — Du 25e jour de juillet l'an mil V^{c} cinquante et cinq à Alençon devant Me Guillaume Landier et Jean du Val, tabellions. Comme procez seroit meu entre Jean du Moulinet escuyer sieur de la Templerie tuteur de ses enfans issus de son mariage avec demoiselle Françoise Le Baillif des heritages non

pourquoi elle remplace presque toujours, dans les actes de cette époque, celle de noble homme ou d'écuyer, pour ceux qui étaient nobles. On trouve même les deux qualifications employées indifféremment dans le même acte.

bourgeoisie de la ville d'Alençon et d'autres situés au pais de Mayenne d'une part et Sebastien Farcy escuyer frère uterin des dits mineurs d'autre part soutenant ledit Farcy que lesdits mineurs n'auroient aucun droit ès d. heritages du moins qu'il ne leur estoit deub qu'une provision à vie attendu la nature desdits heritages dont la plus grande partye est scituée dans la paroisse de Saint-Pater pays de Mayenne et que lad. le Baillif après le deceds de Jean Farcy escuyer son premier mari avoit emporté plusieurs meubles et deniers de sa succession qui n'avoient point été inventoriés ce qui n'étant venu à la connoissance dudit Sebastien et à celle de deffunct Guill^{e} Farcy son frère que quelques années devant le deceds de lad. Le Baillif leur mère par respect qu'ils auroient pour elle ils se seroient teus et prétendoit presentement ledit Sebastien en avoir recompensé sur les biens de la succession de lad. Lebaillif, de tout quoy led. Moulinet pour lesd. mineurs ses enfans prétendoit s'en exempter et deffendre sur quoy lesd. parties eussent pue avoir encore une longue suite de procès pour aux quels éviter et yceux terminer scavoir faisons que furent présentes lesd. parties lesquelles demeurent d'accord et se confessent avoir sur toutes les difficultés meues et à mouvoir entr'eux au sujet de toutes leurs demandes de part et d'autre pacifié et appointé en la manière qui en suit : scavoir que procedant au partage des biens de lad. Lebaillif tous ses heritages demeurent aud. Sebastien de Farcy en quelques lieux qu'ils soyent et de quelque nature qu'ils puissent être fors et excepté une maison assise en la Grande Rue d'Alençon où est demeurant led. du Moulinet qui appartiendra et sera propre des dits mineurs auxquels led. Sebastien laisse pareillement deux contrats de rente sur Pierre Ferreul et François du Mesnil de 250 ₶ chacun qui avoient été délaissés par led. Sebastien et ledit deffunct Guillaume son frère pour le douaire de lad. Le Baillif leur mère par accord. Lesquels contrats estoient de la succession dud. Jean leur père, aux quels mineurs appartiendra pareillement tous les deniers, meubles et contrats de lad. Le Baillif. Le present accord ainsy faict pour et moyennant la somme de 1200 ₶ que led. Sebastien a payé oultre aud. du Moulinet pour les dits mineurs a veu et en or.... dont.... et quand.... obligent d'une part et d'autre biens.... present Guillaume Farcy escuyer, conseiller en l'échiquier d'Alençon, François du Moullinet escuyer, proche parent desd. parties et autres temoings. Signé Le Comte par commission avec paraphe.

Collationné...... G. Farcy avec paraphe, Guays avec paraphe.

28 aout 1556. — Acquisition de 20 ‡ de rente. *Signature.*

10 septembre 1556. — h. h. Bastien Farcy bourgeois d'Alençon, remet ès mains de Gilles Bizeul sieur de Champgirault, la moitié des reliefs et treiziesmes de la baronnie de Haultemer et fief au Grand Saye que ledit Bizeul lui avait vendues par le prix de 500 ‡.

XIIIe Degré. 1° Antoine de Farcy, qui suit.

de Marcilly
d'azur à 3 mollettes d'éperon d'or. 2 et 1.

Richer.

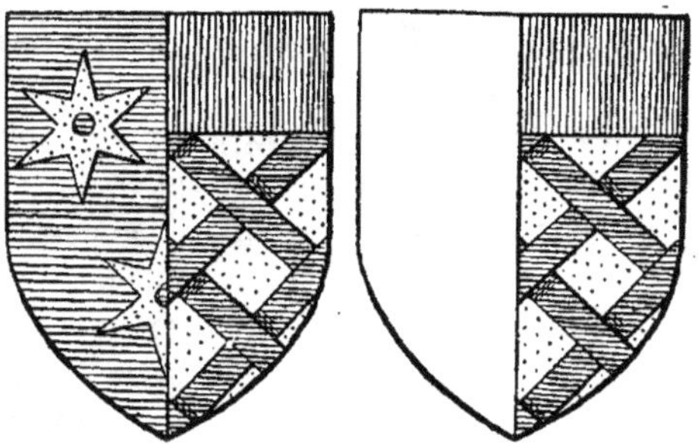

2° Anne Farcy, épousa Richard de Marsilly, écuyer, dont postérité. Elle était morte avant le 4 mai 1564.

3° Madeleine Farcy, épousa Me Raoullin Richer, veuf de Marguerite Farcy, sa cousine, fils ainé de feu Innocent Richer et de Jeanneton Drouyn.

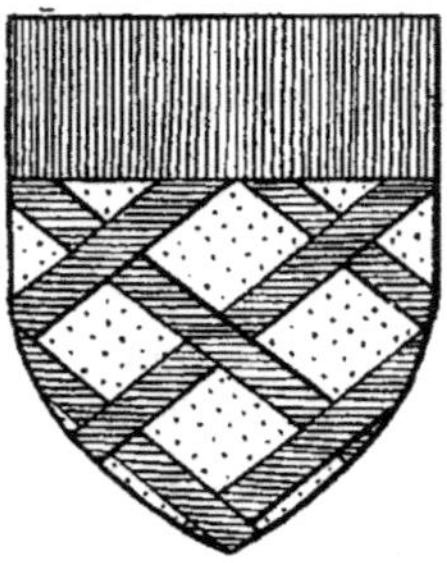

1° Antoine Farcy, écuyer, secrétaire de Mgr le duc d'Alençon, receveur et procureur de la Maison-Dieu d'Alençon, transigea en 1564 avec les deux beaux-frères, au sujet de la succession de son père. XIIIe Degré.

Il paraît être mort sans alliance. En lui s'éteignit la branche ainée.

Copie collationnée. 1564. — Extrait de l'un des registres du tabellionnage d'Alençon ce qui suit. Du 4e mai mil cinq cent soixante et quatre à Alençon devant Me Mathieu Barbier et Jean le Saige tabellions jurés en ladite chastellenie furent present Antoine Farcy escuier fils de deffunct Sebastien Farcy escuyer d'une part et Richard de Marcilly escuyer tuteur des enfans mineur issus de luy et de deffunte demoiselle Anne Farcy sa femme, et Me Roullin Richer mary de demoiselle Magdelaine Farcy sa femme d'autre part, demeurantes toutes les dites parties en la ville d'Alençon les quels ont faict entre eux l'accord présent qui ensuit. C'est assavoir que ledit Antoine comme heritier principal de son père et seul masle en sa succession et en cette qualité luy appartenant tous les fiefs et terres nobles d'icelle, la reservation faicte par les contrats de mariage aux dames Farcy ses sœurs avec lesd. de Marcilly et Richer pour revenir à partage après le decès de leur dit père ne s'étendant que dans l'eschaeste, heritage de roture et rantes non nobles qui viennent de sa succession a esté par accord baillié aux dits de Marcilly et Richer après appreciation faicte des dits biens pour tous les droits qu'ils pouvoient prétendre en iceulx oultre ce qu'ils ont touché en vertu de leurs contrats de mariage scavoir audit Marcilly en ladite qualité de tuteur de ses enfans les près de Hambon et quinze acres de terre scituées en la parroisse de Collombier s'y joignant les uns les autres et audit Richer douze acres de terres scituées en la champagne proche Alencon, les près de Sartes. Tous les dits héritages ainsy baillés par led. Antoine en ce qui en appartenoit aud. Sebastien son père. Et oultre s'est icelluy Antoine Farcy obligé de paier à l'acquit dudit Marcilly la somme de 50 ᵗᵗ de rente raquittable à la succession d'escuyer Guillaume Farcy en son vivant conseiller en l'échiquier d'Alençon qui deue est de reste du prix de la charge d'enquesteur que possedoit autrefois escuyer Michel Farcy père dudit Guillaume. Laquelle rente se paie à damoiselle Françoise du Moulinet veuve dud. Michel que ledit Farcy amortira dans deux ans à l'acquit dud. Marcilly en sorte qu'il n'en puisse estre inquiété cy après et sera fait raison pour une moitié d'icelle rente par ledit Marcilly audit Richer et sa femme et leur en payera 25 livres de rente raquittable. A quoy faire les dites parties s'obligent d'une part et d'autre biens, etc. Le tout faict ainsy et arresté presens Pierre Barbier et Jean Gillot d'Alençon, tesmoings. Le registre signé desdits parties et tesmoins et des tabellions signé le Comte par commission.

Le present extraict collationné sur le registre par moi Mathurin Le Comte.... *Signé*: VOISIN DE LA NOIRAYE.

Bulletin de la Société historique de l'Orne. T. VII, p. 81. — 19 avril 1582, fieffe de terre dépendante de l'hotel Dieu d'Alençon.... du consentement de Michel Sohier et Messire Antoine Farcy, receveur et procureur de la maison Dieu d'Alençon.

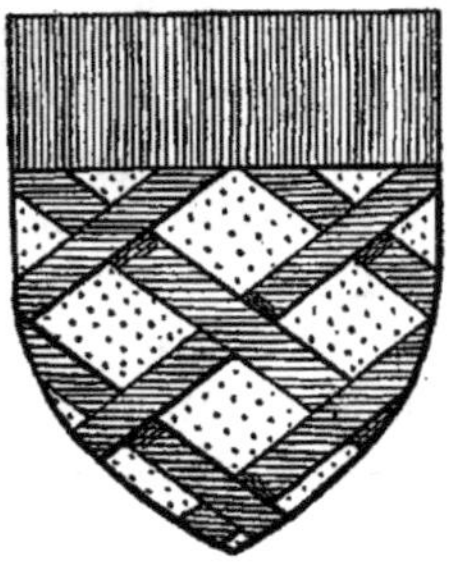

du Moulinet
d'argent à 3 anilles de moulin de sable 2 et 1.

Michel Farcy, écuyer, deuxième fils de Jean et de Marie Le Baillif, licencié ès-droits, conseiller du roi de Navarre en l'échiquier d'Alençon, enquêteur général ordinaire en ladite vicomté en 1530, épousa demoiselle Françoise du Moulinet, fille de Jean du Moulinet, écuyer, sieur de la Templerie et de sa première femme. XIe Degré. (Voir p. 171).

Il assista en 1530 au partage de ses neveux ; il vivait encore en 1539, et mourut laissant quatre enfants : 1° Guillaume, 2° Michel, 3° Annibal et 4° Pierre.

Sa femme lui survécut jusqu'en 1564.

Tabellionnage d'Alençon. — 3 janvier 1533. — Vente par h. h. Me Michel Farcy, Guillaume et Sebastien dit Farcy ses neveux d'une moitié de maison indivise entr'eux, courz, jardins et étables assises en cette ville dans la rue aux Sueurs où pend pour enseigne le lion d'or.... *Sa signature :*

Id. — 18 avril 1535. — Du dix huitiesme jour d'avril mil VC trente et cinq passé en la maison de Jean Juglet à Alençon devant Me Jean Le Gendre et Jean Duval tabellions à Alençon. Au traitté de mariage faisant d'entre h. fils Jean Dibon fils Nicolas Dibon bourgeois d'Alencon d'une part et Jehanneton fille de Guillaume Quélain et Ragonde Juglet sa femme bourgeois de la Ferté-Bernard d'autre part a esté promis par honnete homme Pierre Juglet bourgeois dudit Alençon oncle de la dite fille soy faisant fort audit Quelain et à sa dite femme promettant leur faire rattifier et avoir agréable le contenu de ces présentes touttefois et en peine de tous interets que au cas où ledit mariage dudit Dibon et de ladite fille soit consommé et celebré en face de la Sainte-Eglise bailler et payer audit Dibon dedens le jour de leurs dites espousailles la somme de 100#, icelle fille vestir et atrousseler bien honnestement et esconvenablement ainsi que à son estat appartient. Oultre a ledit Juglet soy faisant fort que dessus, promis et accordé que lesdits mariés futurs et leurs hoirs reviendront et revenir pourront aux dites successions mobiles et hereditales desdits Quelin et de sa dite femme après leur decèz selon la coutume du pays où les dites successions sont assises et situées. Et quand à ce oblige ledit Pierre Juglet soy faisant fort comme dit est, ses biens meubles et heritages. Et presents à ce honnête homme maistre Michel Farcy escuier licencié ès loix, enquesteur en la vicomté d'Alençon, André du Pont, Pierre d'Auge, Adrien du Perche, Eloy le Comte et Me Robert Guillotin et autres tesmoings. *Signé* le Comte, *avec paraphe*, par commission.

Cette pièce qui existe encore en original fut collationnée avec nombre d'autres le 13 octobre 1645. C'est la seule que l'on ait pu retrouver en original. Son *exactitude absolue* est une garantie pour l'authenticité des autres pièces qui n'ont pas été conservées.

Copie Collationnée. — Du 29e jour d'aoust l'an mil V[C] trente et huict à Alençon devant Me Guillaume Landier et Jehan du Val tabellions, fut present h. h. Pierre du Mesnil escuier sieur de Saint-Denis et Chahains lequel a baillé à tiltre de ferme muable aux échevins de la ville d'Alençon représentés par h. h. et saiges maistres Guillaume Thoars procureur d'icelle ville et Robert Caget licenès loix l'un des échevins d'icelle ville presens et acceptans pour et au nom desdits officiers échevins et bourgeois à ce faire conseillés par discrète personne Me Mathurin Guillet prestre curé d'Alençon, n. h. pourvus et sages messire Innocent le Coustellier chevalier vicomte d'Alençon, Jehan Moynet escuier vicomte d'Argentan, président en la chambre des comptes dudit Alençon, h. h. et saiges Mes Nicolle Bisot, Guillaume Morel procureur fiscal, Michel Farcy escuier enquesteur ordinaire, Guillaume Daravant, Nicolas le Renvoise, Cleriadus Bouvet, Antoine Cochon licenciés ès loix, avocats, Richard Bourner recepveur du domaine et Estienne Gilbert tous bourgeois, manans et habitans de ladite ville. Et est ensuivant le vouloir de la Royne de Navarre et état faict à son conseil à Paris signé Gauchery. C'est assavoir les maisons, cours, jardins et leurs appartenances scitués près le Jaglols de cette dite ville qui furent à Me Michel de Saint-Aignan et sa femme pour ycelles tenir et exploiter le temps de V ans commençant le 1er jour d'octobre prochain et finissans à semblable jour les dits V ans revolus pour en jouir ledit temps durant tout ainsy que par cy-devant a esté faict pour y tenir es escoles et regens à montrer et endoctriner les enfans. Et a été ce faict pour en faire et paier par lesdits preneurs ledit temps durant par chacun desdits an la somme de XXV # tournois payables au terme du 1er jour d'octobre premier terme à payer commençant du premier jour d'octobre prochain venant en un an et ainsy et à icelle somme payer et bailler sur les deniers communs de ladite ville promptement et sans delay le terme échu en peine de tous interets. Et se en la fin dudit temps est trouvé que aus dites maisons et jardins y ait aucunes fractions, dégradations et démolitions procédant par le fault ou faulte desdits preneurs, des regens et enfans du collège autre que celles qui sont de present, en iceluy cas, lesdits preneurs les feront reparer ou faire reparer deuement et en l'estat que de present elles leur seront baillées ou mieux s'il se peut raisonnablement faire. Dont..... quand..... garantir..... ledit du Mesnil oblige biens... et aus dits payements et reparations faire faire... et lesdits Thoars et Caget par le consent que dessus obligent les biens de ladite ville..... presents Me Pierre Boulay, Bastien Champion et autres tesmoings. Signé Le Comte par commission avec paraphe. Et à la marge est escrit Bretaigne inventorié et cotté 95. *Signé* MELLET...

Id. — Du 25e jour de juillet l'an mil Vc trente neuf à Alençon devant Me Guillaume Landier et Jean du Val tabellions. Comme procès fussent en terme de mouvoir entre h. h. Cleriadus Bouvet sieur de Vendelle fils et heritier de deffunt François Bouvet et heritier en partie à cause de sa femme de deffunct Bastien Le Boulleur en son vivant escuier d'une part et Guillaume Roussel bourgeois d'Alençon d'autre part dependant de ce que ledit Bouvet representant le droit de deffunct Me Ollivier Ferreur en son vivant escuyer sieur du Mesnil chattou..... Et est aussy ce faict moyennant la somme 12# 10 s. en principal..... presents Mes François Le Maistre, Léonard Le Roux prestre, Me Michel Farcy escuyer licencié ès loix, Olivier Sedile marchand bourgeois de Sée et autres tesmoins. Signé le Comte par commission avec paraphe. Et à la marge est escript Bucher, Bretaigne inventorié et cotté 95. *Signé* MELLET.

XIIe Degré. 1° Guillaume FARCY, qui suit :

DE BONVOUST *d'argent à deux fasces d'azur accompagnées de 6 merlettes de sable 3, 2 et 1.*

2° Michel FARCY, écuyer, licencié ès-lois, épousa demoiselle N. de BONVOUST, fille de Me André de BONVOUST et de Jeanne LE TESSIER.

Il figure dans un grand nombre d'actes et mourut sans postérité.

Tabellionnage d'Alençon. — 3 Janvier 1531. — Echange de 24 s. de rente entre h. h. Me Michel Farcy licencié ès loix d'une part et h. f. Madeleine Caradas veuve de deffunct Me Jehan Regnaudin.

5 Janvier 1531. — Me Michel Farcy present à une procuration.

12 Janvier 1591. — Echange entre Me Michel Farcy licencié ès loix et Pierre le Noir...

15 Février 1530. — Ensuyvent quatre lots faicts de la succession de deffunct Me André de Bonvost et Jeanne Le Tessier sa femme des héritages, rentes, revenus tant en bourgeoisie que hors bourgeoisie lesquels lots faits par Paul Coullombel et Jehan de Bonvoust et René le Tessier estably par justice pour iceulx lots faits pour Françoise de Bonvoust fille puysnée et en bas âge desdits deffuncts et iceulx baillés à Me Michel Farcy et Jehan de Marcilly et leurs femmes, filles, sœurs et heritières desdits deffuncts pour procéder à la choisie d'iceulx..... Qui aura le 1er lot... aura les maisons franches, estables, cours, jardins, verger, yssues ainsi que le tout se poursuit en long et en large contenant trois journeaulx de terre ou demy avec la droicture... Item quatre journeaux de terre... Item une pièce de terre... Item trois journeaux de prés. Item... *(Ce lot fut choisi par Michel Farcy...)* pièce effacée et déchirée.

3 Février 1531. — H. h. Me Michel Farcy, Jean de Marcilly et Me Bon Fouqueron licencié ès loix tuteurs de demoiselle Françoise de Bonvost.

5 Février 1531. — Le même temoin d'une caution par h. h. Léonard de Saint-Denis sieur de Garancières[1].

16 Février 1531. — Il autorise la vente consentie par Anne de Mondragon veuve de Me Léonard Le Tessier en son vivant bourgeois d'Alençon.

24 Février 1531. — Vente par h. h. Me Michel Farcy licencié ès loix à h. h. Bastien Farcy de 7 s. 6 d. de rente appartenant à h. h. Me Guillaume Farcy licencié ès loix.

13 Avril 1532. — Bail au même.

19 Mai 1532. — Vente par le même d'un appentiz avec ses issues assis paroisse de Coulombiers.

24 Aoust 1532. — Vente au même.

20 Septembre 1532. — Vente au même par h. h. François Co-

1. Ce Léonard était de la famille de Saint-Denis, baron de Hertré, cependant il figure ici avec la qualité de honorable homme, comme bourgeois d'Alençon.

chin escuier de deux demi journeaux de terre sis paroisse de Coulombiers.

14 Mars 1533. — Temoin d'une vente par h. h. Guillaume Bouessel écuyer de cuisine de h. et p. s. Mgr le Dauphin, ainsi que Jean de Marcilly escuier.

22 Mai 1533. — H. h. Jean de Marcilly[1] escuier baille à ferme une pièce de terre, presence de Michel.

3... 1533. — Le même signe avec Guillaume et Bastien au contrat de mariage de Pasquier Barbier et Margueritte Le Boulleur.

26 juillet 1533. — Vente en sa présence.

Dernier mars 1533. — Vente de 20# de rente par le même.

3. Septembre 1534. — Michel Farcy témoin et arbitre. *Sa signature.*

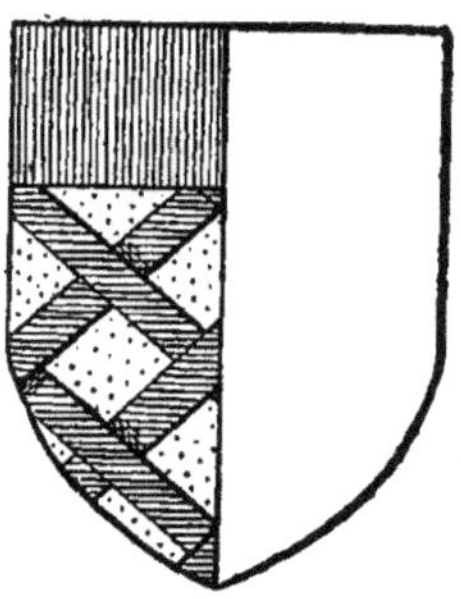

D'EU.

3° Annibal FARCY, écuyer, épousa, *d'après la généalogie manuscrite conservée à la Bibliothèque Nationale,* Jeanne D'EU de Bonnacourcy.

1. Les qualifications de h. h. et d'écuyer sont ordinairement opposées l'une à l'autre, mais ici, on le voit, la qualité de bourgeois primait tout.

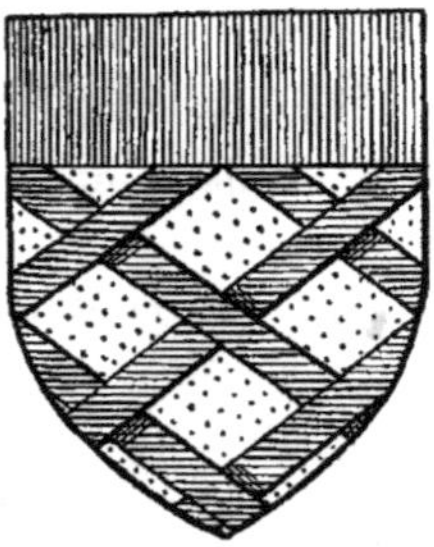

4° Pierre Farcy, écuyer, licencié ès-loix. On le trouve mentionné dans un acte :

Tabellionnage d'Alençon. — 29 Juin 1555. — Témoin à une vente. Me Pierre Farcy licencié ès loix. *(Sa signature)*

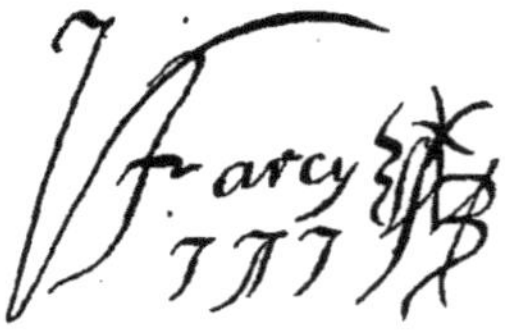

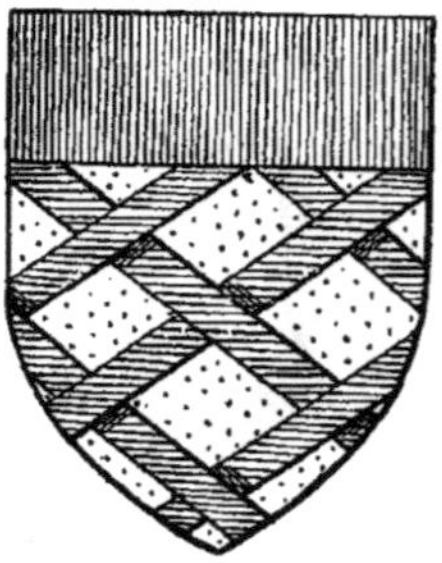

Caget
de gueules à 3 têtes de lion arrachées d'or, posées 2 et 1.

1er Guillaume Farci, écuyer, seigneur de Saint-Laurent, de Pesnel, de Croixcroust, etc., conseiller du Roi et de la Reine de Navarre en l'échiquier d'Alençon, et député par eux pour le tenir en 1548, XIIe Degré.

puis conseiller au présidial en 1553, fut taxé, comme noble, pour l'arrière-ban d'Alençon en 1551. Voir p. 2.

Il avait épousé demoiselle Marie CAGET, fille de n. h. Jean CAGET, avocat en l'échiquier d'Alençon et de Siméonne DU VAL [1].

Il mourut le 4 mai 1564 et elle en 1575, laissant trois enfants : 1° Léonard, 2° Jeanne et 3° Jean.

Copie Collationnée. — 1548. — Registre de l'échiquier d'Alençon tenu audit lieu au palais le samedy quinziesme jour de septembre l'an mil V^C^ quarante et huit par ordonnance du Roy et Royne de Navarre duc et duchesze d'Alençon auquel échiquier présidoit Mgr Monsieur le chancelier d'Alençon, d'Armagnac et de Berry, Mgr Jacques Groslot chevalier sieur de Lisle et conseiller au grand conseil du Roy nostre sire assistant avec luy Mrs Mes Guillaume Abot, Nicolas le Prevost, Jean Boileau conseiller du Roy notre sire en sa cour de parlement à Paris, Jehan Moynet, Hierosme Groslot, François Moynet, maitres des requestes ordinaire desdits Roy et Royne de Navarre duc et duchesse d'Alençon, Abraham Torel, Jehan le Pelletier, François Benin, Guillaume Rouillé, Estienne Hervé, Guillaume Farcy et Jehan Xuchon conseillers au conseil desdits Roy et Royne de Navarre yceux commis et députés à tenir ledit échiquier en la présence de Me Richard Labbay greffier ordinaire dudit échiquier au commencement de la séance d'iceluy a été proposé par mondit sieur le chancelier une oraison et harangue en latin à la louange desdits Roy et Royne de Navarre et de la justice. Et ce faict a été demandé à Mre René de Silly chevalier baillif d'Alençon quelles diligences il avoit faites de faire publier la séance de ce present eschiquier suivant les lettres patentes à luy addressées lequel a dit que Me François Pereault son lieutenant genéral avoit reçu les dites lettres patentes à luy addressées pour accomplir le contenu en ycelles. Lequel Pereault sur ce requis a declaré avoir rescu lesdites lettres patentes données à Orléans le IIIIe jour de juillet l'an mil V^C^ quarante huit et que suivant ycelles il avoit fait proclamer et publier à son de

1. Du Val, — *d'argent à la bande de gueules.*

trompe et cry publié par les carrefours et lieux publics de ville d'Alençon le termement de la présente séance dudit eschiquier à commencer à huy..... et après a esté faite lecture des lettres patentes du Roy notre sire octroyées auxdits Roy et Royne de Navarre pour faire terme et tenir ce present eschiquier, des quelles la teneur s'en suit.

Henry par la grace de Dieu roy de France... du mercredi XXVIe jour de septembre audit an mil V^C^ quarante-huit pour ce que Jehan Bertrand appelant du bailli d'Alençon ou son lieutenant duement appelé et audiencé n'est comparu ny personne par luy duement fondé à la requeste de Germain Deschamps intimé. La Cour après la lecture faite de l'acte appelatoire contenant assignation aux parties en ce present eschiquier a donné défault sur ledit appelant et par yceluy desclaré en amande par jugement vers ledit des Champs inthimé et pour le proffit dudit deffault et amande par jugement a débouté et deboute ledit appelant de sa dite appellation et ordonne que le jugement duquel estoit appelé sortira son entier effet et a ladite cour desclaré ledit appelant en XXX #^t^ d'amende et aux depens de ladite appellation, pour lesquelles taxes sont commis Mes Jehan le Pelletier et Guillaume Farcy conseillers au dit échiquier.

Du jeudi IIIIe jour d'octobre au dit an mil V^C^ quarante et huit entre Charles de Bitet écuyer inthimé présent en personne d'une part et Guillaume de Pierrefite escuyer appelant du baillif d'Alençon ou son lieutenant d'autre part..... pour lesquelles taxes sont commis Mes Abraham Torel et Guillaume Farcy conseillers audit eschiquier. Devant nous Jacques Boullemer sieur de la Normandrie conseiller du Roy lieutenant général au bailliage siège présidial d'Alençon le mercredi 20e jour de septembre l'an mil six cent quarante cinq au palais d'Alençon le present extraict a été collationné sur le registre représenté par Me Quentin Vavasseur conservateur du domaine dudit Alençon et à luy rendue, instance et requeste de Me Annibal Farcy escuier sieur de Saint-Laurent procureur fiscal au comté de Laval et à lui delivré du consentement du procureur du Roy audit Alençon. *(Signé)* Boullemer, Rouillé, Vavasseur et le Noir *avec paraphes*.

Tabellionnage d'Alençon. — 28 Aout 1556. — H. h. et saige maistre Guillaume Farcy, escuier, licencié es loix, sieur de Croixcroust, conseiller au présidial d'Alençon baille à h. h. Sébastien Farcy 20 ǂ de rente. *Signature*

XIIIe Degré. 1° Léonard Farcy, qui suit.

2° Jeanne, morte avant 1564.

Richer.

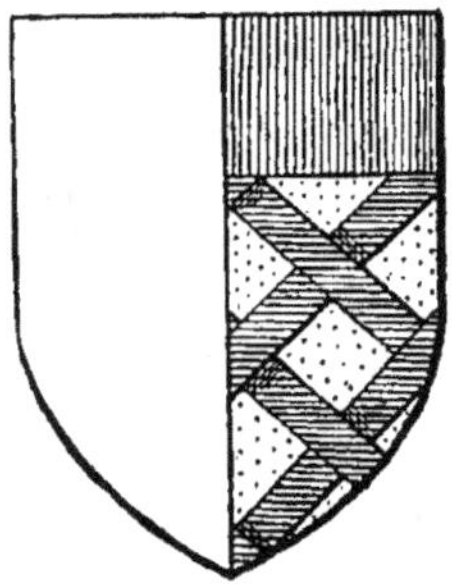

3° Marguerite épousa le 20 juin 1555, h. h. Raullin Richer, fils ainé de feu Innocent et de Jeanneton Drouyn, sa femme, veuf de Madeleine Farcy, cousine de sa seconde femme.

Tabellionnage d'Alençon. — 20 juin 1555. — Contrat de mariage de ladite Marguerite. *Signature* de Guillaume, son père.

4° Jean Farcy, écuyer, servait en 1571 et fut tué au siège de Lavardin, le 4 décembre 1590.

Don Taillandier, T. II., P. CCLXVIII. — Le mardi 6 décembre 1590 j'écrivis à Mgr le duc de Mercœur les nouvelles cy-dessus et oultre que le maréchal d'Aumont avoit eu les 2 cuisses percées d'une mousquetade et lui avoit rompu l'os de la droite. Rochepot avoit eu un coup de berse dans l'épaule devant Lavardin où Farcy avoit esté tué.....

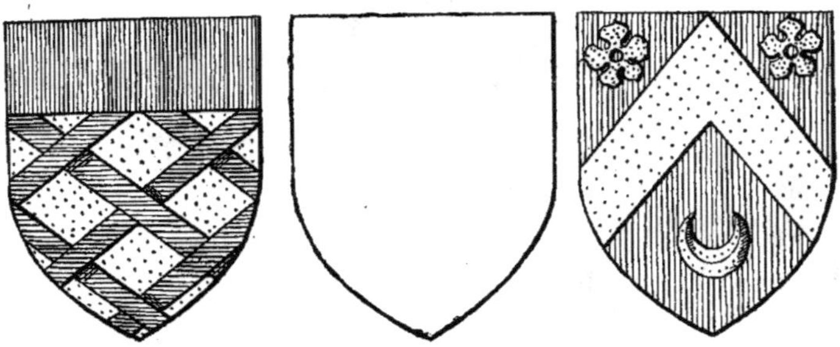

1° Léonard Farcy, écuyer, seigneur de Saint-Laurent, Pesnel, avocat au bailliage et siège présidial d'Alençon, partagea avec son frère la succession de ses père et mère en 1571. XIII° Degré.

Il avait épousé : 1° demoiselle Anne de Buherre ou Buherré, dont il eut : 1° Daniel, 2° Anne, 3° Noël, 4° Pierre, 5° Israël et 6° Léonard, qui suivent.

2° Le 24 octobre 1575, demoiselle Catherine Bizeul [1], fille de n. h. Léonard Bizeul, sieur de la Croix, écuyer de Gaston d'Orléans et de Jeanne de Bonnacourcy [2]. Il eut de cette seconde alliance : 7° Gilles, 8° Paul et 9° Annibal. Voir ci-après la descendance des aînés.

Bulletin de la Société de l'Orne, T. VI, P. 253. — 1570. — Délibération des notables d'Alençon pour vendre jusqu'a concurrence de 700# des terres de la métairie de Saint-Ladre afin de fournir aux dépenses de la reception de leurs majestés et mesmes Monseigneur le Duc... Léonard Farcy... advocat...

1. Bizeul, *de gueules au chevron d'or, acc. en chef de 2 quintefeuilles et en pointe d'un croissant le tout de même.*

2. De Bonnacourcy, — *d... au lion de.., brandissant une lance de...*

Copie collationnée. — 1571. — Du 2e jour de décembre mil VC soixante et onze devant Mathieu le Barbier et Jean le Saige tabellions jurés en ladite chastellenie. Comme Léonard Farcy escuier fils aisné et principal heritier de delffunct Guillaume Farcy escuier en son vivant conseiller en l'échiquier d'Alençon et de demoiselle Marie Caget ait rescu depuis le decès dudit Guillaume la somme de 1200# pour le prix d'une maison scituée en la ville d'Alençon qui appartenoit audit Guillaume et qu'il avoit vendue quelque temps avant son décéds, ensemble l'amortissement de 50# de rente qui étoit deue à leur succession commune pour le restant du prix de la charge d'enquesteur ordinaire audit Alençon possédé autreffois par Michel Farcy escuyer ayeul dudit Léonard et depuis par Richard de Marcilly escuyer et oultre quoy ledit Léonard a rescu encore un amortissement d'un contrat de 60# de rente qui étoit de la succession de ladite Marie Caget leur mère, desquelles sommes il en appartient un cinquième à Jean Farcy escuyer frère puisné dudit Léonard qui par son absence dans les armées au service du Roy n'a pu faire demande à sondit frère de la part en quoy il est fondé ès dites sommes, prétendant ycelles luy estre deues en principal et rante, soutenant ledit Guillaume ne devoir ni principal ni rante à son dit frère et qu'il estoit plus que payé par argent, chevaux, armes, habits et autres équipages qu'il luy avoit fourny lorsqu'il alla à l'armée dont il avoit des reçus prétendant aussy se deffendre de la demande dudit Jean sur quoy ils pourroient tomber en procèz ce que voulant éviter scavoir faisons que furent les dites parties demeurantes en ladite ville d'Alençon présentes qui confessent avoir accordé et pacifié lesdites demandes de part et d'autre ainsy qu'il en suit. C'est assavoir que ledit Léonard pour demeurer quitte vers ledit Jean son frère de toutes lesdites demandes et pour demeurer aussi ledit Jean quitte de celles de sondit frère yceluy Léonard promet et s'oblige de luy paier dans le mois de mars prochain la somme de trois cent livres lorsqu'il retournera au service du Roy dans son armée, reconnoit ledit Jean avoir été payé cy-devant par son dit frère de la part qu'il avoit dans une maison où il est demeurant scituée dans la rue de la Juifverie qui appartenoit audit deffunct Guillaume Farcy leur père et laquelle maison ledit Léonard a eu droit de retenir en qualité d'aisné moyennant la récompense qu'il en a faicte à son puisné. Ainsy se quittent l'un l'autre sans reserver aucune chose et obligent d'une part et d'autre biens... presents Pierre du Val, François Landier et autres tesmoins ; le registre signé desdites parties temoins et tabellions signé Gillot par commission avec paraphe. Le présent extraict collationné..... fait à Alençon le 3e jour de novembre 1645 signé Gillot par commission... G. Farcy, Guays avec paraphes.

Titres de la Villedubois et copie collationnée. — 24 Octobre 1575. — A tous ceulx qui ces presentes lettres verront Gilles Hervé garde des sceaux des obligations de la Chastellenie d'Alençon, salut scavoir faisons que devant Mathieu Barbier et Jean Le Saige tabellions jurés en ladite chastellenie, au traité de mariage qui au plaisir de Dieu sera faict et accompli en face de Sainte-Eglise par entre Léonard Farcy escuyer sieur de Peisnel fils de deffunct Guillaume Farcy escuyer en son vivant conseiller en l'échiquier et siège présidial d'Alençon et damoiselle Marie Caget d'une part et damoiselle Catherine Biseul fille de noble homme Léonard Bizeul sieur de la Croix et de damoiselle Jehanne de Bonnacourcy sa femme d'autre, furent presens ledit Bizeul et sa femme de luy autorisée quand à ce, lesquels en faveur dudit mariage ont donné et promis payer aux dits futurs époux la somme de quinze cents livres le jour des espousailles, laquelle somme ils employeront en rantes ou heritages au nom et ligne de leur fille et oultre vestir et attrousseler ycelle bien et honorablement comme leurs autres filles mariées et qu'ils reviendront à leur succession suivant la coutume du pays où leurs biens sont situés et suivant les lettres de mariage de leurs autres filles mariées. Aussy ledit Farcy a promis douaire a ladite fille sur ses biens suivant ladite coustume par accord que si ledit Farcy meurt le premier il veut et consent que ladite fille prenne et remporte par précipu à son seul profit, les trousseaux accoustumés, joyaulx et autres meubles qu'elle aura portés chez ledit Farcy, en oultre sa moitié ès meubles qui lui pourront appartenir après ledit décès, dont les dites parties sont demeurées à un et d'accord et à ce tenir ledit Bizeul et sa femme obligent tous leurs biens meubles et heritages à prendre et vendre d'office de justice. Donné et passé audit Alençon le 24e jour d'octobre mil cinq cens soixante et quinze; presens Antoine Farcy escuyer secrétaire de Monseigneur le Duc, Richard de Marcilly escuyer, Mathurin Ruel tesmoins. La notte et registre est signée desdits Bizeul, Farcy, Marcilly avec leurs paraphes et desdits tabellions signé Le Saige et Barbier avec paraphes. Scellé le cinq novembre 1575 et à la marge est écrit. Inventorié et cotté 96 Bretaigne (signé) Buchet..... paraphé *ne varietur*. *Signé* VOISIN DE LA NOIRAYE[1].

Bulletin de la Société historique de l'Orne. T. VII, P. 85. — 20 Avril 1587. — Contrat de mariage de Nicolas Le Hayer lieutenant du vicomte d'Alençon et de demoiselle Marie du Mesnil fille et héritière en partie de feu Me Jean du Mesnil escuyer sieur de Saint-Rémy conseiller en l'échiquier d'Alençon et de demoiselle Marthe Belot, assisté de.., et encore de Léonard Farcy, avocat au siège présidial, son cousin et curateur.

1. On trouve à la Bibliothèque Nationale, Carrés de d'Hozier, vol. 245, page 323 et 324, la copie de cet acte avec une entête de d'Hozier, portant ces mots: « *faux* ». L'original avait été fourni lors de la réformation de Bretagne et paraphé par Voisin de la Noiraye. Cette mention concerne seulement la copie qui ne réunissait pas toutes les conditions voulues par d'Hozier et ne pouvait remplacer un original qu'on ne lui présentait pas.

SEIGNEURS DE PAISNEL, &

1° Daniel de Farcy, qui suit. XIVe Degré. 1er lit.

Saint Denis
de sable fretté d'argent au chef de même chargé d'un lion léopardé de gueules.

2° Anne de Farcy épousa François de Saint-Denis, écuyer. Elle mourut le 6 mars 1665.

Etat civil d'Alençon. — Le lundy 6e jour de mars 1665 fut enterrée le corps de deffuncte demoiselle Anne de Saint Denis en son vivant sœur de deffunct Me Danyel Farcy en son vivant escuier conseiller du Roy tresorier des finances à Alençon.....

3° Noël de Farcy, écuyer, mort à l'armée.

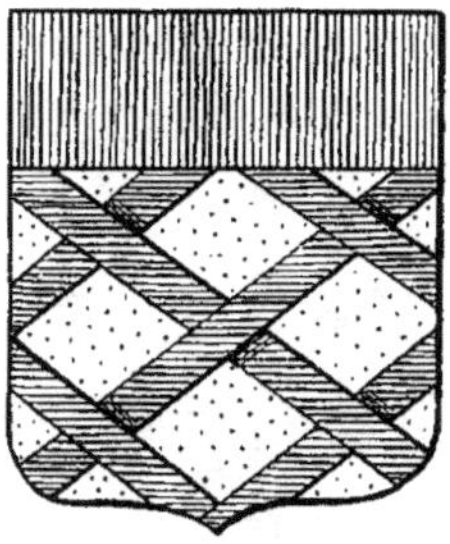

4° Pierre de Farcy, écuyer, sieur de Paisnel, maître d'hôtel de monseigneur le prince de Condé en 1614, puis prêtre, curé d'Alençon en 1626, résigna l'année suivante en se réservant 300 # de pension[1].

Original. — *19 mars 1614.* — Fut present h. et p. s. Mre Jacques de Rouville, chevalier, gentilhomme ordinaire de la chambre du Roy, comte de Clinchamp, sieur dudit lieu de Rouville, Gouinville et de Chavigny estant de present à Paris logé rue Coquillière paroisse de Saint Eustache en la maison où pend pour enseigne la Fontaine lequel a fait et constitué son procureur général et special Pierre Farcy escuyer sieur de Painel Me d'hostel ordinaire de Mgr le prince de Condé auquel il a donné et donne pouvoir et puissance de vendre, cedder et transporter à Mre François d'Averton chevalier seigneur comte de Blayn sieur du bourg d'Avertin, Milly en Gastinois, Orthes et Tessay, tout et tel droict, part et portion.... appartenant audit sieur constituant a causse de De Anthoinette Pinard son espouse.... la forest de Pail pays du Mayne et.... la terre et seigneurie de Saint Loup en Cranes proche ladite forest.... Et ce moyennant la somme de treize mille cinq cens livres et ung carroce doublé de vellours et passementeries le tout cromoisy rouge.... faict et passé en ladicte maison de la Fontaine devant desclarée le dixneufiesme jour de mars l'an mil six cent quatorze.

(Signé) Jacques de Rouville *(avec paraphe).*

1. *Mémoires historiques sur la ville d'Alençon*, par M. de la Sicotière, 1re livraison, p. 133.

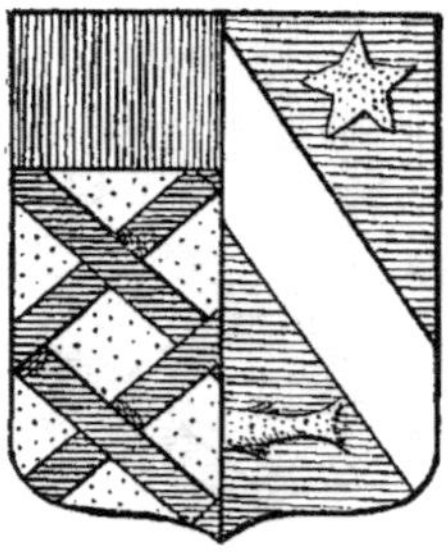

DU PERCHE
d'azur au chevron d'argent acc. en chef de 2 étoiles d'or et en pointe d'une perche de même.

5° Israël DE FARCY, écuyer, servit sous Henri III et Henri IV et épousa le 19 juin 1600 Marie du PERCHE, fille de Léonard du PERCHE et de Jacqueline LE SAGE.

ROUILLON
de gueules à 3 hures de sanglier d'or, posées 2 et 1.

6° Léonard de FARCY, écuyer, servait sous Henri III et Henri IV. Il épousa le 2 octobre 1602, Esther ROUILLON, fille de Georges et de Marguerite GRUDET. Il avait fait accord avec Catherine Bizeul, sa belle-mère, le 24 août 1597.

Copie collationnée. — A tous ceulx qui ces presentes lettres verront Julien Biseul grenetier et garde du scel royal aux obligations de la vicomté d'Alençon scavoir faisons que devant Mᵉ Pierre Barbier et Samuel Gillot tabellions jurés en la chastellenie d'Alençon furent présents Léonard Farcy escuyer se faisant fort tant pour luy que ses autres frères issus du 1ᵉʳ mariage de Leonard Farcy escuyer sieur de Painel leur père promettant leur faire rattifier et avoir pour agréable le contenu de ces présentes touttes fois à peine de tous intérêts d'une part et demoiselle Catherine Bizeul veuve tant en son nom que comme ayant la garde et tutelle de ses enfans mineurs issus de son mariage avec ledit deffunct Léonard d'autre part. Entre les quels a esté faict et accordé ce qui en suit. C'est assavoir que ladite Bizeul étant créancière à la succession de son mary de la somme de 1500# pour les deniers dottaux portés par son contrat de mariage et en consequence d'iceluy pouvant prendre et remporter, par préciput à son seul profit, son trousseau, joyaux et autres meubles qu'elle porta audit Farcy lors de son mariage outre sa moitié ès autres meubles dudit Farcy ensemble son douaire et la part et portion que ses enfants peuvent prétendre en la succession dudit Léonard leur père. Et que de la part dudit Léonard fils, étoit dit qu'il étoit créancier anterieur à ladite Bizeul de sommes.... — *Pièce incomplète.* — 24 Août 1597.

XIVe Degré. 2e lit. 7° Gilles, 8° Paul et 9° Annibal de Farcy. (Voir après la descendance du premier lit).

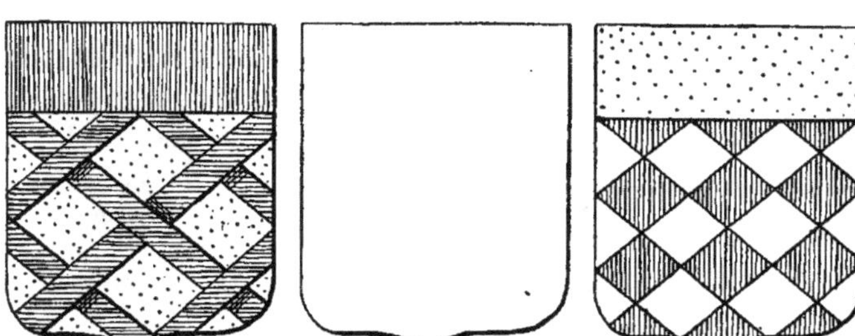

XIVe Degré. 1. Daniel de Farcy, écuyer, seigneur de Paisnel, né le 26 septembre 1567, conseiller non originaire au présidial d'Alençon, contrôleur au grenier à sel de cette ville et chambre de Carrouges, maître d'hôtel ordinaire de Mgr le prince de Condé en 1613, secrétaire ordinaire de la

Reine-Mère le 30 décembre 1626, échevin d'Alençon en 1628, trésorier de France au bureau des finances d'Alençon, épousa : 1° demoiselle Marie Filote, dont il eut une fille Marie ; 2° par contrat du 12 septembre 1617, passé au Mesle-sur-Sarthe, demoiselle Marie de Flottey[1], fille de n. h. François de Flottey, écuyer, sieur de la Bigottière et du Mesle-sur-Sarthe et de demoiselle Marie Goguet.

Il partagea ses enfants le 23 décembre 1656. Sa femme mourut le 10 mai 1675, laissant : 2° Elisabeth, 3° Louise-Françoise, 4° autre Marie, 5° Pierre, 6° Marguerite, 7° Charles, 8° Louis et 9° Jacques.

Archives de l'Orne, série A. — 28 Mai 1631. — Aveu par Me Daniel Farcy sécrétaire ordinaire de la Reine-Mère, controleur au grenier à sel d'Alençon et chambres en dépendant et pour Marie Flottey son épouse, de maisons et héritages sis au Mesle-sur-Sarthe.

Etat civil d'Alençon, église N. Dame. — 30 Juin 1625 et 25 Janvier 1630. — Parrain Me Daniel Farcy, controlleur au grenier à sel d'Alençon.

Copie. — 1635. — Reglement de comptes pour Mes Marin Caget sieur du Mesnil Fleury, conseiller du Roy au bailliage et siège presidial d'Alençon, Daniel Farcy controlleur au grenier à sel.... ayant été échevins en l'année 1628.

Bibliothèque Nationale. — Pièces originales. — 1636. — J'ay Daniel Farcy controleur ancien au grenier à sel d'Allençon et chambre de Carrouges, soubsigné, confesse avoir reçu de Me Baptiste du Hamel administrateur général des greniers à sel de France par les mains de Me René le Geay son commis à faire la recepte dudit grenier et chambre la somme de vingt cinq livres tournois pour un quartier de mes gages et à causse de mondit estat de controlleur antien audit grenier et chambre, escheu le dernier jour de decembre, dernier passé de laquelle somme de 25#l je me tiens contens et bien payé, et en quitte le Roy, ledit sieur du Ha-

1. De Flottey, *losangé d'argent et de gueules, au chef d'or.*

mel et tous autres. Faict le quatrieme jour de janvier mil six cent trente et six.

Pour la somme de XXV# t.

Etat civil d'Alençon. — Eglise Notre-Dame. — 24 Mai 1638. — Parrain noble Daniel Farcy. — *14 Juin 1658* marraine demoiselle Marie Flotté.

Id. — Eglise Saint-Léonard. — Du samedi 10ᵉ de may 1675 a été inhumé dans cette église demoiselle Marie Flotey veuve de deffunct Daniel Farcy, vivant, conseiller du Roy, controlleur au grenier et magasin à sel d'Alençon agée de plus de quatre vingt ans ou environ, en présence desdits prètres de ladite église.

Treton
d'or à la rose de gueules cantonnée de 4 étoiles d'azur.

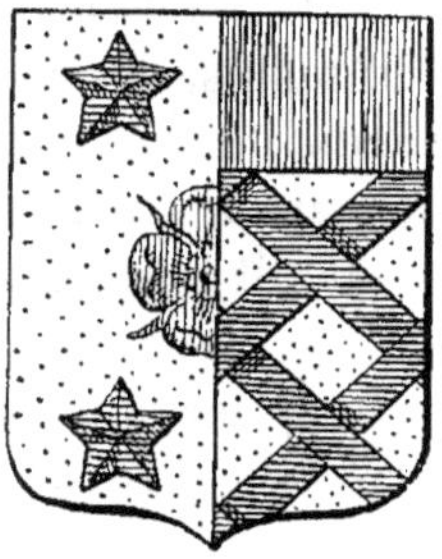

XVᵉ Degré. 1ᵉʳ lit. 1° Marie épousa, le 12 avril 1635, Jacques Tretton, écuyer, sieur du Fiégirard, maître des grosses forges de Chaillant, dont postérité.

Etat civil d'Alençon. — Notre-Dame. — 18 Avril 1628. — Marraine demoiselle Marie de Farcy, fille du controleur.

Id. — Le 4 mai 1675 ont été épousés en la chapelle Saint Blaise de l'église de N.-D. d'Alençon, Jacques de Boullemer sieur de la Normandrye conseiller vicomte d'Alençon agé de 29 ans fils... et demoiselle Marie Treton fille de deffunt Jacques Treton sieur du Fiégirard et de demoiselle Marie Farcy, agée de 19 ans ou environ... présence de Jacques de Boullemer, père de l'époux, Jacques de Farcy escuyer conseiller du Roi trésorier de France général des finances au bureau dudit Alençon oncle et curateur de l'épouse et demoiselle Elizabeth Farcy sa tante.

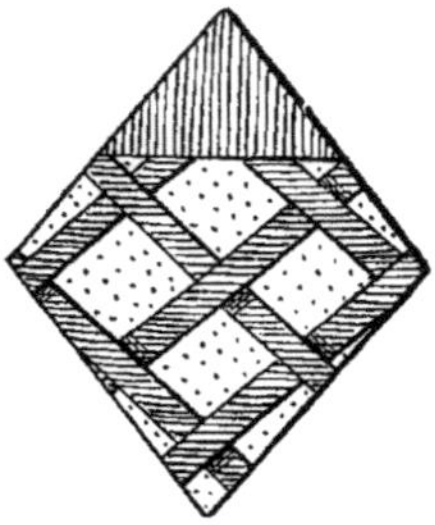

2° Elisabeth de Farcy, née en 1618, fonda à Alençon la communauté des Nouvelles Catholiques « établie par lettres patentes » octroyées en octobre 1679, enregistrées en la Chambre des Comptes » le 21 août 1682. Avant ce temps, des personnes pieuses à la tête » desquelles étoit Mlle de Farcy avaient ramassé des filles nouvellement converties dans une maison que S. A. Me de Guise leur avait » donnée dès 1677. Le Roi établit comme supérieure de la communauté lad. demoiselle de Farcy qui devait composer un corps de » pieuses personnes qu'on appelleroit la Compagnie de la Foy, à » l'exemple de celles de Paris, sous la direction de l'évêque de Sées. » Elle mourut en octobre 1687 et on appela pour lui succéder les » sœurs de l'Union Chrétienne, de la maison de Saint-Chaumont à » Paris[1]. » XVe Degré. 2e lit.

1. Manuscrit de Pierre Blard, curé d'Alençon. Bibl. de cette ville, N° 178. Voir aussi *Société historique de l'Orne*, T. IV, P. 230.

Etat civil d'Alençon. — *N.-Dame.* — *21 may 1629 et 10 décembre 1657.* — Maraine Elizabeth Farcy.

Inventaire de l'Orne, C. liasse 607. — *1660.* — Suppliques adressées au Roi et à l'evêque de Sées par Elisabeth de Farcy à l'effet d'obtenir l'autorisation de fonder une maison à Alençon pour y recevoir et instruire les nouvelles catholiques. Correspondance à ce sujet entre Mgr Rouxel de Médavy evêque de Sées et Mademoiselle de Farcy.

Id. — A. *14 avril 1666.* — Déclaration par demoiselle Elisabeth Farcy pour elle et ses coheritiers pour maison en bourgeoisie au Mesle-sur-Sarthe.

Etat civil d'Alençon. — *Notre-Dame 1661-1671.* — Maraine demoiselle Elizabeth Farcy. — Le 4 mars 1671, elle assiste en la chapelle Saint-Blaise au mariage de sa nièce demoiselle Renée Treton avec Jacques de Boullemer sieur de la Normanderye conseiller du Roi vicomte d'Alençon.

Inventaire de l'Orne, C. — *15 Novembre 1676 et 2 mars 1680.* — Lettres de Mgr Forcoal evêque de Sées à Mademoiselle de Farcy.

Titres de Mr Jules Cochon. — *Alençon.* — 1er Avril 1677 bail à S. A. R. Madame Elisabeth d'Orléans duchesse d'Alençon douairière de Guyse pour la demoiselle de Farcy et les filles nouvellement catholiques qu'elle a avec elles d'une maison, cour et jardin, issue et droiture qui en dépendent située en la ville d'Alençon proche les douves du chateau, par 250 ‡.

Inventaire de l'Orne, C. — *26 Juillet 1681.* — Pension de 280 ‡ accordée par le clergé pour la fondation de Mademoiselle de Farcy et de M. Meurel pretre. Supplique de Elisabeth Farcy fille à l'evêque de Sées pour lui exposer son dessein de fonder une maison de nouvelles catholiques. *Signature.* — Supplique de la même, supérieure des nouvelles converties, pour demander une chapelle. — Lettres patentes obtenues en octobre 1681 — Nouvelle demande de pension adressée au clergé.

Etat civil d'Alençon. — *N.-Dame.* — *22 Juin 1687.* — Elle est maraine de Charles-Jacques de Farcy son neveu.

Id. — Le 1er jour d'octobre 1687 fut inhumé dans l'église parroissiale N.-D. d'Alençon le corps de deffuncte demoiselle Elizabeth Farcy agée de 70 ans ou environ décédée le jour d'hier vivante supérieure par ordre de sa Majesté des nouvelles converties dudit Alençon furents presents Mes Pierre Chevrel et Guillaume Bisée pretres habitués en ladite église.

3° Louise-Françoise, baptisée le 22 avril 1627.

Etat civil d'Alençon. — Notre-Dame. — Le jeudi 22e jour d'avril 1627 fut baptisé Louise fille de honnorable homme Me Daniel Farcy controlleur au grenier et magasin à sel d'Alençon et de Marie Flotté le parrain Me Guillaume des Portes escuier sieur de Brumaille lieutenant général criminel au bailliage et siège presidial d'Alençon la maraine dame Louise de Courty femme de Mgr Isaac de Maillot chevalier sieur du Boulay gouverneur de la ville et château d'Alençon.

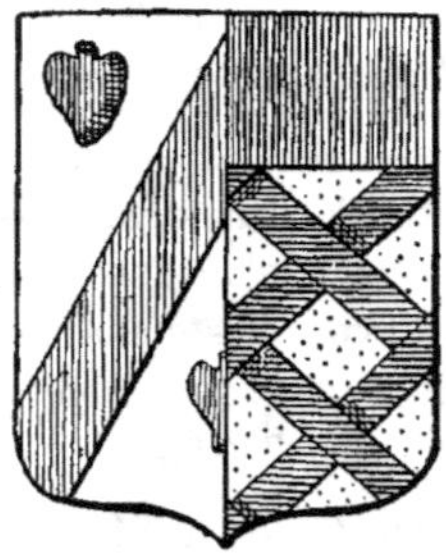

BRIÈRE
d'argent au chevron de gueules acc. de 3 cœurs de même 2 et 1.

4° Autre Marie, né en 1637, épousa Me Charles BRIÈRE, sieur de la Vallée, huissier à Alençon.

Etat civil d'Alençon. — Notre-Dame. — Le lundi 17 mai 1666 fut baptisée Jacquine-Elizabeth fille de Me Charles Brière sieur de la Vallée huissier et d'h. f. Marie Farcy. le parrain, n. h. Jacques Boullemer conseiller du Roi vicomte d'Alençon. — Le 30 juin 1667 fut baptisée Marie fille des mesmes, parrain Joseph de Marsilly escuier sieur de Lespinay. — 24 février 1573, la marraine Marie de

Farcy femme de Ch. Brière. — Le 17 avril 1704 elle fut maraine de Jacques-Adrien de Corday fils d'Adrien chevalier sieur de Lausnée et de demoiselle Françoise de Farcy — le 23 juillet 1713 a esté inhumé dans le cimetière de Saint-Blaise le corps de deffuncte Marie Farcy agée d'environ soixante seize ans, décédée de ce jour, sur le cours, veuve de deffunct Me Charles Brière sieur de la Vallée.

5° Pierre qui suit.

6° Marguerite, non mariée, vivante en 1679.

Etat civil d'Alençon. — Notre-Dame. — Le 28 juin 1668. — Maraine demoiselle Marguerite Farcy fille du sieur de Farcy trésorier de France à Alençon — 26 février 1679 elle est maraine de Marie-Madeline de Farcy, sa nièce.

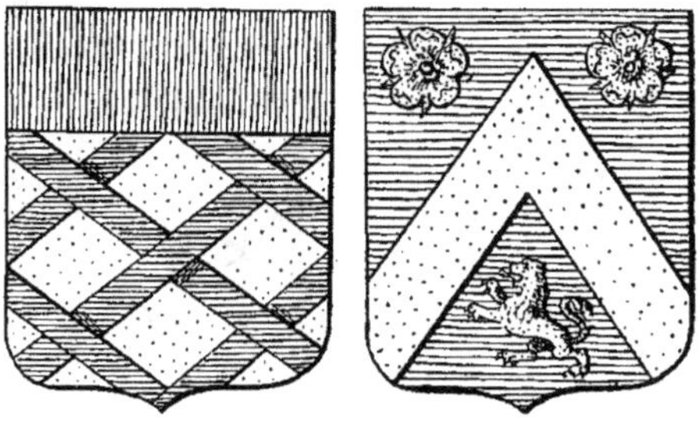

de Houdan
d'azur au chevron d'or acc. en chef de 2 roses et en pointe d'un lion aussi d'or.

7° Charles de Farcy, écuyer, seigneur de la Gaze, de la Couvrie, capitaine de cavalerie le 12 janvier 1655, colonel du régiment de Farcy en 1669, mestre de camp des armées du Roi, fut tué à Altenheim en 1674, étant premier capitaine-major du régiment de Grignan Il avait épousé demoiselle Anne de Houdan.

Ils eurent de leur union quatre enfants: 1° Charles-Jacques, 2° Anne, 3° Antoine-Charles et 4° Dominique.

Etat civil d'Alençon. — 15 juillet 1666 parrain de Charles fils n. Louis de Farcy, Charles de Farcy escuyer sieur de la Gaze premier capitaine et major du régiment de cavallerie de M. le Cte de la..... marraine de Anne sœur jumelle de Charles, dame Anne Oudan épouse de M. de la Gaze de Farcy.

Biblioth. Nationale. — Pièces originales. — 1674. — Nous Charles de Farcy capitaine au régiment de cavalerie de Grignan confessons avoir reçu comptant de Messire Nicolas Le Clerc conseiller du Roy trésorier général à l'extraordinaire des guerres en cavalerie légère par les mains de son commis la somme de trois cent quatre-vingt onze livres dix sols à nous ordonné tant pour nos appointements que pour ceulx des lieutenants, cornettes, maréchal de logis et supplement de solde aux trois brigadiers de notre compagnie pendant le mois de février de la presente année a raison de CIIII^{XX}# à nous capitaine, IIII^{XX}X# au lieutenant, LXVII# au cornette XLV# au maréchal des logis et III# à chacun des brigadiers de laquelle somme de III^{C} IIII^{XX} X# X^{s}. nous quittons ledit sieur trésorier et son commis et tous aultres fait ce troisieme mars 961 soixante quatorze. Gouel *(Signé)* De Farcy.

Titres de la famille de Vaujuas. — Original. — 1674. — Nous caspittaine au régiment de cavalerie de Grignan certifions que le sieur de Fiégirard Tretton sert volontairement dans notre compagnie cette campagne, en foy de quoy luy avons signé le present et scellé de nos armes pour lui servir en ce que de raison — faict au camp de Monsieur de Turenne en Alsace le sixième octobre 1674. *(Signé et scellé).*

du Pin
d'argent à 3 bourdons de gueules posés 2 et 1.

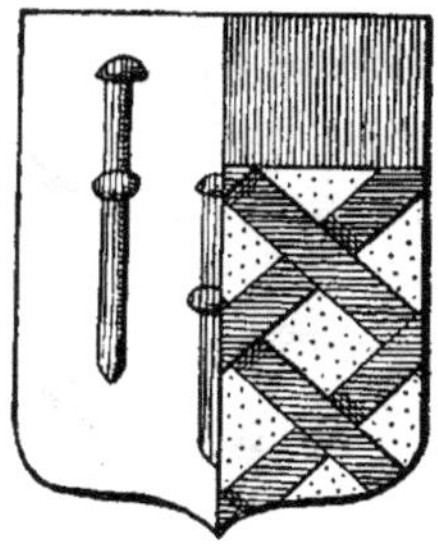

XVIe *Degré.* — 1° Charles-Jacques qui suit.

2° Anne de Farcy, épousa par contrat du 13 avril 1697, Guy François du Pin, écuyer, sieur baron de Lary au Maine, fils de Gui du Pin, chevalier, sieur baron de Lary et de dame Marie Peiys.

Insinuations Ecclésiastiques du diocèse du Mans. — *V.* XLI. *fol.* 289. — Dispense de deux bans pour Guy-François du Pin baron de Lary, paroissien de Villaine-la-Carelle et Anne de Farcy paroissienne de Neufchatel le 16 avril 1697.

Bibliothèque Nationale. Carrés de d'Hozier. — *Vol. 246. P. 24.* — Contrat de mariage de Mre Guy-François du Pin écuyer sieur et baron de Lari et de la Coste... fils aisné et heritier principal de Mre Guy du Pin chevalier sieur et baron de Lari et de dame Marie Peijs sa veuve accordé le 19 d'avril 1697 avec demoiselle Anne de Farci fille de Charles de Farci vivant écuyer capitaine major commandant le régiment de cavalerie de Grignan et de dame Anne de Houdan sa veuve. — Contrat passé devant René Cuivière notaire à Mamers, au Maine.

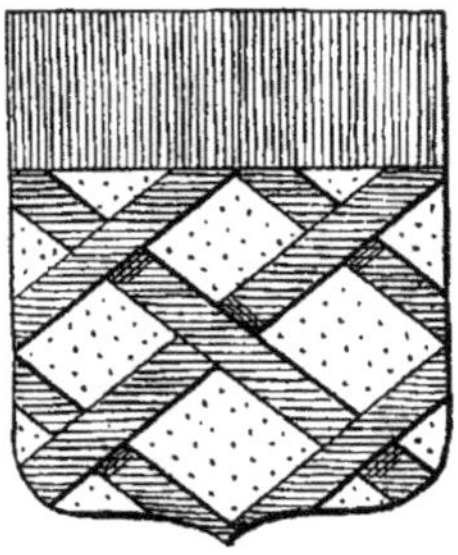

3° Antoine-Charles de FARCY, écuyer, trésorier de France au bureau des finances d'Alençon, conseiller du Roi au parlement de Paris, maître ordinaire en la chambre des comptes, cour des aydes, domaines et finances de la Franche-Comté à Dôle, garde des sceaux de la chancellerie près ladite cour en 1697, fit enregistrer deux fois ses armoiries dans l'armorial général de 1696 et fut maintenu par arrêt du Conseil du 4 février 1678. (V. p. 21).

Etat civil d'Alençon. — Chapelle Saint-Blaise. — Le dimanche 20e jour de juillet 1682 les cérémonies du saint baptesme ont été données à Charles de Farcy fils de Charles de Farcy escuier vivant capitaine du régiment de Grignan cavallerie et de dame Anne Houdan son épouse le parrain Pierre de Farcy escuier sieur du Parc conseiller du Roy trésorier de France au bureau d'Alençon la marraine dame Marie-Renée Treton femme de M. le vicomte d'Alençon. Ledit Charles a esté ondoyé après le 18 juillet 1666 ainsy qu'il nous a esté déclaré par les parents dudit sieur de Farcy.

Bibliothèque Nationale. — Armorial général. —Paris III. 248. Ch. Antoine de Farcy avocat en parlement *d'argent fretté d'azur au chef de gueules.* 242 Charles de Farcy conseiller du Roi maistre ordinaire en sa chambre des comptes, cour des aydes, domaine et finance de Franche-Comté à Dole et garde des sceaux de la chancellerie près ladite cour *d'or fretté d'azur au chef de gueules.*

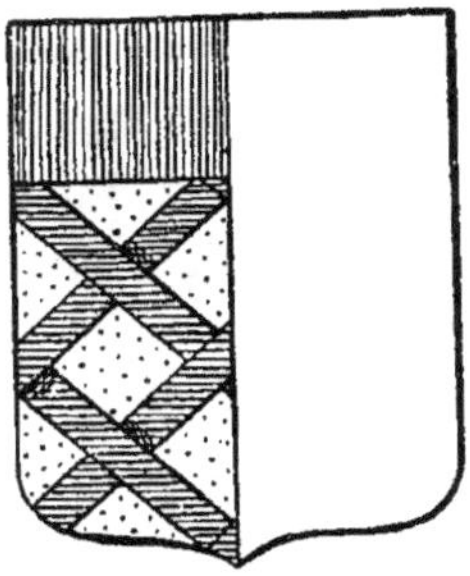

CARON

4° Dominique de FARCY, écuyer, né en 1644, docteur régent en médecine de la faculté de Paris, ancien doyen de la faculté de médecine en l'Université de Paris, épousa demoiselle Marie-Françoise CARON. Il fit enregistrer ses armoiries dans l'armorial général de 1696, mourut le 14 avril 1721, et sa femme avant 1733, laissant un fils nommé Dominique-Louis.

Anecdotes des citoyens vertueux. — *1677.* — Il était un des docteurs qui firent passer les thèses de Jacques des Prés (1695) et d'Honorat Michelet d'Angers (1673) p. 4.

Bibliothèque Nationale. — *Armorial général.* — *Paris* III. 475. Dominique de Farcy médecin de la faculté de Paris, *de gueules fretté d'argent.*

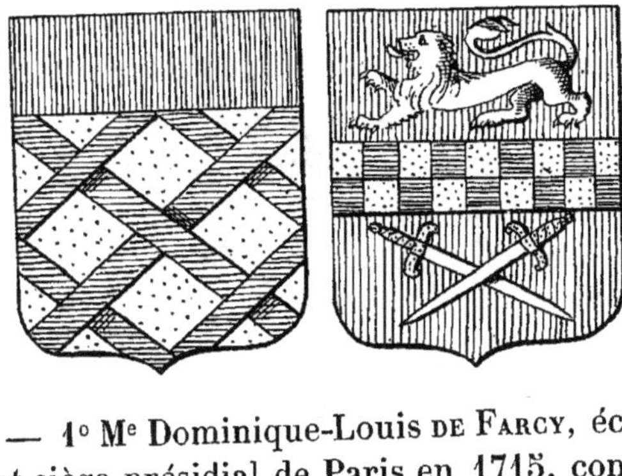

MARCHANT
de g. à la fasce échiquetée de 2 traits d'or et d'azur, acc. en chef d'un lion passant d'argent et en pointe de 2 épées posées en sautoir d'argent, garnies d'or.

XVIIe *Degré.* — 1° Me Dominique-Louis DE FARCY, écuyer, conseiller au Chastelet et siège présidial de Paris en 1715, contrôleur général des finances du duc d'Orléans en 1725, contrôleur de la chancellerie pour l'apanage, conseiller de S. A. S. Mgr le duc d'Orléans, premier prince du sang, en tous ses conseils, l'un des administrateurs de l'hôpital des Cent filles orphelines de la Miséricorde, épousa en janvier 1733 demoiselle Marie-Françoise MARCHANT, fils de François-Jacques MARCHANT, écuyer, conseiller secrétaire du Roy, maison et couronne de France et de ses finances, conservateur des hypothèques sur les rentes et de Marie-Françoise REGNAULT.

Original. — ✠ Promesse de mariage :

Entre *MMe Dominique-Louis de Farcy conseiller du Roy au Chastelet et siège présidial de Paris, conseiller de S. A. I. Mgr le duc d'Orléans premier prince du sang, en tous les conseils. controlleur général de ses finances et l'un des administrateurs de l'hopital des cent filles orphelines de la Miséricorde fils de deffunct Me Dominique de Farcy docteur regent et ancien doyen de la faculté de médecine en l'université de Paris et de deffuncte dame Marie-Françoise Caron demeurant rue du Roy de Cicile d'une part et demoiselle Marie-Françoise Marchant fille mineure de François-Jacques Marchant écuyer conseiller secrétaire du Roy maison couronne de France et de ses finances conservateur des hypothèques pour les rentes et de dame Marie-Françoise Regnault demeurante de fait et de droit rue... de cette paroisse* supra scriptum futurum matrimonium rite, canonice, nemine reclamante, et denunciatum fuisse intra missarum solemnia die *IIa labentis hujusce mensis.* Testor ego infra scriptus presbiter doctor theologus, necnon ecclesiæ regalis et parrochialis sancti Pauli Parisiis vicarius. Datum anno domini millesimo septingentesimo trigesimo *tertio* Die vero mensis *januarii undecima. (Signé)* CHAUCHON.

2 bans exp. le 12 janvier 1733.

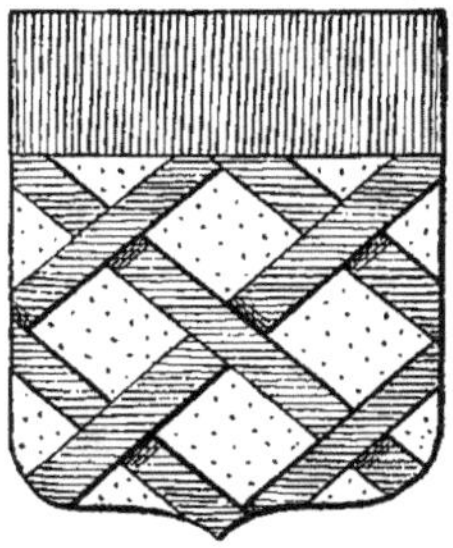

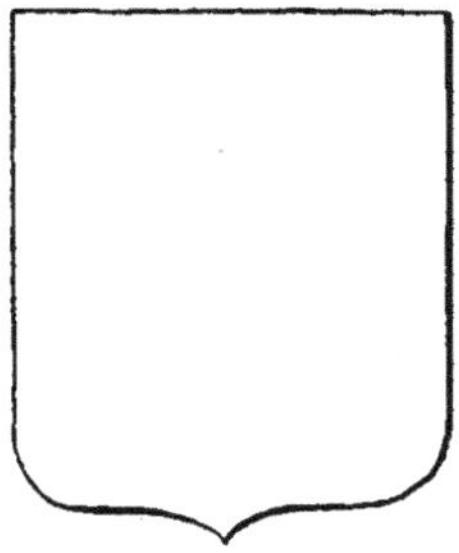

XVIe *Degré.* — 1° Charles-Jacques de Farcy, écuyer, seigneur de la Gaze, de la Couverie, capitaine, puis aide-major au régiment de Flandres, épousa demoiselle N...

Il fut maintenu dans sa noblesse par arrêt du Conseil du 4 février 1678 (v. p. 21) et mourut laissant un fils.

Etat civil d'Alençon. — Notre-Dame. — Le dimanche 22e de juin 1687 les cérémonies du baptesme ont esté données à Jacques-Charles escuier sieur de Farcy fils de Charles de Farcy escuier sieur de la Couvrie mestre de camp de cavallerie et de dame Anne de Houdan, le parain Me Jacques de Farcy chevalier conseiller du Roy tresorier de France et président de ses finances au bureau d'Alençon, la maraine demoiselle Elizabeth de Farcy ledit Charles-Jacques ayant esté ondoyé le 25e jour de septembre à dix heures du soir année 1670 par la sage femme nommée Louise Cheville de la paroisse de Villaine la Carelle, présence de deffunct Monsieur son père.

Archives de l'Orne. — Série A. — 22 Juin 1697. — Aveu rendu par Charles de Farcy sieur de la Couverie pour 15 arpents de terre, dits les prés Me Thomas, autrement les prés Farcy, sis paroisse de Coullonges-sur-Sarthe.

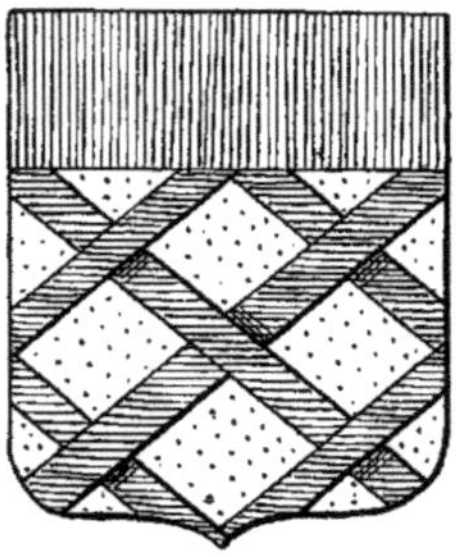

DE SAULX *d'azur au chevron d'or accompagné de 3 levriers d'argent accolés de sable, lampassés de gueules, les 2 du chef affrontés.*

XVIIe *Degré.* — 1° Charles de FARCY, écuyer, seigneur de la Couvrie, Neuchatel[1], capitaine au régiment de Flandres, lieutenant-colonel d'infanterie, chevalier de l'ordre royal et militaire de Saint-Louis, épousa demoiselle Marie-Thérèse de SAULX. Il mourut sans postérité, laissant ses biens à sa veuve qui, en 1728, était remariée à François de JAMBON[2], écuyer, sieur de Saint-Cyr, major d'infanterie.

Archives de l'Orne, série A. — 1711-1720. — Aveux des prés Farcy par messire Charles de Farcy écuyer, chevalier de l'ordre militaire de Saint Louis, lieutenant colonel d'infanterie sieur de Neufchatel et de la Couvrie.

Id. — 15 Septembre 1728, id. par messire François de Jambon écuyer sieur de Saint Cyr major d'infanterie et dame Marie Therèse de Saulx veuve et donatrice de Charles de Farcy.... son premier mari.

8° Louis (Voir après son frère Pierre). XVe Degré.

1. Neufchatel, canton de la Fresnaye, arrondissement de Mamers (Sarthe).

2. De Jambon : *d'argent à un laurier de sinople, au chef d'azur chargé de 3 étoiles d'or à 6 pointes.*

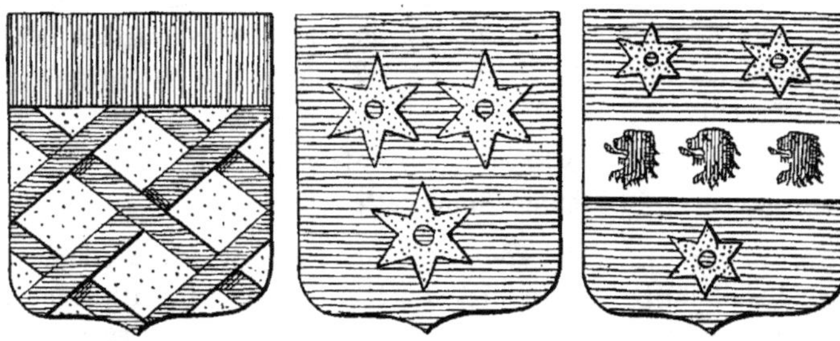

9° Jacques-Louis de FARCY, chevalier, seigneur de Lisle, la Bigottière, né en 1630, conseiller du Roi, trésorier de France et président du bureau des finances d'Alençon, épousa en premières noces demoiselle Marguerite de MARCILLY[1].

Elle mourut le 8 mars 1671, laissant trois enfants : 1° N..., 2° Elisabeth et 3° Marguerite.

Il épousa en secondes noces, le 17 août 1673, par contrat reconnu le 7 janvier 1674, demoiselle Marie de CORNEILLE[2], fille aînée de Pierre CORNEILLE, écuyer, sieur de Damville et de Marie de LEMPERIÈRE[3], elle était veuve de Félix GUÉNEBAUD de Bois-le-Comte, sieur du Buat, tué au siège de Candie, en 1668.

Il mourut au château d'Alençon, où il avait un logement d'honneur. Il y avait reçu plusieurs fois son beau-père, le fameux poète. Il fut inhumé le 2 novembre 1712, à l'âge de 91 ans. Sa seconde femme était morte en 1721, laissant cinq filles : 4° Françoise, 5° Marie, 6° Renée, 7° Marie-Madeleine et 8° Thérèse.

Etat civil d'Alençon. — Notre-Dame. — 10 Février 1664, parrain Jacques de Farcy écuyer sieur de Lisle conseiller du Roy president trésorier au bureau des finances établi à Alençon. — 15 Juillet 1666, maraine dame Marguerítte de Marcilly epouse de Mgr Louis

1. De Marcilly : *d'azur à 3 molettes d'or 2 et 1.*

2. Corneille : *d'azur à la fasce d'or chargée de 3 têtes de lion de gueules et acc. de 3 molettes d'or 2 et 1.*

3. De Lemperière : *d'azur au léopard lionné d'or accompagné en chef de 2 lampes d'argent allumées de gueules.*

Jacques de Farcy écuyer sieur de Lisle conseiller trésorier de France. — 2 Février 1670, parain M Me Jacques Farcy écuyer sieur de Lisle conseiller tresorier général des finances du bureau d'Allençon. — 22 Janvier 1672, maraine D[e] Margueritte de Marcilly.

Id. — Le 8 Mars 1671, D[e] Margueritte de Marcilly femme de Jacques Farcy écuyer.... fut inhumée dans cette église.

Titres de la Sicotière[1]. — *17 Août 1673.* — Au traitté de mariage qui au plaisir de Dieu sera faict et célébré en l'église catholique appostolique et romaine entre messire Jacques de Farcy chevallier sieur de Lisle conseiller du Roy trésorier de France en la générallité d'Alençon fils de deffunct Daniel de Farcy escuier vivant conseiller du Roy controlleur au grenier et magasin à sel d'Alençon et de dame Marie de Flotté d'une part et dame Marie Corneille veufve de messire Felix du Buat vivant chevallier de Bois le Comte et fille de Pierre Corneille escuier sieur de Hauville et de Dame Marie de Lamperière d'aultre part ont esté faicts, les accords et conventions dudit mariage ainsy qu'il en suit c'est ascavoir que lesdits sieur de Farcy et dame Marie Corneille de l'advis desdits sieur et Dame Corneille père et mère de ladite dame et autres leurs parents et amis soubsignés se sont promis espouser à la première requisition avec les biens et facultez qui leur peuvent respectivement appartenir et a ledit sieur de Farcy promis et gagé douaire coutumier sur tous ses biens immeubles presens et avenir à ladite Dame sa future espouse pour en jouir par elle du jour qu'il aura lieu sans qu'il luy soit besoin d'en faire demande et a ledit sieur promis conserver le dot de ladite Dame porté par son contrat de mariage avec ledit deffunct sieur de Bois le Comte et en cas quil le recoive il en fera remplacement au nom et ligne d'elle. Et a laditte dame donné et paié audit sieur de Farcy la somme de quatre mil livres qu'elle avoit en argent dont il se tient content accordé neanmoins qu'en cas de decéds dudit sieur de Farcy auparavant laditte Dame. Icelle dame jouira

1. Reproduit en facsimile dans le Deuxième Centenaire de Pierre Corneille à l'archevêché de Rouen. Cagniard, 1887.

pendant sa vie de l'interest au denier dix huit desdites quatre mil livres et après son deceds le principal en demeurera aux enfans dudit sieur de Farcy et oultre la ditte dame a donné et donne audit sieur de Farcy la jouissance pendant la vie d'icelluy sieur de Farcy de son dit dot et autres immeubles à condition qu'il contribuera à l'entretien de Gilles du Buat escuier son fils jusqu'à sa majorité Et sy ladite dame survit ledit sieur de Farcy elle aura et prendra en exemption de touttes charges ses habits, bagues, joyaux et linges servant à son usage avec une chambre garnie, carosse et chevaux ou la somme de trois mil livres au lieu de ladite chambre garnie, carosse et chevaux au choix de ladite dame. Faict aux Ligneries ce dixseptiesme aoust mil six cens soixante et traise.

De Farcy	Corneille (Pierre)
Marie de Corneille	Marie de Lamperière
	Corneille (Thomas)
	Marguerite de Lamperière.

Etat civil d'Alençon. — Notre-Dame. — 4 May 1675 il assiste au mariage de Renée Treton sa nièce et sa pupille.

Titres de M. Jules Cochon à Alençon. — 27 Mai 1676. — Nomination par le bureau des finances d'Alençon du sieur de Farcy conseiller du Roi trésorier de France à Alençon pour faire l'enquete de commodo et incommodo au sujet de la fieffe d'un espace de terre vaque rempli d'eau, terre, boue et immondices situé entre le jardin de sa maison et les murailles de la ville pour en faire un reservoir à poisson faite à Guillaume Thomas sieur des Chesnes conseiller du Roi lieutenant général des eaux et forets du duché et bailliage d'Alençon.... Signé Menjot, de Bougis, de Farcy, Richer, de Farcy du Parc.

Etat civil d'Alençon. — Notre-Dame. — 10 Mars 1683, parain Jacques de Farcy écuyer.... 22 Juin 1688 maraine Dame Marie Corneille femme de Me Jacques de Farcy chevalier sieur de Lisle conseiller du Roi trésorier de France président de ses finances en la vicomté d'Alençon.

Copie. — 20 Janvier 1691. — Nomination d'un sergent et gardien des bois en la maitrise particulière des eaux et forets d'Argentan. *Signé* de Farcy président, de Farcy du Parc.

Etat civil d'Alençon. — *Saint-Léonard.* — *27 Février 1691.* — Ils signent tous les deux un acte de mariage.

Bibliothèque Nationale. — *Armorial général, Alençon, P. 166.* — Jacques de Farcy chevallier conseiller du Roi president des trésoriers de France au bureau des finances d'Alençon *d'or fretté d'azur au chef de gueules.*

Etat civil d'Alençon. — *Notre-Dame.* — 29 Mai 1700.... a été inhumé dans le cimetière Louis le Roux fils, domestique de Monseigneur de Farcy demeurant au chateau de cette ville.

Id. — *Saint-Léonard.* — *1703.* — Relevé du registre des delibérations.... à l'assemblée généralle des habitants.... en la chapelle Saint Martin au son de la cloche.... Me de Farcy trésorier, du Val du Coudray, du Rocher échevins, on propose Henry de Marcilly écuyer sieur de Lespinay en qualité de marguillier pour remplacer Me Nicolas du Val decedé il y a un mois.

Id. — *Notre-Dame.* — 7 Avril 1704, parain de Jaques Adrien de Corday. — 16 Octobre 1704, parain de Jaques Augustin Le Coustellier son petit fils. — 2 Mars 1706, parain de Marie de Marcilly fille d'Henri écuyer chevallier d'honneur au bailliage d'Alençon.

Original. — *1712.* — Mandement des président, tresoriers généraux de France.... et grands voyers en Normandie au bureau des finances de la généralité d'Alençon.... Signé de Farcy, Menjot, Le Verrier, du Val de Cerseaux, Paillard, du Perche du Chasble.

Etat civil d'Alençon. — *Saint-Léonard.* — Le mercredi 2e jour du mois de novembre 1712 fut inhumé dans ladite église le corps de messire Jaques de Farcy chevalier president au bureau des finances de la généralité d'Alençon agé de 91 ans, decédé au chateau d'Alençon....

Bibliothèque de Versailles, papiers Vatel. — Du samedi 19e jour de novembre 1712 sur les 9 heures du matin au chasteau d'Alençon nous Thomas Bidon notaire royal.... sommes transportés au domicile de feu Jaques de Farcy écuyer conseiller du Roy trésorier général de France au bureau des finances et chambre des domaynes de la généralité d'Alençon.... et ce à la requeste de Dame Marye de Corneille veuve dudit deffunct et de demoiselle Marguerite Elizabeth de Farcy fille issue de son 1er mariage avecq dame Marguerite de Marsilly et encorre de François Le Coustellier écuyer sieur de Bonneboz et Dame Marye de Farcy son epouse et dame Françoise de Farcy veuve d'Adrien de Cordé escuyer, lesdites dames Marie et Françoise de Farcy issues du second mariage dudit deffunct.... Premièrement étant entré dans la chambre où est décedé ledit deffunct sieur Farcy cy est trouvé.... un petit cabinet d'Almagne fermant à plusieurs tiroirs.... une table et deux guerridons d'Almagne.... un petit bahu couvert de tapisserie avec son soubassement dans lequel s'est trouvé une toilette de taffetas violet doublé de blanc et bordée d'une dentelle de gallons faux.... cinq pièces de tapisserie étant au tour de ladite chambre, de haulte lisse avec une portière d'étoffe brodée.... un cabaret à caffez garni de 13 pièces de porseleinnes.... un grand miroir à cadre de bois. Un grand tableau representant Vulgain, un autre une Diane, et un autre représentant un Evesque avec leur cadres de bois dorré, une écritoire de bois couverte de faux chagrin. En cet endroit ladite de Farcy a declaré que lesdits meubles proceddent de la vendue de Monsieur de Corneille son frère et appartiennent aux dames de Bonnebosc et Cordé l'adjudication en ayant été faite à leur profit.... de là sommes passés dans la chambre à costé s'y est trouvé six pièces de tapisserie de droguet servant de tantures.... 14 petites chesses couvertes de tapisseries.... un lustre (en cuivre) rouge, deux chenets de fer à pomelle de cuyvre.... de là sommes descendus dans la cuicinne où c'est trouvé 56 assiettes d'étain fin, dix plats tant grands que petits aussi d'étain fin, etc.... de là sommes montés dans une chambre étant sur celle cy dessus s'y est trouvé cinq pièces de vieille tapisserie de droguet, six chesses de tapisserie...., dans une autre chambre à costé quatre chesses de tapisserie.... dans un cabinet a costé de la chambre où est décédé ledit deffunct, la clef du quel a été représentée par le R. P. Sigault jesuite auquel elle avait été deposée dans le moment du decés dudit deffunct sieur Farcy où s'est trouvé les hardes dudit deffunct qui conciste en une robbe de chambre d'indienne doublée, deux perruques et un chapeau, un justaucorps et une veste de drap canelle, une cullotte de drap caffé avec un justaucorps et une veste de pareille étoffe et des bouttons de fil d'argent, un autre justaucorps de drap, une veste de drap canelle avec des bouttons de fil d'or, une veste de drap noir et une cullotte de pareille étoffe, une paire de bas caffé, huit paires de manchettes une paire de vieux pistollez et une epée a poignée de cuyvre, une paire de manchettes aux quelles s'est trouvé une paire de bouttons d'argent à pierre d'Alençon.... six cravattes de mousseline et deux rabaz blancs, une bourse de vellours vert dans laquelle c'est trouvé 96 jettons d'argent, un trigtrac equipé de tablettes et cornets, une escuelle à oreille, douze cuillers et douze fourchettes d'argent et 6 coutteaux a manches d'argent le tout armoyé des armes dudit deffunct et deux flambeaux d'argent aussi armoyé le tout pesant viron sans y comprendre les couteaux (sic)... un petit bahu de cuir noir où se sont trouvés les titres et papiers despendant de ladite succession. Item une liasse de plusieurs pièces d'écritures tant en papier que parchemin concernant les provisions de la charge de trésorier de France dudit deffunct sieur Farcy avec celle précedemment expediée au benefice de Me Daniel de Farcy avec les quelles nous avons trouvé les arrets du 27 janvier 1657 et un autre du 2 septembre 1655 avec l'acte de reception dudit deffunct audit bureau des finances le tout au nombre de 19 pièces.... Item trois pièces d'écriture concernant la succession beneficiaire de deffuncte Dame Elizabeth Farcy et un arrest touchant les rentes dues à Me du Part Farcy.... bail de la terre et mestairie de la Bigottière assise en la paroisse de Saint Julien sur Sarthe fait à Charles Hurel pour la somme de 420# par an, le 22 novembre 1657.... Item les lots et partages sous seing de la succession de deffunct Me Daniel Farcy entre ledit deffunct et Pierre, Louis, Jacques et Charles de Farcy en datte du 23 décembre 1656.... à la Bigottière pour la moitié qui appartenoit audit deffunct sieur de Farcy 270 gerbes de bled et meteil 125 gerbes d'orge et poids, une pipe de poirey, deux pipes de pommez ou les fruits de quoy les faire....

Bibliothèque Nationale. — Pièces originales. — 4 Avril 1720, par quittance passée devant Angot et son confrère notaires à Paris..... Appert Me Jacques Tuffer abbé commendataire de l'abbaye Notre-Dame d'Aiguevive en Touraine avoir reçu de Dame Marie de Corneille veuve de messire Jacques de Farcy chevalier président trésorier de France au bureau des finances d'Alençon par les mains du R. P. Dom Benoist de Bois le Comte (son fils d'un premier lit) religieux théatin en billets de banque la somme de 618# 2^s^ scavoir 600# pour le rachapt de 30# de rente constituée audit sieur abbé Tuffer par ladite dame de Farcy par transaction passée devant Bouteville et son confrère notaires à Paris le 2 septembre 1702 pour les causes y énoncées et 18# 2^s^. pour les arrérages de tout le passé jusqu'au jour du remboursement. Ce que dessus est extrait et collationné sur la minutte de ladite quittance demeurée audit Angot le 31 may 1731. *(Signé)* ANGOT.

Etat civil d'Alençon. — Saint-Léonard. — Le mercredi 19 de novembre 1721 fut inhumé dans cette église le corps de Dame Marie Corneille veuve de deffunct messire Jacques de Farcy chevalier seigneur et président en son vivant au bureau des finances de la généralité d'Alençon furent present Mes Paul Valframbart et Julien Delacour, prêtres.

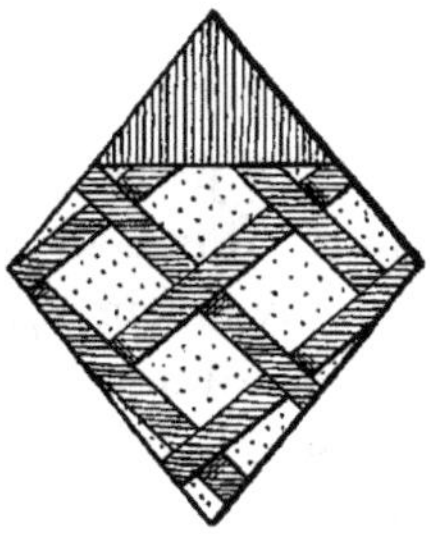

XVIe *Degré.* — 1er lit. — **1° N., mort quatre jours après sa naissance. 2° Elisabeth, dame de la Bigottière [1], née en 1665, mourut le 27**

1. La Bigottière, commune de St-Julien-sur-Sarthe, canton de Pervenchères (Orne).

avril 1754, à l'âge de 89 ans. Elle avait partagé la succession paternelle dès l'année 1718, avec sa sœur Marie.

Etat civil d'Alençon. — Notre-Dame. — 2 Février 1690, maraine Elizabeth Farcy. — *11 May 1691*, maraine Elizabeth-Marie de Farcy. — *28 mars 1692*, maraine, id. — *16 Décembre 1695*, maraine de Antoine Joseph de Farcy.

Id. — Eglise Saint-Léonard. — 10 Janvier 1704, présente a un mariage. Le samedi 27 Avril 1754 a été inhumé dans cette église le corps de noble damoiselle Elizabeth de Farcy de la Bigotière agée de 89 ans decedée hier rue du Collège après avoir reçu les Sacrements....

3° Marguerite, marraine en 1679 de sa demi-sœur Marie Madeleine.

de Corday
d'azur à 3 chevrons d'or.

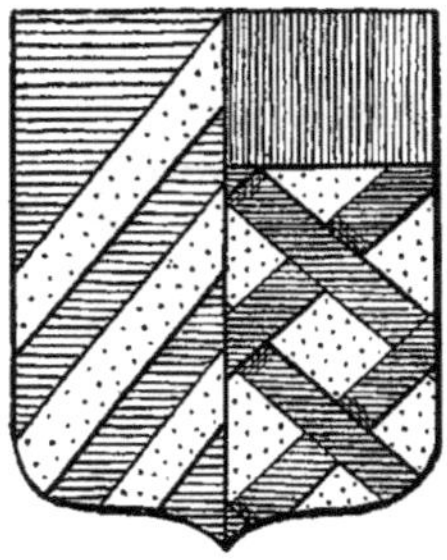

2e lit. — 4° Françoise, née le 30 juillet 1674, épousa par contrat du 7 octobre 1701, reconnu le 22 du même mois, Messire Adrien de Corday, écuyer, sieur de Launay-Morin, capitaine des gardes du duc de Bourgogne, fils de Messire Guillaume de Corday, écuyer, sieur de Cauvigny et de Marie de Tirmois[1]. Il mourut au service le 30 septembre 1704. Sa femme décéda à Alençon en 1768, l'année même

1. De Tirmois, *d'azur au sautoir d'or chargé de 5 huchets de gueules.*

où naissait leur arrière-petite-fille, Charlotte de Corday, qui assassina Marat, le 13 juillet 1793.

Etat civil. — Saint-Saturnin-des-Ligneries. — Le mardi 25e jour d'octobre 1701, par Mre François de Corday, pretre, ecuier, seigneur de Putot, en l'église de Ligneries a été célébré le mariage de Adrien de Corday écuyer sieur de Launay, fils de Guillaume de Corday écuyer sieur de Cauvigny et de feue n. d. Marie de Tirmois, de la paroisse du Mesnil Imbert d'une part, et demoiselle Françoise de Farcy fille de Mre Jacques de Farcy conseiller du Roy, président et trésorier de France au bureau d'Alençon et de dame Marie de Corneille, ses père et mère demeurant à Alençon d'autre part, le tout en vertu du traité de mariage passé au tabellionnage du Renouard, controllé audit lieu et en vertu des proclamations de bans faites dans l'église d'Alençon par trois dimanches consécutifs, sans opposition.... et après les fiançailles faites, arrets et réglemens duments observés et ce en la présence et du consentement de leurs parents et amis cy après denommés et signés, premiérement Guillaume de Corday écuyer sieur de Cauvigny, père, ledit Jacques de Farcy, conseiller du Roy, president et trésorier de France et la dame son épouse père et mère de ladite demoiselle, demoiselle Marguerite de Farcy, Elizabeth de Farcy, Jacques de Robillard, Mr de Grosdouet, Mr du Four de la Thuillerie, Mr de Manoury, Pierre de Corday, Mr de Bonnebos, la dame de Boisligny, tous parents et plusieurs autres qui ont signé....

Etat civil d'Alençon. — Le 7 d'avril 1704 a été baptisé Jacques-Adrien, né du même jour, fils d'Adrien de Cordé chevalier sieur de Lausné et de Françoise de Farcy son épouse, le parain Mre Jacques de Farcy chevalier, la maraine Marie de Farcy sa tante. — 7 février 1718, elle signe au mariage de Mre Augustin-Hyerosme d'Erard, chevalier sieur d'Harauvilliers et le 16 mai 1747 à celui de Henri-François de Récalde écuyer sieur de Méfossé.

Bibliothèque de Versailles, papiers Vatel. — 26 Novembre 1770. — Aveu à n. dame Françoise de Farcy veuve de Mre Adrien de Corday écuyer vivant proprietaire du fief, terre et seigneurie de Launay, tutrice de son fils mineur.

LE COUSTELLIER
d'argent à 3 hures de sanglier de sable, 2 et 1.

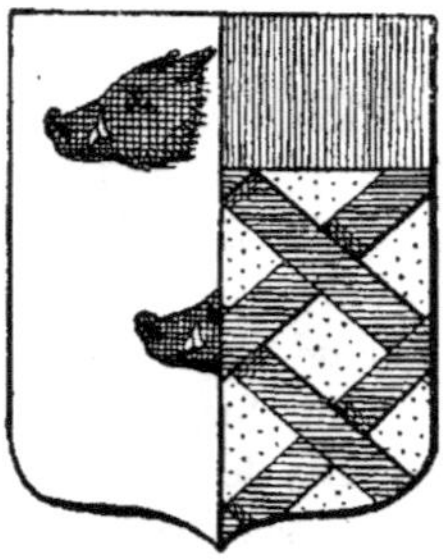

5° Marie, née le 30 juillet 1674, épousa, le 4 octobre 1700, Mre François LE COUSTELLIER, chevalier, seigneur de Bonnebosc, fils de Charles LE COUSTELLIER, écuyer, sieur dudit lieu et de Anne THOUARS.

Elle mourut le 10 avril 1719.

Etat civil d'Alençon. — Notre-Dame. — Le 31 juillet 1674 fut baptisée Marie née du jour d'hier fille de Mre Jacques de Farcy chevalier sieur de Lisle.... parain Mre Pierre de Farcy chevalier sieur du Parc.... maraine dame Marie de Lemperière femme de Mr de Corneille, sa grand'mère.

Id. — Le lundi 4 octobre 1700 a été célébré dans cette église le mariage d'entre François le Coustellier escuier sieur de Bonnebosc agé de 36 ans fils de Me Charles le Coustellier escuier sieur de Bonnebosc et de dame Anne Thouards... et demoiselle Marie Farcy fille de Jacques Farcy écuier, chevalier, conseiller... agée de 20 ans ou environ... présence de demoiselles Marie-Marguerite et Françoise de Farcy sœurs de l'épouse, de Mgr Louis des Moullins chevalier sieur de Lisle, colonel du régiment de Barrois.....

Id. — Le 10 octobre 1704 baptême de Jacques-Augustin fils de François le Coustellier... parain Jacques de Farcy, la maraine Anne-Thérèse le Coustellier de Bonnebosc.

Id. — Le 11 avril 1719 a été inhumé dans cette église le corps de deffuncte dame Marie de Farcy en son vivant épouse de... décédée d'hier dans le Val-noble, district de Saint-Léonard, laquelle a désiré être inhumée en cette église et agée d'environ 42 ans.

Bibliothèque Nationale. — Pièces Originales. — 2 Juillet 1718 paiement fait à François le Coustellier écuier sieur de Bonnebosc ayant épousé demoiselle Marie de Farcy par Me François Sévin chevalier conseiller du Roy, d'une somme de 18000# faisant partie du prix de la charge de trésorier de France qu'il avait acquise des heritiers de Jacques de Farcy, et remise de 4000# à chacune des deux autres filles dudit Jacques et de sa 1re femme M. de Marcilly, demoiselles Elizabeth et Marguerite de Farcy. *Signatures.*

6° Renée-Catherine, née le 20 juin 1676 et N. son frère jumeau.

Etat civil d'Alençon. — Notre-Dame. — Le jeudi 25e jour de juin 1676 a été inhumé dans cette église le corps de l'enfant de Monseigneur Farcy, trésorier de France au bureau des finances d'Alençon, agé de 4 jours environ...

DU VAL
d'argent à la bande de gueules.

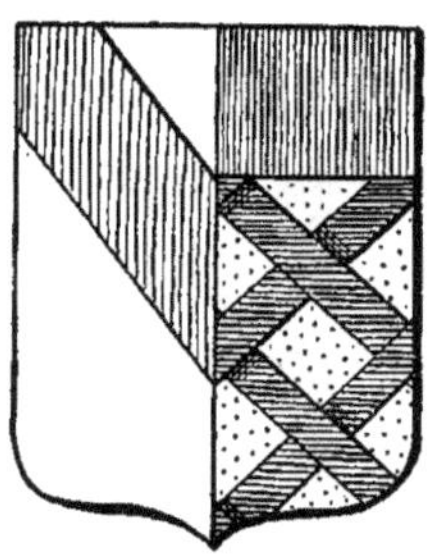

7° Marie-Madeleine, née le 26 février 1679, épousa Mre René-Pierre du VAL, écuyer, seigneur de Cerseaux, trésorier de France à Alençon.

Etat civil d'Alençon. — Notre-Dame. — Le 26e jour de fevrier 1679 fut baptisée Marie-Madeleine fille de Jaques de Farci écuier trésorier de France et de demoiselle Marie de Corneille sa femme; le parain Jacques de Farcy écuyer, la maraine demoiselle Marguerite de Farcy.

Id. — *2 juin 1704*.... maraine de Renée fille de Louis de Marcilly écuier sieur de Hersi chevalier d'honneur au présidial d'Alençon et de Renée Marais.

Id. — Le 10 mars 1705 à été ondoyé une enfant née le même jour en légitime mariage fille de Me René P. du Val.....

Id. — *Saint-Léonard.* — Le jeudi 31 juillet 1766 a été inhumé le corps de feu Me Rolland-François du Val maistre docteur en théologie chanoine honoraire de la cathédrale de Sées et écuier sieur de Cerceaux fils... agé de 63 ans décédé d'hyer dans la rue du Valnoble, muni des sacrements...

8o Thérèse, morte jeune.

Etat civil d'Alençon. — *Saint-Léonard.* — Le 29 juillet 1689 a été inhumé dans cette église le corps de demoiselle Thérèse de Farcy fille de Jacques de Farcy escuier.... et de demoiselle Marie de Corneille sa mère, agée de 3 ans, six mois, demeurant au chateau.....

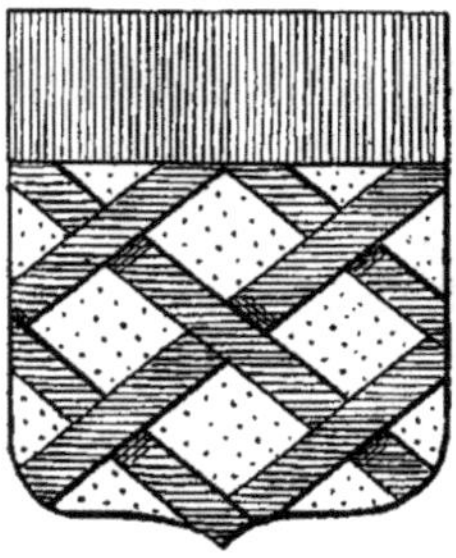

MICHELET
d'argent à la rose de gueules.

4o Pierre de FARCY, chevalier, seigneur du Parc[1], de Faillou, receveur des tailles en l'élection d'Argentan en 1653, conseiller du Roi, trésorier de France et grand voyer de la généralité d'Alençon, épousa le 17 juillet 1647, demoiselle Jacqueline MICHELET, veuve de XVe DEGRÉ.

1. Le Parc, commune de Neuchatel-en-Sonnois, canton de la Fresnaye, arrondissement de Mamers (Sarthe).

Pierre du VAL, écuyer, conseiller du Roi, trésorier de France à Alençon.

Après la mort de son second mari, elle convola en troisième noces et épousa Pierre DAURAT, chevalier, trésorier de France à Alençon.

Ils avaient eu sept enfants: 1° Pierre, 2° Elisabeth, 3° Anne, 4° Louise, 5° Jean-Baptiste, 6° Jacques et 7° Marie.

Rolle des terres du bailliage d'Alençon. — *1639.* — Pierre Farcy, procureur de Guillaume Bigot conseiller au parlement de Rouen, donne déclaration du fief de Grosbois consistant en un moulin, 3 arpents de pré et 20 # de rentes seigneuriales.

Etat civil d'Alençon. — *Notre-Dame.* — Le 14 juin 1658... parain h. h. Pierre Farcy sieur du Parc conseiller du Roi receveur des tailles de l'élection d'Argentan.

Id. — *24 juin 1669...* maraine Jacqueline Michelet veuve de feu Mgr Dauratt, trésorier...

Original. — *1685.* — Aujourdhui est comparu devant les conseillers du Roy notaires à Paris soussignés, dame Marie Michelet veuve de Me Jacques de Frébourg chevalier sieur de la Turpinière et du Pain et des paroisses de Commoué et de Courtion, demeurant ordinairement en sa terre de la Turpinière paroisse de Commué et de present à Paris rue des Cordeliers... laquelle dame tant en son nom et qualité de tante maternelle du sieur de Farcy nommé et qualifié en son contrat de mariage cy-devant écrit que comme procuratrice de dame Jacqueline Michelet sa sœur, veuve de Pierre de Farcy écuyer seigneur du Parc son premier (2e) mary et en secondes (3e) du sieur Daurat, fondée de sa procuration..... *(pièce lacerée)* procuration de Jacqueline Michelet... pour autoriser le mariage de son fils Pierre avec demoiselle Marie M. Baudouin... fait et passé au lieu seigneurial de Frébourg paroisse de Contillé.....

XVIe Degré. 1° Pierre qui suit.

2° Elizabeth, morte en 1670.

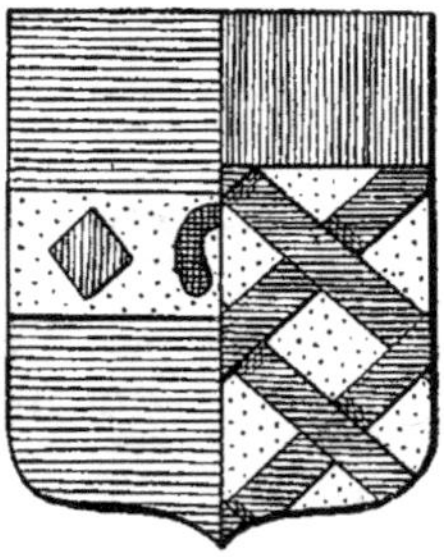

MALLART
d'azur à la fasce d'or chargée d'un fer à cheval de sable, accosté de deux losanges de gueules.

3° Anne épousa, le 6 novembre 1686, Mre Jean-Baptiste MALLART, chevalier, seigneur de Malarteville, fils de Jean MALLART, chevalier, sieur du Jardin et de demoiselle Marie de Châteauthierry [1].

Etat civil d'Alençon. — Notre-Dame. — Le 5 juillet 1685, elle fut marraine d'Anne-Françoise fille de n. Jacques de Boullemer, sieur de la Normandrye et de Renée Treton.

Id. — Le mercredi 6 du mois de novembre 1686, le mariage a été célébré en la chapelle de Saint-Blaise d'Alençon... entre Jean-Baptiste Mallart chevalier sieur de Malarteville agé de 33 ans ou environ fils de..... originaire de Boitron... et demoiselle Anne de Farcy agée de 25 ans ou environ fille... furent présents la dame Michelet, mère de l'épouse, Jacques Mallart chevalier sieur du Jardin, frère de l'époux, Charles-Léon Mallart chevalier de l'ordre du Roy, sieur de Boistron son cousin germain, Pierre de Farcy chevalier conseiller du Roy trésorier de France au bureau d'Alençon frère de l'épouse et plusieurs autres...

Id. — *Saint-Léonard* — Le 15 novembre 1706 a été inhumé le corps d'Emmanuel-Rolland Mallard fils Jean Mallard écuier sieur de Maillardville et de... agé de 10 ans environ demeurant rue de Sarthe.

Id. — *Notre-Dame.* — Le lundi 3° mai 1733, a été inhumé dans cette église

1. De Châteauthierry : *de gueules à la divise abaissée d'argent, surmontée d'un faucon de même tenant un rameau d'or.*

le corps de deffuncte noble dame Anne de Farcy épouse de Me Jean-Baptiste de Maslard chevalier... decédée d'hier rue du Jeudi....

DE QUATREPUITS
d'azur à 4 puits d'or, posés 2 et 2.

4° Louise-Françoise épousa François de QUATREPUITS, écuyer, sieur du lieu.

Elle fit enregistrer les armoiries de son mari dans l'armorial général.

Bibliothèque Nationale. — Alençon. — 571. — Louise de Farcy femme de François de Quatrepuits écuier *d'azur à 3 puits d'or posés 2 et 1.*

5° Jean de FARCY, baptisé le 10 décembre 1657.

Etat civil d'Alençon. — Notre-Dame. — Le lundi 10e jour de décembre 1657 fut baptisé Jean fils de Pierre de Farcy écuyer sieur du Parc conseiller du Roy sieur de Faillou, de l'élection d'Argentan et domicilié à Alençon et de demoiselle J. Michelet... la maraine demoiselle Elizabeth de Farcy.

6° Jacques de FARCY.

Etat civil d'Alençon. — Notre-Dame. — Le lundi 10 décembre 1657 fut présenté Jacques fils du sieur Pierre de Farcy, écuier sieur du Parc conseiller du Roi sieur de Faillou... le parain Jacques de Farcy écuier sieur de Lisle conseiller du Roy, trésorier général des finances à Alençon, la maraine demoiselle Marie Michelet femme de J. de Frébourg, écuier.

7° Marie, née posthume, le 18 mars 1660.

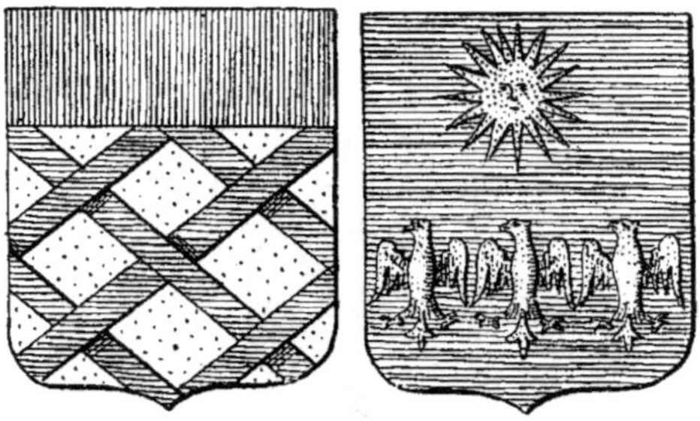

BAUDOUIN
d'azur à 3 aiglons d'or rangés en fasce et en pointe, regardants un soleil rayonnant de même en chef.

1° Pierre de FARCY, chevalier, seigneur du Parc, né le 5 avril 1650, capitaine d'une compagnie de cavalerie au régiment de Farcy, puis conseiller du Roi, trésorier de France et grand voyer de la généralité d'Alençon, épousa, le 19 août 1685, demoiselle Marie-Marguerite BAUDOUIN, fille de feu Grégoire BAUDOUIN, écuyer, conseiller du Roi, contrôleur de la maison de S. M. et de dame Marie BOISSEAU. Il fit enregistrer ses armoiries dans l'armorial général. XVIe DEGRÉ.

Il mourut le 22 février 1733 et sa femme le 1er janvier 1758, à l'âge de 97 ans, laissant huit enfants : 1° N., 2° Pierre-Jacques, 3° Jean, 4° Marie-Marguerite, 5° Denis, 6° Antoine-Joseph, 7° Louise-Thérèse et 8° Geneviève-Marguerite.

Mémoires des Antiquaires de Normandie. — T. XVIII, P. 204. — 1670. — Lettres de provision de la charge de trésorier général de France à Alençon pour Me Pierre de Farcy écuier, sieur du Parc.

Original. — Le 19 aout 1685 furent présents en leurs personnes Me Pierre de Farcy chevalier conseiller du Roy trésorier de France au bureau des finances d'Alençon fils... et demoiselle Marie-Marguerite Baudouin jouissante de ses droits, demeurante en cette ville de Paris au monastère de Portroyal scis au faubourg St-Jacques, fille de... lesquels en la présence et l'agrement de Mrs leurs parents et amys cy-après nommez scavoir de dame Margueritte Le Tellier veuve de Gilles Baudouin écuyer conseiller du Roy et controlleur de sa maison, ayeulle paternelle de ladite demoiselle Baudouin, de Pierre Sénéchal sieur des Bournais cy-devant maistre d'hostel de la feue Reyne et de ladite dame Marie Boisseau son épouse, ses beau-père et mère, de Me Etienne Baudouin conseiller du Roy en la grand chambre du parlement, de Jean-Baptiste de Gaston, Guillemin écuier sieur de la Marry, grand maistre des eaux et forets de France, de Me René Pouyvet sieur des Blignières conseiller du Roy président en l'élection de Mayenne et André-Antoine Rouillet de Beauchampt et dame Marie Baudouin son épouse, de demoiselle Angélique Rouillet de Beauchapt et le sieur Rouillet de Beauchapt ses enfans, ont volontairement reconnu et confessé avoir fait et accordé le traitté de mariage qui fait scavoir que ledit Pierre de Farcy et dame Marie-Marguerite Beaudouin ont promis se prendre l'un l'autre par loy de mariage... fait et passé à Paris scavoir à l'égard de ladite future épouze au parloir dudit monastère de Portroyal et pour les autres partyes et sieurs parents et amys en la maison dudit sieur Baudouin conseiller rue des Roziers l'an 1685 le 19e d'aoust après-midy.....

Etat civil d'Alençon. — Notre-Dame. — Le 19 juillet 1686 parain de Pierre de Boullemer... Mre Pierre de Farcy chevalier sieur du Parc conseiller du Roy... maraine demoiselle Suzanne de Villiers femme de M. Me René de Buherré sieur des Planches conseiller du Roy au bailliage et siège présidial d'Alençon.

Original. — 16 Aout 1694 accord entre Me Pierre Sénéchal écuier sieur des Bournais... veuf de dame Marie Boisseau au nom et comme tuteur de Pierre Senéchal leur fils mineur, d'une part et Me Pierre de Farcy... à cause de dame Marie M. Baudouin son épouse..... Georges-Charles Baudouin écuyer assisté de Me Estienne Baudouin conseiller du Roy en la grand chambre du parlement, et demoiselle Marguerite-Therèse Baudouin fille majeure... tous frère et sœurs du 1er lit de ladite deffunte Marie Boisseau..... fixant à 18000 ₶ la part de la succession revenant aux enfants du 1er lit...

Etat civil d'Alençon. — Notre-Dame. — Le 30 décembre 1695 parain M^e

Mre Pierre de Farcy chevalier sieur de Parque conseiller du Roy trésorier de France et général de ses finances ; la maraine dame Anne de Mauloré.

Armorial général. — Alençon. — P. 342. — Pierre de Farcy écuier sieur du Parc conseiller du Roi trésorier de France à Alençon : *d'or fretté d'azur au chef de gueules.*

Original — 16 Février 1714 procuration par Me Pierre de Farcy écuier sieur du Part conseiller du Roy ancien trésorier de France... et dame Margueritte Baudouin son espouse à... pour toucher en leur nom le remboursement de toutes les parties de rentes à eux dues sur les aydes et gabelles. (*Signature.*)

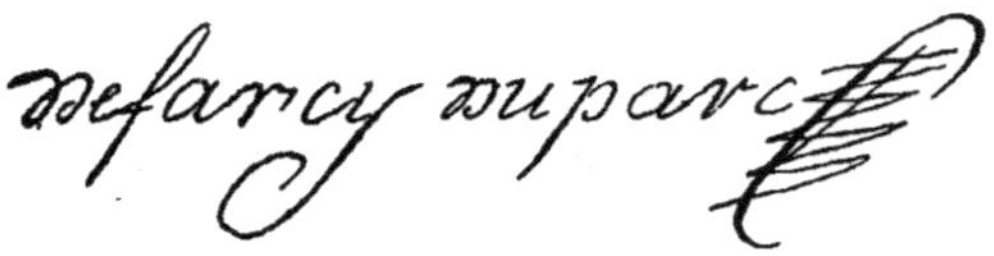

Etat civil d'Alençon. — Saint-Léonard. — Le dimanche 22 février 1733 fut inhumé, sous son banc dans l'église de Saint-Léonard le corps de feu Me Pierre de Farcy écuier sieur du Parc, conseiller du Roy, ancien trésorier de France en cette généralité, décédé dans sa maison rue du Chateau agé de 80 ans ou environ la nuit de vendredi à samedi dernier sur le minuit après avoir reçu les sacrements...

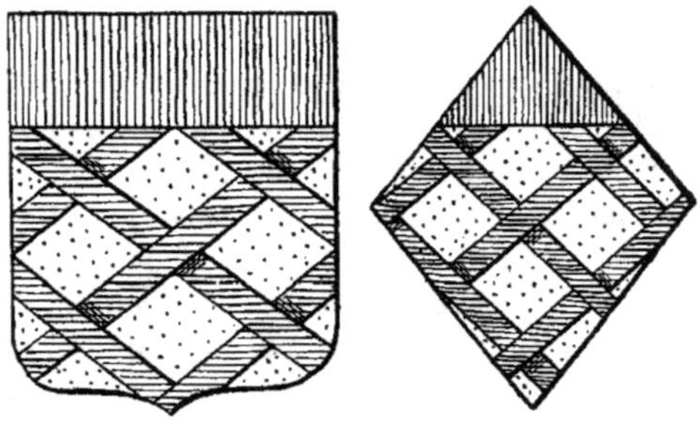

1° N., ondoyée en 1686. XVIIe Degré.

Etat civil d'Alençon. — *Notre-Dame.* — Le jeudi 30 may 1686 fut ondoyée la fille de Me Pierre de Farcy chevalier sieur du Parc conseiller... et de dame Marie-Marguerite Baudouin et ce par permission expresse de M^rs^ les grands vicaires généraux du vénérable chapitre de Sées, le siège vacant...

2° Pierre-Jacques de Farcy, chevalier, sieur du Parc, né en 1687, partagea en 1710 avec ses frères et sœurs, et mourut le 14 juillet 1764, sans alliance.

Etat civil d'Alençon. — *Notre-Dame.* — Le ... may 1687 fut baptisé Jacques-Pierre fils... le parain Me Jacques de Farcy chevalier conseiller du Roy trésorier de France et président de ses finances au bureau d'Alençon ; la maraine dame Jaqueline Michelet veuve de Me Pierre Daurat chevalier conseiller du Roy trésorier et président des finances...

Id. — *Saint-Léonard.* — Le samedy 14 juillet 1764 a esté inhumé dans cette église le corps de Me Pierre-Jacques de Farcy écuier fils de deffunct Me Pierre de Farcy escuyer et de deffuncte damoiselle Marie-Marguerite Beaudoin agé de soixante et dix sept ans décédé d'hier au soir en la rue du Chato, muni des sacrements...

3° Jean de Farcy, né en 1688.

Etat civil d'Alençon. — *Notre-Dame.* — Le mardy 22 de juin 1688 fut baptisé Jean, né de ce jour, fils de... le parain Me Jean-Baptiste Mallart écuier sieur de Mallartville, la maraine dame Marie Corneille femme de Mre Jacques de Farcy chevalier sieur de Lisle conseiller trésorier et président...

4° Marie-Marguerite, née en 1689.

Etat civil d'Alençon. — *Notre-Dame.* — Le 17 de septembre 1689 fut baptisé Marie-Margueritte, née d'hier, fille de... le parain Jacques de Boullemer sieur de la Normandrye conseiller du Roi, vicomte d'Alençon, la maraine Anne-Jeanne Darlange femme de Me Denis de Frébourg chevalier sieur du lieu.

5° Denis de Farcy, né en 1692, mort en 1707.

Etat civil d'Alençon. — Notre-Dame. — Le mardy 1er jour de juillet 1692 fut baptisé Denis, né du 28 de juin dernier, fils... parain Me Denis de Frébourg chevalier sieur du lieu et maraine dame Marie de Saint-Ouen femme de Me Pierre de Fromont sieur de Mieuxé, la Benardière, Saint-Ouen.

Id. — Saint-Léonard. — Le lundi 12e jour de décembre 1707 a esté inhumé dans cette église le corps de Denys de Farcy fils de... décédé d'hyer agé de 16 à 17 ans environ demeurant rue du Chateau.

6° Antoine-Joseph, qui suit.

7° Louise-Thérèse, née en 1697.

Etat civil d'Alençon. — Notre-Dame. — Le jeudi 3e jour de septembre 1699 ont été supplées les cérémonies du saint baptesme à Louise-Thérèse née et ondoyée le 21 mars 1697 fille de... le parain Me Louis Germain de Farcy docteur en théologie chanoine et archidiacre en l'église de Sées, la maraine demoiselle Marguerite-Geneviève, sœur jumelle de l'enfant.

DE LA FOURNERIE
d'azur à la croix d'or.

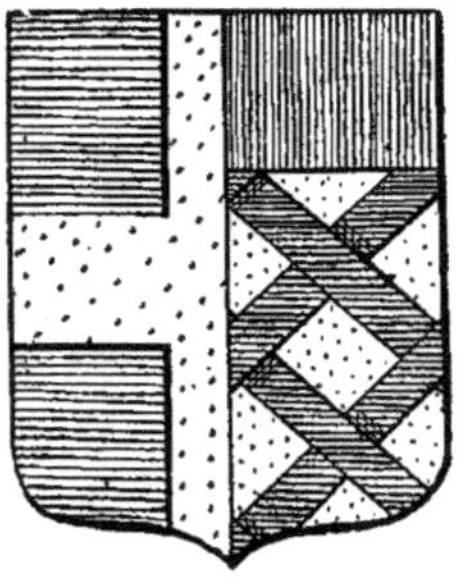

8° Jeanne-Marguerite-Geneviève-Angélique, jumelle de Louise-Thérèse, épousa le 20 août 1715, Antoine de la FOURNERIE, chevalier, seigneur de la Ferrière, Rochard et Chahains, gentilhomme servant ordinaire du Roi, fils d'Antoine de la FOURNERIE, écuyer, sieur du dit lieu et de Marie-Marthe de BONVOUST[1].

1. De Bonvoust, *d'argent à 2 fasces d'azur acc. de 6 merlettes de sable, posées 3, 2 et 1.*

Etat civil d'Alençon. — Notre-Dame. — Le 30 septembre 1687 fut ondoyée la fille de Me Pierre de Farcy, née de ce jourd'huy... le lundi 5e jour de janvier 1699 les cérémonies du Saint Baptème ont été supplées à Marguerite-Geneviève fille... parain Mre Joseph-René de Frébourg chevalier sieur du lieu, de Dancey, la maraine dame Jeanne d'Arlange épouse de Me Denis de Frébourg chevalier sieur desdits lieux.

Bibliothèque Nationale, carrés de d'Hozier. — Vol. 246, P. 52. — Articles du mariage d'Antoine de la Fournerie et Geneviève de Farcy... accordé le 16 aout 1720... elle reçoit une dot de 18000 #

Etat civil d'Alençon. — Notre-Dame. — Le mardi 20 aout 1715 le mariage fut célébré dans cette église entre Me Antoine de la Fournerie chevalier sieur de la Ferrière, Rochard et Chahains gentilhomme servant ordinaire du Roy fils de feu Me Antoine de la Fournerie sieur desdits lieux conseiller du Roy, lieutenant civil et criminel au bailliage et siège présidial d'Alençon et de dame Marthe de Bonvoust d'une part, et demoiselle Geneviève-Marguerite-Jeanne de Farcy fille... furent présents, Me Pierre de Farcy père de l'épouse, dame Marguerite-Baudouin, Pierre-Jacques de Farcy frère de l'épouse...

Id. — Saint-Léonard. — Le lundi 10 septembre 1770 a été inhumé le corps de n. d. Marguerite G. M. de Farcy veuve d'Antoine de la Fournerie... agée de 85 ans ou environ, décédée d'hier, rue du Chateau, munie des sacrements de penitence et d'extrème onction.

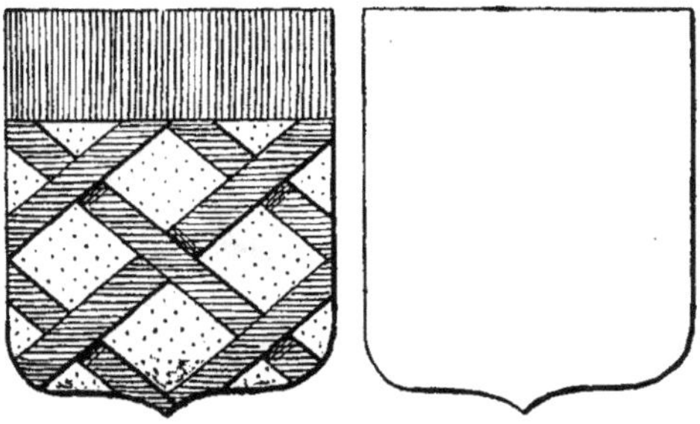

DE LA ROCQUE.

XVIIe DEGRÉ. 1° Antoine-Joseph de FARCY, chevalier, seigneur de la Poterie, d'Ozouville, né le 10 décembre 1696, conseiller du Roi, commissaire ordinaire des guerres, chevalier de l'ordre royal et militaire de Saint-Louis en 1772, épousa demoiselle Marie-Louise-Perrine de la Rocque, fille de Pierre de la Rocque, écuyer, sieur de Canon, conseiller secrétaire du Roi et de Marie de Monthiers[1]. Il fit décorer à ses frais l'église de l'Ave-Maria d'Alençon[2] et mourut le 8 mars 1780, survivant à ses enfants et demeurant ainsi le dernier de la branche ainée de la famille de Farcy.

Ils eurent trois enfants : 1° Pierre, 2° Marie et 3° Perrine.

Original. — S. d. lettre au comte de Roussillon pour le remercier d'une offre d'argent qui est acceptée.

Id. — *1731.* — Supplique adressée à N. S. les maréchaux de France par le comte de Roussillon réclamant une somme de 3000# à lui due par le sieur de Farcy, commissaire des guerres. — Ordre des maréchaux de France *signé* Le Maréchal de Villeroy. — Réponse de Me de Farcy.

Id. — *1734.* — Certificat de bonne vie et mœurs delivré à Antoine J. de Farcy écuier sieur d'Ozouville actuellement pourvu d'un office de conseiller du Roy commissaire des guerres...

Id. — *1748.* — Nous, commissaire ordinaire des guerres au département d'Alençon certiffions que le nommé Jean Borel dit Comtois, cavalier de la compagnie de Clercy au régiment du Roy a esté nommé pour les Invalides par M. le comte de Grasville lieutenant général des armées du Roy, inspecteur de cavalerie qui a fait la réforme du régiment assemblé pour cet effet dans cette ville et que le sieur Borel ne s'étant pas trouvé en état de partir avec les autres cavaliers aux quels on a fourni une voiture gratis pour se rendre aux Invalides, est resté dans l'hopital de cette

1. De Monthiers, *d'or à 3 chevrons de gueules.*
2. V. *Mémoires historiques sur la ville d'Alençon,* p. 146, et Odolant Desnos. T. I, p. 61.

ville jusqu'à ce jour et qu'il n'est point en état de faire la route à pied. Fait à Alençon ce 23 décembre 1748.

Copie. — *30 Décembre 1751.* — Souscription de 34800# par les habitants d'Alençon pour acheter des grains afin d'éviter la disette... ont souscrit... 1000# par M. d'Ossouville commissaire des guerres et la dame de la Ferrière (Marguerite de la Fournerie).

Archives de l'Orne. — *Série C.* — *1756.* — Lettre relative au passage prochain de troupes dans la généralité et à l'envoi d'un 3e commissaire des guerres, les sieurs Farcy d'Ozouville et Tribalet ne pouvant suffire pour veiller à leur établissement. — Plaintes du commis du sieur Farcy contre le sieur maire d'Alençon de la part duquel il a éprouvé de l'opposition au sujet du logement des gens de guerre. — 1763 réponse à l'avis donné à l'intendant que d'après l'ordre du Roy, le sieur Farcy restera seul employé comme commissaire des guerres dans la généralité, le sieur Bonnier de Saint-Cosme étant chargé d'une autre mission — 1763 lettre relative à l'impossibilité de rétablir les appointements du sieur Farcy sur le pied où ils étoient avant la réforme. — 1765 à 1767 lettres relatives au paiement de ses appointements. — 1772 lettre relative à la nomination du sieur Farcy d'Ozouville comme chevalier de Saint-Louis. — 1773 réglement de sa retraite avec pension de 1200#.

Etat civil d'Alençon. — *Saint-Léonard.* — Ce jourdhuy 29 may 1780 a été inhumé au cimetière de cette église le corps de Mre Antoine J. de Farcy d'Ozouville écuyer ancien commissaire des guerres, chevalier... agé de 84 ans, décédé d'hier rue du Chateau muni des sacrements. M. de Farcy prit le soin pendant quatre ans de décorer l'église de l'Ave Maria et fit de nombreux dons. C'est lui qui fit réparer les statues du Roi Louis XII et d'Anne de Bretagne, son épouse.

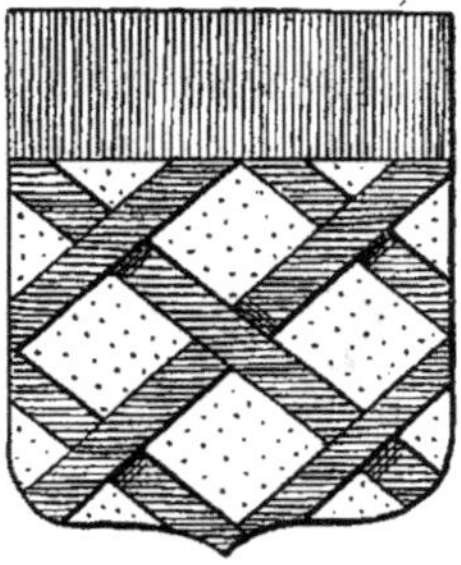

1° Pierre-Joseph-Louis-Antoine de Farcy, né en 1739, mort le 3 juin 1740. XVIIIe Degré.

Etat civil d'Alençon. — Notre-Dame. — Le 28 de juillet 1739 a été baptisé Pierre... né du 23 du present mois, rue du Chateau, en légitime mariage fils de Mre Antoine-Joseph de Farcy,.. le parain Mre Pierre de la Rocque escuier sieur et patron de Canon, conseiller secrétaire du Roy, maison, couronne de France et de ses finances, la maraine n. d. Marie-Marguerite Baudouin veuve de Mre Pierre de Farcy... sa grand mère.

Id. — Saint-Léonard. — Le vendredi 3 juin 1740 fut inhumé dans cette église le corps de Joseph-Antoine agé de 10 mois environ fils de Joseph-Antoine de Farcy... décédé ce matin, rue du Chateau.

de Bernières *tiercé en fasce de gueules à l'étoile d'or; d'azur à 3 croissants rangés d'or et d'argent au léopard naissant de sable.*

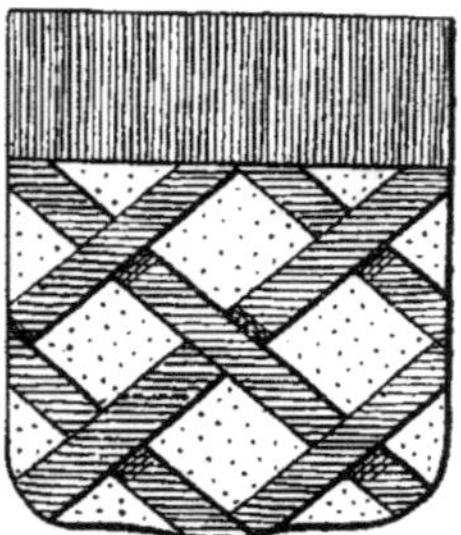

2° Marie-Joséphine-Jacqueline, née le 22 janvier 1741, épousa

Nicolas-Joseph de Bernières, chevalier, seigneur baron de Louvagny, et mourut à 24 ans, le 9 mars 1764.

Etat civil d'Alençon. — Saint-Léonard. — Le dimanche 22 janvier 1741 a été baptisée Marie-Joséphine-Jacqueline née de ce jour à 11 heures du matin, rue du Chateau, en légitime mariage fille de... parain Mgr Pierre de Farcy écuier sieur du Parc... la maraine dame Marie-Renée de Monthiers épouse de Mgr de la Rocque.

Id. — Le lundy 11 mars 1764 a été inhumé dans l'église le corps de dame Marie-Jacqueline de Farcy épouse de M Nicolas-Joseph de Bernières le baron de Louvagny agée de 24 ans ou environ, décédée le samedi neuf, au soir en la rue du Chato, muni des sacrements...

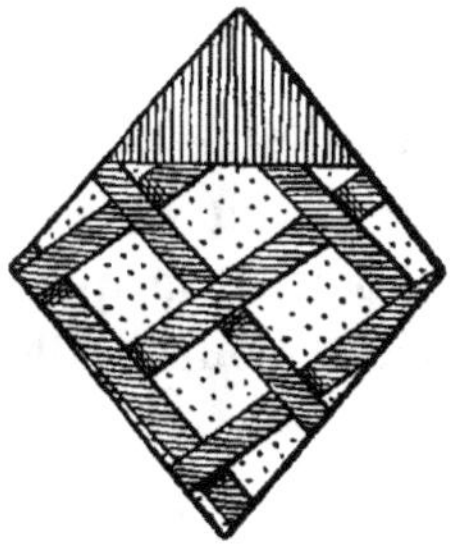

3° Perrine-Charlotte-Geneviève, née le 26 juin 1742, morte jeune.

Etat civil d'Alençon. — Notre-Dame. — Le mardi 26e jour de juin 1742 a été baptisée Perrine-Charlotte-Geneviève née de ce jour en légitime mariage à 8 heures du matin rue du Chateau fille... parain Pierre-René de la Rocque écuier sieur de Canon, la maraine dame Geneviève-Marguerite de Farcy de la Ferrière (tante).

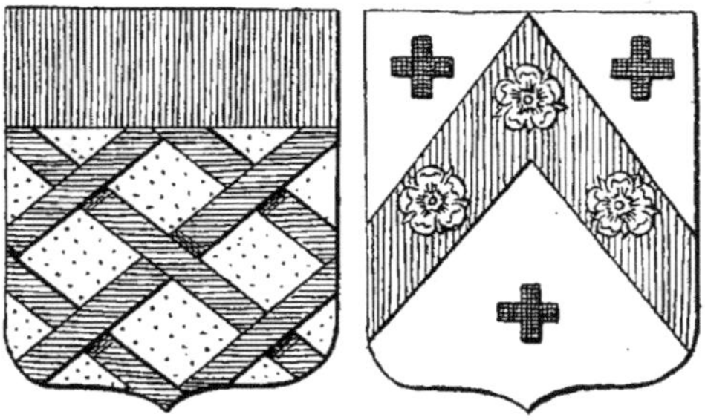

DE PÉRONNE *d'argent au chevron de gueules chargé de 3 roses du champ et acc. de 3 croisettes de sable posées 2 et 1.*

6° Louis de FARCY, écuyer, seigneur de la Droitière, conseiller du Roi, contrôleur au grenier à sel d'Alençon, conseiller de ville et échevin en 1668, puis président au présidial, épousa le 27 mars 1657 demoiselle Jeanne de PÉRONNE, fille de n. h. Jacques de PÉRONNE et de Jeanne TASSEAU. Il était mort le 13 juin 1670 et sa veuve épousait, le 19 février 1676, Aimable MAUPOINT, écuyer, sieur de Vendœuil, gendarme ordinaire de la garde du Roi. Ils eurent une nombreuse postérité : 1° Jeanne, 2° Abel, 3° Jacques, 4° Charles, 5° Anne, 6° Germain, 7° Henri, 8° René, 9° Louise, 10° Françoise, 11° Marie, 12° Louis et 13° Daniel.

XVe DEGRÉ. (Voir p. 203).

Etat civil d'Alençon. — N.-Dame. — Le samedi 5e jour de décembre 1659... marraine demoiselle Jeanne Perronne épouse de M. de la Droitière Farcy — 12 octobre 1661... parain Louis Farcy sieur de la Droitière conseiller du Roy, controleur au grenier et magazin à sel d'Alençon.

Id. — Le lundi 10 février 1676 ont été espousés... Me Aimable Maupoint sieur de Vendœuil, de 23 ans ou environ fils de Me Ambrois Maupoint receveur des traites foraines au bureau de Ham en Picardie et demoiselle Jeanne Perronne veuve de deffunct Me Louis Farcy...

Copie. — Rolle des maisons de cette ville et forbourg d'Allençon sur les quelles est faite taxe pour l'entretien des tombereaux qui enlèveront les boues et immondices de la ville d'Alençon, 3 décembre 1679... rue du marché aux porcs à aller à la chaussée à prendre depuis la porte de Lancrel... la veuve du sieur de la Droutière Farcy 15s, propriétaire d'une maison où demeure René Proust, grande porte. — La veuve du sieur de la Droutière Farcy propriétaire d'une maison où demeure Nicolas Marignier, une porte 7s 5d.

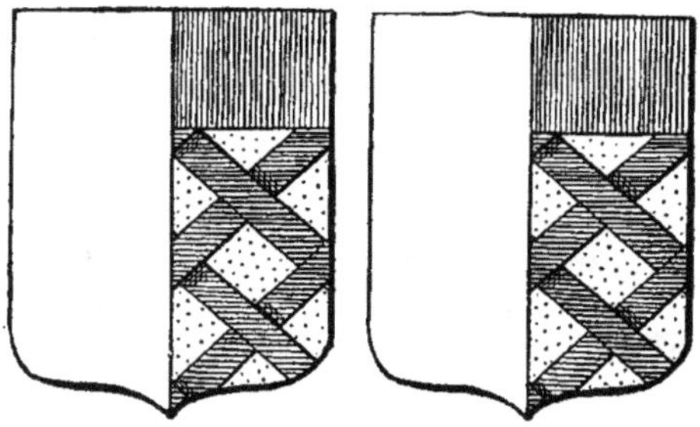

XVIe Degré. 1° Jeanne, née le 20 décembre 1657, épousa, d'après une généalogie de la Bibliothèque Nationale : 1° N...., lieutenant-général à Honfleur, 2° N...., sieur du Cernay, près Lisieux.

Etat civil d'Alençon. — Notre-Dame. — Le 20 décembre 1657 fut baptisée Jeanne fille de h. h. Me Louis de Farcy conseiller du Roy controleur au grenier à sel d'Alençon et de demoiselle Jeanne Perronne son épouse...

Id. — 22 Février 1669... maraine demoiselle Jeanne de Farcy.

2° Abel de Farcy, qui suit.

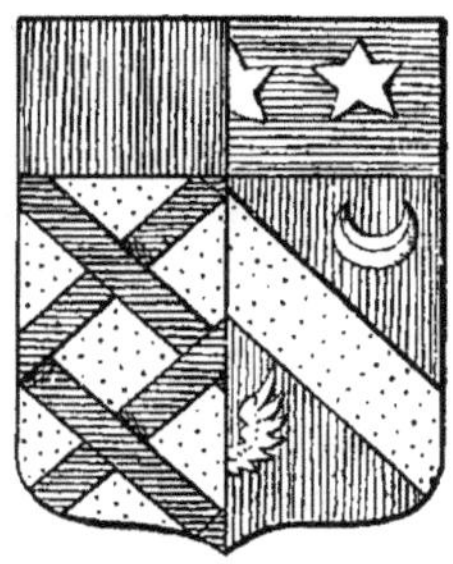

Huet
de gueules au chevron d'or acc. en chef de deux croissants d'argent et en pointe d'un vol de même, au chef cousu d'azur chargé de 3 étoiles d'argent.

3° Jacques-André de Farcy, écuyer, sieur de la Droitière, de Lessard, baptisé le 26 novembre 1658, d'abord capitaine au régiment de Conti et de Grignan, puis conseiller au grenier à sel d'Alençon, en 1680, conseiller du Roi, receveur alternatif des tailles, octrois et tarifs de l'élection de Bayeux en 1699, secrétaire du Roi en la chancellerie de Dôle en 1697, intéressé dans les affaires de Sa Majesté, épousa demoiselle Eléonore Huet et mourut sans postérité en 1708.

Il fut maintenu dans sa noblesse par arrêt du Conseil d'état du 2 septembre 1704. (Voir page 25).

Etat civil d'Alençon. — *Notre-Dame.* — Le 28 février 1680 fut inhumée Françoise-Antoinette décédée dhier agé de 3 ans environ fille de Haymable Maupoint escuier... et de Jeanne Perronne... furent présents Me Jacques Farcy conseiller au grenier à sel, frère de ladite deffuncte.

Original. — 21 Janvier 1701. — Certificat d'armoiries delivré à Jacques de Farcy écuyer par d'Hozier. Paris, registre 2, n° 25. Ecusson peint : *d'or fretté de six pièces, au chef de gueules.*

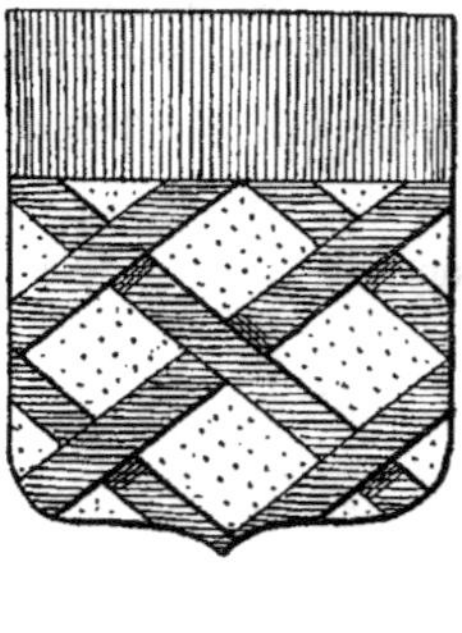

4° Charles de Farcy, écuyer, sieur de la Gassinière, né le 8 juillet 1666.

Etat civil d'Alençon. — *Notre-Dame.* — Le jeudi 15e jour de juillet 1666 fut baptisé Charles fils de noble Louis de Farcy, conseiller du Roy, controlleur au magasin à sel d'Alençon et chambre en dépendant et de demoiselle Jeanne Perronne son épouse... lequel Charles né du jeudi 8e jour de juillet 1666...

5° Anne, jumelle de Charles.

Etat civil d'Alençon. — Notre-Dame. — Les même jour et an que dessus fut baptisée Anne fille dudit... parain René Paquet sieur de la Bellinière procureur général au duché de Mayenne.

6° Louis-Germain de Farcy, écuyer, prêtre, docteur en théologie, chanoine archidiacre de Sées.

Etat civil d'Alençon. — N.-Dame. — Le 3 septembre 1699... parain Me Louis Germain de Farcy, docteur en theologie, chanoine et archidiacre en l'église de Séez.

7° Henri-Pierre de Farcy, écuyer, prêtre, chanoine de l'église royale et collégiale de Mantes, en 1697.

8° René de Farcy, écuyer, prêtre, curé.

9° Louise.

10° Françoise, née en 1669.

Etat civil d'Alençon. — Notre-Dame. — Le 6 janvier 1669 fut baptisée Françoise fille... le parain d. p. Me François Bondouet prêtre curé de Moulins ; la maraine demoiselle Marguerite Treton...

du Four
d'argent au chevron de gueules acc. de 3 roses de même, tigées feuillées de sinople.

Aubry
de gueules à 3 pals d'or chargés chacun d'un trèfle de sable, en fasce.

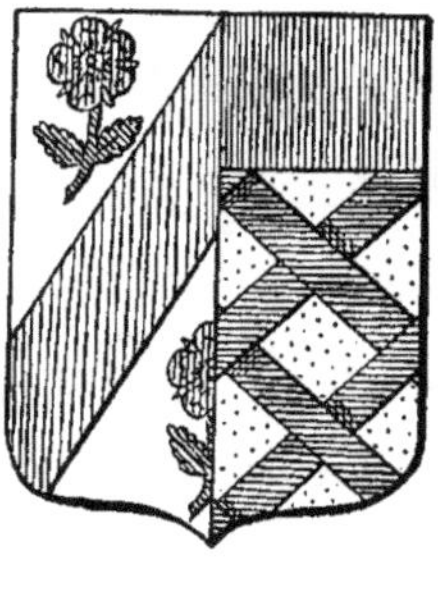

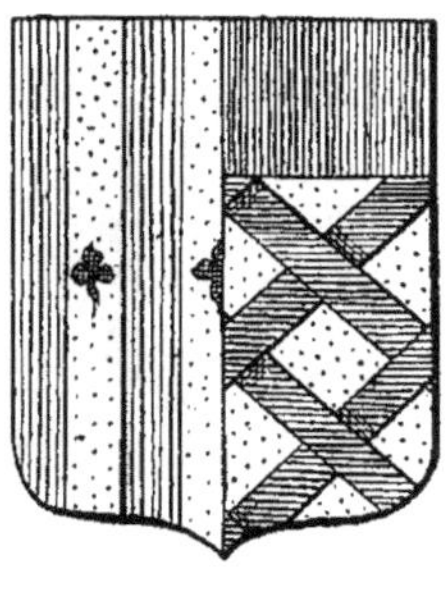

11° Marie, née en 1671, épousa : 1° le 3 mai 1696, Thomas François du Four, écuyer, seigneur de la Thuilerie, fils de feu François du Four, écuyer, sieur du dit lieu et de dame Louise Ragaine [1].

1. Ragaine, *de gueules à la fasce d'or.*

2° François-Louis Aubry, écuyer, sieur de Trungy et du Tronchet, receveur des tailles à Bayeux, fils de René Aubry, conseiller-secrétaire du Roi et de Louise-Marguerite Berrier[1].

Il mourut avant 1699.

Etat civil d'Alençon. — *N.-Dame..* — Le jeudi 3e jour de may 1696 le mariage a été célébré d'entre Thomas-François du Four écuyer sieur de la Tuillerie agé de 23 ans environ fils de... de la paroisse de Sylly près Argentan d'une part et demoiselle Marie de Farcy agée de 25 ans ou environ fille de... d'autre part...

Archives de l'Orne. — *Série C.* — *1696.* — Constitution de 150# de rente au profit de Thomas F. du Four, au capital de 3000#.

Original. — *1699.* — Cession de gages à Gilles Fontaine commissaire des tailles par Marie Farcy veuve Louis Aubry... et tutrice de leurs mineurs.

Mémoire des antiquaires de Normandie. — *T. XVIII. P. 226.* — 1701. — Lettres de modération d'amende faute de compter obtenues par Marie Farcy veuve Aubry. — *P. 231*, 1706, autres lettres id. et validant les extraits des comptes de la recette générale des finances de Caen rendus par le sieur de Barre.

Hubert
d'azur à la gerbe d'or, accostée de 2 molettes d'argent et soutenue d'un croissant de même.

12° Louis de Farcy, écuyer, seigneur d'Ossonville, conseiller du

1. Berrier, *d'argent au chevron de gueules acc. en chef de 2 quintefeuilles d'azur et en pointe d'une aiglette de même.*

Roi, commissaire provincial pour la police des troupes dans la généralité de Caen et la Hogue, puis du pays Messin, de Trèves et Hinspruch, commissaire ordonnateur en la généralité de Paris, épousa demoiselle Marguerite Hubert.

Carte militaire. — Supplément. Lemeau de la Jaisse, Paris 1736. — P. 67. Etat de la France, Paris 1736. P. 61.

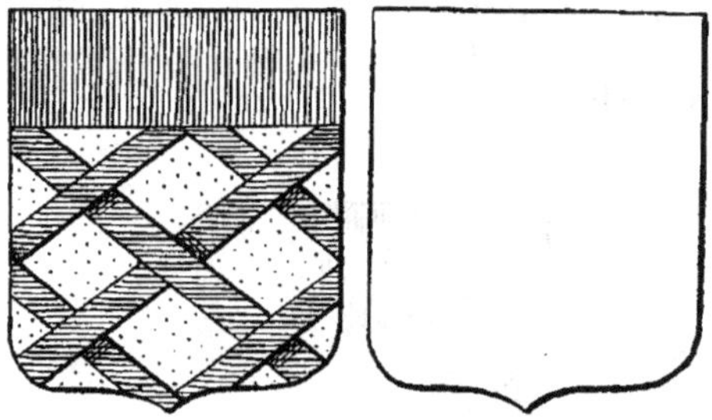

13° Daniel de Farcy, écuyer, sieur de la Goupillère, alias Goupilly, servait en 1693, dans l'arrière-ban d'Anjou pour le sieur de la Ferrière, il épousa en mars 1700, demoiselle N..., dont il eut un fils.

Titres Jarret de la Mairie. — 7 Juin 1693. — Revue du ban d'Anjou. Commandant : de la Motte Baracé, marquis de Senonnes, cornette du Cazeau, maréchal des logis Farcy, commissaire Chevallerie, brigadier Brunetière. *Angers.* — Aveline de Marcay, du Puy-Cadoret, la Godinière, du Rateau pour Cintray, Martinière, de Lesrat, Gohin, du Roseray-Farcy pour Grimaudet, Sorinière-Verdier, d'Ossigny du Mesnil, du Bois-Sorouette pour Rousselière, de Verdier, de Goupilly-Farcy pour la Ferrière, Varice pour son frère, d'Anthenaise pour de Gestay, du Paty pour Meignane, Ribou, d'Andigny pour Belle Rivière — *Saumur* Dangelet lieutenant, Valory major, Boydavid maréchal des logis, Chabot brigadier, Barbelinière pour le chevalier de Chouppes, de Nintré pour de Marigné, Georginière, la Boire-Cordon, de Roche pour des Chapelles, des Landes-Amoureuse pour Cheman, Masseille, la Hune pour Maubert de Coisbray, de Genes pour le marquis de la Tremblaye, des Perrières, de Ligny pour Beauvais, Paillard, de

Bournezeaux, des Landes-Buget, Chardon de Beauvais pour d'Albeuf, Jarret, Masson pour la Grise, Maurepart, Baudrière pour la Chavière, Brossard pour Sansonnière. — *Baugé* Bonnétat brigadier, le baron de Saint-Georges, Bellair du Boul, Colman, Herbreau pour Voisin, la Carte, Launay de la Mottais, Launay-Gautrais, La Mérie-Jarret, Vassé. — *La Flèche* Taillepray, Montaigne pour Turbilly, du Jarrier, Maran pour de.... Lebret, de Brulon. — *Chateaugontier*. Saulay Morinière, Quatrebarbes, Champchevrier pour d'Ampoigny, Vamerie pour la Barre, la Ferrière, la Croix trompette. Absents : de Gatine, la Lande des Plains, Gifard, la Tour-Baulois, d'Ardaine.

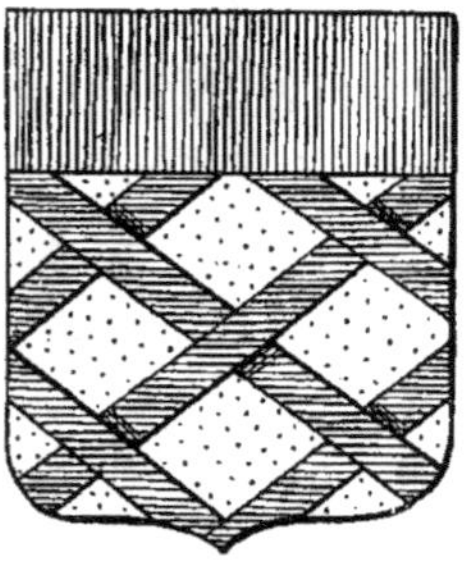

XVIIe *Degré.* — N. de Farcy, écuyer, sieur de Goupilly.

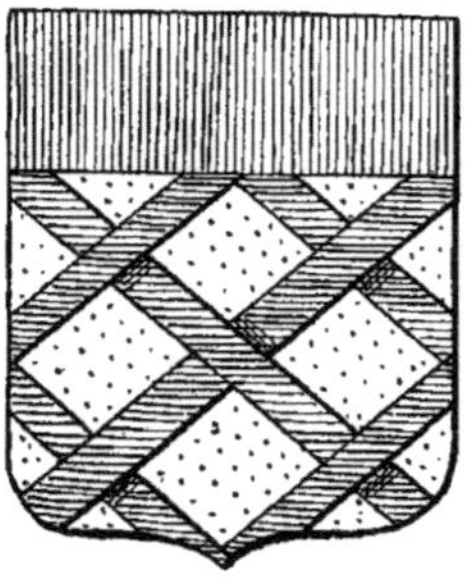

Guiton
de gueules au léopard d'or.

2° Abel de Farcy, écuyer, seigneur des Granges, épousa demoiselle Louise Guiton, dont deux enfants : 1° Abel et 2° Joseph. XVIe Degré.

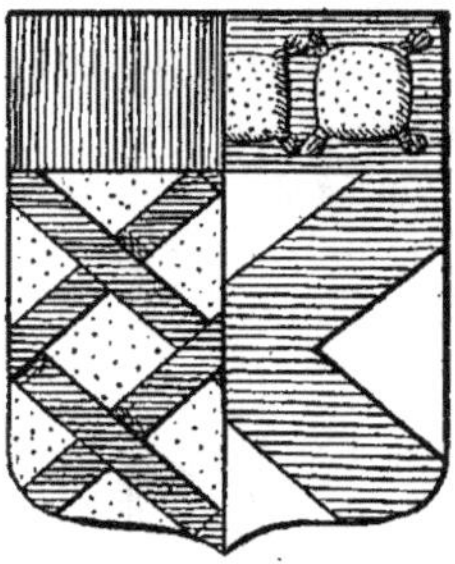

DE CARPATRY
d'argent au sautoir d'azur au chef de même chargé de 3 coussins d'or, les houppes mises en sautoir.

XVIIe DEGRÉ. 1° Abel qui suit.

2° Joseph de FARCY, écuyer, sieur de la Potherie, conseiller du Roi, maison et couronne de France, contrôleur à la chancellerie près la cour des comptes, domaines, aides et finances de Dôle, épousa demoiselle Marguerite-Catherine de CARPATRY.

Il était mort en 1707, quand sa veuve, tutrice de leur fils Joseph, vendit les charges de son mari.

Original. — *1707.* — Par contrat passé par devant Dupuis et Lemasle notaires à Paris le 20 aout 1707.... appert Dame Catherine Carpatry veuve de Joseph de Farcy escuyer sieur de la Poterie, au nom et comme tutrice de Joseph de Farcy, son fils mineur dudit deffunct, avoir vendu à Me Gilles de Garreau, avocat au parlement et procureur en la chambre des comptes, l'état et office de conseiller, secrétaire du Roy, maison et couronne de France controlleur en la chancellerie près la cour des comptes, domaines, aydes et finances de Dol, moyennant la somme de 10.008# Et par quittance estant ensuite dudit contrat passé devant lesdits notaires le 12e jour de septembre audit an 1707, appert ladite Dame de Farcy avoir reconnu avoir reçu dudit sieur de Garreau la somme de 10.008# pour le prix de la vente qu'elle luy a faite dudit office. Extrait et collationné par les notaires à Paris soussignés sur les expéditions.... à l'instant rendues le 17 décembre 1716. (*Signé*) BOSCHERON et HUNOT.

Bibliothèque Nationale. — *Pièces originales.* — Par quittance passée par devant le Chanteur qui a la minutte et son confrère notaires, le 3 aout 1720, appert Dame Marguerite de Carpatry veuve.... avoir reçu du trésor royal la somme de 3000# pour le remboursement de 120# à quoy ont esté réduites 187# 10 s. d'augmentation de gages dont ladite dame étoit propriettaire. Extraict collationné sur la minutte par le notaire soussigné ce jourd'huy 18 mars 1720. *(Signé)* Le Chanteur.

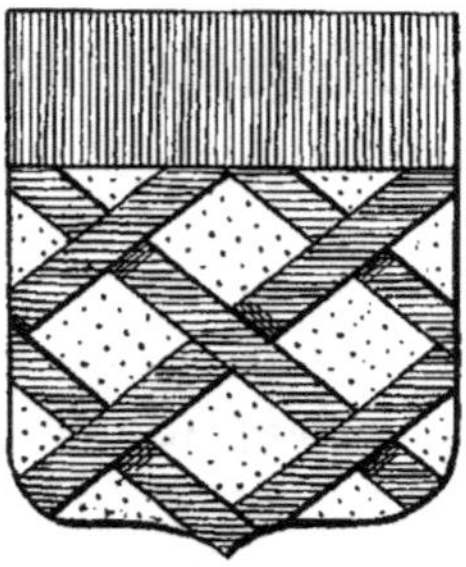

XVIIIe *Degré.* — Joseph de Farcy, mineur en 1707.

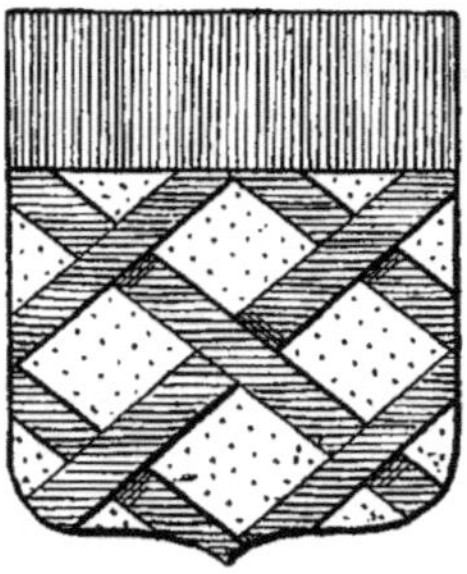

Rambeau *d'argent à un cyprès arraché de sinople, au chef de sable chargé d'un oiseau d'or.*

1° Abel-Martin de Farcy, écuyer, seigneur des Granges, épousa demoiselle Marie-Geneviève Rambeau, dont Charles-Louis et Jean-Nicolas. XVIIe Degré.

Bibliothèque Nationale. — Dossier Cherin. — Il assista au baptême de Jean-Nicolas, son fils, à Saint Roch, à Paris le 29 juillet 1721 et demeurait alors rue Sainte Anne.

XVIIIe DEGRÉ. 1° Charles-Louis de FARCY, né à Saint-Germain-en-Laye le 8 mai 1719, lieutenant en second le 1er janvier 1734, enseigne de la Colonelle le 11 mars 1735, lieutenant le 19 août 1735, blessé à la bataille de Dettingen le 27 juin 1743, capitaine le 19 août 1745, aide-major le 11 juillet 1747, chevalier de l'ordre royal et militaire de Saint-Louis le 27 juillet de la même année, blessé au siège de Hust, capitaine au régiment de Béarn en 1758, blessé au siège de Munster en 1759, capitaine de fusiliers en 1761, s'est retiré du service en 1762.

De Roussel. — Essai historique sur les régiments d'infanterie, Paris, 1765, P. 80.

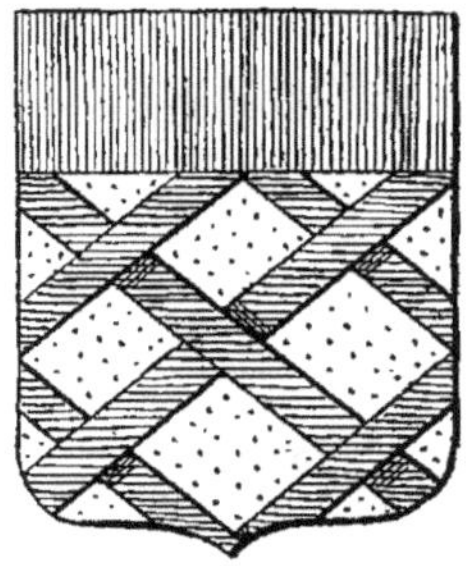

2° Jean-Nicolas de FARCY, écuyer, seigneur des Granges, né le 29 juillet 1721, baptisé à Saint-Roch le même jour, passa à St-Domingue et demanda, en 1752, l'autorisation d'y jouir de sa noblesse. On ignore ce qu'il est devenu.

7° Annibal de Farcy, qui suit.

XIVe Degré.
2e lit.
(V. p. 195).

de Gennes
d'azur à 3 genettes courantes d'or, posées 2 et 1.

8° Gilles de Farcy, écuyer, seigneur de Saint-Thomas, assista en 1607 au mariage de Daniel son dernier frère et épousa, le 25 août 1613, en l'église réformée de Vitré, demoiselle Perrine de Gennes, fille de Jean de Gennes, sieur du Boisguy, du Boisteilleul et de Catherine Ravenel [1], morte le 4 août 1614, sans postérité.

9° Paul de Farcy, écuyer, tué à l'armée.

de Launay
coupé d'argent à 3 aigles mal ordonnés de sable et fascé d'azur et d'argent de 6 pièces.

XIVe Degré.

7° Annibal de Farcy, écuyer, seigneur de Saint-Laurent, avocat au siège présidial d'Alençon, servit sous les rois Henri III et Henri IV, assista en 1596 au siège d'Amiens, puis vint s'établir à

1. Ravenel, *d'azur à la fasce d'argent chargée de 3 mouchetures de sable et acc. de 3 genettes d'or 2 et 1.*

Laval où il fut sénéchal d'Argentré et acheta la charge de procureur fiscal et général des eaux et forêts du Comté.

Il épousa par contrat du 8 février 1601, devant Razeau, notaire royal, demoiselle Guyonne de LAUNAY, fille de François de LAUNAY, écuyer, sieur du Rocher et du Fresne et de Lezine GESLAND[1].

Membre zélé de la religion prétendue réformée, il fut nommé en 1617 pour représenter l'Anjou au synode national de Vitré et en 1619 à l'assemblée politique de Loudun[2].

En 1643, le procureur général des habitants de Laval lui contesta sa noblesse. C'est pourquoi, ne pouvant produire ses titres égarés et dispersés pendant les guerres de religion, il demanda et obtint du Roi « des lettres de confirmation de noblesse, en décembre 1643. (Voir page 5).

Le 30 septembre 1646, il fit le partage noble de ses biens devant de Rotrou, notaire à Laval, mourut le 18 septembre 1650 et fut inhumé à Vitré dans le cimetière protestant. Il laissait une nombreuse famille qui a formé sept branches, dont trois sont encore actuellement représentées : 1° Gilles, 2° Madeleine, 3° Thomas, 4° Jacques, 5° François, 6° René, 7° Joachim, 8° Suzanne, 9° Charles, 10° Philippe et 11° Jeanne.

Archives de la Mayenne, B. 1279. — 1600. — Plainte portée devant Annibal Farcy, sénéchal d'Argentré.

Titres de la Villedubois. — Copie collationnée. — Du jeudi 8e jour de fevrier 1601 après midy, par devant nous Lezin Razeau notaire royal du Roy demeurant et étably à Laval, ont été presentes et personnellement establis et deuement submis écuyer Annibal Farcy sieur de Saint Laurent, demeurant à Alençon d'une part et demoiselle Lezine Gesland veuve de n. h. François de Launay, vivant sieur de la Roche et demoiselle Guyonne de Launay sa fille, demeurant en leur maison seigneurialle du Fresne paroisse de Saint Vénérand près de cette ville de Laval d'autre

1. Gesland, *d'or au cerf de gueules.*
2. Vaugiraud, *France protestante*, T. VI, P. 380.

part, les quels submettant eux et leurs hoirs et ayant cause avec tous et chacuns leurs biens meubles et immeubles, presents et advenir quels qu'ils soient au pouvoir, ressort et jurisdiction de notre ditte cour, et de tous autres sy mestier est, confessant de leur bon gré, sans contrainte aucune, avoir fait entre eux les pactions matrimonniales qui ensuivent : C'est à scavoir que ledit Annibal Farcy, de l'advis et consentement de demoiselle Catherine Biseul sa mère veuve d'écuyer Leonard Farcy sieur de Paisnel et d'écuyer Leonard Farcy à ce présent, frère aisné dudit Annibal et procureur especial de ladite Biseul comme il a fait apparoir par procuration passée audit Alençon par Gillot et Barbier, notaires royaux y demeurant le 25 du mois dernier, la grosse de laquelle est demeurée vers nous, attachée avec les présentes pour y avoir recours quand requis sera et ladite Guyonne de Launay, de l'autorité, avis et consentement de ladite Lezine sa mère, se sont promis l'un l'autre se prendre en mariage toutesfois et quantes que par l'un l'autre en sera requis en cas qu'il ne s'y trouve légitime empeschement pour raison duquel ledit mariage put et dut être empesché. En faveur duquel mariage, ladite Gesland a promis donner aux dits futurs conjoints et s'est obligée sous l'hypothèque de tous et chacun ses biens bailler et delivrer la somme de 2000 escus d'or sol évaluée à la somme de 6000#. Sur laquelle somme elle delivrera aux dits futurs espoux dans le jour de leurs espousailles la somme de 400 escus sol et pour le surplus de ladite somme, icelle Gesland a constitué et constitue sur tous et chacun ses biens la somme de 400# de rente payable par chacun an le premier payement commençant un an après le jour de leurs épousailles et icelle rente payer et continuer de terme en terme à la fin de chaque année jusqu'au parfait paiement de la somme de 1600 escus sol restants, à peine de tous dépens, dommages et interets, aussi a promis et s'est obligé ladite Gesland d'accoustrer bien et honnestement ladite Guyonne de Launay sa fille et lui donner trousseau honneste, duquel trousseau et accoutrement sera fait appréciation par gens à ce connoissant pour en faire raport après le décès de ladite Guyonne ou les rendre en espèces par ledit Farcy. En faveur dudit mariage, en ladite qualité de procureur de ladite Biseul a esté promis et s'est obligé bailler et fournir aux dits futurs époux après le jour des epousailles la somme de 1200 escus et le nourrir et le loger en sa maison audit Alençon avec ladite future espouse pour l'espace de deux ans et outre ledit Farcy a promis et s'oblige convertir sur ladite somme de 2000 escus la somme de 1600 escus en acquets qui sera censée et réputée le propre patrimoine d'icelle Guyonne de Launay et ce trois ans après la consommation du mariage ou de laisser en rente entre les mains d'icelle Guyonne ladite somme de 1600 escus pour demeurer le propre d'icelle de Launay et ses hoirs et ayant cause. Le surplus de la somme de 2000 escus entrant en la communauté de ladite future conjointe par douaire d'an et jour suivant la coutume du Maine. Et lequel Annibal Farcy a donné à icelle de Launay la somme de 200 escus à prendre sur tous et chacuns ses biens avec ses bagues et joyaux en cas qu'il précédat auparavant l'an et jour de leur dit mariage, avec assignation de douaire coustumier sur tous ses biens venus et à venir en quelques pays qu'ils soient situées, renonçant pour cet effet à toutes coutumes à ce contraires, comme ensemblable ladite Guyonne de Launay autorizée comme dessus et avec les renonciations requises a donné et donne audit Farcy son futur époux la somme de 200 escus sol en cas qu'elle décéde sans enfans dans dans l'an et jour de leurs épousailles et a été accordé entre les dites parties qu'il demeurera au choix et option de prendre et enlever en cas de dissolution de leur communauté par le décès de Farcy et qu'il la précédat sans hoirs la somme de 400 escus, ses bagues, joyaux à elle donnée avec ses acoutremens endemeurés en la communauté. Et demeurans chacun Annibal et Léonard les Farcy tenues faire louer et ratiffier le present contrat cy dessus à ladite Biseul et en fournir la ratification auprès du present contrat d'aujourd'huy en trois mois prochains venans. Et de tout ce que dessus sont lesdites parties demeurées et un et d'accord et à ce tenir et accomplir sans jamais y contrevenir. Les dites parties ont respectivement obligé et obligent à l'effet de tout ce que dessus tous et chacuns leurs biens meubles et immeubles de quelque nature qu'ils soient, renonçant par devant nous à toutes choses à ce contraires et d'y se tenir s'en sont liés et astraints par la foy et serment de leurs corps sur iceux donnée et notre main dont nous, à leur requeste et consentement, les avons jugé et condamné par ce jugement et condamnation de notre dit cour. Fait et passé audit lieu du Fresne en présence de n. h. Robert de Launay sieur du Fresne, oncle de ladite Guyonne de Launay, n. h. Lancelot de Launay sieur de la Bigottière receveur des traittes, Me Thomas du Chemin sieur de la Vausselle licencié ès-droits procureur fiscal audit Laval, mary de Judith de Launay sœur de ladite Guyonne, tous demeurants en ladite ville de Laval et temoins à ce requis et appelés, lesquels ont signé avec toutes les parties en la minutte du présent. Ainsi signé Razeau avec paraphe.

L'auriginal du present contrat doit estre entre les mains de René de Farcy sieur de la Villedubois et produit par devant l'intendant de Touraine à la sentence de reformation de la province du Mene et Anjou fait à Tours le 12 janvier 1715.

(Signé) d'Hozier.

Collationné à une grosse originalle à nous apparue et rendue avec le present par nous conseiller, secrétaire du Roy, maison et couronne de France, en la chancellerie près le Parlement de Bretagne.

(Signé) Fournier.

Archives de la Mayenne, B. 1279. — 2 Janvier 1632. — Sentance rendue par Hanibal Farcy licencié en droits, sénéchal de la juridiction des fiefs et seigneuries d'Argentré, au sujet d'une baterie.

7 *Janvier 1642.* — Enquête faite à Laval par nous Hannibal Farcy sieur de Saint Laurans, sénéchal des fiefs et seigneuries d'Auterive, Argentré et Touvoy. *Signature.*

Bibliothèque Nationale, carrés de d'Hozier, vol. 245, p. 342. — Accord fait le 3 de septembre 1646 entre Annibal de Farci écuyer sieur de Saint Laurent, procureur général dans la juridiction des eaux et forets du comté de Laval et demoiselle Guionne de Launay sa femme, Gilles de Farci leur fils aisné écuyer lieutenant et enquesteur civil et criminel au comté de Laval, Thomas de Farci écuyer sieur de la Gouretière leur second fils, Jacques de Farci leur 3e fils écuyer sieur de Paisnel, François de Farci leur 4e fils écuyer sieur de Saint Laurent, René de Farci leur 5e fils écuyer sieur de la Daguerie et Charles de Farci écuyer sieur de la Carterie, tous se faisant fort de Philippe de Farci écuyer leur frère absent et Nicolas de Prouvère écuyer sieur de Bicheteaux mari de demoiselle Jeanne de Farci sœur desdits de Farci, par lequel accort ledit Annibal de Farci et la dame Guionne de Launay sa femme, pour entretenir entre leurs dits enfans l'union et la concorde qui avoit toujours régné entre eux et qui étoit un effet de la benediction de Dieu sur leur famille, consentent que de leur vivant leurs dits enfans fassent le partage de leurs biens dont eux leurs dits père et mère leur abandonnent la propriété s'en reservant seulement l'usufruit et pour parvenir à ce partage ledit Gilles de Farci comme fils aisné et heritier principal et noble de ses dits père et mère donne à ses dits frères et sœur puisnés pour ce qui pourroit leur appartenir dans leurs successions futures scavoir une maison située au Val de Maine exploitée par Jean Caset écuyer sieur de Ranson, plus deux autres maisons dont l'une étoit habitée par n. Loriot conseiller du Roi, élu en l'élection de Laval et une autre maison exploitée par Michel du Chemin sieur de la Moreillière, plus la somme de 1000# due audit Annibal de Farci par François Farci sire de Goupilli, plus celle de 8600# restant du prix de la charge de procureur général de juridiction ordinaire et des eaux et forets du comté de Laval, possédée par ledit Annibal de Farci père et par lui vendue audit René de Farci pour en jouir après son décès. Et il est convenu que le surplus des biens dudit Annibal de Farci et de ladite de Launay demeuroit audit Gilles de Farci comme à leur fils aisné et leur heritier principal et noble tant pour ses droits de préciput qu'autrement.

Et à la suite de ce partage en est la subdivision en sept lots dont le premier fut pris par François procureur de Philippe, le second par ledit Charles, le 3e par ledit Nicolas Prouvère, les 4 et 5 par François et René, le 6e par Jacques et le 7e par ledit Thomas. Cet acte reçu par Pierre Briand et Daniel de Rotrou notaires en la cour de Laval et passé en la maison dudit sieur de Saint-Laurent sans qu'il en restat d'autre minute que celle-ci produite signée desdites parties et des dits notaires.

1° Gilles de FARCY, écuyer, né en 1602, juge, lieutenant particulier et général, enquêteur civil et criminel du comté-pairie de Laval en 1640, avait épousé : 1° vers 1627, demoiselle Elisabeth DOISSEAU[1], fille de Me R. DOISSEAU, morte le 17 mai 1629, 2° Aléonore GAULTIER, fille de Louis GAULTIER, écuyer, sieur des Fourneaux et la Chevalerie et de Marie BOUJU[2], veuve de Jean CARADÉ, de Tucé. Il fut maintenu par arrêts de la Cour des Aides, le 12 mai 1665 (Voir p. 12) et du 7 septembre 1667, à Tours par Voisin de la Noiraye (Voir p. 14). XVe DEGRÉ.

Il mourut laissant de son premier mariage : 1° Gilles, 2° Jeanne, 3° Madeleine, 4° Isaac ; et du second : 5° François.

1. Doisseau, *d'azur au lion rampant d'or.*

2. Bouju, *d'or à 3 aiglettes de sable, becquées et membrées de gueules, 2 et 1.*

Etat civil, temple de Polligny. — 10 Février 1629. — Me Gilles Farcy parrain avec Suzanne Gaultier de la Lézené.

Histoire de Changé. — T. II, T. 343. — 16 mai 1641 noble Gilles Farcy lieutenant particulier au siège ordinaire de Laval présent à la vente de la Jaffetière, commune de Changé.

Bibliothèque Nationale. — Pièces originales. — 3 Juillet 1659. — Partage entre vifs faits par Gilles de Farcy à ses deux enfants Isaac et Madeleine de Farcy veuve d'écuyer Léonard de Vauborel en son vivant sieur de Saint-Georges, de sa succession et de celle d'Elizabeth Doisseau leur mère, il leur avance 12000# à chacun. *Signatures.*

Factum pour Pierre Bureau pretre docteur de Sorbonne, curé de la Trinité de Laval contre le sieur curé de Saint-Tugal. Celui-ci n'est point curé de tous les nobles de la ville mais seulement des chevaliers de la ville et de leurs ainés en ligne directe et non collatérale et des chevaliers et écuyers passant par Laval et y mourant, par usurpation il le fut des nobles étrangers et non originaires de la ville. Il y eut à ce sujet de nombreux procès. 1° En 1655 au sujet de M. de Vautorte (Cazet) comme originaire de Laval, son père y étant né. Il fut enterré en effet à l'église de la Trinité. 2° 1660 pour M. de Biragues, habitant Montigné et Bois-Berranger habitant Changé pour être de Saint-Tugal se déclarer étranger. 3° 1664 M. de Boisjourdan, non originaire de Laval, fait porter son fils à la Trinité pour y recevoir le baptème, les chanoines de Saint-Tugal réclament. 4° En 1662 Me Gilles Farcy écuyer, juge ordinaire général civil et criminel de Laval a fait enterrer sa femme Françoise de Cardé (Aleonor Gaultier veuve de Jean Caradé) chez les religieux de Saint-François, attendu qu'il est né à Alençon et sa defunte à Noyon, province du Maine. Les chanoines réclament également. A l'époque du procès, il y avait à Laval six familles nobles qui en sont originaires et qui habitaient sur la paroisse de la Trinité. Les Cazet de Vautorte, Cazet de la Fontaine, de Farcy, Le Clerc de Crannes, Le Clerc de la Prévosterie et Ouvrard.

Archives de la Mayenne B. — 11 Novembre 1663. — Bail de la closerie de Villechien, en Changé.

Bibliothèque Nationale, nouveau dossier d'Hozier, P. 35. — Septembre 1667. — Arbre généalogique certifié par Gilles de Farcy. Fait à Tours. *Signé* DE FARCY.

Titres du Roseray. — 30 Août 1669. — Sentance rendue par Gilles de Farcy écuyer juge ordinaire général civil et criminel du comté-pairie de Laval. *Pièce scellée sur papier.*

Titres de Pontfarcy. — 15 Octobre 1671. — Vente de la charge de juge lieutenant particulier à François de Farcy écuyer sieur de la Dagrie, pour le prix de 75000 #, devant Poulain, notaire à Laval.

Titres du Roseray. — 1672. — Sentance rendue par le même au sujet de marchands de Niort réclamant des franchises.

Arrière ban du Maine. — 1674. — Gilles Farcy, écuyer, taxé à 80 #.

Supplément à la topographie du Maine. — 1675. — « Gilles de Farcy écuier cy-devant juge général au comté de Laval, y demeurant est agé de 73 ans, a un fils au service du Roy, ne possède aucun fief ni terre hommagée et doit être exempt de la taxe. »

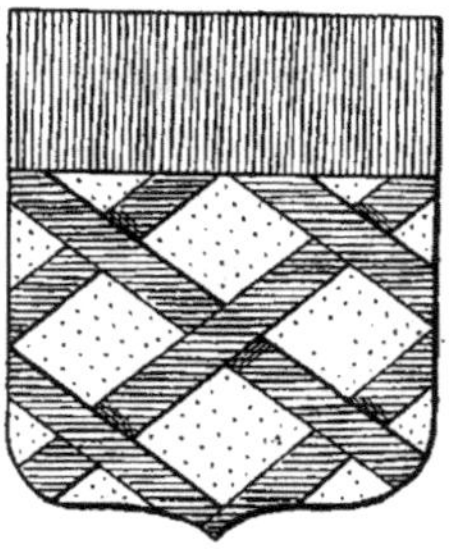

1° Gilles de FARCY, écuyer, mort sans alliance. XVIe Degré. 1er lit.

Etat civil de Laval. — Le 26 janvier 1677 Me Gilles Farcy écuier, témoin au mariage de n. Pierre Mocquereau sieur de la Buinardière et de Françoise Boulain veuve de François Molland.

DU VAUBOREL *d'azur à la tour d'argent.*

DE FRANCIÈRE *d'azur à la bande d'argent, au chef cousu de sable chargé de 3 étoiles d'or.*

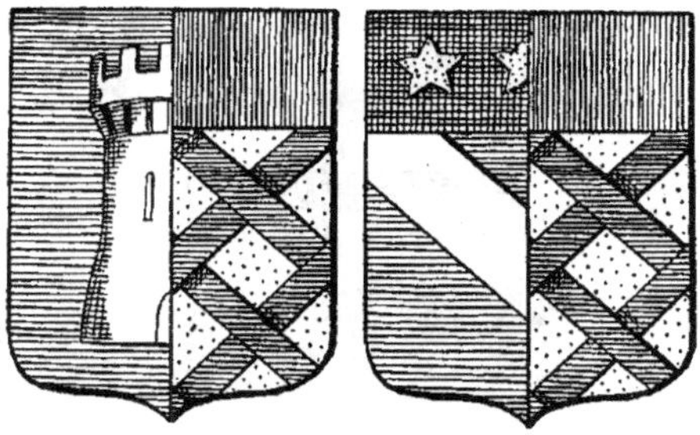

2° Madeleine-Marie épousa : 1° par contrat du 4 novembre 1648, Léonard de VAUBOREL, écuyer, sieur de Saint-Georges, fils de Joachim de VAUBOREL, écuyer, sieur du Désert et de Jeanne FERRÉ [1] de Saint-Georges ; elle en eut deux filles ; 2° le 26 mai 1667, Pierre de FRANCIÈRE, sieur de Juvigny, receveur général des bois et domaines de la généralité d'Alençon, fils de Pierre de FRANCIÈRE, écuyer, sieur de Juvigny et de N. de BAILLEUL [2]. Elle en eut aussi deux filles.

Son second mari, dont le père avait été anobli en août 1653, ayant eu sa noblesse révoquée par l'édit de 1664, ne voulut pas payer de nouvelles taxes et se laissa condamner. Aussi sa veuve dut-elle avoir recours à des lettres de relief de dérogeance qu'elle obtint le 14 juin 1684. (V. p. 21).

Bibliothèque Nationale. — Pièces originales. — 2 Septembre 1676. — Production au présidial de Rennes par Madeleine de Farcy... contre écuyer Gilles de Farcy sieur du lieu son père et dame Elizabeth Grimaudet veuve de feu Isaac de Farcy sieur de Brumart deffendeurs et René de Farcy sieur de la Daguerie aussi deffendeur... par son contrat de mariage passé le 4 novembre 1648 devant de Rotrou notaire à Laval, son père lui avait assuré 12000# plus 2000# de meubles et la Sébourgère sise à Saint-Germain de Fouilloux... Elle se plaignait de n'avoir pas reçu les 2000# de

1. Ferré, *d'azur à 3 fers à cheval d'argent, 2 et 1.*
2. De Bailleul, *parti d'hermines et de gueules.*

meubles « quoiqu'on lui eut promis pour cela une vieille tapisserie » de haute lisse, un petit bassin en argent, une esguère aussi » d'argent et un petit cabinet d'Allemagne... »

DU VAUBOREL
d'azur à la tour d'argent.

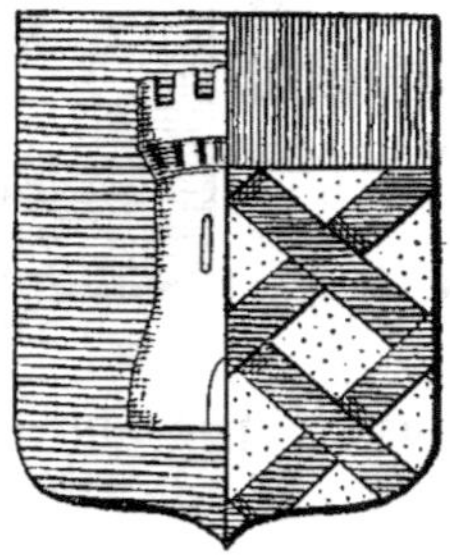

3° Jeanne épousa Charles de VAUBOREL, écuyer, co-seigneur de Saint-Georges, frère de Léonard. Elle était morte avant 1680.

4° François de FARCY, écuyer, tué à la bataille de Sénef en 1674. 2e lit.

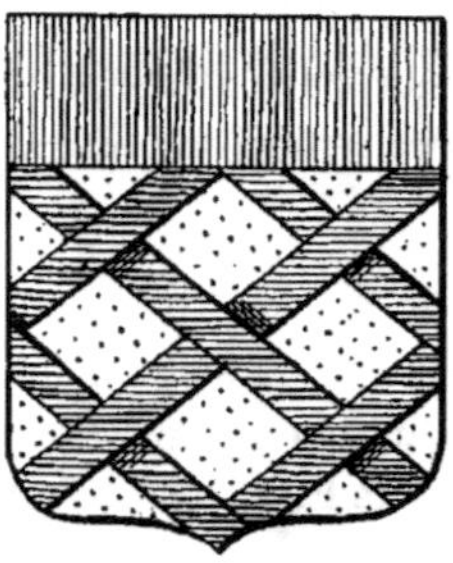

GRIMAUDET
d'or à 3 lionceaux de gueules, 2 et 1.

1° Isaac de FARCY, écuyer, seigneur de Bosmal, né le 8 mai 1629, juge, lieutenant particulier, enquêteur civil et criminel au comté-pairie de Laval, épousa, au temple de la Gravelle, le 28 septembre 1654, demoiselle Elisabeth GRIMAUDET, fille de feu Jean GRIMAUDET, écuyer, seigneur de la Lande, intendant des affaires de Monseigneur de Laval et de Marguerite CONSEIL. XVIe DEGRÉ. 1er lit.

Elle fit enregistrer ses armoiries et celles de son mari dans l'armorial général.

Il était mort avant 1676, laissant 3 enfants : 1° Jacques, 2° Esther et 3° Olivier.

Etat civil Laval. — Poligny. — Le 8 mai 1629 naissance d'Isaac Farcy baptisé le 17e jour auquel sa mère a été inhumée; parain Me R. d'Oisseau grand père, maraine demoiselle de Saint-Laurent.

Bibliothèque Nationale. — Pièces originales. — Le 27 septembre 1654 articles du mariage esperé entre écuyer Isaacq de Farcy sieur de Bosmard fils aisné d'écuyer Gilles de Frarcy lieutenant particulier, enquesteur civil et criminel au compté de Laval et deffunte demoiselle Elizabeth Doisseau d'une part et demoiselle Elizabeth de Grimaudet fille de deffunct écuyer Jean Grimaudet sieur de la Lande et de demoiselle Marguerite Conseil d'autre part. Le futur époux et le sieur de Farcy son père s'obligent solidairement et avec eux écuyers François et René de Farcy oncles paternels du futur... à replacer les deniers provenants à la future... son père lui assure ainsi qu'à sa sœur Marguerite 1500# de rente et la charge de lieutenant particulier et enquesteur pour en jouir après sa mort. Elle est estimée 12000# et il devra en rapporter à sa sœur. Jean Grimaudet sieur de la Lande, Olivier du Bourdieu, Thomas du Val sieur de la Croix et Philippe de Farci sieur du lieu tous frères et beaux-frères de la future lui garantissent 3000# et 400# de douaire. Contrat passé le 27 septembre 1654 devant Dousseau et de Lespinne notaires à Vitré.

Vaugiraud, Histoire des Eglises reformées de Bretagne, T. III, P. 80. — 11 May 1675. — « Obligation de 1000# consentie par dame Elizabeth de Grimaudet veuve du feu sieur de Farcy avec un billet dans ladite obligation portant qu'elle n'a été consentye qu'à condition de n'en réclamer le payement qu'après sa mort. »

Bibliothèque Nationale. — Armorial général, T. II, P. 14. — Elizabeth Grimaudet veuve Isaac Farcy écuyer sieur de Brumal : *d'or fretté d'azur, au chef de gueules,* accolé *d'or à 3 lionceaux de gueules 2 et 1.*

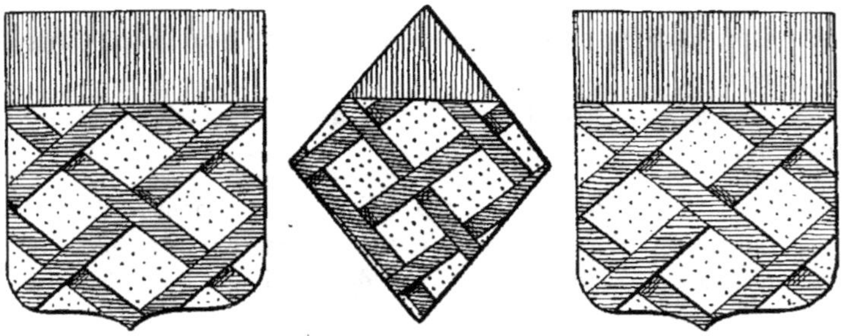

1° Jacques de Farcy, écuyer, né le 20 septembre 1655, mort avant 1676. XVIIe Degré.

Etat civil. — Registre des protestants. — Vitré. — Le 26 septembre 1655 baptême de Jacques de Farcy, présenté par Jacques de Farcy de Pesnel sieur de la Villedubois.

2° Esther, née en 1657, sans alliance.

Id. — Le 21 juillet 1655 baptême de Esther de Farcy... présentée par René de Farcy sieur de la Daguerie.

3° Olivier de Farcy, né en 1659, mourut jeune.

Id. — Le 12 juin baptême de Olivier de Farcy... présenté par Olivier du Bourg Dieu écuyer.

Doisseau
d'azur au lion rampant d'or.

2° Madeleine, épousa le 9 janvier 1628 Charles Doisseau, écuyer, fils de Isaac Doisseau, écuyer, sieur de Malicorne. XVe Degré.

Etat civil Laval. — Poligny. — Le 9 janvier 1628 furent espousés en cette église Charles Doisseau fils de Isaac Doisseau sieur de... et damoiselle Magdeleine Farcy fille d'Annibal Farcy sieur de Saint-Laurent procureur fiscal à Laval...

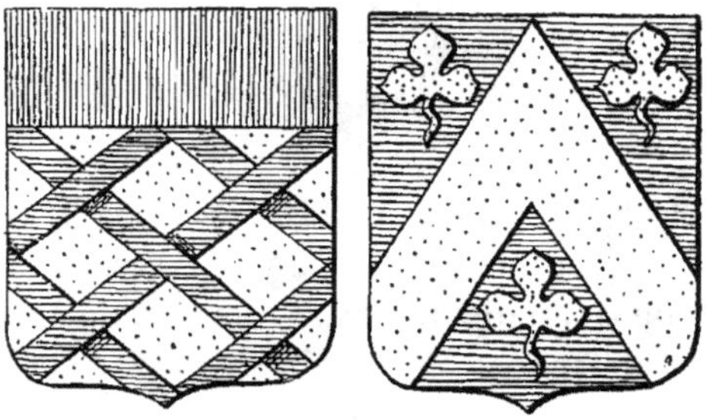

LE BARBIER *d'azur au chevron d'or, acc. de 3 trèfles de même, posés 2 et 1.*

3° Antoine-Thomas de FARCY, écuyer, sieur de la Gouretière et de la Pinetière, épousa vers 1630 damoiselle Marie LE BARBIER des Vaux et du Noyer, fille de Pierre LE BARBIER, écuyer, sieur de Vaucelles, de Vilant, de Montigny-au-Maine et du Noyer et de Madeleine CAILLART des Hayes.

Elle mourut le 7 janvier 1681, laissant : 1° Judith, 2° Annibal, 3° Claude et 4° Marguerite.

Etat civil Laval. — Poligny. — 10 Novembre 1641. — M. de la Gouretière parain avec Madame de Saint-Laurent, sa mère, du fils de François Blesboys sieur de la Tour demeurant à présent à Laval...

Id. — 15 Juin 1642. — Thomas Farcy sieur de la Gouretière et demoiselle Guyonne de Launay parain et maraine de Jacques de Farcy fils François sieur de Saint-Laurent et de Claude Uzille.

Bibliothèque Nationale. — Pièces originales. — Grande feuille où sont inscrits les 32 quartiers de Guyonne de Launay et les 64 de Marie Le Barbier de Vaucelles.

De Ravenel
de gueules à 6 croissants d'or, posés en pal 3 et 3, surmontés chacun d'une étoile de même et une 7e étoile aussi d'or en pointe.

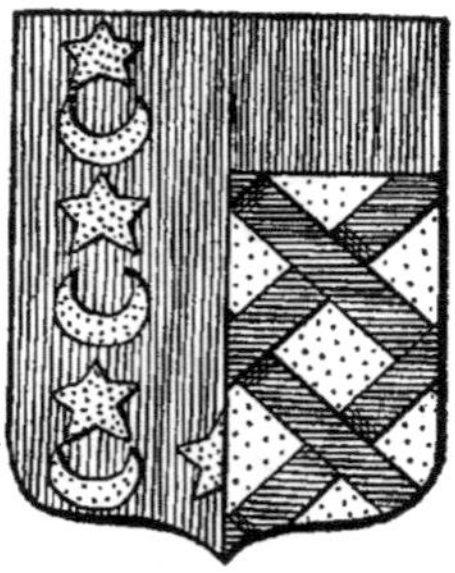

XVIe *Degré.* — 1° Judith, dame de la Gouretière, née le 9 septembre 1631, épousa le 16 décembre 1650, Jean de Ravenel, écuyer, sieur du Boisteilleul, fils de Jean de Ravenel, écuyer de Boisteilleul et de Jeanne Grislet de la Tirlière.

Etat civil de Laval. — Poligny. — Le 9 septembre 1631 naissance de Judith Farcy fille de M. de la Pinetière (sic) et de damoiselle du Noyer, parain M. de Saint-Laurent (grand père), maraine demoiselle de Noyer (tante).

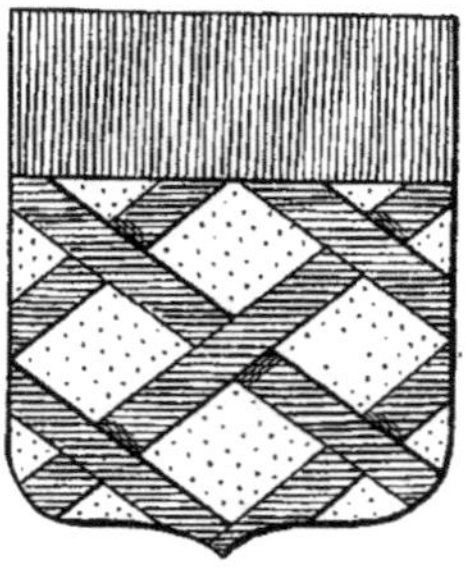

2° Annibal de Farcy, écuyer, sieur de la Gouretière, né le 14 mai 1635, mort sans alliance, le 8 juillet 1662.

Etat civil de Laval. — Poligny. — Naissance d'Annibal de Farcy fils de M. et de Mme de la Gourtière. Parain Me Farcy lieutenant particulier à Laval son oncle, maraine demoiselle de Saint-Laurent, sa grand mère.

3° Claude de Farcy, écuyer, né le 14 mai 1635.

Etat civil Laval. — Poligny. — Le 27 mai 1625 a été baptisé dans cette église Claude Farcy fils de Me de la Gouretière, né le 14, parain M. Farcy frère de M. de la Gouretière, maraine demoiselle Claude Uzille fille de M. du Coing.

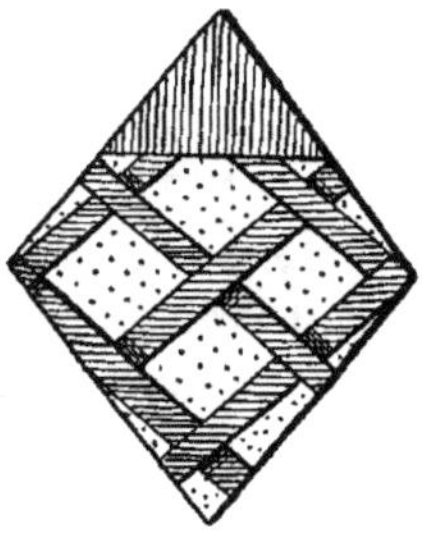

XVe Degré. 4° Marguerite, née le 25 avril 1638.

Etat civil de Laval. — Poligny. — Le 16 mai 1638 baptème de Marguerite de Farcy... parain M. de la Daguerie, maraine demoiselle de la Cartrie.

4° Jacques, auteur de la branche de la Villedubois, qui suit.

5° François, auteur de la branche de Saint-Laurent.

6° René, auteur de la branche de Pontfarcy.

7° Joachim de Farcy, baptisé le 9 décembre 1612.

Etat civil Laval. — Poligny. — Le dimanche 9 décembre 1612 fut baptisé en l'église et maison de Poligny Joachim Farcy fils d'h. h. Hannibal Farcy de Saint-Laurent procureur fiscal à Laval et de Guyonne de Launay, parain Pierre du Bois sieur de Maisneuf, maraine h. dame Catherine de la Roussardière, dame de Maisneuf et Polligny.

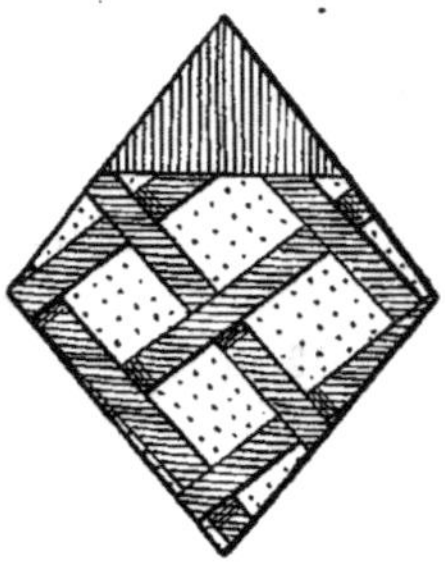

8° Suzanne, baptisée le 14 mai 1620.

Etat civil Laval. — Poligny. — Le 14 mai 1620 fut présentée au bapteme en l'église réformée de Laval qui se recueille à Polligny Suzanne Farcy fille d'Annibal... parain Me Hamelin, de Loudun ; maraine Madeline de la Velay demeurant à Saumur.

9° Charles, auteur de la branche de Cuillé.

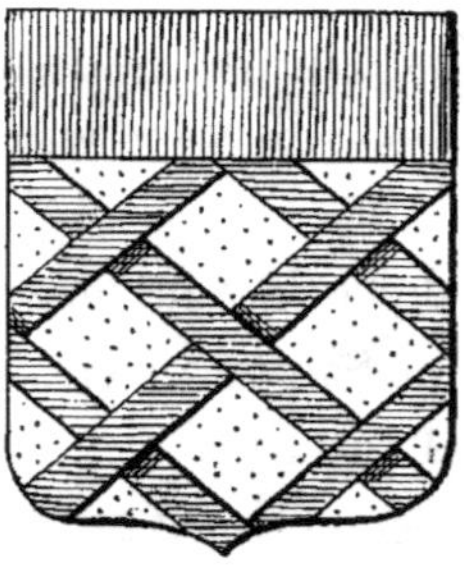

Grimaudet
d'or à 3 lionceaux de gueules, 2 et 1.

10° Philippe de Farcy, écuyer, sieur de la Fauconnerie, épousa demoiselle Charlotte Grimaudet, fille de Pierre Grimaudet, écuyer, sieur de la Fauconnerie et de Charlotte Lelièvre. Elle était veuve de René de Montlevault, écuyer, sieur de la Garenne. Il était mort avant 1668, laissant 3 enfants : 1° Philippe, 2° Henri et 3° Jean.

XVIe *Degré.* — 1° Philippe-Auguste de Farcy, écuyer, né le 21 août 1655.

Etat civil Laval. — Poligny. — Le 12 septembre 1655 baptême de Philippe-Auguste né le 21 aout... présenté par Jean de Hallot écuyer ordinaire de la grande écurie et Marie Barbier dame de la Gouretière.

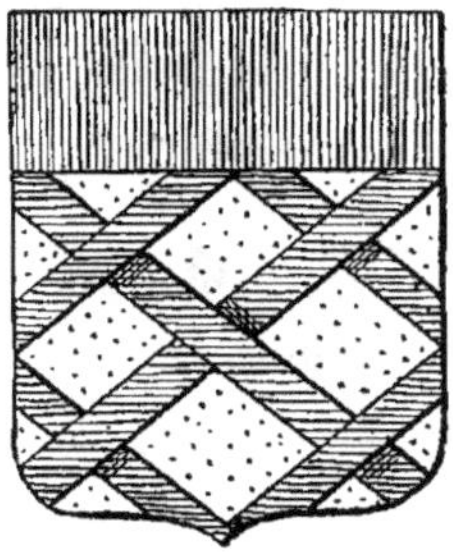

2° Henri-Charles de Farcy, né le 22 décembre 1656, abjura le protestantisme le 13 février 1671, servit et fut tué en duel à l'armée par le sieur Moland de la Chauvière.

Il avait été avec Jean-Charles, son frère, maintenu dans sa noblesse par arrêt de la Chambre établie en Bretagne, le 19 octobre 1668. (Voir p. 21).

Etat civil Laval. — Poligny. — Le 25 décembre 1656 baptême de Henri-

Charles de Farcy, né le 22 presenté par h. et p. Henri-Charles de la Trémouille prince de Tarente... et Rachelle de Legge femme de Julien de la Motte écuyer sieur de la Godelinais.

Titres de la Villedubois. — 2 Avril 1689. — Accord au sujet de sa succession entre René de Farcy fils Jacques sieur de Pesnel (cousin germain) et Marie Desprouvère veuve de écuyer Pierre de Mayé (aussi cousine-germaine).

3° Jean-Charles de Farcy, écuyer, sieur de la Fauconnerie, lieutenant, puis capitaine au régiment de Monseigneur le Dauphin, mourut à l'armée.

de Prouvère
d'argent à la bande fuselée de gueules.

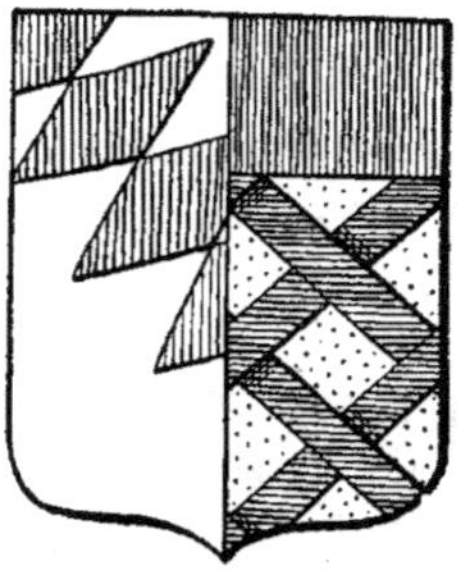

11° Jeanne épousa, le 3 septembre 1636, Nicolas de Prouvère, écuyer, sieur de Bichetot ou Bichetaux, dont postérité.

Etat civil Laval. — Poligny. — Le 22 avril 1637. — Me Annibal Farcy presente au baptême avec Madame Marie de Gennes veuve du sieur du Coing, Annibal fils de Nicollas Prouvère sieur de Bichetot et de Jeanne Farcy.

SEIGNEURS DE LA VILLEDUBOIS.

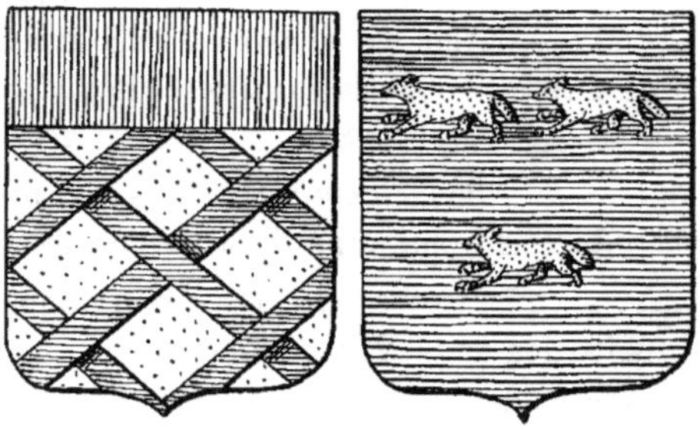

DE GENNES
d'azur à 3 genettes ou renards passants d'or, posés 2 et 1.

XVe DEGRÉ.
(V. p. 266).

4° Jacques de FARCY, écuyer, seigneur de Paisnel, de Mué, de la Villedubois, et de Malnoë[1], quatrième enfant d'Annibal de Farcy et de Guyonne de Launay, servit comme enseigne dans la compagnie-colonelle du comte de Coligny-Chastillon et assista avec ses frères aux sièges de Venloo, Ruremonde et Bois-le-Duc, en 1629, de Maëstrich en 1632, de Rimbergue en 1633, de la Chapelle, de Landrecies en 1638, de Hesdin en 1639. Il avait épousé demoiselle Catherine de

1. Mué, commune de Parcé, arrondissement de Fougères (Ille-et-Vilaine). — La Villedubois, commune de Mordelles, arrondissement de Rennes. — Malnoë, commune de Saint-Christophe-des-Bois, arrondissement de Vitré.

Gennes, fille de Jean de Gennes, écuyer, sieur du Boisguy et de Françoise Doudart[1] de l'Isle-Doudart.

Il fut maintenu dans sa noblesse par arrêt du 19 octobre 1668, fit refaire à neuf l'autel de Parcé, où furent placées ses armoiries.

Il mourut le 19 avril 1682 et sa femme le 27 août 1680, laissant de leur union : 1° Michel, 2° Jean, 3° René et 4° Françoise.

Titres de la Villedubois. — *20 Aout 1647.* — Jacques de Farcy et Catherine de Gennes achètent la terre, fief et seigneurie de la Villedubois pour 51000# de Me Gilles Huchet sieur de la Bédoyère, conseiller du Roy en ses conseils et son procureur général en Bretagne et de dame Anne Le Pelletier, sa femme ; devant Berthelot et Mahé, notaires à Rennes — 1647 paiement de 3087 # dues à la reine mère pour lots et vente. — Ils en prennent possession le 9 septembre suivant.

Id. — *8 Octobre 1652.* — Aveu de la Villedubois par Jacques de Farcy.

29 Aout 1653. — Achat avec trois de ses frères de la moitié des forges de Bressilien de la duchesse de la Trémouille, pour 22000 #.

Eglise reformée de Rennes. — *26 Septembre 1655.* — Il présente au baptème Jacques de Farcy fils ainé d'Isaac, son neveu.

Titres de la Villedubois. — *13 Janvier 1660.* — Supplique au parlement pour la haute justice de la Villedubois.

1662. — Arrêté de compte entre les d'Andigné de la Chasse et les de Farcy pour les forges de Bréssilien.

Pouillé de Rennes. — *T. VI, P. 414.* — « Le maitre autel de Parcé, surmonté d'un beau rétable en pierre et marbre fut construit en 1668 et la première pierre en fut placée par Jacques de Farcy sieur de Mué et de la Villedubois qui y fit graver ses armoiries. Plus tard on releva en 1736 les deux autels de Notre-Dame et de Saint-Etienne qui accompagnaient l'arc triomphal, leur première pierre fut également posée par Jacques-René de Farcy sieur de Mué et par Charlotte sa sœur. Car c'était au seigneur de Malnoe et Mué qu'appartenaient les prééminences de l'église de Parcé.

1. Doudart : *d'argent à la bande de gueules chargée de 3 coquilles d'or.*

Leur banc et enfeu étaient dans le chœur du côté de l'évangile. C'est là que fut inhumé en 1743 Jacques-René de Farcy près du cœur de sa femme Marie de Farcy décédée en 1731 et dont le corps avait été transféré à Laval. Aussi voyait-on dans cette église, sculptée en 1603 les armoiries des sires de Malnoë *d'argent à 3 aiglons d'azur becqués, membrés d'or* et plus tard celle des de Farcy... » Tous ces écussons sont effacés.

26 Octobre 1673. — Arrêt de la chambre royale maintenant les droits de haute, basse et moyenne justice.

Eglise reformée de Rennes. — Le 29 aout 1680 a esté enterré au temple de Cluné le corps de Catherine de Gennes femme de Messire Jacques de Farcy écuyer sieur de Pesnel, laquelle est décédée le 27 dudit mois, agée d'environ 62 ans...

Titres de la Villedubois. — *1685.* — Traité entre les possesseurs de Bressilien, reconnaissant les héritiers de Pesnel directeur de ladite forge et forêt.

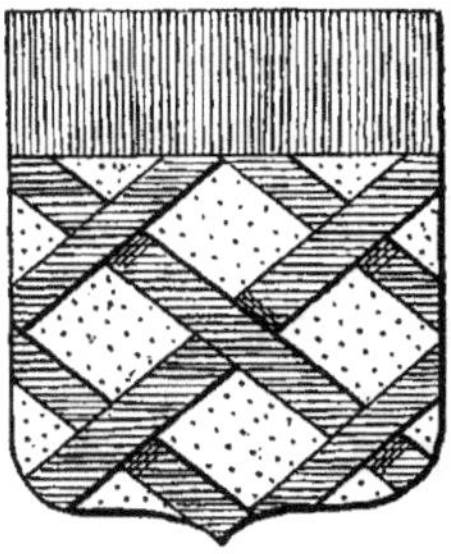

BÉRAUDIN
d'azur au cerf rampant d'or.

XVIe DEGRÉ. 1° Michel de FARCY, écuyer, seigneur de Paisnel, la Villedubois, reçu conseiller au parlement de Rouen, le 11 août 1664, épousa demoiselle Suzanne BÉRAUDIN, fille de N. BÉRAUDIN, écuyer, intendant de la Rochelle.

Il mourut le 2 avril 1680. Sa veuve, protestante comme lui, se retira en Angleterre avec ses enfants, emportant les titres de noblesse de son mari qui était l'aîné, mais elle revint mourir en France.

Ils avaient eu de leur union : 1° Jean, 2° Charles, 3° Suzanne et 4° Jacquette.

Titres de la branche de Pontfarcy — Original. — Convention sous signature privée par laquelle Michel obtient comme préciput la charge de conseiller au parlement de Normandie.

Titres Frain de la Gaulayrie. — 1er Avril 1676. — Engagement par M. de Farcy et René sieur de la Villedubois son frère au sujet d'une somme de 30500 # prix de sa charge.

Eglise reformée de Rennes. — Le 3 avril 1680 a esté enterré au cimetière de Cluné le corps de Me M. de Farcy conseiller du Roy en son parlement de Normandie lequel est décédé du jour précédent, aagé de 40 ans ou environ et ont assisté à son enterrement René et Jean de Farcy, Isaac du Boispéan, Royère... Dusoul.

Titres Frain. — 8 Juin 1680. — Procuration de Jean de Gennes sieur de la Guilmarais, époux de Suzanne Journée veuve en premières nopces de Jean de Beauquemard, bourgeois de Saint-Malo, à Nic. de Beauquemard, bourgeois de Rouen, son frère, pour toucher de Me Cocquard sieur du Petit Champ la somme de 30500 # prix de la charge de conseiller dont jouissait M. de Farcy.

Titres de la Villedubois. — 14 Juillet 1681. — Procès verbal de la Villedubois dressé à la mort de Michel.

8 Mai 1683. — Aveu de la Villedubois par sa veuve. — *5 Novembre 1685* rachat de la Villedubois, à la mort de Jacques père de Michel — *10 mai 1685* ordre de recevoir l'aveu de Marguerite Béraudin, dame douairière de Farcy et tutrice de leurs mineurs.

Vaugiraud — Histoire des églises réformées de Bretagne. — T. III, P. 65. — S'ensuit l'estat des biens des nouveaux convertis en chaque pays où il s'en est trouvé de fugitifs.

Rennes... Dame Marguerite Béraudin veuve du sieur de Farcy qui a emmené trois enfans en Angleterre, a laissé en une terre deux mil livres de rente qui ayant été donnée à jouir par Sa Majesté à son beau frère sera ici seulement tirée pour mémoire.

Id. — *P. 141.* — Aujourd'huy 26 avril 1688 le roi étant à Versailles, ayant par son édit de janvier dernier ordonné que les brevets cy-devant expediés pour le don des biens des consistoires, des ministres et des religionnaires fugitifs seroient rapportés par les donataires pour en estre rendu compte à S. M. le sieur du Rinan Huet, capitaine d'un de ses vaisseaux,... présente un brevet du 4 octobre 1687 qui lui a attribué ainsi qu'aux sieurs Béraudin, lieutenant général de la Rochelle et de Boissoudan ses beaux frères la confiscation des biens de ladite de Farcy, leur belle-sœur, sortie du Royaume pour aller à la Caroline pour continuer l'exercice de la R. P. R. au préjudice de nos ordonnances. Ce brevet fut confirmé en juin de l'année suivante et enregistré à la chambre des comptes de Nantes le 15 décembre. Voir reg. de la chambre des comptes de Nantes. XXXIXe vol. fol. XXIX.

Titres Frain. — *1er Juin 1687.* — Lettre d'Elizabeth du Bourgdieu femme Gaillardy. Mandez-moi toujours des nouvelles de ma tante de Farcy et la remerciez du soin qu'elle a pris de nos chers enfants ainsi que mon cousin de Gennes et sa femme des bontés qu'ils ont eus pour mon petit qui est chez eux. Occupez s'il vous plait nos enfans à apprendre ce qu'il faut que d'honnestes gens sachent : un peu de latin, la géographie et la sphère; le blason, l'histoire tant grecque que latine et françoise, la musique et le dessin qui est une science fort en usage présentement, enfin ne négligez rien...

Id. —*28 octobre 1688.* — Vous savez que les enfants de Me Farcy sont revenus de la Caroline Mme leur mère est ravie de revoir ses enfants. Le fils est fort avancé dans les sciences que M. votre frère lui a apprises. Mme de Farcy est si satisfaite de l'éducation qu'il a donné à ses enfants qu'elle en parle à tous ses amis avec une reconnoissance éternelle. — *2 mars 1690.* — Le mal de Mme de Farcy nous afflige et nous inquiète, nous prions Dieu de tout notre cœur qu'il lui redonne la santé parfaite ou s'il la retire de ce monde, qu'il lui donne assez de force et de courage pour donner gloire à son nom avant sa fin et reconnaitre sa faute. Nous faisons les mêmes vœux pour ceux qui comme elle sont engagés dans le triste état. Ayez la bonté de lui dire que nous goutons ma chère femme et moi la consolation et un repos de conscience qui n'est troublé que par la dispersion de notre chère famille.

Titres de la Villedubois. — *5 Juin 1706.* — Paiement de 2000# pour rachat à cause de la sortie de la veuve de M. de Farcy, propriétaire de la Villedubois.

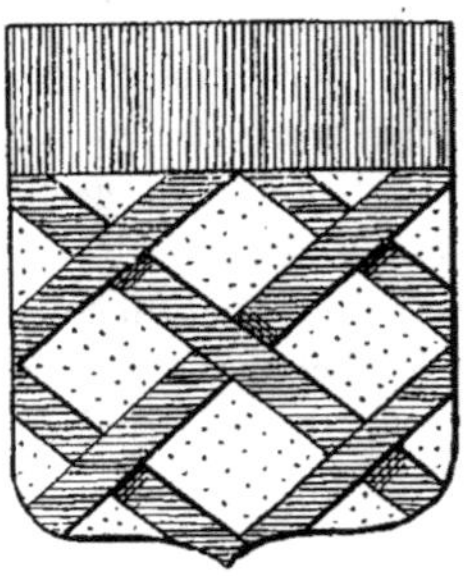
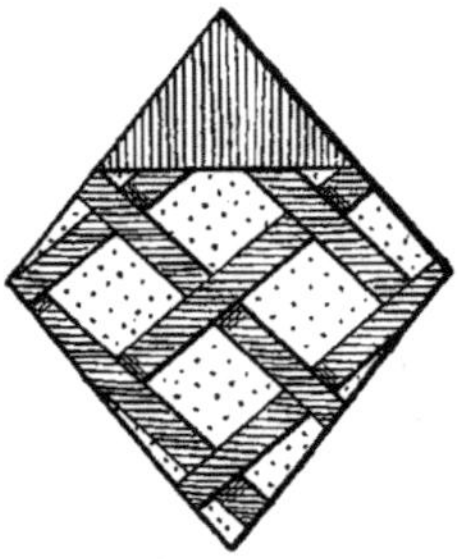

1° Jean de Farcy, né le 29 juillet 1677, se retira en Angleterre avec sa mère et fut capitaine des gardes du roi d'Angleterre. XVIIe Degré.

Eglise reformée de Rennes. — *29 Juillet 1677.* — Jean fils de Me Michel de Farcy conseiller du Roi en son parlement de Normandie et de demoiselle M. Béraudin, son épouse, est né le 29 juillet 1677 et a esté baptisé au temple de Cluné le 3 aoust en ensuivant estant présenté par Me Jean de Farcy sieur de Mué et par demoiselle Suzanne-Henriette Béraudin...

2° Charles-Michel-Amateur de Farcy, né le 13 septembre 1678, mort le 8 novembre suivant.

Eglise reformée de Rennes. — *13 Septembre 1678.* — Charles M. A. de Farcy, fils... est né le 13 du mois de septembre 1678 et a été baptisé en Cluné le 29, étant présenté par écuyer Amateur Huet, capitaine d'un des vaisseaux du Roi, son parrain et par demoiselle Charlotte de la Vesque dame de la Villedubois sa maraine... E. du Soul, ministre.

9 Novembre 1678. — Charles M. A... est décédé agé de deux mois... et a esté enterré le lendemain 9e au cimetière de Cluné...

3° Suzanne-Marguerite, née le 13 décembre 1679, se retira en Hollande après la révocation de l'édit de Nantes (15 octobre 1685).

Eglise reformée de Rennes. — Le 13 décembre 1679 Suzanne M. fille... a été baptisée au temple de Cluné, présentée par Me Hannibal de Farcy, conseiller du Roi en son parlement de Metz et demoiselle Suzanne Ravenel dame de Mué, l'enfant est né le 13 de décembre au rapport du père...

4° Jacquette, suivit sa sœur en Hollande.

XVIe Degré. 2° Jean de Farcy, qui suit.

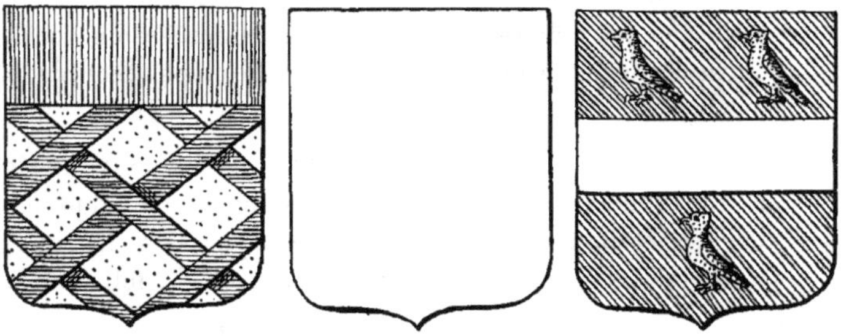

3° René de Farcy, écuyer, seigneur de la Villedubois, capitaine commandant une compagnie dans le régiment de Mgr Le Dauphin, épousa en première noces, le 25 janvier 1678, demoiselle Charlotte de la Vesque, fille de feu n. h. Gabriel de la Vesque, ministre protestant à Rennes et de demoiselle Charlotte de GENNES[1] ; et en secondes, demoiselle Elisabeth de PRÉPETIT[2], fille de Pierre, écuyer, sieur du Parc et d'Elisabeth de GENNES, dame du Part. Il mourut le 6 janvier 1694, laissant ses enfants du premier lit sous la tutelle de François de Farcy de Cuillé : 1° Jacques, 2° Gabriel, 3° René, 4° Annibal et 5° Marie.

Eglise reformée de Rennes. — Le 12 mars 1673 écuyer René de Farcy sieur de la Villedubois, parain. Le 25 janvier 1678 Messire René de Farcy sieur de la Villedubois, agé d'environ 30 ans fils... a espousé au temple de Cluné demoiselle Charlotte Lavesque fille de deffunt n. h. Gabriel Lavesque vivant ministre demeurant à Rennes et de demoiselle Charlotte de Gennes, son épouse, ladite demoiselle Lavesque agée de 17 ans et sous la tutelle d'écuyer Luc Ravenel, son oncle.

Pouillé. — T. VI. — 1678. — Déclaration du manoir seigneurial de la Villedubois et reconstruction de la chapelle.

Titres de Malnoë. — Le 28 septembre 1685 accord entre dame M. Beraudin veuve... René de Farcy et Jean sieur de Mué héritiers bénéficiaires de leurs père et mère.

Titres de la Villedubois. — Le 2 avril 1689 accord entre René de Farcy... et Marie Desprovère veuve de feu écuyer Pierre de Mayé, tutrice de ses enfants, demeurant à la Potterie, paroisse de Brissarthe, au sujet du réel et mobilier de la succession de deffunct écuyer Henry-Charles de Farcy fils de Philippe sieur de la Fauconnerye.

Vaugiraud. — T. III, P. 146. — En juillet 1689 le Roi donna au sieur de la Villedubois de Farcy, à cause de sa conversion, tous les biens meubles et immeubles de ses neveux passés à l'étranger. — Chambre des comptes de Nantes, vol. XXXIX, fol. VII^{XX}. »

Etat civil de Mordelles. — Le 7 janvier 1694, fut inhumé dans l'église de Mordelles écuyer René de Farcy sieur de la Villedubois, décédé le 6...

1. De Gennes, *d'azur à 3 genettes passantes d'or, 2 et 1.*
2. De Prépetit, *de sinople à la fasce d'argent acc. de 3 éperviers d'or, 2 et 1.*

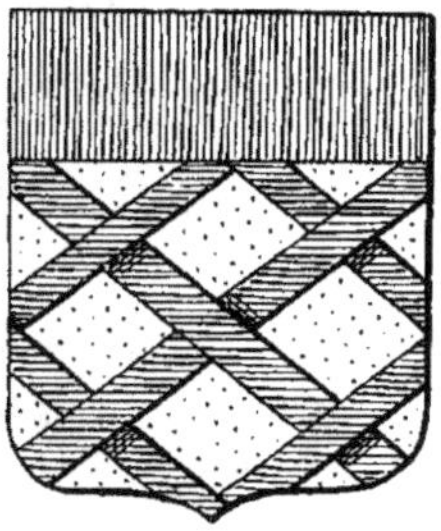

XVIIe *Degré.* — 1° Jacques-René de Farcy, écuyer, sieur de Mué, la Ronce, Billé[1], épousa : 1° le 8 mars 1687, demoiselle Françoise-Anne de Ravenel[2], fille de Jean de Ravenel, écuyer, sieur du Boisteilleul et de Judith de Farcy, sans postérité ; 2° le 6 octobre 1695, Marie de Farcy[3], fille de François de Farcy, écuyer, sieur de Pontfarcy, président dans tous les sièges royaux de Laval et de Marie du Breil[4]. Elle mourut aussi sans postérité le 22 juin 1731, et fut inhumée à Laval ; son cœur fut porté à Parcé.

Il fit enregistrer ses armoiries dans l'armorial général en 1696, et refaire en 1736 les deux petits autels de l'église de Parcé, où il fut inhumé en 1743.

Eglise réformée de Rennes. — Le 27 décembre 1679 Jacques René de Farcy fils.... a été baptisé et est né le jour précédent au rapport du père. Il a eu pour parain Mre Jacques de Farcy écuyer sieur de Pesnel et pour maraine demoiselle Renée de Gesnes dame Ravenel....

Etat civil de Rennes. — *Toussaints.* — Le 10 mars 1687, Mre René de Farcy, esquier.... agé de 40 ans et demoiselle Françoise Ravenel

1. La Ronce, commune de Billé, arrondissement de Fougères (Ille-et-Vilaine)
2. De Ravenel, *de gueules à 6 croissants d'or, posés en pal 3 et 3 et surmontés chacun d'une étoile de même, une septième étoile aussi d'or en pointe de l'écu.*
3. De Farcy, *d'or fretté d'azur de 6 pièces, au chef de gueules.*
4. Du Breil, *d'argent au lion de gueules.*

agée de 30 ans.... après et veu la dispense de N. S. P. le Pape Innocent XI, donnée à Rome aux ides de janvier de l'année 1686 de la parenté du 2e au 3e degré entre lesdites parties.... ont reçu la bénédiction nuptiale.... présents esquier Benjamin de Ravenel sieur du Boisteilleul, écuyer Jacques de Ravenel sieur de Sérent, écuyer Julien Léziart, demoiselle Françoise C. de Farcy, demoiselle Bourgonnière et plusieurs autres.

Titres Frain. — *1688.* — Biens des religionnaires fugitifs réunis au domaine : les terres de Malnoë et la Ronce à Anne Ravenel femme de Jacques de Farcy.

Bibliothèque Nationale, carrés de d'Hozier. vol. 246, fol. 20. — Du 5 octobre 1695 contrat de mariage de Mre Jacques R. de Farci.... demeurant en la ville de Laval, paroisse de la Trinité, assisté de Mre François de Farcy son tuteur sieur de Cuillé.... accordé avec demoiselle Marie de Farci fille de Mre François de Farci sieur de Pontfarci, conseiller du Roi, président dans tous les sièges royaux de Laval et de dame Marie du Breil, sa femme.... elle reçoit une dot de 24000#, de la quelle il sera fait une rente de 1200# jusqu'à ce que la future ait atteint l'age de 25 ans et demoiselle Françoise de Farci tante de ladite Marie lui donne une somme de 10000# payable après sa mort sur le plus clair de ses biens.... Contrat passé devant René Gaultier notaire royal en la ville de Laval, en présence de Mre Annibal de Farci chevalier sieur de la Dagrie, conseiller au parlement de Metz, oncle desdits futurs, dame Claude Ch. de Farci sa femme, Mre François R. de Farci abbé de Pontfarci, Mre René François de Farci père de la future, demoiselle Anne Guillot veuve de noble Jean du Breil sieur de la Brunetière, ayeulle maternelle de ladite future, demoiselle Renée de Chantepie veuve de n. Louis de Brun, Mre A. A. de Farci sieur de Cuillé, dame Renée C. du Moulin sa femme, Mre Daniel M. de Farci chevalier de Cuillé, Mre Charles F. de Farci sieur de Chantelou, Mre Charles A. de Farci sieur de la Dagrie, Me Jean de Launai sieur de la Laiserie conseiller du Roi, grenetier au grenier à sel de la Gravelle et Nicolas Lasnier sieur de la Valette, bourgeois de ladite ville, tous proches parents....

Etat civil. Laval. — Le 6 octobre 1695 mariage de Jacques R. de Farcy.... et de demoiselle Marie de Farcy.

Armorial général, Bretagne, T. I, P. 13. — Jacques de Farcy, *d'or fretté d'azur au chef de gueules.*

Etat civil. Laval. — Saint-Tugal. — Le 24 juin 1731 décès de dame Marie de Farcy décédée le 22 épouse de Mre Jacques de Farcy de la Villedubois.

Archives de la Mayenne, B. 77. — 10 Novembre 1733. — Donation de la seigneurie de la Potherie par Mre Jacques de Farcy à demoiselle Marie J. C. de Farcy de Mué sa nièce, avec lui demeurante au chateau de Mué.

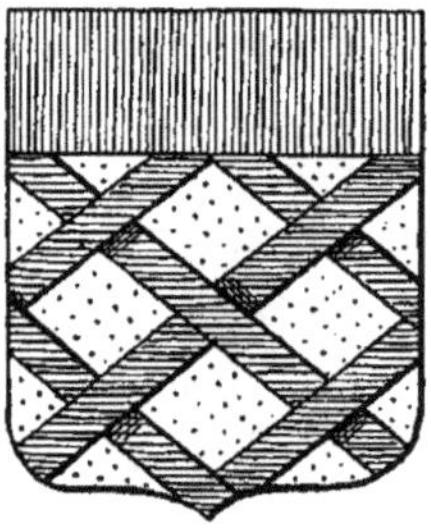

2° Gabriel-Luc de Farcy, né le 17 août 1681.

Eglise réformée de Rennes. — 17 Août 1681. — Gabriel Luc de Farcy fils... a esté baptisé au temple de Cluné. Il a eu pour parain écuyer Luc Ravenel et pour maraine dame M. Béraudin dame de Farcy, qui ont dit que l'enfant est né le même jour.

3° René de Farcy, chanoine régulier à Angers, mort en 1700.

4° Annibal-François de Farcy, qui suit.

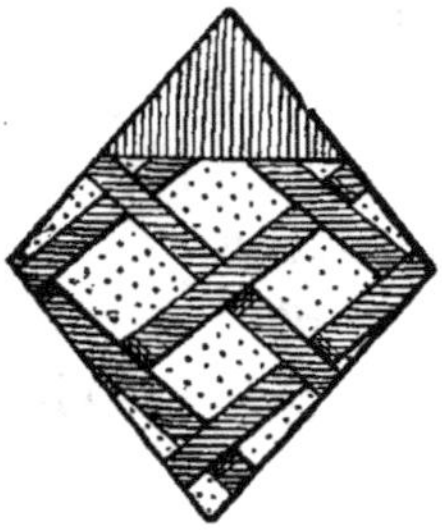

5° Marie-Catherine se retira en Hollande, lors de la révocation de l'édit de Nantes.

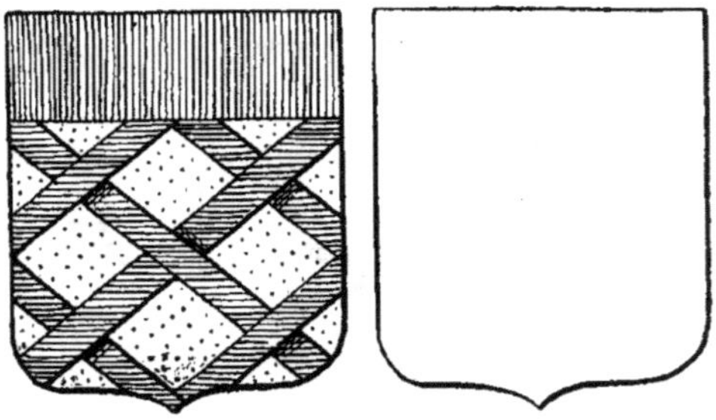

LEVESQUE

4° Annibal-François de FARCY, chevalier, seigneur de Mué, Launay-Villiers[1], le Plessis, la Graffardière, Villétable, Parcé, dit le comte de Mué, né le 3 août 1685, conseiller du Roi, président et juge des traites du comté de Laval le 17 août 1710, subdélégué de l'intendance au département de Laval, épousa le 12 novembre 1709, par contrat passé devant Pierre Nourri, notaire à Laval, demoiselle Marie-Anne LEVESQUE, fille de Jean LEVESQUE, sieur des Valettes et de Marie FRAIN[2].

Il était mort en 1751, laissant huit enfants : 1° Jacques, 2° Jean-

1. Launay-Villiers, canton de Loiron, arrondissement de Laval (Mayenne).
2. Frain : *d'azur à 3 gerbes de blé d'or, posées 2 et 1.*

Baptiste, 3° Charlotte, 4° Marie, 5° Catherine, 6° Marthe, 7° Jacques et 8° Anne. Sa femme mourut le 11 février 1781.

Eglise réformée de Rennes. — Le 4 aout 1685, Annibal François de Farcy fils.... a été présenté au baptême par Mre Annibal de Farcy sieur de la Dagrie son parain et par demoiselle Suzanne Ravenel dame de Mué pour demoiselle Françoise Ravenel sa maraine....

Titres Le Gonidec de Tressan. — *17 Août 1710.* — Lettres patentes du Roi Louis XIV.... Scavoir faisons que pour l'entière confiance que nous avons en la personne de nostre cher et bien amé Annibal-François de Farcy de Mué et de ses sens, suffisance, loyauté, prudhomie, capacité, experience, fidellité et affection à nostre service, pour ces causes et autres à ce nous mouvans, donnons et octroyons par ces présentes l'office de nostre conseiller, président, juge des droits d'entrée et de sortie et autres droits y joints estably en la ville de Laval crée pour la jurisdiction tant du bureau de ladite ville que de ceux de la Gravelle, Cossé, Chasteaugontier, Sablé, Craon, Brain, Saint Michel du Bois, Pouancé, Cuillé, Segré, Mayenne, Ernée, Saint Ellier, Landivy et la Croisille, que tenoit et exerçoit deffunct François de Farcy sieur du Pontfarcy, dernier possesseur ; les veufve et héritiers du quel nous avoient nommé ledit de Farcy de Mué qui, en exécution de nostre édit du mois de décembre dernier.... avoit payé la finance à l'effet de jouir dudit office à titre de survivance.... Il prêta serment le 26 septembre 1710 entre les mains de René de Gomboust conseiller et avocat du Roi au siège royal des traittes à Laval en l'absence de Jacques Foucault sieur de Vauguyon et abstention de Me René Levesque conseiller garde du scel du même siège (parent).

Archives de la Mayenne, B. 1158. — *1727.* — Mesures prises pour l'exécution de l'ordonnance de M. de Farcy de Mué, subdélégué en l'élection de Laval, au sujet du recouvrement des effets et armes que des soldats déserteurs de la milice de Bretagne, logés à Saint Ouen, avoient perdus....

Id. B. 1162. — *1730.* — Instance contre ceux qui dévastaient et pillaient les bois de Villiers, chassaient le gibier et péchaient les étangs.....

Id. B. 811. — *1731.* — Procès avec dommages et intérets pour avoir tiré sur les pigeons du colombier des seigneuries de Villiers et Villétable.

Id. B. 86. — *1er Juillet 1733.* — Mlles Anne, Marthe, Jacquine et Jeanne de Prépetit vendent la Gesbertière.... pour 10000# payables à leur neveu A. de Farcy de Mué avec reserve de 500# d'usufruit « par » ce qu'elles ont subsisté plusieurs années aux despens de Mre » René de Farcy père dudit de Mué qui pendant sa vie leur a » fait beaucoup et que ladite dame de la Villedubois leur sœur a » jouy pendant plus de 30 années d'un douaire très considerable » sur les biens de son mari, sans la jouissance duquel douaire » elles auroient eu peine à subsister.... »

Id. B. 242. — *1753.* — Convocation des parents paternels et maternels des mineurs de Farcy de Mué, Mre Camille de Farcy chevalier sieur de Pontfarcy conseiller au parlement de Bretagne, Mre Annibal de Farcy chevalier sieur de Mué lieutenant au régiment Limousin, J. Bte Frin pretre chanoine de l'église collégiale de Saint Tugal, Me François Le Clerc du Moulin conseiller et procureur du Roy au siège de Laval, Me François Le Clerc de la Golerière, avocat.

Id. B. 246. — *1758.* — Renonciation à sa succession.

Etat civil Laval. — Le 9 juin 1760, Marie Anne Leveque veuve de Mre Annibal de Farcy sieur de Mué demoiselle Charlotte M. de Farcy de Mué et Marie A. S. J. de Farcy assistent à l'abjuration de Madeleine d'Aubert.

Id. — *Saint-Tugal.* — Le 12 février 1781, décès de dame Marie A. Leveque des Valettes.... agée de 94 ans 11 mois.

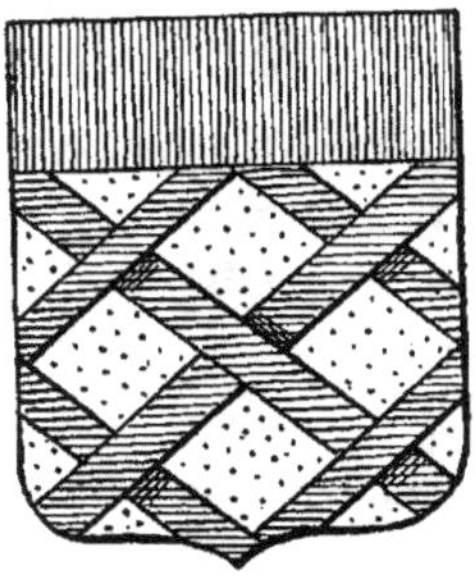

XVIIIe *Degré.* — 1° Jacques de Farcy, né le 5 octobre 1710, mort le 28 février 1722.

Etat civil Laval. — *Saint-Tugal.* — Le 5 octobre 1710 baptème de Jaques de Farcy fils.... présenté par Mre Jaques de Farcy sieur de la Villedubois et dame Anne Moraine veuve de Charles Frin sieur du Guiboutier.

Id. — Le 28 février 1722, inhumation dans la chapelle N. D^e des Graces de l'église collégiale de Saint Tugal de Jacques de Farcy de Mué, fils....

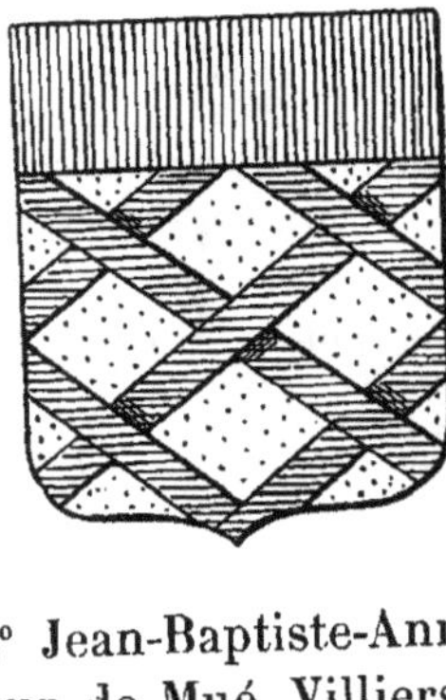

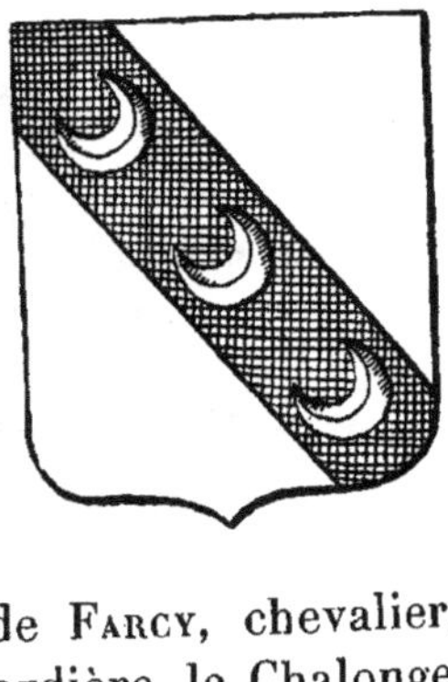

2° Jean-Baptiste-Annibal-Jacques-René de Farcy, chevalier, seigneur de Mué, Villiers, le Plessis, la Graffardière, le Chalonge[1], dit

1. Le Chalonge, commune de Treveron, canton et arr. de Dinan (Côtes-du-Nord).

le Comte de Mué, né le 18 juillet 1724, conseiller en la grand-chambre au parlement de Bretagne, le 26 février 1750, épousa : 1° le 29 juillet 1751, demoiselle Marie-Anne-Mathurine du Breil, fille de Jean-Baptiste-Augustin du Breil, écuyer, dit le Comte du Chalonge, sieur de la Gibonnaie et du Pontruffier, capitaine de cavalerie, chevalier de l'ordre royal et militaire de Saint-Louis et de Anne-Louise Ferré[1] de la Villesblanc, dame du Chalonge, morte à Jersey le 6 novembre 1793 ; 2° en 1795, demoiselle Thérèse-Annibale Tuffin, fille de Mre Marie-Eugène-Gervais Tuffin, vicomte de la Rouairie et de Marthe-Charlotte-Marie-Claire de Farcy de Mué. Il avait émigré et mourut sans postérité.

Etat civil Laval. — Saint-Tugal. — Le 18 juillet 1724 baptème de Jean-Baptiste A. J. R. de Farcy, né de ce jour fils.... présenté par Me Jean Frin pretre chanoine de Saint Tugal et Marie de Farcy épouse de Jacques de Farcy de la Villedubois.

Titres Frain. — 1er Décembre 1749. — Vente par M. Paul-Charles Hay chevalier sieur des Nétumières à Mre Annibal de Farcy chevalier sieur de Mué faisant pour son fils, de la charge de conseiller non originaire au parlement de Bretagne à lui venue de la succession de Monseigneur son père pour la somme de 14.000#.

Id. — Le 20 novembre 1756 parain, h. et p. s. Mre Jean Baptiste de Farcy chevalier sieur de Mué, Villiers, Chalonge et autres lieux, conseiller au parlement de Bretagne.

Etat civil Rennes. — Saint-Germain. — Le 29 juillet 1751 mariage de Mre Jean Baptiste de Farcy chevalier sieur de Mué et Villiers chef de nom et d'armes, conseiller au parlement de Bretagne fils de.... et demoiselle Marie J. M. du Breil demoiselle du Chalonge, mineure, fille de feu Mre Jean Baptiste A. du Breil chevalier sieur de Chalonge, chef de nom et d'armes et de dame Anne Louise Ferré dame du Chalonge.... la cérémonie faite dans la cathédrale par permission de M. l'evesque de Rennes.

1. Ferré, *d'argent à la fasce d'azur, acc. de 3 molettes d'éperon de même 2 et 1.*

Original. — *1761.* — Lettre signée du Breil de Mué au sujet de la mort de M. de Montavallon. *Cachet cire noire.*

Les Origines de la Révolution, *Pocquet*, *T. I, 25.* — *1787.* — M. de Mué conseiller en la grand'chambre fut l'un des douze magistrats du Parlement qui furent mandés par le Roi à Versailles.

Titres Frain. — *1er Décembre 1792.* — Ordre de payer dans les 15 jours 1000₶ pour les fermages du Grand-Mué en Parcé, cy devant appartenant à J. B^{te} A. de Farcy de Mué, réputé emigré par son absence, 450₶ pour le Plessis-Mellet, 450₶ pour la Haute-Besme, 450₶ pour le Plessis-Hardy, 250₶ pour le Bas-Mué, le tout situé commune de Parcé.

Les familles françaises à Jersey, comte de L'Estourbeillon, P. 43-44. — *8 Novembre 1793.* — Inhumation de h. et p. dame Marie J. M. du Breil du Chalonge.... Les prières et cérémonies de l'inhumation catholique ont été faites dans la chambre de la défunte par moi soussigné, chanoine et curé de Saint Malo, attendu que les loix locales s'opposent à tout autre exercice public du culte catholique. *Signé* LE SAOUT curé de Saint-Malo.

Voici son épitaphe relevée dans le cimetière de Saint Hélier.

CI GIT
HAUTE ET PUISSANTE DAME
MARIE JEANNE MATHURINE DU BREIL DU CHALONGES
EPOUSE DE HAUT ET PUISSANT SEIGNEUR
JEAN BAPTISTE ANNIBAL DE FARCY
COMTE DE MUÉ, CONSEILLER AU
PARLEMENT DE BRETAGNE
DECEDEE A S^{T} HELIER, ILE DE JERSEY
LE 6 NOV^{BRE} 1793, AGÉE DE 66 ANS.

Id. P. 97-98. — *14 Juin 1795.* — Publication en la chapelle du Port.... des bans du futur mariage de h. et p. s. messire J. B^{te} A. R. de Farcy chevalier comte de Mué veuf.... et fils de.... originaire de la paroisse de Saint Tugal de Laval et domicilié de celle de Saint Germain de Rennes avec demoiselle Thérèse Annibale Tuffin de la Rouerie fille de.... originaire de la paroisse de Saint Léonard de Fougères.

Id. — 7 *Thermidor an VII (25 Juillet 1799).* — Le Receveur des domaines nationaux au bureau de Fougères fait procéder à la vente du mobilier national provenant de l'émigration de Farcy de Mué.... Le total se monte à 129# 25 c. !

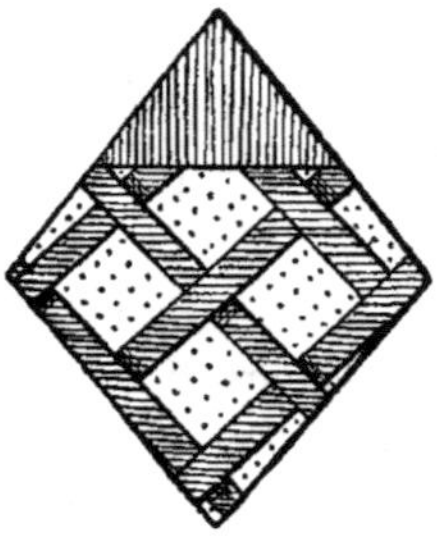

3° Charlotte-Jeanne-Marie, dame de la Chauvinière et de la Poterie [1], née le 24 février 1712, mourut sans alliance.

Bibliothèque Nationale, carrés de d'Hozier, vol. 246, p. 37. — Le 24 février 1712 à Saint Tugal de Laval, Charlotte Jeanne Marie fille... le parain Jean Levêque sieur des Valettes, négotiant, la maraine dame Marie du Breil.... assistée de Jacques de Farci écuyer sieur de la Villedubois et de dame Marie de Farcy, sa femme, Louis du Chemin, sieur de la Frogerie, Me Charles Frin procureur du Roy en ladite ville de Laval et Marie Frin des Valettes.

Archives de la Mayenne, B. 77. — *10 Novembre 1735.* — Don par Jacques de Farcy chevalier sieur de la Villedubois à sa nièce, demeurante avec lui au chateau de Mué, de la terre et seigneurie de la Poterie, composée de maison seigneurialle, cour, clos, domaine, retenue, jardin et issue, un moulin, deux étangs, la met-

1. La Poterie, commune de la Brulatte, arrondissement de Laval (Mayenne).

tairie de la Poterie, celle de la Bacconnière, la closerie de la grande et petite Grenouillère, paroisse de Loiron, avec 15# de rentes foncières, à charge de 40# à l'hotel-Dieu de Laval.

4° Marie-Suzanne-Anne-Jacquine, dame de la Giraudaye, née le 13 février 1714, morte sans alliance.

Etat civil Laval. — Saint-Tugal. — Le 13 février 1714 baptème de Jacquine Marie Suzanne, née de ce jour fille.... presenté au baptême par Mre Jacques Annibal de Farcy sieur de Malnoë et demoimoiselle Frin.

DE FARCY
d'or fretté d'azur, au chef de gueules.

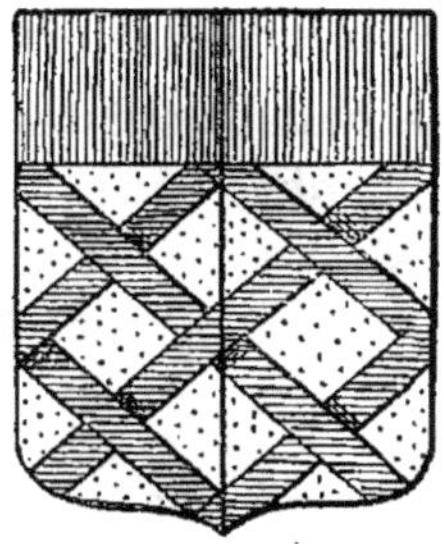

5° Catherine-Charlotte-Jeanne, née le 23 août 1721, épousa le 5 octobre 1744, par contrat du 1er, Mre François-Philippe-Camille de FARCY, chevalier, seigneur du Pontfarcy, Arquenay, etc., conseiller au parlement de Bretagne, fils de René-François de FARCY, chevalier, sieur des dits lieux et de demoiselle Anne MOLLAND de la Chauvière. Elle mourut le 23 avril 1809.

Etat civil Laval. — Saint-Tugal. — Le 23 août 1721 baptéme de Catherine J. C. de Farcy, née de ce jour fille.... présentée par Me Jean Gabriel Levêque sieur des Valettes, conseiller du Roi, président dans les sièges royaux des exempts de Laval et demoiselle Catherine Charlotte de Farcy.

6° Marthe-Françoise-Jacqueline-Anne, née le 4 janvier 1726.

Etat civil Laval. — Saint-Tugal. — Le 4 janvier 1726 baptème de Marthe

F. J. A. née de ce jour fille.... présentée par François René de Farcy sieur d'Arquenay et Marie Marthe Dorion épouse de Me Jean Gabriel Levesque sieur des Valettes.

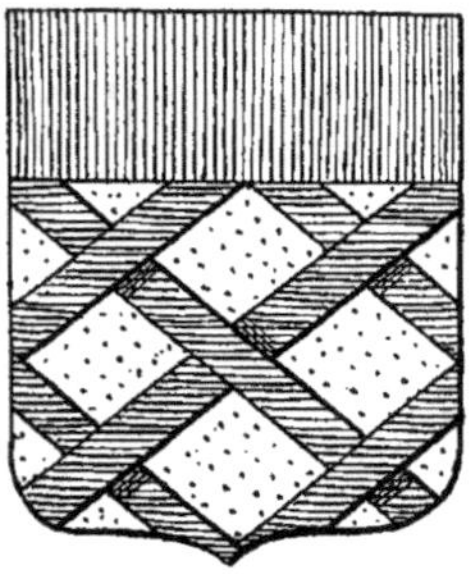

7° Jacques-Louis-Marie de Farcy, chevalier, sieur de Villiers, de Mué, de Launay, né le 8 novembre 1727, lieutenant au régiment de Limousin, chevalier de l'ordre royal et militaire de Saint-Louis, mort le 26 vendémiaire an XIII (18 octobre 1804).

Etat civil Laval. — Saint-Tugal. — Le 8 novembre 1727 baptême de Jaques L. M. de Farcy né ce jour fils.... présenté par Mre de Farcy de la Villedubois et dame Marie Martin, épouse du Chemin sieur de la Frogerie.

Etat civil Laval. — Le 20 février 1754, Mre Jacques de Farcy, chevalier, sieur de Mué, assiste à la sépulture de dame Marie-Marthe Levêque des Valettes, sa cousine, épouse de Jacques Michel Briffet, inspecteur de la manufacture de toiles de Tours.

Archives de la Mayenne, B. 1200. — 1766. — Procès entre Jacques de Farcy sieur de Launay Villiers et Jean Barier.

TUFFIN
d'argent à la bande de sable, chargée de 3 croissants du champ.

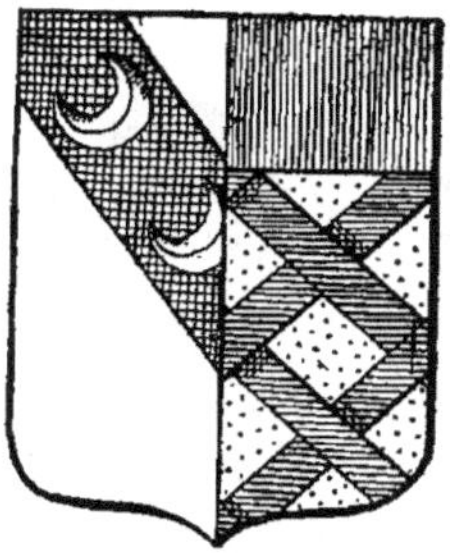

8° Anne-Marthe-Charlotte-Marie-Claire, née en juillet 1731, épousa le 24 mai 1758 Messire Marie-Eugène-Gervais TUFFIN, chevalier, vicomte de la Rouairie, fils de Anne-Jacques TUFFIN, chevalier, marquis de la Rouairie et de Marie-Anne-Madeleine-Charlotte de BAUGI[1]. Il mourut à Fougères le 8 août 1784 et elle à Rennes le 7 juillet 1810.

Etat civil Laval. — Saint-Tugal. — Le 12 août 1731 baptême de Marthe C. M. Cl. de Farcy fille....

Archives de la Mayenne, B. 242. — *19 Septembre 1753.* — Lettres de bénéfice d'âge pour Anne M. C. M. N. de Farcy.... agée de 22 ans.

Id. — Le 24 mai 1758 mariage de Mre Eugène-Gervais Tuffin, chevalier, vicomte de la Rouerie et autres lieux fils de feu Mre Anne-Jacques Tuffin chevalier sieur marquis de la Rouerie et de Carné et de Marie M. C. de Baugi marquise de la Rouerie, barone de Villeneuve la Guiarde et de la Chapillotte et demoiselle Marthe-Charlotte-Marie-Claire de Farcy, agée de 25 ans, fille de Mre Annibal de Farcy, chevalier, sieur de Mué, Launay Villiers, le Villetable, du Plessis et la Graffardière et de Marie-Anne Levesque; présence de Louis Tuffin, chevalier des Portes, oncle de la mariée et dame Thérèse de Pontavis.

Original S. D. — Lettre signée de Farcy de la Royrie. *Cachet cire rouge.*

1. De Baugi, *d'azur à 3 écots d'argent, 2 et 1.*

DE SAINT-GERMAIN
de gueules au chevron d'argent, acc. de 3 besans de même 2 et 1.

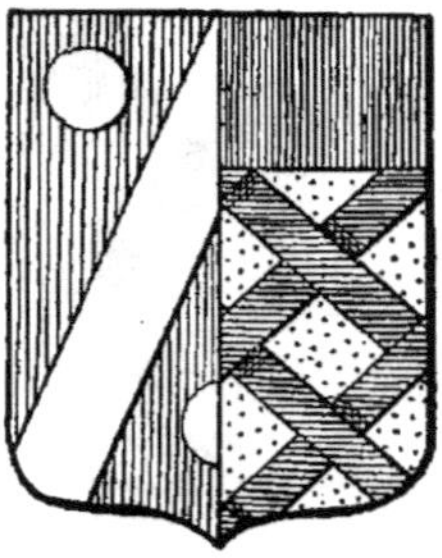

4° Françoise, épousa Messire Jacques de SAINT-GERMAIN, chevalier, marquis de Fontenay, baron de Molleran, cornette dans la compagnie des gentilshommes de Vire et Mortain, servant en 1674 sous les ordres du maréchal de Turenne, fils de Jacques de SAINT-GERMAIN, écuyer, sieur du dit lieu et de Catherine de MONTBOURCHER [1]. XVI° Degré. (V. p. 271).

Voir Vaugiraud, Essai sur l'histoire des églises reformées de Bretagne Paris 1870. — T. II, P. 219.

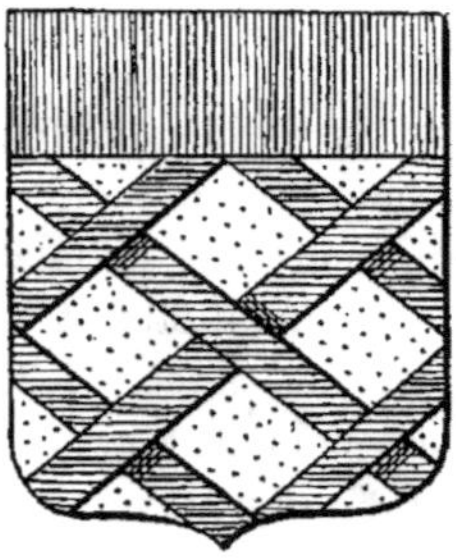

RAVENEL
d'azur à la fasce d'argent chargée de 3 hermines et acc. de 3 renards passants d'or, 2 et 1.

2° Jean de FARCY, écuyer, sieur de Malnoë, de la Villedubois, deuxième fils de Jacques de Farcy et de Catherine de Gennes, lieutenant, puis capitaine aux régiments de Champagne, du Maine et XVI° DEGRÉ.

1. De Montbourcher, *d'or à 3 marmites de gueules, 2 et 1.*

de Broglie, épousa le 20 avril 1670 demoiselle Suzanne de Ravenel, fille de Luc de Ravenel, écuyer, et de Renée de Gennes[1].

Lors de la révocation de l'édit de Nantes, Suzanne de Ravenel se retira dans le Hanovre avec son jeune fils, Jean-Charles de Farcy.

Il fit inscrire ses armoiries dans l'Armorial général.

Ils eurent de leur union cinq enfants : 1° Jacques, 2° Jean, 3° Catherine, 4° Luc et 5° Marie.

Eglise reformée de Rennes. — Le 20 avril 1670 a été béni à Cluné le mariage d'entre Mre Jean Farcy sieur de Muay, lieutenant pour le service du Roy en le régiment de Champagne, fils... et demoiselle Suzanne Ravenel fille de n. h. Luc Ravenel et de demoiselle Renée de Gennes d'autre part, l'un et l'autre de l'église de Rennes et a dit ledit expous estre agé de 23 ans ou environ et la dite espouse de 17 ans ou environ. A la célébration duquel ont assisté les parents et amis soussignés. Jacques de Farcy, Catherine de Gennes, Ravenel, René de Gennes, Michel Farcy, Marguerite Bérauldin, Ravenel, Jacques Ravenel, Baignoux, ministre.

Titres de la Villedubois. — *3 Septembre 1704.* — Lettres du Roi au maréchal de Broglie pour recevoir le sieur Farcy capitaine réformé en son régiment.

Id. — *15 Septembre 1707.* — Transport par Mre de Malnoë à son frère et à sa sœur de 16925# pour partie de l'obligation de leur père.

Id. — *1er Aout 1709.* — Partages entre M. de Malnoë et ses puisnés.

Etat civil Mordelles. — *23 Juillet 1710.* — Jean de Farcy signe à un baptème. — 11 février 1713 il est parain avec la comtesse du Rumain, sa fille.

Armorial Général Bretagne. — *T. II, P. 97.* — M. de Farcy de la Villedubois *d'argent fretté d'azur au chef de gueules.*

1. De Gennes, *d'azur à 3 genettes passantes d'or, 2 et 1.*

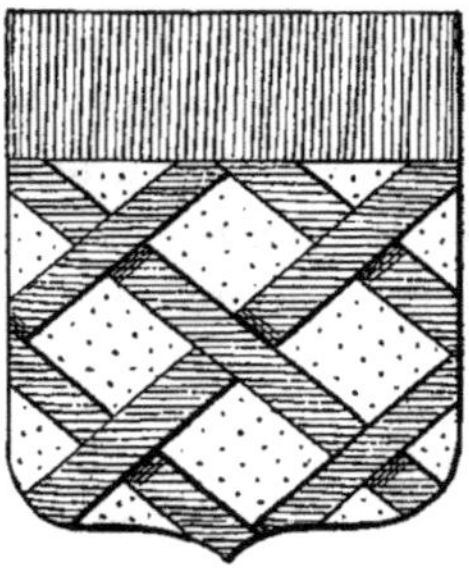

DE GENNES
d'azur à 3 genettes ou renards passants d'or, 2 et 1.

1° Jacques-Annibal de FARCY, écuyer, sieur de Malnoë, conseiller du Roi, vérificateur des fouages, épousa, par contrat du 26 mars 1695, demoiselle Gilette-Jeanne de GENNES, fille de Paul de GENNES, écuyer, sieur des Roches, la Cointrie et du Guillou et de Elisabeth de GENNES de la Guinardière. XVII° DEGRÉ.

Il fut inhumé en 1741 dans le chœur de l'église de Saint-Christophe-du-Bois, laissant une fille unique, qui suit.

Eglise réformée de Rennes. — Le dimanche 1er du mois de février 1671 a été baptisé audit lieu de Cluné Jacques A. Farcy fils de Messire Jean de Farcy sieur de Muay et de dame Suzanne Ravenel. Il a esté présenté au baptesme par Annibal de Farcy sieur de la Dagrie, conseiller au parlement de Metz et par demoiselle Renée de Gennes, qui ont dit qu'il est né le 31 janvier 1671. du Soul, ministre.

Titres de la Villedubois. — *26 Mars 1695.* — Contrat de mariage d'écuyer Jacques-Annibal de Farcy sieur de Malnoë et de Jeanne de Gennes fille de n h. Paul de Gennes sieur de la Cointrie et demoiselle Elizabeth de Gennes, devant Chessé et Halgan notaires royaux au Croisic, présence d'écuyer François de la Farelle et Jeanne de Gennes son épouse, n. h. Jullien de Gennes sieur du Plessis et Marthe de Gennes son épouse, Pierre de Gennes sieur des Roches, Renée et Renée de Gennes.

Titres Frain. — *1699.* — Jacques de Farcy écuyer sieur de Malnoë, conseiller du Roy vérificateur des fouages, assiste à la tutelle de Luc de Ravenel.

Etat civil Rennes. — Saint-Jean. — Le 2 mai 1700 Me Jacques A. de Farcy sieur de Malnoë parain d'une fille de Benjamin de Ravenel et de Catherine F. de Farcy.

Titres de la Villedubois. — 25 Avril 1703. — Donation mutuelle entre M. et Mme de Farcy.

Titres Frain. — 23 Juillet 1742. — Vente de la Gaulayrie par dame Jeanne de Gennes veuve de Jacques A. de Farcy sieur de Malnoë et demoiselle Elizabeth de Gennes filles de Paul de Gennes écuyer sieur de la Cointerie.

de Guichardy *d'hermines à 5 fusées accolées de gueules, posées en fasce, celle du milieu chargée d'un besan d'argent.*
Le Vicomte *d'azur au croissant d'or.*

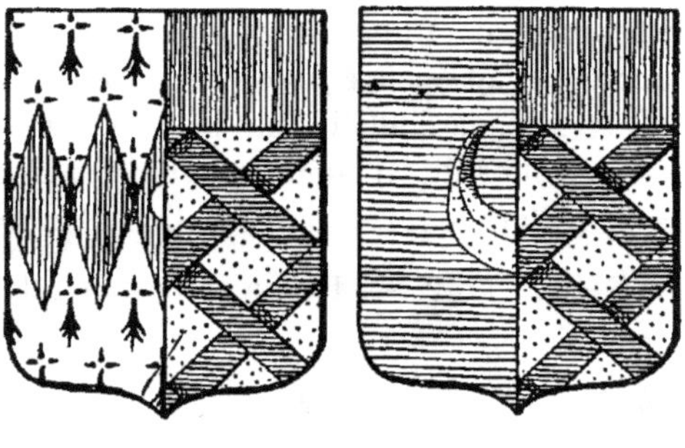

XVIIIe Degré. Marie-Jeanne-Suzanne de Farcy, dame de Malnoë, épousa : 1° en juillet 1725 Messire Maurice de Guichardy, chevalier, sieur de Martigné, président aux enquêtes au parlement de Bretagne en 1722 et 2° en janvier 1730, Messire Toussaint-Sébastien le Vicomte, chevalier, comte du Rumain, marquis de Coëtanfao, maître de camp de cavalerie, enseigne de la gendarmerie de France en 1733, premier cornette de la compagnie des chevau-légers de la province d'Anjou, chevalier de l'ordre royal et militaire de Saint-Louis, mort le 23 décembre 1733, n'ayant eu qu'une fille, morte elle-même en bas âge. La comtesse du Rumain mourut à Paris, le 2 décembre 1762.

Leurs portraits sont au château de la Villedubois.

Titres de Malnoë. — 10 Octobre 1704. — Aveu à la princesse de la Trémoïlle par h. et p. d. Suzanne de Farcy dame seigneure de Malnoe, le Plessis-Cucé ou Plessis-Christophe.

Etat civil Rennes. — Saint-Pierre. — 17 Octobre 1725. — Maraine dame Suzanne de Farcy épouse de M. Maurice de Guichardy chevalier sieur de Martigné, président aux requêtes de parlement de Bretagne.

Mercure de France. — 23 Décembre 1733. — P. 2934. — Mort de M. Le Vicomte, comte de Rumain, mari de Marie J. S. de Farcy. Toussaint Sébastien le Vicomte, comte du Rumain et mestre de camp de cavalerie, 1er cornette de la compagnie des chevau-légers d'Anjou, auparavant guidon de celle des gensdarmes Anglois, chevalier de Saint-Louis mourut à Paris le 23 décembre dans la 42e année de son âge. Il était fils de feu Yves-Charles le Vicomte comte de Rumain et de dame Julienne de Querhœnt de Cœtanfao et avait épousé en janvier 1730 dame M. J. Susanne de Farcy de Malnoe dont il n'eut point d'enfans, laissant pour héritier le chevalier du Rumain, son frère, major du régiment de cavalerie de Villars lequel a la reputation d'un très bon officier...

Titres de Malnoë. — 4 Aout 1742. — Renonciation au retrait féodal de la Gaulayrie.

Titres de la Villedubois. — 10 Aout 1760. — Testament de Mme la comtesse du Rumain dame de Malnoë, la Ronce.

Id. — Le 3 décembre 1762 a été fait le convoi et enterrement dans l'église de h. et p. d. Marie J. S. de Farcy veuve... décédée la veille, rue de l'Université, agée d'environ 68 ans...

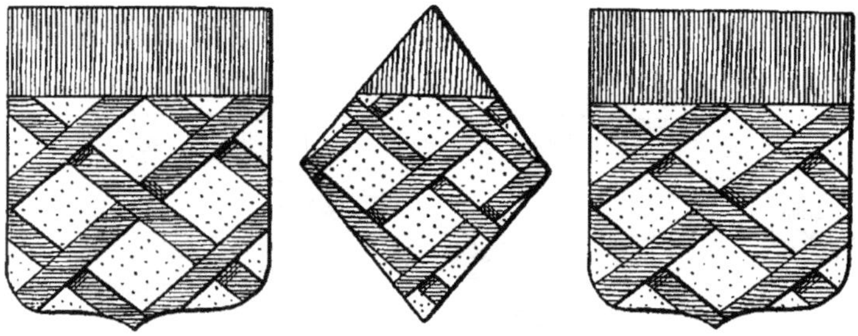

XVIIe Degré. 2° Jean-Charles-Michel de Farcy, qui suit.

3° Catherine-Marie, née le 6 mars 1675.

Eglise réformée de Rennes. — Le 11 mars 1675 Catherine Marie fille... a été baptisée au temple de Cluné... présentée par n. h. Jacques Ravenel, son oncle, et demoiselle Marie Ravenel... elle est née le 6 dudit mois

4° Luc de Farcy, écuyer, servait dans le régiment de Farcy.

Guérin
d'azur au chevron d'or acc. en chef de 3 besans rangés de même, à la bordure engreslée d'argent.

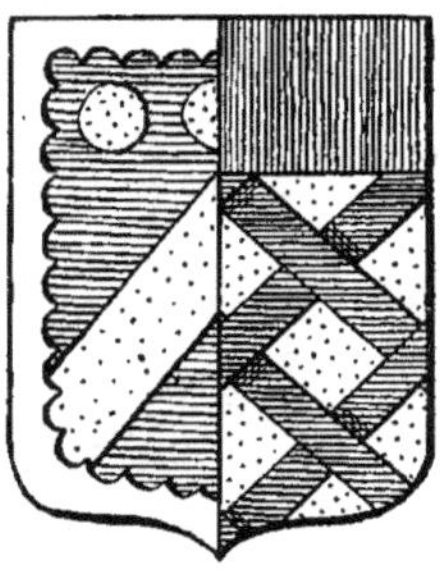

5° Jeanne-Marie-Suzanne épousa, par contrat du 13 septembre 1717, Messire Anne-Gilles Guérin, chevalier, marquis de Saint-Brice, baron de Sens, seigneur de Saint-Etienne, la Chattière, Parigné, la Fontaine, lieutenant des maréchaux de France au bailliage de Château-Gontier, fils de Anne Guérin, chevalier, sieur de Parigné, chevalier de l'ordre du Roi et de Marie-Jeanne GESLIN [1]. Il mourut le 12 février 1737 et elle en juillet 1724.

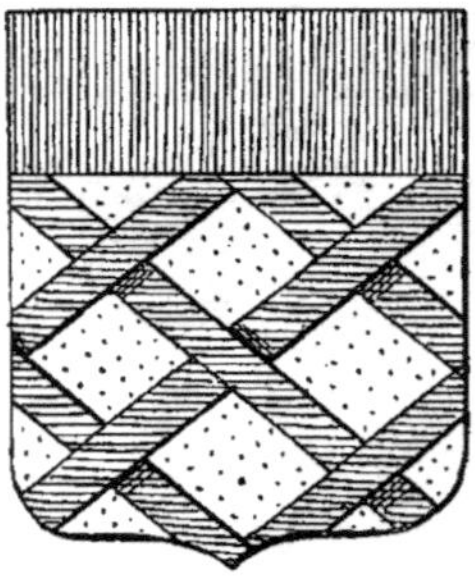  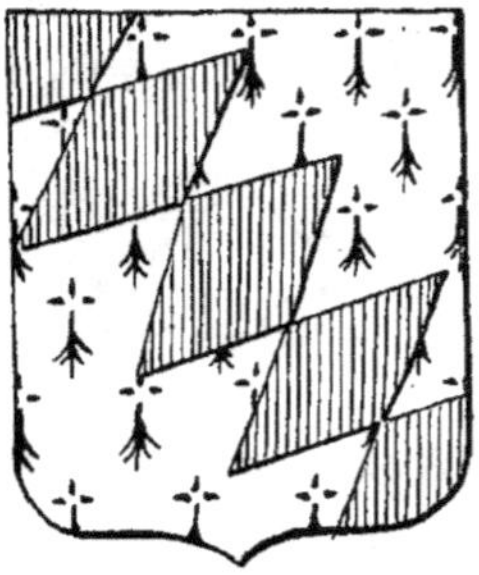

2° Jean-Charles-Michel de FARCY, chevalier, seigneur de la Villedubois, du Resto [2], servit d'abord à l'étranger, puis de retour en France, fut nommé capitaine au régiment de Royal-cavalerie, le 12 novembre 1709. Il avait épousé : 1° en novembre 1720, demoiselle Jeanne BENOIST [3], sans postérité ; 2° le 11 septembre 1725, par contrat du 7, passé devant Chalmel et Briart, notaires à Rennes, demoiselle Louise-Auréanne TAILLARD [4], dame du Resto, fille unique héritière de Guillaume TAILLARD, écuyer, sieur du Resto et de Louise du COUEDIC [5]. XVIIe DEGRÉ.

On pouvait voir, il y a quelques années, dans le jardin de la Villedubois, un beau cadran solaire en ardoise aux armes accolées des Farcy et Taillard, couronne de marquis, supports deux griffons ; mais il a été détruit par la gelée.

Il eut de son second mariage neuf enfants : 1° René, 2° Charles,

1. Geslin, *d'or à 6 merlettes de sable, posées 3, 2 et 1.*

2. Le Resto, commune de Plouagat, arrondissement de Guingamp (Côtes-du-Nord).

3. Benoist, *d'argent au chevron d'azur acc. en chef de deux arbres arrachés de sinople et en pointe d'un lion de gueules, à 2 cœurs de même posés au dessus du chevron.*

4. Taillard. *d'hermines à 5 fusées de gueules posées en bande.*

5. Du Couëdic, *d'argent à la branche de châtaignier de sinople, chargée de 3 feuilles d'azur.*

3° Angélique, 4° Jacques, 5° Marguerite, 6° Guillaume, 7° Françoise, 8° Louis et 9° Anne. Il mourut le 17 janvier 1768.

Eglise réformée Rennes. — Le 17 octobre 1677. — Jean-Charles-Michel fils... a été présenté au baptême par Mre Michel de Farcy son oncle et parain et par demoiselle Charlotte de la Vesque sa maraine. L'enfant né le 16 du même mois au rapport du père... Du Soul ministre.

Insinuations Ecclésiastiques du Mans. — Vol. LI. — 324. — Le 20 novembre 1720 dispense de deux bans pour Jean C. M. de Farcy, de la paroisse de Mordelles diocèse de Rennes et Jeanne Benoist, veuve... adressée au curé d'Olivet avec permission de célébrer le mariage dans la chapelle de la forge de Portbrillet.

Etat civil Rennes. — Saint-Pierre. — Le 17 juillet 1721 Mre Jean C. M. de Farcy chevalier sieur de la Villedubouays parain d'Anne-Charles fils de h. et p. s. Anne Gilles Guerin Mis de Saint-Brice et de h. et p. d. Suzanne de Farcy.

Titres de la Villedubois. — 7 Septembre 1725. — Contrat de mariage de Jean C. M. de Farcy... et de demoiselle Louise A. Taillard fille... devant Chalmel et Biard, notaires royaux à Rennes.

Etat civil Rennes. — Saint-Jean. — Le 11 septembre 1725 mariage des mêmes... la cérémonie faite en présence de M. le président de Martigné, le Mis de Saint-Brice, le comte du Groesquer et demoiselle Renée Taillart.

Titres de la Villedubois. — 1er Septembre 1738 et 6 février 1751 testament de Jean C. M. de Farcy... « comme mon fils l'abbé coute beaucoup à la maison, ce qui est à charge à mes enfans, pour l'entretenir à Saint-Sulpice, notre intention est qu'à notre mort, il n'ait aucune part en nos meubles et qu'il ne soit partagé qu'entre les six autres qui sont vivants. »

Id. — 30 Août 1744. — Lettre du Roi à M. de Farcy de la Villedubois pour la convocation des états à Rennes le 26 octobre — *10 Septembre.* Lettre du duc de Penthièvre, pour le même sujet.

Original. — *1748 à 1758.* — Lettres *signées* de FARCY.

Titres de la Villedubois. — *1756 et 1767.* — Certificat d'inscription aux Etats, de la noblesse de Jean C. M. de Farcy.

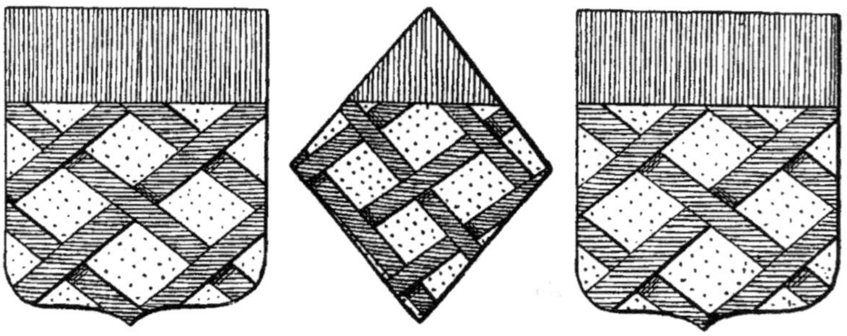

1° Renée-Suzanne-Louise, demoiselle de la Villedubois, née le 2 novembre 1726, morte le 16 mai 1779. XVIIIe Degré.

Etat civil Rennes. — *Saint-Pierre.* — Le 4 novembre 1726 a été baptisée Renée Suzanne Louise née samedy dernier deux de ce mois fille... parain Me Jacques de Farcy, maraine Renée Taillard.

Titres de la Villedubois. — *25 Février 1773.* — Lettre adressée à M. de la Villedubois.

Cachet armorié, en cire rouge.

Id. — *5 Mai 1774.* — Testament de demoiselle Renée S. L. de Farcy « je donne ma bague de diamans à la paroisse de Mordelles pour estre incrustée au soleil de ladite paroisse ».

Id. 9 Avril 1775. — Vente de sa part dans les forges de Bressilien à Auguste F. A. de Farcy de Saint-Laurent pour 500 # de rente viagère et une somme de 1000 #.

2° Charles-Joseph-Anne de Farcy, qui suit.
3° Angélique-Sainte-Marie, née le 15 avril 1730.

Etat civil Rennes. — Saint-Pierre. — Le 15 avril 1730 bapteme de Angelique S. M. née de ce jour fille... parain Mre Toussaint S. le Vicomte chevalier sieur du Rumain, maraine dame Angélique Fournier épouse de M. de la Dagrie, président au parlement de Bretagne.

4° Jacques-Prosper-Hippolyte de Farcy, né le 21 juillet 1731, appelé l'abbé de Farcy, élève du grand séminaire de Saint-Sulpice, à Paris, bachelier en théologie, licencié en droits, chanoine, grand chantre et grand vicaire de l'évêque de Quimper, syndic du chapitre, fut en 1771 nommé membre de l'assemblée du clergé de France et mourut le 10 avril 1781.

Etat civil Rennes. — Saint-Pierre. — Le 23 juillet 1731, par permission de M. Lévêque de Rennes, j'ay ondoyé un garçon né le 21 du même mois du légitime mariage de... Le 19 mai 1733 Jacques P. H... a reçu le supplément des cérémonies baptismales parain Jacques R. de Farcy chevalier sieur de la Villedubois maraine dame Marie Jeanne Suzanne de Farcy comtesse du Rumain.

Titres de la Villedubois. — 15 Avril 1753. — Diplôme de bachelier en la faculté de Paris.

Id. — 7 Octobre 1758. — Le chapitre de Quimper, capitulairement assemblé au son de la campane,... après avoir fait lecture des provisions et collation de M. Lévêque de Quimper, signées au chateau de Lanniron le 6 du present mois ✠ *Augustus F. A. episcopus corp̄sis* et plus bas *de mandato Guillo presbiter secretarius*, présentées par n. et d. Me Jacques P. H. de Farcy pretre du diocèse de Rennes... prébendé de Plozeret et sindic du chapitre. Sur quoi les sieurs chanoines et chapitre déliberans nommé pour induire ledit sieur en possession réelle, actuelle et personnelle de la Chantrerie et de la prébende de Merléac, à icelle annexée, et vacante par le décès de n. et v. Mre de Gourcuff de Trémenec... reçu 6# *(signé)* Mounac.

Id. — *8 septembre 1770.* — Brevet du Roi de 2000 # de pension sur l'abbaye de Moutier Ramay, au diocèse de Troyes.

Etat civil Quimper. — *Saint-Rouan.* — Le 11 avril 1781, Jacques P. H. de Farcy de la Ville grand chantre et chanoine de l'église cathédrale de Saint-Corentin, agé d'environ 51 ans, muni des sacrements de l'église, est décédé sur cette paroisse le 10 avril 1781, a été inhumé le lendemain dans l'église cathédrale par René-Sébastien des Cognets Correc, abbé de Saint Méen, grand archidiacre, chanoine de la susdite cathédrale et vicaire général du diocèse de Quimper. — Scellés apposés après sa mort.

5° **Marie-Marguerite-Aimée, née le 16 février 1733, religieuse ursurline à Saint-Brieuc.**

Etat civil Rennes. — *Saint-Pierre.* — Le 17 février 1733, Marie M. A. née d'hier fille... parain Mre Charles J. A. de Farcy chevalier sieur de la Villedubois. maraine Suzanne R. L. de Farcy demoiselle de la Villedubois.

DE PLOUAYS
d'azur à 3 molettes d'éperons d'or, 2 et 1.

6° Guillaume-Jean-François de FARCY, né le 4 septembre 1734, dit le chevalier de Farcy, lieutenant des vaisseaux du Roi, chevalier de l'ordre royal et militaire de Saint-Louis, par brevet du 8 juillet 1774, puis capitaine de vaisseau, épousa en 1771 demoiselle Anne Rose de PLOUAYS de la Grignonnais, fille de Félix A. Jean-Baptiste de PLOUAYS, écuyer, sieur de Chantelou.

Il signa le 26 mai 1788 les remontrances au Roi avec les autres nobles de Bretagne.

Elle mourut en 1805 et lui en 1815, laissant quatre enfants : 1° Amaury, 2° Ange, 3° Rose et 4° Marie.

Etat civil Rennes. — Saint-Pierre. — Le 5 septembre 1734 baptême de Guillaume J. F. né d'hier fils...

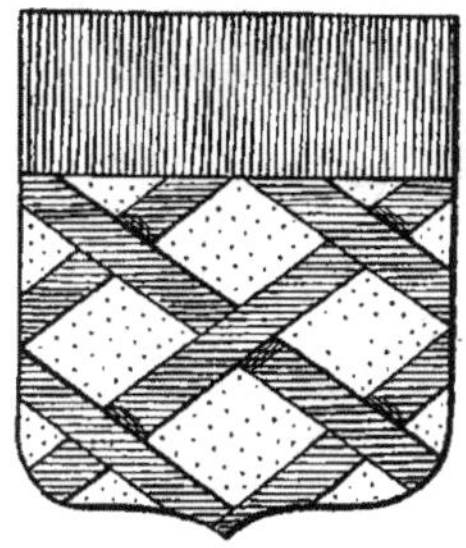

XIX° *Degré.* — 1° Amaury-Marie-Anne de Farcy, né en janvier 1773, mort le 15 mars 1776.

Etat civil Rennes. — Saint-Etienne. — Amaury M. A... vivant fils légitime d'écuyer Guillaume J. F... décédé d'hier, agé de 3 ans, 3 mois a été inhumé ce jour...

2° Ange-Marie-Félix de Farcy, né le 28 septembre 1780, mort jeune.

Etat civil Rennes. — Saint-Etienne. — Le 30 septembre 1780 ondoiement d'un fils légitime de...

Id. — Le 24 octobre 1780 baptême de Ange M. F. né le 28 septembre... parain écuyer Félix A. Jean Baptiste de Plouays de Chantelou, la maraine demoiselle Angélique S. M. de Farcy de la Villedubois.

ROLLAND
d'argent au chevron de gueules, acc. de 3 molettes d'éperon de même, 2 et 1.

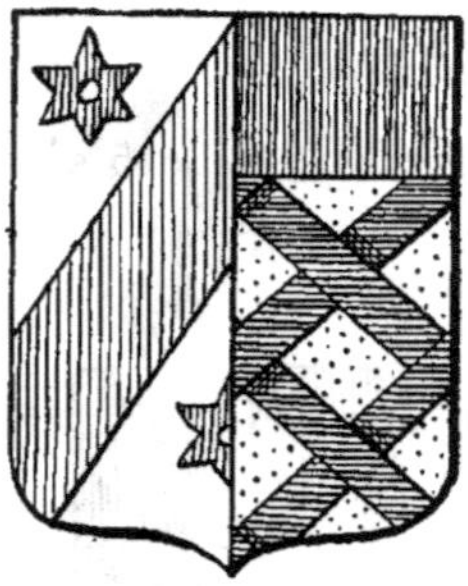

3° Rose-Anne-Suzanne épousa, en 1804, René-Louis ROLLAND du Noday, chevalier de l'odre royal et militaire de Saint-Louis.

4° Marie-Angélique-Joséphine, née le 27 novembre 1788, morte en janvier 1818.

Etat civil Rennes. — Saint-Sauveur. — Le 27 novembre 1788 Marie A. J. née et baptisée le 27 fille de... parain Me Joachim J. M. T. de Farcy de la Villedubois, la maraine Rose A. S. sa sœur.

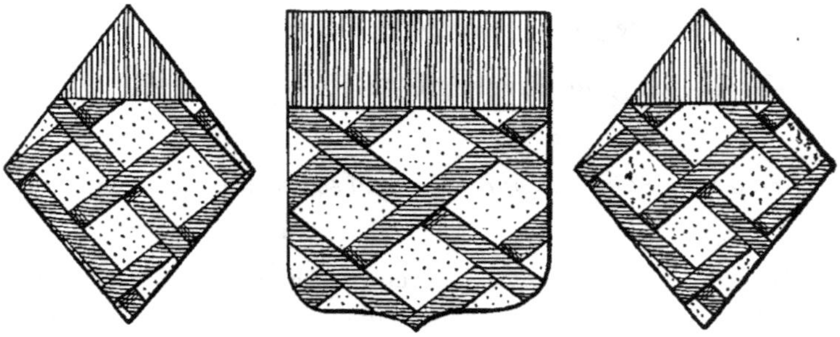

7° Françoise-Euphrasie-Rose, née le 4 octobre 1736, religieuse ursuline à Saint-Brieuc. XVIIIe Degré.

Etat civil Rennes. — Saint-Pierre. — Le 4 octobre 1736 Françoise E. R. née de ce jour... parain écuyer Jacques P. H. de Farcy, maraine demoiselle Angélique S. M. de Farcy.

41

8° Louis-Michel-Georges de FARCY, né le 21 juillet 1738.

Etat civil Rennes. — Saint-Pierre. — Le 21 juillet 1738 Louis M. G. né de ce jour... parain v. et d. pretre Michel-Jacques Besnard, maraine demoiselle Marie M. A. de Farcy, qui ne signe.

9° Anne-Julienne-Rosalie, née le 11 juin 1740, religieuse ursuline à Saint-Brieuc.

Etat civil Rennes. — Saint-Pierre. — Le 11 juin 1740. — Anne J. R. née de ce jour... parain Guillaume de Farcy maraine Renée S. de Farcy.

Id. — Toussaints. — Le 26 vendemiaire an V (17 octobre 1796), elle assiste au mariage de son cousin Guillaume avec Marie Tranchant des Tullays.

XVIIIe DEGRÉ. 2° Charles-Joseph-Anne de FARCY, chevalier, seigneur de la Villedubois, de Malnoë, né le 17 juillet 1728, épousa : 1° le 18 mars 1762 demoiselle Jeanne-Mathurine BERTHO [1], dame de Kerprigent, fille de feu Mre Gilles-François BERTHO, chevalier, seigneur de la Villejosse et de Thérèse-Catherine de la NOUE [2], morte le 15 mai 1779 ; 2° le 26 juillet 1784, par contrat du 23, demoiselle Marie-Yvonne du BOIS-

1. Bertho, *d'or à l'épervier, la tête contournée de sable, grilleté de même, acc. de 3 molettes d'éperon aussi de sable, 2 et 1.*

2. De la Noue, *d'azur à la croix d'argent cantonnée de 4 gerbes de blé d'or.*

BOISSEL[1], fille de Mre Jean-Joseph du BOISBOISSEL, chevalier, seigneur de Coestay et de Marie-Jeanne QUINTIN[2] de Kergadio.

Il fut convoqué, en 1786, aux états de Bretagne et demeurait alors place Toussaint, à Rennes. On conserve, au château de la Villedubois, des couverts d'argent où ses armoiries sont accolées de celles de sa première femme.

Il mourut le 18 thermidor an IV (5 août 1796) et sa seconde femme le 10 septembre 1786.

Il avait eu de son premier mariage neuf enfants : 1° Jean, 2° Anne, 3° Guillaume, 4° François, 5° Charles, 6° Julien, 7° Adélaïde, 8° Félix et 9° Joachim.

Etat civil Rennes. — Saint-Pierre. — Le 18 juillet 1728 Charles A. J. né d'hier fils... parain Anne G. Guerin Mis de Saint-Brice maraine dame Françoise-Marie Sauveur épouse de M. de la Morandais Menage.

Titres de la Villedubois. — 2 Juin 1748. — Diplôme de bachelier. — 2 Aout 1749 thèse de licence passée à Rennes devant D. D. Charles-Richard de la Piverdière, doyen. — Rennes, Vatar 1749.

Etat civil Rennes. — Toussaints. — Le 18 mars 1762 Mre Charles J. A. de Farcy... autorisé de son père et demoiselle Jeanne M. Bertho de la Villejosse dame de Kerprigent autorisée de sa mère... ont été fiancés et épousés en cette église.

Titres de la Villedubois. — 1764-1765. — La part des bénéfices de M. de la Villedubois, dans les forges de Bressilien, s'éleva à 9242 #

Id. — 23 Septembre 1768. — Don de 216 # de rente « au bouillon des pauvres honteux de la charité de la marmite de Rennes ».

Titres Frain — 21 Juin 1782. — Les vassaux des fiefs de la Besnardière, des Tesnières et des Rouxières « reconnoissent être sujets de Mre Charles J. A. de Farcy chevalier sieur de la Villedubois,

1. Du Boisboissel, *d'hermines au chef de gueules chargé de 3 mâcles d'or.*
2. Quintin, *d'argent au lion morné de sable, acc. de 3 molettes d'éperon de même 2 et 1.*

Malnoë, la Ronce, les Combourtillès et reconnoissent que ledit Seigneur a droit de quintaine universelle sur toute la paroisse de Saint Christophe des Bois, que tous ceux qui épousent ou couchent l'une des trois premières nuits de leur épousailles sont sujets de courir la quintaine et de payer quatre mines d'avoine, 12 pots de vin mesure de Vitré, 12 chapons, 12 poulets à la manière accoutumée, duquel devoir ils sont quittes pour une moitié courant et rompant la canne qui sera au bout d'une gaule d'aulne et faute de demander conjé aux sujets dudit seigneur, ils paieront le droit à l'entier, lequel droit se paie le jour Saint-Christophe de chacun an, au milieu dudit bourg de Saint-Christophe.

Titres de la Villedubois. — *23 juillet 1784*. — Contrat de mariage de h. et p. s. Mre Charles A. J. de Farcy... fils... et de Marie-Yvonne du Boisboissel fille... devant Le Bonnier et le Percher, notaires à Lannion.

Etat civil Rennes. — *Toussaints*. — Le 11 septembre 1786 h. et p. d. Marie-Yvonne de Boisboissel épouse de... native de Tréguier agée de 47 ans, morte d'hier, a reçu ce jour les honneurs dans cette église et a été ensuite conduite à Mordelles, lieu de son enfeu...

Id. — Le 18 thermidor an IV, à six heures du soir devant moi officier public... ont déclaré que Charles A. J. Farcy Villedubois agé de 68 ans demeurant rue Lentonnoir veuf de... est décédé ce matin minuit et demie...

XIXe Degré. 1° Jean-Marie-Protaire de Farcy, qui suit.

DE TROGOFF
d'argent à 3 fasces de gueules.

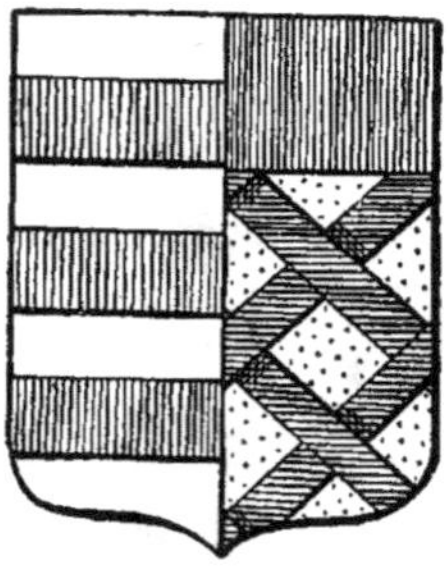

2° Anne-Thérèse-Charlotte-Marie, née le 27 mars 1764, épousa Mre Auguste de TROGOFF Boisguézenec, ancien page du Roi.

Elle mourut le 2 février 1812.

Etat civil Rennes. — Toussaints. — Le 28 mars 1764 baptème de Anne M. T. Ch. née le 28 mars... parain Mre Anne G. Guérin Mis de Saint-Brice et maraine demoiselle Anne Bertho demoiselle de la Villejosse.

Id. — 10 messidor an VI (29 juin 1799). Jean-Marie de Farcy déclare la naissance d'un enfant mort-né d'Anne M. C. de Farcy, agée de 34 ans épouse de Auguste Trogoff, absent pour cause de maladie.

3° Guillaume-René-François-Charles de FARCY, auteur du rameau de Malnoë. (Voir après la branche de la Villedubois).

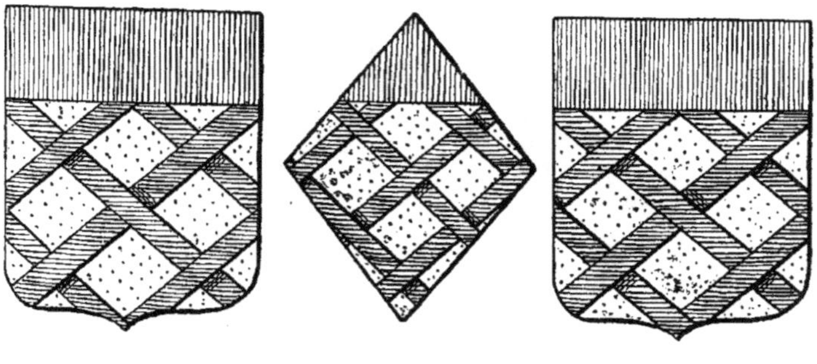

4° François-Xavier-Adolphe de FARCY, né le 23 janvier 1767, reçu à l'École royale militaire de la Flèche en 1785, servit dans la marine marchande et mourut à la hauteur du Cap de Bonne-Espérance, le 20 mai 1787.

Etat civil Rennes. — Toussaints. — Le 24 janvier 1767 baptême de François X. A. né le 23, parain v. et d. Me François-Joseph de Kergu, maraine demoiselle Angélique S. M. de Farcy.

Titres de la Villedubois. — 1er floréal an III. (20 avril 1795). — Certificat comme quoi le citoyen François Farcy de la Villedubois a été embarqué à Lorient le 9 avril 1786 en qualité de volontaire d'honneur sans appointements sur le navire de la compagnie des Indes le Baron de Breteuil... destiné pour le Bengale, à bord duquel vaisseau ledit citoyen F. Farcy est mort le 20 mai 1787.

5° Charles-Anne-Mathurin de Farcy, né le 10 novembre 1768, reçu à la Flèche, étudia la théologie au séminaire d'Angers et mourut en 1796.

Titres de la Villedubois. — Certificat de Chérin comme quoi le sieur Charles A. M. de Farcy né... a la noblesse nécessaire pour être nommé sous lieutenant.

Id. — 22 Mars 1788. — Lettre de tonsure donnée par François Bareau de Girac, évêque de Rennes.

Id. — 16 thermidor an IV (3 Août 1796). — Inhumation en l'église de l'Hermitage du citoyen Charles A. M. Farcy ecclesiastique, n'ayant point encore chanté messe, agé de 27 ans, fils légitime de... demeurant au Bobril, en cette commune depuis le mois d'avril 1792 et y vivait depuis longtemps ignoré de peur de la persécution, décédé aujourd'hui environ deux heures du matin.

6° Julien de Farcy, né en mars 1771, mourut âgé de 8 jours.

7° Adélaïde-Jérômine-Marie, née le 18 juillet 1772, morte jeune.

8° Félix-Marie-Auguste-Grégoire de Farcy, dit le chevalier de la Villedubois, né le 12 mars 1775, également reçu à la Flèche en 1785, servit dans les armées royales et fut massacré près de Combourg en avril 1796.

Titres de la Villedubois. — *22 Février 1788.* — Certificat de noblesse délivré par Chérin.

Pocquet, Origine de la Révolution en Bretagne, T. I, P. 71. — *10 Mai 1788.* — Le chevalier de la Villedubois signe la protestation de la noblesse de Bretagne, au sujet de la suppression du parlement.

Titres de la Villedubois. — *4 floréal an IV (23 avril 1796).* — Inhumation à Henan-Bihan de Félix M. A. G. Farcy décédé aujourd'hui aux huit heures du matin dans la demeure de son frère ainé à la Villejosse.

9° Joachim-Joseph-Marie-Toussaint de Farcy, auteur du rameau de Beaumont (Voir après celui de Malnoë).

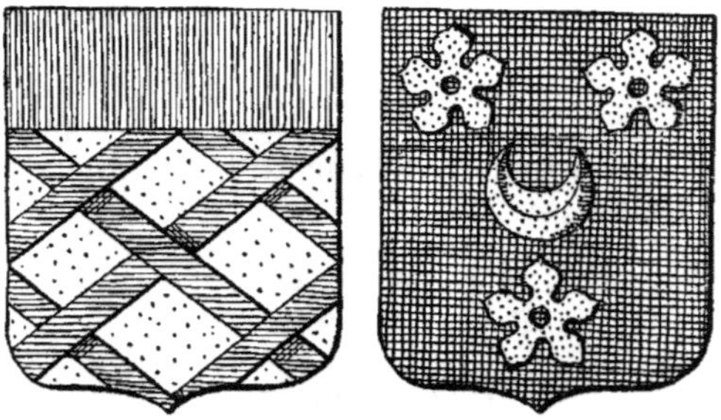

de la Celle
de sable au croissant d'or acc. de 3 quintefeuilles de même, 2 et 1.

1° Jean-Marie-Protaire de Farcy, chevalier, seigneur de la Villedubois, de la Villejosse[1], etc., dit le comte de Farcy, né le 28 janvier 1763, fit ses preuves le 15 janvier 1785 pour être reçu à l'École royale militaire de la Flèche, fut nommé officier au régiment d'Armagnac, puis de Vexin, émigra, fut fait lieutenant-colonel en 1794, chevalier de l'ordre royal et militaire de Saint-Louis par brevet du 10 septembre 1814. Il épousa le 10 novembre 1788 demoiselle Armande-Marie-Adélaïde de la Celle, fille de Mre Charles-François- XIXe Degré.

1. La Villejosse, commune de Hénan-Bihan, canton de Matignon, arrondissement de Dinan (Côtes-du-Nord).

Marie de la Celle, chevalier, seigneur de la Scardais et de Châteaubourg et de Jeanne Le Clerc[1] de Kergolher.

Il mourut le 10 juin 1829, laissant onze enfants : 1° Armand, 2° Hippolyte, 3° Théodore, 4° Aristide, 5° Caroline, 6° Emile, 7° Adolphe, 8° Pauline, 9° Adèle, 10° Edouard et 11° Maria.

Titres de la Villedubois. — Tableau généalogique des 5 degrés de Jean M. P. de Farcy pour son admission au régiment d'Armagnac.

Id. — 12 Juin 1786. — Lettre du Roi à M. de Farcy de la Villedubois pour la convocation aux Etats fixée à Rennes au 23 octobre.

Id. — 22 Juin 1786. — Lettre du duc de Bourbon. — 7 Aout 1786 autre du comte de Montmorin à ce sujet.

Id. — 24 Septembre 1788. — Lettres du Roi pour convocation à Vannes le 27 octobre. — 6 décembre 1788 lettre du duc de Bourbon pour le 29 à Rennes.

Id. — 19 Mars 1789. — Lettres du Roi à M. de Farcy de la Villedubois pour la convocation aux Etats Généraux.

Id. — 15 Septembre 1814. — Lettre du directeur du personnel annonçant à M. de Farcy de la Villedubois, ancien officier de marine, la décision du 10 le nommant chevalier de Saint-Louis.

Id. — 11 Janvier 1815. — Lettre du comte Beugnot au même portant décision du 31 décembre lui accordant le brevet de capitaine de vaisseau en retraite sans pension, « j'éprouve une véritable satisfaccion à vous annoncer la grace que le Roi vient de vous accorder et qui est la récompense de vos bons services... »

XXe Degré. **1° Armand-Paul-Marie-Ange de Farcy, qui suit.**

1. Le Clerc, *d'argent fretté d'azur de six pièces.*

HUCHET
écartelé d'argent à 3 huchets de sable 2 et 1 et d'azur à 6 billettes percées d'argent, posées 3, 2 et 1, qui est LA BÉDOYÈRE.

2° Hippolyte-Marie-Charles vicomte de FARCY de la Haute-Forêt[1], né le 2 décembre 1791, garde du corps en 1814, servit ensuite dans la garde royale et fut capitaine adjudant-major en 1828, démissionnaire en 1830, maire de Bréal (1848-1851), épousa par contrat du 20 août 1832 demoiselle Charlotte-Geneviève HUCHET de la Bédoyère, fille de Louis-Charles-Agathe HUCHET, marquis de la Bédoyère, et de Charlotte-Marie-Olympie de GONDRECOURT[2]. Il mourut le 14 février 1858, laissant une fille unique.

On peut voir dans la *Galerie des notabilités nobiliaires de la France* par M. de la Bigne-Villeneuve, Paris, 1858, l'article consacré au vicomte Hippolyte de Farcy.

1. La Haute-Forêt, commune de Bréal, canton de Plélan, arrondissement de Montfort (Ille-et-Vilaine).

2. De Gondrecourt, *de sable au lion d'argent, armé et lampassé de gueules.*

de Saint-Meleuc
de gueules à 10 roses d'or posées 4, 3, 2 et 1.

XXIe *Degré.* — Marie de Farcy de la Haute-Forêt, née le 1er juillet 1833 épousa, par contrat du 25 novembre 1857, Alphonse vicomte de Saint-Meleuc, dont postérité.

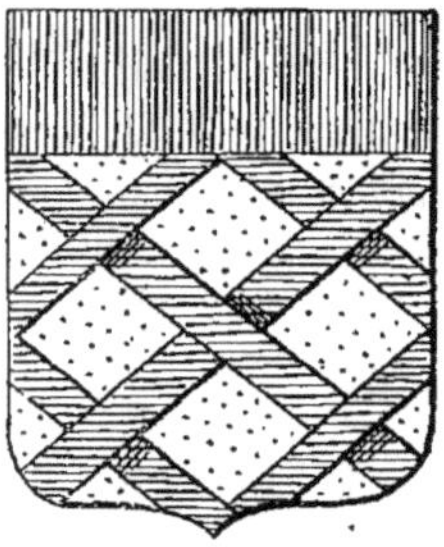
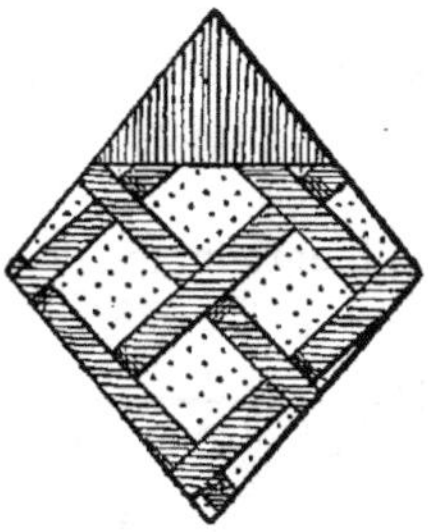
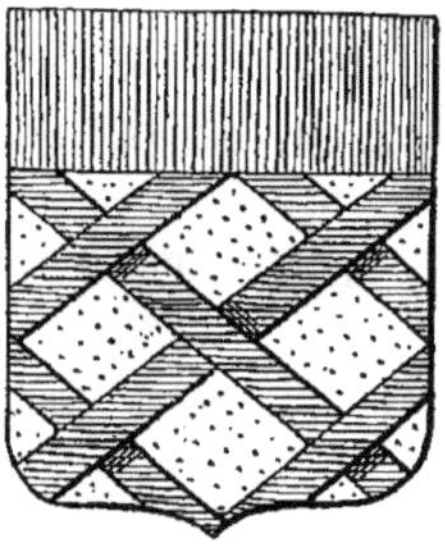

XXe Degré. 3° Théodore-Charles-Marie de Farcy de la Villedubois, né le 23 octobre 1793, garde du corps en 1814, officier au 21e régiment d'infanterie, fit la campagne d'Espagne avec le duc d'Angoulême, fut nommé chevalier de l'ordre royal de Saint-Ferdinand d'Espagne, puis lieutenant au 3e régiment de la garde royale en 1827.

Il mourut le 25 janvier 1868, sans alliance. Il habitait le château de Monterfil.

4° Aristide-Anne-Marie-Félix de Farcy de la Chesnaie[1], né le 10 novembre 1795.

1. La Chesnaie, commune de Mordelles, arrondissement de Rennes (Ille-et-Vilaine).

Etat civil Rennes. — Toussaints. — 19 brumaire an IV..... S'est présenté à la maison commune Jean M. P. de Farcy vivant de son bien... lequel a déclaré qu'Armande M. A. de la Celle de Chateaubour son épouse agée de 21 ans est accouchée dans sa demeure rue Lentonnoir ce matin 6 heures d'un garçon qu'il m'a représenté, auquel il a donné les prénoms d'Aristide A. M. F....

5° Caroline-Emilie-Marie-Joséphine, née le 23 décembre 1797, morte le 31.

Etat civil Rennes. — Toussaints. — Le 3 nivose an VI s'est présenté Jean M. Farcy, majeur cultivateur demeurant rue de L'entonnoir assisté d'Auguste Trogoff majeur, lequel m'a déclaré que Armande M. A. La Celle de Chateaubourg son épouse agée de 30 ans est accouchée hier matin dix heures un quart d'une fille... qu'il a nommée Caroline E. M. J...

Id. — Le 10 nivose an VI... s'est présenté Auguste Trogoff, majeur, oncle paternel par alliance... a déclaré que Caroline E. M. J. de Farcy agée de 8 jours fille... est décédée hier soir six heures chez ses père et mère rue de L'entonnoir.

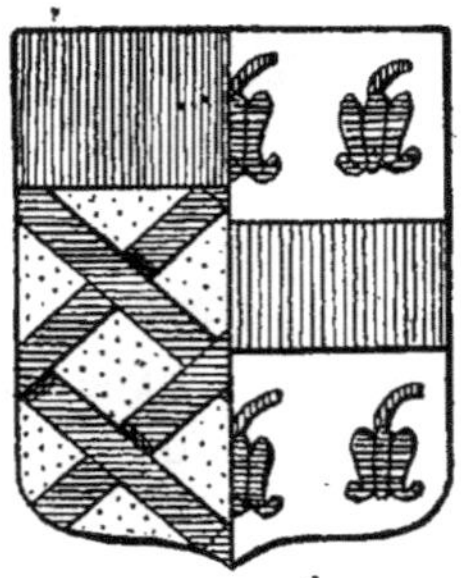

DE FRESLON
d'argent à la fasce de gueules, acc. de 6 ancolies d'azur, tigées de gueules et posées 3 et 3.

6° Emile-Marie-Joachim de FARCY de Montauray[1], né le 21 mars 1799 épousa, en janvier 1847, demoiselle Henriette de FRESLON de la

1. Montauray, commune de Saint-Maugan, canton de Saint-Méen, arrondissement de Montfort (Ille-et-Vilaine).

Freslonnière, fille de Alexandre de FRESLON de la Freslonnière, préfet de la Mayenne sous la Restauration, et de Joséphine de MONTI[1].

Ils eurent de leur union trois enfants : 1° Marie, 2° Berthe et 3° Emile.

DE L'ESPINAY
d'argent à 3 buissons d'épine de sinople, 2 et 1.

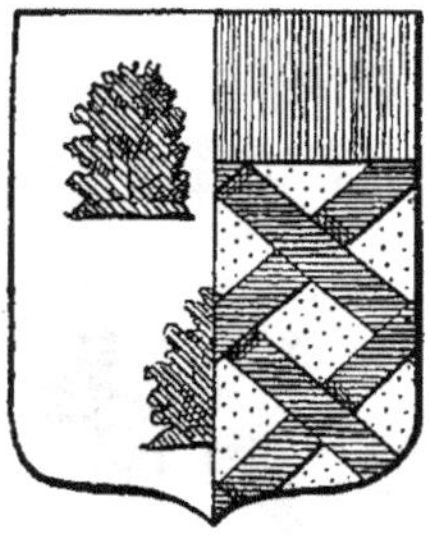

XXIe *Degré.* — 1° Marie-Armande-Céline-Joséphine, née le 11 novembre 1847 épousa, au mois d'avril 1869, Armand vicomte de L'ESPINAY, fils de Armand-Marie vicomte de L'ESPINAY et de Mathilde de MELUN[2]. Elle mourut le 6 juillet 1871.

DE VITTON
d'azur au chevron d'or acc. de 5 fusées d'or posées 3 en chef, 2 en pointe, à la bordure componnée d'azur et d'hermines, l'azur chargé de 8 couronnes d'or.

2° Berthe-Marie-Armande-Alexandrine, née en avril 1850, épousa, en mai 1870, Roger vicomte de VITTON de Kerletu, fils du comte de VITTON et de demoiselle de MARNIÈRE[1] de Guer.

Elle mourut le 5 mars 1871.

1. De Monti, *d'azur à la bande d'or accostée de 2 monts à six coupeaux de même.*
2. De Melun, *d'azur à 7 besans d'or, posés 3, 3 et 1, au chef d'or.*

3° Emile-Marie-Joachim de Farcy, né en janvier 1852, mort au mois de novembre suivant.

Etat civil Rennes. — Toussaints. — Le 1er germinal an VII s'est présenté... est accouchée ce matin quatre heures d'un garçon qu'il m'a présenté, auquel il a donné les prénoms de Emile-Marie-Joachim.

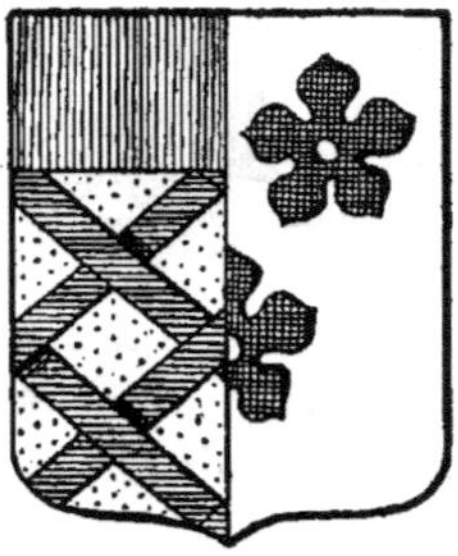

Martin
d'argent à 3 quintefeuilles de sable posés 2 et 1.

7° Adolphe-Anne-Marie comte de Farcy de la Villéjosse, né en avril 1804, sous-lieutenant aux lanciers de la garde royale, lieutenant au 6e chasseurs à cheval en 1827, démissionnaire en 1830, épousa, par contrat du mois de juin 1843, demoiselle Noëmie Martin de Boistaillé, fille de Jean-Baptiste Martin de Boistaillé et de Sophie-Renée de Berset [2] d'Auterive. XXe Degré.

Il mourut sans postérité, en août 1876.

8° Pauline-Jeanne-Marie, née en 1804, morte le 3 avril 1826.

1. De Marnière, *d'azur au chevron d'or, acc. en chef de deux roses et en pointe d'un lionceau, le tout de même.*

2. De Berset, *d'azur à la bande cousue de gueules chargée de losanges d'argent, acc. en chef de 3 étoiles d'or posées en orle et en pointe d'un lion d'argent.*

DE LA BINTINAYE
d'argent à 3 bandes de gueules, à la fasce de même, brochant.

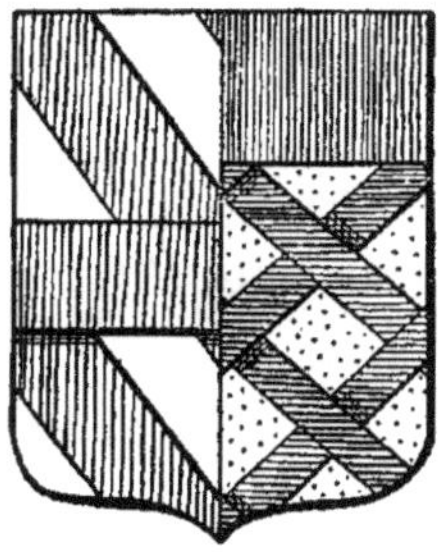

9° Adélaïde-Marie-Hippolyte, née le 12 février 1806, épousa, le 6 mars 1832, Edouard, vicomte de la BINTINAYE, capitaine au 4e régiment de la garde royale, démissionnaire en 1830.

10° Edouard-Jean-Marie de FARCY, né en 1808.

11° Maria-Armande-Pauline-Augustine, née le 9 septembre 1813, morte le 15 octobre 1872.

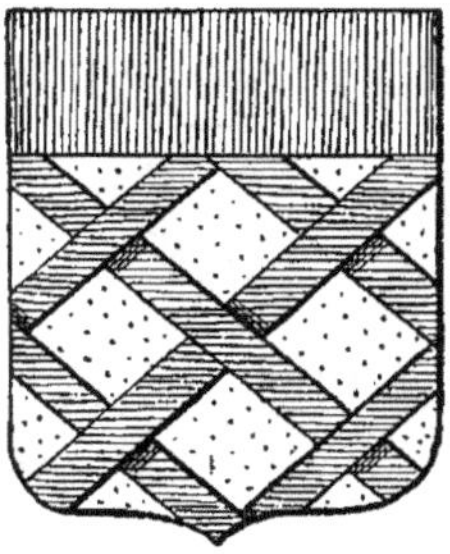

LE CORGNE
d'azur au lion passant d'or, accompagné en chef de 2 fleurs de lys de même.

XXe DEGRÉ. 1° Armand-Paul-Marie-Ange comte de FARCY de la Villedubois, né le 3 janvier 1790, maire de la commune de Mordelles (1815-1830), membre du Conseil général du département de l'Ille-et-Vilaine, démissionnaire en 1830, épousa, par contrat du 14 octobre 1827, demoiselle Cécile-Julie-Marie-Hyacinthe LE CORGNE de Bonabry, fille de Louis LE CORGNE de Bonabry et de Cécile CHRÉTIEN[1] de Tréveneuc.

1. Chrétien, *de sinople à la fasce d'or acc. de 3 casques de profil de même, 2 et 1.*

On voit, à la Villedubois et ailleurs, des plaques de cheminée à leurs armes.

Il mourut le 13 mars 1850 et elle le 10 décembre 1878, laissant dix enfants : 1° Cécile, 2° Armand, 3° Pauline, 4° Alfred, 5° Edouard, 6° Louis, 7° Paul, 8° Henri, 9° Olivier et 10° Anna.

Etat civil Rennes. — Saint-Etienne. — Le 3 janvier 1790 ondoiement d'un fils de Mre Jean M. P. de Farcy officier au régiment de Véxin sieur de la Villejosse et de dame Armande M. A. de la Celle de Chateaubourg né de ce jour...

Id. — Le 16 avril 1790 baptème de Armand P. M. A. fils légitime... a été parain Mre Paul, F. de la Celle vicomte de Chateaubourg capitaine au régiment de Condé infanterie, maraine demoiselle Angélique S. M. de Farcy de la Villedubois.

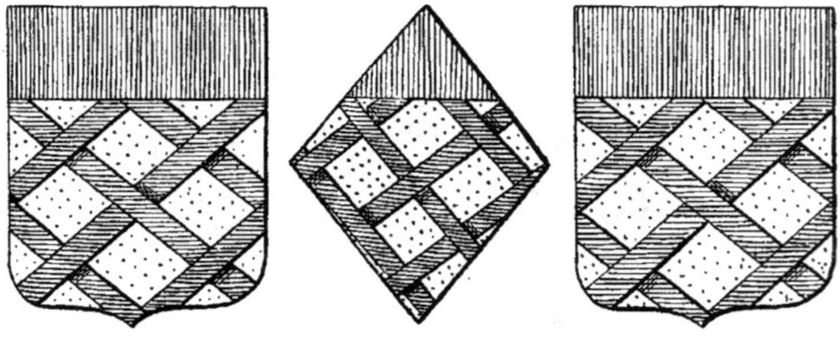

1° Cécile-Marie-Pauline de Farcy, de la Villedubois, née le 2 octobre 1828, religieuse hospitalière, puis supérieure de Saint-Yves de Rennes, morte le 16 octobre 1887. XXIe Degré.

2° Armand-Marie-Louis de Farcy de la Villedubois, né le 14 septembre 1829, lieutenant au 10e régiment d'artillerie, tué à l'assaut de la tour de Malakoff, le 8 septembre 1855.

3° Pauline-Marie-Josèphe, née le 10 mars 1831, morte en novembre 1835.

4° Alfred-Hippolyte-Marie-Mélite de Farcy de la Villedubois, né le 28 septembre 1832, ordonné prêtre à Saint-Sulpice, le 24 décembre 1855, vicaire de Toussaint à Rennes, puis recteur de l'Hermitage depuis 1871.

5° Edmond-Marie-Théodore de Farcy de la Villedubois, né le 12 mars 1834, garde général des eaux et forêts à la direction de Munster, tué à la chasse au sanglier, le 14 décembre 1859.

6° Louis-Marie-Auguste de Farcy, qui suit.

7° Paul-Marie-Emile de Farcy. (Voir après son frère).

8° Henry-Marie-Joseph de Farcy de la Villedubois, né le 26 avril 1844, lieutenant au 7e chasseurs à pied, tué à la bataille de St-Privat, le 18 août 1870.

9° Olivier-Marie-Mélite de Farcy (Voir plus loin).

10° Anna-Marie-Renée, née en août 1848, morte jeune.

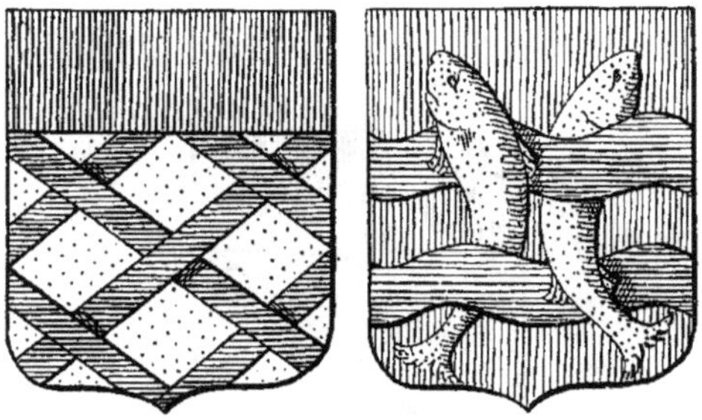

de la Rivière
d'azur à deux bars d'or adossés en pal et entravaillés dans deux fasces ondées d'azur.

XXIe Degré. 6° Louis-Marie-Auguste comte de Farcy de la Villedubois, né le 1er janvier 1836, sous-lieutenant au 2e régiment de chasseurs à cheval, épousa le 8 octobre 1861 demoiselle Marie-Aimée de la Rivière, fille de Aimé comte de la Rivière et de Christiane-Agathe de Baillon[1].

1. De Baillon, *de gueules au mufle de léopard d'or, baillonné d'un anneau de même.*

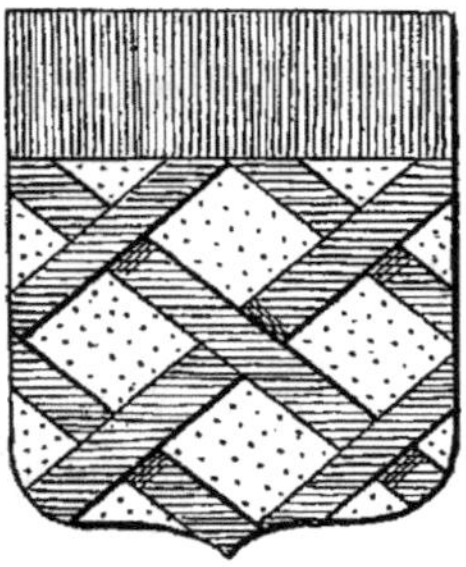

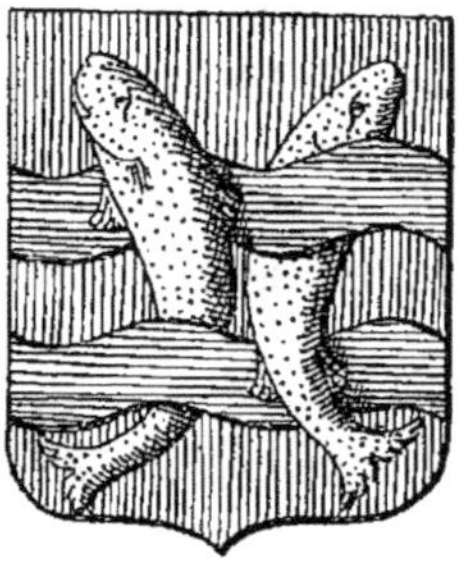

DE LA RIVIÈRE
de gueules à deux-bars d'or adossés en pal et entravaillés dans deux fasces ondées d'azur.

7° Paul-Marie-Emile vicomte de FARCY de la Villedubois, né le 8 juillet 1839, garde général des eaux et forêts à Fougères, maire de Mordelles, conseiller général du département de l'Ille-et-Vilaine, épousa, le 23 avril 1864, demoiselle Louise-Marie de la RIVIÈRE, fille de Aimé comte de la RIVIÈRE et de Christiane-Agathe de BAILLON. XXIe DEGRÉ.

Dont quatre enfants : 1° Paul, 2° Cécile, 3° Roger et 4° Jeanne.

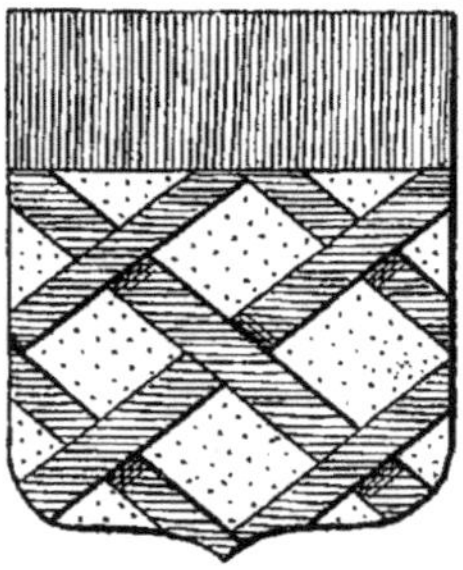

1° Paul-Marie, né le 9 janvier 1865, reçu à l'école de Saint-Cyr, y mourut le 7 avril 1885. XXIIe DEGRÉ.

2° Cécile-Louise-Marie, née le 13 janvier 1866, morte le 23.

2° Roger de Farcy, qui suit.

4° Jeanne-Louise-Marie, née le 6 août 1873.

XXIe Degré. 2° Roger-Marie de Farcy, né le 8 novembre 1869, entré en 1890 à l'école polytechnique.

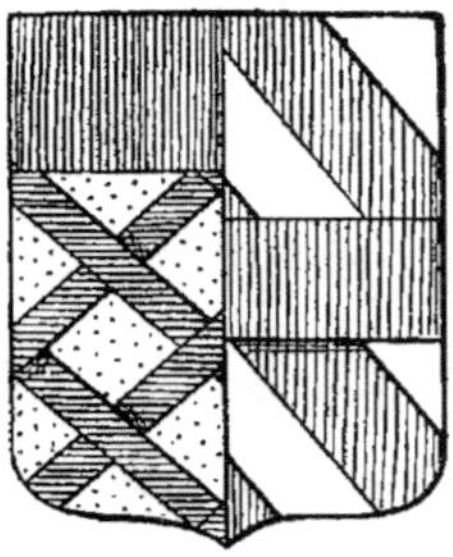

DE POULPIQUET *d'azur à 3 pies de mer d'argent languées, membrées de gueules 2 et 1.*

DE LA BINTINAYE *d'argent à 3 bandes de gueules à la fasce de même brochant.*

9° Olivier-Marie-Mélite vicomte de FARCY de la Villedubois, né le 16 mai 1847, sous-lieutenant à l'école d'application d'artillerie, puis lieutenant d'artillerie, épousa : 1° le 22 avril 1873 demoiselle Françoise-Marie du POULPIQUET de Halgouet, fille de Joseph vicomte de POULPIQUET du Halgouet et de demoiselle COLIN[1] de la Biochais, morte le 23 septembre 1875 ; et 2° le 23 novembre 1880, demoiselle Marguerite Agnès-Marie-Romaine de la BINTINAYE, fille de Anatole vicomte de la BINTINAYE et de Marie HEULHART[2] de Montigny. XXIe Degré.

XXIIe *Degré.* — 1er lit. — 1° Henri-Marie-Joseph de FARCY, né le 22 février 1874.

1. Colin, *d'azur à 3 merlettes d'or, 2 et 1.*

2. Heulhart, *d'argent au chevron de gueules, acc. de 3 œillets de même, tigés et feuillés de sinople.*

2e lit. — 2° Olivier-Marie de Farcy, né le 2 novembre 1881.

3° Cécile-Marie, née le 10 juillet 1884.

RAMEAU DE MALNOË[1]

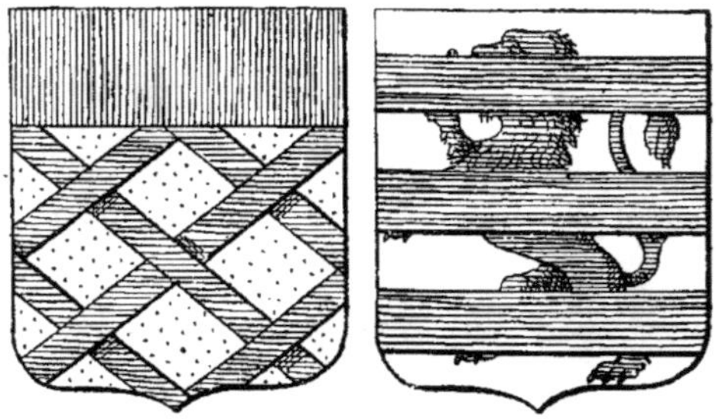

TRANCHANT
d'argent au lion d'azur armé et lampassé de gueules, à 3 fasces d'azur brochant.

3° Guillaume-René-François-Charles de FARCY, chevalier, sieur de Malnoë (troisième enfant de Charles-Joseph-Anne de Farcy de la Villedubois et de Jeanne BERTHO), né le 20 mai 1765, lieutenant des vaisseaux du Roi, émigra, servit comme capitaine dans les armées royales, fut fait chevalier de l'ordre royal et militaire de Saint-Louis en 1796, épousa le 17 octobre 1796 demoiselle Marie-Elisabeth-Madeleine TRANCHANT des Tullays, fille de René-Guy-Julien TRANCHANT, écuyer, seigneur des Tullays et de Marie-Henriette LE MOINE[1] de la Tachelays. XIXe DEGRÉ.

Leur cachet armorié fait partie de la collection donnée au musée de Cluny par M. Vial.

Il existe aussi à Malnoë un cadran solaire gravé sur ardoise, aux armes accolées de Farcy et Tranchant et surmontées d'une couronne de marquis.

Il mourut le 3 mai 1837, laissant un fils unique, qui suit.

1. Voir page 307.
2. Le Moine, *d'or à 3 chicots écotés d'azur, au chef de même chargé de 3 alérions d'or.*

Etat civil Rennes. — Toussaints. — Le 21 may 1765 baptème de Guillaume R. F. C. né le 20... parain Mre Guillaume-François de la Noue chevalier sieur des Aubiers comte dudit lieu conseiller au parlement de Bretagne, maraine demoiselle Renée de Farcy dame de la Villedubois.

Titres de Malnoë. — 21 vendémiaire an V. — Contrat de mariage devant Pocquet, ainé et Pontallié notaires à Rennes ; ont signé : Anne de Farcy, de la Celle de Farcy, Jacquine et Marie Tranchant, Garnier l'Hermitage, Esther et Marguerite Tranchant, Daniel Kergus, de Farcy ancien officier au régiment de Véxin, Kergus, Joachim de Farcy, Daniel du Jarday, du Boberil de Cherville, Le Chauff de Lambert, de Savignhac, Armande Le Chauff, Ravenel de Boisteilleul, Auguste de Ravenel, J. Talhouet Brignac, du Moulin de Savignhac, Mahé de Ravenel, Coulombe de Virel, Moncuit, Malézieux Chateaubourg, Plouays de Farcy, de Farcy, Marie de la Celle de Chantelou, Françoise-Julie Hay des Nétumières, de Champfleury de Cherville, Julie de la Bintinaye, Angélique de Bertho veuve Kermarec, François du Bourg, la Bintinaye, la Motte-Morel, de Troncq, de la Haye Saint-Hilaire, de Kermarec de Traciront, Gardin de Boishamon, Kerguezec de Kerguezec, L. G. Eleonore Talhouet de Bonamour, Boischapelle, Deshayes Doudart, Antoinette de Kerguezec, Tranchant du Tret, de Langle, Talhouet de Freslon, Alexis de Freslon, Marie Ch. J. Tuffin du Breil, de Bonnefond, Tuffin du Breil, de la Villéon le Mintier, Agathe et Félicité le Mintier, Girard de Mélorel, Marie Mélorel de Bellefont, Scot Brignac, du Brandivy Le Voyer, Agathe Le Voyer, Le Prestre de Saint-Brice, Anne et Edouard de la Haye Saint-Hilaire, Courtois Ve Pinczon du Sel, Rose Pinczon du Sel, Martin de la Bigottière, de Farcy Busnel, Julie de Farcy de Saint-Lorent, Françoise de Busnel, Victorine de Farcy.

Etat civil Rennes. — Toussaints. — Le 26 vendemiaire an V... devant moi officier public sont comparus en la salle publique de la maison commune... accompagnés de Charles Farcy frère du futur, Anne-Rose Farcy tante, Esther Tranchant des Tulais sœur de la future, Anne Farcy sœur du futur, Jeanne Danniel femme Kergus... j'ai prononcé au nom de la loi que... sont unis en mariage...

Id. — Le 16 frimaire an V tous les deux signent à un mariage.

Id. — *26, 28 fructidor an VIII (13, 15 septembre 1800).* — Partages de la succession de ses père et mère.

THOMÉ
de gueules au héron d'argent perché sur un rocher de même.

1° Guillaume-Marie-Cajetan de FARCY de Malnoë, né le 21 juin 1797, adjoint à la mairie de Saint-Christophe, 1827-1830, fut compromis en 1832 et obligé de se retirer à Jersey, d'où il revint en 1837. Il avait épousé le 27 juin 1827 demoiselle Esther-Marie-Françoise-Céleste THOMÉ de Kéridec, fille de Armand-Marie THOMÉ de Kéridec et de Marguerite-Olive TRANCHANT[1] des Tullays. XX° DEGRÉ.

Il mourut le 28 novembre 1869 et elle le 4 février 1858, laissant : 1° Armand, 2° Henri, 3° Pauline et 4° Marie.

Etat civil Rennes. — Toussaints. — Le 4 messidor an V... s'est présenté Guillaume R. F. C. Farcy de la Villedubois majeur vivant

1. Tranchant, *d'argent au lion d'azur, armé, lampassé de gueules, à 3 fasces d'azur brochant.*

de son bien demeurant rue Rallier... lequel m'a déclaré que... son épouse agée de 25 ans est accouchée hier soir quatre heures d'un garçon qu'il m'a présenté auquel il a donné les prénoms de Guillaume Marie Cajetant.

Titres de Malnoë. — *12 Juin 1827.* — Contrat de mariage devant Herveleu notaire d'Acigné... ont signé... Marie Tranchant de Farcy, de Farcy de Malnoe chevalier de Saint-Louis, Thomé de Keridec, Crespin de Tréogat, Tranchant des Tullays, de Farcy de Beaumont, de Farcy née Plouays de Chantelou, L. Marchant de Launay, Ch. de Farcy de Beaumont, de la Selle de Farcy, Adèle de Farcy, Marie-Therèse de Farcy, de Keridec née de Trogoff, de Keridec née de Launay, Caroline de Baud, de Tréveret, Huon de Kermadec, de Girard de Chateauvieux, A. Baron du Taya, Hermine de Trogoff...

Id. — *27 Juin 1827.* — Mariage en l'église d'Acigné de Mre Guillaume M. Gaetan de Farcy de Malnoë adjoint à la mairie de Saint-Christophe... fils majeur de René F. C. de Farcy de Malnoë chevalier d'extraction et encore de l'ordre royal et militaire de Saint-Louis capitaine des vaisseaux du Roi... et demoiselle Esther M. F. C. Thomé de Keridec fille majeure de Mre Armand M. Thomé de Keridec chevalier d'extraction, maire de cette commune... presence de Armand P. M. de Farcy cousin germain, Joachim J. M. T. de Farcy de Beaumont, oncle paternel, Jean-Louis Huon de Keromadec conseiller à la cour royalle de Rennes, François M. Thomé de Keridec oncle...

Id. — *13 février 1833.* — Certificat des maire et adjoints de Saint-Christophe des Bois pour Guillaume M. C. de Farcy. « Très paisible citoyen, qui ne prit non plus que sa famille aucune part aux troubles civils de 1814 et 1815... *Signé* Joseph et Alexandre du Feu... — 4 mars 1834 lettre de M. Desnots de la Grée, père, annonçant sa condamnation à 10 années de surveillance et aux frais s'élebant à 223 fr. 85, « je n'ai pu m'empêcher d'éprouver une véritable peine de voir un aussi triste résultat des peines que l'on s'était donné. La justice n'est pas la vertu du temps actuel et il est presqu'impossible d'obtenir que les hommes la pratiquent... »

— 9 Juillet 1837. Sauf conduit par le préfet de Rennes à Guillaume M. C. « maintenant réfugié à l'île de Jersey pour se rendre à Rennes afin d'y purger devant les jurés l'arrêt rendu contre lui... à charge de se constituer prisonnier à la prison de la tour de Bas... » — 5 Novembre 1837. Lettre annonçant l'amnistie du 8 mai « il se trouve donc, à partir de ce jour, libre des dix années de surveillance qui lui avaient été signifiées par contumace par l'arrêt de la cour de Rennes le 28 février 1834... *(signé)* H. Letourneux, premier avocat général.

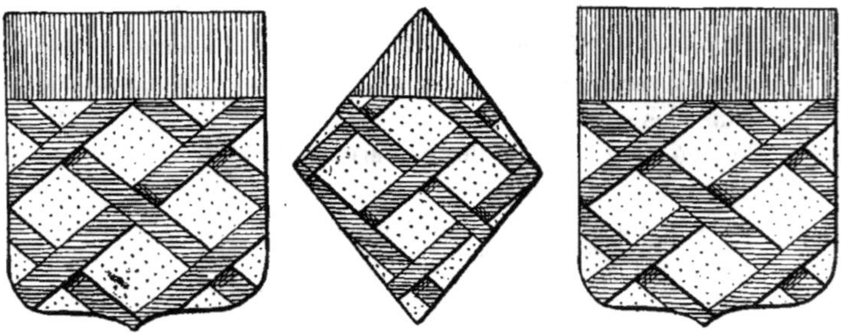

1° Henri-Charles-Marie-Louis-Dieudoné de Farcy, né en 1828, mort le 5 mars 1829. XXIe Degré.

2° Autre Henri de Farcy, né en 1829, mort en 1839.

3° Pauline-Marie-Louise, née le 6 septembre 1830.

4° Armand-Marie-Hippolyte de Farcy, qui suit.

de Bouteiller
écartelé d'azur à 3 mondes croisetés d'or 2 et 1, et d'argent à la bande fuselée de sable.

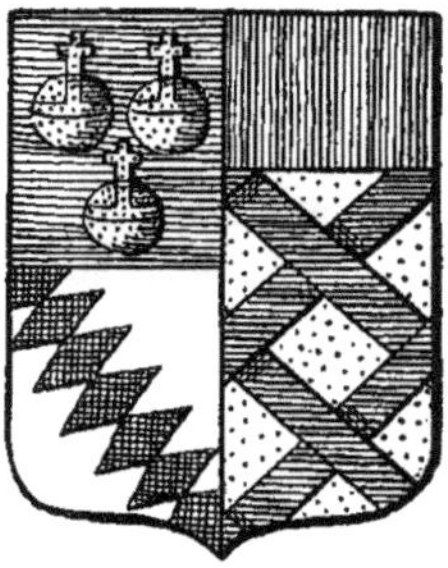

5° Marie-Esther-Armande-Joséphine de Farcy de Malnoë, née le 8 mars 1846, épousa le 4 mai 1865 Hippolyte-Charles-François-Marie de Bouteiller, fils de Henri-Guillaume de Bouteiller et de Claire-Angélique-Françoise Rousseau du Solay.

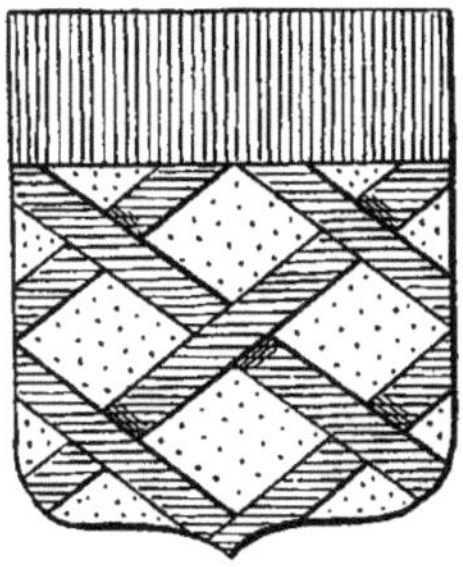

XXIe Degré. 1° Armand-Marie-Hippolyte de Farcy de Malnoë, né le 7 septembre 1832, servit en 1870 dans le régiment des mobiles d'Ille-et-Vilaine, en qualité de lieutenant, fut officier d'ordonnance du général de Charette, maire de Saint-Christophe-des-Bois depuis 1884, épousa le 25 mai 1858, demoiselle Louise-Nadine Thomé de Kéridec, fille de Augustin-Henri Thomé de Kéridec et de Anne-Marie-Céleste de Kersaingilly [1].

1. De Kersaingilly, *de sable à 6 trèfles d'argent, posés 3, 2 et 1.*

Dont quatre enfants : 1° Marie, 2° Armand, 3° Louise et 4° Henri.

1° Marie-Esther-Anna de Farcy de Malnoë, née le 20 mai 1859. XXIIe Degré.

2° Armand de Farcy de Malnoë, qui suit.

3° Louise-Turiane-Marie-Josephe, née le 31 mars 1865.

4° Henri-Marie de Farcy de Malnoë, né le 5 juin 1874.

XXII° Degré. 2° Armand-Paul-Marie-Henri de Farcy de Malnoë, né le 18 février 1861, servit au 7e d'artillerie ; actuellement sous-officier de réserve.

RAMEAU DE BEAUMONT

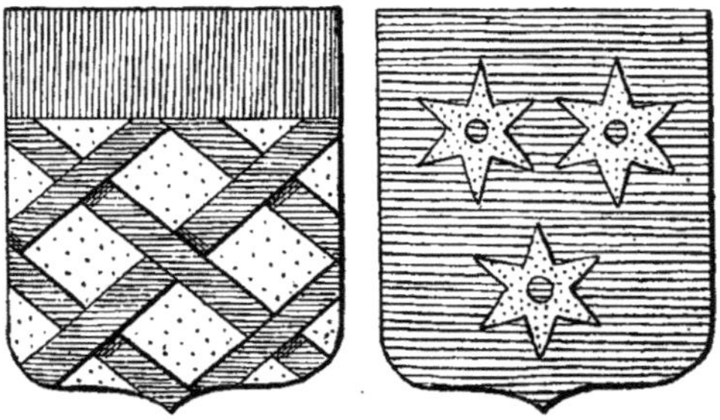

DE PLOUAYS
d'azur à 3 molettes d'éperon d'or 2 et 1.

XIXe DEGRÉ.
(V. p. 309).

9° Joachim-Joseph-Marie-Toussaint de FARCY, chevalier, seigneur de Beaumont[1], (neuvième enfant de Charles-Anne-Joseph de Farcy de la Villedubois et de Jeanne Bertho), né le 13 décembre 1777, fit ses preuves pour être reçu à l'école royale militaire de la Flèche le 19 février 1785, fut mis en arrestation à Rennes, le 21 décembre 1793, émigra en novembre 1794 et servit dans l'armée royale. Il épousa, par contrat du 23 août 1803, demoiselle Pauline-Marie-Céleste de PLOUAYS, fille d'Annibal-Jean-Baptiste de PLOUAYS, chevalier, sieur de la Grignonnaye, de Chantelou et de Marie-Maurice de la CELLE [2] de Châteaubourg.

Il mourut le 13 mai 1859 et sa femme le 8 octobre 1856, laissant quatre enfants : 1° Charles, 2° Isidore, 3° Camille et 4° Marie-Thérèse.

1. Beaumont, commune de Mordelles, arrondissement de Rennes (Ille-et-Vilaine).
2. De la Celle, *de sable au croissant d'or, acc. de 3 quintefeuilles de même, 2 et 1.*

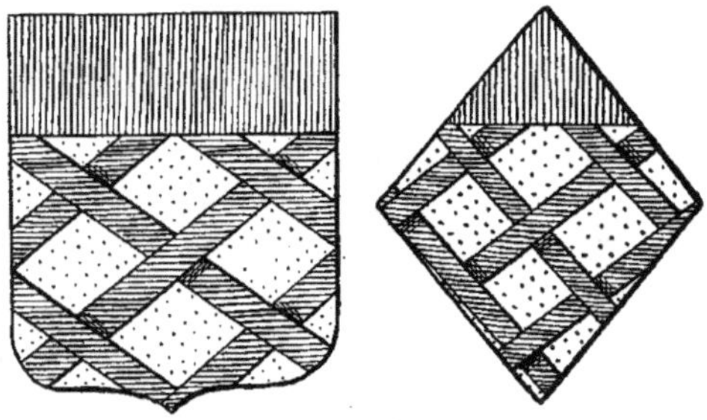

XXe Degré. 1° Charles-Paul-Marie de Farcy de Beaumont, né le 16 novembre 1804, juge auditeur démissionnaire en 1830, mort sans alliance le 25 décembre 1879.

2° Isidore-Paul-Marie-Ange, qui suit.

3° Camille-Marie-René (Voir après son frère).

4° Marie-Thérèse-Charlotte, née le 8 juillet 1816, morte sans alliance.

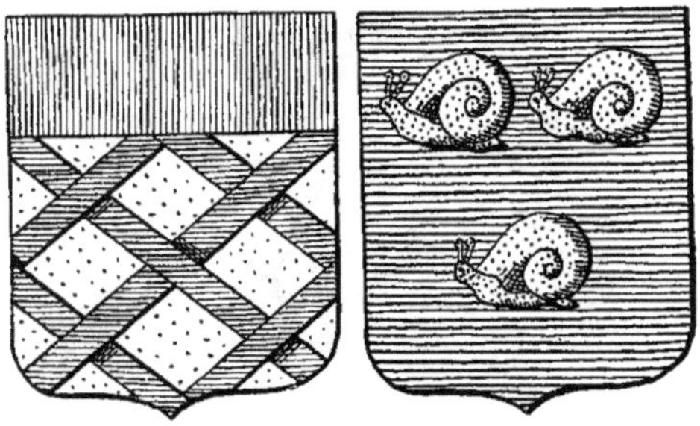

Lorfeure
d'azur à 3 limaçons d'or, 2 et 1.

XXe Degré. 2° Isidore-Paul-Marie-Ange de Farcy de Beaumont, né le 29 août 1806, sous-lieutenant au 11e régiment de ligne, démissionnaire en 1830, épousa par contrat du 22 juin 1841, demoiselle Emma-Joséphine Lorfeure, fille de Charles Lorfeure et de Julie Le Gomériel[1].

1. Le Gomériel, *d'argent à deux épées de sable passées en sautoir.*

Dont quatre enfants : 1° Emma, 2° Pauline, 3° Julie et 4° Robert.

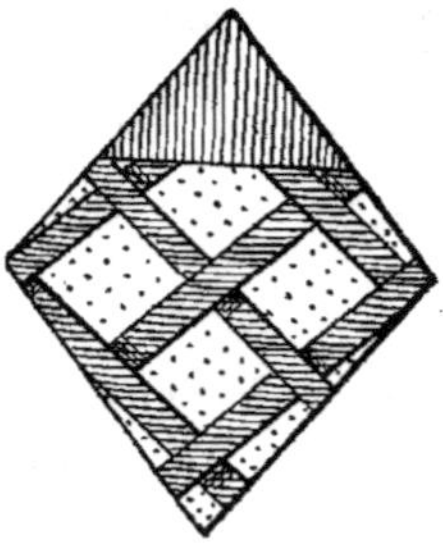

1° Emma-Marie-Julie-Pauline de FARCY de Beaumont, née le 21 juin 1842, morte le 15 mars 1849. XXIe Degré.

2° Pauline-Marie-Isidore, née le 12 janvier 1844, morte aussi sans alliance le 16 décembre 1869.

TRETON DE VAUJUAS *écartelé d'or à la rose de gueules cantonnée de 4 étoiles d'azur et de sable au léopard d'argent armé, lampassé et couronné de gueules, qui est* LANGAN.

3° Julie-Marie-Charlotte de FARCY de Beaumont, née le 20 octobre 1846, épousa, le 21 juillet 1866, Gaston-Marie-Charles TRETON de Vaujuas, comte de Langan-Boisfévrier, fils de Marie-Camille-Joseph TRETON de Vaujuas comte de Langan et de Marie-Sophie AUBIN[1] de la Messuzière.

1. Aubin, *d'argent à 5 étoiles d'azur posées en sautoir.*

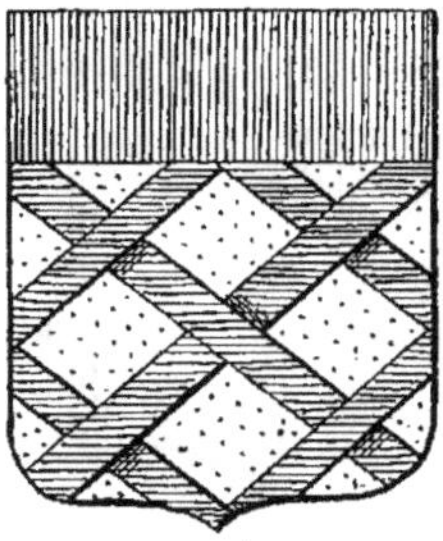

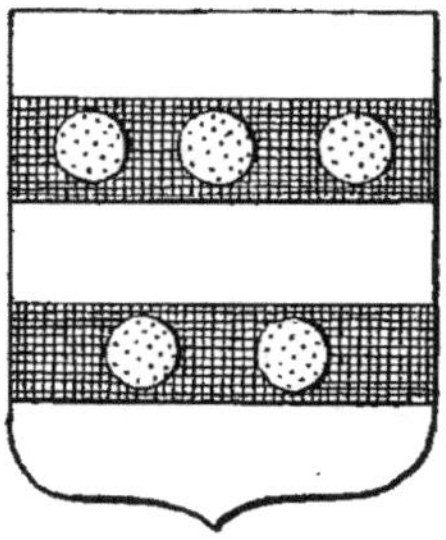

DE BOISBAUDRY
d'argent à 2 fasces de sable chargés de 5 besans d'or posés 3 et 2.

XXIe DEGRÉ. 4° Robert-Marie-Isidore-Emmanuel de FARCY de Beaumont, né le 7 février 1850, chevalier du Saint-Sépulcre en 1882, a épousé, le 16 juin 1875, demoiselle Marie-Ange du BOISBAUDRY, fille de Hippolyte-François comte du BOISBAUDRY et de Justine-Adélaïde de la HAYE[1] de Vaulx, dont un fils.

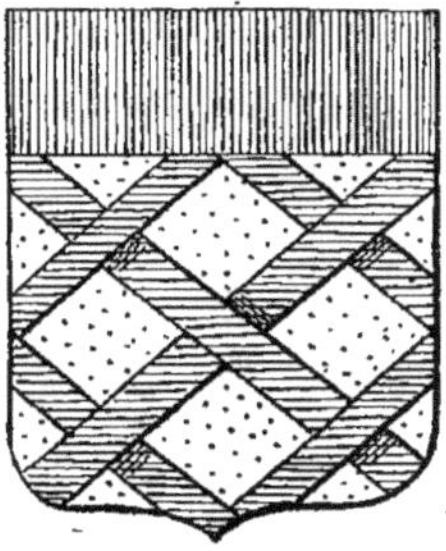

XXIIe DEGRÉ. Geoffroy-Marie-Joseph-Robert de FARCY de Beaumont, mort en bas âge.

1. De la Haye, *de gueules à 3 coquilles d'argent, 2 et 1.*

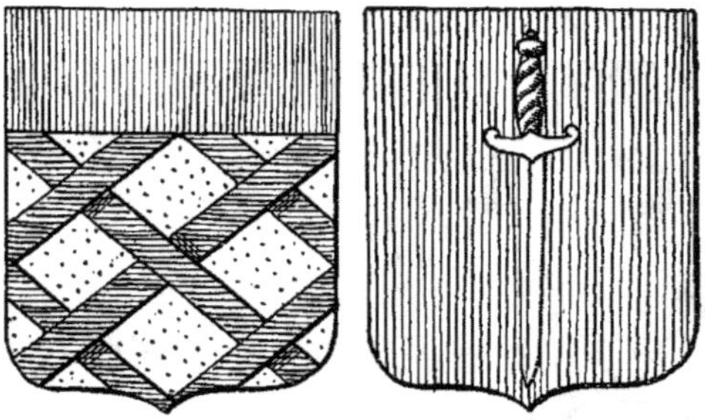

DE LENTIVY
de gueules à l'épée d'argent posée en pal, la pointe en bas.

3° Camille-Marie-René de FARCY de Beaumont, né le 30 septembre 1809, épousa, le 25 août 1857, demoiselle Pauline-Marie-Thérèse de LENTIVY-GILLOT, fille de René-Auguste de LENTIVY-GILLOT et de Caroline-Marguerite de GUÉRIF [1] de Launay. XX° DEGRÉ.

Il mourut le 25 septembre 1878, laissant cinq enfants : 1° Pauline, 2° Marie-Thérèse, 3° Marie-Charlotte, 4° Marguerite et 5° Charles.

1° Pauline-Marie-Adèle, née le 23 septembre 1858. XXI° DEGRÉ.

1. De Guérif, *d'argent à 3 feuilles de houx de sinople, posées 2 et 1.*

2° Marie-Thérèse-Caroline, née le 12 octobre 1859.

3° Marie-Caroline-Anna, née le 13 juillet 1861.

4° Marguerite-Marie-Pauline-Isidore-Joséphine, née le 24 juin 1865.

5° Charles-Emmanuel-Marie-Joseph de FARCY de Beaumont, né le 19 octobre 1867. XXIe DEGRÉ.

SEIGNEURS DE SAINT-LAURENT

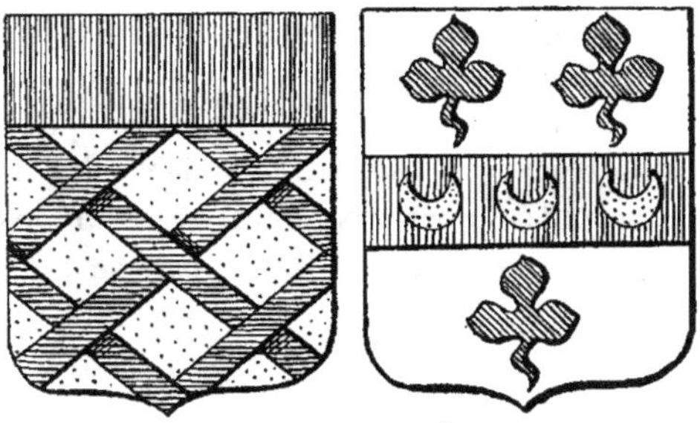

Uzille
d'argent à la fasce de gueules chargée de 3 croissants d'or et acc. de 3 trèfles de sinople, 2 et 1.

XVe Degré. 5° François-Annibal de Farcy, écuyer, seigneur de Saint-Laurent, du Rocher-Portal[1] et de Kerlo, (5e enfant d'Annibal de Farcy et de Guyonne de Launay), chevau-léger dans la compagnie du comte de Blain, gendarme, puis capitaine d'une compagnie d'infanterie dans le régiment du duc de la Trémouille, assista avec ses frères aux sièges de Venloo, Ruremonde et Bois-le-Duc en 1629, de Maëstricht en 1632, de Rimbergue en 1633, de la Chapelle, de Landrecies en 1638, de Hesdin en 1639, capitaine des ville et château de Vitré,

1. Le Rocher Portal, commune de Saint-Brice-en-Cogles, arrondissement de Fougères (Ille-et-Vilaine). — Kerlo, commune du Vieux-Bourg, canton de Quintin, arrondissement de Saint-Brieuc (Côtes-du-Nord).

épousa le 28 juin 1639 demoiselle Claude Uzille, fille de n. h. Edmond-Jean Uzille, écuyer, sieur du Coing et de feu Hélène de Stangier [1].

Il mourut le 24 août 1669, laissant de son union sept enfants: 1° Marguerite, 2° Jacques, 3° Jean, 4° Amaury, 5° François, 6° Claude et 7° Françoise.

Son portrait se voit au château de la Touche-Larcher chez M. le comte de Busnel. Il porte les cheveux longs et la moustache. Sur sa cuirasse est posée une écharpe. Son écusson est timbré d'un casque sans grilles, orné de lambrequins. On croit que ce fut lui qui donna son nom à la grosse tour du château de Vitré, dite tour Saint-Laurent, qui vient d'être parfaitement restaurée.

Etat civil Laval. — Église de Poligny. — Le 28 Juin 1635 ont été espousés par moi Jortin pasteur n. h. Annibal Farcy fils de Annibal Farcy... et damoiselle Claude Uzille fille de n. Edmond-Jean Uzille sieur du Coing et de feue Helène Stangier, témoins les père et mère sus nommés, Edmond-Nicolas Peteau sieur de la Dimancherie, Mathurin de Couasnon sieur des Mazures, Pierre Armenault sieur de Marmanger, Jean de Launay sieur du Boisgast, Jacques Le Blanc de la Vignolle, Estienne Guérin sieur de Vilcourt, C. Farcy, Philippe Farcy, R. Farcy.

Titres de la Villedubois. — François de Farcy achète le Rocher de M. de la Galissonnière, gouverneur des ville et chateau de Vitré. — Il demande à ce titre d'estre reçu aux Etats, fournit des preuves notamment les titres originaux de 1456 et 1468 « où le sceau des armes de la famille y est attaché telles qu'il les porte aujourdhui. »

Id. — 29 Aout 1653 il achète avec ses trois frères la moitié des forges et forêt de Bressilien pour 22000 #, de la duchesse de la Trémoille.

1. De Stangier, *d'argent à l'anneau de sable, touché par 5 fers de lance de même et acc. de 3 croisettes de gueules, 2 et 1.*

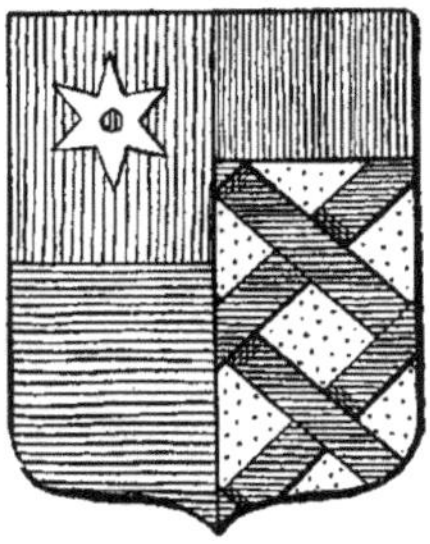

DE BOISGELIN
de gueules à la molette d'argent, écartelé d'azur plein.

XVIe Degré. 1° Marguerite, née le 8 janvier 1640, épousa en 1670 messire Toussaint de BOISGELIN, écuyer, sieur de la Toise, fils de François de BOISGELIN, écuyer, sieur du lieu, grand prévôt de Bretagne et de demoiselle Anne CONEN de Précréhant.

Etat civil de Laval. — Eglise Poligny. — Le 4 avril 1640 baptême de Marguerite de Farcy fille de Me Annibal de Farcy escuier... née le 8 mars elle avait été par l'entremise de quelques domestiques baptizée par un pasteur de l'église Romaine en l'appréhension de la mort, fut apportée à l'église réformée de Poligny. M. Annibal Farcy son ayeul lui a donné le nom de Marguerite.

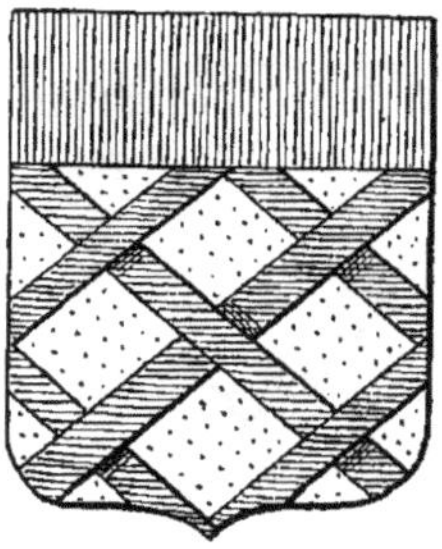

CONEN
d'argent coupé d'or au lion de l'un et l'autre, armé, lampassé et couronné de gueules.

XVIe DEGRÉ. 2° Jacques de FARCY, écuyer, sieur du Rocher-Portal, né le 21 novembre 1641, reçu conseiller au parlement de Bretagne, le 14 juillet 1671, épousa demoiselle Noëlle CONEN, fille de Toussaint CONEN, écuyer, sieur de Précréhant et du Vieux-Marché, grand prévôt de Bretagne et de Barbe LE CARDINAL [1].

Il mourut en 1690 et elle en 1711, laissant : 1° Toussaint, 2° Anne, 3° Claude et 4° Louis-François.

Etat civil Laval. — Eglise de Poligny. — Le 15 Juin 1642 baptême de Jacques... né le 21 novembre, parain Thomas Farcy sieur de la Gourtière et maraine demoiselle Guyonne de Launay son ayeule.

Etat civil Rennes. — Toussaints. — Mre Jacques de Farcy, sieur du Rocher, parain...

Abbé Guillotin de Courson. — Pouillé, T. V, 293. — « Le seigneur du Rocher Portal avait son enfeu dans le chanceau de l'église de la Celle-en-Coglais ; y furent inhumés 1690 Jacques de Farcy, 1711 sa veuve Noelle Conen. »

1° Toussaint-Auguste de FARCY qui suit. XVIIe Degré.

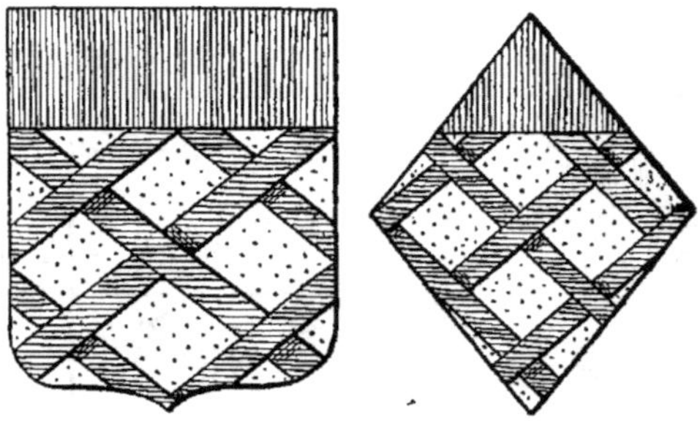

2° Anne de FARCY.

3° Claude, dame du Rocher, religieuse à Saint-Georges de Rennes.

4° Louis-François de FARCY, né le 6 septembre 1666.

1. Le Cardinal, *d'argent au chef endenché de gueules.*

Etat civil Rennes. — Saint-Jean. — Le 8 avril 1669 Louis-François fut tenu par Mre François d'Argouges conseiller d'estat et privé et premier président au parlement de Bretagne et maraine h. et p. d. Louise du Louet femme de h. et p. s. Mre Claude de Marbeuf conseiller du Roi en tous ses conseils et président à mortier au parlement de Bretagne, l'enfant fut né le 6 septembre 1666...

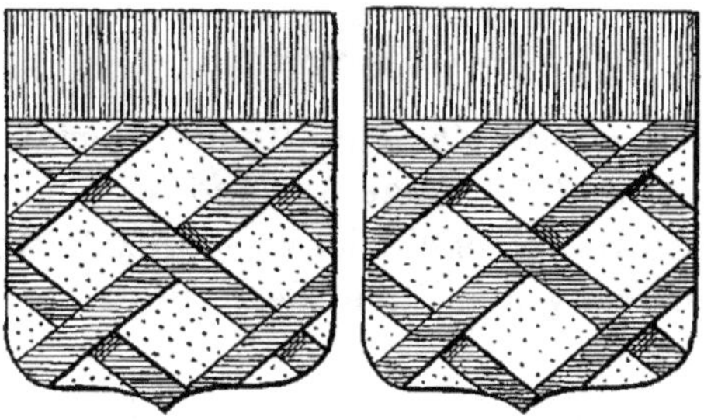

DE FARCY
d'or fretté d'azur de 6 pièces, au chef de gueules.

XVIIe Degré. 1° Toussaint-Auguste de FARCY, écuyer, sieur du Rocher-Portal, épousa le 21 octobre 1706 demoiselle Marguerite-Marie-Charlotte de FARCY, fille de Annibal de FARCY, écuyer, sieur de la Dagrie et de Claude-Charlotte de FARCY de la Carterie.

Il mourut le 21 mars 1717 et elle le 5 juillet 1715, laissant cinq filles : 1° Marie, 2° Suzanne, 3° Anne, 4° Charlotte et 5° Modeste.

Etat civil Rennes. — Saint-Germain. — Le 21 octobre 1706... mariage de écuyer Toussaint A. de Farcy sieur du Rocher fils de feu Mre Jacques de Farcy conseiller au parlement de Bretagne et demoiselle Marie M. C. de Farcy fille de Mre Annibal de Farcy président aux requestes du Palais et de Claude-Charlotte de Farcy sieur et dame de la Dagrie... en exécution de la dispense et bulle de N. S. P. le Pape Clément XI donné à Rome le jour des Ides du mois de juillet 1706, le 6e de son pontificat.

DE FARCY
d'or fretté d'azur de 6 pièces, au chef de gueules.

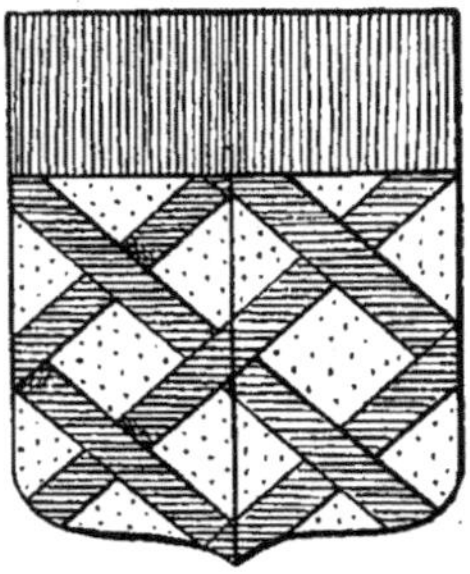

1° Marie-Claude-Charlotte, dame du Rocher-Portal, née le 18 août 1707, épousa le 13 juin 1733 Ange-Armand-Annibal de FARCY, chevalier, seigneur de Cuillé, enseigne des vaisseaux du Roi, fils de Annibal-Auguste de FARCY, écuyer, seigneur de Cuillé et de Renée-Catherine du MOULIN. XVIIIe DEGRÉ.

Etat civil Rennes. — Saint-Germain. — 18 Août 1707. — Marie Cl. Ch... née le 18 août, parain Annibal de Farcy conseiller du Roi et président aux requetes du palais, maraine Marie de Farcy dame de la Villedubois.

Titres de la Villedubois. — 1736. — Ange A. A. de Farcy de Cuillé enseigne des vaisseaux du Roy, sieur du Rocher-Senéchal, mari de dame Marie-Charlotte de Farcy, demande à assister aux états de Bretagne, en 1736 et présente ses titres.

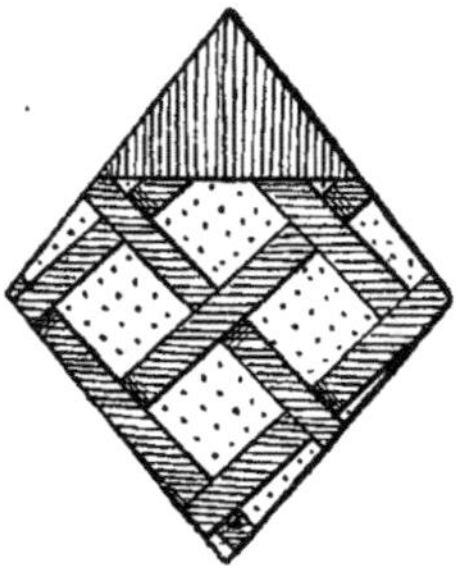

2° Suzanne-Claudine, demoiselle du Rocher-Portal, inhumée en 1776 dans le chanceau de l'église de la Celle-en-Coglais.

Etat civil Rennes. — Saint-Germain. — Le 22 septembre 1762 demoiselle Suzanne C. de Farcy de Saint-Laurent, demoiselle du Rocher, maraine.

Titres de la Villedubois. — 1764-1765. — La part des bénéfices de Suzanne de Farcy de Saint-Laurent, dans les forges de Bressilien, s'éleva à 1663# 12s 6d.

3° Anne, religieuse à Saint-Georges de Rennes.

4° Charlotte.

5° Modeste-Félicité-Marguerite, dame du Rocher-Portal, après sa sœur Suzanne.

Titres du Roseray. — S. D. — Déclaration pour l'emprunt forcé, des biens de Modeste F. M. de Farcy du Rocher célibataire, agée de 84 ans, demeurant au Rocher Portail municipalité de Saint-Brice district de Fougères. Ils étaient affermés 6998 #, pour lesquels elle payait 1619# d'impot foncier.

XVI° Degré. 3° Jean-Baptiste de Farcy, qui suit.

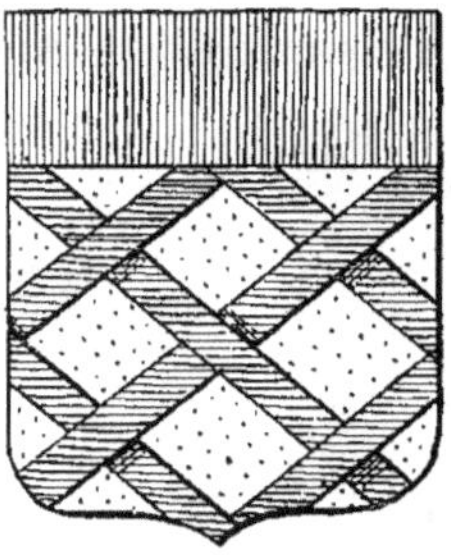

de Chatard *d'azur à la sirène de face d'argent, au chef d'or chargé de 3 molettes de gueules.*

4° Amaury de Farcy, écuyer, page du Landgrawe de Hesse en 1668, lieutenant général, puis colonel des gardes du duc de Zell-Brunswich, major général de cavalerie et maréchal de camp du duc de Hanovre, roi d'Angleterre, épousa demoiselle Louise-Dorothée de Chatard, alias Chareard.

Dont deux enfants : 1° Antoine et 2° Eléonore.

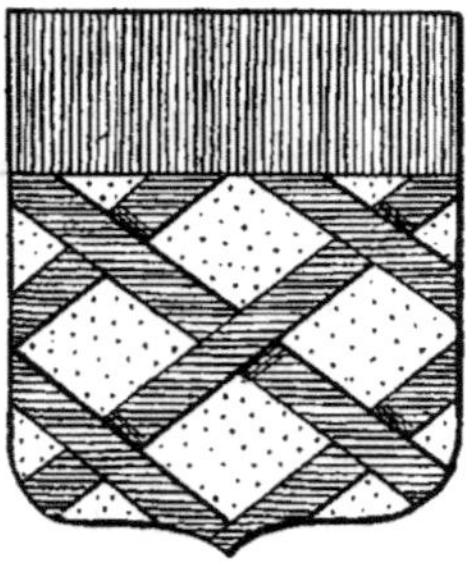

XVIIe *Degré.* — Antoine de FARCY, écuyer, servit d'abord à l'étranger comme capitaine de cavalerie.

Vaugiraud. — Histoire des églises réformées de Bretagne. — T. III, P. 191. — Lettre adressée à Chamillart « j'ay parlé aujourd'hui au Roi d'un gentilhomme de la province de Bretagne nommé Farcy qui passa en l'an 1686 au service du duc de Zell, où il était capitaine de cavalerie pendant la dernière guerre, il est revenu à Paris où il a fait adjuration et, comme il a demandé de l'emploi dans les trouppes, Sa Majesté m'a ordonné de vous avertir de lui en parler. Je luy ferai dire d'aller recevoir vos ordres, afin que vous le puissiez connaître. » — Archives nationales E. 3352. 282.

DE ESTORFF
de gueules à 2 fleurs de lys au pied nourri d'argent opposées par leurs bases et posées en bande.

2° Eléonore épousa à Harbourg Ludolff Othon de ESTORFF.

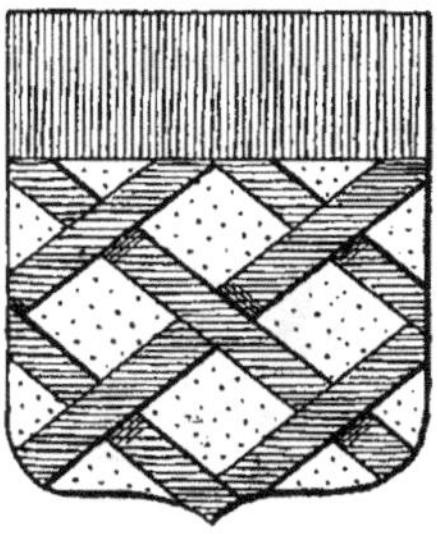  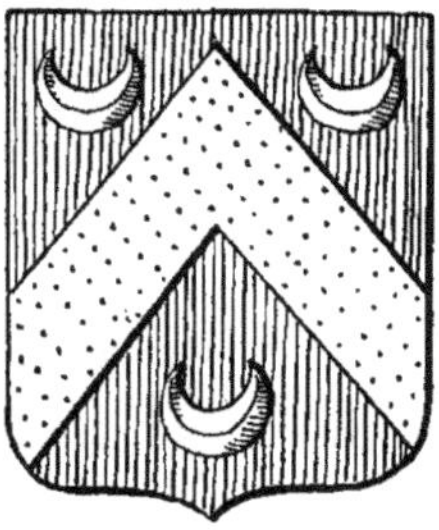

XVIe Degré. 5° François de FARCY, écuyer, seigneur de Kerlo, du Rocher-Portal, de Saint-Laurent, de Sougéal, de la Rigaudière, de la Petite Robichère[1], commandant pour le Roi et gouverneur des ville et château de Vitré, intéressé dans la ferme générale des grands et petits devoirs des états de Bretagne adjugés aux états de Vannes en 1667, épousa : 1° demoiselle Madeleine du VAUBOREL[2], fille de Joachim du VAUBOREL, écuyer, sieur de Saint-Georges-du-Bois et de Madeleine-Marie de FARCY, morte le 25 juin 1687 ; et 2° le 2 février 1693 demoiselle Jeanne BOURGONNIÈRE[3], veuve de n. h. Pierre FOURNIER ; elle mourut le 6 février 1715.

Il avait eu de son premier mariage un fils, 1° Benjamin, et du second trois enfants : 2° Charles, 3° Suzanne et 4° Modeste.

Etat civil Rennes. — Saint-Germain. — Le 26 juin 1683 dame Madeleine de Vauborel... agée de 25 à 26 ans décédée proche la rue Saint-Georges maison de M. de Lasse le 25, a été inhumée...

Id. — Saint-Sauveur. — Le 26 mai 1672 Mre François de Farcy gouverneur de Vitré sieur du Rocher Portal et Saint-Laurent parrain.

Id. — Toussaints. — Le 2 février 1693 François de Farcy écuyer sieur de

1. Sougéal, canton de Pleine-Fougères, arrondissement de Saint-Malo. — La Rigaudière, la Petite-Robichère, commune de Saint-Jean-en-Cogles, arrondissement de Fougères (Ille-et-Vilaine).

2. Du Vauborel, *d'azur à la tour d'argent.*

3. Bourgonnière, *de gueules au chevron d'or acc. de 3 croissants d'argent 2 et 1.*

Kerleau et dame Jeanne Bourgonnière... ont été conjoints au saint sacrement de mariage en l'église paroissiale de Saint-Martin avec la permission du curé de Toussaints.

Id. — Le 27 septembre 1693 Mre François de Farcy, seigneur de Kerleau, gouverneur de Vitré, parain d'un fils de Benjamin de Ravenel et de Cath. F. de Farcy.

Id. — *Saint-Jean.* — Le 16 octobre 1698 De Jeanne Bourgonnière dame de Querleau maraine.

Titres Frain. — *S. D.* — Table des déclarations de la campagne de Fougères — le Rocher Sénéchal autrement le Rocher Portal paroisse de Saint-Brice. Mre François de Farcy; — la Rigaudière, la petite Robichère paroisse de Saint-Jean en Cogles écuyer François de Farcy. — Prieuré de Sougéal paroisse du nom Mre Olivier François de Farcy.

Etat civil Rennes. — *Saint-Sauveur.* — Le 1er octobre 1714 dame Jeanne Bourgonnière veuve de feu Mre François de Farcy sieur de Kerleau maraine.

Titres du Roseray. — *Copie.* — Le 6 février 1715 inhumation en l'église de Toussaints de dame Anne Bourgonnière... agée de 60 ans.

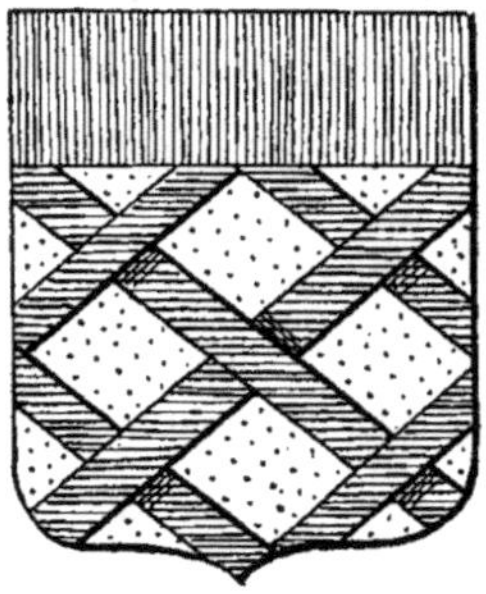

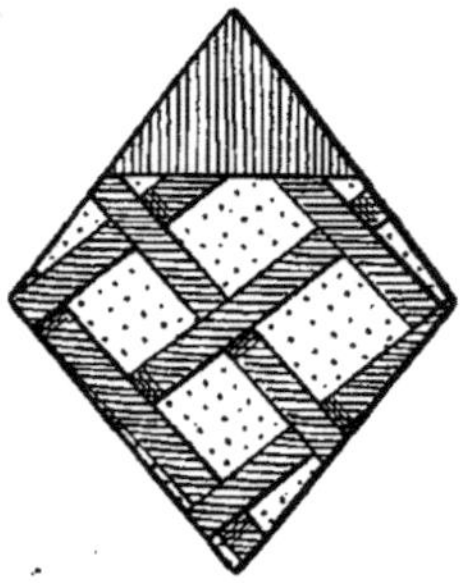

XVIIe *Degré.* — 1er lit. — **Benjamin de Farcy, né le 22 mai 1682, mort le 28 mars 1686.**

Etat civil Rennes. — *Saint-Germain.* — *Le 23 mai 1682.* — Benjamin fils de écuyer François de Farci seigneur de Kerleau et de De Madeleine du Vauxborel fut né le 22 may et baptisé le 22, parain François de Farcy, seigneur de Saint-Laurent, maraine D^e Noelle Conan dame du Rocher.

Id. — Saint-Aubin. — Le 28 mars 1686. — Benjamin de Farcy fils de... a esté enterré dans cette église agé d'environ quatre ans.

2e lit. — 2° Charles-Auguste de Farcy de Kerlo, né le 23 décembre 1693, mort le 17 janvier 1696.

Etat civil Rennes. — Toussaints. — Ce 23 décembre 1693 Charles A. de Farcy fils de Mre François de Farcy seigneur de Kerleau commandant pour le Roy dans la ville et chateau de Vitré... a été baptisé et présenté par Mre Toussaint Auguste de Farcy du Rocher faisant pour Mgr le duc de la Trémouille et par demoiselle Jeanne Fournier faisant pour Mme la duchesse de la Trémouille parain et maraine dudit Charles, lequel est né ce jour.

Id. — Le 17 janvier 1696 Charles A. de Farcy écuyer seigneur de Kerleau agé de 2 ans a esté inhumé dans cette église...

3° Suzanne, inhumée en 1776, dans le chanceau de l'église de la Celle-en-Coglais.

4° Modeste.

Titres du Roseray. — 1740. — Sentance contre les demoiselles de Farcy et Auguste du Groesquer, héritiers de François de Farcy, pour règlement de comptes au sujet de la ferme des grands et petits devoirs de Bretagne en 1670 et 1671.

du Groesquer
d'hermines à 3 fasces de sable.

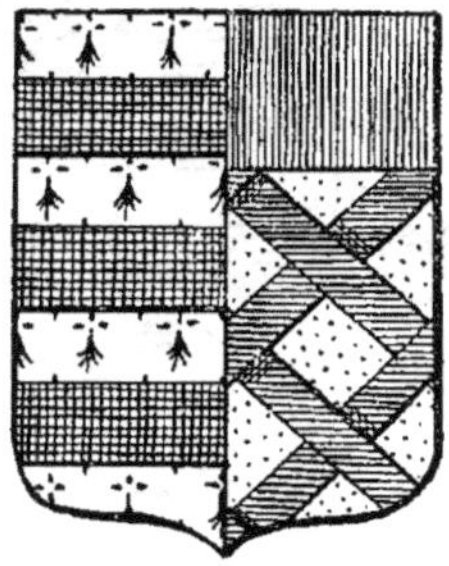

XVIe Degré. 6° Claude de Farcy épousa Messire Olivier du Groesquer, écuyer, seigneur du lieu, fils de Olivier du GROESQUER, écuyer, seigneur du lieu et de N. de BOISÉON [1].

Il mourut en janvier 1717.

Etat civil Rennes. — *Saint-Aubin.* — Le 21 mars 1688 Claude de Farcy dame de Groesquer, maraine.

DE BÉRANGER
de gueules à 2 aiglettes d'argent posées en fasce.

7° Françoise épousa Messire Jacques de BÉRANGER, chevalier, comte de Fontaines et de Longueville.

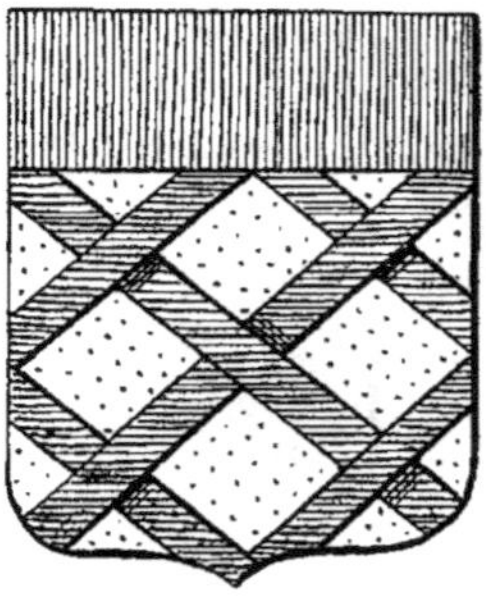

LIAIS
d'azur à l'épervier d'argent, grilleté d'or et posé sur un écot de même.

3° Jean-Baptiste de FARCY, chevalier, seigneur de Kerlo, de Saint-Laurent, de Beauvais, la Returais, la Celle-en-Coglais [2], capitaine XVIe DEGRÉ.

1. De Boiséon, *d'azur au chevron d'argent acc. de 3 têtes de léopard de même, 2 et 1.*
2. La Returais, commune de Cogles, canton de Saint-Brice, arrondissement de Fougères. — Beauvais, commune de Paimpont, canton de Plélan, arrondissement de Montfort (Ille-et-Vilaine).

de cavalerie au régiment de Farcy, épousa le 25 août 1669, demoiselle Françoise-Briande Liais, dame de la Returais, fille de François Liais, écuyer, seigneur du Temple, et de Marguerite du Verger[1].

Dont trois enfants : 1° Jean, 2° François et 3° Madeleine.

Bibliothèque Nationale. — Carrés de d'Hozier. — Vol. 245. — P. 349 et 350. — Contrat de mariage de Mre Jean de Farci, seigneur de Saint-Laurent, fils de Mre François de Farci, seigneur de Saint-Laurent, gouverneur des ville et chateau de Vitré et de feue Claude Uzille sa femme demeurant au manoir seigneurial du Rocher Portal paroisse de la Selle eveché de Rennes, accordé le 24 du mois d'aout de l'an 1669 avec demoiselle Françoise Briande Liais dame de la Returais fille de feus François Liais écuyer seigneur du Temple et de dame Marguerite du Verger sa femme demeurant dans la ville de Vitré et assistée de Henri Liais son frère et son curateur, écuyer seigneur du Cerni, en faveur duquel mariage le frère de ladite future lui constitue en dot la somme de 18110# qu'il avoit entre ses mains provenant du debet du compte rendu à ladite demoiselle par n. h. Michel du Verger seigneur de la Morandière, cy-devant son tuteur, bagues et joyaux 1200#, douaire 800# sans enfans et 600# avec enfans... le père dudit futur lui donne en avancement de ses droits successifs la jouissance de la terre de Querlo située dans la paroisse de Vieux-Bourg de Quintin et... s'obligeant au cas que ledit sieur son fils trouvat occasion d'acheter quelque charge ou quelque heritage de lui fournir jusqu'à la concurrence de la somme de 48000# au moyen de quoi ledit sieur de Saint-Laurent rentrerait dans la jouissance de ladite terre de Querlo... contrat passé dans la ville de Vitré, devant Bidault et Dousseau. — Ont signé... Michel Guillaudeu, Jacques de Farci, Claude Marion, Jean Farci, Jean Marion, Noelle Conan, Marie Prioul, Marie Liais, Claude de Farci, Charlotte du Vauborel, Olive Liais, Jacques du Vauborel, Henri Liais. Et produit par copie collationnée le 20 aout de l'an 1738 par Goron et Morinais notaires de la juridiction de Bréci-

1. Du Verger, *d'argent à 3 roses de gueules, parti d'azur à une croix ancrée d'argent.*

lien sur l'original représenté par Me François Jaques de Farci, s^r de Saint-Laurent, demeurant dans sa maison seigneuriale de Beauvais, paroisse de Paimpont éveché de Saint-Malo.

Titres Frain. — *S. D.* — Table des déclarations de la campagne de Fougères : la Returais paroisse de Saint-Jean-en-Cogles, écuyer Jean de Farcy.

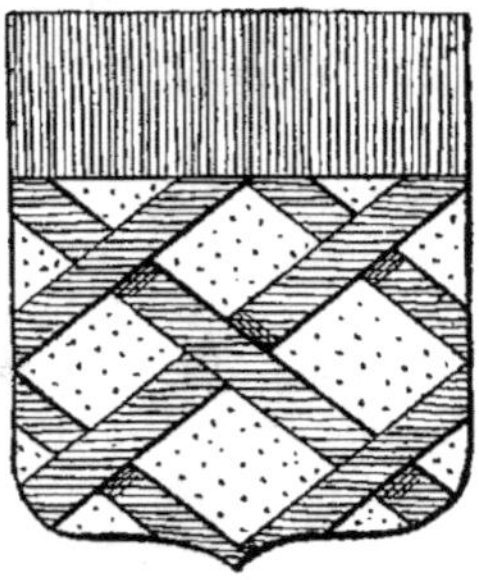

1° Jean de Farcy, écuyer, lieutenant au régiment de Guyenne, tué à Landau. XVIIe Degré.

Etat civil Rennes. — *Saint-Germain.* — Le 6 juillet 1718 Jean de Farcy de Saint-Laurens signe à un baptême.

2° François-Jacques de Farcy qui suit.

de Suasse
d'argent au chevron brisé de gueules, chargé de 5 pommes de pin d'or 3 et 2 et acc. en pointe d'un arbre de sinople, le fût chargé d'un loup passant de sable.

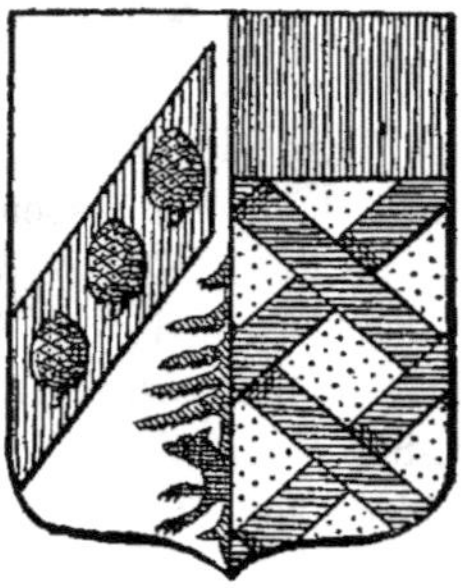

3° Madeleine-Claude de Farcy épousa Messire Jean-François de

SUASSE, écuyer, seigneur de Kervégan, fils de François-Pierre de SUASSE, écuyer, seigneur de Kervégan, et de demoiselle Jeanne BARON[1].

Il mourut en 1731.

Etat civil Rennes — Saint-Germain. — Le 6 juillet 1718 Madeleine de Farcy signe à un baptême.

HAREMBERT *d'argent au chevron de gueules, acc. de 3 trèfles de sinople 2 et 1.*

XVIIe DEGRÉ. 2° François-Jacques de FARCY, chevalier, seigneur de Saint-Laurent, de Kerlo, de Beauvais, lieutenant au régiment des fusiliers, épousa, le 22 août 1702, par contrat passé devant le Hongre et Mahé, notaires à Rennes, demoiselle Anne-Marie HAREMBERT, dame de Laubriais, fille de n. h. Etienne HAREMBERT, écuyer, seigneur de la Joullinière, avocat et procureur du parlement de Bretagne, et de Andrée BIZEUL[2].

Ils eurent de leur union neuf enfants : 1° Charles, 2° Jeanne, 3° Joseph, 4° Paul, 5° Jean-Baptiste, 6° Céleste, 7° Camille, 8° Henriette et 9° Hippolyte.

Bibliothèque Nationale. — Carrés de d'Hozier. — Vol. 246, P. 33. — Du 20 aout 1702 contrat de mariage de François Jacques de Farci écuyer Sr de Beauvais et de Saint-Laurent fils... demeurant en leur maison seigneuriale de Beauvais paroisse de Painpont, éveché de Saint-Malo et de demoiselle Anne M. Harembert demoiselle de Laubriais fille coheritière de n. h. Etienne Harembert sieur de

1. Baron, *d'argent à 2 lions affrontés de gueules, soutenant une rose de même.*
2. Bizeul, *d'argent à la fasce de sable.*

la Joullinière, avocat et procureur du parlement de Bretagne et de feue dame Andrée Bizeul et reçoit... en avancement de droit successif, la maison terre et seigneurie de Beauvais,... la future reçoit en dot 15000 #. Ont signé... Jean de Farci de Saint-Laurent Claude Charlotte de Farci, Jeanne Bizeul, Marguerite Harembert, Annibal de Farci de la Dagrie, Pierre Prévost, Jacques de Farci du Roseray, René de Farci de la Dagrie, Toussaint du Boisgelin, Claude de Farci, Auguste de Groesquer, Marie Vincente Harembert, Renée Catherine du Moulin, Marguerite Ch. de Farci, Marie de Mué et François Ch. L. de Farci de la Dagrie...

Etat civil Rennes. — Toussaints. — Le 22 avril 1702 mariage... présence de... n. h. Joseph Mathurin Harembert et écuyer Pierre Prévost Sr de la Caillerie, avocat en parlement.

Abbé Guillotin de Courson. — Pouillé. — T. VI. — 277. — Il achète en 1715 le comté de Montfort, démembré, mais le marché fut annulé par un retrait féodal.

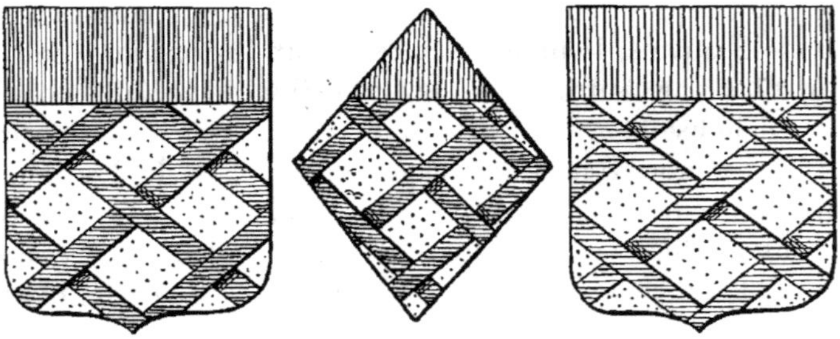

1° Charles-Etienne-François de Farcy, né le 11 septembre 1704. XVIIIe Degré.

Etat civil Rennes. — Toussaints. — Le 12 septembre 1704 Charles E. F... né hier à sept heures du soir a été baptisé et a eu pour parrain Me Estienne Harembert, procureur au parlement, son grand père et pour maraine dame Charlotte de Farcy de la Dagrie.

2° Jeanne-Mélanie, née le 5 janvier 1707.

Etat civil Rennes. — Saint-Pierre. — Le 6 janvier 1707 Jeanne Mélanie née le jour d'hier fille... a été baptisée... parain E. Jean de Farcy seigneur de Saint-Laurent et maraine dame Jeanne Bizeul épouse de écuyer Pierre Prévost seigneur de la Caillerie...

3° Joseph-Annibal de Farcy, qui suit.

4° Paul-Ange de Farcy, né le 27 février 1710.

5° Jean-Baptiste-Salin-Annibal de Farcy, né le 13 juillet 1713.

Bibliothèque Nationale. — Carrés de d'Hozier. — Vol. 246, P. 38. — Le 13 juillet 1713 fut baptisé en l'église abbatiale et paroissiale N. De de Paimpont J. Bte Salin A. de Farci... le parain J. Bte Pierre Harembert de la Basinière, senéchal de Guérande, la maraine dame Renée Catherine du Moulin, femme de Mre Annibal de Farci seigneur de Cuillé, conseiller au parlement de Bretagne.

6° Céleste-Marie-Florence, née le 2 juillet 1715.

Etat civil Rennes. — Saint-Pierre. — Le 3 juillet 1715 Celeste M. Florence née hier fille... parain Me Charles E. F. de Farcy frère aisné de la baptizée, maraine demoiselle Marie Vincente Harembert, tante.

7° Camille.

8° Henriette, dame de Saint-Laurent.

Etat civil Rennes. — Saint-Germain. — Le 6 juillet 1718 demoiselle Henriette de F. dame de Saint-Laurent maraine.

9° Hippolyte de Farcy, écuyer, sieur de Beauvais.

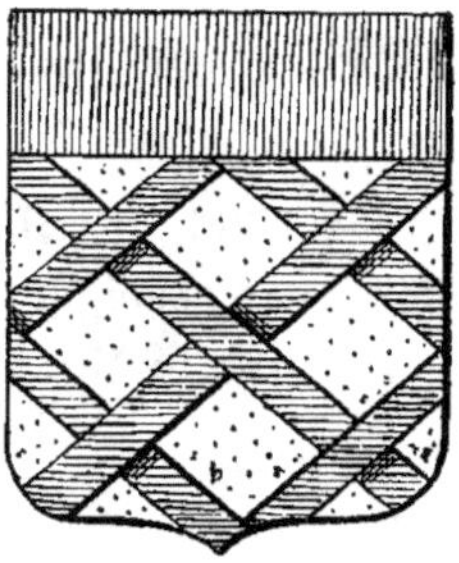

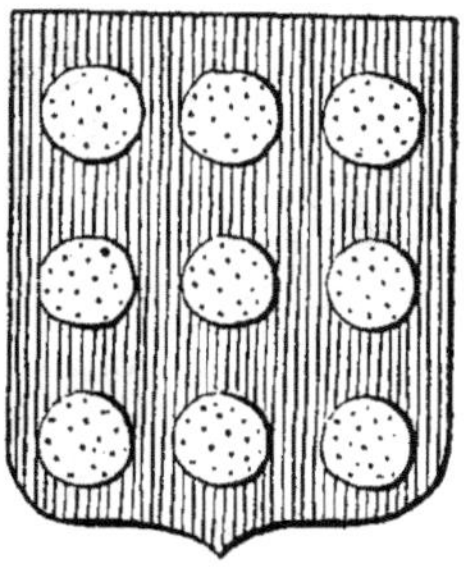

Ermar
de gueules à 9 besans d'or, posés 3, 3 et 3.

XVIIIe Degré. 3° Joseph-Annibal de Farcy, chevalier, seigneur de Saint-Laurent, de Beauvais, né le 6 juin 1708, épousa demoiselle Ursule-Cécile-Renée Ermar, dame de Beaurepaire et d'Augan [1], fille de Amador-Mathurin Ermar, écuyer, seigneur de Beaurepaire et d'Augan, et de Anne-Marie de Cosnoual [2] de Saint-Georges.

Dont trois enfants : 1° Louis, 2° Anne, 3° Suzanne.

Son portrait se trouve au château de la Touche-Larcher, chez M. le comte de Busnel.

Etat civil Rennes. — Saint-Pierre. — Le 7 Juin 1708 un fils né hiers du mariage de... a esté ondoyé par cause de nécessité...

Id. — Saint-Jean. — Le 4 mars 1753 D^e Ursule C. R. Ermár de Beaureper... maraine.

Id. — Saint-Germain. — Le 15 mars 1765 Messire Joseph A. de Farcy, seigneur de Saint-Laurent, Beauvais, Beaurepaire et autres lieux parain.

1° Louis-Ange-François-Annibal de Farcy, qui suit. XIXe Degré.

Busnel

d'argent à l'épervier au naturel, longé, grilleté et becqué d'or, perché sur un écot de sable.

2° Anne-Augustine épousa, le 23 juillet 1765, Mre Henri-Jacques-François Busnel, chevalier, comte de Montoray et seigneur du Boisxy, fils de Toussaint Jean Busnel, chevalier, comte de Montoray, officier

1. Augan, canton de Guer, arrondissement de Ploërmel (Morbihan). — Beaurepaire, commune d'Augan.

2. De Cosnoual, *d'argent à 3 croix pattées et alaisées de sable, 2 et 1.*

au régiment de Boulonnois, et de Henriette-Nicolle AMETTE[1] de la Bourdonnaie.

Leurs portraits sont conservés au château de la Touche-Larcher.

Etat civil Rennes. — *Toussaints.* — Le 19 septembre 1779 h. et p. dame Anne A. de Farcy épouse de h. et p. s. Mre Henry J. F. Bunel Sr de Montorey, du Boisxy maraine.

3° Suzanne-Félicité-Marie.

Etat civil Rennes. — *Saint-Etienne.* — Le 8 juin 1779 demoiselle Suzanne de Farcy de Saint-Laurent assiste à un baptême.

Id. — *Toussaints.* — Le 29 avril 1781 demoiselle F. M. de Farcy dame de Saint-Lorens, maraine.

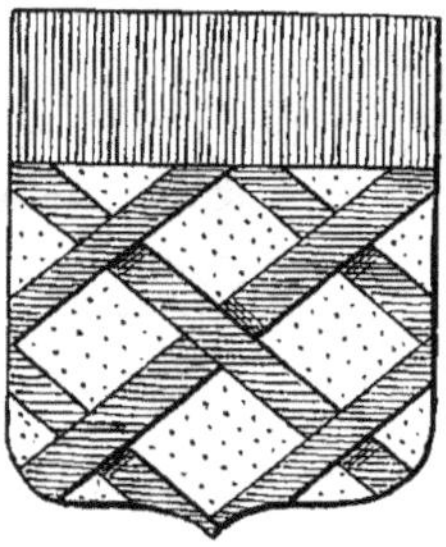

HERVAGAULT *d'or à la plante de fougère de sinople, posée sur un mont de gueules.*

XIXe DEGRÉ.

1° Louis-Ange-François-Annibal de FARCY, chevalier, seigneur de Saint-Laurent, Beauvais, Augan, Beaurepaire, né le 20 mars 1747, conseiller en la grand'chambre du parlement de Bretagne le 14 août 1775, épousa, le 7 décembre 1774, demoiselle Julienne-Marie-Rose HERVAGAULT, fille de M. Me Julien-François HERVAGAULT, écuyer, conseiller du Roi, juge magistrat civil et criminel, sous-doyen au présidial de Rennes et commissaire des états de Bretagne, et de feu Marie-Rose CHEVALIER.

Il mourut le 13 septembre 1789 et fut inhumé dans son enfeu à Augan, laissant six enfants : 1° Julie, 2° Louise, 3° Modeste, 4° Auguste, 5° Amaury et 6° Victoire.

1. Amette, *d'argent à la fasce de gueules accompagnée en chef d'une étoile, en pointe d'un croissant, le tout de même.*

Etat civil Rennes. — Toussaints. — Le 7 décembre 1774 nous noble et discret prêtre recteur de Bedée Louis de Boishamon... avons solennellement marié... h. et p. s. Mre Louis A. F. A. de Farcy Ch. Sr de Saint-Laurent, Beauvais et autres lieux fils... et demoiselle Julienne Marie Rose Hervagault fille mineure de M. Me Julien François Hervagault conseiller du Roy juge magistrat au presidial de Rennes et commissaire des Etats de Bretagne et de feue dame Marie Rose Chevalier et célébrant ensuite la sainte messe leur avons donné la bénédiction nuptiale en presence de plusieurs Messieurs et dames qui signent avec nous...

Titres de la Villedubois — 9 avril 1775. — Demoiselle Renée S. L. de la Villedubois vend sa part dans les forges de Bressilien à Ange F. A. de Farcy et Julienne M. A. Hervagault pour 500# de rente viagère et une somme de 1000#.

Id. — Toussaints. — Le 13 septembre 1789 Mre Louis A. F. A. de Farcy... né le 20 mars 1747 baptisé le 21 à Painpont... décédé en son hotel le 13 septembre 1789 fut transféré en la paroisse d'Augant eveché de Saint-Malo le 11 dudit mois pour être inhumé en son enfeu.

JULLIOT
d'azur au sautoir engreslé[1] *d'or, cantonné de 4 besans de même.*

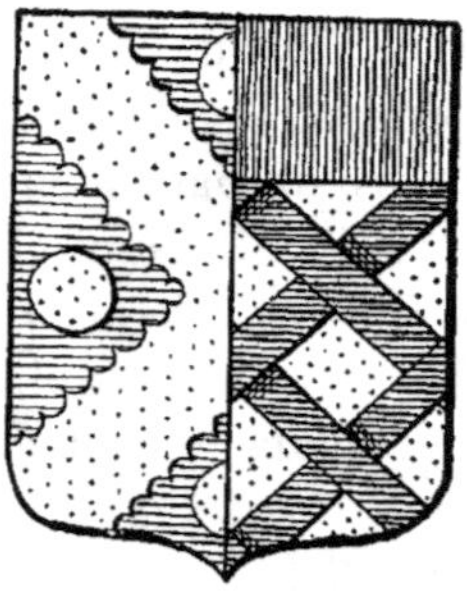

1° Julie de FARCY, née le 15 décembre 1775, épousa Joachim-François-Marie JULLIOT, écuyer, seigneur du Plessix. XXe Degré.

1. Il faut lire *endenché*.

Etat civil Rennes. — Toussaints. — Le 16 décembre 1775 baptême de demoiselle Julie de Farcy... née d'hier... parain Me Julien François Hervagault, conseiller du Roi, juge magistrat sous doyen au présidial de Rennes et commissaire des états de Bretagne maraine h. et p. dame Ursule C. R. Ermar dame veuve de Me Joseph A. de Farcy vivant chevalier sieur de Saint-Laurent, Beauvais, Beaurepaire et autres lieux.

DROUET
de gueules à la rose d'or, acc. de 3 cœurs de même, 2 et 1.

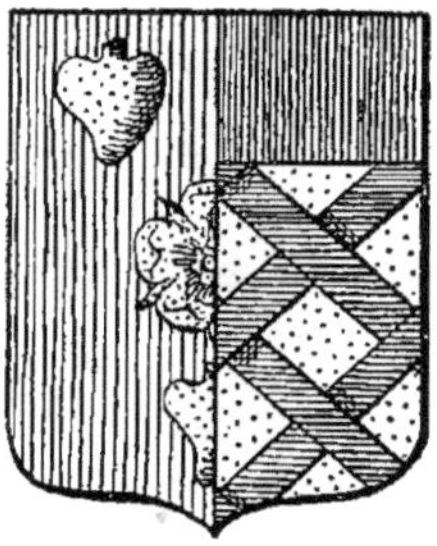

2° Louise de FARCY épousa Léonard DROUET, écuyer, seigneur de Montgermont.

3° Modeste-Henriette-Marie, née le 7 octobre 1777.

Etat civil Rennes. — Toussaints. — Le 8 octobre 1775 baptême de Modeste H. M. de Farcy... née du jour d'hier... parain Louis Deschamps comme procureur de M. l'abbé Hervagault vicaire général d'Amiens, oncle maternel, et par Jeanne Houisière, pauvre, comme procuratrice de h. et p. demoiselle Modeste Félicité Marguerite de Farcy, dame du Rocher Portal, tante paternelle.

4° Auguste-Henri-Annibal de FARCY, né le 18 septembre 1779, mort le 25 août 1783.

Etat civil Rennes. — Toussaints. — Le 19 septembre 1779 baptême de Auguste H. A. de Farcy... né d'hier... parain Gilles Valais procureur de Mre Henry Marie Henry, chevalier, s[r] de la Riollais, oncle maternel, et Anne Vetu procuratrice de h. et p. dame Anne-Augustine de Farcy épouse de h. et p. s. Mre Henry Jacques François Bunel, seigneur de Montoray et du Boixy.

Id. — Le 26 Août 1783. — Auguste H. A. de Farcy, agé d'environ 4 ans, fils... mort d'hier a été inhumé ce jour.

5° Amaury-Marie-Pierre-Annibal de Farcy, qui suit.

du Boishamon
d'argent au léopard lionné de sable armé et lampassé de gueules.

6° Victoire-Marie, née le 6 février 1786, épousa Joseph-Marie du Boishamon.

Etat civil Rennes. — Toussaints. — Le 7 février 1786 baptème de Victoire M. de Farcy, née du 6 février...

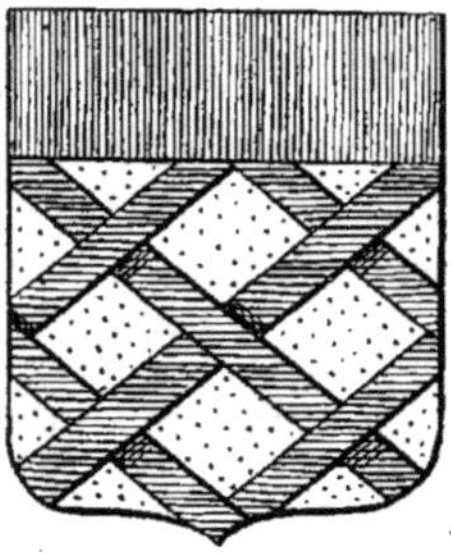

de Poulpiquet
d'azur à 3 pies de mer d'argent, becquées et membrées de gueules.

5° Amaury-Marie-Pierre-Annibal de Farcy de Saint-Laurent, né le 29 avril 1781, chef de bataillon, puis lieutenant-colonel dans la garde royale, officier de la légion d'honneur, démissionnaire en 1830, épousa le 2 août 1809 demoiselle Mélanie de Poulpiquet du XXe Degré.

48

Halgouët, fille de feu Louis-François de Poulpiquet du Halgouët et de dame Jeanne-Louise-Renée Picaud [1].

Il mourut le 20 janvier 1837 et elle le 3 novembre 1839, laissant trois enfants : 1° Amaury, 2° Eugène et 3° Mélanie.

Etat civil Rennes. — Toussaints. — Le 29 avril 1787 baptème de Amaury M. P. A. de Farcy, né de ce jour fils .. parain Mre Jean Marie le Douarain chevalier Sr de Lémo, maraine demoiselle Suzanne M. de Farcy de Saint-Lorens, tante paternelle.

Id. — Le 2 aout 1809 devant nous maire et officier public Amaury M. P. A. de Farcy de Saint-Lorens... et Mademoiselle Mélanie de Poulpiquet du Halgouet née le 28 avril 1792 en la commune d'Augan... lesquels nous ont requis de procéder à la célébration du mariage projetté entre eux... De quoi nous avons dressé acte en présence de M. Paul Jean Joseph, de Anonime de Poulpiquet du Halgouet, de Joachim François Marie Julliot du Plessis, de Josephe Marie du Boishamon les tous temoins majeurs... Ont aussi signé. Picaud du Breil de la Caunelage, du Poulpiquet de la Chevière, de Farcy de Montgermont, Eléonore du Halgouet Victoire de la Chevière, Charles et Louis de Tanouarn, Drouet de Montgermont, César de Lambert, F. du Chatellier, La Bourdonnaye Blossac, maire.

XXIe Degré. 1° Amaury-Annibal qui suit.

2° Eugène-Annibal de Farcy, né le 22 novembre 1813, mort jeune.

Etat civil Rennes. — Le 22 novembre 1813 devant nous adjoint... a comparu Amaury Marie Pierre Annibal de Farcy de Saint-Lorens... lequel nous a présenté un enfant du sexe masculin né de ce matin cinq heures de lui... auquel il a donné les prénoms de Eugène Annibal présence de M. Paul Jean Joseph de la Chevière...

1. Picaud, *d'argent fretté de gueules, au chef de même chargé de 3 trèfles d'or.*

DE GACON
d'azur au mouton saillant d'argent, à la bordure componnée d'argent et d'azur de 24 pièces.

3° Mélanie-Victorine, née le 17 décembre 1816, épousa : 1° Félix HAOUISÉE de la Ville-au-Comte, mort le 12 septembre 1843, et 2° le 31 décembre 1845, Edouard-Théobald de GACON, fils de feu Joseph-Etienne de GACON, sous-préfet de Barcelonnette, chevalier de la légion d'honneur et de feu Julie-Suzanne SAILLARD-SÉGUIN.

Etat civil Rennes. — Le 17 décembre 1816... a comparu Amaury de Farcy de Saint-Lorens, chef de bataillon de la légion du Morbihan, chevalier de la légion d'honneur... lequel nous a présenté un enfant du sexe féminin né ce matin sept heures et demie... auquel il a donné les prénoms de Mélanie Victorine...

Id. — Le 31 décembre 1845 à 5 heures du soir... ont comparu Edouard Theobald de Gacon entrepreneur de messageries fils... et dame Mélanie Victorine Farcy de Saint-Lorens veuve de M. Félix Haouisée de la Ville au comte décédé à Augan le 12 septembre 1843... fille majeure de feu Amaury de Farcy de Saint-Lorens, lieutenant-colonel en retraite, officier de la légion d'honneur... lesquels... en présence de M. Fulgence Julliot du Plexis, cousin germain de l'épouse, Marie Fidele Mis de Langle, Marie-Joseph de Savignhac.....

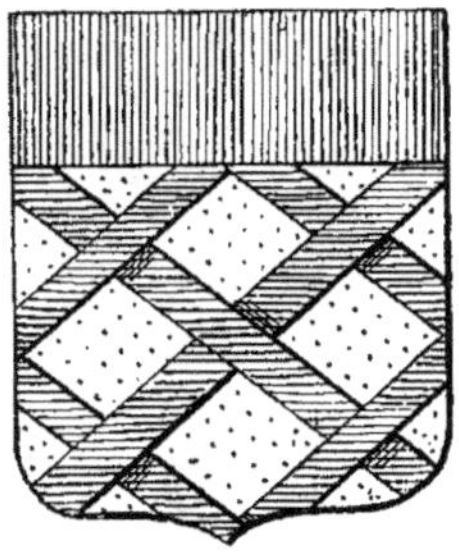

XXIe Degré. 1° Amaury-Annibal de Farcy de Saint-Laurent, né le 7 juillet 1810, est passé aux Indes. On ignore ce qu'il est devenu.

Etat civil Rennes. — Le 7 juillet 1810... M. Amaury de Farcy... a présenté un enfant du sexe masculin né ce matin deux heures... auquel il a donné les prénoms de Amaury Annibal... présence de M. Paul Jean Joseph de la Chevière et Pierre Charles Le Bastard de Villeneuve.

SEIGNEURS DE PONTFARCY

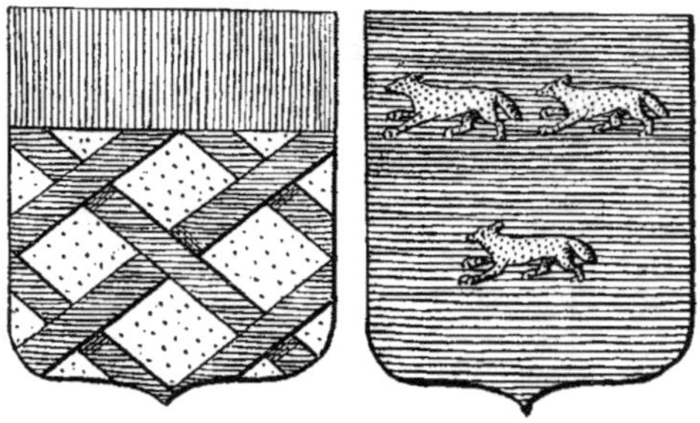

DE GENNES
d'azur à 3 genettes ou renards passants d'or, 2 et 1.

6° René de FARCY, écuyer, seigneur de la Daguerie[1], de Pontfarcy (sixième enfant d'Annibal de Farcy et de Guyonne de Launay), né vers 1611, enseigne d'une compagnie d'infanterie au régiment du duc de la Trémouille, assista aux sièges de Venloo, Ruremonde, Bois-le-Duc en 1629, de Maëstricht en 1632, de Rimbergue en 1633, de Corbie en 1636, de Landrecies, de la Chapelle en 1638 et de Hesdin en 1639 ; se retira du service et fut, après la mort de son père, procureur-général des juridictions des eaux et forêts du comté

XVe DEGRÉ. (V. p. 266).

1. La Daguerie, commune de Montjean, canton de Loiron, arrondissement de Laval (Mayenne).

de Laval. Il épousa demoiselle Marie de Gennes, fille de Jean de Gennes, écuyer, seigneur de Boisguy et de Françoise Doudart[1] de l'Isle Doudart, celle-ci veuve de Jean Uzille, écuyer, seigneur du Coing.

Il eut de son mariage trois enfants : 1° Annibal, 2° Françoise et 3° François.

Etat civil Laval. — Eglise de Polligny. — Le 25 mars 1634 Mre Farcy Sr de la Dagrie présente avec demoiselle Farcy sa sœur, l'enfant de René Doisseau.

Titres de la Villedubois. — 29 Août 1653. — Il achète avec ses trois frères la moitié des forges et forêt de Bressilien pour 22000 ₶, de la duchesse de la Trémouille. — 1662, arrêté de compte entre les cointeressés.

Archives de la Mayenne. — B. 51. — 19 Novembre 1668. — René de Farcy écuyer Sr de la Dagrie et demoiselle Marie de Gennes sa compagne... renoncent à la donation mutuelle qu'ils s'étaient faite au commencement de leur mariage : « ayant vescu depuis longues années ensemble et Dieu ayant béni leur mariage par la naissance de plusieurs enfants qu'ils ont... » acte registré à Laval à la demande de Gilles de Farcy écuyer juge ordinaire de ce comté. *S. signature.*

Titres Le Gonidec de Tressan. — 1679. — Lettre signée Marie de Gennes et scellée d'un cachet de cire rouge aux armes de son mari.

Eglise réformée de Rennes. — Le 21 septembre 1681 a esté enterré au cimetière de Cluné le corps de Mre René de Farcy sieur de la Dagris, lequel est décédé le 22 dudit mois agé de 70 ans ou environ....

Titres de Pontfarcy. — 26 Mars 1682. — Procuration de dame Marie de Gennes veuve de deffunct René de Farcy pour un emprunt de 20000 ₶.

1. Doudart, *d'argent à la bande de gueules, chargée de 3 coquilles d'or.*

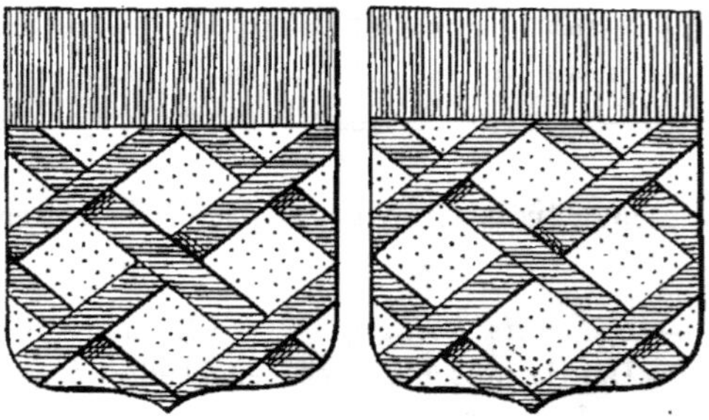

DE FARCY
d'or fretté d'azur de 6 pièces, au chef de gueules.

1° Annibal de FARCY, écuyer, seigneur de la Daguerie, avocat, puis conseiller du Roi, conseiller au parlement de Metz par lettres du 28 juillet 1665[1], puis de Bretagne, président en la chambre des requêtes le 5 juillet 1697, épousa, par contrat du 25 mai 1679, demoiselle Claude-Charlotte de FARCY, fille de Charles de FARCY, écuyer, seigneur du Bois de Cuillé et de Marguerite UZILLE[2]. XVIe DEGRÉ.

Il fit enregistrer ses armoiries dans l'Armorial général. Leurs portraits sont dans la galerie du château de Champfleury.

Il mourut le 8 novembre 1711 et sa femme en 1712, laissant six enfants : 1° René, 2° Charles, 3° Jean, 4° Marguerite, 5° Marie et 6° Jacques.

Etat civil Rennes. — Saint-Aubin. — Le 20 février 1690 dame Claude Charlotte de Farcy, dame de la Dagrie, maraine ; son mari signe à ce baptême.

Id. — Saint-Jean. — Le 16 octobre 1698 Mre Annibal de Farcy sieur de la Dagrie président aux requêtes du palais, parain d'une fille de Benjamin de Ravenel et de Catherine de Farcy.

Id. — Saint-Germain. — Le 26 juin 1701 dame Cl. Charlotte de Farcy épouse de Mre Annibal de Farcy, conseiller et président aux requêtes, maraine.

1. Il fut pourvu d'une des charges de la religion, vacante par le décès de Me Godefroy Houef, mort le 23 décembre 1664. Il fut reçu le 19 janvier 1666.

2. Uzille, *d'argent à la fasce de gueules chargée de 3 croissants d'or et acc. de 3 trèfles de sinople, 2 et 1.*

Eglise réformée de Rennes. — Le 28 aout 1685 Mre Annibal de Farcy sieur de la Daguerie, parain.

Armorial Général Bretagne. — *T. I, P. 463.* — Annibal de Farcy de la Dagrie, pourvu d'une charge de président aux requêtes au parlement de Bretagne *d'or fretté d'azur de six pièces au chef de gueules.*

Bibliothèque Nationale. — *Pièces originales.* — Le 16 juillet 1698 constitution de 300# de rente pour paier partie de maison sise rue Saint-Jacques.

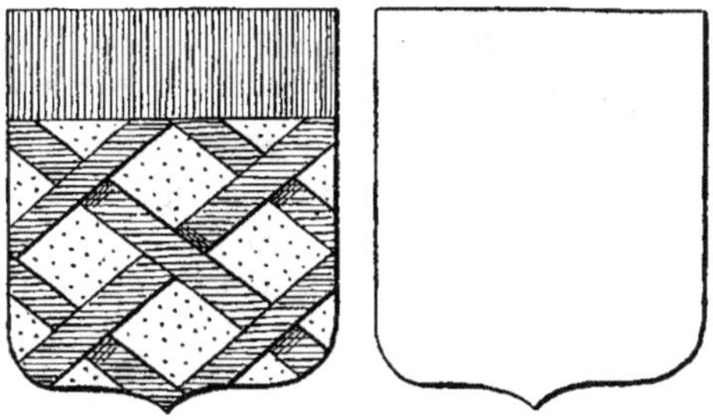

FOURNIER

XVIIIe DEGRÉ. 1° René-François de FARCY, chevalier, seigneur de la Daguerie, conseiller au parlement de Bretagne le 12 août 1707, président aux requêtes le 10 mai 1709, épousa, le 29 mars 1703, demoiselle Perrine-Angélique FOURNIER, fille de n. h. Pierre FOURNIER et de Anne BOURGONNIÈRE[1].

Il mourut sans postérité.

Etat civil Rennes. — *Toussaints.* — Le 29 mars 1703 Mre Pierre Perrin recteur de Toussaints, official et grand vicaire de Mgr Levesque de Rennes scavoir faisons... bénédiction nuptiale à René François de Farcy sieur de la Daguerye et à demoiselle Perrine Angelique Fournier autorisée comme mineure... en présence de dame Jeanne Bourgonnière dame de Kerleau sa mère...

1. Bourgonnière, *de gueules au chevron d'or acc. de 3 croissants d'argent, 2 et 1.*

Titres de la Villedubois. — *2 Janvier 1707.* — Lettre du Roi accordant une charge de conseiller non originaire au parlement de Bretagne à François René de Farcy, avocat en parlement, en remplacement de Charles Boislève de Noirieux, mort le 26 février.

Id. — *8 Mars 1715.* — Procuration de Mre René F. de Farcy, chevalier sieur de la Daguerie, président au parlement de Bretagne à sa femme pour la succession de sa belle-mère « étant en cette ville de Rouen pour les affaires qu'il a au parlement. »

Titres du Roseray. — *Copie.* — *15 Mars 1715.* — Procuration de Perine Angelique Fournier... pour la succession de Jeanne Bourgonnière sa mère et accord avec ses frères à cet égard.

Etat civil Rennes. — *Toussaints.* — Dame Perrine Angélique Fournier dame présidente de la Dagris de Farcy marraine.

Id. — *19 Février 1720.* — Elle assiste au mariage de Mre Ange Annibàl de Bedée et de Benigue Jeanne Marie de Ravenel dame de Boisteilleul ainsi que Mre Jean de Farcy chevalier sieur de Saint-Laurent, Madeleine de Farcy, Henriette de Farcy, Jean de Farcy, Annibal de Farcy de Cuillé, Théodore de Farcy, Emilie de Farcy de Pontbriand.

Id. — *Saint-Germain.* — Le 16 juillet 1744 Mre René de Farcy chevalier sieur de la Daguerie conseiller au parlement de Bretagne et président aux requetes assiste à un mariage avec Mre Jean Charles de Farcy chevalier sieur dudit lieu.

Original. — *1748.* — Lettre signée de Farcy de la Villedubois : « Le président de la Dagrie fut mené directement à la prison de Saint-Mallau que l'on dit affreuse et ou il i ia plussieurs prisoniers angloi qui la rende plus affreuze par leur mar propetté. Il fut mie dans la chambre du gaullié où la femme elle a l'estremité ; an le mettan dans ses lieus les arché qui le menère ordonné qu'il ne fut pas mie de or que par un ordre du Roy ; dès qu'il y fut arrivé un chanoine de la cathédrare nommé Mr Noel qui nous est allié par nos gran mère de Genne le fut voir et lui envoya du bois et du linge et de qui le nourir. Monsieur de Saint-Mallau l'a été voir et lui faire auffre de ses service, que tous les onnet Jean de Seint-Mallau ont beaucoupe d'atention pour lui nous avons su cela par unne des amie de ma femme... J'ai écrit au président mes il ne m'a pas fait l'honneur de me repondre, j'écrivie à M. de Cuillé pour le pryer d'écrire à M. le Chanssellier par ordre duquel le président avoit étté aretté affein d'aubtenir de lui qu'il fut mie dans le chataut au lieu de la prison... Il faudra que la famille le nourice si l'on peut obtenir cette grasse... et quoique ma fortune soit borné et que j'aie une nombreuze famille jai entière vollonté car quoique le parent se soit attiré son malleur par sa mauvaise conduite sependant l'on ne peut voir ses proce dans les peine sans tasser de les adoussir... »

Original. — *1er Mars*... « soyez persuadé de ma parfaite reconneissance sur la part que vous voulez bien prendre dans ma malheureuse situation dont j'espère me tirer avec la grace du Seigneur... mais grace à Dieu je n'ay encore jamais été a charge de quelque façon que ce soit à aucun de ma famille j'espère qu'avec son secours je n'y seray point encore et malgré l'endroit et la situation où je me trouve le Seigneur me fait toujours jouir d'une tranquillité et d'une santé parfaite... » *Signé* FARSY DE LA DAGUERIE *et scellé* en cire rouge.

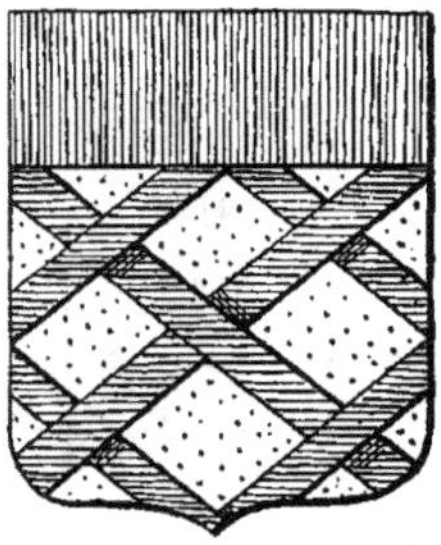

2° Charles-Annibal de FARCY de la Daguerie, chanoine régulier de Sainte-Geneviève, moine de la Roë, curé-prieur de Saint-Sauveur de Flée en Anjou, en 1713, mourut en 1719.

Le 15 avril 1712, il fut présent comme moine de la Roë à la visite de Georges-Hubert, procureur de Toussaint d'Angers.

Etat civil Rennes. — Saint-Jean. — Le 1er juin 1698 Charles de Farcy de la Dagrie assiste à un mariage.

3° Jean-Théodore-Annibal de Farcy, seigneur de la Daguerie, né le 19 avril 1685, capitaine au régiment de la Reine-Infanterie, chevalier de l'ordre royal et militaire de Saint-Louis, mort le 10 mars 1743, sans alliance.

Eglise réformée de Rennes. — Le 26 avril 1685 a été baptisé au temple de Cluné Jean Théodore de Farcy fils... Il a eu pour parain écuyer Jean de Gennes lieutenant des vaisseaux du Roi et pour maraine dame Marguerite Béraudin dame de Farcy, qui ont dit que l'enfant étoit né le jour précédent.

Etat civil Rennes. — Saint-Germain. — Le 11 mars 1743 le corps de Théodore A. de Farcy sieur de la Daguerie ancien capitaine au régiment de la Reine infanterie et chevalier de Saint-Louis aagé d'environ 59 ans, décédé le 10 mai, a été inhumé le lendemain dans l'église...

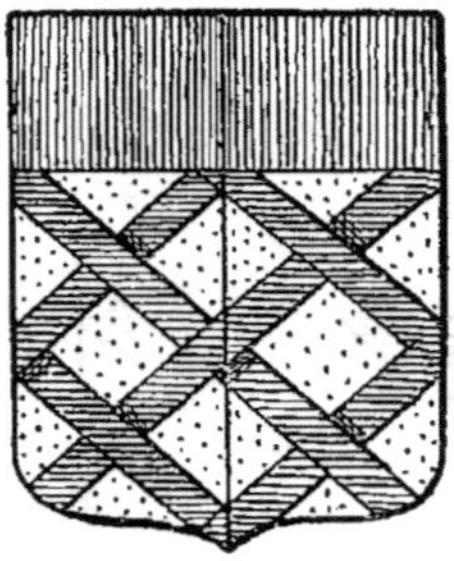

de Farcy
d'or fretté d'azur de 6 pièces, au chef de gueules.

4° Marguerite-Marie-Charlotte, née le 7 septembre 1686, épousa, le 21 octobre 1706, Toussaint-Auguste de Farcy, écuyer, seigneur du

Rocher, fils de Jacques de Farcy, écuyer, seigneur du lieu et de Noelle Conen[1].

Etat civil Rennes. — Saint-Germain. — Le 7 septembre 1686 Marguerite M. Ch. fille Mre Annibal de Farcy conseiller du Roy en son parlement de Metz... née le 7 septembre... parain Mre Charles de Farcy sieur de la Carterie maraine dame Marguerite de Farcy dame de la Barre-Morel.

Id. — Saint-Jean. — Le 1er juin 1698 Marguerite de la Dagrie assiste à un mariage.

5° Marie-Claude-Bénigne, née le 10 février 1688.

6° Jacques-Noel de Farcy, né le 7 juillet 1692, prêtre, père de l'Oratoire, professeur de théologie au collège du Mans, supérieur de l'Oratoire de Nantes de 1734 à 1739.

Etat civil Rennes. — Saint-Jean. — Le 14 juillet 1692 Jacques fils... est né le 7 juillet... parain Jacques de Lespinard commissaire pour S. M. sur la marine, maraine dame Noelle Conen dame du Rocher Farcy.

Insinuations ecclésiastiques du Mans. — Le 7 aout 1724 Me Jacques de Farcy écuyer sieur de la Daguerie père de l'oratoire, professeur de théologie au collège du Mans temoin à la prise de possession de la chapelle de la Cherbonnière desservie en la chapelle du château de Champfleury.

Archives de Maine-et-Loire. — D. 20. — Fol. 174v. — 13 Novembre 1742 Jacques de Farcy de la Dagrie *presbiter oratorii, diocesis Rhedonensis* reçu maistre ès-arts en l'université d'Angers, gratis.

1. Conen, *d'argent coupé d'or au lion de l'un en l'autre, armé, lampassé et couronné de gueules.*

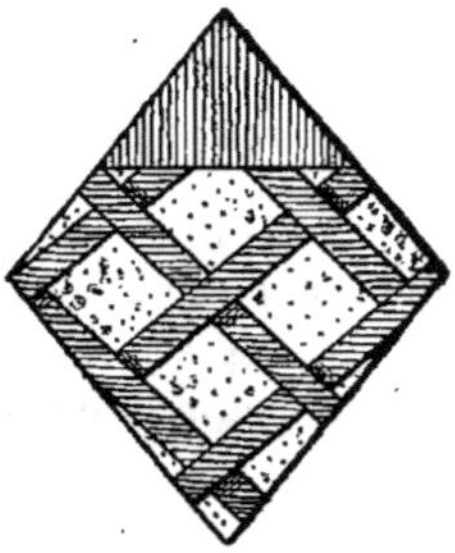

2° Françoise de Farcy, demoiselle de la Daguerie, née en 1657, mourut sans alliance. Elle fit enregistrer ses armoiries dans l'Armorial général. XVIe Degré.

Etat civil Laval. — Eglise de Terchant. — Le 26 février 1672 demoiselle Françoise de Farsy demoiselle de la Daguerie maraine.

Etat civil Rennes. — Saint-Aubin. — Le 23 septembre 1692 demoiselle Françoise de Farcy dame de la Dagris, maraine.

Armorial général. — Bretagne. — T. I, P. 207. — Demoiselle Françoise de Farcy *d'or fretté d'azur au chef de gueules.*

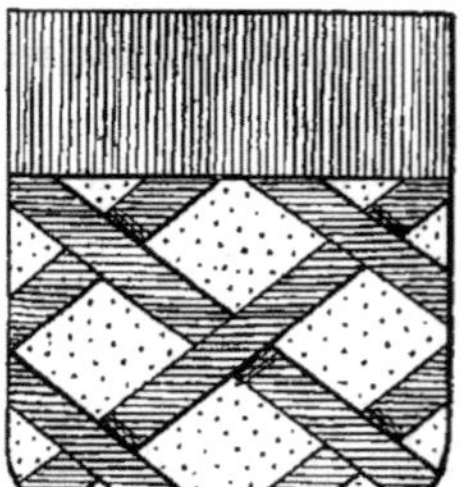

du Breil
d'argent au lion de gueules.

3° François-René de Farcy, écuyer, seigneur de Pontfarcy, de Montavallon, Lahart[1], conseiller du Roi, sénéchal, président et premier juge XVIe Degré.

1. Montavallon, commune d'Arquenay, canton de Meslay, arrondissement de Laval (Mayenne). — Lahart, commune de Cossé-en-Champagne, canton de Meslay.

magistrat dans tous les sièges royaux du comté de Laval le 15 octobre 1671, maire perpétuel de la dite ville, président au grenier à sel, maître des eaux et forêts, en 1689, capitaine des chasses, inspecteur des fermes du Roi, subdélégué en titre de l'intendance, épousa en janvier 1673, en l'église de Brion, près Beaufort, demoiselle Marie du Breil, fille unique de Jean du Breil, écuyer, seigneur de la Brunetière, Lahart, la Cordellière, et de Anne Guillot de Tessé. Il fit enregistrer ses armoiries dans l'Armorial général en 1696.

Il mourut le 23 février 1710, laissant six enfants : 1° François, 2° Marie, 3° Françoise, 4° René, 5° Anne et 6° N.

Titres de Pontfarcy. — Le 15 octobre 1671 vente de la charge de juge lieutenant particulier par Gilles Farcy écuyer à François de Farcy sieur de la Dagrie pour le prix de 75000#.

Etat civil Laval. — Terchant. — Le 6 juin 1672 il assiste au mariage de M. Jacques de Chantepie Sr de Préau fils n. René Sr du But et dame Adnette Guillot avec demoiselle Renée de Biseul, fille de noble Leonard de Biseul conseiller premier valet de chambre de feu son A. R. et de Renée Duchemin.

Titres du Roseray. (Lacéré). — Sentance rendue par François Farcy escuyer sieur de la Daguerie juge ordinaire et général civil et criminel du comté pairie de Laval.

Supplément à la topographie du Mans. — P. 82. — Arrière-ban de 1675 François de Farcy écuyer sieur de la Daguerie juge ordinaire général civil et criminel au comté de Laval y demeurant se prétend exempt à cause de ses fonctions possède le fief et terre noble de Montavallon valant avec un autre (Lahart) 500# de revenu.

Etat civil Laval. — Le 9 janvier 1681 François de Farcy écuyer sieur dela Daguerie juge ordinaire général civil et criminel et maire perpetuel en la ville et comté pairie de Laval temoin avec n. Louis de Brun directeur général des affaires de Bretagne concernant les gabelles, à l'inhumation de René de Chantepie Sr du But et de Preaux décédé à l'age de 73 ans.

Archives de la Mayenne B. 65. — 30 Décembre 1688. — Nomination par le duc de la Trémouille de François de Farcy... à la charge de président au siège royal de Laval — 12 février 1689 provisions du Roi. — 21 mars 1689 prestation de serment. — 22 avril 1689 reception à l'audience de siège royal de Laval.

Titres Le Gonidec. — 24 Mai 1689. — Estienne Magneux intendant général des maisons et affaires de Mgr le duc de la Trémouille comte de Laval... cède à François Farcy escuier Sr du Pontfarcy la charge de maistre des eaux bois et forêts du comté pairie de Laval dont étoit pourvu Jean des Marests Sr de Lucé... aux gages de 150 # et du bois à prendre dans la forêt de Concise... pour le prix de 5000 #. *Signature.*

Titres du Roseray. — 23 Novembre 1693. — Titre nouveau de rente due sur la Haye-Richard à la seigneurie de Lahart appartenant à Mre François de Farcy écuyer conseiller du Roy président au siège des exempts par appel des cas royaux et maitre des eaux et forets du comté pairie de Laval.

Bibliothèque Nationale. — Touraine. — P. 191. — François de Farcy écuyer *d'azur à l'épervier d'or, becqué, grilleté d'argent acc. en chef de 2 merlettes affrontés d'argent et en pointe d'un grélier d'argent, lié, virolé d'or.* (Armoiries données d'office).

Titres du Roseray. — 1699. — Lettres d'abreviation accordées par le Roy à François de Farcy écuyer conseiller et président au siège de Laval pour se faire tenir au palais de Laval les plaids de ses seigneuries de Lahart et Montavallon.

Archives de la Mayenne B. 70. — 1700. — Commission de subdélégué au département de Laval accordée à François de Farcy écuyer sieur du Pontfarcy président à Laval...

Etat civil Laval. — 1702. — François de Farcy subdélégué de Mgr l'intendant... parain d'une fille de Michel Pineau, l'hoste de l'Escu Saint-Jacques.

Titres du Roseray. — 9 Décembre 1709. — Ordre de paier 3600 # pour augmentation de gages à François de Pontfarcy président au siège de Laval et subdélégué.

Bibliothèque Nationale. — Pièces Originales. — 16 Avril 1720. — Remboursement par Marie du Breil veuve de François de Farcy d'un contrat de 400# de rente consenti le 31 may 1679 par François de Farcy écuyer juge ordinaire fiscal civil et criminel du comté pairie de Laval pour lui et René Farcy écuyer Sr de la Dagrie et dame Marie de Gennes ses père et mère, Hannibal Farcy conseiller du Roy en son parlement de Metz, Françoise Farcy fille majeure, Charles Farcy écuyer Sr de la Carterye, François Farcy écuyer Sr du Bois de Cuillé et Mme de Guillon son épouse, Morel chevalier Sr de la Barre et de Marguerite Farcy son épouse...

Etàt civil Laval. — Le 23 février 1710 inhumation dans l'église des R. P. Cordeliers de René François Farcy écuyer... témoins Jacques René de Farcy sieur de la Villedubois et Annibal François de Farcy de Mué ses neveux.

Titres du Roseray. — 28 Janvier 1726. — Titre nouvel de la rente cy-dessus à dame Marie du Breil veuve de Mre François de Farcy ..... dame proprietaire de la terre, fief et seigneurie de Lahart paroisse de Cossé.

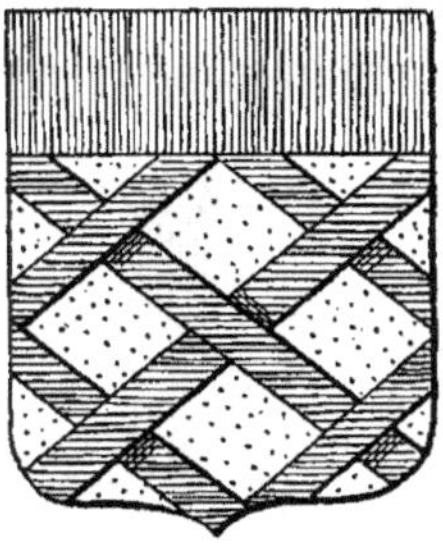

XVIIe Degré. **1° François-René de Farcy, chevalier, écuyer, sieur de Montbron[1], appelé « l'abbé de Pontfarcy, » né le 24 février 1677, président en second**

1. Montbron, commune de Cossé-le-Vivien, arr. de Château-Gontier (Mayenne).

aux sièges royaux des élection et grenier à sel de Laval, mourut le 7 octobre 1740.

Etat civil Laval. — Le 24 février 1677 naissance de François Farcy fils de François, écuyer, Sr de la Daguerie, juge ordinaire...

Titres de Pontfarcy. — *10 Septembre 1702.* — Provisions de président en second en l'élection de Laval pour le sieur de Montbron — 7 septembre 1703 quittance d'augmentation de gages — 19 octobre 1713 certificat de paiement...

16 Aout 1718 décharge de 1000# de taxe comme noble d'ancienne race.

Etat civil d'Arquenay. — *27 Aout 1729.* — Il signe à l'inhumation de demoiselle Marie Anne de Clerc agée de 60 ans, en l'église de Bazougers.

Id. — *Octobre 1740.* — Décès de François de Farcy chevalier, Sr de Montbron âgé de 53 ans fils... inhumé dans l'église des Cordeliers témoins Mre François T. C. de Farcy chevalier Sr d'Arquenay... Mre Charles de Langan chevalier Mis du Boifévrier époux de dame Bonne M. de Farcy, Eugène S. M. de Farcy ses neveux, Annibal de Farcy chevalier Sr de Mué, Launay-Villiers, cousin issu de germain, Mre Jacques de Farcy de la Daguerie prètre de l'Oratoire cousin germain.

DE FARCY
d'or fretté d'azur de 6 pièces, au chef de gueules.

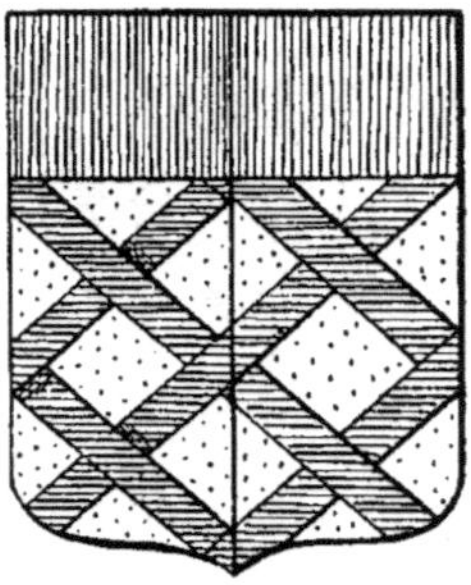

2° Marie, née le 1er octobre 1678, épousa le 5 octobre 1695, par contrat passé devant René Gaultier, notaire à Laval, Jacques-René de FARCY, écuyer, seigneur de Mué et la Villedubois, fils de René de FARCY, écuyer, seigneur du lieu et de Charlotte de la VESQUE. Elle reçut un don de 1000 ₶ de Françoise, sa tante.

Etat civil Laval. — Le 1er octobre 1678 baptême de Marie Farcy fille François....

Insinuations ecclésiastiques du Mans. T. XL, 377. — 1695. — Dispense du pape Innocent pour le mariage de Jacques René de Farcy du diocèse de Rennes et Marie de Farcy du diocèse du Mans sur empeschement de consanguinité au 3e degré. La raison alléguée est tirée « des dissidences et procès qui existaient entre la famille et qu'un mariage pouvoit assoupir. »

Etat civil Laval. — Le 6 octobre 1695 mariage de Mre Jacques René de Farcy Sr de Mué et la Villedubois et demoiselle Marie de Farcy fille de Mre François de Farcy, écuyer, conseiller du roy dans tous les sièges royaux de Laval.... temoin de Chantepie du Breil.

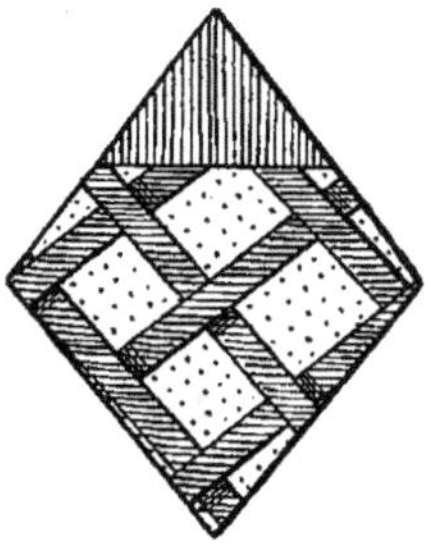

3° Françoise, née le 31 décembre 1684.

Etat civil Laval. — Baptème de Françoise de Farcy.... Pierre Le Clerc, procureur du Roy parrain avec sa femme.

4° René-François de FARCY, qui suit.

5° Anne, née en 1685, mourut sans alliance le 9 juillet 1706.

Etat civil Laval. — Le 10 juillet 1706 inhumation dans l'église de Saint Vénérand du corps de Anne de Farcy agée de 21 ans fille.... témoins de Launay Sr de la Saudrais, Ouvrard, avocat.

6° N..., mort en naissant le 24 décembre 1696.

Etat civil Laval. — Le 24 décembre 1696 mourut un garçon baptisé au logis fils de.... et fut inhumé dans l'église Saint François de cette ville de Laval.

MOLAND
d'or à 3 léopards lionnés de gueules, posés l'un sur l'autre.

4° René-François de FARCY, chevalier, seigneur châtelain d'Arquenay, Pontfarcy, Champfleury, Montbron, Linières, Louverné, la Troussière, Ballée, Montavallon, Lahart, la Troquerie, Plainchesne[1], etc., né le 27 septembre 1684, avocat, puis conseiller au parlement de Bretagne par lettres du 12 août 1707, conseiller en la Grand'chambre (1718-1731), épousa, par contrat du 30 septembre 1706, passé devant René Guion, notaire à Laval, demoiselle Anne-Marie MOLAND, fille de François MOLAND, écuyer, seigneur de la Chauvière, conseiller du Roi, receveur général des fermes du département de Laval et de Andrée MOREAU[2]. XVII° DEGRÉ.

Ce fut lui qui acheta la châtellenie d'Arquenay, ayant appartenu aux d'Angennes, héritiers de la famille de ce nom. Le Paige, T. I, p. 27 de son *Dictionnaire du Maine*, dit : « Le Château de Champfleury est bien bâti, décoré de belles avenues, de promenades en charmille et de fossés. Il y a une chapelle fondée. » Il possédait également le château de Montavallon, qu'il fit démolir vers 1745. Il fit mettre ses

1. Arquenay, canton de Meslay, arrondissement de Laval. — Champfleury, commune d'Arquenay. — Linières, commune de Ballée, canton de Grez-en-Bouère, arrondissemen de Château-Gontier. — Louverné, canton d'Argentré, arrondissement de Laval. — La Troussière, commune d'Argentré. — La Troquerie, commune de Meslay.

2. Moreau, *de gueules à trois tours d'argent, mises en bande.*

armoiries de chaque côté du maître-autel d'Arquenay, où elles sont encore.

Leurs portraits sont dans la galerie du château de Champfleury. Il mourut le 12 février 1754, laissant huit enfants : 1° François, 2° Camille, 3° Jacquine, 4° Bonne, 5° Eugène, 6° Gilles, 7° Annibal et 8° Louis.

Titres de Pontfarcy. — *15 Juin 1675.* — Diplôme de licencié pour François René de Farcy. — *1er Août 1705.* Certificat de capacité en droit. — *30 Août 1706.* Certificat de non parenté pour entrer au parlement de Bretagne pour François de Farcy Sr du Pont, avocat en parlement (*Signé*) Ch. Huchet, procureur général, — *19 Septembre 1706.* Procuration pour la vente de conseiller au parlement de Bretagne vendue à François de Farcy, — *22 Décembre 1706.* Autre certificat de non parenté. — *2 Janvier 1707.* Provision de conseiller non originaire au parlement de Bretagne. — *28 Janvier 1707.* Certificat de bonne religion et mœurs signé de Jacques de Montalembert, prêtre, Pierre de Vessedeloup, François André Sr de Durville et Jean Motais. — *2 Septembre 1707.* Enregistrement des lettres de conseiller à la chambre des comptes de Nantes.

Archives de la Mayenne, B., 1347. — *1720-22.* — Annonces du bail à ferme judiciaire de la terre de Louverné et la Troussière pour René de Farcy sieur de Pontfarcy. — *B., 553.* — *1720.* — Demande de retrait féodal du lieu de la Daguinière contre François de Farcy de Pontfarcy. — *B., 558.* — *1721.* — Sentence pour

François Marest chevalier Sr de la Bouchefollière et Jeanne de la Porte contre René François de Farcy.... pour paiement de rentes sur la Motte-Babin en Louverné ayant appartenue au sieur de Beaumanoir. — *B.*, *562*. — *1721*. — Procès entre le même et les propriétaires du Pressouer en Saint Jean de Mayenne pour les obliger à charroyer le bois nécessaire aux reparations du moulin de la Merveille, sur le lieu de la Troussière en Louverné. — *B.*, *581*. — *1723*. — Demande de rentes féodales aux propriétaires de la Bellinière en Louverné. — *B.*, *596*. — *1726*. — Demande d'hommage pour le champ Dauphin dépendant de Launay-Ploquin en Parné.

Insinuations ecclésiastiques du Mans, *LIII*, *113*. — Le 21 juillet 1724 messire François de Farcy chevalier Sr de Pontfarcy conseiller.... seigneur de la chastellenie d'Arquenay, de Champfleury présente la chapelle de la Cherbonnière desservie en la chapelle dudit chateau vacante par le décès de Me Urbain Le Blanc prêtre à Me Paul Michel Périer de la Bizardière prêtre habitué à Laval. — Le 7 aout à la prise de possession signe Mre Jacques de Farcy Sr de la Daguerie père de l'Oratoire, professeur en théologie au collège du Mans.

Titres de Pontfarcy. — *10 Novembre 1731*. — Permission de l'évêque du Mans pour dire la messe à la chapelle du chateau de Champfleury.

Titres du Roseray. — Le 3 juillet 1733 mutation d'une rente de 396 # due à François Moland de la Chauvière ancien maire de Laval au profit de sa fille unique Anne Molland, femme de François de Farcy chevalier sieur de Pontfarcy.

Insinuations ecclésiastiques du Mans, *LXI*, *48*. — Le 30 mars 1744, René de Farcy chevalier Sr de Pontfarcy, ancien conseiller au parlement de Bretagne assure comme titre sacerdotal à J. F. Roger, clerc de la Trinité de Laval, 50# de rente sur les Prés Neufs en Arquenay.

Originaux. — *1722-1747.* — Lettres signées de Pontfarcy et Molland de Pontfarcy scellées en cire rouge. « Nous sommes bien aises que l'hopital (de Laval) soit obligé d'avoir un pauvre d'Arquenay.... »

Archives de la Mayenne, B., 698. — *1752.* — Demande en annulation de l'opposition faite par François de Farcy à la vente par décret de la terre et seigneurie de Louverné, la Troussière et saisie sur Joseph Perier sieur du Bignon et adjugée à J. B^{te} Berset écuyer.

Etat civil Laval. — *Saint-Tugal.* — Le 13 février 1754 inhumation dans l'église des Cordéliers de messire F. de Farcy, S^{r} d'Arquenay, Ballée, Montaveillon, décédé hier à l'âge de 71 ans.

Titres de Pontfarcy. — *Septembre 1770.* — Testament de Me de Pontfarcy devant René Martigné notaire au Mans.

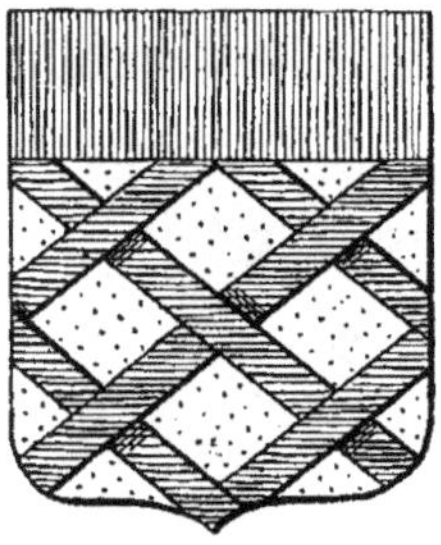

XVIIIe Degré.

1° François-Luc de Farcy, né le 17 septembre 1707, mort le 28 juin 1715.

Etat civil Laval. — Le 17 septembre 1707 baptesme de François Luc de Farcy né de ce jour fils.... témoins François Moland seigneur de la Chauvière conseiller du Roy et procureur général de ses fermes et dame Marie Dubois son épouse, François Farcy.... président dans tous les sièges royaux, maître des eaux, bois et forest, capitaine des chasses et subdélégué en titre de Mr l'Intendant.

2° Camille-François-Philippe de Farcy, qui suit.

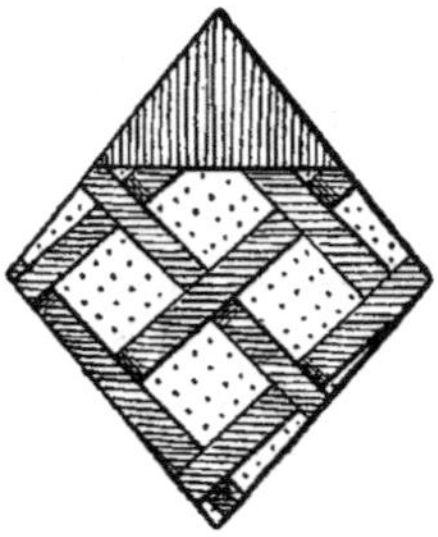

3° Jacquine-Sophie, née le 28 septembre 1710, morte le 23 novembre suivant.

Etat civil Laval. — Saint-Tugal. — Le 28 septembre 1710 baptème en l'église collégiale de Saint Tugal de Jacquine de Farcy fille....

Id. — Le 23 novembre 1710 décès de Jaquine Sophie de Farcy.

de Langan
de sable au léopard d'argent, armé, lampassé et couronné de gueules.

4° Bonne-Marie-Charlotte, né le 22 novembre 1711, épousa, le 26 juillet 1735, par contrat du 23, passé devant le Tort, notaire à Laval, Messire Louis-Charles de Langan, chevalier, marquis de Boisfévrier, seigneur de la Vove, d'Aulnai, de Montbrault, de Fleurigné, grand bailli du Perche en 1730, veuf de Louise de MONTGOMMERY et fils de Pierre-François-Charles de LANGAN, marquis de Boisfévrier, et de Marie-Charlotte de PUISAYE [1].

Elle mourut le 22 janvier 1780.

Etat civil Laval. — Saint-Tugal. — Le 23 novembre 1711 ondoiement d'une fille de René de Farcy chevalier conseiller au parlement de Bretagne et Anne M. Molland.

Id. — 14 Juin 1712. — Baptême.... parain Jacques René de Farcy chevalier Sr de la Villedubois, maraine Madeleine Perpetue Moland présence de Marie Moland, du Breil de Pontfarcy, François de Farcy, Marie de Farcy Villedubois, Anne Moland de Pontfarcy, Suzanne de Farcy, des Valettes de Farsy, de Farcy la Villedubois, de Farcy de Mué....

Insinuations ecclésiastiques du Mans, T. LVII, 301. — Le 20 juillet 1735 dispense de deux bans pour Louis-Charles de Langan Marquis du Boisfevrier du diocèse de Rennes et Bonne M. C. de Farcy, de la paroisse d'Arquenay.

Titres de la Villedubois. — 23 Juillet 1735. — Contrat de mariage, passé devant le Tort.

Originaux. — 1738-1745. — Lettres d'affaires signées de Farcy de Boisfevrier et scellées en cire rouge.

Etat civil Laval. — Saint-Tugal. — Le 22 janvier 1780 inhumation de dame Bonne Charlotte de Farcy, décédée hier à l'age de 78 ans dans la communauté des Ursulines de Laval veuve de Mre de Langan.

1. De Puisaye, *d'azur à 2 lions d'or armés, lampassés de gueules et posés l'un sur l'autre.*

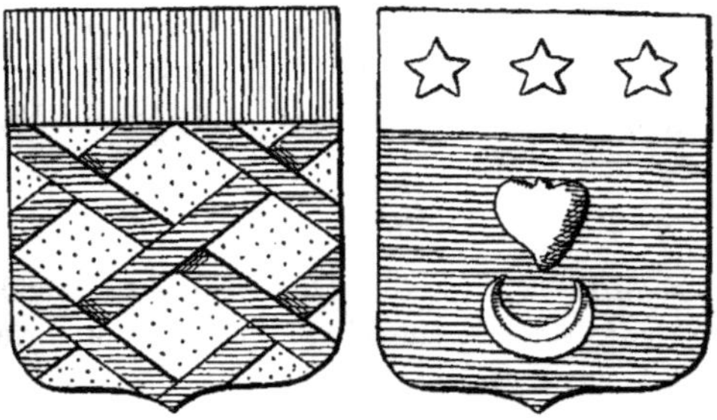

ROUSSEAU
d'azur au croissant d..... soutenant un cœur d......, au chef d'argent chargé de 3 étoiles de...[1]

5° Eugène-Emmanuel-Marie de FARCY, chevalier, seigneur de Linières, Ballée, né le 1er novembre 1713, épousa, par contrat du 21 mai 1742, demoiselle Marie-Anne ROUSSEAU, fille de Joseph ROUSSEAU, écuyer, seigneur de Glatigny, président en l'élection de Laval et de Anne-Hélène de la PORTE[2].

Il mourut sans postérité, le 7 avril 1775.

Bibliothèque Nationale, carrés de d'Hozier, V. 246, p. 40. — Le 1er novembre 1713 fut baptisé en la paroisse de Saint Thugal Eugène E. M. de Farci fils.... parain René F. de Farci écuyer Sr de Montbron conseiller du Roi president aux sièges royaux de l'élection et grenier à sel, maraine dame Marie Emond veuve de Jaques Le Clerc, écuyer, Sr de la Ferrière assistée de dame Marie du Breil veuve.... ayeule de l'enfant, Mre Jacques de Farci, écuyer, sieur de la Villedubois, dame Marie de Farci sa femme, M. Pierre Joseph Moraine, sieur de la Motte, avocat au parlement, conseiller du Roi, receveur au grenier à sel de la Gravelle et dame Renée de Brun sa femme....

Titres de Pontfarcy. — 21 Mai 1742. — Contrat de mariage passé devant Le Tort, notaire à Laval.

Archives de la Mayenne, B., 864. — Le 10 août 1758, vente par Mre

1. On trouve aussi les armoiries des Rousseau décrites ainsi : *d'argent au cœur de gueules, soutenu d'un croissant d'azur et acc. en chef de 3 étoiles rangées de même.*

2. De la Porte, *de gueules à 3 merlettes d'argent, 2 et 1.*

Eugène E. M. de Farcy, chevalier, Sr de Linières et Ballée et dame Marie Rousseau son épouse de lui spéciallement authorisée demeurants en leur chateau de Linières en Ballée à Mre Henry Gaston des Hayes chevalier Sr de Saint Loup de Fresnay, les Chenets, Chantepie, Vaugeois, Lestrees, la Perrine etc. et à dame Marguerite Baralery son épouse demeurant aux Chenets paroisse de Boissay des terres, chatellenies et dépendances de Linières et Ballée.... plus les droits de chastellenie, seigneur patron et fondateur de l'église, cimetière, bourg et paroisse de Ballée, avec les droits, honneurs, prérogatives, prééminences, juridiction contentieuse, droit de foire et marchés, de prévosté, travers et branchères, profits, émoluments en dépendants, cens, rentes, devoirs, services, rentes foncières et féodalles, hommes, sujets et vasseaux, droit de présentation à la chapelle du chateau de Linières, du Prérond, de la Goupillère, alternativement avec les habitants de Ballée et de la sacristie de ladite paroisse.... Le vendeur se réserve sa vie durant les droits de pêche et de chasse, l'usufruit.... Les S^r et dame des Hayes auront la faculté de faire démolir, quand bon leur semblera, les deux ailes du chateau de Linières et de disposer à leur gré des matériaux en provenant aussi bien que des colonnes de pierre et de marbre et des marches de pierre qui sont dans la dépendance dudit chateau.... pour la somme de 46000₶....

Original. — *1762.* — Lettre d'affaires adressée à M. de Pontfarcy, signé de Farcy et scellée.

Titres du Roseray. — *20 Mai 1765.* — Règlement du douaire de Marie Félicité du Mans veuve de René Charles François de la Porte Sr du Manoir entre Eugène E. M. de Farcy et Marie A. Rousseau de Montfrand son épouse, Joseph Rousseau de Montfrand, fils et héritier dudit deffunt....

Id. — *5 Juin 1772.* — Sentance rendue au profit de Eugène E. M. de Farcy, mari de Marie Anne Rousseau de Montfrand et de Joseph Rousseau de Montfrand trésorier du bureau des finances à Metz.....

Etat civil Laval. — *Saint-Vénérand.* — Le 8 avril 1775 inhumation du corps de messire Eugène E. M. de Farcy de Pontfarcy vivant Sr de Linières et Baley décédé le 7 agé de 62 ans veuf de dame Marie Rousseau de Montfrand, témoins Mre Jacques Farcy chevalier Sr de Launay Villiers chevalier de Saint Louis et Mre Joseph Nicolas Rousseau de Montfrand écuyer son beau frère. M. Lancelot Le Clerc des Saudrais juge civil, cousin.

6° Gilles-Marie-Jules de FARCY, né le 18 février 1716.

Etat civil Laval. — Saint-Tugal. — Le 18 février 1716 baptême de Gilles M. J. de Farcy fils.... présenté par Me Gilles Michel Le Long lieutenant général de la sénéchaussée royale de Laval et dame Marie Levesque, épouse d'Annibal de Farcy de Mué.

FRAIN
d'azur au chevron d'argent acc. en chef de 2 têtes de bœuf d'or et en pointe d'un croissant de même.

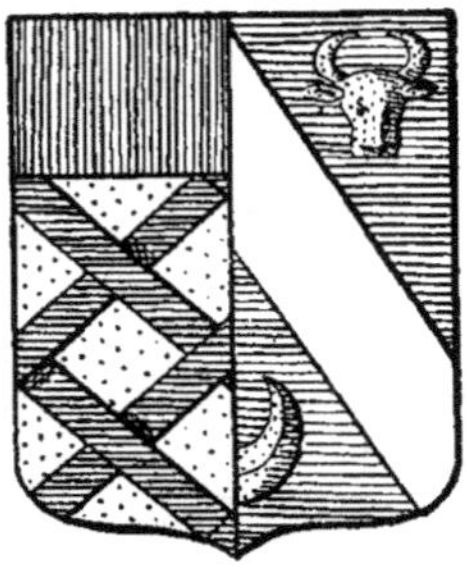

7° Annibal-Marie-Auguste de FARCY, chevalier, seigneur de Montavallon, né le 19 octobre 1718, épousa en mai 1748, demoiselle Perrine-Claire FRAIN du Rocher, fille de N. FRAIN, écuyer, seigneur de la Villegontier.

Il mourut le 8 juin 1761, laissant un fils unique qui suit.

Etat civil Laval. — Saint-Tugal. — Le 20 octobre 1718 baptême de Annibal M. A. de Farcy né d'hier fils.... présenté par Mre Annibal de Farcy de Mué et dame Marie Cazet, épouse de Me Pierre Foucault de Laubinière, licencié ès-loys.

Insinuations ecclésiastiques du Mans. — T. LXII. 323. — 11 mai 1748. — Dispense de bans pour Annibal M. A. de Farcy de Pontfarcy de la paroisse de Ballée et Pétronille Claire Frain du Rocher de la Villegontier, de Saint-Léonard de Fougères.

Archives de la Mayenne. — B. 484. — 1770. — Louise du Hamel réclame du curateur de la succession d'A. de Farcy de Montavallon le paiement d'un billet.

Etat civil Laval. — Le 9 juin 1761. — Décès de Mre Annibal M. A. de Farcy, chevalier, Sr de Montavallon, agé de 44 ans, inhumé en l'église des R. P. Cordeliers en présence de Me Lancelot Le Clair des Saudrais, avocat au parlement, Mre René-François de la Motte, chevalier Sr de Tubœuf, Jean Hardy de Courbresson, ses cousins.

Original. — 1761. — Lettre signée Frain de Montavallon adressée à M. Le Clerc des Saudrais au sujet de la succession de son mari et la tutelle de son fils mineur. Cachet de cire rouge.

Archives de la Mayenne B. 246. — Le 22 may 1762 devant nous René Pichot de la Graverie, conseiller du Roy, juge civil, a comparu dame Perrine C. Frain de la Villegontier, veuve de Mre Annibal M. A. de Farcy vivant chevalier, Sr de Montavallon... laquelle, en qualité de mère et tutrice... de Mre Annibal P. F. de Farcy son fils mineur agé d'environ 13 ans... vu l'inventaire fait des effets du Sr de Montavallon trouvés en l'auberge où il est décédé... renonce à sa succession...

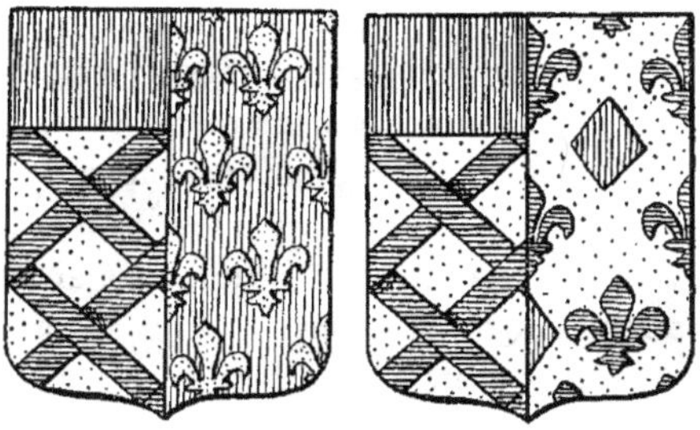

DE CHATEAUBRIAND *de gueules semé de fleurs de lys d'or.*
DE BOISJOURDAN *d'or semé de fleurs de lys d'azur, à 3 losanges de gueules, 2 et 1.*

XIXe *Degré.* — Annibal-Pierre-François de FARCY, chevalier, seigneur de Montavallon, dit le comte de Farcy, né en 1749, capitaine au régiment de Condé, chevalier de l'ordre royal et militaire de Saint-

Louis et lieutenant-colonel, épousa : 1° par contrat du 23 avril 1782, en la chapelle Saint-Martin du château de Combourg, demoiselle Julie-Marie-Agathe de CHATEAUBRIAND, fille de René-Auguste de CHATEAUBRIAND, chevalier, comte de Combourg et de Apolline-Jeanne-Suzanne de BEDÉE[1]. Arrêtée pendant la Terreur elle fut enfermée au Bon-Pasteur à Rennes pendant treize mois et mourut en odeur de sainteté le 26 juillet 1799[2] ; 2° Demoiselle Marie-Victoire-Louise du BOISJOURDAN, fille de Messire Louis-Marie-François du BOISJOURDAN, chevalier, seigneur de Launay et de Chanay et de Françoise-Victoire Louise de PIERRES[3].

Il fut convoqué aux états de Bretagne en 1786 et demeurait alors rue Dauphine.

Il mourut le 13 septembre 1825, laissant de son premier mariage une fille qui suit.

Titres Frain. — *16 avril 1793.* — Ordre de payer 1441 # pour les fermages de la Veillière en Rillé à Annibal de Farcy réputé emigré par son absence.

Id. — *29 messidor, an XII.* (*17 juillet 1794.*) — XIII lot. La terre de Lozier en Louvigné-du-Désert formant métairie, d'un revenu de 571 # vendue sur le même pour 12567 #.

Mairie de Laval. — *24 nivôse, an II.* — *14 janvier 1794.* — « Retenu dans mon lit par la goutte il m'est impossible de me rendre à la maison commune pour faire ma déclaration, permettez, citoyens, que je vous la fasse par écrit. Je déclare qu'il y a environ 16 mois on vint chez moi à Villiers-Charlemagne au nombre d'environ 400 hommes sous prétexte de faire la fouille pour les armes ; on ne trouva rien. La visite faite, on pilla ma maison, on prit lard, beurre, graisse, cidre, vin, eau-de-vie, savon, sucre, café, on enleva mes habits, vestes, culottes, souliers, chemises, draps,

1. De Bedée, *d'argent à 3 rencontres de cerf de gueules, 2 et 1.*

2. La vie de Mme la comtesse de Farcy a été écrite par l'abbé Caron, *Suplément aux vies des Justes dans les conditions ordinaires de la vie,* Paris, 1817, tome IV, p. 349 à 445. — On y chercherait vainement quelque renseignement intéressant sur elle.

3. De Pierres, *d'or à la croix pattée et alaisée de gueules.*

nappes, serviettes et on fut dans un cabinet où étoient mes papiers de familles, titres de ma terre, remembrances, on défonça l'armoire et tous les papiers furent mis au feu. Enfin on fut dans mon cabinet particulier, on força la serrure et on ouvrit tous les tiroirs. J'avais mis ma croix de Saint-Louis dans un d'eux avec la lettre de Louis XV par laquelle il m'accordait la croix, le certificat de reception, un brevet d'une pension sur le trésor royal, lettre d'une fondation que j'avais fondé sur le clergé pour une sœur de charité pour la paroisse, bien des quittances et d'autres papiers et un portefeuille rempli de choses précieuses aussi disparu. J'ai cherché et fait chercher inutilement ma croix de Saint-Louis et on a jamais pu la retrouver. A ce moyen il m'est impossible de la remettre entre vos mains ainsi que les lettres qui m'avaient autorisées à la porter. Enfin de quoi j'ai fait cette déclaration que je certifie véritable. » *(Signé)* FARCY.

Titres le Gonidec. — Le 4 septembre 1804 il était administrateur de la fabrique de la Trinité de Laval.

DE RAVENEL
de gueules à 6 croissants d'or, surmontés chacun d'une étoile de même, une 7e étoile aussi d'or posée en pointe.

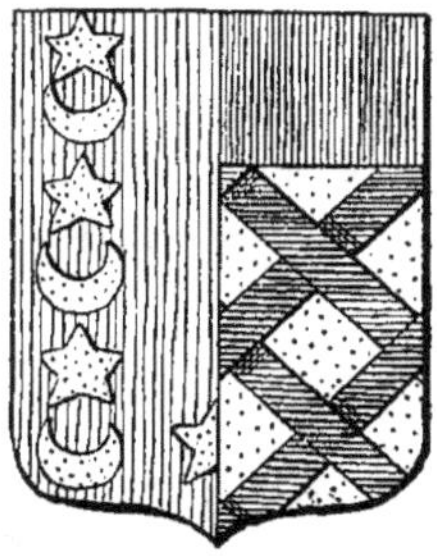

XXe *Degré.* — Marie-Zoé-Pauline de FARCY de Montavallon, née à Fougères, le 15 juin 1784, épousa en novembre 1814, Hyacinthe-Eugène-Pierre de RAVENEL du Boisteilleul, capitaine d'artillerie, chevalier de l'ordre royal de la Légion d'honneur, fils de Théodore-Jean-Baptiste de RAVENEL, chevalier, seigneur du Boisteilleul, conseiller au parlement de Bretagne, et de Jeanne-Marie-Françoise LE MINTIER[1] des Granges.

1. Le Mintier, *de gueules à la croix engreslée d'argent.*

Elle mourut à Rennes le 24 décembre 1850.

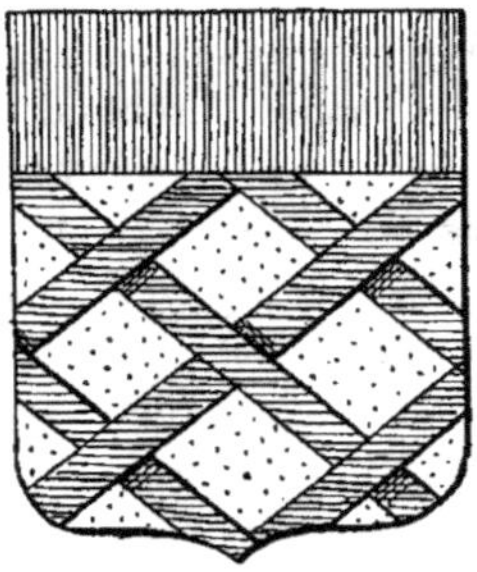

8° Louis-François de Farcy, né le 27 février 1722, mort le 23 décembre 1724. XVIIIe Degré.

Etat civil Laval. — Saint-Tugal le 27 février 1722, baptême de Louis-François de Farcy fils.... présenté par Me François Nicolas Moland de la Chauviere et dames Marie-Madeleine Moreau veuve de Me Geoffroy Gueslin, Sr du Plessis, président au grenier à sel de Sablé.

Id. — Le 24 décembre 1724, décès de Mre Louis de Farcy fils de... décédé hier chez le nommé Godière, faux bourg du Pont-de-Mayenne, inhumé près l'autel de Notre-Dame de Grace.

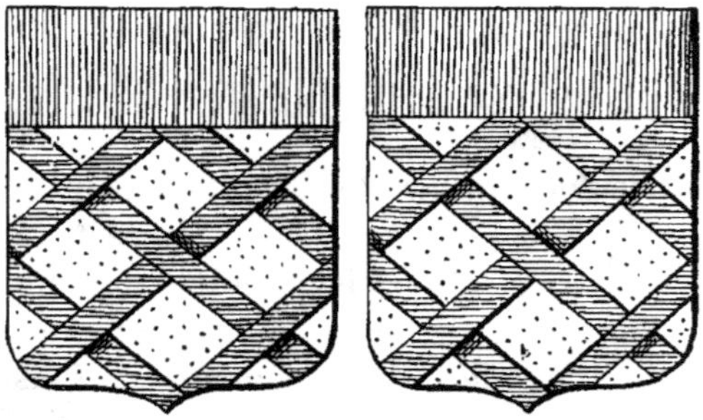

de Farcy
d'or fretté d'azur de 6 pièces au chef de gueules.

2° Camille-François-Philippe de Farcy, chevalier, seigneur de Pontfarcy, Montavallon, Champfleury, Arquenay, la Troquerie, le XVIIIe Degré.

Plainchesne, né le 6 octobre 1708, conseiller non originaire au parlement de Bretagne, le 21 novembre 1731, épousa, par contrat du 1er octobre 1744, demoiselle Catherine-Jeanne-Charlotte-Geneviève de Farcy, dame de la Bufetière, fille de Mre Annibal de Farcy, chevalier, seigneur de Mué, Parcé, Launay-Villiers, et de Marie Levêque des Valettes.

Il était déjà fort malade lorsque le parlement de Bretagne fut supprimé en 1764 ; il envoya sa démission et reçut une lettre de cachet lui ordonnant de rester à Champfleury. Il était mis au courant des évènements par des parents et amis dont les lettres curieuses sont relatées plus loin.

Il mourut le 17 septembre 1765 et elle le 23 avril 1809, laissant de leur union cinq enfants : 1° Françoise, 2° Camille, 3° Emilie, 4° Catherine et 5° François.

Etat civil Laval. — Le 6 octobre 1708, naissance de François-Philippe-Camille de Farcy fils.... presenté au baptême par Messire François Farcy de Pontfarcy et Françoise de la Perrine Vaillant.

Titres de Pontfarcy. — *20 juin 1729.* — Diplôme de bachelier. — *24 mars 1730. id.* — de licencié. — *21 avril 1730.* — Certificat de capacité. — *1er août 1731.* — Reçu de la charge de conseiller en survivance.

Titres de Malnoë. — *8 Août 1731.* — François Ph. C. de Farcy d'Arquenay pourvu d'une charge de conseiller non originaire au parlement de Bretagne par la démission de son père. — 21 Novembre 1731 prestation de serment — 1er Février 1732 enregistrement en la cour des comptes de Nantes.

Etat civil Laval. — Le 11 mai 1733, il assiste avec Eugène M. E. de Farcy à la sépulture en l'église des Cordeliers de Mre François Moland receveur général des fermes du Roy au département de Laval, leur grand père.

Titres de Pontfarcy. — *20 Avril 1744.* — Partage entre vifs des successions de leur père et mère.

Insinuations ecclésiastiques du Mans. — *LXI, 98.* — Le 1er octobre 1744 dispense de parenté au 4e degré par Mgr de Froullay evêque du Mans pour François Ph. C. de Farcy et Catherine C. G. de Farcy « *pauperes admodum et ex labore tantum et industria vivant* ». — Dispense de 2 bans du même jour et contrat de mariage devant Deschamps et le Tort notaires à Laval.

Original. — *1749.* — Lettre d'affaires signée Pontfarcy fils. *Scellée cire rouge.*

Titres de Pontfarcy. — *1755.* — Règlement et partages.

Id. — *22 Septembre 1758.* — Nomination d'un garde des chasses de la chatellenie de Champfleury *scellé.*

Archives de la Mayenne B. 80. — *23 Septembre 1759.* — Vente de la Daguinière paroisse du Bignon venue de la succession de ses père et mère.

Originaux. — *Juillet 1760.* — Lettres signées Pontfarcy *scellées* en cire rouge.

Titres Frain. — *12 Août 1773.* — Parmi les officiers supprimés, qui ne sont pas membres du parlement actuel de Bretagne, on lit... les héritiers de M. de Farcy de Pontfarcy, conseiller, 14000 ᵗᵗ...

Original. — *1er Décembre 1764.* — Lettre signée Dupont[1]. « Je ne manquerai pas de faire usage de votre lettre aux chambres assemblées qui se tiendront lundi. Elle ne contient malheureusement que des faits trop vrais au sujet de votre santé... je souhaite de tout mon cœur qu'elle vous permette de venir bientôt éprouver par vous même le plaisir qu'on aura de vous revoir. M. de Saint-Florentin a écrit une lettre au parlement qui ne nous annonce pas un retour prochain de nos confrères mandés en cour. M. de la Chalotais reçut une lettre de cachet mercredi pour se rendre aussi à la suitte du Roy, il partit dans la nuit de mercredi à jeudi... »

1. Claude-François-Marie du Pont, seigneur d'Eschnilly, reçu conseiller le 1er décembre 1734.

Id. — 5 *Janvier* 1765. — Lettre du même. « M. D'Amilly nous avoit flatté que par le courier de mercredi dernier, on nous eut envoié une décision sur le sort de nos confrères rien n'arriva à ce sujet ce jour là et n'est arrivé depuis quoique le Roy nous ait envoyé des ordres pour prendre de nouvelles délibérations, nous avons arresté aujourdhui qu'on lui écriroit pour lui marquer que nous persistions dans celles que nous avions prises et pour le supplier de se faire rendre compte des memoires que nous lui avons envoiés pour justifier notre conduite. Telle est la position de notre parlement. »

Id. — 6 *Janvier* 1765. — Lettre signée Dumont relatant les mêmes faits : « Voila d'où les choses en sont ; comme vous l'observés, monsieur, il est à craindre que des refus constants et reitérés ne fachent à la fin le Roy. »

Id. — 22 *Mars* 1765. — Lettre du même. « Le parlement se présenta à l'audience du Roy lundi dernier 18 du courant. Voici le bulletin que le Roy remit au premier président avant de l'entendre : Vous avez ordonné à deux de mes sujets de contrevenir à mes ordres, fait arracher et supprimer des arrets de mon conseil, vous m'avez renvoyé par la poste mes lettres pattentes, votre cessation de service a ruiné ma province de Bretagne, et vous venez me faire des remontrances ? C'est un excès de bonté de ma part de vouloir bien les recevoir. Parlès, Monsieur. Ce début deconcerta le premier president mais ayant repris ses sens, il prononça son discours qui dura 18 minutes. Le premier president est attendu icy demain ou dimanche. »

Id. — 22 *Mai* 1765. — Lettre du même. « L'envoy des démissions est arreté à 24 officiers près. Le parlement est actuellement assemblé pour mettre la dernière main à cette œuvre et l'on pense que des 24 noms démis il s'en trouvera au moins 10 qui signeront l'avis général, au moyen de quoy le reste ne sera pas nombreux. C'est tout ce que je puis vous dire pour aujourdhui... L'archeveque de Tours est exilé à son abbaye de Royaumont. »

Id. — 27 *Mai.* — Lettre signée... adressée à Me de Pontfarcy. « Il parait que la lettre de M. votre frère a été retardée, elle est bien laconique mais il marque ce qu'il y a de plus interessant. Les 12 qui n'ont pas jugé à propos de se demettre ne font pas un nombre qui puisse mériter quelque attention. Il n'empêche pas que le parlement tout entier ne se soit anéanti et son annéantissement doit être regardé comme un gage assuré de son retablissement. On écrit que le premier président, en envoyant le paquet qui contenoit les démissions a eu la force de dire au ministre que si sa place lui eut permis de donner la sienne, il la lui aurait envoyée en même temps... L'acte des démissions est signé de soixante quinze... Peut-être qu'il conviendroit que vous écrivissiez à M° Bertin pour lui exposer l'état actuel de M. de Pontfarcy... il seroit inutile de vous dire combien je souhaite que son accident ne soit point un obstacle à son parfait rétablissement... personne n'a recu ici l'arreté du parlement. On le dit beau et vigoureux j'écris à M. de Pontfarcy pour lui faire mon compliment sur sa démission. Le silence de M. votre frère est une preuve que l'exprès est arrivé à temps. »

Id. — Mercredi veille du Sacre. — Lettre signée de Ravenel du Boisteilleul... « Je vois avec chagrin que la continuation de vos douleurs nous privera de la satisfaction de vous voir ici en consequence des nouvelles lettres de cachet qui pour la seconde fois nous exilent à Rennes. J'étais déja retourné chez moi et c'est en arrivant ici de mauvaise humeur samedi, que je trouvai votre lettre Il est facile, Monsieur, d'avoir un détail exact de tout ce qui s'est passé en vous procurant une copie entierre de l'extrait des registres que nous avons envoyé à tous les parlements, la depense n'en n'est pas grande : 18# ou un louis en feront l'affaire. Voici en attendant, le précis de ce qui s'est passé depuis notre retour de Versailles. Vous savez que le 6 avril nous primes un arreté par lequel attendu l'avilissement où nous reduisoient les traitements que nous avons essuyés et l'impossibilité de rendre aucun service au Roy et à la province nous suppliames S. M. d'agréer la démission de nos offices dont nous lui annonçames en même temps que nous continuerions d'exercer les fonctions jusqu'à ce qu'il n'eut pourvu à l'administration de la justice le tout pour lui donner une preuve de notre obéissance en le suppliant aussi de le faire sous un bref délai. » Suit le détail de l'affaire dite des deux sols pour livres, à la suite de laquelle « le mercredi on procède à la signature. 70 presents signèrent et 6 absents par procureur. 13 presents protestèrent qu'ils ne signeroient point. Le lendemain M. de Brilhac qui étoit absent signa et M. de la Sauvagère l'un des 13 donna sa démission par devant notaires. Tous les absents ont depuis adhéré de sorte que le parlement n'est plus censé composé que des 12 premiers protestants. Le président de l'Angle Coetulan, de Guer, des Fossés, de la Bretesche, de Rosili, du Parc, de Kerenroi, de la Bourbansais, de Coetivy, de la Musse, d'Armaillé, de St-Luc. On reçut par la poste de Paris plusieurs exemplaires d'une gravure intitulée : *Liste des présidents conseillers à la grecque du parlement de Bretagne, commencé le 22 mai 1765.* Ils y sont nommés tous douze. La bordure du cartouche est à la grecque et parsemé de ces lettres, *J. F*[1]. Au haut il y a un écusson qui est le sceau du nouveau parlement ainsi blazonné d'or à un grand If au naturel, la couronne est composée au lieu de fleurons de 5 grands Ifs et de 4 petits. L'écu est entouré d'un collier de l'ordre composé d'Ifs naturels et des lettres *I. F.* entrelassées au bas pend une médaille representant un If. Voilà où nous en sommes attendant tous l'épée au costé les intentions de S. M. Nous avons ici d'hier le nouvel intendant M. de Flesselles on le croyait un ange de paix, mais il a déja protesté qu'il n'avoit aucune commission à notre sujet. Je souhaite Monsieur que ce détail puisse vous amuser ou plutôt satisfaire la curiosité que vous inspire votre attachement au deffunct parlement. »

Id. — 7 *Juin 1765.* — Lettre du président de Cuillé. « Nous esperons avoir la semaine prochaine des reponses de la cour, nous seront-elles favorables ? il y a tout à présumer du contraire. Nous allons tous arborer l'épée et l'habit gris, les trois quarts des cy devant conseillers, ont desja quitté le noir, il n'y a que les 12 qui ne le quitteront point, leur sort me fait peine, ils sont regardés comme

1. On sait que ces deux lettres furent traduites dans un langage vulgaire par les mots de Jean f.....

des ours de leurs confraires et le peuple les montre au doigts. Quelques uns ont été même insultés des mauvais propos du peuple... nous avons bien envie d'aller à Cuillé mais quand cela sera-t-il possible? Je crains qu'il n'y ait ici bien du tapage icy auparavant... »

Titres de Pontfarcy. — 19 Septembre 1765. — Acte d'inhumation de François-Philippe-Camille de Farcy.

Archives de la Mayenne. — Emigration. — 1er floréal an VII (20 Avril 1799). — Supplique à Mrs les administrateurs du district de Laval par Catherine J. Ch. Farcy veuve François P. C. Farcy Pontfarcy, Camille Anne Suzanne fille majeure, Catherine L. Ch. E. fille majeure, pour elle et Françoise M. C. Farcy leur fille et sœur veuve Langan Boisfévrier... elles ont appris que le nom de François-Annibal de Farcy leur fils et frère, absent depuis la fin de 1791, est sur la liste des émigrés et ses biens sous sequestre... la mère réclame les meubles de Champfleury pour ses reprises... ordre de lui remettre les papiers.

Id. — 9 nivôse an VII (29 décembre 1798). — Certificat de vie pour Catherine veuve Pontfarcy.

Id. — 3 pluviôse an VII (22 janvier 1799). — Partages de la succession de Camille Farcy Pontfarcy, la nation prend un tiers pour l'émigration du fils aîné, les trois filles prennent les deux autres.

DE LANGAN
de sable au léopard d'argent, armé, lampassé et couronné de gueules.

1° Françoise-Marie-Catherine de FARCY, née le 27 novembre 1745, épousa le 22 janvier 1770, Messire Louis-Marie-François de LANGAN, XIXe Degré.

chevalier, marquis de Langan, Boisfévrier, seigneur de Fleurigné, fils de Louis-Charles de Langan, marquis de Boisfévrier et de Bonne-Marie-Charlotte de Farcy.

Etat civil Laval. — Le 27 novembre 1745 naissance de Françoise M. C. de Farcy.... parain François René de Farcy, maraine Marie Frain veuve des Valettes.

Id. — Saint-Tugal. — Le 22 janvier 1770 mariage de Mre Louis M. F. marquis de Langan baron de Boisfevrier agé de 34 ans fils de h. et p. s. Louis Charles de Langan baron de Boisfevrier et de Bonne M. C. de Farcy et demoiselle Françoise M. C. de Farcy de Pontfarcy fille....

Archives de la Mayenne. — Emigration. — 9 Nivôse an VII (29 Décembre 1798). — Certificat de vie pour Françoise Farcy veuve Langan.

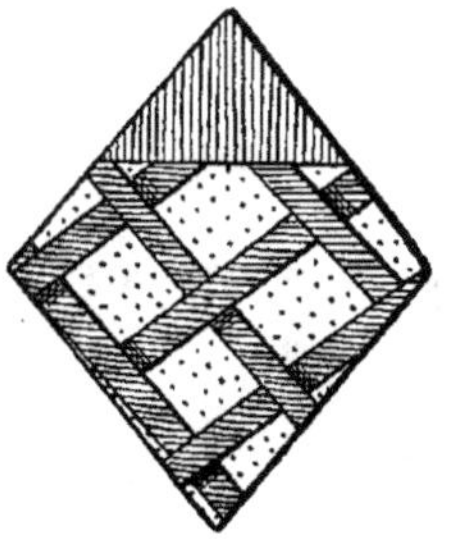

2° Camille-Anne-Suzanne, née le 2 février 1747, mourut le 4 février 1824.

Etat civil Laval. — Le 2 février 1747 naissance de Camille A. S. de Farcy.... témoins Mre Annibal de Farcy, chevalier sieur de Mué, son ailleul maternel, Eugène de Farcy, chevalier de Lignières et Annibal de Farcy, Sr de Pontfarcy, ses oncles paternels.

Archives de la Mayenne. — Emigration. — 9 Nivôse an VII. — Certificat de vie pour Camille Pontfarcy.

3° Emilie-Marie-Eugénie, née le 15 juillet 1748, morte le 1er août suivant.

Etat civil Laval. — Le 1er aout 1748 décès de Emilie M. E. de Farcy agée de 15 jours fille...

4° Catherine-Louise-Charlotte-Emilie, née le 21 janvier 1750.

Bibliothèque Nationale, Carrés de d'Hozier. — Vol. 246, P. 79. — Le 21 janvier 1750 a été baptisé en la paroisse d'Arquenay Catherine L. Ch. fille... le parain Mre Eugène E. M. de Farcy chevalier sieur de Linière et Ballé au nom et comme procureur de h. et p. s. Mre Louis-Charles de Langan chevalier Sr Mis du Boisfévrier... oncle de l'enfant... la maraine Catherine-Charlotte de Farcy de la Villedubois, demoiselle représentée par Jacquine S. M. de Farcy de Mué...

Titres de la Villedubois. — 5 Juin 1778. — Lettre datée de Mué et signée de Pontfarcy, cachet armorié cire rouge.

Archives de la Mayenne. — Emigration. — 9 nivôse an VII. — Certificat de vie pour Emilie Pontfarcy.

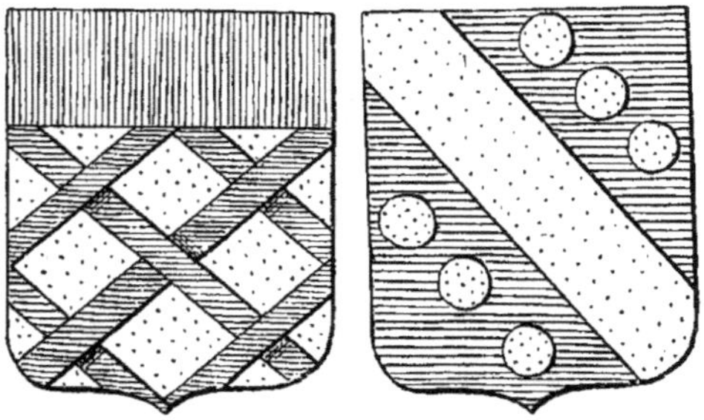

FOUCAULT
d'azur à la bande d'or accostée de 6 besans de même.

6° François-Annibal-Marie de FARCY, chevalier, seigneur de Pontfarcy, de Champfleury, d'Arquenay, conseiller au parlement de Bretagne, le 22 novembre 1775, émigra en 1791, fut nommé maire d'Arquenay de 1805 au 25 octobre 1815, épousa le 4 mai 1789, par contrat du 27 avril, demoiselle Marguerite-Catherine FOUCAULT des Ifs, fille de feu Guillaume FOUCAULT, écuyer, seigneur de Vauguyon, XIXe DEGRÉ.

des Ifs et de la Roche-Pichemer et de dame Marie-Catherine Lilavois[1] de la Varenne.

Ils eurent deux enfants: 1° Annibal et 2° Camille.

Etat civil Laval. — *16 Octobre 1751.* — Naissance de François C. M. de Farcy fils... témoins Jacques de Farcy, capitaine au régiment du Limousin, Jean A. de Farcy Sr de Mué et du Chalonge, oncle maternel, Marthe-Marie de Farcy de Villiers, Bonne Marie de Farcy Mise de Boisfévrier, tante paternelle.

Titres de Pontfarcy. — *19 octobre 1775.* — Lettre de dispense d'âge et de parenté pour entrer au parlement de Bretagne signée Louis où sont rappelés avec éloges les services rendus par ses ancêtres et ceux de sa famille.

Archives de la Mayenne B. 502. — *1781.* — Demande de paiement de droits de mutation sur l'acquisition de la closerie de Bures relevant de la chatellenie d'Arquenay.

Origines de la révolution en Bretagne. — *Pocquet, T. I, p. 81.* — *1788.* — Suppression du Parlement où figuraient Annibal de Farcy president; de Pontfarcy, de Farcy, de Farcy de la Beauvais conseillers. — P. 103 « au milieu des troubles de Rennes, deux magistrats, le comte de Vay et le baron de Pontfarcy descendent d'une maison voisine, se mêlent à la foule et cherchent à l'apaiser... »

Titres de Pontfarcy. — *27 avril 1789.* — Contrat de mariage passé devant Bonneau notaire à Laval.

Etat civil Laval. — Le 4 mai 1789 mariage de h. et p. s. Messire François A. M. Farcy de Pontfarcy chevalier Sr de Pontfarcy, Arquenay et autres lieux conseiller au parlement de Bretagne agé de 37 ans issu du mariage de h. et p. s. Mre François P. C. Farcy... avec h. et p. d. Marguerite Catherine Foucault des Ifs agée de 30 ans fille de feu Guillaume Foucault de Vauguyon et de dame

1. Lilavois, *de.... au lion rampant de.... tenant dans ses pates un vase de.... surmonté d'une flamme de....*

Marie Catherine Lilavoix. Témoins, Annibal J. R. de Farcy de Mué, Jacques M. L. de Farcy de Launay-Villiers, Jean de la Haye, sieur du Moulin-Geslin à Martigné, beau-frère de l'épouse, Marie de la Haye nièce, François Couanier de la Viventière et dame Jeanne Foucault de Vauguion, oncle et tante de l'épouse, Louis Marie baron de Langan, Mis de Boisfévrier et dame Marie Catherine Farcy de Pontfarcy...

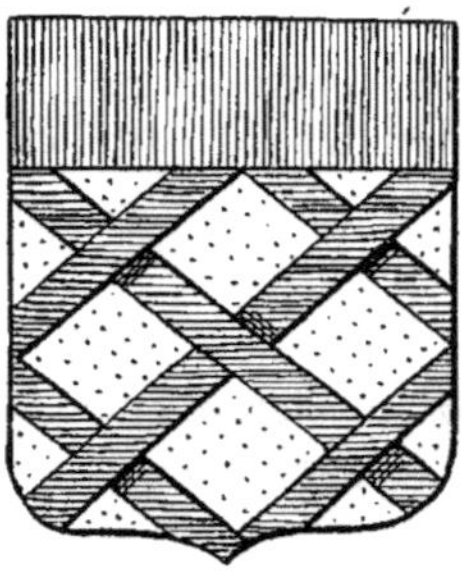

1° Annibal-Marie de Farcy de Pontfarcy, né le 29 mars 1790, mort à Jersey pendant l'émigration, le 10 juillet 1792. XXe Degré.

Etat civil Laval. — Le 29 mars 1790 naissance d'Annibal Marie de Farcy fils... parain Jean Baptiste de Farcy de Mué, maraine Marguerite Catherine Lilavois, témoins Mre de la Haye de Bellegarde sieur du Moulin-Geslin, Couanier de la Viventière, Foucault de Vauguion.

L'Estourbeillon, Familles françaises à Jersey, T. 526. — 10 Juillet 1792. — Mre Annibal Marie... est décédé le 10 Juillet 1792 et a été inhumé le 11 dans le cimetière de cette paroisse.

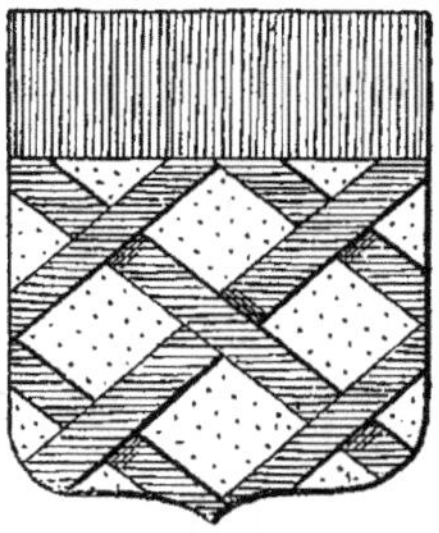

FOUCAULT *d'azur à la bande d'or, cotoyée de 6 besans de même.*

XX

XXe DEGRÉ. 2° Camille de FARCY, comte de Pontfarcy, né le 19 mars 1794, entré au régiment des gardes d'honneur en 1813, mousquetaire de la garde du Roi en 1814, chevalier de l'ordre royal de la légion d'honneur par brevet du 17 novembre 1814, capitaine de cavalerie en 1815 et chef de la septième légion, maire d'Arquenay (1821-1830), fut un des principaux chefs de l'insurrection de 1832, nommé par S. A. R. madame la duchesse de Berry maréchal de camp des armées du Roi.

Il avait épousé, par contrat du 18 mars 1821, demoiselle Marie FOUCAULT de Vauguyon, fille de Jacques-Pierre FOUCAULT de Vauguyon et de Sophie MARTIN[1] de Ligonnière. Il mourut le 28 août 1850 et elle, à Jersey, le 6 juin 1835, laissant cinq enfants : 1° Camille, 2° Frédéric, 3° Marie, 4° Camille et 5° Louise.

Ile de Jersey. — 19 Mars 1792. — Baptême de Camille de Farcy de Pontfarcy né le 19 mars 1792 à 3 heures du soir fils de... parain Jean Baptiste de Farcy de Mué conseiller au parlement de Bretagne, maraine Marthe M. C. de Farcy vicomtesse de la Rouairie.

Titres de Pontfarcy. — 22 Juillet 1814. — Brevet de lieutenant.

Id. — 15 Juin 1810. — Inventaire au décès de sa mère.

Id. — 17 Novembre 1814. — Lettre annonçant sa nomination de chevalier de la légion d'honneur.

1. Martin, *d'azur à 3 étoiles d'or rangées en chef et acc. d'un croissant de même en pointe.*

Id. — *15 Mai 1815.* — Brevet de capitaine de cavalerie. — *22 Mai.*— Brevet de chef de la septième légion.

Id. — *25 Février 1818.* — Brevet de capitaine de cavalerie au régiment des chasseurs de l'Isère.

Id. — *18 Mars 1821.* — Contrat de mariage.

Id. — *2 Juillet 1832.* — Brevet de maréchal de camp des armées du Roi au comte de Pontfarcy signé de S. A. Mme la duchesse de Berry et scellé.

Id. — *6 Juin 1835.* — Acte d'inhumation de Mme de Pontfarcy à Jersey.

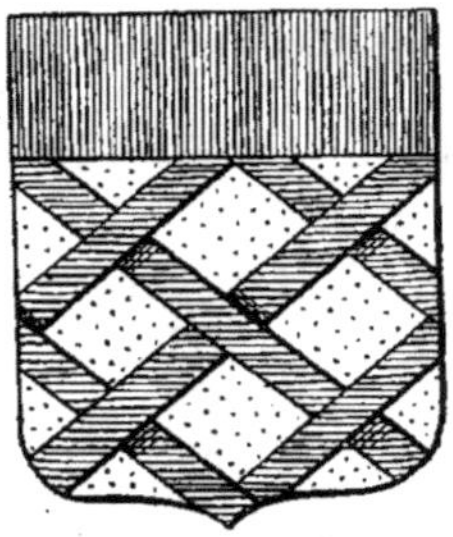

1° Camille de Farcy de Pontfarcy, mort le 15 février 1826. XXIe Degré.
2° Frédéric de Farcy, qui suit.

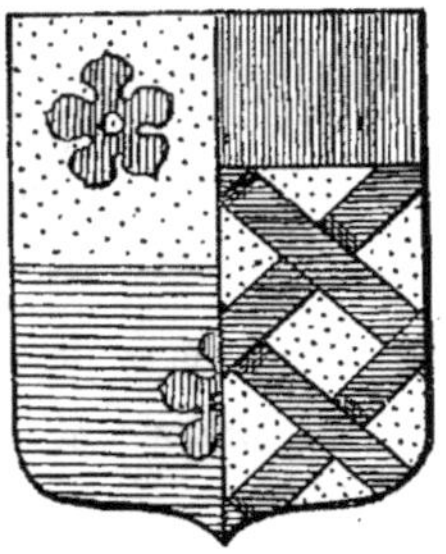

d'Argouges
écartelé d'or et d'azur, à 3 quintefeuilles de gueules brochantes.

3° Marie, née en 1827, à Jersey, épousa, par contrat du 14 mars

1847, Edouard-Léonor comte d'ARGOUGES[1], officier au régiment des hussards hongrois, fils de Olivier comte d'ARGOUGES, capitaine de cavalerie, chevalier de Saint-Louis et de Hélène CADOT[2] de Sébeville, dont postérité.

Elle mourut le 1er janvier 1876.

D'ARGOUGES
écartelé d'or et d'azur à 3 quintefeuilles de gueules brochantes.

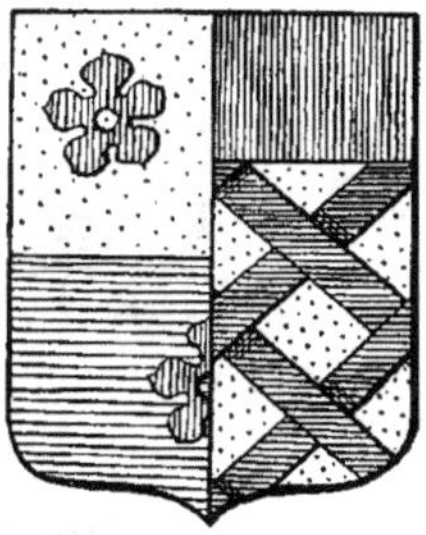

4° Camille, née le 2 janvier 1828 à Jersey, épousa, par contrat du 16 décembre 1850, Lodoïs-Henri-Joseph vicomte d'ARGOUGES, frère d'Edouard, dont postérité.

Elle mourut le 28 mai 1880.

DE LA BROISE
d'azur à 2 fasces d'or acc. de 3 molettes d'argent 2 et 1, un chevron d'or brochant sur le tout.

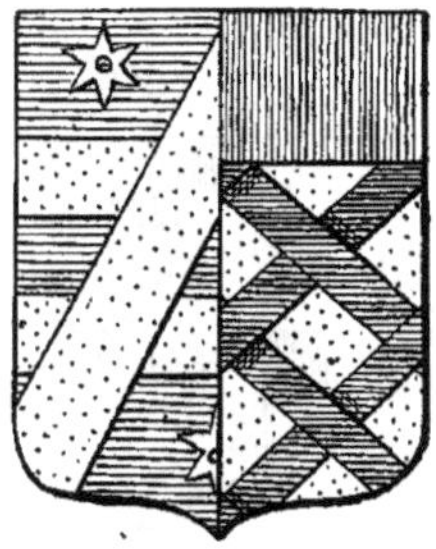

5° Louise, née le 13 mai 1835, épousa le 29 août 1853, Edmond-

1. Ils bâtirent le château de la Motte-Henri, commune d'Arquenay. Le Paige dit que cette terre s'appelait la Grande-Motte « dont il n'existe plus que les fossés, le château ayant été démoli en 1433 par le comte d'Arondel. »

2. Cadot, *de gueules à 3 roses d'or acc. en cœur d'une hure de sanglier de sable, couronnée d'or.*

Marie de la Broise, fils de Alexandre de la Broise, président du tribunal de Mayenne et de Emilie-Césarine Lefebvre[1] de Boisjousse, dont postérité.

Elle mourut le 9 août 1887.

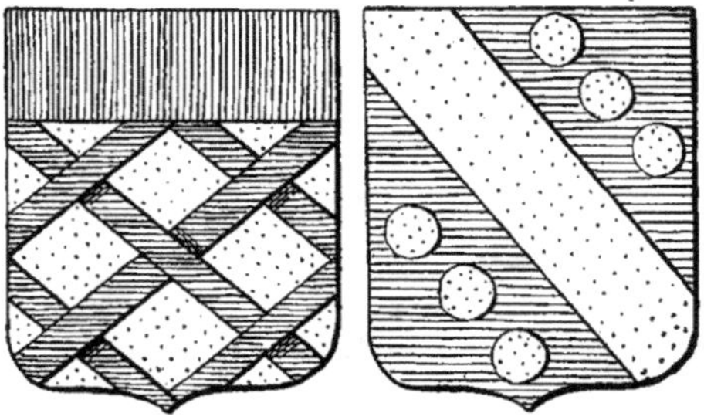

Foucault
d'azur à la bande d'or cotoyée de 6 besans de même.

1° Frédéric de Farcy, comte de Pontfarcy, né le 15 novembre 1824, épousa par contrat du 24 novembre 1846, demoiselle Louise-Charlotte-Désirée Foucault de Laubinière, fille de Pierre Foucault de Laubinière, chevalier de l'ordre de Saint-Grégoire-le-Grand et de Désirée-Charlotte Thomas[2] du Taillis. XXIe Degré.

Elle mourut le 24 août 1874, laissant quatre enfants : 1° Louise, 2° Camille, 3° Joseph et 4° Frédéric.

de Freslon
d'argent à la fasce de gueules acc. de 6 ancolies d'azur tigées de gueules et posées 3 et 3.

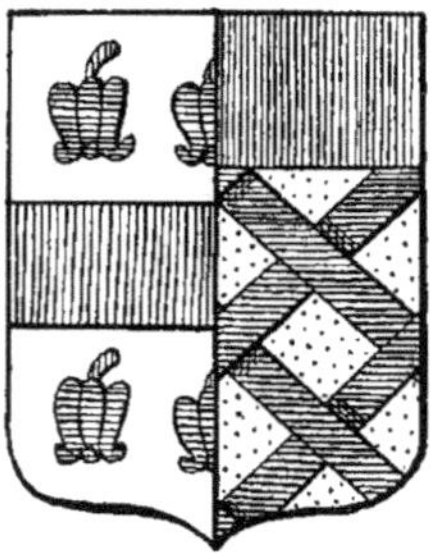

1° Louise, née le 15 septembre 1847, épousa le 23 avril 1872, XXIIe Degré.

1. Lefèvre, *d'azur au lévrier d'argent rampant, accolé de gueules, bouclé d'or.*
2. Thomas, *d'azur à la bande d'argent, cantonnée de six chênes arrachés d'or et posés en orle.*

Albert comte de FRESLON de la Freslonnière, fils de Alexandre de FRESLON, comte de la Freslonnière et de Adèle de LORGERIL[1]. Dont postérité.

2° Camille de FARCY, qui suit.

BILLARD
écartelé aux 1 et 4 échiqueté d'or et d'azur au chef de même chargé de 3 fleurs de lys d'or, aux 2 et 3 de sable à la croix d'argent chargée de 5 coquilles de gueules qui est de ROUVROY SAINT-SIMON *sur le tout échiqueté d'argent et d'azur.*

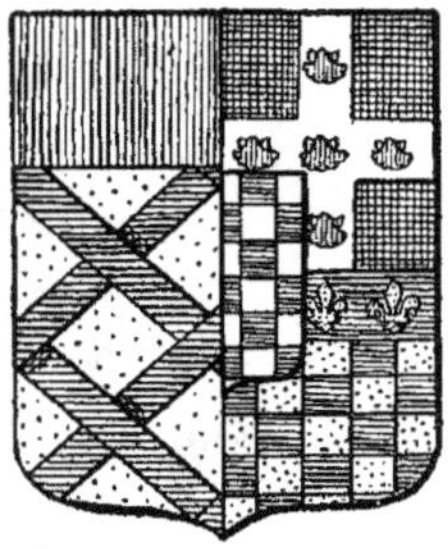

3° Joseph de FARCY vicomte de Pontfarcy, né le 22 août 1856, épousa le 12 mai 1885 demoiselle Marie-Henriette BILLARD de Lorière, fille de Irenée-Henry-Guy BILLARD de Lorière et de Marie-Octavie de MALINGUEHEN[2].

Il mourut le 12 juin 1889 laissant 2 enfants.

XXIIIe *Degré.* — 1° Louise-Marie-Geneviève, née le 8 juillet 1886.

1. De Lorgeril, *de gueules au chevron d'argent, chargé de 5 mouchetures d'hermines de sable et acc. de 3 molettes d'or 2 et 1.*

2. De Malinguehen, *d'argent à 3 anilles de moulin de sable, 2 et 1.*

2° Pierre-Marie-Joseph-Martin-François de Farcy de Pontfarcy, né le 23 juin 1888.

4° Frédéric de Farcy de Pontfarcy, né le 30 mai 1866, fourrier dans les équipages de la flotte. XXIIe Degré.

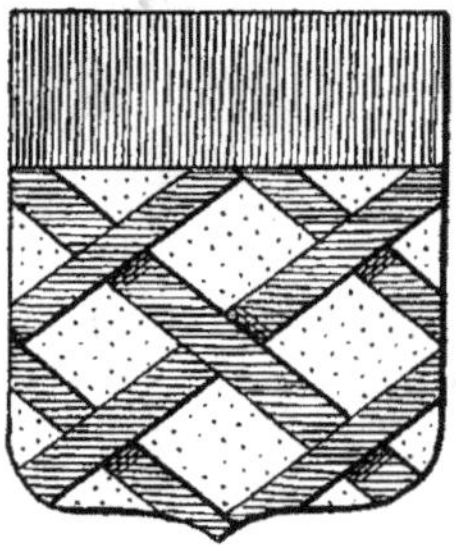

DE HEERE
d'argent au chevron de sable ac. en chef de 2 coquilles de même et en pointe d'une étoile de gueules.

XXIIe DEGRÉ. 2° Camille de FARCY comte de Pontfarcy, né le 20 octobre 1849, épousa le 17 novembre 1880 demoiselle Elisabeth-Jeanne-Caroline de HEERE, fille de Henri-Armand marquis de HEERE et de Elisabeth-Néolie de BAILLIVY[1].

Dont trois enfants : 1° René, 2° Marie et 3° Marie.

XXIIIe Degré. 1° René-Frédéric de FARCY, qui suit.

1. De Baillivy, *de gueules au chevron d'or, acc. en chef de 2 étoiles de même et en pointe d'un triangle taillé à facettes, aussi d'or.*

2° Marie-Louise-Henriette, née le 12 juillet 1883, décédée le 13 juillet 1884.

3° Marie-Josèphe, née le 23 mars 1886.

René-Frédéric de FARCY de Pontfarcy, né le 26 septembre 1881. XXIII° DEGRÉ.

SEIGNEURS DE CUILLÉ

XVe Degré. (V. p. 267).

Charles de Farcy, (neuvième enfant d'Annibal de Farcy, écuyer, seigneur de Saint-Laurent), fut seigneur de la Carterie, du Bois de Cuillé, des Granges, de la Hattière, du Roseray[1], servit d'abord en qualité de gendarme, puis fut nommé lieutenant et enfin capitaine commandant une compagnie d'infanterie au régiment du duc de la Trémoille. Il assista avec ses frères aux sièges de Venloo, Rure-

1. La Carterie, commune de Montjean, canton de Loiron, arrondissement de Laval (Mayenne). — Le Bois de Cuillé, commune de Cuillé, canton de Cossé, arrondissement de Château-Gontier (Mayenne). — Les Granges, commune de Mézé. — La Hattière, commune de Ballots, canton de Saint-Aignan-sur-Roë, arrondissement de Château-Gontier. — Le Roseray, idem.

monde, Bois-le-Duc en 1629, de Maëstricht en 1632, de Rimbergue en 1633, de la Chapelle, de Landrecies en 1638, de Hesdin en 1639. Il épousa en première noces le 14 juillet 1634 demoiselle Marguerite RIVAULT[1], fille de n. h. Jean RIVAULT, écuyer, seigneur d'Ouestre et de la Hattière, et de Marguerite de la CHEVALERIE[2], dont il n'eut pas d'enfants et en deuxièmes le 15 septembre 1640, demoiselle Marguerite UZILLE[3], fille de n. h. Jean UZILLE, écuyer, seigneur du Coing et de Hélène du STANGIER[4].

Il fut maintenu par arrêt de la Cour des Aides, à Paris, le 12 mai 1665 (Voir p. 12) et par Mr Voisin de la Noiraye, intendant de Tours, le 7 septembre 1667 (Voir p. 14).

Il mourut le 6 juin 1688 et sa femme le 11 octobre 1678, laissant de leur union cinq enfants : 1° François, 2° Jacques, 3° Marguerite, 4° Claude et 5° Catherine.

Etat civil Laval. — Eglise de Poligny. — Le 14 Juillet 1634 ont esté éspousés par moi Jortin pasteur soussigné noble homme Charles Farcy fils de n. h. Annibal Farcy, procureur fiscal du comté de Laval et de Guyonne de Launay et damoiselle Marguerite Rivault, fille de noble homme Jean Rivault seigneur d'Ouëtre et de damoiselle Marguerite de la Chevalerie. Témoins : Jean de Launay, sieur du Boigast, Ambroise de Leair, conseiller du Roy au siège présidial de Laval, Pierre Armenault, seigneur de Marmoyne, Isaac Fournée, sieur de la Coudre, Jean de Leair, René de Montbourcher, Jortin, pasteur.

Roseray. — 1634. — Il achète la ferme de la Chevallerie pour 460 #.

Titres du Roseray et Bibliothèque Nationale, Carrés d'Hozier, V. 245, P. 327-337. — Sachent tous... que au traicté et prolocution de mariage de Charles Farsy écuyer seigneur de la Cartrie demeu-

1. Rivault, *d'argent à la fasce d'azur surmontée d'une fleur de lys de gueules.*

2. De la Chevallerie, *de gueules au cheval gai d'argent.*

3. Uzille, *d'argent à la fasce de gueules chargée de 3 croissants d'or et acc. de 3 trèfles de sinople, 2 et 1.*

4. Du Stangier, *d'argent à l'anneau de sable, touché par cinq fers de lance de même, 2, 2, 1 et acc. de 3 croisettes de gueules, 2 et 1.*

rant au lieu de Laval, paroisse de la Trinité au pays du Maine, fils légitime et naturel de Me Annibal Farsy procureur fiscal au comté de Laval et demoiselle Guyonne de Launay ses père et mère, demeurant audit lieu de Laval d'une part, avec demoiselle Marguerite Uzille aussi fille et naturelle et légitime de n. h. Jehan Uzille seigneur du Coin et defunte demoiselle Helène Stangier aussi ses père et mère quand vivoient, demeurant ladite propartie puis 4 à 5 ans sur le port de la présente ville de Soubise en la maison de n. h. Théophile Dublet seigneur de Biard et de demoiselle Jeanne Uzille sa tante germaine, les quels proparlés par l'avis... scavoir ledit sieur proparlé nobste qu'il soit maitre et majeur de ses droits de h. h. Mr Me Gille Farsy conseiller du Roi lieutenant et anquesteur civil et criminel au comté de Laval, frère germain dudit seigneur proparlé tant en son nom que se faisant fort dudit seigneur Annibal Farsy et Guionne de Launay leur père et mère, en vertu de la procuration... Et ladite proparlée par le conseil... de François Farcy écuyer seigneur de Saint-Laurent son beau-frère et curateur demeurant au manoir de Kairlot paroisse du Vieux-bourg de Quintin eveché de Cornouailles tant ès dites qualités que comme procureur de n. Jehan Uzille seigneur du Coin son frère germain par procuration. n.h. Jacques Le Maistre seigneur de Villeneufve, cousin remué de germain de la dite demoiselle par procuration, Jehan Le Vicomte écuyer seigneur de la Villaurou par procuration. Mre Amory de Quinetquivilly écuyer Sr de Kairbougne... Me Roland le Cheny seigneur du Plessis... Tristan le Meulnier écuyer seigneur de Clédin, Maurice de Suast écuyer seigneur de Kairprast... Julien et Pierre de Lobily, frère, demeurant au village de Limoelan, eveché de Saint-Malo... tous cousins et alliés de ladite demoiselle... Ledit proparlé portera avec lui ce qui lui auroit été donné par advancement de droit successif par ses père et mère en son premier contrat de mariage avec demoiselle Marguerite Rivaud y recours, ensemble ce qu'il aurait pu profiter avec elle par leur communauté; fait et passé au port dudit Soubise, maison desdits sieur Dublet et demoiselle Uzille, sadite femme le 15e jour de septembre 1640, après midy, présens témoins à ce requis est appelé : Me Vincent Gaguet procureur fiscal dudit Soubise, Jean Rivet, Paul Chesnaud, René Dublet et

Pierre Sévin le jeune demeurant audit Soubise et ont signé ceux qui ont déclaré le savoir faire ainsi signé : Charles de Farcy, Marguerite Uzille, Théophile Dublet, Jeanne Uzille, Gilles de Farcy, François de Farcy, Marguerite Uzille, Michelle, Hélène, Marie Uzille... et de moi ledit notaire soussigné. Suiger notaire à Soubise. Suivent les procurations ; 16 aout 1640, de Tristan le Meulnier écuyer seigneur de Clédin-le-Quélénec demeurant au manoir du Bahel paroisse de Saint-Mayeuc, juridiction de Cordé, evêché de Cornouailles, parent maternel au quart degré de Marguerite Uzille ainsi que Maurice de Suast [1] seigneur de Kerprat. 22 Aout 1640 de Amaulry de Quinetquinilly [2] écuyer seigneur de Kerbougne paroisse de Plounevel Quintin veuf d'Hélène Le Vicomte, proche parent à cause de sa dite compagne. 23 Aout 1640, de Jean Le Vicomte [3] écuyer Sr de la Villauroux demeurant au manoir de Rumain paroisse de Cohuiac eveché de Saint-Brieuc parent du coté maternel. 27 Aout 1640, de Jean Uzille écuyer seigneur de Kervailers étant à présent en sa maison de Kerlo en la paroisse du Vieuxbourg de Quintin, autorisé de François de Farcy écuyer son curateur. 10 Septembre 1640, de Annibal de Farcy écuyer seigneur de Saint-Laurent et de demoiselle Guyonne de Launay son épouse [4].

Id. — *6 Janvier 1643.* — Certificat de service par le maréchal de la Meilleraye, daté de Vannes.

Etat civil Laval. — *Eglise de Poligny.* — Le 22 mai 1643 Mre Charles Farcy, seigneur de la Carterie et demoiselle (Françoise Farcy) de la Daguerie présentent sur les fonts Marie fille de François Blesseboye.

Titres du Roseray. — *Copie du XVIIIe.* — *4 Février 1644.* — Certificat de

1. De Suasse, *d'argent au chevron brisé de gueules chargé de 5 pommes de pin d'or, 3 et 2, accompagné en pointe d'un arbre arraché de sinople, le tronc chargé d'un loup passant de sable.*

2. De Quenec'hquivilly, *de sable à 3 défenses de sanglier d'argent.*

3. Le Vicomte, *d'azur au croissant d'or.*

4. D'Hozier, ayant entre les mains l'original en parchemin de ce contrat de mariage, a écrit en tête de sa copie « *très bon* ; » ce qui prouve qu'il n'attachait d'importance qu'aux pièces authentiques elles-mêmes, et non à des copies collationnées.

services par Henri duc de la Trémoille et de Thouars pair de France prince de Talmont, comte de Laval, etc., donné à Paris.

Id. — *27 Avril 1644.* — Id. par le comte de Colligny seigneur de Chastillon maréchal de France, donné à Paris.

Roseray. — *29 Mai 1648.* — Echange par Charles de Farcy écuyer seigneur de la Carterie demeurant aux Roserais paroisse de Ballots.

Titres de la Villedubois. — *29 Aout 1653.* — Achat avec ses trois frères de la moitié des forges et forêt de Bressilien pour la somme de 22000# de Mme la duchesse de la Trémoille.

Titres du Roseray. — *2 Avril 1654.* — Vente par le procureur de h. et p. s. Mre Louys de Rochechouart, chevalier de l'ordre du Roy comte de Maure et de Beaumont le Roger et de h. et p. d. Anne d'Ouy d'Attichy à Charles de Farcy écuyer seigneur de la Cartrye de la maison, terre et appartenances de Corlé[1] déjà vendues à François de Farcy écuyer seigneur de Saint Laurens, son frère... pour le prix de 6000#... devant Berthelot, notaire à Rennes, — quittance définitive du 21 avril 1662, à Saint-Etienne. *Signé* Louis de ROCHECHOUART.

Id. — *3 Avril 1656.* — Décharge de taxe sur le franc fief de la Hattière sis à Ballots, appartenant à Charles Farcy écuyer par devant Gabriel Amyot, écuyer, conseiller du Roi, juge magistrat assesseur civil et lieutenant particulier criminel au siège présidial de Chateaugontier.

Id. — *20 Septembre 1659.* — Id. sur la terre des Rozerais et lieux en dépendant de la paroisse de Ballots... par devant Charles Foureau conseiller du Roi lieutenant général au siège présidial de Chateaugontier.

Etat civil de Ballots. — *5 Avril 1663.* — Inhumation de Julien Tohourd, demeurant au Rauzeray, chez Monsieur de la Carterie.

Etat civil Laval. — *Eglise de Terchant.* — Le 28 aout 1665 parain avec

1. Corlay, chef-lieu de canton, arrondissement de Loudéac (Côtes-du-Nord).

Marie d'Appellevoisin dame barone de Narsé de Charles fils de Me Demay pasteur de Terchant et de Marie Prouvère.

Id. — Le 27 avril 1668 Messire Charles de Farcy seigneur de la Carterie et dame Marie de Lauberau, douerière de la Barre présentent au baptême Charles Gabriel né de ce jour fils de Mre François Morel seigneur de la Barre et de Marguerite de Farcy.

Bibliothèque Nationale. — Carrés de d'Hozier, Vol. 245, P. 352. — Déclaration faite le 8 septembre 1674 devant Louis Boilesve conseiller du Roy lieutenant général en la sénéchaussée d'Anjou, commissaire deputé par S. M. pour l'exécution de ses ordres sur le fait du ban et arrière-ban de la noblesse d'Anjou par Charles de Farcy écuyer seigneur de la Carterie et de Cuillé... portant qu'il étoit agé de 60 ans et qu'il ne pouvoit rendre à S. M. le service qu'il devoit, mais qu'il offroit de donner à sa place François de Farcy écuyer seigneur de Cuillé, son fils ainé, marié, et François de Morel son gendre écuyer seigneur de la Barre demeurant avec lui lequel rendroit les services qu'il devoit à cause de sa terre de Lepine Morel en Combrée adjoutant que ladite terre de Cuillé valoit 8 à 9000 # de revenus. *Signé* Deslandes, greffier.

Id. — P. 353. — Ratification du contrat de mariage de leur fils François de Farci écuyer avec Mlle de Guillon passée au chateau de Cuillé le 18 mars 1675.

Titres du Roseray. — Copie du XVIIIe. — 2 Mai 1680. — Par devant Antoine Charles notaire royal à Angers fut présent, établi et deuement soumis Charles de Farcy, écuyer, seigneur de la Carterie, demeurant au chateau du bois de Cuillé, paroisse de Cuillé, lequel après avoir considéré que souvent, lorsqu'il s'agit de partages des successions, il arrive entre ceux qui en sont les cohéritiers des contestations et des procès, qui sont non seulement capable de causer leur ruisne, mais qui altèrent l'amitié et empeschent l'union qui doit être inviolablement gardée entr'eux, attendu que de là dépend la conservation ou la perte des familles et ne souhaittant rien avec un plus grand désir pendant sa vie que de relaisser après sa mort la tranquileité et le repos dans sa maison, il a cru que, pour y établir la paix et ôter à ses enfants tout sujet de différents qui pourroient être entr'eux touchant la division de ses biens, le plus seur et le plus louable moyen étoit de leur en faire dès à présent un partage ; pour ce est-il qu'après avoir soigneusement examiné en quoi consistoient tous les biens qu'il avoit plu à Dieu lui donner et à deffunte dame Marguerite Uzille sa femme tant de leur patrimoine que des meubles et acquets par eux faits durant leur mariage, et encore après avoir fait une exacte recherche de ce qui doit appartenir eu égard aux coutumes d'Anjou, Bretagne, le Maine et Xaintonge, où ses dits biens sont situés, à François de Farcy écuyer seigneur de Cuillé, son fils aisné et principal heritier noble pour ses préciputs et avantages en sa succession et encore de ce qui peut en appartenir à Jacques de Farcy, écuyer, seigneur de Farcy (sic), son fils puisné, à Dame Marguerite de Farcy, épouse de Mre François Morel, chevalier, seigneur de la Barre, à dame Claude Charlotte de Farcy aussy épouse de Monsieur Maitre Annibal de Farcy, écuyer conseiller du Roy en son parlement de Metz, et à demoiselle Catherine Françoise de Farcy, ses filles puisnées et pareillement des parts héréditaires dudit seigneur son fils aisné et de chacun desdits quatre puisnés en la succession non noble de ladite deffunte dame Uzille leur mère, il a jugé que chacun desdits quatre puisnés étoit fondé pour sa portion héréditaire en l'une et l'autre desdites successions tant paternelle que maternelle d'avoir la valeur de la somme de quarante mil livres...

Etat civil Rennes. — Paroisse de Saint-Germain. — 7 Septembre 1686. — Il tint avec sa fille, dame de la Basse-Morel, sur les fonts du baptême sa petite fille Marguerite de Farsy de la Daguerie.

XVIe Degré. 1° François de Farcy, qui suit.

2° Jacques de Farcy, auteur du rameau du Roseray, encore existant.

MOREL
d'argent à la bande de gueules, chargée de 3 molettes d'or.

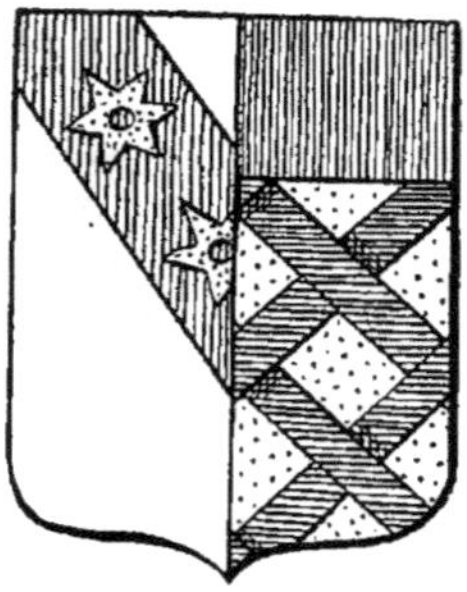

3° Marguerite-Elisabeth de FARCY, dame en partie des Granges, épousa par contrat du 4 septembre 1669, passé devant Me Hunault, notaire de la baronnie de Pouancé, Messire François MOREL, chevalier, seigneur de la Motte de Gennes, de la Barre, de Brielles et de Saint-Germain d'Argentré, colonel du régiment de la Fère, brigadier des armées du Roi, mort en Italie au mois de mai 1703, fils de Gilles MOREL, écuyer, seigneur de la Barre, et de Marie de LAUBERAU. Elle fit enregistrer ses armoiries et celles de son mari dans l'Armorial Général et mourut en 1719, laissant une nombreuse postérité.

Bibliothèque Nationale, Carrés de d'Hozier, Vol. 246, P. 8. — Baptème en l'église Notre-Dame de la Roë de Marguerite Elizabeth de Farcy fille de... née le 27 septembre 1638 parain Amaury de Madaillan chevalier seigneur de Lisle, maraine dame Marguerite de Farcy, assistés de n. p. Daniel de la Chevallerie, Guillaume Lenfant, Jacques Thiboult pretre chanoine régulier de la Roë.

Titres du Roseray. — Copie. — 2 Mai 1680. — Partages entre vifs de la succession de ses père et mère... Et d'autant qu'il n'a été donné en avancement à ladite dame Marguerite de Farcy mariée avec ledit seigneur de la Barre Morel que la somme de trante mille livres par leur contrat de mariage... scavoir cinq mille livres en deniers comptants, dix mille livres en maisons situées en la ville de Laval où sont exercés les greniers à sel de Laval et de la Gravelle et une rente foncière de 50# due sur une maison proche lesdits greniers à sel et les 15000# de surplus dans les actes cy après scavoir 3537# en principal et interets sur le sieur de Boisbelin et coobligé, 1108# 10s sur le seigneur de la Noë Allain et sa femme par obligation, 4536# 11s en principal et interets sur Daniel de la Chevallerie écuyer seigneur de la Daumerie et coobligés, 4817# 10s de principal et interets sur les héritiers de deffunt Léonard du Vauborel écuyer seigneur de St-Georges et 2000# sur les seigneurs de la Roche et Mazure demeurant au Pertre en Bretagne... et afin que ladite dame soit partagée de pareille somme de quarante mil livres, et luy a donné et donne par donation irrévocable et sans qu'elle soit tenue de faire aucun rapport la somme de 10000# composée scavoir 3000# à prendre sur plus grande somme qui luy est due par Mre Jacques Berenger écuyer seigneur de Fontaines demeurant en sa maison de Fontaines près Argentan en Normandie, 4000# deues par les héritiers des deffunts seigneur et dame des Vaux de Loresse par obligation et promesse, et 3000# sur plus grande somme à lui deue par Mrs les associés aux forges et forêts de Brécilien en Bretagne et en outre... par son droit de partage la métayrie de la Roche située en la paroisse de Saint-Pierre de la Court province du Maine sur les marches de Bretagne,... attendu que les maisons situées à Laval ne sont pas de la valleur pour laquelle elles luy ont été données eu égard à la modicité du prix pour lequel il a donné ladite terre des Granges à la dite dame Claude Charlotte de Farcy et donnera l'autre moitié à ladite demoiselle Catherine Françoise de Farcy...

Etat civil Rennes. — Paroisse Saint-Germain. — Le 7 septembre 1686 elle fut maraine de sa nièce Marguerite Marie Charlotte de Farcy de la Daguerie.

Armorial Général Bretagne, T. I, P. 185. — D'or fretté d'azur, au chef de gueules ; accolé d'argent à la bande de gueules chargés de 3 merlettes d'or.

DE FARCY
d'or fretté d'azur de 6 pièces, au chef de gueules.

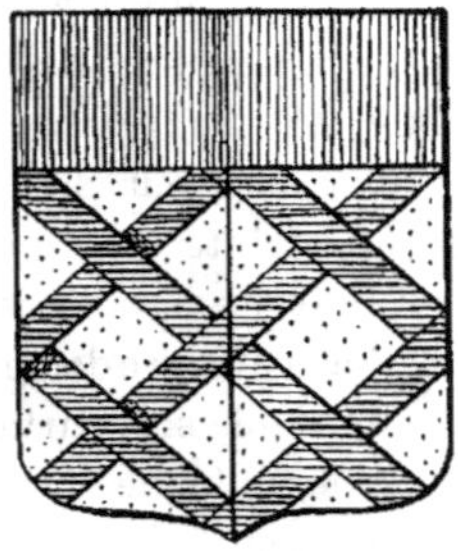

4° Claude-Charlotte, dame en partie des Granges, épousa, par contrat du 25 mai 1679, Messire Annibal de FARCY, chevalier, seigneur de la Daguerie, président en la chambre des requêtes au parlement de Bretagne, fils de René de FARCY, écuyer, seigneur de la Daguerie et de demoiselle Marie de GENNES.

Titres du Roseray. — Copie. — 2 Mai 1680. — Partages entre vifs de la succession de ses père et mère... que pareille somme de quarante mil livres qu'il a donné à la dite dame Claude Charlotte de Farcy par son contrat de mariage avec ledit seigneur Annibal de Farcy par devant Paillard notaire royal demeurant à la Souberardière paroisse de Méral... scavoir en la moitié par indivis de la terre noble des Granges scituée en la baronie de Soubise paroisse de Mézé, moitié de 38 à 40 livres de marais sallans scitués proche ladite terre, de moitié de la rente de 50 # due sur une maison située dans la ville de Soubise, et de la moitié des sels qui sont sur lesdits marais et la moitié des arrérages de rantes et des fermes qui lui pourroient être deubs en ladite baronie de Soubise pour la somme de 8000 # et la somme de 32000 # en contrats et autres actes portés audit contrat de mariage luy demeurera aussi pour son droit de partage...

DE RAVENEL
de gueules à 6 croissants d'or surmontés chacun d'une étoile de même, posés en pal 3 et 3 et acc. d'une 7e étoile aussi d'or en pointe.

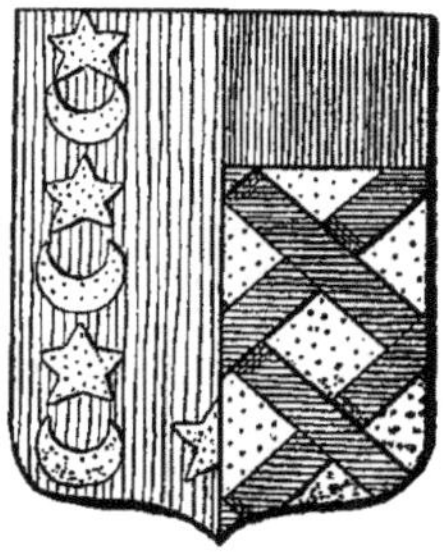

5° Catherine-Françoise, dame en partie des Granges, épousa, par contrat du 14 octobre 1685, Mre Benjamin de RAVENEL, écuyer, seigneur du Boisteilleul, conseiller du Roi, premier connétable de Rennes, fils de Jean, écuyer, seigneur du Boisteilleul et de Judith de FARCY. Il servit en 1702 dans l'arrière-ban de la noblesse d'Anjou.

Titres du Roseray. — *Copie.* — *2 Mai 1680.* — Partage entre vifs de la succession de ses père et mère... pour partager ladite demoiselle Catherine Françoise de Farsy de pareille et semblable somme de quarante mil livres... l'autre moitié de ladite terre des Granges et des autres choses cy-dessus spécifiées pour la somme de 8000 # la somme de 16000 # due par Mre François-Olivier du Groesquer chevalier seigneur dudit lieu demeurant en sa maison seigneurialle du Moulin-Blot paroisse de Vandelle evesché de Rennes. 3000 # à prendre sur plus grande somme à luy deue par ledit seigneur Béranger de Fontaine, 2000 # en principal et intérêts due par la demoiselle de Vauraimbault demeurant audit lieu paroisse de Montigné près Laval par obligation et jugement et 11000 # sur plus grande somme à luy due par lesdits seigneurs ses associés auxdites forges de Bressilien...

Eglise réformée de Rennes. — *XIV. 5.* — Le 14 octobre 1685 Annibal de Farcy temoin au mariage d'écuyer Benjamin de Ravenel du Boisteilleul et de dame Catherine Françoise Farsy fille d'escuier Charles de Farcy seigneur de la Carterie et de feue dame Marguerite Uzille.

Id. — Paroisse de Toussaints. — 10 Mars 1687. — Ils signent tous les deux au mariage de René de Farsy esquier seigneur de la Villedubois et de Françoise Ravenel.

Id. — Paroisse Saint-Aubin. — 28 Avril 1690. — Dame Françoise de Farcy compaigne d'escuyer Benjamin de Ravenel seigneur du Boisteilleul maraine.

Généalogie des Frain, P. 97. — 1699. — Il assiste au conseil de famille de Luc François Bernard de Ravenel écuyer seigneur de Monterfil, fils mineur de Jacques, écuyer seigneur de Sérant et de Marie Busnel.

Pouillé de Rennes, T. VI, 578. — Le 26 Novembre 1704 il obtint un enfeu dans le chœur de l'église Saint Jean de Rennes là même où avait été inhumée sa femme Catherine de Farcy avec droit d'y placer une pierre tombale ornée de ses armoiries.

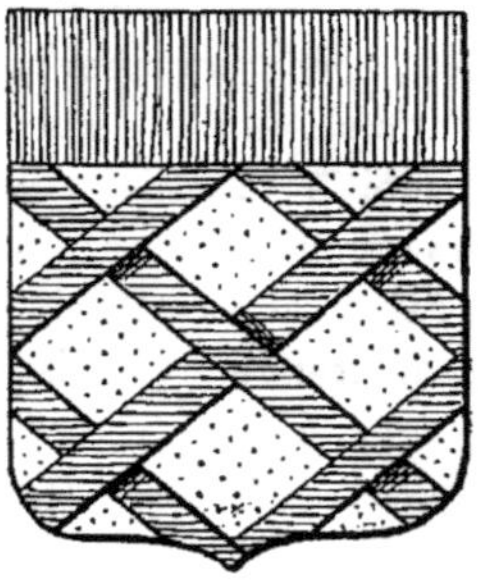

DE GUILLON *d'argent à la merlette de sable soutenue d'un croissant d'azur au chef cousu d'or chargé de 3 roses de gueules.*

1° François de FARCY, chevalier, seigneur du Bois de Cuillé, de Chantelou, de Gastines, de la Rivière, de Vigré et de Beauvais[1], épousa par contrat du 15 février 1670, passé devant de Lange et Le Vasseur, notaires au Châtelet de Paris, demoiselle Madeleine-Elisabeth de GUILLON, fille de Charles de GUILLON, écuyer, seigneur des XVIe DEGRÉ.

1. Gastines, commune de Gastines, canton de Cossé, arrondissement de Château-Gontier (Mayenne). — La Rivière, commune de Cuillé, canton de Cossé. — Beauvais, commune de Paimpont, canton de Plélan, arrondissement de Montfort (Ille-et-Vilaine).

Touches et de Réal, conseiller au parlement de Paris en 1636, puis ingénieur ordinaire du Roi, commissaire extraordinaire des guerres et inspecteur général des troupes, et de demoiselle Madeleine LE BASCHELÉ[1]. Il servit dans l'arrière-ban de la province d'Anjou et fut fait prisonnier à Bénaménil, par les troupes du duc de Lorraine en 1675. Il rendit aveu à François de Neuville, duc de Villeroy, baron de Pouancé, pour ses terres de Cuillé et de la Rivière, le 26 juillet 1685. Le Roi le nomma commissaire avec M. de Nointel pour examiner une affaire relative à l'édit de Nantes et lui écrivit plusieurs lettres. Il fit enregistrer ses armoiries dans l'Armorial général, Touraine (p. 214). Elles y furent blasonnés : *d'or fretté de contrehermines, au chef d'azur chargé d'une couronne à l'antique d'or.*

Il fit son testament le 14 janvier 1698 et mourut le 17 avril suivant. Sa femme, retirée à Delft en Belgique, depuis la révocation de l'édit de Nantes, y mourut en 1731, laissant trois fils de son mariage : 1° Annibal, 2° Daniel et 3° Charles.

Etat civil de Laval. — Eglise de Terchant. — 6 Septembre 1668. — Messire François de Farcy Sr de Cuillé et dame Marguerite d'Appellevoisin, dame baronne de Marsé présentent au baptême Marguerite Françoise fille de Me Demay, pasteur de l'église de Terchant et de Marie Prouvère.

Bibliothèque Nationale. — Carrés de d'Hozier, vol. 245, p. 351. — Contrat de mariage de François de Farci écuyer Sr du Bois de Cuillé fils ainé de Me Charles de Farci Sr dudit lieu du Bois de Cuillé et du Roserai et de De Marguerite Uzille sa femme représentée par Me Gilles de Farci écuyer juge ordinaire civil et criminel du comté pairie de Laval et Me René de Farcy écuyer seigneur de la Dagrie demeurant ordinairement dans la ville de Laval et etant lors dans la ville de Paris logés à Saint Germain des Prés rue de Seine a lhotel d'Angoumois.... ledit futur assisté de dame Marie de Gennes sa tante femme dudit Sr de la Dagrie, demoiselle Françoise de Farci sa cousine leur fille, François de Farci

1. Le Baschelé, *d'argent au lion de gueules, armé et lampassé d'or.*

écuyer, autre François de Farci écuyer et Pierre de Farci écuyer ses cousins, demoiselle Esther Uzille, fille, sa cousine et Pierre d'Eu écuyer, accordé le 15 de fevrier de l'an 1670 avec demoiselle Madeleine Elizabeth de Guillon fille feu Charles de Guillon écuyer Sr de Réal et de dame Madeleine Le Baschelé sa veuve demeurante à Paris rue Neuve Saint Eustache, assistée de Jacques Daniel de Guillon écuyer Sr de Réal, Daniel de Guillon écuyer S^r^ d'Epoisses, Pierre de Guillon écuyer S^r^ d'Angecourt et Théodore Guillon écuyer ses frères. Alexandre Doualson écuyer, n. h. Jacques Calliard avocat en parlement, Jean de Ratois écuyer Sr de la Cèpede cousins ou amis de ladite future à laquelle sadite mère constitue en dot la somme de 60.000# tant pour ce qu'elle pouvoit prétendre en qualité d'heritière de son dit feu père et de Jean de Guillon son frère qu'en avancement de sa succession, en paiement des quelles 60000# ladite dame de Bachelé promet d'abandonner à sadite fille la terre de la Virée proche Sedan, douaire sans enfans 2000# et avec enfants 1500# le tout de rente, préciput mutuel 4000# une fois payés.... Ses père et mère lui donnant en avancement de succession la terre et chatellenie du Bois de Cuillé qu'ils promettent de lui faire valoir la somme de 4000# de rente. Ce contrat passé devant Lange et Levasseur, notaires au Chastelet de Paris fut insinué au greffe des sénéchaussée et siège presidial d'Angers le 18 de septembre de l'an 1674 à l'audience tenue par Louis Boylève conseiller du Roy lieutenant général audit siège.

Titres du Roseray. — Copie. — 14 Janvier 1675. — De par le duc de Lorraine, Marchy, duc de Calabre, Bar, Gueldres etc., laissez passer librement et seurement le sieur de Cuillé gentilhomme d'Anjou que nous renvoyons après avoir payé sa rançon. Fait à Strasbourg....

Id. — 18 Janvier 1675. — Le vicomte de Turenne, mareschal général des camps et armées du Roy etc. Certiffions à tous ceux qu'il appartiendra que François de Farcy écuyer seigneur de Cuillé, l'un des gentilshommes de l'arrière ban de la province d'Anjou a fort bien servi le Roy, cette campagne dans son armée en Allemagne et a été fait prisonnier dans une rencontre des ennemis après y avoir donné des marques de beaucoup de valeur et de conduite.... donnée au camp de Ghémer....

Id. — *21 Janvier 1675.* — Certificat de Louis François de Servien marquis de Sablé, grand sénéchal d'Anjou commandant le ban et arrière ban de la dite province.... en faveur du même fait prisonnier à Bénamenil par les troupes de S. A. de Lorraine.... fait à Strasbourg.

Original. — *6 Décembre 1680.* — Monsieur Farcy de Cuillé, sur les plaintes qui m'auroient été portées des entreprises et contraventions et innovations qui se faisoient en divers endroits de la généralité de Tours tant à l'édit de Nantes, à celui de 1629 qu'autres édits et déclarations donnés en conséquence j'aurois commis le seigneur de Nointel conseiller en mes conseils, maître des requêtes ordinaire de mon hotel et commissaire départi pour l'exécution de mes ordres en ladite généralité et le seigneur d'Egoulan de la religion prétendue réformée pour y pourvoir. Mais comme je suis informé qu'iceluy d'Egoulan prétend avoir droit de faire faire l'exercice de ladite religion dans sa terre de Paimperdu conformement à l'arrêt du conseil d'état du 4 septembre dernier et que je désire que la chose soit examinée attendu qu'il ne peut agir lui même en sa propre cause en qualité de commissaire j'ai fait choix de votre personne pour travailler à cette affaire avec ledit seigneur de Nointel dont j'ai bien voulu vous donner avis par cette lettre et vous dire de vous rendre pour cet effet au jour et lieu qu'il vous marquera pour conjointement entendre les parties sur le fait de la prétention dudit seigneur d'Egoulan voir et examiner les titres et pièces qu'elles produiront et vous informer avec ledit seigneur de Nointel de cette affaire suivant et ainsy qu'il est porté par ledit arrest. Cependant je prieray Dieu qu'il vous ait, Monsieur Farcy de Cuillé, en sa sainte garde. Fait à Versailles le 6e jour de décembre 1684 *signé* Louis *et plus bas* Philipeaux et scellé.

Id. — *3 Décembre 1685.* — Monsieur de Cuillé, ayant estimé à propos que vous ne vous éloigniés par présentement du lieu de votre demeure ordinaire ainsi que la dame votre épouse et vos enfans je vous fais cette lettre pour vous ordonner très expressement de rester dans votre chateau de Cuillé en ma province d'Anjou avec votre femme et vos enfans jusqu'à nouvel ordre de ma part sous peine de désobéissance et n'étant la présente à autre fin je prieray Dieu, Monsieur de Cuillé, qu'il vous ait en sa sainte garde. Ecrit à Versailles le 3e jour de décembre 1685. *Signé* LOUIS. etc.

Id. — 16 Janvier 1686. — Monsieur de Cuillé, par ma lettre du troisième du mois dernier je vous aurois ordonné de rester dans votre chateau avec votre femme et vos enfans jusqu'à nouvel ordre. Mais comme j'ai été particulièrenent informé de la bonne conduite que vous avez tenue je vous fais cette lettre pour vous dire que je trouve bon que vous puissiez ainsy que votre dite femme et vos enfans vacquer à vos affaires de même que vous auriez pu faire avant ledit ordre. Sur ce etc.

Etat civil Laval. — Eglise de Terchant. — 27 Décembre 1681. — Mre François Farcy Sr de Cuillé et demoiselle Claude Gouyon demoiselle de Saint-Cyr présentent au baptême Claude François Huchet.

Bibliothèque Nationale, Carrés de d'Hozier, Vol. 246, P. 7. — Du 24 juillet 1685. Aveu de denombrement de la terre et seigneurie du bois de Cuillé et de la terre et seigneurie de la Rivière et du fief Caulty réuni, le tout situé dans la paroisse de Cuillé et mouvant de la baronie de Pouancé, à t. h. et t. p. s. François de Neuville duc de Villeroi pair de France lieutenant général des camps et armées du Roy gouverneur de Lyon et du pays Lyonnais, de Forez et de Beaujolais baron de Pouancé etc par François de Farcy écuyer Sr de Cuillé et de Gastine au quel lesdites terres et seigneuries appartiennent en vertu de la donation que Charles de Farci son père écuyer Sr de la Carterie lui en avait faite en avancement d'hoirie par le contrat de son mariage... ledit avouant déclare avoir le droit de fondation dans les églises, cimetière et presbytère de Cuillé... présenté le jeudi 26 dudit mois de juillet par Me Nigleau fondé de pouvoir dudit François de Farcy et reçu par Jacques Fauveau Sr de Jupilles docteur ès droit, avocat au parlement et au présidial d'Angers, bailli, juge ordinaire civil et criminel de ladite baronie de Pouancé.

Etat civil de Cuillé. — *1686.* — Madeleine Elizabeth de Guillon, dame de Cuillé, marraine de Jean Madelon Pierre fils Jean François Pierre, E^r et Antoinette Malleuvre seigneur et dame de la... *signature*

Titres du Roseray. — *12 Avril 1687.* — Supplique adressée à Me Trochon conseiller du Roy, premier et ancien président dans la sénéchaussée et siège présidial de Chateaugontier, par Messire François de Farcy Sr de Cuillé « disant que dame Magdelaine Elizabeth d'Aiguillon, sa femme, estant sortie du Royaume au mois de décembre dernier, au préiudice des édicts et déclaration de S. M..... il avait obtenu de la bonté du Roy un don de tous les biens de ladite dame sa femme en faveur de ses enfans... » il est nommé curateur aux personnes et biens de ses enfants.

Etat civil de Rennes. — *Toussaints.* — *6 Octobre 1687.* — Ecuyer François de Farcy, seigneur de Cuillé, parrain de Charlotte Françoise fille de Benjamin de Ravenel seigneur du Boisteilleul et de demoiselle Catherine Françoise de Farcy.

Bibliothèque Nationale, Carrés de d'Hozier, Vol. 246, P. 11. — Du 15 avril 1690 quittance de 150# donnée par René de L'Espinai écuyer seigneur de la Haute-Rivière demeurant audit lieu paroisse de Saint-James près Segré à François de Farci écuyer seigneur de Cuillé, pour sa dispense du service de l'arrière ban pendant l'année courante... reçue devant Laurent Buscher notaire royal à Angers.

Titres du Roseray et Bibliothèque Nationale, Carrés de d'Hozier, Vol. 246, P. 12. — *19 Mars 1691.* — Partages définitifs des successions de leurs père et mère entre F. de Farcy de Cuillé fils ainé, Jacques de Farcy demeurant au Roserais, et leurs sœurs.

Id. — *P. 25.* — *14 Janvier 1698.* — Testament olographe « la mort ne sera pas pour moi le roi des épouvantemens, mais messagère de bonne nouvelle puisqu'elle m'annoncera le délogement de mon corps mortel pour aller habiter un édifice de par Dieu, une maison éternelle aux cieux, » il prie Dieu « qu'il lui plaise lui faire entendre cette voix pleine de consolation : bon serviteur et fidèle, entre en la joie de ton seigneur... »

1° Annibal-Auguste de Farcy, qui suit. XVII° Degré.

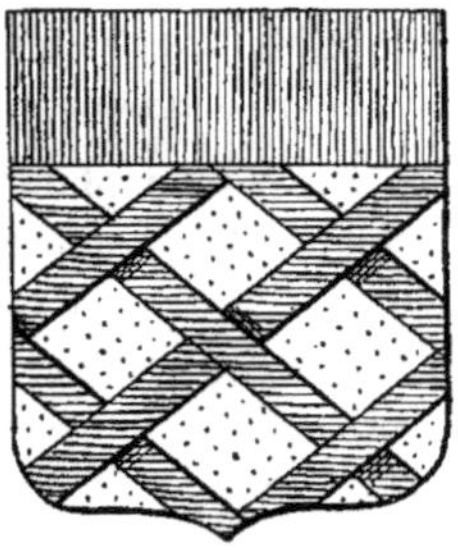

2° Daniel-Michel de Farcy, écuyer, page du Roi en 1696, fut tué dans un combat sur mer en 1703.

Archives Maine-et-Loire, Supplément à la série E. — Saint-Maurice. — 13 Avril 1693. — Il tint sur les fonts du baptême Henriette Morin, avec Marie Baranger femme de n. h. Jean Henri Stacl, allemand de Munster en Westphalie.

3° Charles-François de Farcy, écuyer, seigneur de Chantelou, né en 1685, servit dans la marine royale et fut tué, à bord du vaisseau amiral, au combat de Malaga, en 1706.

Bibliothèque Nationale, Carrés de d'Hozier, Vol. 246, P. 26. — Sentance donnant la tutelle de Daniel et Charles à Annibal Auguste de Farci de Cuillé leur frère ainé de l'avis de leurs oncles et parents.

Etat civil Cuillé. — 1700. — Il fut témoin à un baptème et signa au régistre Charles de Farcy.

Bibliothèque Nationale, Carrés de d'Hozier, Vol. 245, P. 39. — 31 Octobre 1703. — Partages fait entre Annibal Auguste de Farci... et M° Charles F. de Farcy chevalier de Cuillé son frère puisné... des successions de leurs père et mère et de celle de Daniel leur frère... la chatellenie de Cuillé estimée 100 mille livres, sans y comprendre le fief de Vigré acquis par leur père, la seigneurie de Chantelou et Gastines 60800# plus une créance de 8200# sur M.

du Rocher de Farci dont un 6e revient audit Charles soit 58022 # sur quoi il avoit touché 23192 # pour son entretien au service du Roi et autrement il lui revient 25829 # sur lesquelles on lui verse 11829... et on lui promet une somme de 3000 # soit pour acheter une compagnie soit pour se mettre dans le service du Roi...

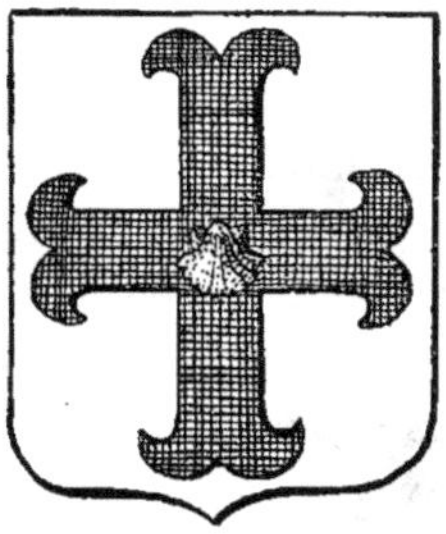

du Moulin
d'argent à la croix ancrée de sable, chargée en cœur d'une coquille d'or.

XVIIe Degré. Annibal-Auguste de Farcy, chevalier, seigneur du Bois de Cuillé, de Gastines, de la Rivière, de Vigré, né le 12 décembre 1674, page de la chambre du Roi en 1692, servit pour son père, dans l'arrière-ban de la province d'Anjou dont il fut aide-major en 1693, fut nommé conseiller non originaire en la Grand'chambre du parlement de Bretagne, par lettres du 7 novembre 1696, puis commissaire député par le Roi aux états de Bretagne. Il avait épousé, le 27 janvier 1695, par contrat du 31 octobre 1694, passé devant Bretin et Berthelot, notaires à Rennes, demoiselle Renée-Catherine du Moulin, fille de feu Daniel du Moulin, écuyer, seigneur du Brossay, du Lavoir et Saint-Gravé, gouverneur du château de Josselin et de dame Esther Uzille[1].

Il mourut doyen du parlement le 21 février 1758, laissant une nombreuse postérité : 1o Madeleine, 2o François, 3o Annibal, 4o Lucie, 5o Jacques, 6o Charlotte, 7o Théodore, 8o Ange, 9o Auguste, 10o Louise, 11o Jeanne, 12o Camille, 13o Marie et 14o Charlotte.

1. Uzille, *d'argent à la fasce de gueules chargée de 3 croissants d'or et acc. de 3 trèfles de sinople, 2 et 1.*

Titres de la Villedubois et Bibliothèque Nationale, Carrés de d'Hozier, V. 246, P. 13. — Copie. — 31 Décembre 1692. — Certificat du duc de la Trémoille... pour le seigneur de Cuillé page de la chambre du Roi qui « a bien et assiduement servi en ladite qualité pendant ladite année 1692. »

Titres du Roseray et Bibliothèque Nationale, Carrés de d'Hozier, Vol. 246. P. 15. — Copie. — Le 19 septembre 1693 de par le Roy, nous, Jean marquis de la Motte, chevalier seigneur de Senonne commandant la noblesse du ban d'Anjou, certiffions que Messire Annibal Auguste de Farcy chevallier Sr de Cuillé demeurant paroisse de Cuillé, ressort d'Angers, a servi actuellement au ban des gentilshommes des gouvernements d'Anjou et pays Saumurois pour Monsieur son père, en qualité d'aide major avec trois chevaux et en équipage convenable à sa qualité depuis le 25 may que la troupe est sortie d'Angers où l'assemblée s'en fit pour aller servir sur les costes de Bretagne jusques à ce jour qu'elle en est revenue par ordre du Roy, en foy de quoy nous lui avons délivré le présent congé signé de nous et apposé le cachet de nos armes [1]. Fait à Saumur le....

Titres de la Villedubois. — Copie. — 16 Décembre 1694. — Diplôme de baccalaureat ès droits passé à Angers. — *10 Mars 1695.* — Diplôme de licencié.

Id. et Bibliothèque Nationale, Carrés de d'Hozier, V. 246, P. 16. — 31 Octobre 1694. — Contrat de mariage passé devant Bretin et Berthelot notaires à Rennes... La future apporte une dot de 40000# dont 10500 dues par Guillaume Le Bartz écuyer banqué à Rennes douaire, sans enfants 1200#, avec enfans 800#... passé dans l'hôtel de M. de la Faluère premier president au parlement de Bretagne et en sa presence signé... par Annibal de Farci de la Dagrie, Claude Charlotte de Farci, Catherine Françoise de Farci, Daniel Pierre du Moulin, Etienne du Moulin, Jeanne Busnel, Marie Marthe du Moulin, Théodore de Farci...

1. De la Motte, *d'argent au lion de sable cantonné de 4 merlettes de même, chargé en cœur d'un écu d'argent à la fasce fleurdelysée et contre fleurdelysée de gueules* qui est de Feuguerolles.

Etat civil Rennes. — Saint-Jean. — Le 27 janvier 1695 mariage de messire A. A. de Farcy agé de plus de 23 ans... et de Renée Catherine du Moulin... agée d'environ 15 ans... en conséquence de la dispense de parenté au 3e degré obtenu de N. S. P. le Pape Innocent XII datée des Callandes de décembre dernier l'an IV de son pontificat scellée de sceau de plomb... et par ce que nous avons remarqué qu'ils n'avoient pas esté fiancés, nous leur avons administré cette cérémonie avant celle du sacrement de mariage du consentement de leur père et mère...

Bibliothèque Nationale, Carrés de d'Hozier, Vol. 246, P. 20. — Le 5 octobre 1695 il signe au contrat de mariage de Jacques René de Farci de Mué dont il était tuteur.

Titres de Malnoë. — 7 Novembre 1696. — Annibal A. de Farcy de Cuillé pourvu d'une charge de conseiller non originaire au parlement de Bretagne.

Archives de la Mayenne, La Roë, H. 53. — 29 Juin 1698 et 1699. — Lettres de M. de Cuillé au procureur de l'abbaye de la Roë pour des reparations à une ferme. *Signée. Scellée.*

Armorial général de 1696, Bretagne, T. I, p. 462. — Annibal Auguste de Farcy seigneur de Cuillé conseiller au parlement de Bretagne et Catherine du Moulin son épouse portent *d'or fretté d'azur de 6 pièces au chef de gueules accolé d'argent à la croix ancrée de sable chargée en cœur d'une coquille d'or.*

Chronique de Cuillé. — Le 23 mars 1705, Mgr d'Angers transfère à la demande d'A. A. de Farcy en la chapelle du chateau de Cuillé le service des chapellenies de Lourgan et Bizé.

Chronique de Cuillé. — 1710. — A. A. de Farcy chevalier seigneur fondateur et superieur de Cuillé promet de présenter la chapelle du Rocher et de la Petite Cheminerie à Joseph Guilard prêtre auquel les habitans s'engagent à donner une gerbe par chaque métairie pour qu'il donne les soins de son ministère à la paroisse.

Bibliothèque Nationale, Carrés de d'Hozier, T. 246. — 31 Octobre 1713.

— Partages avec son frère Charles François des successions de leurs père et mère et de leurs deux frères.

Ogée, Dictionnaire de Bretagne, 2e édition, T. II, p. 51. — Le duc de la Trémoille vend le comté de Montfort avec sa seigneurie à Annibal Auguste de Farcy seigneur de Cuillé et à quatre autres personnes (cette vente ne fut pas ratifiée).

Titres du Roseray. — 2 Août 1715. — Cession par A. A. de Farcy chevalier seigneur de Cuillé, conseiller au parlement de Bretagne et Renée Catherine du Moulin, heritière de Daniel, seigneur de Lavoy son père, heritier lui même de Marie du Moulin sa sœur, ledit A aussi heritier de Jacques Daniel d'Aiguillon seigneur de Réal son oncle maternel, au receveur de Charlesville d'indemnités d'heritages compris dans les démolitions pour les fortifications de Sédan, moyennant 2000+.

Etat civil Cuillé. — Ce 18 octobre 1723, je soussigné ay beni la chapelle du chateau de Cuillé sous le titre et invocation de S. J. Bte en vertu de la permission de M. Le Govello vicaire général de Mgr leveque d'Angers en date du 6 aout 1723 en presence de la famille signée DE SEILLONS curé de Cuillé.

Chronique de Cuillé. — 31 Mai 1746. — Julien René Richard de Grandvaux pretre demeurant à Gennes prend possession des chapelles du bois de Cuillé, Lourzais et Bizé à lui presentées par Jacques D. A. de Farcy au nom de son père commissaire aux états, après le decès de Julien Longet.

Chronique de Cuillé. — 1753. — Le seigneur de Cuillé consent à la reduction des messes fondées dans les chapelles reunies à celle du chateau ; en 1755 son fils confirme cet accord. — Le 22 février 1758 a été inhumé dans cette église le corps de Mre Annibal A. de Farcy chevalier seïgneur de Cuillé Gastines et autres lieux doyen du parlement de Bretagne et commissaire aux Etats de la même province décédé hier agé de 83 ans en presence des soussignés. J. Rousseau, curé de Cossé, P. J. Hureau, curé de Gastines, Papin pretre, Rigot chanoine de la Guerche, Salmon vicaire de Saint Poix, R. Ricart curé d'office de Gennes, Pierres curé de Méral, M. A. Fromond vicaire à Ballots.

DU BREIL
écartelé d'azur au lion morné d'argent et d'azur au pont de 3 arches d'argent.

XVIIIe Degré. 1° Madeleine-Marguerite-Emilie de FARCY, née le 30 septembre 1696, épousa par contrat du 28 janvier 1716, passé devant Le Breton, notaire, Messire Jean-Baptiste du BREIL, chevalier, comte de Pontbriand, du Pontharouard et de Saint-Tual, fils de Jean-Baptiste-François du BREIL, chevalier de Saint-Louis en 1693 et de demoiselle Marie-Anne ARTHUR[1].

Il mourut le 31 juillet 1727.

Etat civil Cuillé. — Madeleine Marguerite Emilie fille de Annibal Auguste de Farcy écuyer seigneur de Gastines et de Cuillé et de demoiselle Renée Catherine du Moulin son épouse est née le 30e septembre 1696 au chateau du bois de Cuillé et a été baptisée le même jour sur les fonts de l'église de Cuillé par nous curé soussigné, furent ses parain et maraine François de Farcy écuyer seigneur de Cuillé et de Gastines, grand père et Madame de Farcy de Gennes, de Brielles, de Saint Germain et d'Argentré

1. Artur, *d'azur au croissant d'or acc. de 3 molettes de même, 2 et 1.*

sa tante qui ont signé avec nous. F. de Farsy, Marguerite de Farsy, A. A. de Farsy, J. Blanche curé de Cuillé.

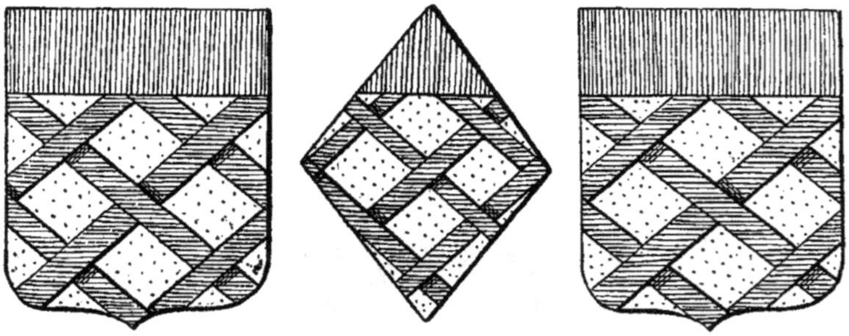

2° François-Hyacinthe de Farcy, né en 1697.

Etat civil Cuillé. — 1697. — Baptême de François Hyacinthe fils de..... parain François de Farcy.

3° Annibal-Auguste de Farcy, né le 29 août 1698.

Etat civil Rennes. — Saint-Jean. — Le 2 septembre 1698 A. A. fils de ...... est né le 29 aout et a été baptisé.... parain Mre Jean François de l'Hopital, chevalier seigneur dudit lieu, maraine dame Claude Charlotte de Farcy compagne de M. le président de la Dagrie....

4° Henriette-Catherine-Luce, née le 16 juillet 1700, religieuse à l'abbaye royale du Ronceray d'Angers.

Etat civil Cuillé. — Henriette C. L. fille de Annibal A. de Farcy et de Renée Catherine du Moulin son épouse, conseiller au parlement de Bretagne, seigneur et dame de Cuillé et de Gastines est née le 16 juillet 1700 et a été baptisée le 19 du même mois et de la même année sur les fonts de l'église de Cuillé par moi curé soussigné furent ses parain et maraine Benjamin de Ravenel écuyer seigneur de Boisteilleul et Jeanne Henriette marquise de Cadaran dame de la Motte de Gennes qui ont signé avec nous. Du Boisteilleul de Ravenel, J. H. marquise de Cadaran de la Mote

Morel, A. A. de Farcy de Cuillé, C. F. de Farcy, A. de Farcy, de la Motte Morel, C. F. Ravenel, J. Blanche curé de Cuillé.

5° Jacques-Daniel-Annibal de Farcy, qui suit.

6° Charlotte-Olympe-Rose, née le 1er avril 1703.

Etat civil Cuillé. — Le 3 avril 1703 a été baptisée Charlotte O. R. née le 1er d'avril fille.... a été parrain Mre Estienne du Moulin écuyer seigneur du Brossay et maraine dame Charlotte de la Douespe dame du Roseray en présence de M. de Cuillé son père et de M. de Farcy de Chantelou.

7° Théodore-Marie-Annibal de Farcy, né le 2 août 1705.

Etat civil Cuillé. — Le 2 aout 1705 baptème de Theodore M. A. de Farcy fils de Annibal A. de Farcy écuyer seigneur de Cuillé et Gastines et de Renée C. du Moulin, parain Theodore François de Ravenel seigneur du Boisteilleul, maraine Marguerite du Breil.

Id. — *1731.* — Théodore de Farcy signe au baptème de Jacques A. C. de Farcy de Cuillé.

de Farcy
d'or fretté d'azur de 6 pièces, au chef de gueules.

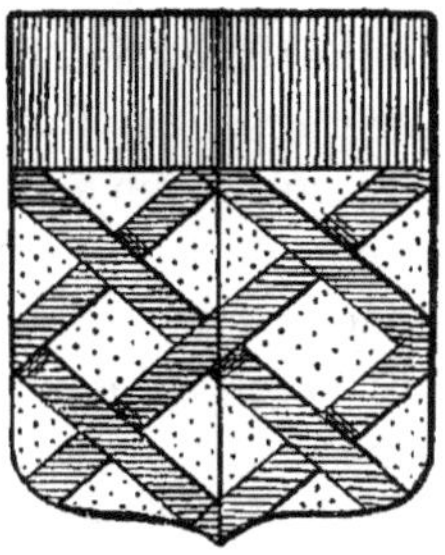

8° Ange-Armand-Annibal de Farcy, chevalier, seigneur du Rocher, né le 31 janvier 1705, enseigne des vaisseaux du Roi, épousa, par contrat du 3 juin 1733, passé devant Labbé notaire, demoiselle Marie-Claude de Farcy, fille de Mre Toussaint-Auguste de Farcy, écuyer, seigneur du Rocher-Portal et de dame Marie-Charlotte de Farcy, dont un fils qui suit.

Bibliothèque Nationale, Carrés de d'Hozier, V. 246, P. 35. — 31 Janvier 1705. — Extrait de baptême de la paroisse de Saint Georges de Rennes.... parain Mre Jacques de Farcy seigneur de Malnoë, maraine dame Perrine Angelique Fournier, dame de la Daguerie assistés de Jeanne Bourgonnière de Kerleau, Marie Prudence Guerri, Charlotte F. Ravenel et Charles de Farci.

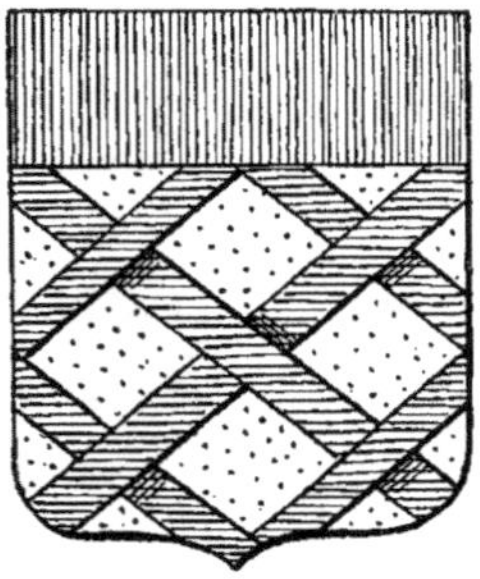

XIXe *Degré.* — Annibal-Jacques-Claude de Farcy, né le 15 novembre 1736.

Etat civil Cuillé. — Le 16 novembre 1736, Annibal Jacques Claude de Farcy né du 15e jour de ce mois fils de Mre Ange Armand Annibal de Farcy chevalier seigneur du Rocher et de demoiselle Marie Claude Charlotte de Farci son épouse a été baptisé par moy soussigné sur les fonts de cette église. Furent parain et maraine Mre Jacques D. A. de Farcy chevalier seigeur de Cuillé conseiller au parlement de Bretagne et dame Suzanne Claude de Farcy soussignés. Suzanne de Farcy, J. D. A. de Farcy de Cuillé, Anne de Seillons, Pélagie de Farcy de Keramel, Julie de Farcy, V. H. Marigo de Keramel, Camille A. de Farcy, Théodore de Farcy, Jaques Gabriel de Farcy, Annibal A. de Farcy.

9° Auguste-François-Annibal de Farcy de Cuillé, né le 3 juin 1706, docteur en Sorbonne, diacre en 1731, chanoine, scolastique, puis trésorier du chapitre de Tréguier, remplaça Monseigneur de Plœuc sur le siège de Quimper [1]. Il fut sacré le 8 novembre 1739, n'ayant que 33 ans et prit possession de son siège le 15 décembre de la même année. En cette qualité il était qualifié conseiller du Roi, comte de Cornouailles. Il fut nommé prieur de L'Isle-Tristan, à Douarnenez. Marchant sur les traces de ses prédécesseurs il s'appliqua, comme eux, à procurer le bien spirituel de son troupeau et à le soutenir par de fréquentes visites.

Il fut surtout attentif à conserver la pureté de la foi dans son diocèse à une époque où tant d'églises étaient agitées en France par les intrigues des Jansénistes. Ces novateurs tentèrent en 1753 d'attirer à leur parti le peuple de Merléac, paroisse qui était alors du diocèse de Quimper, et pour y réussir, ils distribuèrent des livres de piété dans lesquels ils avaient glissé leurs mauvaises doctrines.

Un Mr de Princé, gouverneur de l'îsle de Rhé et seigneur de Merléac, s'était avec son épouse chargé de cette distribution. Le prélat, informé de cette tentative, se trouvant au Bodéo où plusieurs paroisses, entr'autres celle de Merléac, étaient convoquées pour la

1. Cet éloge, extrait de l'*Eglise de Bretagne* par M. l'abbé Trévaux, Paris, 1839, p. 133, renferme quelques erreurs. On le fait naître au château de Cuillé le 13 juin 1703.

visite, s'éleva avec force, au pied de l'autel, contre cette coupable manœuvre et signala ensuite dans la sacristie à son clergé les deux apôtres du Jansénisme, Mrs de Princé et de Moutier son frère. Il n'en fallut pas davantage pour irriter ceux-ci qui s'en plaignirent au ministre. Quoique peu favorable aux évêques, le gouvernement de cette époque ne put cependant blâmer Monseigneur de Farcy qui, dans cette circonstance, n'avait fait que remplir son devoir. Le ministre répondit aux plaignants que l'évêque de Quimper s'était élevé avec un peu trop de chaleur contre la distribution des livres en question, mais qu'on blâmait cette distribution parce qu'un seigneur de paroisse n'était pas chargé de l'instruction chrétienne de ses vassaux.

Plein de zèle pour le salut des âmes et adonné aux bonnes œuvres, Mgr de Farcy avait choisi dans sa cathédrale un confessionnal où il recevait tous les pénitents qui venaient s'adresser à lui et le nombre en était grand. Il aimait à présider les retraites et les missions qui se donnaient à Quimper et dans les autres villes du diocèse. Il examinait lui-même les jeunes gens qui se préparaient aux saints ordres. Il était fort spirituel, vif, actif et d'un zèle pour la discipline ecclésiastique qui allait jusqu'à la sévérité. Le trait suivant fait honneur à sa piété et à sa charité. Une femme tombée après de longs désordres dans une misère profonde, était atteinte d'une maladie si horrible et si dégoûtante que la supérieure de l'hôpital avait refusé de l'y recevoir, ne pouvant se résoudre, disait-elle, à infecter sa maison. Monseigneur de Cuillé n'eut pas de peine à vaincre la répugnance de la supérieure, mais il ne se contenta pas d'avoir fait ouvrir l'hôpital à la malheureuse malade. Tant que celle-ci vécut, il alla très fréquemment la voir, la consoler, l'exhorter à la patience, à la résignation et à la pénitence. Enfin il entendit sa confession générale et lui administra lui-même les derniers sacrements. En 1771 il fit don à la fabrique de la cathédrale d'une somme de 156# provenant de la chapellenie de Ponthaon.

L'église de Quimper perdit le 28 juin 1772 ce respectable prélat qui mourut à Lorient où il était allé consulter des médecins. Son corps fut inhumé dans la cathédrale vis-à-vis la chapelle Saint-Michel. Son cœur fut déposé dans la chapelle du séminaire de Quimper, du côté de l'épître, avec celui de Monseigneur de la Fruglaie de Kervers, évêque de Tréguier.

Etat civil Cuillé. — Le 4 juin 1706 a été baptisé Annibal F. A. de Farcy né du 3 dudit courant fils.... et a été parrain Mre Auguste Toussaint de Farcy chevalier seigneur du Roché et maraine demoiselle Françoise Lyais dame de Saint Laurent signé F. Lyais, A. de Farcy, de Farcy de Cuillé, de la Motte Morel de Cadaran, de la Motte Morel, M. Anne Morel, Claude Morel de Lespinay, Jean de Farcy.

Id. — *Rennes.* — *Saint-Jean.* — Le 25 juin 1735 j'ai messire Auguste F. Annibal de Farcy chanoine scolastique grand vicaire de Tréguier, docteur en Sorbonne abbé de Cuillé reçu les promesses de mariage de messire Louis Jean de Rogon chevalier seigneur de Kercaradec et demoiselle Marie Catherine Emilie du Breil de Pontbriand, mariage célébré le 28 en presence de A. A. de Farcy de Cuillé, Jacques D. A. de Farcy de Cuillé, Jean C. M. de Farcy de la Villedubois.

Titres de la Villedubois. — *Octobre 1739.* — Bulles du Pape Clément XII. *Romæ pridie Kalendarum octobris 1739* scellées en plomb.

Id. — *11 Novembre 1739.* — Certificat de Henri Oswald de la Tour d'Auvergne, archevêque et comte de Vienne pour le serment de fidelité au Roy, prêté en la chapelle de Fontainebleau et formule de ce serment. « Je jure le très saint et sacré nom de Dieu, sire, et promet à V. M. que je luy seray, tant que je vivray, fidèle sujet et serviteur et que je procureray son service et le bien de son état de tout mon pouvoir, et que je ne me trouveray en aucun conseil, dessein ny entreprise au préjudice d'iceulx et s'il en vient quelque chose à ma connoissance je le feray scavoir à V. M. Ainsy me soit Dieu en ayde et ses saints Evangiles. Signé Auguste François Annibal de Farcy de Cuillé eveque de Quimper. »

Id. — *12 Novembre 1739.* — Enregistrement des lettres du Roy pour sa nomination.

Id. — *30 Novembre 1739.* — Quittance de 33# pour finances du serment de fidelité.

Id. — *12 Décembre 1739.* — Envoi en possession des biens et revenus de l'evêché à charge de faire foy et hommage.

Bibliothèque Nationale. — *Pièces originales.* — *Copie.* — *1740.* — Notice sur François de Farcy de Saint Laurent et ses enfans envoyée par A. F. A. de Farcy évêque de Quimper et certificat de la véracité de cette filiation.

Etat civil Rennes. — *Saint-Pierre.* — Le 9 juin 1755 il fut parrain de Thérèse Auguste Sevère de Farcy de Cuillé sa nièce.

Bulletin de la Société des Bibliophiles Bretons, T. X, p. 56. — *Pamplet inédit contre le duc d'Aiguillon.* — « Le héros de Saint Cast, de retour à Paris où il avait été faire voir ses prisonniers, comme la preuve de sa victoire, vint tenir les états de 1758. L'absence de l'evêque de Rennes donnoit, si les états avaient été dans cette ville la presidence au doyen des evêques[1]. Ce doyen était fils d'un conseiller et avait dans le parlement beaucoup d'amis. Le commandant, mécontent dès lors d'un corps qui commençait à éclairer sa conduite ne vouloit pas qu'il eut présidé. S'il ne l'avait mieux connu, il ne l'eut pas craint. La suite a prouvé que ce prélat était aussi vil esclave qu'il était imbécile. Que le lecteur me permette de rapporter icy quatre vers qu'un homme célèbre a fait à son occasion.

1. L'Evêque de Quimper. « Il s'appeloit Farcy. Il était arrière petit fils d'un manœuvre des forges de Paimpont. Son grand père y eut un poste plus éminent. Son grand père surnommé Cuillé en fut le directeur et y eut un intérêt, il acheta dans la suite une charge de conseiller au parlement. Son petit fils neveu de l'évêque de Quimper est actuellement président à mortier. Ainsy on pourroit avec raison dire de luy lorsqu'il est en robe que c'est un sac de charbon dont il est revêtu. »

M. de la Borderie ajoute : « par les méchancetés et faussetés qu'on vient de lire contre deux anciennes et honorables familles dont tout le crime était de suivre le parti d'Aiguillon, on juge aisément l'esprit de l'auteur. Il se soucie peu de dire vrai pourvu qu'il déchire et qu'il vilipende ses adversaires.... Témoignage fort expressif de l'état des esprits, de la violence des haines et des passions politiques de ce temps.... »

Farcy d'orgueil et d'arrogance
De sottise et d'impertinence
C'est le portrait en raccourcy
Du petit évêque Farcy.

Les états furent donc assemblés à Saint Brieuc afin de ne pas perdre l'avantage d'avoir un président du tiers comme M. de Coniac.... »

Evêché de Quimper. — *Copie.* — Le 30 avril 1765 il signe à Tours la protestation du clergé contre la suppression des Jésuites.

Etat civil Cuillé. — Le 10 mars 1767 mariage célébré en la chapelle du chateau de Cuillé par l'evêque de Quimper de Marc S. G. M. du Cœtlosquet avec sa nièce Pauline Anne Pélagie de Farcy de Cuillé.

Evêché de Quimper. — *Copie.* — *In nomine patris et filii et spiritus sancti Amen.* L'an 1768 le 23 janvier, étant à Lanniron[1] jay fait mon présent testament pour prévenir l'accident d'une mort subite et les embarras d'une maladie.

1° Je recommande mon âme à Dieu mon créateur, je me soumets à ce quil luy plaira ordonner de moy pour le temps, le lieu, le genre de mort qu'il me destine, je la lui offre dès à présent pour l'expiation de mes péchés et en mémoire de la passion et mort de J. C, mon sauveur en qui j'espère. J'invoque spécialement pour cette dernière heure la très sainte Vierge à qui j'ai eu une dévotion particulière, dévotion que j'ai toujours désiré d'inspirer à mes diocesains et que je leur laisse comme mon plus précieux heritage. J'espère que la Sainte Vierge me protégera auprès de son fils et je la prie de m'obtenir la grace de mourir dans mon diocèse au milieu de mes chers dioceseins et de mon clergé et d'être garanti d'une mort subite et imprévue.

2° Je veux vivre et mourir dans la foi de l'église catholique apostolique et romaine je crois tout ce qu'elle croit et déteste tout ce qu'elle deteste et rejette. J'accepte et je me soumets à la cons-

1. Maison de campagne des évêques de Quimper, près de cette ville.

titution *unigenitus* comme un jugement dogmatique de l'église universelle et je m'y soumets de cœur et d'esprit.

3° Je desire être inhumé dans l'arcade au dessous de celle où a été inhumé feu monsieur de Coetlogon évêque de Quimper. Je laisse à mes exécuteurs testamentaires à regler de concert avec Mrs du Chapitre mes obsèques suivant leur prudence. Je désire aussi que mon cœur soit placé dans la chapelle ou église du séminaire de Quimper du coté de l'épitre vis à vis de celui de feu M. de Plœuc l'evêque mon prédécesseur avec celui de M. de Kervers évêque de Tréguier qui est dans la chapelle de l'evêché. En cas que je vienne à mourir à Cuillé ou en Bretagne, je désire que mon corps soit porté à Quimper pour être inhumé comme cy dessus.

4° Je veux et entends qu'aussitôt après mon décès il soit dit trois cent messes pour moi, les honoraires seront payés à 12 sols et pris sur les effets ou argent content, ils se trouveront chez moi.

5° Je donne à chacun de mes domestiques qui aura été an et jour à mon service outre le quartier courant de ses gages son habit, chapot et redingotte.

6° Je donne à Mlle de Cuillé ma sœur tout ce que la coutume de Bretagne et d'Anjou me permettent de lui donner. Je prie M. le président de Cuillé ou autre mon heritier de laisser à ma sœur sa vie durante la jouissance du partage qui m'est revenu de la succession de mes pères et mères. Je me suis fait un plaisir de l'avoir chez moi, elle n'a pas été à charge à la famille, depuis la mort de mon dit père. J'espère que M. le president de Cuillé ou autre mon heritier ratifiera cette disposition par l'amitié qu'il a pour moi et Mlle de Cuillé et qu'il se souviendra des services qu'elle a rendus à feu mon père dans les dernières années de sa vie et qu'enfin il considerera que son partage réuni au mien suffira à peine pour son entretien et sa subsistance.

7° J'ai toujours cru devoir conserver à ma famille le bien que j'en ai reçu mais aussi je me ferais une peine de leur laisser mes effets mobiliers qui ne viennent que du bien de l'église et qui par conséquent appartiennent à l'église et aux pauvres. D'ailleurs M. de Cuillé mon neveu n'a pas besoin de cette ressource.

8° J'espère qu'on trouvera mes affaires en assez bon ordre c'est-à-dire sans dettes et quelqu'argent comptant pour faire face aux reparations de l'évêché, de Lanniron et dépendances[1] et aux autres frais nécessaires en pareille circonstance. Si cela ne suffit pas mes meubles et immeubles pourront y suppléer.

9° Je veux et entends que la métayerie de Créac Arquin *(Crach Arguen)* qui m'appartient en propriété par le retrait féodal que j'en ai fait, également que les droits que j'ai acheté sur le sieur de K.... et les orangers de Lanniron soient cédés à mon successeur selon l'estimation qui en sera faite en diminution du prix des reparations ainsi que les mémoires du clergé que j'ai achetés de M. le marquis de Plœuc héritier de mon prédécesseur, et les ouvrages, mémoires et autres que les assemblées du clergé ont fait imprimer depuis 1740.

10° Je donne à Mlle de Cuillé ma sœur six cuillères et six fourchettes en argent, deux cuillères à ragout et deux sallières d'argent le tout à son choix et à M. le président de Cuillé ou autre mon heritier mes plats et casserolles d'argent que je n'ai pas acheté du fonds de l'évêché mais des gratifications des Etats.

11° Je donne à M. Guillo prieur de Saint Herbot, qui a été mon sécrétaire pendant plusieurs années pour 600# de livres à prendre dans ma bibliothèque ou en autres effets de ma succession à son choix. Je lui dois le témoignage que j'ai toujours remarqué en lui beaucoup d'intelligence, de probité, de désintéressement avec les sentiments et la conduite d'un bon et vertueux prêtre.

12° Je donne à M. Guillon mon secrétaire actuel mes aubes, corporaux, purification, amits, rochet à l'exception de l'aube à dentelle dont je me sers aux offices pontificaux que je donne à M. l'abbé de Farcy avec la chasuppe et chappe, étole, manipule, voille et bourse grainat qui me servent quand j'officie pontificalement.

1. Ces dépenses furent évaluées à la somme de 40.000 l. et payées par ses héritiers.

13° Je donne à M. l'abbé du Boisteilleul les ornements qui me servent dans ma chapelle et mon calice avec sa patène.

14° Je donne à Mrs du Chapitre de Quimper mes deux croix d'or, la buire et le plat d'argent pour être employé à un nouveau soleil y joignant l'ancien. Je leur donne également les six chandelliers et la croix argentée qui sont dans ma chapelle à Quimper. Je désire qu'elles soient destinées à l'autel de la chapelle de la Victoire.

15° Je donne tous mes livres à l'exception des mémoires du clergé dont j'ai disposé au séminaire de Quimper et au cas qu'il ait déjà certains livres il les donnera au séminaire de Plouguerneesel. Je veux que mes armes soient mises sur chaque volume ainsi que j'ai commencé à le faire faire.

16° Si après les reparations faites de l'evêché et des dependances et les autres frais ordinaires payés il reste des meubles et autres effets ou quelque somme d'argent il en soit donné un tiers aux hopitaux de Quimper et les deux autres tiers au seminaire de Quimper pour le tout être colloqué au proffit des dits hopitaux et seminaire comme mes exécuteurs testamentaires le jugeront convenable, suivant neanmoins les dispositions des édits et déclarations du Roy.

17° Je donne à Madame la présidente de Cuillé ma nièce, une miniature de la Sainte Vierge et le petit quadre en or qui la contient et à Madame la marquise du Cœtlosquet ma petite nièce mon gobelet de vermeil avec sa soucouppe et le dessus également en vermeil.

18° Je veux que les tableaux et portraits qui sont dans la grande salle de l'evêché de Quimper restent à mon successeur[1], que mon portrait qui est à Lanniron soit remis à Mlle de Cuillé ma sœur et celui de M. le duc de Penthièvre à M. le président de Cuillé mon neveu.

19° Je veux qu'Alanic mon jardinier soit payé et continué pour

1. Ces portraits existent encore dans la grande salle de l'évêché de Quimper. On y remarque le portrait de Mgr de Cuillé. Il est représenté en pied, debout, appuyé sur une table, et dans la position de Bossuet dans le tableau de Rigaud.

avoir soin des jardins, des jets d'eau et de l'orangerie jusqu'à l'arrivée de mon successeur et je lui donne toutes les pelles, rateaux, arosoires et autres outils du jardin.

20° Comme les meubles, effets, revenus échus et provisions qui se trouveront m'appartenir à ma mort proviennent de l'église et doivent être censés son patrimoine et celuy des pauvres j'espère de l'amitié, piété et générosité de M. le président de Cuillé ou autre mon héritier qu'ils voudront bien après les dispositions cy dessus quand même ils auroient ou croiroient avoir quelques raisons ou prétextes de contester la validité de mon présent testament. Je les prie de ne pas ôter aux pauvres et à l'église des biens que je reconnois leur appartenir Dieu benira leurs droiture et leurs générosité.

21° Je décharge Mrs Guillo et Guillon mes sécrétaires de toutes recherches tant des droits du secrétariat que de tous autres droits ou rantes qu'ils auroient pu toucher pour moy et généralement et sans exception je les décharge de tout. Je veux qu'on s'en rapporte à leur probité et comme je l'ai toujours fait.

22° Je prie M. l'abbé de Farcy et M. l'abbé de Boisteilleul de vouloir bien être les exécuteurs de ce mien testament, dans lequel s'il y a quelque chose qui souffre difficulté ou qui demande explication je veux qu'on s'en rapporte à ce qu'ils décideront. Je les pris aussitôt après mon décès d'en avertir Mrs du seminaire de Saint Sulpice et de me recommander à leurs prières et Saints Sacrifices. Je regarde comme une grace speciale de la bonté de Dieu d'avoir été élevé dans ce seminaire où j'ay toujours remarqué le veritable esprit et la perfection de l'état ecclesiastique et où l'on trouve tous les secours que l'on peut désirer pour la piété et les sciences. Heureux si j'en avais profité !

Ce sont ici mes dernières volontés que je veux etre entièrement exécutés, comme étant mon testament écrit de ma main après l'avoir lu et relu à Lanniron le 3 de febvrier 1768 ainsi signé ✠ AUGUSTE Fs ANNIBAL eveque de Quimper.

Renouvellons le present testament à Saint Brieuc le 3 fevrier 1769 Ainsi signé....

Je revoque les articles 11 et 12 concernant Mrs Guillo et Guillon qui ont été mes secrétaires et qui sont aujourd'hui pourvus de benéfices.

Je revoque également l'article 13 de ce testament. M. de Boisteilleul ayant des ornements et un calice je donne les ornements qui me servent dans ma chapelle avec le calice et sa patène à M. le président de Cuillé pour sa chapelle de Cuillé. A Lanniron le 16 novembre 1769.

Je veux et entends que mes heritiers ne puissent sous quelque prétexte que ce soit exiger le remboursement des sommes que j'ai données à Me du Fournet et à ses filles, au cas qu'il se trouve parmi mes papiers des reconnoissances de leur part ou des supérieures des communautés où elles ont été en pension, declarant que je leur ai donné ces sommes par charité et par amitié pour elles et que je n'ai jamais prétendu en exiger aucun remboursement.... ce 13 juillet 1770....

Je renouvelle le testament des autres parts et declare donner à M. l'abbé Boisteilleul l'histoire écclesiastique de M. Fleury et les ouvrages de M. Bossuet tous les deux in 4°. Je le prie de les accepter comme un témoignage de la reconnoissance que je dois aux services qu'il m'a rendus depuis qu'il est dans mon diocèse et aux soins que son amitié l'a porté à prendre de moy pendant ma maladie fait à Lanniron ce 28 mars 1772....

Evêché de Quimper. — Oraison funèbre de Mgr de Farcy de Cuillé prononcée dans l'église cathédrale le 6 aout 1772 par M. l'abbé de Boisbilly chanoine de Quimper.

Id. — 22 Septembre 1772. — Inventaire fait au palais rural de Lanniron et episcopal de Quimper en présence des exécuteurs testamentaires etc.... parmi les papiers.... deux baux à ferme du prieuré de lisle Tristan consentis par le réverend evèque les 2 aout 1748 et 11 avril 1753.... billet de cession du seigneur de Plœuc des orangers de Lanniron....

Inventaire du mobilier de Lanniron. — Cabinet : une pièce de tapisserie de verdure 30#, une petite commode avec sa table de marbre 36#, deux tabatières d'écaille dont l'une à cercle d'or 12#, un pot de terre aux armes du feu reverend evèque avec environ 3# de tabac pulverisé 10#. 15 bouteilles de differentes liqueurs 22# 10s. 2 bouteilles de vin d'Alicante 4#, deux petits manchons de velours noir 10#, une perruque 5s, un bonnet brodé en or 1# 10s. une cane de bois des Isles à figure et une autre garnie d'argent 6# un petit reliquaire d'argent 2#. *Sale de compagnie :* deux bras de lumières de cuivre 3#, un lit à l'imperiale de damas blanc brodé en soye, rideaux de moire à bandes à petits points doublés de damas des Indes blanc.... 330#, une commode avec dessus de marbre 60#, une glace avec son cadre doré 90#, un Christ de verre en forme d'émail 6#, trois saussiers et un bole de porcelaine avec leurs soucouppes et quatre magots de la Chine 12#, une soutane de velours cizelée 18#.... une aube de baptiste étanche garnie de dentelles 3# 10s, douze mouchoirs de Chaulet et de cotton 3# 12s, deux portières à petits points 18#. *Salon de compagnie :* sept morceaux de tapisserie de toile peinte 45#.... *Chapelle :* quatre morceaux de tapisserie de laine hachée sur toile 7# 10s, un ornement pour messe d'un damas lizeré fond gris de lin 12#.... *Chambre de Mlle de Cuillé près de la porte d'entrée :* une pièce de tapisserie de verdure 24#, deux morceaux de tapisserie de haute lice avec personnages 24#.... *chambre au dessus du salon à manger :* un ornement complet pour la messe noir et violet garni d'une dentelle et brodé d'argent 60#, deux bourses et un voille blanc d'un coté, rouge de l'autre brodé en or 24#, quatre palles 20# une vieille mitre de moire d'argent avec sa boite 6#.... *Office :* douze douzaines d'assiettes de Moustier à 4# la douzaine 48#, deux douzaines d'assiettes à fonds bleu 7#, une douzaine de differentes couleurs et grandeurs 30s, dix neuf assiettes de porcelaine a dessins rouge 9#, deux douzaines et quatre assiettes de fayence fine 9# 10s, huit soucoupes de fayence de Locmaria 9s, un fouet pour le vin 24s, six douzaines de serviettes de toille de Laval au tiers usées 48#. *Caves :* huit barriques de vin rouge de Bordeaux facture du sr Lafond marchand à Bordeaux du 28 avril 1772 y compris le fût et les droits 1173# 19 s. 9 d. deux barriques de vin blanc 144#, cinquante bouteilles du Cap breton 25#, cinquante bouteilles d'eau de vie 50#. *Dépendances....* un carosse à caisse de quatre places à 3 glaces garni en écarlatte à franche de soye jaune avec le train ordinaire, les harnoys des chevaux, brides et bridons 400#, trois charettes pour les orangers avec leurs ferrailles 18#, soixante douze pieds d'orangers, citronniers, cédras, bergamotes, chinois et autres 12600#....

Mobilier de Quimper. Deux petits chandeliers d'agathe en partie rompus 12^{s}. *Chambre de l'evèque :* quatre panneaux de tapisseries, deux portières de damas cramoisy 25 toises sur 2 aulnes et demie de hauteur 337# 10^{s}, deux rideaux de taffetas cramoisy neuf 36#, un canapé et dix fauteuils de damas cramoisy monté en bois sculpté 276#, un lit à l'imperiale garni de damas cramoisy 450#, quatre rideaux de fenètres de taffetas cramoisy avec leurs yolles 48#, un trumeau en six cadres et sa garniture 150#, une commode avec sa table de marbre 120#, un écran en cadre doré et à petits points 12# un paravant de 5 feuilles de cuir peint 30# deux bras de cheminée de cuivre doré 9#, trente cinq mouchoirs de Chaulet a fonds bleus 21#, douze autres a fond blanc barres rouge 9#.... *chapelle :* une table en forme de bureau à pieds de biche garnie de cuivre 72# six chandeliers et une croix de cuivre argenté 42#, un benitier de sculpture 24^{s}, une mitre de moire et bordure d'or 72# deux mitres à moire d'argent 36# une paire de gants de soye cramoisy et une autre de soye blanche brodés en or 9#, une chape moire de soie blanche brodée d'or l'autre coté de moire cramoisy aussi brodé d'or 500#, une chasuble idem 400#, une autre chasuble de tabis blanc en soye l'autre coté de même qualité en cramoisy brodé en or 80# une autre taphetas verd et violet brodé d'argent 50# cinq pluvials de taphetas deux cramoisy deux violet et un blanc 40# une aube à dentelles 100# un rochet à dentelle 18# un rochet toille de Laval 6#.... *Bibliothèque*.... histoire ecclesiastique et civile de Bretagne par D. Maurice et Taillandier 2 volumes in folio 15#, les trois volumes de preuves 35#.... total 30.523# 8 s. 9 d.

DE MARIGO
écartelé de gueules au lion d'or et d'or à 3 rencontres de cerf de gueules, 2 et 1.

10° Louise-Charlotte-Pélagie épousa, le 17 juillet 1736, par contrat passé la veille devant Le Soyer et Barbier, notaires, Messire Vincent-Hyacinthe de MARIGO, chevalier, seigneur de Keramel, fils de Pierre-Jean MARIGO, chevalier, seigneur du lieu et de Agnès Pélagie de PARCEVAUX[1].

Elle mourut le 17 juillet 1737.

Titres Frain de la Gaulayrie. — 14 Avril 1728. — Signent à un contrat de mariage Melanie de Farcy de Cuillé, Pélagie de Farcy de Cuillé, Camille de Farcy de Cuillé, Emilie de Farcy de Pontbriand, Dubreil de Pontfarcy, Emmanuel de Farcy, Françoise Renée de Farcy, Anne Molland de Farcy, de Farcy de Montbron, Bonne de Farcy, Annibal de Farcy, François de Farcy d'Arquenay, Eugène de Farcy, Jacques de Farcy.

Etat civil Cuillé. — Le 17 juillet 1736 après la publication d'un ban.... ledit ban fait sans opposition ou empeschement venu a notre connoissance jay soussigné avec la permission et du consentement de M. le curé de cette paroisse donné la benediction nuptiale à Mre Vincent Hyacinthe de Marigo chevalier seigneur de Keramel, assisté de Mre Ignace Corentin de Kerquellen chevalier seigneur de Kerbiquet son oncle et tuteur et à demoiselle Louise Charlotte Pelagie de Farcy en présence de Mre A. A. de Farcy chevalier seigneur de Cuillé conseiller au parlement de Bretagne et

1. De Parcevaux, *d'azur à 3 chevrons d'argent.*

commissaire du Roy aux Etats de Bretagne père de ladite demoiselle, de Mre Jacques Daniel Annibal de Farcy chevalier de Cuillé aussi conseiller au parlement de Bretagne (son frère) et des autres temoins soussignés. Vincent H. Marigo, Louise Charlotte Pelagie de Farcy, Ignace Corentin de Querquelin, A. A. de Farcy de Cuillé, de Farcy de Cuillé, de la Douespe du Roseray, de Farcy de Pontbriand, Gillot du Roseray, de Farcy du Rocher, Anne de Seillons, Julie de Farcy, de Farcy du Rocher, Rogon de Carcaradec.

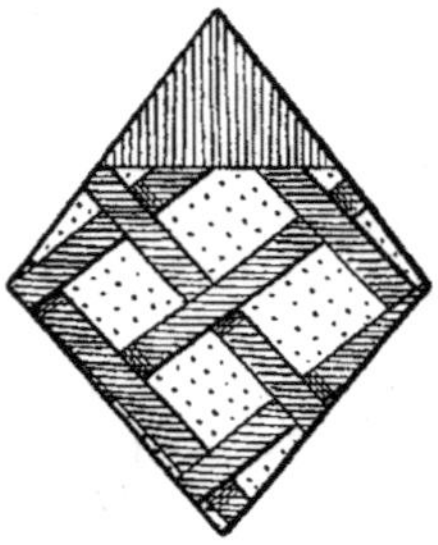

11° Jeanne-Renée-Charlotte-Céleste, née le 24 février 1709, religieuse à l'abbaye royale du Ronceray d'Angers, prieure des Moustiers, nommée à l'abbaye de Quimperlé, qu'elle refusa, mourut le 2 octobre 1791.

Bibliothèque d'Angers, M. 762, Nécrologe du Ronceray, fol. 151. — II Oct. Johanna Carola Celesta Farci de Cuillé priorissa du bourg des Moustiers, cui amore paupertatis renuntiaverat sicut abbatiæ de Quimperlai ad quam regendam electa fuerat a Ludovico decimo quinto. Cor ardens caritate in pauperes, sorores, zelo domus domini, humilitate, perspicua regularum quas edocuit, amantissimum exemplar virtutum, obdormivit in pace domini anno 1791.

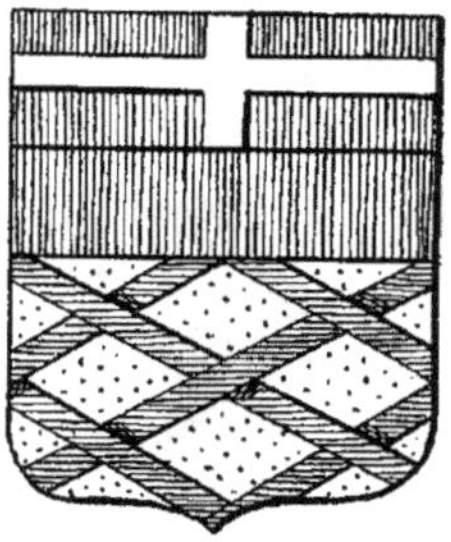

12° Camille-Hippolyte-Annibal de Farcy, né le 22 mars 1710, reçu chevalier de Malte au grand prieuré d'Aquitaine, où ses preuves furent faites les 26 et 28 décembre 1726, servait en 1739, sur le Danube, dans le détachement envoyé par la Religion, au secours de l'Empereur d'Autriche contre les Turcs, et fut nommé enseigne de vaisseau en 1740.

Titres de la Villedubois et Bibliothèque Nationale. — Copies de ses preuves de noblesse. (Voir P. 57).

Bibliothèque Nationale. — Les huit quartiers de noblesse de C. H. A. de Farcy, écrits et blazonnés de la main de d'Hozier.

Id. — *16 Juillet 1727.* — Réception de Camille G. de Farcy comme conseiller de justice, en assemblée générale, *nemine discrepante*, *signé* le chevalier Fera de Rouville le chevalier de la Bourdonnaie, vicomte chevalier de Curtines, plus bas Jean L. Godart de Beaulieu sécrétaire et scellé en placard.

Id. Carrés de d'Hozier, vol. 246, P. 62. — *4 Mai 1729.* — Quittance d'une somme de 2325# pour son passage de majorité, donnée à Poitiers par le chevalier de Choisi receveur au grand prieuré d'Aquitaine, à M. de Farci de Cuillé son père.

du Fournet
d'argent à 3 pelles de four de gueules posées en pal.

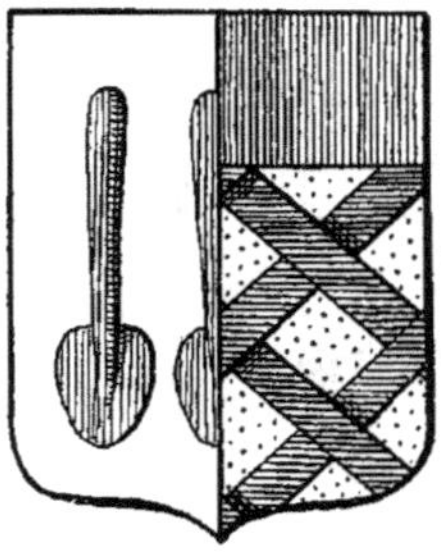

13° Marie-Mélanie-Renée-Françoise-Catherine, née le 27 novembre 1711, épousa, le 11 février 1734, par contrat passé la veille devant Le Soyer et Clairet, notaires, Messire Pierre-Hyacinthe du Fournet, chevalier, seigneur du lieu, fils de Guillaume du Fournet, chevalier, seigneur du lieu et de demoiselle Suzanne du Rocher[1].

Elle mourut le 6 janvier 1783.

Titres de la Villedubois. — *Copie.* — Baptême du 27 novembre 1711 parain René François de Farcy de Pontfarcy, maraine Anne Harembert dame de Beauvais de Farcy.

Etat civil Rennes. — *Saint-Jean.* — Le 1er février 1734 1re bannie de mariage esperé de Mre Pierre H. du Fournet chevalier seigneur dudit lieu fils de Mre Guillaume du Fournet chevalier et de dame Suzanne du Rocher ses père et mère et Marie M. R. F. de Farcy....

Etat civil Cuillé. — Le 11 fev ier 1734 mariage de Marie M. R. F. de Farcy et de Pierre H. du Fournet en la chapelle du chasteau de Cuillé ont signé Annibal A. de Farcy, Jacques D. A. de Farcy de Cuillé, de Farcy de Pontbriand, de Farcy du Rocher, Julie de Farcy, Pélagie de Farcy, du Breil de Pontbriand, de Farcy du Pontbriand, de Farcy prêtre.

Etat civil Rennes. — *Toussaints.* — Le 7 janvier 1783, dame Marie M. R. F. de Farcy de Cuillé veuve d'écuyer Pierre du Fournet agée de

1. Du Rocher, *d'azur à la bande d'argent, accostée de 2 molettes de même.*

75 ans.... décédée hier à l'hospice a été inhumée en présence du clergé.

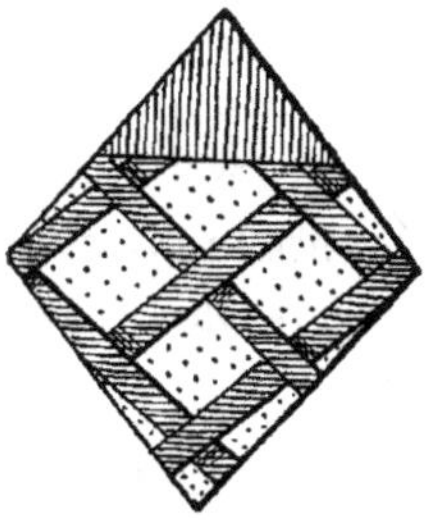

14° Charlotte-Françoise-Julie-Olympe, née le 20 novembre 1716.

Bibliothèque Nationale, Carrés de d'Hozier, Vol. 246, P. 45. — En la paroisse de Cuillé en Anjou, baptème du 20 novembre 1716.... parain Auguste François du Groesquer, maraine Charlotte du Plessis assistée de Catherine de Seillons, Pauline de Valori, et A. A. de Farci.

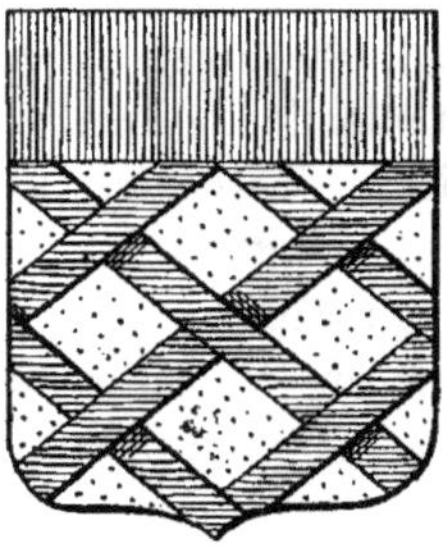

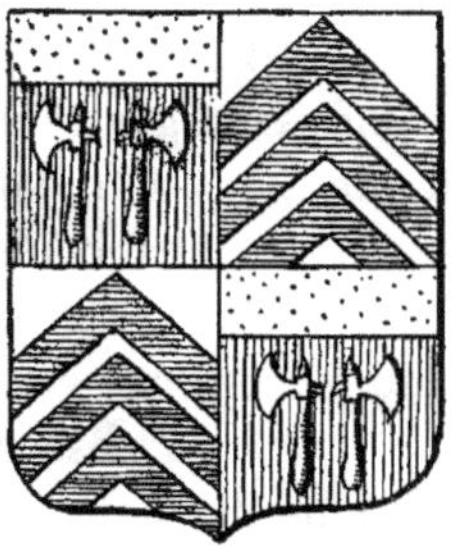

GOURIO *écartelé aux 1 et 4e de gueules à deux haches d'armes d'argent adossées et posées en pal, au chef d'or, aux 2 et 3e d'argent à 3 chevrons d'azur,* qui est LA NOSTER.

XVIIIe DEGRÉ. 5° Jacques-Daniel-Auguste de FARCY, chevalier, seigneur de Cuillé, de Vigré, de la Noster[1], né le 4 février 1702, avocat, puis conseiller

1. La Noster, commune de Plabennec, arrondissement de Brest (Finistère).

non originaire en la première chambre des enquêtes le 6 août 1723, en la grande chambre du parlement de Bretagne, commissaire pour la réformation du duché de Penthièvre, en 1736, épousa, le 8 novembre 1721, par contrat du 5, passé devant Le Breton et Barbier, notaires, demoiselle Pélagie-Agnès-Innocente GOURIO, dame de la Noster, fille unique de Jean-Gabriel GOURIO, écuyer, seigneur de la Noster et de Agnès-Pélagie de PARCEVAUX [1], veuve en premières noces de Pierre-Jean MARIGO, chevalier, seigneur de KÉRAMEL.

Elle mourut le 8 février 1724, laissant un fils unique qui suit.

Etat civil Cuillé. — 1702. — Jacques Daniel Annibal fils de messire Annibal A. de Farcy conseiller du Roy au parlement de Bretagne et de Renée C. du Moulin son épouse seigneur et dame de Cuillé et de Gastines lequel est né le 4 février 1702 et a été baptisé le 6 dudit mois et de la même année par moi curé soussigné furent ses parain et maraine Mre Jacques de Farcy chevalier seigneur de la Villedubois et demoiselle Marthe Marie du Moulin qui ont signé.

Bibliothèque Nationale, Carrés de d'Hozier, V. 246, P. 54. — Du 5 novembre 1721 contrat de mariage de Mre Jacques Daniel Annibal de Farcy fils de.... étant pour lors à Rennes pour l'exercice du sémestre dudit seigneur de Cuillé logés en leur hotel vis à vis la Motte Saint Georges et demoiselle Pélagie Anne Innocente Gourio fille de.... et de Pélagie de Parcevaux sa veuve remariée à Mre Pierre J. Marigo chevalier conseiller du Roi président au presidial de Quimper.... on promet au futur une charge de conseiller au parlement dans six ans temps auquel il seroit seulement en âge de la posséder, 2000# de pension avec trois laquais et une femme de chambre.... à la future un douaire de 3000#.... ont signé Michelle Françoise Le Veyer de Kergolai, Joseph Toussaint de Querhoent, de Cœtenfaut, Jaques Gillet de Kerjoson, Angélique Jeanne de Broise de Boisteilleul....

Etat civil Rennes. — Le 8 novembre 1721 célébration du mariage.... ont signé Agnès Pélagie de Parcevaux de Marigo, Paul de Valory,

1. De Parcevaux, *d'azur à 3 chevrons d'argent.*

Vincent Hyacinthe Marigo, Renée Catherine du Moulin de Cuillé, A. A. de Farcy de Cuillé, Emilie de Farcy de Pontbriand, Armand A. de Farcy, Celeste de Farcy de Cuillé, Camille de Farcy d'Arquenay, Camille Hypolite de Farcy de Cuillé.

Etat civil Cuillé. — Le 8 fevrier 1724 inhumation en l'église de Cuillé de Pélagie A. I. de Gourio femme de M. de Farcy de Cuillé.

Bibliothèque Nationale, Carrés de d'Hozier, Vol. 246, P. 66. — Du 6 aout 1728 provisions de l'office de conseiller non originaire en la cour et grand chambre du parlement de Bretagne.... « à son cher et bien amé Jacques D. A. de Farcy de Cuillé, avocat au parlement en consideration des services du seigneur de Cuillé son père et sur le refus que Thomas Galbaud de la Barrière avoit fait de s'en faire pourvoir sur la nomination de la veuve de Jean Paul Hay des Nétumières, dernier titulaire dudit office *signées* Louis. Registrées en la chambre des comptes le 8 novembre et au bureau des finances le 9. »

Originaux. — *1735.* — Lettres d'affaires signées de Cuillé et scellées en cire rouge.

Bibliothèque Nationale, d'Hozier. — *17 Février 1736.* — Lettre signée L. A. de Bourbon. « Je vous envoie, Monsieur, les lettres patentes qui vous commettent commissaire pour achever la relformation du duché de Penthieuvre ; vous y verrez les intentions du Roy marquées et je ne doubte que vous n'en fassiez usage dans les occasions parce qu'enfin il est indispensable que cette relformation s'achève pour me mettre en état de rendre adveu et dénombrement que je dois au Roy et que je ne puis rendre sans cela. Soyez toujours bien persuadé, Monsieur, de l'estime particulière que j'ai pour vous. »

Titres de la Villedubois. — *11 Octobre 1736.* — Lettres du Roi adressées de Versailles à M. de Cuillé.... « connoissant combien votre personne pourra nous estre utille en cette occasion (la réunion des Etats de la province) pour en qualité de second commissaire aider à faciliter l'effet de ce qui se proposera de notre part en l'assemblée desdits états et par égard aux services importants que vous nous avez rendus dans ce même employ avec beaucoup de zèle et d'affection, et dans toutes les autres occasions qui se sont présentées. Pour ces causes, nous vous avons commis, ordonné, député.... pour en ladite qualité de second commissaire vous rendre en la ville de Rennes au jour susdit.... avoir entrée et séance et vous y employer et entendre aux délibérations qui y seront proposées. »

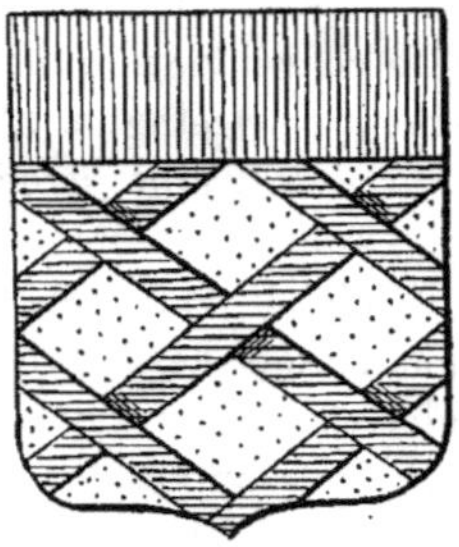

DE BAHUNO
de sable au loup passant d'argent surmonté d'un croissant de même.

XIXe DEGRÉ.

Jacques-Gabriel-Annibal de FARCY, chevalier, dit le marquis de Cuillé, seigneur de Gastines, Vigré, Tresseaul, La Noster, Bresséant, coseigneur de la châtellenie de Bressilien [1], né le 31 janvier 1724, avocat, puis conseiller non originaire au parlement de Bretagne le 24 décembre 1746, président à mortier le 16 novembre 1656, conseiller du Roi en tous ses conseils en 1758, commissaire du Roi aux états de Bretagne en 1786, épousa, le 25 août 1747, demoiselle Catherine-Françoise-Jeanne de BAHUNO, fille de Mre Jacques de BAHUNO, écuyer, seigneur de Kerollain et la Démiéville et de Jeanne de BAUD [2] de Bresséant.

Il se trouva mêlé à toutes les luttes du parlement de Bretagne, au sujet des privilèges de la province et fut plusieurs fois exilé en son château de Cuillé. Le 6 avril 1765 le parlement refusa d'enregistrer d'office les deux sols pour livre ; le 22 mai, soixante-seize membres du parlement donnèrent leur démission et furent exilés le 12 no-

1. Tresséaul, commune de Plounerez-Porzay.
2. De Baud, *d'azur à 10 billettes d'or, posées, 4, 3, 2 et 1.*

vembre, mais le 9 juillet 1769, ils furent tous rappelés et rentrèrent solennellement le 15.

Le 2 juin 1788, au moment même où l'on signifiait aux membres du parlement des lettres de cachet, les magistrats avertis tentaient de se rendre à l'hôtel de Cuillé, situé au bas de la place de la Motte[1]. « Plusieurs, surpris par cette alerte, arrivent les uns en robe les autres en *chenille*, d'autres... se faufilent par des portes dérobées, quelques-uns descendent par les fenêtres au moyen d'échelles, des amis leur apportent leurs robes et leurs rabats. Ils s'assemblent dans le grand salon de l'hôtel et attendent leurs collègues... » mais la troupe cerne l'hôtel ; « des magistrats essaient encore de pénétrer mais la porte est fermée ; ils se déguisent alors et n'écoutant que leur zèle, ils font un détour, saisissent des échelles, escaladent les murs et parviennent enfin au milieu de leurs confrères... » Ils étaient alors réunis au nombre de 60 environ et prennent séance dans le grand salon... Mr de Melesse, grand prévôt de la maréchaussée, vient signifier 58 lettres de cachet. Après de longs pourparlers, la troupe reçoit ordre de se retirer. Le doyen de la noblesse vient complimenter la cour qui décide de lever la séance. « Les magistrats remercient avec effusion le président de Farcy de Cuillé qui avait montré pendant toute la séance un zèle et un courage admirables. Non seulement il avait offert au parlement son hôtel au risque d'être arrêté, mais durant cette journée où sa demeure était restée cernée, assiégée par les troupes, il ne s'était pas ému un instant... » Une autre séance eut encore lieu à l'hôtel de Cuillé le lendemain et on déposa sur le bureau les 58 lettres de cachet reçues durant la nuit. On sait que le parlement fut réellement dissous après la séance du 6 juin à laquelle assistèrent seulement dix-neuf membres, tous les autres étant en exil ou retenus prisonniers dans leurs demeures.

Deux ans plus tard, la révolution éclatait. Il fut nommé à l'unanimité président de l'assemblée primaire de Cuillé; mais bientôt,

1. Cet hôtel existe encore. — Voir Barthélemy Poquet, *Les origines de la Révolution en Bretagne,* T. I, P. 156 à 194.

malgré sa bonté et les services rendus il vit son château pillé, brûlé; lui-même fut grossièrement insulté. Il se retira alors à Rennes où il vécut ignoré pendant la tourmente révolutionnaire.

On rencontre fréquemment des plaques de cheminées à ses armes timbrées d'une couronne ducale avec le manteau et le mortier de président.

Il mourut avant l'an IX (1800), laissant cinq enfants: 1° Annibal, 2° Emilie, 3° Pauline, 4° Julie et 5° Thérèse.

Etat civil Cuillé. — Le 31 janvier 1724 ondoiement d'un enfant masle.... Le 14 mai 1731 baptême de Jaques Gabriel Annibal.... parain Mre A. A. de Farcy de Cuillé, maraine Marguerite E. de Farcy ont signé de Farcy de Pontbriand, A. A. de Farcy de Cuillé, de Farcy du Roseray, Emilie du Breil de Pontbriand, Pélagie de Farcy, Julie de Farcy, Auguste F. A. de Farcy diacre, Annibal J. G. de Farcy, Théodore de Farcy, Jaques D. A. de Farcy de Cuillé, J. de Farcy prêtre.

Titres du Roseray. — *6 Avril 1743.* — Reçu de 864# pour droits de la charge de conseiller.

Id. — *9 Décembre 1743.* — Provisions de la charge de conseiller au parlement de Bretagne... « Les témoignages avantageux qui nous ont été donnés de la personne de notre cher et bien amé Jacques D. A. de Farcy de Cuillé, avocat en parlement, nous ont fait espérer qu'il remplira avec zèle et fidélité l'office de conseiller non originaire en notre cour du parlement de Bretagne à l'imitation de ses père et ayeul conseillers en notre dite cour de parlement. » — Le 24 décembre 1746 reception comme conseiller.

Etat civil Hennebont. — Le 25 aout 1747, après les bans.... Je soussigné Auguste François Annibal de Farcy de Cuillé evêque de Quimper comte de Cornouaille, conseiller du Roy en ses conseils oncle paternel dudit contractant.... ay interrogé les susdits Mre Annibal J. G. de Farcy chevalier seigneur de Tresseault et demoiselle Catherine F. J. du Buhuno dame de Kerolain, ay pris leur mutuel consentement et les ay solennellement conjoint en mariage.... et leur ay administré la bénédiction nuptiale.... en présence des soussignés Catherine F. J. du Bahuno de Kerolain, A. J. G. de Farcy de Tresseault, J. D. A. de Farcy de Cuillé, Jourdain de Kerolain du Bahuno, de Penvern Charlote Françoise, Julie Olympe de Farcy de Cuillé, Paule du Bahuno de Bresséan, du Bouetiez de la Bevaye, de la Villelais de Kernain, Céleste du Perenno de Penvern, Hardouin du Plessix, Couissen de la Bevaye, Eulalie Mauduit de Kerleau, d'Orléans de Rothelin, du Perenno de Penvern, Geoffroy de la Ville Amelin, du Bahuno de Kerolain, du Bahuno du Liscouet, La Bévaye Mauduit du Plessix, Mauduit de Kerolain, Saint Martin de Lantivy Talhouet, Doudart des Hayes.... Auguste F. A. evêque de Quimper, Hyacinthe Sivoys, curé.

Titres de la Villedubois. — *1764-1765.* — La part de bénéfices du président de Cuillé dans les forges de Bressilien s'éleva à la somme de 21627# 3 s. 8 d.

Titres Frain. — En 1773 le président de Cuillé est cité parmi les officiers non liquidés du parlement de Bretagne, il possédait trois charges.

Originaux. — *Octobre 1771.* — Lettre au duc de Fitzjames. « Avant de partir pour Cuillé ma campagne permettes que j'ai l'honneur de vous demander si vous voulez me permettre de me rendre auprès de M. Levêque de Quimper mon oncle qui est très incommodé depuis un mois ; je ne demande cette permission qu'au cas qu'il se trouve plus dangereusement malade, il est à sa campagne près Quimper, je serois obligé de passer par Rennes pour aller chez lui, je promets parolle d'honneur, Monsieur le Duc, de ne faire autre sejour à Rennes que d'y coucher et de n'y voir personne.... » — *16 Février 1772.* — Lettre demandant la même permission « la santé de M. de Quimper étant de jour en jour plus mauvaise.... qu'il me soit permi aussi d'aller voir la marquise de Cœtlosquet ma fille et de vacquer aux affaires que j'ay dans les terres scituées dans le même pais.... si je passe à Rennes.... je puis vous assurer que vous ny entendrez point faire de plainte de moi.... » — *27 Octobre 1773.* — Lettre pour demander d'aller visiter ses terres « il y a deux ans que je suis exilé dans ma terre de Cuillé en Anjou tous mes autres biens ont été nécessairement très négligés. » — *26 Juin 1774.* — Lettre pour obtenir une prolongation « le terme fixé par ma lettre de cachet expirera le 20 du mois prochain mais mes affaires ne sont pas terminées non plus que celles que j'ay dans mes forges à 8 lieues de Rennes.... afin qu'ayant fini mes affaires dans mes terres éloignées de Cuillé, lieu de mon exil, je puisse y retourner vivre dans la paix et la tranquillité seul bien que je désire. *Signé* DE CUILLÉ ancien président à mortier du parlement de Bretagne. » *Scellé cire rouge.*

Pouillé du diocèse d'Angers, 1783, P. 155. — Il était présentateur de la chapelle du chateau de Cuillé et de celle des Rochers.

Titres du Roseray. — *18 Janvier 1785.* — Lettre de M. de Cuillé à Mme de Farcy du Roseray pour son fils, qui désirait être nommé conseiller au parlement. *Scellé cire rouge.*

Id. — *20 Août 1785.* — Vente par h. et p. s. Mre Jacques G. A. de Farcy chevalier seigneur de Cuillé conseiller du Roy président à mortier à h. et p. s. Mre Charles L. A. de Farcy de la Beauvais, mineur de 25 ans, d'une charge de conseiller au parlement de Bretagne, pour une somme de 14000#; reçus de cette somme. — *1786.* — Certificat donné à M. de Cuillé « pour ce qu'il n'avoit pas déjà vendu sa charge. »

Chronique de Cuillé. — Le 14 mai 1785 présentation de la chapelle du château à J. Bte Le Moine prètre de Cuillé, après le décès de René Vincent Ricard. — *1786.* — Le président de Cuillé confirme la réduction des messes consentie par son grand père en 1705.

Original. — *18 Juillet 1788.* — ....Je suis d'avis de s'assembler à Rennes parce que tout y est tranquil, que le peuple lui mème craint qu'il y ait du tapage parce qu'on a fait courir le bruit que dans ce cas les soldats auroient la liberté de piller partout.... notre assemblée sera bien inutile plus à Vannes qu'ailleurs.... si nous allons à Vannes à l'aide de vos deux chevaux et quatre que j'ay nous pourrions avec six dans ma grande voiture et mener quatre ou même cinq personnes.... Il paroit qu'on a envie de nommer une députation, irons-nous nous présenter sans permission et si nous la demandons serasse au garde des sceaux que nous avons si bien traités à qui nous nous adresserons ; je commence à m'ennuier de l'honneur de ma première présidence, j'espère que cette fois celui qui l'est viendra enfin me rendre le second.... M. de Martigné nous mendoit hier que les parlements de Pau et Grenoble étaient rentrés, avoient fait leur marché avec les ministres.... on n'est pas content à Paris qu'ils aient abandonnés les autres parlements ou le reste de la patrie.... On m'adressera de Paris du chocolat à l'hotel de Pontfarcy, voulez-vous bien le recommander.

Titres du Roseray. — Le 14 janvier 1789.... « Je vous fais part à vous et à M. du Roseray du mariage de ma petite fille du Cœtlosquet avec Mr de Kerolain, mon neveu, officier de dragons, jeune homme riche et qui a toujours eu la conduite la plus rangée. Je vous demande votre amitié pour les deux futurs. C'est une affaire pour le commencement du carême quand S. S. aura envoyé de Rome certains brinborions de papier qu'il fait acheter très cher.... »

De la Roque, Catalogue des Gentilshommes d'Anjou, P. 8. — Il fut convoqué aux états généraux de 1789 et se fit représenter par un de ses voisins, Louis-Joseph-François du Buat seigneur de la Subrardière.

Chronique de Cuillé. — 1790. — Jacques A. de Farcy seigneur de Cuillé et dame Renault de Saint Aignan, représentant Françoise Marie du Guesclin, dame de la Roberie, duchesse de Gesvres, nomment la plus grosse cloche de Cuillé ; Magloire du Cœtlosquet et Catherine du Bahuno la seconde.

Id. — 1er Avril 1790. — Engagement de verser en 3 paiemens une somme de 3000# pour sa « contribution aux besoins de l'état. »

Id. — 8 Novembre 1790. — Les gardes nationales de Gennes se présentent à Cuillé pour effacer de l'église et du chateau les armoiries malgré les protestations de la municipalité elles se portent au château et y trouvent deux petits canons que les personnes de 70 ans ont toujours vus sur la terrasse et qui ne servaient qu'à certains jours de fête, ce qui leur parut un abus, mais la municipalité rassurée par le patriotisme de M. de Farcy de Cuillé qui a fait un don patriotique proportionné à ses facultés, qui a tellement merité la confiance de tout le canton qu'il a été à l'unanimité des voix nommé president de l'assemblée primaire et prèté le serment en pareil cas requis aurait regardé comme une injure non méritée l'enlevement des deux canons faite en sa présence par les détachements fédérés cy dessus nommés.

Id. — *30 Décembre 1791.* — Opposition à la vente du temporel de la chapelle de Lourgail qui est un bénéfice *castral*.

Revue du Maine, T. XXIII, P. 78. — « Le 25 juin 1791 avait lieu à Cuillé une foire, dès le matin des bruits sinistres circulèrent dans la foule : on devait mettre le feu au château.... aussi les alarmes des domestiques furent extrêmes. Sellier le regisseur fit transporter dans un taillis voisin les objets mobiliers les plus faciles à deplacer.... et alluma sur l'autel de la chapelle des cierges bénits... vers onze heures deux femmes inconnues dévastèrent les orangers des parterres et s'en allèrent distribuer les branches à la foule qui bientôt envahit les jardins et la cour en demandant à boire ; les domestiques furent menacés et contraints de quitter la place. Un homme de la Celle Guerchoise, aidé de plusieurs autres, sortit une grosse tonne de cidre et la mit en perce au milieu de la cour.... les fumées de l'orgie ayant mis le comble à la surexcitation des envahisseurs le désordre n'avait plus de bornes, on brisait les meubles ou on les jetait par les fenêtres. Vers six heures on amassa des matières combustibles au milieu du grand salon et on y mit le feu à l'aide d'un des cierges de la chapelle. Quelques hommes de cœur essayèrent en vain d'éteindre l'incendie, ils durent reculer devant les flammes et les menaces des forcenés. La garde nationale arriva trop tard.... ce qui restait de pillards prit la fuite en toute hâte. On ne put en arrêter que sept la plupart ivres et nantis d'objets volés....

Le procès verbal de la descente judiciaire opérée le 26 juillet par les magistrats du district de Craon permet de se rendre un compte exact de l'étendue du désastre. Le corps de bâtiment principal qui comptait 142 pieds en longueur et 32 en largeur était entièrement brûlé. Il en était de même de l'aile orientale en retour du nord au midi, longue d'environ 100 pieds et de la chapelle qui était à l'extrémité occidentale ; les écuries seules furent préservées à grand peine. Les intérieurs étaient remplis de débris jusqu'à la hauteur de 7 à 8 pieds par endroits. Cette masse énorme de décombres fumait encore après un mois. Les têtes des cheminées se dressaient seules au dessus des murs découronnés et chancelaient au souffle du vent.... La justice avait à rechercher et punir les incendiaires. Le nombre des accusés saisis le 25 juin et jours suivants s'élevait à 25, mais 17 furent relâchés faute de preuves. La culpabilité des huit autres était démontrée. Malheureusement ils profitèrent du décret d'amnistie voté le 14 septembre 1791 et ils sortirent impunis de leur prison. Mr de Pontfarcy[1] obtint pour toute satisfaction de rentrer en possession des épaves de son mobilier qui avaient été recueillies aux mains des voleurs et déposées au greffe du tribunal comme pièces à conviction !....

Chronique de Cuillé. — 18 Janvier 1792. — M. de Farcy étant au château à donner des ordres deux quidams voulurent passer à travers la cour du chateau disant insolemment qu'ils étaient tous égaux et frappèrent en même temps M. de Farcy de deux coups de baton, celui-ci riposta d'un coup de canne qui atteignit l'agresseur à l'œil. Le procureur demanda une enquête ayant l'air (sic) de plaindre M. de Farcy et ce fut tout ! !

Archives de la Mayenne. — Le 4 Nivôse an IX (25 Décembre 1799). — Main levée aux héritiers Jaques A. F. Farcy de Cuillé et Catherine F. J. Bahuno, et partages des biens comprenant les terres de Cuillé, Gastines, La Noster, Tresséaul (Finisterre) et Bresséant (Morbihan).

1. C'est par erreur que MM. Duchemin et Triger appellent le propriétaire de Cuillé « M. de Pontfarcy, » il n'était pas de cette branche.

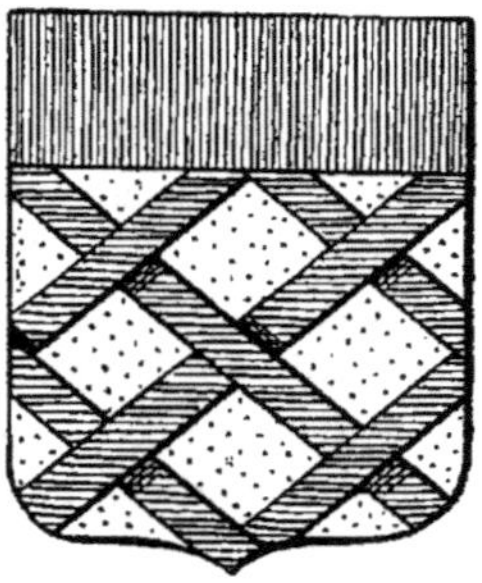

1° Annibal-François-Fortuné de FARCY, né le 1er juin 1748, mort le 4 janvier 1758. XXe DEGRÉ.

Etat civil Rennes. — Saint-Jean. — Le 1er juin 1748 ondoiement d'anonyme fils de.... né de ce jour....

Id. Cuillé. — Le 22 décembre 1750 baptème par Auguste F. de Farcy de Cuillé evêque de Quimper.... de Annibal F. F. de Farcy fils.... né le 1er juin 1748 et ondoyé le même jour. parain A. A. de Farcy de Cuillé, maraine Jeanne Françoise Jourdain de Kerolain.

Etat civil Rennes. — Saint-Germain. — Le 5 janvier 1758 le corps d'écuyer Annibal F. F. de Farcy de Cuillé fils de h. et p. s. M[re].... agé d'environ 9 ans et demi décédé d'hier près la rue Saint Germain, a été inhumé dans le cimetière.

2° Emilie-Françoise-Agnès, née le 17 juin 1751, mourut jeune.

Etat civil Rennes. — Saint-Pierre. — Le 17 juin 1751. Emilie F. A. fille de.... né de ce jour.... parain François Jacques Fortuné du Bahuno de Kerolain, maraine dame Emilie de Farcy de Cuillé dame de Pontbriand....

DE GUICHARDY
d'hermines à 5 fusées de gueules rangées en fasce, celle du milieu chargée d'un besan d'argent.

3° Julie-Sainte-Isidore, née le 22 octobre 1753, épousa le 27 mars 1773, dans la chapelle du château de Cuillé, Messire Guillaume-Marie-René de GUICHARDY, chevalier, seigneur de Martigné, du Rocher, du Port, de la Roche, de Launay, de l'Aigle et de Casso, mousquetaire de la garde du Roi en sa deuxième compagnie, fils de Guillaume de GUICHARDY, chevalier, seigneur du lieu, conseiller au parlement de Bretagne et de Marie-Anne de MONTAUDOUIN[1].

Etat civil Rennes. — Saint-Pierre. — Le 23 octobre 1753 Julie S. I. fille... née d'hier....

Id. — Saint-Martin. — Le 13 décembre 1772 promesse de mariage faite par h. et p. s. Guillaume M. R. de Guichardy.... et la demoiselle Julie L. I. de Farcy.

Id. Cuillé. — Le 27 mars 1773 après les publications.... en la chapelle du château de Cuillé.... avons reçu le mutuel consentement des parties et donné la bénédiction nuptiale à.... demeurant à Paris à l'hotel des Mousquetaires paroisse de Sainte Marguerite d'une part et.... en présence de h. et p. s. Marc du Cœtlosquet chevalier marquis du Cœtlosquet, de h. et p. d. Pauline A. P. de Farcy marquise du Cœtlosquet son épouse, sœur de la mariée, Therèse A. S. de Farcy de Cuillé autre sœur, de h. et p. s. François, chef de nom et d'armes de Bahuno chevalier seigneur comte

1. De Montaudouin, *d'azur à un mont de six coupeaux d'or, mouvant de la pointe de l'écu.*

de Kerolain, oncle maternel, Anne Josephhe de Bahuno comtesse de Kerolain, cousine du 3e au 4e degré, Mre René Doudard chevalier seigneur des Hayes, cousin du 4e au 6e degré du coté paternel.... et ont tous signé excepté le comte de Kerolain qui a dit ne pouvoir signer étant affligé de la goutte à la main droite.... du Breil de Cuillé, de Farcy de Cuillé, de Farcy du Cœtlosquet, Sevère de Farcy de Cuillé, de Bahuno de Kerolain, Pauline de Kerolain du Cœtlosquet, du Cœtlosquet du Dresnay, du Bouetier du Buat, Sidonie de Ruis, de Ruis d'Arcy du Cœtlosquet, de Farcy du Roseray, Doudard des Hayes, du Plessis d'Argentré, du Dremay, le chevalier du Plessis d'Argentré, du Buat, la Briffe de Préaux.

Id. Cuillé. — 7 Septembre 1783. — Mort de Fréderic de Guichardy décédé au chateau de Cuillé agé de 5 ans.... « Il mourut étranglé par un Saint Esprit en verre qu'il avoit avalé et fut le premier enterré dans le nouveau cimetière donné par le président de Cuillé.... »

Chronique de Cuillé. — 1790. — A. de Farcy de Cuillé et Isidore de Farcy dame de Martigné nomment la 3e cloche.

Archives de la Mayenne. — Le 4 Messidor an VIII (23 Juin 1800). — Julie Sainte Isidore de Farcy, femme Guichardy-Martigné, Isidore Gabrielle Marie sa fille, inscrites sur la liste des émigrés.

DU COETLOSQUET
de sable billeté d'argent au lion morné de même, brochant sur le tout.

4° Pauline-Anne-Pélagie, née le 20 mars 1750, épousa le 10 mars 1767 Messire Marc-Sezny-Marie-Guy du COETLOSQUET, chevalier, marquis dudit lieu, seigneur de Ranvelin, fils de Michel-Yves du Coetlosquet, écuyer, seigneur de Kerannot, et de Marie-Elisabeth Le Pape[1] de Kerimini.

Il mourut à Paris le 17 juin 1780 et fut inhumé à Saint-Sulpice. Sa femme était morte dès le 1er avril 1775, laissant plusieurs enfants.

Etat civil Rennes. — Saint-Aubin. — Le 20 mars 1750 Pauline A. P. fille légitime de..... née d'aujourd'hui a été baptisée et tenue sur les fonts par les procureurs de Mre Jacques D. A. de Farcy chevalier seigneur de Cuillé et de dame Pauline du Bashuno épouse de Mre Jean Toussaint de Pluvié chevalier, seigneur de Ménouarn...

Id. — St-Martin et Cuillé. — Le 10 mars 1767, mariage célébré par l'évêque de Quimper, de Marc-Sezny-Guy-Marie du Coetlosquet chevalier seigneur de Ravelin fils mineur de Michel-Yves-Marie du Coetlosquet chevalier seigneur de Kerannaut et de Elisabeth-Renée Le Pape de Kermini, paroissien de Saint-Martin de Morlaix et de Pauline-Anne-Pélagie de Farcy, fille de Jacques G. A. de Farcy de Cuillé, conseiller du Roy en son conseil et président à mortier.... ont signé François de Bahuno seigneur de Kerolain, chef de nom et d'armes, Alexis du Plessis d'Argentré, Marie-Jacques de Bahuno seigneur et marquis du Liscouet, Isidore de Farcy de Tresséaul, René de Farcy, Sevère de Farcy, Coetlogon du Liscoet, Rogon de Carcaradec, le chevalier de Carcaradec, Carcaradec de Villeguesée, Doudard des Hayes, la Briffe de Préaux, Mlle de Gourio....

Chronique de Cuillé. — En 1772 le marquis du Coetlosquet et sa femme nomment une cloche.

Etat civil Rennes. — Saint-Pierre. — Le 2 avril 1775, h. et p. dame Pauline A. P. de Farcy de Cuillé épouse de h. et p. s. Marc G. S. M. du Coetlosquet, chevalier marquis dudit lieu décédée hier en son hôtel portes de Saint-Georges munie des sacrements nécessaires à salut et son corps a été ce jour inhumé dans cette paroisse.

1. Le Pape, *d'argent à la corneille de sable becquée, membrée de gueules, transpercée d'une lance de sable posée en barre.*

Archives de la Mayenne. — 4 Nivôse an IX. — Deux de leurs enfans étaient inscrits sur la liste des émigrés.

DE RAVENEL *de gueules à 6 étoiles d'or soutenues chacune d'un croissant de même, posées en pal 3 et 3, une 7e étoile de même en pointe de l'écu.*

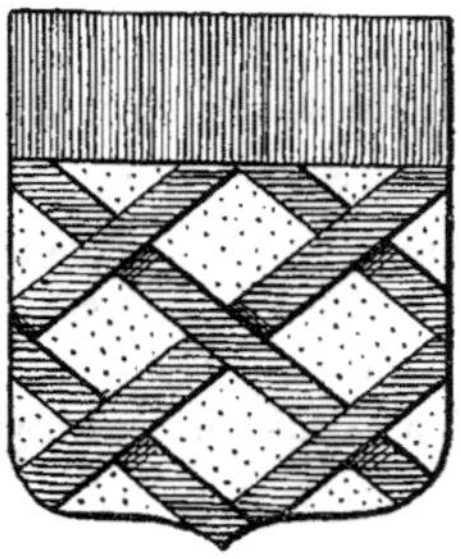

5° Thérèse-Auguste-Sevère de Farcy, née le 9 juin 1755, devenue par la mort de ses sœurs aînées dame de Cuillé, épousa, par contrat du 14 janvier 1777, Messire Balthazar-Auguste de Ravenel, chevalier, seigneur du Boisteilleul, conseiller au parlement de Bretagne, fils de Théodore-Jean-Baptiste de Ravenel, chevalier, seigneur du dit lieu, conseiller au parlement de Bretagne, et de demoiselle Jeanne-Marie-Françoise Le Mintier[1] des Granges, dont entr'autres enfants une fille Isidore-Catherine-Théodore, dame de Cuillé, épouse de Pierre de Moncuit[2], officier dans le train des équipages militaires, dont descend le possesseur actuel du château de Cuillé.

Etat civil Rennes. — Saint-Pierre. — Le 9 juin 1755, Thérèse-Auguste Sevère fille.... née ce jour, parain Mre Annibal F. A. de Farcy évêque de Quimper... maraine dame Therèse Fortunée du Bahuno dame de Pennevern.

Id. — Rennes. — Saint-Etienne. — Le 14 janvier 1777, nous Messire Esprit-Félicien-Casimir de Ravenel du Boisteilleul, prêtre vicaire général du diocèse de Quimper avons donné la bénédiction nup-

1. Le Mintier, *de gueules à la croix engreslée d'argent.*

2. De Moncuit, *parti au 1er de gueules à 7 étoiles d'argent posées 2, 2, 2 et 1, alternées de six croissants de même, au 2e d'argent à 7 hermines de sable posées 2, 3 et 2.*

tiale à Messire Balthazar-Auguste de Ravenel fils mineur d'aage de haut et p. s. Mre Théodore-Jean-Baptiste de Ravenel chevalier du Sr Boisteilleul conseiller au parlement de Bretagne et de h. et p. dame Jeanne-Marie Le Mintier des Granges.... et à demoiselle Thérèse A. D. de Farcy fille mineure d'age de h. et p. s. Mre Jacques... la cérémonie faite dans la chapelle de la Cité....

Archives de la Mayenne. — 4 Nivôse an IX (25 Décembre 1799). — Mainlevée des biens de Jacques-Annibal Farcy de Cuillé et de Catherine-Françoise-Jeanne Bahuno partagés entre leurs heritiers et la nation héritière des deux Coetlosquet, de M^e^ et Mlle de Guichardy, inscrits sur la liste des émigrés. Ces biens comprenaient les terres de Cuillé, Gastines, Lanoster, Tresséaul et Bresséant.

RAMEAU DU ROSERAY

Jacques de Farcy, chevalier, seigneur du Roseray, de la Trosnière, (deuxième fils de Charles, seigneur de Cuillé et du Roseray), servit dans le ban de la noblesse d'Anjou en qualité de brigadier en 1689, de maréchal des logis en 1693 et de lieutenant-commandant en 1696. En cette qualité il passa une revue à Soubize le 8 mai 1697. Il avait épousé : 1° le 8 mai 1677, demoiselle Isabelle Pineau[1], fille de n. h. Paul Pineau, écuyer, seigneur de la Trosnière, et de Renée Amproux[2]; elle mourut en couches en 1693; 2° le 4 mai 1695, demoiselle Renée-Paule d'Andigné[3], fille de Philippe d'Andigné, chevalier, seigneur des Escotais, et de Guillemette Boisard[4]. XVIe Degré. (V. p. 414).

Il fut maintenu dans sa noblesse par arrêt du Conseil, le 2 septembre 1704 (V. p. 25) et mourut en octobre 1719, laissant du pre-

1. Pineau, *d'argent à 3 fasces de gueules, au franc canton d'azur chargé de 3 fusées d'or posées en fasce.*

2. Amproux, *de sinople à 3 larmes d'argent, 2 et 1.*

3. D'Andigné, *d'argent à 3 aigles de gueules becquées, membrées d'azur, 2 et 1.*

4. Boisard, *d'azur à 3 colonnes d'or, 2 et 1.*

mier lit neuf enfants : 1° Jean, 2° Paul, 3° Charles, 4° Jacques, 5° Pierre, 6° Jean-Jacques, 7° Marguerite, 8° Louise, 9° Marie et du second : 10° N. et 11° Marie.

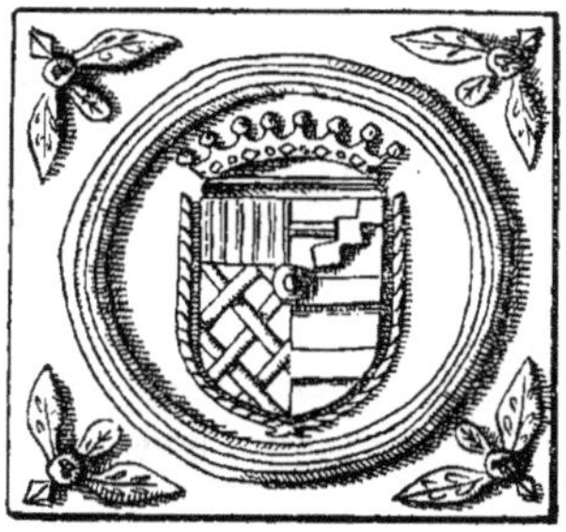

On conserve au château du Roseray un panneau de bois sculpté, provenant sans doute du milieu d'une armoire. Les armes parties de Farcy et Pineau, sont surmontées d'une couronne de comte. Le tout est très médiocrement exécuté.

Titres du Roseray. — *8 Mai 1677.* — Contrat de mariage de Mre Jacques de Farcy seigneur de la Carterie... et demoiselle Isabelle Pineau fille unique et seule heritière de n. h. Paul Pineau seigneur de la Trosnière, intendant des affaires de madame la duchesse de Rohan et de Renée Amproux sa femme.... Elle reçoit en avancement de leur droit successif la maison noble, fief et seigneurie de la Trosnière et lui la terre du Roseray consistant en maisons, cours closes de murailles, jardins, avenue, prairie, boys, taillis, métairie, closerie, rentes de bled, d'avoine, chapons et argent.... On leur promet de les loger gratuitement avec leurs domestiques et chevaux en la maison de Cuillé et de leur donner ensuite des meubles honestes pour y garnir une chambre et iceux faire transporter en la maison du Roseray où il feront cy après leur demeure... fait et consenty au château de Blein... ont signé.... François de Farcy, Charlotte Pineau, François Morel, Marguerite Farcy, Anne et Madeleine Gandon, Diane de Lestoc, la Massais, Pompietin, Henry Pineau, René Gouret, René de Farcy,

Jacob Pineau, Henri de Portebize, L. Fleury, Ravenel, Pierre le Prince, Claude-Charlotte Farcy, Madeleine du Puy, Ester de Vay, Louise et Marguerite Pineau, Léa et Suzanne du Boisguiheneuc, Suzanne Le Noir de Vassault, Catherine-Françoise de Farcy, Suzanne Pélisson, Anne de la Place, Françoise d'Héligand, Marguerite Ravenel.... Lorieux et Rivière, notaires royaux du marquisat de Blein.

Id. — Le 9 mai 1677 a été célébré mariage en l'église de Blein qui se recueille au Pontpietain entre Mre Jacques de Farcy.... et demoiselle Isabelle Pineau.... les dites parties étant l'une et l'autre en l'age de minorité, presents, Mre François de Farcy seigneur de Cuillé frère du marié et Henry Pineau écuyer seigneur de Trémar, sénéchal de Blein, cousin de la mariée.... Philippe Le Noir, ministre à Blein.

Id. — Le 15 novembre 1685 certificat d' « abjuration des hérésies de Calvin » de Jacques, sa femme et son fils ainé entre les mains d'Esprit Fléchier nommé à l'évesché de Lavaur.... ont signé Esprit FLÉCHIER nommé à levesché de Lavaur, le duc de Chaulnes, C. F. de Guénegaud.

Id. — Le 5 janvier 1686, id. par Henri Arnaud evêque d'Angers. *Signé, scellé.*

Id. — 23 septembre 1689 certificat de Louis François Servien marquis de Sablé et Boisdauphin délivré à Jacques de Farcy chevalier seigneur du Roseray, brigadier de la noblesse d'Anjou. *Signé et scellé.*

Id. — *16 Mars 1691.* — Permission de l'evêque d'Angers de faire bâtir une chapelle au château du Roseray.

Id. — *19 Mai 1691.* — Accord avec ses frères et sœurs pour les successions de leurs père et mère, Berthelot devant notaire.

Id. — *24 Décembre 1691.* — Ordre des maréchaux de France de comparaitre devant M. d'Autichamp, commandant à Angers pour une affaire d'honneur avec M. de Vallière.

Id. — *5 Mai 1693.* — Devant Louis Boyleve seigneur de la Gillière conseiller du Roi, lieutenant général en la sénéchaussée d'Anjou, commissaire pour S. M. pour la convocation du ban et arrière ban de la noblesse d'Anjou a comparu en personne Jacques de Farcy écuyer seigneur du Roseray.... agé de 35 ans, lequel nous a déclaré n'avoir aucun fief en ce ressort, qu'il marcha à l'arrière ban de 1689 où il fut nommé premier brigadier, que dans l'année dernière il fut encore nommé pour servir et se mit en équipage, au moyen de quoi demande a etre déchargé du service qu'il doit à S. M.... et depuis a déclaré que quoiqu'il soit exempt neanmoins le zèle qu'il a pour le service du Roi, il offre marcher cette campagne et se mettre en équipage. *Signé* BOYLESVE.

Id. — *19 Septembre 1693.* — Certificat du marquis de Senonnes pour attester sa presence au ban d'Anjou.

Id. — *19 Février 1694.* — Assignation pour assister à la nomination d'un tuteur aux mineurs de René de Farcy et de Charlotte Levesque, et à ceux de Jean de Farcy de Mué et Suzanne de Ravenel.

Etat civil Angers. — *La Trinité.* — Le 4e jour de mai 1695 ont été admis à la bénédiction nuptiale par nous chanoine curé soussigné, Mre Jacques de Farcy chevalier seigneur du Roseray veuf de dame Jeanne Pinault.... et demoiselle Renée Paule d'Andigné fille majeure.... sans opposition venue à notre connoissance le tout en présence de Mre Charles du Rateau chevalier et Hilaire de Guette écuyer seigneur du Pontgilbert.... de demoiselle Henriette de Lespinay.... *Signatures.* Dolbeau, curé.

Titres du Roseray. — *10 Mai 1696.* — Déclaration pour le ban, il lui est accordé 100# d'aide.

Id. — *13 Mai 1696.* — « Vous voulez bien que je vous donne avis que M. le marquis de la Varanne lieutenant général de la province vous a nommé pour servir cette année à l'arrière-ban : Ayez donc agréable de vous mettre en équipage pour vous trouver le 29 de ce mois à Saumur pour partir le 30 pour aller à Saint Jean d'Angely. Vous trouverez à Saumur une route.... Je suis.... *Signé* BOYLESVE *et scellé. Au dos*, Pour les affaires du Roy à M. de Farcy du Roseray à Ballots.

Id. — *Juin 1696.* — Nomination de brigadier de la noblesse d'Anjou par 45 gentilshommes. *Signatures.*

Id. — *16 Juin 1696.* — Supplique du sieur de Farcy au maréchal de Tourville pour être maintenu maréchal des logis. — Ordre du maréchal de le reconnaitre comme lieutenant. *Signé, scellé.*

Id. — *20 Juin 1696.* — Certificat du même. *Signé, scellé.*

Id. — *31 Juillet 1696.* — Lettre de M. de Farcy à M. de Miromesnil pour obtenir des secours. « Monseigneur, je prends la liberté de vous envoyer une revue que j'ai faite conjointement avec le commissaire et le contrôleur de l'escadron des gentilshommes d'Anjou que j'ai l'honneur de commander en l'absence de M. de Senonnes, depuis deux mois, vous y verrez bien des absens dont la plus grande partie a esté obligée de s'en aller faute d'argent. Je suis allé deux fois à Tours pour representer à M. l'Intendant l'impossibilité où estoient la plus part de ces Messieurs de servir s'ils nestoyent aydés. Il avoit ordonné qu'il leur seroit donné des contributions qui devoyent estre levées (sur les) veuves, invalides et gens tenans fiefs mais Messieurs les lieutenants généraux ne les ayant point faict payer la pluspart ont esté obligés de se retirer après avoir mangé le sy peu d'argent qu'ils avoyent pu tirer de chez eux autrement il leur eut fallu vandre leurs chevaux et équipages pour subsister, d'autres ont été faire un tour chez eux sur l'advis qu'ils ont eu que la gresle y avoit faict de grands désordres mais ils rejoindront incessamment. Les exemptions de la ville d'Angers nous font grand tor car tous les gentilshommes les plus accomodés et qui seroient le plus en estat de soustenir les despances qu'il convient faire au ban sy retirent pour estre exempts de sorte que le tout roule sur une troupe de misérables que nous sommes qui n'ayant pas le moyen de vivre en ville sommes obligés de vivre à nos campaignes et ainsy de marcher fort souvent ; pour moy qui suis un cadet chargé de sept enfans, de cinq fois que le ban a marché, voyez la troisième que je sers, la première en qualité de premier brigadier, la seconde maréchal des logis, et celle-cy de lieutenant, et j'ay le malheur qu'il n'y ait aucuns gages attribués à cette charge, ce qui m'oblige d'avoir recours à vostre grandeur pour la supplier tres humblement d'avoir elgard à la fascheuse situation où je me trouve d'estre honnoré du commandement et par consequent obligé à faire beaucoup de despence sans aucune retribution M. de Senonnes commandant et M. son fils, cornette, que leurs affaires ont empesché de pouvoir servir cette année et les autres officiers emportant tous les gaiges, il m'est bien dur de voir ces Messieurs tranquilles ches eus à faire leurs affaires estre payés et moy elloigné des miennes fais beaucoup de despence sans oser rien espérer à moins que votre grandeur n'ait elgar à ma juste plainte. Monseigneur le Maréchal de Tourville aura la bonté de vous assurer de l'exactitude et du zèle avec les quels j'ay exécuté les ordres pour le service de S. M. Ce que je continuerai toute ma vie.... Je suis.... *Signé* Jacques DE FARCY. » — Lettre du secrétaire du marquis de la Varenne à ce sujet. — *24 Août*. — Réponse de M. de Miromesnil, intendant de Touraine.

Id. — *20 Juin 1696*. — Lettre du maréchal de Tourville pour le logement des gentilshommes à Soubize et à Moizé.

Id. — *25 Juillet 1696*. — Reveue de la noblesse d'Anjou et pais Saumurois faite à Soubize par nous lieutenant de la noblesse dudit ban le 25 juillet 1696 et conjointement avec M. de Pontmoreau, commissaire nommé par M. les gentilshommes dudit ban.

Officiers presents. — MM. de Farcy, lieutenant, de Lépronnière, maréchal des logis, de Pontmoreau *(de Fouchier*[1]*)* commissaire, du Lys *(Falloux)* controleur.

Brigades du resor d'Angers. Gentilshommes presents. Du Mortier, brigadier, de la Domeris *(de la Chevallerie)*, du Buat-Subrardière par Bodrière, de Lantivy de la Charternais, de Lisle de Madaillan, de Gesté *(du Breil)* par le chevalier de Farcy, de la Barre du Buron, d'Armenonville *(Le Maistre)* par La

1. Les noms en italiques sont ceux des familles qui ne sont désignées ici que par des noms de terres.

Hunne de la Foucherie, de Gibot de Moulineaux, arrivé le mesme jour.

Gentilshommes absents du resor d'Angers, Messieurs, Le Marquis de Senonnes *(de la Mote)*, commandant, par un congé de Mgr le marechal de Tourville. Le marquis de Senonnes, cornette par un congé de Mgr de Tourville, de Volear *(de Saint Jouin)* par Deslandes, de Pierre de la Quierye, de la Hellaudiere Minault, de Lestoille de Lourmois, Prezeau de la Haye, du Boulet Jaret, du Por d'Anthenaise, de la Peirine Gifart, du Plessis de Cosmes *(des Hayes)*, Bouexon de la Guerche, Goulard de la Boulais, Le Malle de Monplan, renvoyé au ban du Blaigois à Parthenay, de Bourgon *(de Montéclair)*.

Brigades du resor de Saumur. Gentilshommes presents. Messieurs de la Georginière *(Rousseau)* brigadier, de Beaugé, Chabot d'Amberre, de Chamalle par Papinière *(de la Grandière)*, du Cazeau, du Boisdavit *(de Montaigu)*, par Mosson, de Prévil par Drouineau, de la Borde par Ligny, Le Jumeau des Perrières, de Lugny par Robergerye, d'Azay Le Prévost, Vigneux du Courtioux *(Binet)*, de la Grange, de Lécurie, de Langle de Chargé, de Vilmenseul *(Bégeon)*.

Gentilshommes absents du ressort de Saumur. Messieurs de Vallière *(Hellaud)*, de la Tremblais Pinpean, de Mondon de la Tramblais, de Bournezeau *(Vergnault)*, de Couabray *(Maubert)* gouteux, de Lugié, des Romans de Félinière.

Brigades de Baugé, la Fleiche, Chateaugontier. Gentilshommes présents. Messieurs de Voisin par Beauvais, de Billon par Folain, de la Fairière Le Clerc, des Chemineaux *(Herbereau)* du Guay du Verger, de Champaigné de Moiré, du Puy-Fretfond *(de Cumont)*.

Gentilshommes absents. Messieurs de Bonétat brigadier, de Marié, de Marsillac, de la Rochehue *(de Domeigné)*, de Saint Ouan, des Cruaux *(Louet)*, de la Vrillère *(Frain)*, de Martigné Villenoble *(de la Génouillerie)* de la Paumelière *(Mabille)*, de Montchauvon *(de la Barre)*, de Valinière, de la Jaille d'Avoine, trésorier, du Plaisis de Turbilly *(Menon)*, de Linières-Bouton *(de Petit-Jean)*, de Quatrebarbes de Fontenailles, d'Ampoigné *(d'Héliand)*, de la Guiterie de Beiranger, d'Alancé, malade.

Nous lieutenant sertifions la reveue si dessus estre véritable et faite à Soubise le jour et an que dessus. *Signé* J. DE FARCY.

Nous commissaire de la noblesse si dessus sertifions la reveue si présente avoir esté faite le jour et an que dessus *signé* DE PONTMOREAU.

Nous controleur de la noblesse si dessus sertifions la reveue presente avoir esté faite en nostre présance le jour et an que dessus, *signé* DU LYS.

Id. — *26 Août 1696.* — Nous lieutenant commandant l'escadron des gentilshommes du ban d'Anjou et pais Saumurois certifions à tous qu'il apartiendra, que M. de Marsillac sert actuellement audit escadron. En foy de quoy nous lui avons signé le present certificat pour luy servir ou besoing sera. Faict en nostre quartier de Saint Jean d'Angelly ce 26 aout 1696. *Signé*, *scellé*.

Id. — *29 Août 1696.* — Ordre du Maréchal de Tourville pour faire rentrer le ban d'Anjou. — *31 Août.* — Lettre de M. de Leperonnière pour fixer les logements. — *10 et 14 Septembre 1696.* — Enregistrement au greffe de Saumur des certificats du maréchal de Tourville pour M. de Farcy.

Id. — *31 Août 1712.* — Lettre de M. Le Govello vicaire général d'Angers pour la bénédiction de la chapelle du Roseray.

Id. — *30 Mai 1717.* — Consentement de M. de Lentivy pour élever une fuie au Roseray.

Id. — *14 Décembre 1719.* — Vente publique des meubles de Jacques de Farcy, à la demande de madame de la Douespe veuve de Charles René de Farcy.

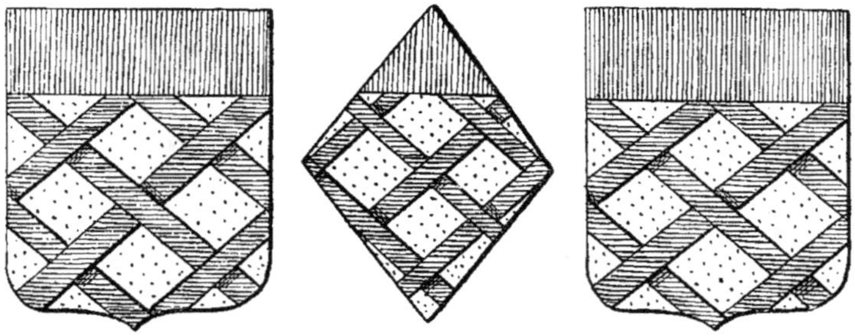

1° Jean de FARCY, mort jeune. XVII° Degré.

2° Paul de FARCY, religieux bénédictin de l'ordre de Sainte-Geneviève en 1702.

Titres du Roseray. — Le 30 juillet 1701 billet de 570# *signé* Paul de Farcy.

Id. — Le 16 mai 1703 quittance de 500# du P. Cornet pour sa pension.

3° Charles-René, qui suit.

4° Jacques-François de FARCY, mort en 1690.

5° Pierre-Daniel de FARCY, mort en 1701.

6° Jean-Jacques de FARCY, chevalier, seigneur de la Trosnière [1], partagé en 1719, se fit prêtre, fut prieur de Cangens et titulaire de la chapelle du lieu, desservie en l'église paroissiale de Laigné, mourut le 21 mai 1740.

Titres du Roseray. — *1709 et 1713.* — Procuration de Charlotte de la Douespe à son beau frère Jean de Farcy pretre au sujet de ses biens du Poitou.

Titres du Roseray. — *1720.* — Charlotte de la Douespe constitue J. de Farcy son beau frère son procureur pour le mariage d'entre Jacques Belot seigneur de Marthou, lieutenant colonel d'infanterie et Louise de Farcy fille majeure.... à present pensionnaire

1. La Trosnière, commune de Brion, canton de Beaufort, arrondissement de Baugé (Maine-et-Loire).

en l'abbaye du Ronceray. — *1722.* — Charlotte de la Douespe constitue à Jean de Farcy qui veut etre promu en l'ordre de pretrise le lieu des Aistres situé au village de la Chevallerie paroisse de Ballots et valant 95# de revenu annuel. — *1722.* — Certificat du curé Pabot pour le même, avant d'être reçu au sous-diaconat. — Le 28 mai 1723 procuration de Jean de Farcy diacre pour l'emancipation des enfans mineurs de Charles René de Farcy son frère. — Le 27 mai 1728 quittance de Me Pabot curé de Ballots à M. labbé de Farcy de la somme de 12# « pour les attributions de la sepulture de Monsieur de Farcy son père et pour les services celébrés pour le repos de son âme. »

Etat civil Ballots. — Le 29 janvier 1736, il baptise Jean René Annibal de Farcy son neveu dont il fut le parain il signe Jean de Farcy, pretre, seigneur de la Trosnière.

Titres du Roseray. — Le 12 mars 1740 nomination de Jean de Farcy pretre seigneur de la Trosnière à la chapelle de Cangens desservie en l'église paroissiale de Laigné.

Etat civil Saint-Clément de Craon. — Le 20 mai 1740 le corps de Mre Jean de Farcy pretre décédé d'hier en cette paroisse agé d'environ 53 ans et a été transporté de cette église en celle de Ballots....

Etat civil Ballots. — Le 21 mai 1740 a été inhumé dans l'église de Ballots vis à vis l'autel de Saint Sébastien le corps de vénérable et discret Me Jean de Farcy pretre et prieur de Cangens décédé d'hier au chateau de Boutigny en présence d'un nombreux clergé et de François du Buat, curé de Méral, *signé* du Buat, chanoine régulier.

7° Marguerite-Elisabeth, née le 18 septembre 1688, religieuse professe à l'abbaye royale du Ronceray d'Angers en 1715, mourut le 26 décembre 1758.

Etat civil Ballots. — Le 27 septembre 1688 à l'heure de midi a été baptisée dans l'abbaye N. Dame de la Roë demoiselle Marguerite Elisabeth de Farcy.... la quelle a eu pour parrain Amaury de Madaillan, chevalier seigneur de Lisle et pour maraine demoiselle

Marguerite de Farcy avec la permission de Me François de Bres-lay curé de Ballots en présence dudit seigneur de Farcy père de ladite demoiselle et de n. h. Daniel de la Chevallerie, Guillaume Lenfant, Me Jacques Thiboust pretre chanoine régulier de la Roë et de Claude Charlet par frère Clément Faydeau prestre chanoine regulier faisant les fonctions de la paroisse de la Roë.

Titres du Roseray. — Le 7 décembre 1715. Acte passé entre demoiselle Margueritte E. de Farcy, novice dans l'abbaye N. D. du Ronceray ordre de Saint Benoist et très illustre dame Madelaine Anne Marie Louise de Belsunce, abbesse de la dite abbaye, qui la reçoit comme religieuse. Sa belle sœur Charlotte de la Douespe s'oblige à payer 100# pour sa pension et 20# « pour ses menues necessités. »

Id. — Le 7 décembre 1715 enregistrement de ses titres au Ronceray par Georges Daburon docteur en droit.... sénechal et seul juge civil et criminel de la juridiction ordinaire de l'abbaye royale du Ronceray.... pour quelle soit reçue « demein professe. »

Id. — *20 Mars. 1734-1739.* — Reçus de sa pension, signés de l'abbesse du Ronceray.

Bibliothèque Nationale, Carrés de d'Hozier, Vol. 246, P. 78. — Du 25 février 1747 quittance par Charlotte Louise Anthoinette de Canouville de Raffetot abbesse du Ronceray d'une somme de 120# scavoir 100# pour la grande pension et 20# pour la petite pension de notre très chère fille sœur Marguerite E. de Farcy, religieuse.

Bibliothèque d'Angers, Nécrologe du Ronceray, P. 193. — *XXVI Dec. Margareta Elizabeth de Farcy du Roseray deo sacrata. 1758.*

BELOT
d'azur à la bande d'or chargée de 3 coquilles de gueules et cotoyée de 2 lionceaux d'or.

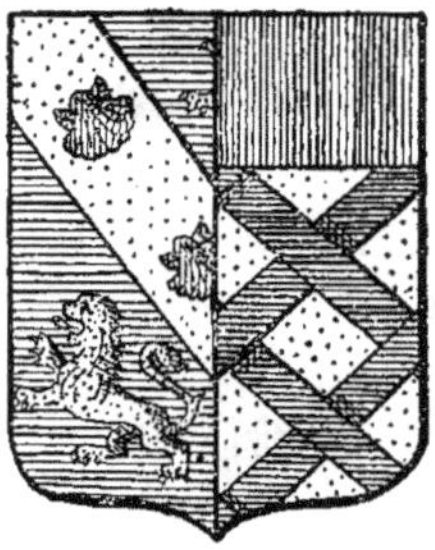

8° Louise, née le 29 décembre 1691, épousa le 13 février 1720, par contrat du 8, Messire Jacques BELOT, chevalier, seigneur de Marthou et de la Fessardière, chevalier de l'ordre royal et militaire de Saint-Louis, lieutenant-colonel, commandant la milice de la province d'Anjou, fils de Jacques BELOT, écuyer, seigneur dudit lieu, et de Marie GOHIN[1] des Aulnais. Il mourut le 18 octobre 1735 et elle le 22 septembre 1753, laissant une nombreuse postérité.

Madame Louis de Farcy, née de Caqueray, possède une charmante boîte de toilette en poirier sculpté ayant appartenu à Louise Belot de Marthou et portant les armoiries de son mari et son chiffre.

Titres du Roseray. — *1720.* — Lettre signée Louise de Farcy. Cachet de cire noire.

Id. — *8 Février 1720.* — Contrat de mariage passé devant Jean Caré, notaire.

Archives de Maine-et-Loire, E., P. 152. — *La Trinité.* — Le 13 février 1720 mariage de Mre Jacques Belot chevalier seigneur de Marthou lieutenant colonel d'infanterie avec demoiselle Louise de Farcy.

Titres du Roseray. — *1720.* — Charlotte de la Douespe constitue Jean de Farcy écuyer seigneur de la Cartrie son beau frère son procu-

1. Gohin, *écartelé aux 1 et 4 d'azur à la croix treflée d'or, aux 2 et 3e d'argent à l'aigle de gueules.*

reur pour le mariage d'entre Jaques Belot seigneur de Marthou lieutenant colonel d'infanterie et de Louise de Farcy fille majeure à present pensionnaire en l'abbaye du Ronceray. Elle avait 6208# pour ses droits de succession et 10000# sur la Trosnière. Quittance de cette somme.

Id. — *9 Septembre 1733.* — Elle signe au mariage de Louis A. Royer de Campagnolles et de Françoise Claude de Montplacé.

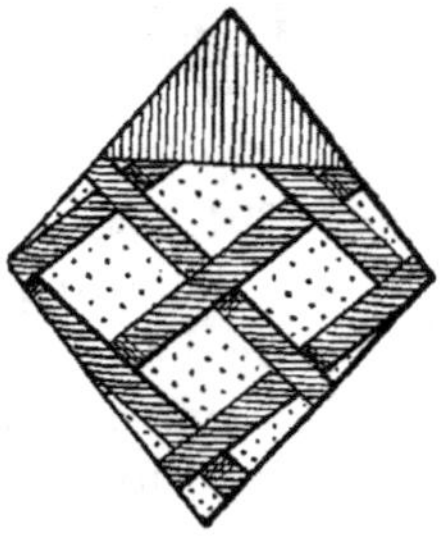

9° Marie-Madeleine-Angélique, née le 29 janvier 1693, morte à l'âge de 5 mois.

Etat civil Ballots. — Le 3 février 1693 Marie Madeleine Angelique de Farcy née du 29 janvier dernier.... a été baptisée sur les fonts de céans, a été parain Isaac du Boispéan chevalier seigneur de la Pillardière et demeurant paroisse de Martigné diocèse de Rennes et maraine dame Marie du Breil épouse de M. de Pontfarcy chevalier seigneur dudit lieu demeurante en la ville de Laval.

Id. — Le 7ᵉ jour de juillet 1693 a été inhumé le corps de deffuncte Marie M. A. de Farcy.... décédée audit lieu du Roseray et agée de 5 mois ou environ.

2ᵉ lit. — 10° N. né en 1695.

Etat civil Ballots. — Le 6 de mars 1695 le corps d'un enfant mort issu de M. Jaques de Farcy demeurant au Roseray et baptisé à la maison par Pierre Gaumer dit Ferrant maistre chirurgien demeurant au bourg de la Roë a été inhumé en l'église de Ballots.

11° Marie-Renée, née le 20 mai 1696.

Etat civil Rennes. — *Toussaints.* — Le 20 mai 1696, Marie Renée fille de Mre Jaques de Farcy et de dame Renée d'Andigné est née et baptisée ce jour.... parain Mre René de Farcy, maraine Marie Anne de la Chevallerie.

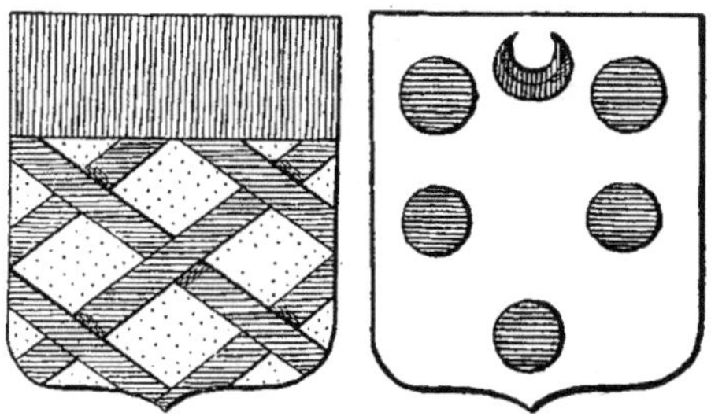

DE LA DOUESPE *d'argent à cinq tourteaux d'azur posés 2, 2 et 1, acc. d'un croissant de gueules posé entre les 2 du chef.*

XVIIe DEGRÉ. 3° Charles-René de FARCY, chevalier, seigneur du Roseray, de Mouchamps, né le 28 février 1678, épousa par contrat du 12 mai 1700, demoiselle Charlotte de la DOUESPE, fille de n. h. François de la DOUESPE, écuyer, seigneur de la Vallinière et de Philippe MAJOU[1] de la Morinière.

Ce fut sa veuve qui fit construire le château du Roseray, tel qu'on le voit aujourd'hui et planter les charmilles qui existent encore.

Il mourut le 31 août 1707 et elle le 15 mai 1740, laissant deux enfants : 1° Jacques et 2° Marguerite.

Mme de la Forestrie possède un couvert d'argent aux armes accolées de Farcy et de la Douespe ; mais elles sont presque entièrement effacées.

Registre consistorial de Blain. — Le 7 mars 1678 baptème de Charles René de Farcy né le dernier jour de fevrier de la même année fils.... parain Mre François de Farcy de Cuillé maraine Renée Amproux.

1. Majou, *de gueules à la rose d'or, surmontée de 2 rocs d'échiquier d'argent.*

Roseray. — *18 Février 1700.* — Procurations pour le mariage de Charles-René d'Hannibal de Farcy seigneur de la Dagrie conseiller du Roy au parlement de Bretagne, président en la chambre des requêtes, de Benjamin de Ravenel seigneur du Boisteilleul et de Catherine Françoise de Farcy sa femme et de Jacques de Farcy donnée à Henri Amproux chevalier seigneur comte de la Massais brigadier des armées du Roi, lieutenant général en bas Poitou.

Titres du Roseray. — *25 Février 1700.* — Conditions du mariage.

Id. — *12 Mai 1700.* — Contrat de mariage passé devant Thomas et Arraoult notaires de la chatellenye de Thenys en presence de h. et p. s. Mre Henri Amproux comte de la Massais, brigadier des armées du Roy lieutenant général de Poytoux, Jean Amproux écuyer seigneur de Pontpiettain, Renée Amproux veuve d'Hector Gentil écuyer seigneur des Touches, Gabriel de la Pastellière écuyer seigneur dudit lieu et dame Marguerite Gentil son épouse, h. et p. s. N. de Crux marquis de Montaigu et dame de Saint Martin son épouse, Jean Majou de la Morinière, François Majou de la Courtière, Anne Charretier veuve Me René Chappeau procureur fiscal de la baronnie de Mouchamps.. .

Id. — *Copie.* — *15 Mai 1700.* — Célébration de ce mariage en l'église de Saint Germain de Princé, presence de Mre Jean Amproux seigneur de Pontpiettain, de dame Renée Amproux, dame des Touches, de Me Jean Majou seigneur de la Morinière, de demoiselles Marguerite et Jeanne Majou, de Daniel Majou seigneur des Groys, de Gabriel de la Pastelière écuyer seigneur dudit lieu et dame Marguerite Gentil son épouse.

Id. — *16 Mai 1700.* — Abandon de biens pour clauses de mariage.

Roseray. — Le 20 août 1701 accord entre Jaques de Farcy seigneur des Roserais demeurant aux forges de Bressilian paroisse de Pinpont, Charles René son fils et le seigneur de Cuillé.

Id. — Le 24 décembre 1703 Charles René de Farcy acquiert du Roy pour 139# les droits honorifiques et de prééminences dans la paroisse de Ballots.

Etat civil Cuillé. — *1703.* — Charles de Farcy du Roseray, présent à un baptème. — *1705.* — Charlotte de Farcy de la Douespe. *Idem.*

Titres du Roseray. — Le 7 novembre 1705 Charles René de Farcy du Roseray achète la Gillardière, paroisse de Ballots, de Me René Berthereau seigneur de Launeau et de Agathe Maumousseau sa femme.

Etat civil Ballots. — Le 1er jour de septembre 1706 a été inhumé en l'église de Ballots par nous prieur de la Selle-Guerchoise le corps de Charles-René de Farcy... decedé d'hier agé d'environ 28 ans, ont été presents Mre A. A. de Farcy de Cuillé, Charles-Gabriel de la Motte-Morel, René-Auguste de la Barre-Morel, Devot prieur de la Selle-Guerchoise.

Titres du Roseray. — Le 21 avril 1707 convocation des parents pour nommer un tuteur aux mineurs de Charles-René de Farcy, n. h. Jean Majou seigneur de Louzigny et de la Morinière, Jean de la Douespe, seigneur de la Godonnière, Daniel Majou seigneur des Grois, Me Jacques de la Douespe avocat en parlement, Pierre A. Bousseau seigneur de la Boulle, Louis Chapeau seigneur de la Savinière, A. A. de Farcy chevalier seigneur de Cuillé, Mre A. de Farcy de la Dagrie, Mre Olivier du Groesquer chevalier seigneur dudit lieu mari de dame Claude de Farcy, Mre Toussaint de Boigelin chevalier seigneur de la Toise, mari de Marguerite de Farcy, Benjamin de Ravenel écuyer seigneur de Boisteilleul, Jacques de Farcy, ayeul des mineurs, J. F. de L'hospital chevalier seigneur dudit lieu mari de Esther Uzille.....

Id. — Le 2 mai 1707 adjudication du bail de la terre du Roseray par sa veuve.

Id. — Le 4 août 1707 nomination de Jean Majou comme tuteur et de A. A. de Farcy comme curateur.

Id. — 2 *Décembre 1718-1719.* — Partages de succession entre sa veuve et ses beaux-frères.

Etat civil Ballots. — 7 *Juin 1721.* — Claude de la Brousse pretre chapelain du Roseray a été inhumé en l'église de Ballots.

Roseray. — *29 Août 1721.* — Approbation de la chapelle du Roseray.

Roseray. — Le 29 septembre 1739 Mre Jean-Baptiste du Buat chevalier seigneur de Volaine vend à Charlotte de la Douespe le fief de Rocher Volainne, s'étendant ès paroisses de Méral, Ballots, Fontaine-couverte, pour 19000 #.

Id. — *1733.* — Tenue d'assises du fief du Rocher Volainne, en la maison du Boisrengeard paroisse de Ballots.

Id. — Le 31 janvier 1736 acte de translation de la chapelle du Grollay alias Le Fresne en celle du Roseray.

Roseray. — *9 Septembre 1739.* — Testament de Mme de Farcy.... « je légue la somme de 400 # pour faire et construire un autel dans la chapelle de Saint-Sebastien à Ballots. »

Etat civil. — *Saint-Clément de Craon.* — Le 17 mai 1740 a été transporté de cette église en celle de Ballots le corps de dame Charlotte de la Douespe decedée d'hier en cette paroisse.

Etat civil Ballots. — Le 17 mai 1740 a été inhumé en l'église de Ballots vis à vis l'autel Saint-Sebastien par la permission de M. le curé de Saint-Clément le corps de dame Charlotte de la Douespe agée d'environ 55 ans vivante veuve de Charles-René de Farcy.... decedée d'avant hier au chateau de Boutigny paroisse de Saint-Clément. Ont signé Le Roy, frère Pierre Le Roy prieur des dominicains de Craon, Philippe Gentilhomme prieur de Chemazé Antoine Le Breton pretre vicaire de Ballots, Salmon sous-diacre J. Beichu pretre, l'abbé de Brullon, du Buat de Ballots P. Allaire curé de Laubrière.

de Bonchamps
de gueules à deux triangles d'or enlacés en forme d'étoile.

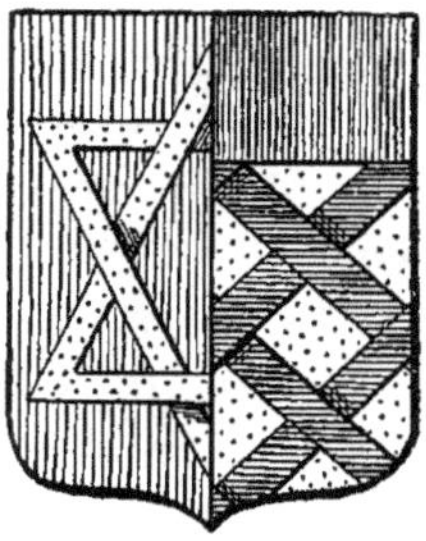

XVIIIe Degré. 2° Marguerite-Angélique-Elisabeth, née le 2 novembre 1705, épousa par contrat du 8 mars 1734, passé devant Ferron, notaire à Craon, Messire Anne-Artus de Bonchamps, chevalier, seigneur de la Baronnière, fils de Pierre de Bonchamps, lieutenant-colonel au régiment de Sancerre, et de demoiselle Marie-Hyacinthe de Boylesve[1] du Plantis, dont postérité. Il mourut le 25 février 1785 et elle le 30 juin 1776.

Etat civil Ballots. — Le 11 novembre 1705 a été baptisée par nous curé soussigné Marguerite A. E. de Farcy née du 2 de ce mois... a été parain Mrs Annibal-Auguste de Farcy de Cuillé conseiller au parlement de Bretagne, maraine dame Marguerite de Farcy de la Barre Morel.

Roseray. — Le 8 mars 1734, contrat de mariage devant Charles Ferron notaire à Craon d'entre Anne-Arthus de Bonchamps chevalier seigneur de la Baronnière, fils feu Pierre de Bonchamps chevalier et de Hyacinthe Boisleve du Plantis et Marguerite E. A. de Farcy fille.... presence de Jacques Bellot seigneur de Marthou et Louise de Farcy sa femme, de Jacques C. P. A. de Farcy de Boutigny et Renée Gillot frère et belle-sœur, Jean de Farcy pretre oncle, Annibal A. de Farcy de Cuillé conseiller au parlement de Bretagne, Jacques D. A. de Farcy chevalier de Cuillé conseiller au parlement de Bretagne et François P. C. de Farcy

1. De Boylesve, *d'azur à 3 sautoirs d'or, 2 et 1.*

de Pontfarcy aussi conseiller au parlement de Bretagne cousins....

Id. — Le 9 mars 1734 après les publications des bans de mariage faite une fois seulement.... ont été espousés par moi pretre soussigné du consentement de M. le curé, dans la chapelle du Roseray en vertu de permission dudit Sr evesque du 26 fevrier dernier Mre Anne-Artus de Bonchamps chevalier seigneur de la Baronnière agé de 28 ans fils de deffunct Mre Pierre de Bonchamps chevalier seigneur de la Baronnière et de Maurepart et de dame Hyacinthe Boislesve ses père et mère de la paroisse de Saint-Pierre d'Angers et demoiselle Marguerite E. A. de Farcy agée de 28 ans fille.... de cette paroisse....

Bibliothèque Nationale, Carrés de d'Hozier, Vol. 246, P. 72-77. — Du 25 juillet 1740 partages des successions de leurs père et mère et de Jean de Farci leur oncle entre Me de Bonchamps et son frère.... à elle le fief de la Grande Coudraye et autres terres situées en l'eveché de Luçon.... à Jacques C. P. de Farci le Roseray, le Rocher Volaine, la Trosnière, Mouchamps.....

Id. — Le 10 mai 1760 baptème de Charles-Melchior Artus de Bonchamps né du mariage de Mre Charles-Louis de Bonchamps chevalier seigneur de la Baronnière et de demoiselle Marguerite-Eulalie de Hellaut de Vallières parain Melchior-François de Hellaut chevalier seigneur de Vallière, maraine Marguerite-Angélique de Farcy de Bonchamps grand mère de l'enfant[1].

Titres du Roseray. — Memoire (imprimé) signifié par Jacques C. P. A. de Farcy chevalier seigneur du Roseray et demoiselle Marguerite E. A. de Farcy procédant sous l'autorité de Mre Jean de Farcy leur curateur aux causes... contre Renée Cherruau veuve de René Gendry greffier à Craon propriétaire du moulin de Brochard sur la rivière de Mée.

1. Charles-Melchior-Arthus marquis de Bouchamps, général vendéen, ~~tué~~ à la Meilleraye.

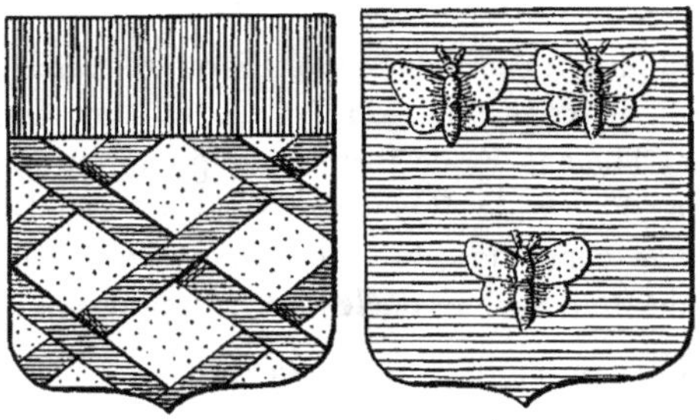

GILLOT
d'azur à 3 papillons d'or, 2 et 1.

XVIIIᵉ DEGRÉ 1° Jacques-Charles-Philippe-Annibal de FARCY, chevalier, seigneur du Roseray, du Rocher-Volainne, de Mouchamps, de la Perrine, de Boutigny, de Cangens, de Fleins, du Breilbrard, etc., né le 16 août 1704, épousa, le 14 septembre 1733, par contrat du 26 août, passé devant Lasnier, notaire à Craon, demoiselle Catherine-René GILLOT, fille de Charles GILLOT, écuyer, seigneur de Mauny et de Boutigni, premier gentilhomme de S. A. R. Mademoiselle, et de Renée PORTIN.

Elle mourut le 21 septembre 1758, laissant de leur union cinq enfants : 1° Charles, 2° Jean, 3° Pauline, 4° Jeanne et 5° Gabrielle.

Madame de la Forestrie possède des couverts d'argent aux armes de Jacques de Farcy.

Etat civil Ballots. — Le 17 août 1704 a été baptisé sans cérémonies suivant la permission de Mgr Leveque d'Angers du 2 de ce mois par nous curé le fils nez d'hier de Charles-René de Farcy chevalier seigneur du Roseray et de demoiselle Charlotte de la Douespe son epouse signé Houdemon pretre. Le 23 octobre 1704 ont été supplées les armoiries du baptême à Charles J. P. A. né le 16 août ondoyé le lendemain 17.... parain Mre Jacques de Farcy chevalier du Roseray maraine demoiselle Catherine Marie faisant pour dame Marguerite Desmé ayeule de l'enfant.

Roseray. — Le 27 juillet 1720 procuration de Jacques de Farcy seigneur de la Daguerie « très digne prestre de l'oratoire du Mans y demeurant » pour la tutelle des enfans de Charles René de Farcy.

Id. — Le 8 mai 1723 procurations de écuyer Pierre Alexandre Uzille seigneur de Kerolher conseiller du Roy lieutenant civil et criminel à Carhaix, Thomas F. de Ravenel seigneur du Boisteilleul, François J. de Farcy de Beauvais et J.-Bte Luc Doudard seigneur des Hayes conseiller du Roy commissaire général aux saisies réelles de Rennes tous oncles au côté paternel des mineurs.

Id. — Le 10 mai 1723 procuration de Jean de Farcy diacre et de Jacques de Farcy prêtre de l'oratoire. *Signatures.*

Roseray. — *19 Janvier 1730.* — Lettre de baccalauréat ès droits pour Charles J. P. A. de Farcy du Roseray.

Titres du Roseray. — *1733.* — Tenue d'assises du fief du Rocher Volaine.

Roseray. — Le 29 mai 1733 dispense de bans pour Renée Catherine Gillot de Boutigny et Jacques C. P. A. de Farcy du Roseray.

Id. — Le 2 septembre 1733 dispense de bans par Mgr de Vaugiraud evêque d'Angers et autorisation de célébrer le mariage dans la chapelle du chateau de Boutigny.

Etat civil Saint-Clément de Craon. — Le 14 septembre 1733 après les publications.... et après les fiancailles faites aujourd'hui ont été espousés par nous pretre soussigné du consentement de Mr le curé de cette paroisse en la chapelle de Boutigny par permission de Mgr d'Angers signée J. J. Boucault, Mre Jean C. P. A. de Farcy chevalier seigneur du Roseray fils de deffunct Mre Charles de Farcy vivant chevalier seigneur du Roseray et de dame Charlotte de la Douespe de la paroisse de Ballots d'une part et demoiselle Catherine Renée Gillot fille de deffunct Mre Ch. Gillot écuyer seigneur de Boutigny et de dame Renée Portin de cette paroisse d'autre part ; ont été presents dame Charlotte de la Douespe veuve de Mre Charles de Farcy, mère du marié, demoiselle Marguerite E. A. de Farcy sœur, Mre Jacques D. A. de Farcy chevalier seigneur de Cuillé conseiller au parlement de Bretagne cousin né de germain dudit marié, dame Renée Portin veuve de feu Ch. Gillot écuyer seigneur de Boutigny mère de la mariée, Henri L. Ch. Gillot écuyer seigneur de Boutigny frère de la mariée, demoiselle Marie Portin tante maternelle et autres parents et amis qui ont signé avec nous — en plus signé de: C. J. Avril de Boutigny, F. Portais, Bodard, M. Bodard, R. Bodard, Charlotte Marechal, Chailland de la Cherbonnerie, Marie Gohier, Lasnier, de Farcy pretre.

Roseray. — Ce 9 novembre 1737. « Je consens que M[r] et Mme du Roseray se mettent dans mon banc dans l'église de L'Aubrière sans que la présente concession qui nest que pour leur faire plaisir puisse en aucune manière me préjudicier. A Angers ce neuf novembre 1737. *(Signé)* † C. Fr. Lefebvre de Laubrière evêque de Soissons. »

Roseray. — Le 30 janvier 1742 accord entre Jacques C. P. A. de Farcy du Roseray, les habitans de Ballots, Julien Préau curé et Magdelon Hyacinthe du Buat chevalier seigneur de Ballots, la Subrardière touchant leurs droits respectifs.

Titres Bernard du Port. — *26 Juin 1745.* — Achat du fief de la Jarossaye pour 6000 ₶, de Me René Trochon seigneur de Mortreux ancien conseiller du Roy en la sénéchaussée d'Angers et de Catherine Boucault son épouse.

Roseray. — *30 Janvier 1746.* — Délibération des paroissiens de Ballots accordant à M de Farcy du Roseray, pour les 300 ₶ donnés par lui pour l'édiffication de l'autel de Saint-Sebastien le droit de placer l'écusson de ses armes en qualité de co seigneur de la dite paroisse à coté du grand autel et comme bienfaiteur dudit autel Saint-Sebastien il fera faire un ban clos de 5 pieds carrés outre le sien et fera apposer ses armoiries sur ledit autel en un endroit éminent.

Roseray. — *1er Mars 1747.* — Lettre de M de Farcy du Roseray à son avocat à Angers au sujet de difficultés entre lui et le curé de Ballots. Celui-ci l'avait injurié et avait renvoyé de l'église un nommé Gerbouin, couvreur de profession qui y était venu « pour aider à placer les armes de l'autel. » *Signé.* Scellée d'un cachet de cire rouge.

Id. — *15 Septembre 1748.* — Accord en présence de Mgr l'évêque d'Angers entre le curé de Ballots et Mr du Roseray « son banc sera oté et mis en la chapelle Saint-Jean, il fera construire vis à vis cette chapelle une sacristie, paiera 100 ‡, aura droit d'inhumation et d'armoiries sans prétendre en aucun cas à la propriété de ladite chapelle, et abandonne tous ses droits en la chapelle Saint-Sébastien.... »

Titres Bernard du Port. — Le 3 novembre 1749 vente des fiefs des Roblinières et de Lardouinnière (Poitou) pour 3200 ‡.

Id. — Le 28 novembre 1749 achat du fief de Flains de Jean Joseph Jourdan écuyer seigneur de Flains et la Berthelotière mari de Marie Henriette le Merle.

Titres du Roseray. — Le 17 décembre 1749 titre nouvel des rentes féodales dues pour diverses terres à Mouchamps etc. par Jacques C. P. A. de Farcy héritier de dame Charlotte de la Douespe à frère Urbain Guitteau prestre conventuel de lordre de Saint-Jean de Jerusalem commandeur de la commanderie de Saint-Jean du Perrot, Margot, Fontséche, Launay Cézy et autres.

Titres du Roseray. — *14 Juin 1753.* — Achat du Breilbrard pour 43000 ‡, de Bonne Suzanne Gentil veuve en premières noces de René Fouquet chevalier seigneur de la Bouchefollière conseiller au parlement de Bretagne.... stipulante pour Paul Louis Fouquet lieutenant des vaisseaux du Roi chevalier de Saint-Louis et Bonne Hipolyte Fouquet héritiers de leur père. Le treizième en fut payé 3500 ‡ à M. de Lentivy et 515 ‡ à M. du Tertre de Lancrau.

Id. — *1753.* — Certificat de la modicité de la fortune de M. du Roseray donné à Craon par l'abbé Le Chat, de la Forêt d'Armaillé, de Lentivy conseiller au parlement de Bretagne, de Lentivy de la Vieuville.

Roseray. — *1755.* — Tenue d'assises du fief du Rocher Volainne appartenant à Jacques C. P. A. de Farcy chevalier seigneur du Roseray, Boutigny, Cangens, le Breilbrard, etc.

Etat civil Saint-Clément de Craon. — Le 23 septembre 1758 le corps de dame Catherine Renée Gillot épouse de Mre Jacques C. P. A. de Farcy écuyer seigneur du Roseray decedée d'hier agée de 42 ans a été transporté de cette église en celle de Denazé en presence de Me René Forget curé dudit Denazé de Me René Collet vicaire dudit Denazé et de Me Pierre Robineau ecclesiastique de cette paroisse. *Signé* Rattier curé.

Original. — *3 Janvier 1759.* — Lettre signée de Farcy du Roseray.... « Mon fils fut fort incommodé dans sa route (à Laval) il a eu cette nuit un très grand mal de gorge... ce qui nous a obligé à le faire seigner au bras et au pied.... j'ai diné aujourd'hui chez Me de Mué qui parait se bien porter, pareillement Me de la Rouairie *rondibiliter* et mesdemoiselles de Mué. »

Id. — *21 Mars 1760.* — Démission des biens de Jacques C. P. A. de Farcy et de ceux de sa femme entre leurs enfants : les biens comprenaient le Roseray estimé 1780 # de revenu avec le droit de présentation à la chapelle, le Breilbrard 1800 avec le patronage de la chapelle, la Trosnière 800#, Flains 1400#, Boutigny avec le patronage de la chapelle, Cangens....

Id. — *22 Mars.* — Nomination d'un curateur pour ces partages. — *14 Avril.* — Partages nobles. — *10 Mai.* — remploi pour ces successions. — *15 Mai 1770.* — autres arrangements.

XIXe Degré. 1° Charles-René-Auguste de Farcy, qui suit :

DES VAUX
coupé de sable et d'argent, au lion de l'un en l'autre.

2° Jean-René-Annibal de FARCY, chevalier, seigneur du Roseray, du Grandpont, du Rocher Volainne, de la Hattière, né le 28 janvier 1736, page de la Reine en 1753, épousa le 17 juin 1765, par contrat reçu le 8 devant Julien-François Duval et Louis Rozière, notaires à Laval, demoiselle Geneviève-Françoise-Marguerite-Guillemine Ursule des VAUX de Lévaré, fille de feu François-René des VAUX de Lévaré, chevalier, seigneur de Dureil, les Noës, etc, et de Marie-Anne POTTIER[1] du Bois, qui mourut à Laval le 1er juin 1817. Il fut nommé maire de la commune de Quelaines en 1790 et mourut le 7 juin 1793, laissant six enfants : 1° Camille, 2° Vierge, 3° Annibal, 4° Charles, 5° Jean et 6° Ambroise-Auguste.

On conserve au château du Roseray un cachet d'argent aux armes accolées des Vaux et de Farcy (c'est une erreur provenant de la distraction du graveur).

Etat civil Ballots. — Le 29 janvier 1736 a été baptisé par nous pretre soussigné Jean R. A. de Farcy né d'hier fils.... ont esté parrain Jean de Farcy pretre seigneur de la Trosnière et maraine dame Renée Portin veuve de écuyer Charles Gillot seigneur de Boutigny.

Bibliothèque Nationale, Dossier de Farcy. — *1753.* — Neuf degrés de parenté pour certifier à la Reine et à M. le comte de Tessé son

1. Pottier du Bois, *d'azur au chevron d'or, acc. en chef de 2 étoiles et en pointe d'une main d'argent.*

premier écuier que Jean R. A. de Farcy du Roseray né en 1736 agé de 17 ans 5 mois a la noblesse nécessaire pour être admis au nombre des pages que S. M. fait élever dans ses écuries.

Id. — *22 Août 1756.* — Certificat du comte de Tessé au chevalier de Farcy trois ans de service comme page.

Titres du Roseray. — *29 Juillet 1758.* — Lettres de Baccalauréat ès droits pour Jean R. A. de Farcy. — *25 Juillet 1759.* — Lettres de licence ès droits.

Insinuations ecclésiastiques, LXVIII, 325. — *12 Juin 1765.* — Dispense de deux bans pour Jean R. A. de Farcy de la paroisse de Ballots et Geneviève M. F. G. N. des Vaux de la paroisse de la Trinité de Laval.

Titres du Roseray. — Le 8 juin 1765 contrat de mariage, passé devant Julien François du Val et Louis Rozière notaires à Laval d'entre Jean René A. de Farcy chevalier seigneur du Roseray fils.... et de Géneviève F. M. G. N. des Vaux fille.... presence de François Marie Charles d'Aubert chevalier seigneur de Launay, la Patrière et François Charles d'Aubert chevalier seigneur de Launay, Rose Françoise des Vaux des Noes et Guyonne des Vaux demoiselle de Dureil, sœurs, Guillaume François Daniel Pottier écuyer seigneur du Bois, la Tellonnière, oncle, Charles René de Farcy de Boutigny et Louise Celeste de Gurye sa femme frère et belle sœur.

Id. — *1765.* — Tenue d'assises du fief du Rocher Volainne appartenant à Jean R. A. de Farcy chevalier seigneur du Roseray, tenu en la maison du Boisrengeard, paroisse de Ballots.

Id. — Le 19 août 1767 ordre du Roi de tenir à Laval les plès du fief des Grandes Vignes, sis à Courveille appartenant à Mme des Vaux femme de M de Farcy.

Etat civil Saint-Clément de Craon. — Le 28 novembre 1775 Jean R. A. de Farcy, parain de Louis d'Aubert, son neveu, fils Louis E. M. d'Aubert de Loresse chevalier et de Rose F. des Vaulx native de Courbeveille.

Titres du Roseray. — *1781.* — Aveu de la Hattière à Ballots rendu par Jean R. A. de Farcy à la seigneurie de la Touchardière.

Id. — *23 Mai 1782.* — Tenue d'assises du fief du Rocher Volainne, à la Chaponnière paroisse de Fontaine Couverte.

Id. — Le 26 août 1782 aveu des fiefs du Rocher Volaine rendu à la seigneurie de la Bodinière pour le bois Rengeard.

Id. — Le 3 octobre 1790 déclaration par Jean R. A. de Farcy, maire de Quelenne à Messieurs du distric à Chateaugontier pour les revenus du bénéfice du prieuré de Cangeins appartenant à son fils Charles.

Etat civil Laval. — Le 30 messidor an X devant Me Duchemin Guibertière chargé de rétablir les actes de l'état civil de la commune de Laval détruit par les Vendéens fut rétabli à la demande de Me Charles Annibal de Farcy du Roseray demeurant à Laval ruelle du Beau Soleil l'acte de decès de Me Jean R. A. de Farcy du Roseray agé de 57 ans époux de.... décédé le 7 juin 1793.

Id. — Le 30 avril.... (vieux style) lettre signée Farcy Vilimer à sa très chère tante la citoyenne Farcy du Roseray à Laval pour la féliciter sur le mariage de son fils (Charles avec demoiselle Françoise Blanchet).

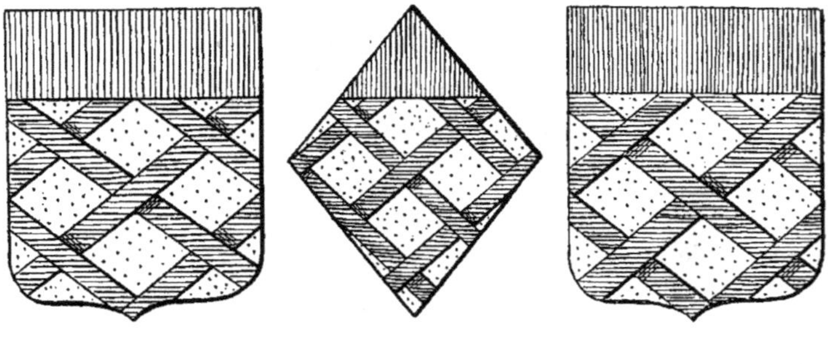

XXe *Degré.* — 1° Camille-Geneviève-Charlotte, née le 17 avril 1766.

Etat civil Ballots. — Le 17 avril 1766 baptème de Camille G. C. née de ce jour fille de h. et p. s. Mre Jean R. A. de Farcy chevalier seigneur du Roseray et autres lieux et de h. et p. d. Ursule des Vaulx de Dureil son epouse demeurant en leur chateau du Roseray en cette paroisse parrain h. et p. s. Charles J. D. A. de Farcy ayeul de l'enfant demeurant à son hotel en la ville de Craon et maraine h. et p. demoiselle Rose Françoise des Vaulx demoiselle tante maternelle de l'enfant. *Signé.* Le chevalier de Farcy.

2° Vierge-Catherine-Gabrielle, née le 10 octobre 1767, morte le 12 août 1841.

Etat civil Ballots. — Le 10 octobre 1767 baptème de Vierge C. G. fille de h. et p. s. Charles.... le dit enfant né de ce jour parrain h. et p. s. Charles R. A. de Farcy chevalier seigneur de Boutigny et autres lieux oncle maraine h. et p. demoiselle Gabrielle Guyonne des Vaulx de Dureil tante.

Archives de la Mayenne. — *Emigration.* — *16 Vendémiaire an V (7 Octobre 1796).* — Certificat de vie pour Vierge Farcy.

Roseray. — *22 Brumaire an VII (12 Novembre 1798).* — Vente de la closerie de Civray sise à Ballots par Vierge C. G. Farcy.

3° Ambroise-Balthazar-Gabriel de Farcy, qui suit.

4° Charles-François-Annibal de Farcy, né le 17 novembre 1769, maire de Quelaines 1812-1819, épousa, le 3 mai 1796, demoiselle Françoise-Marguerite-Etiennette Blanchet, fille de Daniel Blanchet et de dame Rose Laisné. Il mourut sans postérité le 8 février 1837 et elle le 25 novembre 1819.

Etat civil Ballots. — Le 17 novembre 1769 baptème de Charles Annibal né d'aujourd'hui.... ont été parrain Pierre Cointet domestique du chateau du Roseray, maraine F. Pacquet de Méral.

Roseray. — *19 Mai 1783.* — Jean R. A. de Farcy tuteur de Charles A. son fils mineur, clerc tonsuré titulaire de la chapelle du prieuré de Sainte Anne de Cangeins, donne bail des revenus de ce bénéfice.

Id. — *10 Mars 1790.* — Autre bail consenti par le titulaire.

Archives de la Mayenne. — Emigration. — 16 Fructidor an II (4 Septembre 1794). — Lettre de Charles Farcy et Vierge sa sœur demandant le partage de Jean R. A. Farcy du Roseray mort le 7 juin 1793. Son fils ainé était absent et réputé émigré. « Les exposants ne croient pas devoir passer sous silence que pendant leur détention en la maison d'arrêt ci-devant des bénédictines de Laval ils écrivirent plusieurs fois au citoyen Chartier.... et requete de la veuve reclamant sur les meubles de son mari une chambre garnie de la valeur de 1200#.... elle étoit detenue aux bénédictines lors de la mort de son mari et ne fut pas presente au partage des meubles. »

Id. — 16 Vendémiaire an V (7 Octobre 1796). — Certificat de vie pour Charles Farcy.

Archives de Quelaines. — 7 Août 1812. — Installation de Charles Annibal de Farcy du Roseray comme maire de Quelaines. — *21 Septembre 1814.* — Prestation de serment de fidélité au Roi — *21 Novembre 1819.* — Ch. A. de Farcy, maire démissionnaire de la commune de Quelaines remet la mairie à M. Pierre Fouassier.

5° Jean-Guy de Farcy, né le 23 décembre 1770, mort le 17 novembre 1786.

Etat civil Ballots. — Le 23 novembre 1770 baptème de Jean Guy né de ce jour au chateau du Roseray....

Id. — Le 18 novembre 1786, inhumation dans le cimetière de ce lieu de Mre Jean de Farcy décédé d'hier âgé de 16 ans, en son vivant fils de.... demeurant au château du Roseray.

6° Ambroise-Auguste, né le 27 décembre 1771.

Id. — Le 28 décembre 1771 baptème de Ambroise Auguste né d'hier....

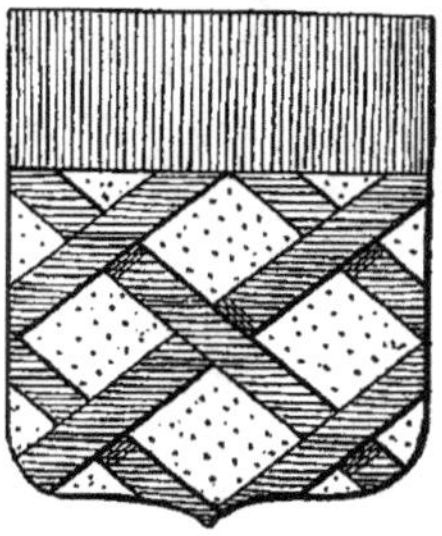

3° Ambroise-Balthazar-Gabriel de Farcy, chevalier, seigneur du Roseray, né le 19 octobre 1768, émigra, fut officier dans l'armée de Condé et nommé chevalier de l'ordre royal et militaire de Saint-Louis en 1817. Il avait épousé, le 2 décembre 1802, Eléonore Weymouth.

Il mourut à Courbeveille le 22 septembre 1823, laissant neuf enfants : 1° Marguerite, 2° Charles, 3° Victor, 4° Hélène, 5° Caroline, 6° Louise, 7° Ambroise, 8° Louis et 9° Marie.

Etat civil Ballots. — Le 20 octobre 1768 baptème de Ambroise B. G. de Farcy, né du jour précédent au château du Roseray en cette paroisse; parrain Ambroise Bathasar de Valleaux cousin de l'enfant par alliance, demeurant en son château de la Cornillière paroisse d'Astillé, marraine demoiselle Rose Françoise des Vaulx, tante.

Titres du Roseray. — Le 21 avril 1838 partages entre vifs de la succession de M. de Farcy.

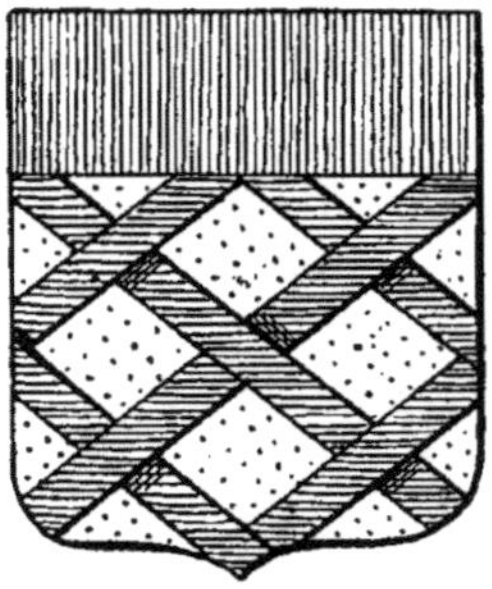
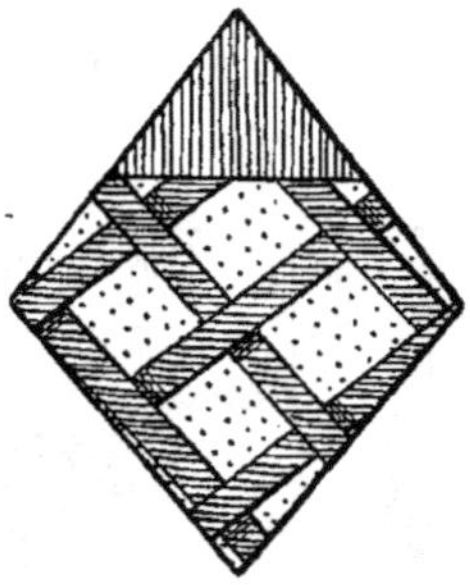
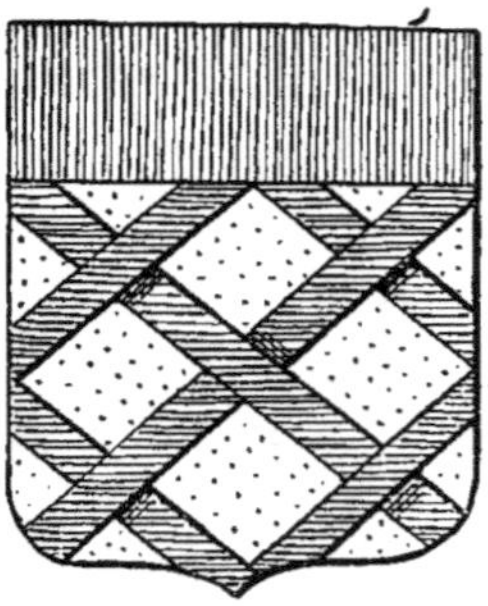

XXIe *Degré.* — 1° Marguerite, née le 12 mars 1805, épousa le 1er juillet Pierre-Dieudonné Manisse, notaire. Elle mourut le 23 avril 1830.

2° Charles de Farcy du Roseray, né le 13 août 1806, maréchal des logis au 6e cuirassiers, mort à Laval le 29 octobre 1835.

3° Victor de Farcy du Roseray, né le 12 juin 1809, maréchal des logis, puis brigadier au 2e chasseurs d'Afrique, mort le 28 mai 1840.

Etat civil Ballots. — Le 27 juin 1840.... les quels ont déclaré que hier à 4 h. du soir est décédé au château du Roseray en cette commune de Ballots son domicile, M. Victor de Farcy du Roseray propriétaire, agé de 31 ans, né à Marckam près Torento capitale du Haut Canada, le 12 janvier 1809, du mariage de M Ambroise B. G. de Farcy du Roseray, chevalier de l'ordre royal et militaire de Saint-Louis, agé de 78 ans, demeurant à Laval et de feue dame Eléonore Weymouth décédée.

4° Hélène, née le 13 octobre 1811, épousa le 16 janvier 1838, Louis Allard, morte le 1er décembre 1840.

Cimetière de Ballots. — Ici repose le corps de Mme Hélène de Farcy du Roseray, épouse de M. Louis Allard, née le 13 octobre 1811 à Marckam (haut Canada) décédée à Paris le 1er décembre 1840.

5° Caroline, née à Markam (Canada), le 14 février 1814, épousa en juin 1840, François-Jean Allard, morte le 17 mars 1856, dont une fille, Caroline-Marie-Angèle, mariée le 18 novembre 1865 à M. Meignan [1], chef de bataillon en retraite, chevalier de la légion d'honneur.

Titres du Roseray. — Le 22 avril 1840, contrat de mariage de François Jean Allard, fils feu René F. Allard et de feue Louise Renée Jeanne Meignan, et Caroline de Farcy du Roseray, propriétaire demeurant au Grandpont à Quelaines.

Cimetière de Ballots. — Ici repose le corps de Mme François Allard, née Camille de Farey (sic) du Roseray, née à Markam (Haut Canada). décédée à Paris le 17 mars 1856 dans sa 42° année.

6° Louise, née le 10 mai 1816, épousa le 9 janvier 1838 René Baraise, officier de santé à Quelaines.

7° Ambroise de Farcy du Roseray, né le 4 juillet 1818.

8° Louis de Farcy du Roseray, né le 25 octobre 1820, mort le 4 mars 1844.

9° Marie, née le 10 mai 1823, épousa le 29 septembre 1842 Constant Beuneiche de la Corbière.

Poulain
d'argent au houx arraché de sinople, au franc canton de gueules chargé d'une croix endentée d'argent.

XIX° Degré. 3° Pauline-Madeleine, née le 1er février 1737, épousa le 22 mars 1770, Messire Guy-Charles Poulain de la Foresterie, chevalier, sei-

1. Propriétaires du château du Roseray, qu'ils ont fait restaurer dernièrement. Nous les prions de recevoir ici tous nos remercîments pour l'excessive obligeance avec laquelle ils ont mis toutes les archives du Roseray à notre disposition.

gneur de Suroudon, de Grandmaison, la Perrine et la Pissacière, fils de Antoine POULAIN, écuyer, seigneur dudit lieu, garde de la marine au département de Toulon et de Jeanne TESTARD[1].

Il mourut le 5 pluviôse an II (24 janvier 1794) dans les prisons d'Angers et elle en 1828.

Mme de la Forestrie possède de petites cuillères aux armes des Poullain et des Farcy.

Etat civil Saint-Clément de Craon. — Le 22 mars 1770 après la publication.... ont été epousés par nous pretre chanoine de l'église d'Angers du consentement du sieur Guillaume Rattier curé de cette paroisse dans la chapelle Saint Thomas de cette ville pendant le carème par la permission dudit seigneur eveque d'Angers Guy Poulain de la Foretrie chevalier agé de 34 ans fils de Mre Antoine Poulain de la Forestrie chevalier seigneur de la Pissacière et de demoiselle Jeanne Tetard son epouse absents mais consentants.... par procuration du 19 mars, de la paroisse du Lion d'Angers d'une part et demoiselle Madeleine Pauline de Farcy agée de 19 ans fille.... ont été présents Mre Charles chevalier d'Aubert de cette paroisse, Mre Charles R. A. de Farcy chevalier seigneur de Boutigny de la paroisse de Saint Remy de Chateaugontier, Mre Jean René A. de Farcy chevalier seigneur du Roseray paroisse de Ballots. Signé Cesar d'Aubert, de Farcy de Boutigny, de Farcy du Roseray, Frémond pretre, C. de Farcy du Roseray, Pauline de Farcy, Guy Poulain de la Forestrie, Jean Poulain, Genevieve des Vaulx de Farcy, Celeste de Farcy, Poulain de la Forestrie chanoine, Rattier curé.

Etat civil Château-Gontier. — Saint-Jean. — Le 11 aout 1801 Magdelaine Pauline de Farcy, veuve de Guy Poulain de la Forestrie marraine de Jean Frédéric Poulain de la Foretrie son petit fils.

1. Testard, *d'or à une rose de gueules, boutonnée d'or.*

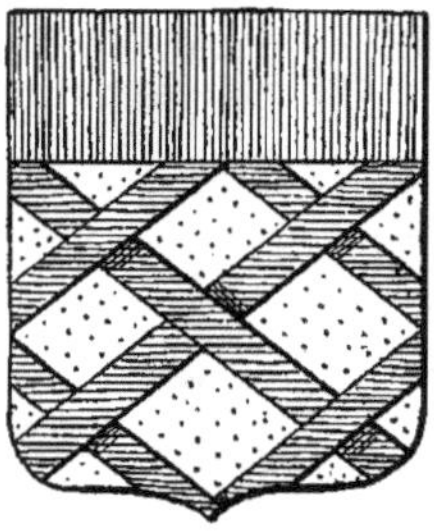 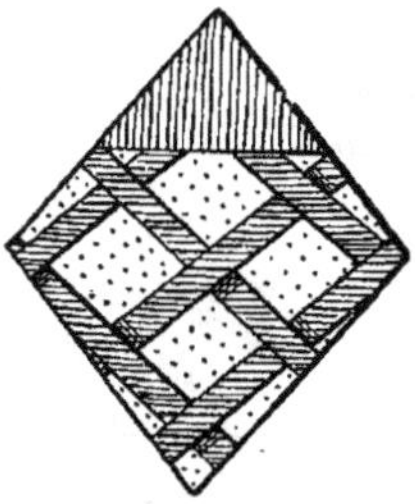 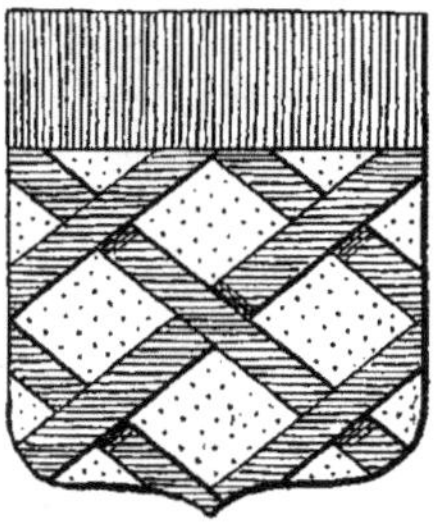

4° Marie-Louise-Angélique-Julie, née le 8 février 1738, morte le 5 mai 1740.

Etat civil Ballots. — Le 9 fevrier 1738 a été baptisée par nous curé Marie Louise Julie née d'hier fille.... parain le procureur de Jacques M. Avril de Boutigny et maraine d. Louise de Farcy veuve de Jacques Blot chevalier seigneur de Martou.

Id. — Le 6 mai 1740 inhumation dans cette église de demoiselle Marie Angelique Julie de Farcy decedée d'hier agée de 14 mois fille de....

5° et 6° Armand-Ambroise-Annibal de Farcy, né le 26 février 1739, et Jeanne-Agathe-Catherine, sa sœur jumelle, morte en novembre 1776.

Etat civil Ballots. — Le 26 fevrier 1739 baptème de Armand A. A. de Farcy.... parain Jacques Daniel de Farcy de Cuillé conseiller au parlement de Bretagne maraine Catherine Gandon.

Roseray. — *29 Novembre 1776.* — Jeanne A. C. de Farcy demeurant à Angers hospice des incurables vend à Jean R. A. de Farcy du Roseray le lieu de la Gillardière par 2000# à payer à Jean Baptiste de Bonchamps chevalier seigneur de la Baronnière et une rente viagère de 466#.

Id. — *23 Avril 1777.* — Partages de la succession de Jeanne Agathe decedée au mois de novembre 1776.

7° Jean-Charles-Annibal de Farcy, né le 25 février 1740.

Etat civil Ballots. — Le 25 fevrier 1740 baptème de Jean C. A. de Farcy.... parain Charles René Auguste de Farcy procureur de Jean Auguste du Boispéan chevalier seigneur de la Pillardière et maraine demoiselle Marie Fortin.

DU FAUR.

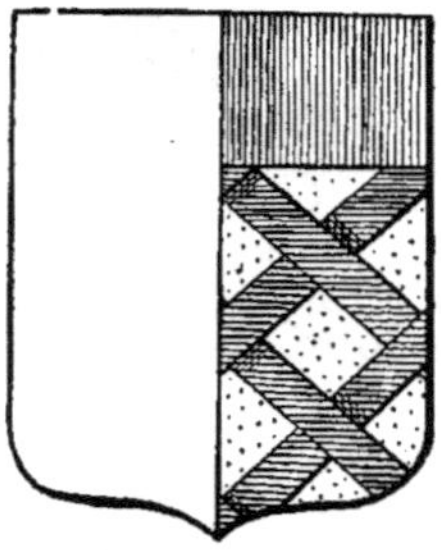

8° Gabrielle-Marguerie-Céleste, née le 24 janvier 1743, épousa Messire César-Antoine du FAUR, officier de marine.

Elle se retira à l'abbaye au Bois à Paris et y mourut en 1832.

Etat civil Ballots. — Le 25 janvier 1743 baptème de Gabrielle Marguerite Celeste de Farcy, parain Jacques G. A. de Farcy de Cuillé maraine Madeleine Catherine de Provenza de Mauny.

Roseray. — Le 21 juillet 1765 certificat de vie pour Gabrielle M. C. de Farcy par Jacques René Chassebœuf licencié ès loix, avocat au siège présidial de Craon, scellé d'un sceau de cire rouge aux armes de la baronnie de Craon écartelées de La Forêt d'Armaillé et de Craon ancien.

Id. — Paris, 10 fevrier.... (vieux style) lettre signée Farcy veuve du Faur à son neveu du Roseray « les pertes que je fais avec la nation et le comte d'Armaillé de Craon me reduise à avoir à peine de quoy vivre ce qui est bien triste à 57 ans où je ne puis plus gagner ma vie par mon travail.... je perd dans ce moment cy 600# que me devoit M. d'Armaillé de Craon et 300# de rente viagère par sa maintenue sur la liste des émigrés.... »

Titres Poulain de la Foresterie. — 22 Janvier 1828. — Lettre à sa nièce

Mme de la Forestrie.... « Si j'avais 30 ans de moins je quitterais l'abominable Paris.... mais il me faut chasser cette idée, achever ma carrière ou je suis, le terme ne doit pas etre long.... On n'entend parler que d'impiété, de crimes de toutes espèces, de vols, de banqueroutes, comme rien n'est puni les mechants se montrent à découvert et le nombre en est trop grand pour qu'on puisse assé sevir.... »

9° et 10° François-Louis-Annibal de Farcy, né le 1er février 1744 et Charles-Pierre, son frère jumeau.

Etat civil Ballots. — Le 2 fevrier 1744 baptème sous condition « l'ayant été à la maison par nous » de François L. A. de Farcy né d'hier au Roseray en cette paroisse, a été parain le procureur de Auguste François Annibal de Farcy de Cuillé évêque de Quimper en Bretaigne.

Id. — Le 4 fevrier 1744 a été baptisé par nous vicaire Charles P. le quel est né du 1er février et est le cadet de François L. A. son gémeau baptisé cy dessus étant venu le dernier au monde au chateau du Roseray fils de.... parain n. h. Charles Pierre Bodard conseiller du Roi et maraine Emilie de Valory representant dame Marie Charlotte du Plessis d'Argentrey dame de Valory qui ont signé.

Etat civil Saint-Clément de Craon. — Le 17 avril 1754 a été inhumé dans la chapelle du prieuré de Boutigny Louis F. A. de Farcy decedé d'hier agé de 2 mois et demy fils de....

11° François-Artus de Farcy, né le 2 octobre 1745, mort le 28 novembre suivant.

Etat civil Ballots. — Le 2 octobre 1745 baptème de François Artus né de ce jour au chateau du Roseray fils.... ont été parain Anne Artus de Bonchamps chevalier seigneur de la Baronnière et maraine demoiselle Charlotte F. J. O. de Farcy de Cuillé.

Id. — Le 28 novembre 1745 inhumation de François Artus de Farcy agé d'environ deux mois decedé d'hier à Livré et amené ici par la permission de M. le prieur de Livré et enterré dans l'église de ce lieu, fils de.... par Nic. Thomas chapelain du Roseray.

12° Mélanie-Louise-Catherine, née le 19 octobre 1746.

Etat civil Ballots. — Le 20 octobre 1746 a été baptisée Mélanie L. C. née de hier au soir au Roseray en cette paroisse fille... ont été parrain Mre Louis Joseph François Ange Pierre Hyacinthe du Buat chevalier seigneur de la Subrardière et marraine demoiselle Marie Catherine de Mony.

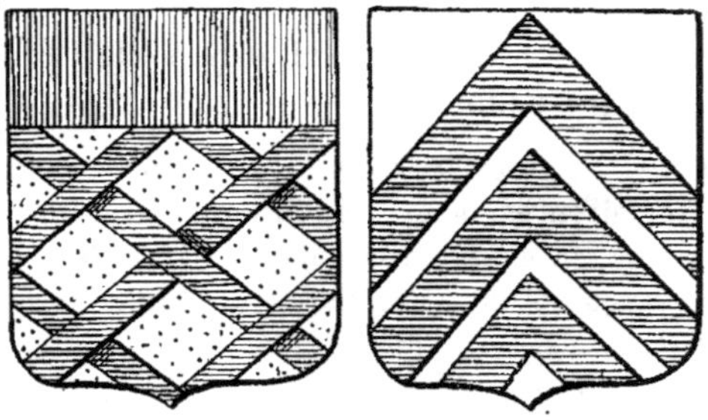

DE GURYE
d'argent à 3 chevrons d'azur.

Charles-René-Auguste de FARCY, chevalier, seigneur de la Beauvais, de Boutigny, Cangens, le Breilbrard, Fleins, Montaigu, Champagne, les Bordeaux, les Chotardières etc., né le 1er juillet 1734, page de la Reine en 1751, lieutenant réformé au régiment de Bourgogne-cavalerie par brevet du 16 juin 1753, épousa le 6 octobre 1761 demoiselle Louise-Renée-Céleste de GURYE, fille et unique héritière de Messire Claude-Jean de GURYE, chevalier, seigneur de la Beauvais, etc., et de Louise-Madeleine GUITEAU[1] de Bannes. XIXe DEGRÉ.

En 1789 il fut convoqué pour nommer des députés aux états généraux et se fit représenter par Henri-Charles de Longueil, chevalier de Saint-Louis.

Il était présentateur des chapelles du Breilbrard, à Pommerieux et de Sainte-Anne de Cangeins à Laigné (*Pouillé du diocèse d'Angers 1783, pages* 151 *et* 161).

1. Guiteau, *d'azur au chevron d'or acc. en chef de 2 soleils d'argent et en pointe d'une aiglette d'or.*

Il mourut le 31 décembre 1810 et sa femme le 19 vendémiaire an IV (11 octobre 1795), laissant de leur union cinq enfants : 1° Charles, 2° Claudine, 3° Marie, 4° Jean et 5° Marie-Geneviève.

Titres du Roseray. — *1er Juillet 1734*. — A été ondoyé.... l'enfant male né de ce jour du mariage de.... *Signé* Cesbron curé de Saint Evroul d'Angers.

Etat civil Ballots. — Le 10 juin 1737 ont esté supplées les cérémonies du baptème à Charles R. A. de Farcy.... lequel avoit été ondoyé le Ier juillet 1734 sur les fonds de Saint Evroult paroisse d'Angers par le sieur Cesbron curé de la paroisse en vertu de la permission de Mgr levesque d'Angers en datte du même jour parrain Henri Louis Charles Gillot écuyer seigneur de Boutigni, maraine Charlotte de la Douespe veuve de Charles René de Farcy du Roseray par moi Jean de Farcy pretre.... ont été temoins Anne Marc de Seillons pretre de l'oratoire et curé de Saint Barthélemy, L. de Seillions curé de Cuillé, Marc de L'ancrau, A. Delorme curé de Ballots.

Bibliothèque Nationale, Dossier de Farcy. — IX degrés pour certifier que Charles R. A. de Farcy a la noblesse nécessaire pour etre admis comme page.

Titres du Roseray. — *9 Janvier 1750*. — Lettre du duc de Bethune à Mme la marechalle de Montmorency pour lui promettre une place de page de la reine pour le seigneur de Farcy en juillet 1751. — *8 Juin 1751*. — Lettre du secretaire du duc de Bethune fixant la date où les pages doivent se rendre. — *12 Août 1753*. — Certificat du duc de Bethune à Charles R. A. de Farcy pour 3 ans de service comme page de la reine. *Signé et scellé*.

Id. — *16 Juin 1753*. — Provisions de lieutenant reformé au régiment de Bourgogne cavalerie, signées du Roy.

Id. — *5 Octobre 1761*. — Contrat de mariage passé devant Le Mercier et Rottier notaires à Chateaugontier entre Mre Charles R. A. de Farcy chevalier seigneur de Boutigny, Cangens, Flains, le Breilbrard fils.... et Louise Celeste de Gurye demoiselle fille.... presence de Mre René Annibal de Farcy chevalier seigneur du Roseray, Gabrielle Celeste de Farcy, Magdelainne Agathe de Farcy, Pauline de Farcy frere et sœurs du futur epoux, Marguerite de Farcy de Bonchamps tante, Mre Charles Artus de Bonchamps chevalier seigneur de la Baronnière son cousin germain, Françoise Angelique de Bonchamps demoiselle, cousine germaine, Mre Louis Jean Charles d'Houllières chevalier seigneur de la Jupellière, Maisoncelle, le Bignon et dame Louise Charlotte Julie Belot son épouse, M. Me René Gandon seigneur de Louvrinnière conseiller du Roy, juge magistrat en la sénéchaussée d'Angers, M. Me Pierre Anne Sourdille seigneur de la Valette conseiller en l'élection de cette ville et dame Jeanne Avril son épouse et Mrs Bodard père et fils seigneurs de la Jacoppière tous parans dudit futur epoux et du coté de la demoiselle future epouse de dame Emelie Anne Trochon veuve de Mre Claude Jacques de Gurye chevalier seigneur de la Beauvais son ayeulle, de Me Pierre Luc de Gurye prêtre chanoine régulier prieur d'Avessay grand oncle, de dame Elizabeth Gouesse veuve de Me Jacob Guiteau chevalier seigneur de Banne, Leffrière et Cossé lieutenant général en la sénéchaussée de Chateaugontier, de dame Marie Guiteau veuve de Mre Alexandre du Boul chevalier seigneur de la Tour, Mre François Guiteau chevalier seigneur de Cossé et dame Anne Dezeree son epouse oncles et tantes, de Mre Louis Jacob des Hayes chevalier seigneur de Cosmes, Beaurepos et dame Louise Charlotte du Boul ses cousins germains Mre Jean Charles des Hayes chevalier seigneur de Cosme, Mre J. B^te du Tertre chevalier seigneur de Sancé, Baubigny, Brissarthe mari de dame Gabrielle Trochon et la demoiselle du Tertre sa fille, dame Madeleine Guiteau epouse de Mre de Boisjourdan chevalier seigneur de Longuefuye, Chanay, Mre Pierre de la Barre chevalier seigneur du Teilleul, Cheripeaux, la Motte Ferchaud et dame Geneviève du Tertre son epouse, Mre René de la Barre chevalier seigneur de Préaux....

Etat civil Château-Gontier. — Saint-Rémi. — Le 6 octobre 1761.... ont reçu la bénédiction nuptiale et été épousés par nous prieur curé d'Avecé grand oncle de l'épouse Mre Jacques C. P. A. de Farcy....

et Louise R. C. de Gurye.... suivent les signatures.... Morin, curé de Saint Remi.

Original. — *1762.* — Lettre signée de Farcy, au sujet d'un mariage que voulait faire son frère. Cachet cire rouge.

Pouillé du diocèse d'Angers, 1783, P. . — Charles R. A. de Farcy présentateur à la chapelle Sainte Anne de Cangens.

Titres du Roseray. — *Septembre 1787.* — Accord pour une pièce de terre par h. et p. d. noble Louise C. de Gurye dame seigneure de Beauvais épouse de.... à condition d'en rendre aveu à titre de pur féage au Val de Beauvais.

La Roque, Gentilshommes d'Anjou, P. 15. — Louise Renée Céleste Geyvrier épouse de Charles René Eugène de Farcy dame de Champagne.... convoquée aux états généraux.

Titres Bernard du Port. — *27 Pluviôse an VI (15 Février 1798).* — Partages de la succession de Me de Farcy en 5 lots. Le 1er lot appartiendra à la République pour le fils aîné émigré. Elle aura sa part dans le second pour le capitaine tué à Mantoue. Les biens comprenaient la Beauvais estimée 74.956#, Champagne, Chassebourg, Glatigné, Mortron 291.495#, la maison de Châteaugontier et Arancé 18250#.

Château-Gontier. — *28 Ventôse an VI (18 Mars 1798).* — Radiation de la liste des émigrés où il aurait pu être inscrit, du nom de feue Louise Renée Celeste Gurye femme Farcy.

XXe Degré. 1° Charles-Louis-Annibal de Farcy, qui suit :

DE LA LANDE
d'or au huchet de sable, au chef de gueules chargé de 3 étoiles d'or et soutenu d'une fasce de sable.

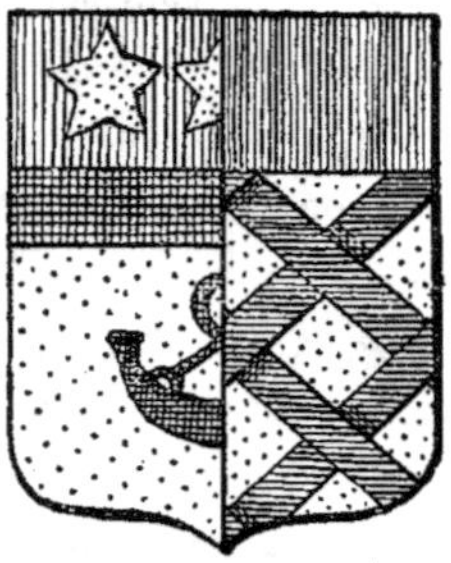

2° Claude-Céleste, née en janvier 1764, dame de Boutigny, épousa : 1° le 17 juillet 1787, par contrat du 9, Messire Jean-Augustin-Madeleine-Thérèse de la LANDE, chevalier, seigneur de Saint-Martin-Villenglose, Beaurepaire etc, qui mourut emprisonné au couvent des Carmélites de Pontoise le 29 fructidor an II (17 septembre 1794). Il était fils de Jean-Louis de la LANDE, chevalier, seigneur dudit lieu et de Madeleine MARÉCHAL[1] de Fins ; 2° Louis-Antoine NÉRY du Rozet, ancien capitaine au 82e régiment d'infanterie, chevalier de la légion d'honneur. Elle mourut le 3 floréal an X (23 avril 1802).

La famille Dean de Saint-Martin conserve un cachet d'argent aux armes accolées de la Lande et de Farcy ainsi que leurs portraits.

Etat civil Château-Gontier. — Saint-Rémi. — Le 17 juillet 1787 après une seule publication.... ont esté espousés Mre Jean A. M. T. de la Lande agé de 29 ans chevalier seigneur de la paroisse de Saint-Martin Villenglosse, Beaurepaire et autres lieux fils de deffunct Mre Jean L. de la Lande chevalier seigneur dudit lieu et de dame Madeleine Maréchal demoiselle sa veuve absente mais consentante.... d'une part et demoiselle Louise C. C. de Farcy agée de 23 ans fille de.... d'autre part, presents du coté de l'epoux Mre

1. Maréchal, *d'or à 3 tourteaux d'azur chargés chacun d'une étoile d'argent, 2 et 1.*

Jean F. R. Gaultier de Brullon chevalier seigneur dudit Brullon de Léglorière et autres lieux de la paroisse de Brulon et du coté de l'epouse dame Renée M. Guitau demoiselle sa grande tante veuve de Mre Alexandre du Boul chevalier seigneur de la Tour, Chetigné de la paroisse de Ménil, Mre Charles L. A. de Farcy chevalier seigneur de la Beauvais, conseiller au parlement de Bretagne frère, demoiselle Marie J. de Farcy de la Beauvais et Marie G. C. de Farcy de Flain ses sœurs, Mre Guy Poulain de la Forestrie chevalier seigneur de la Pissatière, la Perrine, la Chesnaye, oncle de la paroisse de Chanteucée, Mre Jacob N. F. M. Guiteau chevalier seigneur de Bannes, Leffrière conseiller du Roy et son lieutenant général à Chateaugontier, cousin, et dame Florence Chotard son epouse de la paroisse de Saint-Jean, Mre Marie Joseph de Bonchamps chevalier seigneur de la Trosnière, son cousin et demoiselle Jeanne L. Guitau son épouse, de la paroisse de Saint-Jean. Mre Louis Marie J. des Hayes chevalier seigneur de Cosmes, Chandoland, cousin, de la paroisse de Cosmes, demoiselle Renée J. des Hayes de Cosmes, Madeleine des Hayes de Bonrepos demoiselles cousines, de la dite paroisse de Saint-Jean, Mre Jean C. P. des Hayes de Cosmes cousin, du fauxbourg d'Azé, qui ont signé avec nous.... Crosnier curé de Saint-Rémy.

Id. — *18 Germinal an VII (7 Avril 1799).* — Radiation du nom de Jean A. M. T. de la Lande de la liste des émigrés où il aurait pu être inscrit.

Id. — *23 Avril 1802.* — Acte de décès de Claude Céleste de Farcy décédée le 3 de ce mois à 11 heures du soir âgée de 37 ans épouse de Louis Antoine Nery Duroset....

DE LA GRANDIÈRE
d'azur au lion d'argent, armé, lampassé et couronné de gueules.

3° Marie-Jeanne-Renée, demoiselle de la Beauvais, née le 23 novembre 1765, épousa : 1° le 28 septembre 1790, par contrat de ce jour, Messire François-Augustin-Jérémie-Palamède de la GRANDIÈRE, chevalier, lieutenant en second au régiment du maréchal de Turenne, fils de François-Philipe-Palamède de la GRANDIÈRE, chevalier, seigneur du lieu et de Françoise RICHER ; 2° Achille VILLIMER ; 3° Louis-Anne ABRAHAM, docteur-médecin, chevalier de la légion d'honneur et membre de l'Académie royale de médecine.

Elle mourut le 9 juillet 1846.

Etat civil Château-Gontier. — Saint-Jean. — Le 24 novembre 1765 a été baptisée.... Marie J. R. de Farcy fille.... parain Mr Jean-Baptiste A. de Sourdille chevalier seigneur de Courcelles, d'Herbrée et autres lieux oncle de l'enfant, maraine demoiselle Renée M. Guitau veuve de Mre Alexandre du Boul chevalier seigneur de la Tour grande tante de l'enfant née d'hier.

Etat civil Château-Gontier. — Saint-Rémy. — Le 28 septembre 1790 après trois publications de bans.... ont été espousés.... Messire F. Augustin J. P. de la Grandière lieutenant en second au régiment du maréchal de Turenne, agé de 26 ans cy devant chevalier fils de deffunct Messire François P. P. de la Grandière cy devant chevalier et de demoiselle Françoise Richer sa veuve absante mais consentante.... représentée par Mre Hercule G. de la Grandière cy devant chevalier seigneur du Plessis chevalier de Saint-Louis, de la paroisse de la Jaille Yvon cousin issu de germain de l'epoux, de la paroisse d'Alleaume près Vallognes d'une part et demoiselle Marie J. de Farcy cy devant demoiselle agée de 24 ans fille de.... presents du coté de l'epoux.... Louis Marie seigneur des Hayes cy devant chevalier seigneur de Cosmes etc, demoiselle Jeanne R. des Hayes de Cosmes, Rad. des Hayes de Bonrepos, cousins et cousines issus de germain et du coté de l'epouse, ses beaux frères et sœurs... ont signé.... 90 mots rayés en exécution de la loi. Signé Crosnier curé de Saint-Remy. — (Ces 90 mots sont les qualifications de messire, chevalier, seigneur, damoiselle etc).

Mairie de Château-Gontier. — 28 Ventôse an VI (18 Mars 1798). — S'est presentée la citoyenne Marie Jeanne Farcy femme Vilemer laquelle ayant connaissance de la loi du 19 fructidor dernier, a presenté un arreté du directoire exécutif.... par lequel il est dit que le nom de Marie J. Farcy sera definitivement rayé de toutes listes d'émigrés où il avait pu être inscrit....

Titres Bernard du Port. — 8 Ventôse an X (27 Février 1802). — Vente à Mr Gombert de la Tesserie, de la Renaudière, la Blairie, la Fauconnière, la Mançonnière, sises à Laigné.

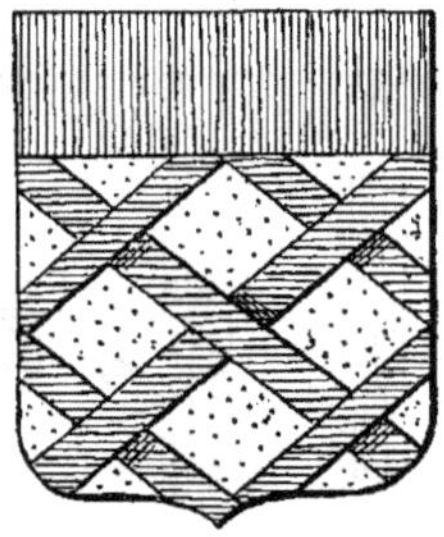

4° Jean-Baptiste-Louis-Annibal, dit le chevalier de Farcy, né le 12 février 1768, capitaine au 1er bataillon des grenadiers du 79e de ligne, eut la tête emportée par un boulet de canon au siège de Mantoue.

Etat civil Château-Gontier. — Saint-Jean. — Le 13 février 1768 a été baptisé Jean-Baptiste L. A. de Farcy, fils.... parain René le

Court comme procureur de h. et p. s. Mre Jean-Baptiste du Tertre baron de Mortieclore (Mortiercrolle) seigneur de Brissarthe, Baubigny, Sancé et maraine Jeanne Peillon comme procuratrice de dame Louise Madeleine Guitau épouse de Mre Claude J. de Gurye chevalier seigneur de la Beauvais ayeule de l'enfant né le jour d'hier.

Id. — *Saint-Rémy.* — Le 18 janvier 1785 il signe au mariage de Jean-Baptiste-Alexandre Trochon d'Herbrée l'un des gardes du corps du Roi capitaine de cavalerie écuyer seigneur de Courcelles âgé de 33 ans fils Pierre seigneur de Moiray et de Rosalie Guérin de la Roussardière avec Catherine Madeleine-Sophie Sourdrille de la Valette âgée de 18 ans, fille de feue Jean-Pierre écuyer seigneur de la Valette conseiller en l'élection et de Bernardine Enjubault.

Titres Bernard du Port. — *22 Ventôse an VI (12 Mars 1798).* — La nation réclame l'héritage de Louis-Annibal Farcy cy devant capitaine de grenadiers tué au siège de Mantoue, pour la part revenant à son frère émigré..... Une maison sise à Château-Gontier place au grain estimée 17000 # et le lieu d'Arancé sis à Laigné 3100 #.

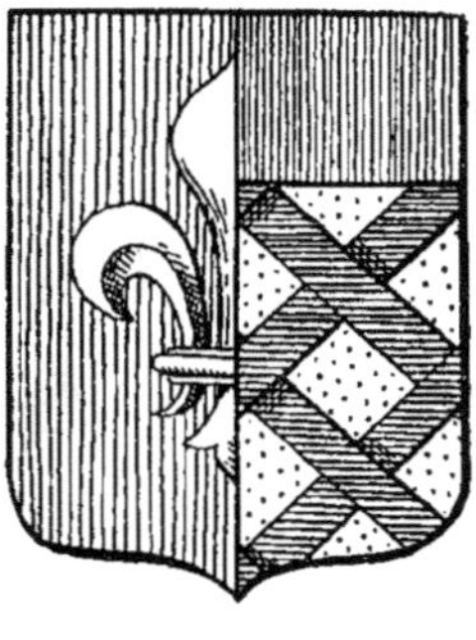

DE SAINTE-MARIE
de gueules à la fleur de lys d'argent.

5° Marie-Geneviève-Claudine, demoiselle de Fleins, née le 20 octobre 1769, épousa : 1° Le 1er juillet 1790, par contrat du 28 juin, Messire Michel-Louis-Jean de SAINTE-MARIE, écuyer, garde du corps du Roi, fils de René-Louis de SAINTE-MARIE, chevalier du Boistouroude, et de Renée-Marie Séguin ; 2° Jean-Baptiste-Jacques Pascal, originaire de la Bazoche-Gouet, arrondissement de Nogent-le-Rotrou (Eure-et-Loir).

Etat civil Château-Contier. — Saint-Jean. — Le 20 octobre 1769, a été baptisée.... Marie-Geneviève-Claude née de ce jour fille de.... parain h. et p. s. Mre Claude-Jean de Gurye chevalier seigneur de la Beauvais, Champagne, ayeul, maraine h. et p. dame Marie A. G. A. du Tertre épouse de h. et p. s. Mre Pierre Geneviève René de la Barre chevalier seigneur du Teilleul, la Motte-Ferchaud, le Buron et Chéripeau, le père absent, tous de la paroisse de Saint-Rémy. *Signatures.* Marie de Vaufleury de Cosme. Le chevalier des Haies de Cosme.

Titres du Roseray. — 28 Juin 1790. — Contrat de mariage passé devant de Beaumont et Rousseau notaires à Château-Gontier. — On lui assure la jouissance de la terre du Breilbrard consistant en la maison de maitre et domaines en dépendant.... affermée 2850 # presence de Michel Seguin, négociant et Catherine Guerin son épouse, Pierre Seguin prêtre prieur de Cosmes oncles et tante....

Id. — Saint-Rémi. — Le 1er juillet 1790 après une seule publication.... ont été épousés.... par nous chanoine régulier de la congrégation de France, prieur curé de la paroisse de Cosme diocèse du Mans, oncle de l'époux, Mre Michel L. J. de Sainte-Marie écuyer garde du corps du Roi âgé de 32 ans fils des deffuncts Mre René L. de Sainte-Marie seigneur du Boistouroude et de dame Renée M. Séguin son épouse de la paroisse de N.-De de Guibrai, fauxbourg de Falaise d'une part et demoiselle Marie G. C. de Farcy de Flins, demoiselle âgée de 20 ans fille de.... ont signé.... Séguin prieur curé de Cosme....

Id. — Le 23 avril 1791 baptème de Michel né de ce jour fils de Michel L. J. de Sainte-Marie garde du corps du Roi et de Marie C. de Farcy.

Id. — Saint-Rémi. — Le 2 août 1789 mariage d'Etienne-Aimable Chevalier de Boislève capitaine au régiment de Vermandois fils de Anne chevalier baron de Beaufort, la Mantelaye et de feue Marie-

Perrine Sourdault de Beauregard avec Renée-Françoise Rallier fille Thomas-François écuyer ancien controlleur ordinaire des guerres et de Catherine du Val. signent.... Gurye de Farcy, Farcy de la Beauvais, Farcy de Flain, de Farcy de Saint Martin.

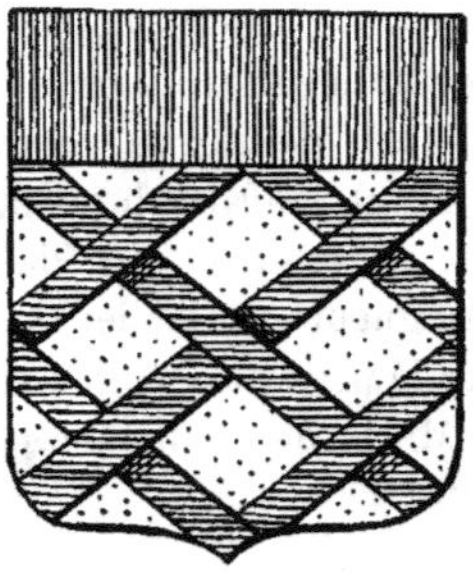

DE BONCHAMPS *de gueules à deux triangles d'or enlacés en forme d'étoile.*

1° Charles-Louis-Annibal de FARCY, chevalier, seigneur de la Beauvais, né le 31 décembre 1762, reçu à l'école royale militaire de la Flèche en 1770, fut pourvu d'une charge de conseiller non originaire au parlement de Bretagne par lettres du 4 août 1786, émigra en 1792, servit dans l'armée de Condé, dans le régiment du maréchal de Turenne, assista au siège de Maëstricht, rentra en France en 1798 et épousa le 10 décembre 1804 demoiselle Anne-Elisabeth-Pauline de BONCHAMPS, fille de Marie-Joseph de BONCHAMPS, écuyer, seigneur de la Trosnière et du Coudraye, membre du Conseil général de la Mayenne, et de Jeanne-Louise GUITEAU[1] de Bannes. XXe Degré.

Nommé juge auditeur à la Cour d'Angers le 16 mars 1809, conseiller le 2 avril 1811, président de chambre le 16 juillet 1814, chevalier de l'ordre royal de la légion d'honneur les 22 et 25 mai 1825, député au corps législatif pour l'arrondissement de Château-Gontier en 1825 et 1828, nommé le 9 février 1825 président de chambre à la cour royale d'Aix, poste qu'il refusa; il venait d'être appelé à la

1. Guiteau. *d'azur au chevron d'or acc. en chef de 2 soleils d'argent et en pointe d'une aiglette d'or.* — Cet écusson accolé de Bouchamps se voit sur sa tombe de marbre, dans le cimetière de la ville de Château-Gontier.

première présidence de la cour d'Amiens, quand il mourut le 13 avril 1828 des suites d'une blessure qu'il s'était faite six mois auparavant, sur les bancs du corps législatif, avec un canif laissé ouvert sur son siège.

Sa femme mourut le 1er juillet 1849. Ils avaient eu de leur union six enfants: 1° Pauline, 2° Charles, 3° Louis, 4° Alfred, 5° Zoé et 6° Ernest.

Etat civil Château-Gontier. — Saint-Jean. — Le 1er janvier 1763 a été baptisé.... Charles L. A. de Farcy fils.... parrain Jérôme Renou écolier, marraine Jeanne Hayer fille, l'enfant né le 31 décembre dernier, en présence de Mre René de la Barre chevalier seigneur de Préaux cousin de l'enfant, et de René L. P. de la Barre seigneur de Préaux aussi cousin et de dame Renée C. J. du Tertre marquise de Préaux aussi cousine et de Michelle C. de Lancrau de Pommerieu demoiselle et de Claude Jean de Gurye chevalier seigneur de la Beauvais et de dame Louise Guitau épouse dudit Gurye ayeule de l'enfant. J. Renou, du Tertre de Préaux, de Lancrau de Pommerieux, de la Barre, la Barre fils, L. Guiteau de la Beauvais, de Gurye de la Beauvais, des Hayes curé.

Id. — 1770. — Preuves de noblesse pour l'école royale militaire et tableau généalogique en ligne directe.

Titres du Roseray. — 28 Août 1784. — Diplôme de licencié en droit. — *24 Août 1785.* — Vente d'une charge de conseiller par Mre de Farcy de Cuillé à h. et p. s. Charles Louis Annibal de Farcy de la Beauvais pour 14000#, et procuration de sa mère pour acheter cette charge. — *22 Novembre.* — Certificat de religion délivré par M. Crosnier curé de Saint Rémi de Chateaugontier. — *16 Décembre.* — Certificat de non parenté délivré par M. de Caradeuc. — *11 Janvier 1786.* — Dispense d'âge pour être reçu conseiller. — *4 Septembre 1788.* — Lettre de convocation du parlement signée du Roy.

Id. — 1792. — Demande de partages pour père et mère d'émigré, partages de la succession de Louise Céleste de Gurye.

Id. — *21 Septembre 1803.* — Dispense de parenté du 3e au 3e degré par M. Michel Joseph de Pidoll, évêque du Mans.

Id. — *17 Vendémiaire an XII (10 Octobre 1803).* — Contrat de mariage passé devant Noël, notaire à Château-Gontier, de Charles L. A. de Farcy ex magistrat.... et de Anne P. E. de Bouchamps, fille de Marie Joseph, président du canton de Bierné et du collège électoral du département de la Mayenne et de dame Jeanne L. Guiteau.

Id. — *18 Vendémiaire an XII.* — Acte de célébration du mariage en l'église Saint-Laurent-des-Mortiers.

Id. — *15 Février 1825.* — Nomination de président à la cour Royale d'Aix. — *22 Mai.* — Lettre annonçant la croix de la Légion d'honneur. — *29 Mai.* — Brevet de chevalier de l'ordre royal de la Légion d'honneur. — *2 Juillet 1826.* — Nomination de président du collège électoral du 2e arrondissement de la Mayenne. — *18 Juillet.* — Discours (imprimé) prononcé à l'ouverture de l'assemblée du collège électoral de Château-Gontier. — *5 Novembre.* — Convocation de la Chambre des Députés. — *7 Novembre 1827.* — Lettre de M. de Villèle pour le serment à prêter comme président. — *5 Janvier 1828.* — Convocation de la Chambre des Députés. — *13 Avril 1828.* — Acte de décès de Charles L. A. de Farcy.

Id. — *19 Septembre 1818.* — Certificat de six ans de services en émigration (1792-1798) « Nous soussignés, certifions que M. de Farcy Charles, né à Château-Gontier, département de la Mayenne, président à la cour royale d'Angers, a quitté la France en 1792, s'est fait ensuite inscrire dans la compagnie formée par MM. les officiers du régiment du maréchal de Turenne, a continué d'y servir au Pays Bas et au siège de Maestrick, que de là il s'est rendu en Angleterre qu'il n'a quittée qu'en 1798 pour rentrer en France où il a trouvé la moitié de sa fortune perdue sans retour. Le chevalier Dean, ex-député, H. de Lévaré, E. Vegelay, chevalier de Saint-Louis, de Manttelon chevalier de Saint-Louis, Ch. Dean de Luigné, chevalier de Saint-Louis, Trochon chevalier de Saint-Louis, le vicomte de Ponceau chevalier de Saint-Louis, Jarry de la Broissinière chevalier de Saint-Louis, Le Tessier de Coulonge. »

Id. — *1er Août 1828.* — Partages de succession. — *24 Novembre 1845.* — Testament de Me de Farcy.

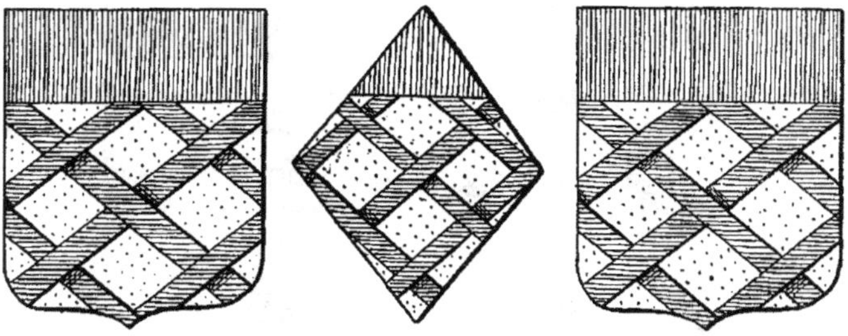

XXIe Degré.

1° Pauline-Mélanie, née le 4 mai 1805, morte à Paris le 20 décembre 1860.

Titres du Roseray. — Le 12 mai 1816, certificat de naissance délivré par L. de Bouchamps, maire de la commune de Saint-Laurent-des-Mortiers.

2° Charles-Annibal de Farcy, né en 1806, sous-officier au 43e régiment de ligne, démissionnaire en 1830, mourut le 23 janvier 1885.

Titres du Roseray. — *3 Février 1885.* — Testament de M. Charles de Farcy, en l'étude de Me Huet, notaire à Dinan.

3° Louis de Farcy, né le 25 août 1807, servit dans la marine royale et donna sa démission en 1830.

Etat civil Angers. — Le 25 août 1807.... est comparu Mr Charles-Louis-Annibal de Farcy propriétaire.... lequel nous a présenté un enfant du sexe masculin, né ce jour à 10 heures du matin, de lui déclarant et de dame Pauline de Bouchamps son épouse.... auquel a été donné le prénom de Louis et ont signé....

4° Alfred-Annibal de Farcy, qui suit.

5° Zoé-Emilie, née en 1822, morte le 6 mai 1835.

6° Ernest de Farcy, mort jeune.

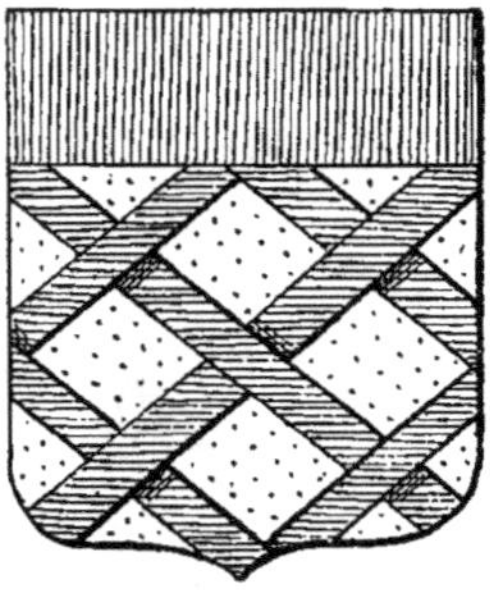

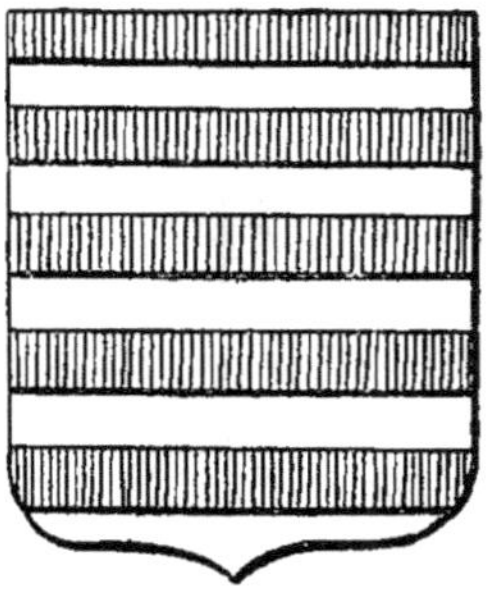

de Penfentenyo *burelé de gueules et d'argent de 10 pièces.*

4° Alfred-Annibal de Farcy, né le 30 août 1816, épousa le 14 janvier 1840, demoiselle Louise-Marie-Joséphine de Penfentenyo de Cheffontaines, fille de Sylvain de Penfentenyo, comte de Cheffontaines, chevalier de l'ordre royal et militaire de Saint-Louis, et de Louise-Amédée Pousteau[1] de Brives. XXIe Degré

Il mourut le 15 décembre 1874, et sa femme le 27 juillet 1887, laissant de leur union deux enfants : 1° Paul et 2° Louis.

Etat civil Angers. — 2 septembre 1816. — Acte de naissance d'Alfred Defarcy. Acte rectifié le 9 juillet 1863.

Id. — Saint-Maurice. — 2 Septembre. — Acte de baptême d'Alfier[2] Annibal né avant hier.... parrain Emerie Dean, cousin, marraine Pauline de Farcy sa sœur.

1. Pousteau, *d'azur à 2 fasces d'argent acc. en chef de deux étoiles d'or et en cœur d'un léopard de même.*

2. Le curé de Saint-Maurice, M. Breton, ne connaissant pas saint Alfred, refusa de l'inscrire sous ce nom !

Titres du Roseray. — *13 Janvier 1840.* — Contrat de mariage passé devant de Beaumont et Gault, notaires à Château-Contier.

Etat civil Fromentières. — Le 13 janvier 1840 célébration du mariage en la mairie de Fromentières. Acte rectifié le 2 novembre 1863.

Id. — *14 Janvier 1840.* — Acte de célébration en la chapelle du château de la Cour de Fromentières.

XXIIe Degré. 1° Paule-Marie-Hyacinthe de FARCY, qui suit.

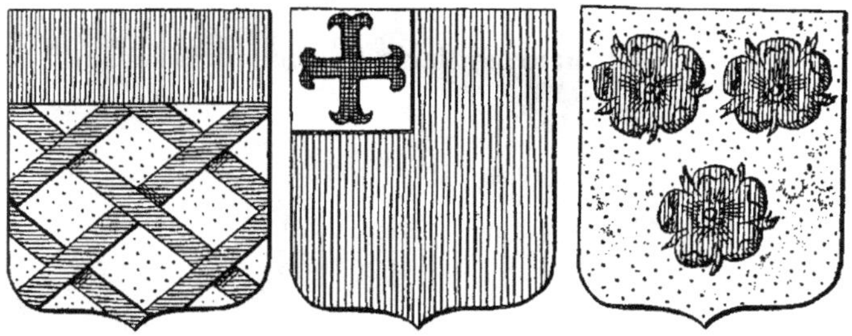

2° Louis-Marie-Annibal de Farcy, né le 27 novembre 1841, commandeur de l'ordre de Saint-Grégoire Le Grand en mars 1879, épousa : 1° le 4 octobre 1865 demoiselle Alix-Marie BOGUAIS[1] de la Boissière, fille de Emmanuel-Hector BOGUAIS de la Boissière et de dame Eugénie du BOURG[2]. Elle mourut le 15 octobre 1866, laissant un fils unique ; 2° le 8 mai 1872, demoiselle Gabrielle-Armande-Marie de CAQUERAY-VALOLIVE[3], fille de Anatole-Frédéric-Marie de CAQUERAY-VALOLIVE, conseiller général, et de demoiselle Marie-Pauline-Louise HAY[4]

1. Boguais, *de gueules au franc canton d'argent chargé d'une croisette ancrée de sable.*
2. Du Bourg, *d'azur à la merlette d'or, acc. en chef de 2 molettes de même.*
3. De Caqueray, *d'or à 3 roses de gueules, 2 et 1.*
4. Hay, *de sable au lion morné d'argent.*

des Nétumières, dont : 2° Louise, 3° Gabrielle, 4° Alfred, 5° Marie, 6° Jeanne, 7° Pierre et 8° François.

Etat civil Château-Gontier. — Le 27 novembre 1841 acte de naissance de Louis-Marie-Annibal Defarcy.

Id. — *Saint-Jean.* — Le 27 novembre 1841 acte de baptême, parrain Louis-Florent vicomte de Bonchamps, marraine Louise-Amédée de Penfentenyo de Cheffontaines née Pouteau de Brives, grand oncle et grand'mère de l'enfant.

Original. — *2 Octobre 1865.* — Contrat de mariage passé devant Loriol de Barny, notaire à Angers.

Id. — *6 Mai 1872.* — Contrat de mariage passé devant Bizard et Loriol de Barny, notaires à Angers.

XXIIIe *Degré.* — 1er lit. — 1° Maurice-Marie-Annibal de Farcy, qui suit :

2e lit. — 2° Louise-Marie-Joséphine, née le 14 novembre 1873.

3° Gabrielle-Charlotte-Joséphine-Marie, née le 7 janvier 1875.

4° Alfred-Paul-Marie-Joseph de Farcy, né le 10 décembre 1876.

5° Marie-Joséphine-Nathalie, née le 26 février 1879.

6° Jeanne-Marie-Louise, née le 15 août 1880.

7° Pierre-Charles-Marie-Guillaume de Farcy, né le 27 janvier 1883.

8° François-Alfred-Gabriel-Marie de Farcy, né le 1er février 1885.

XXIIIe *Degré.* — 1er lit. — 1° Maurice-Marie-Annibal de Farcy, né le 28 septembre 1866, sous-officier au 77e de ligne.

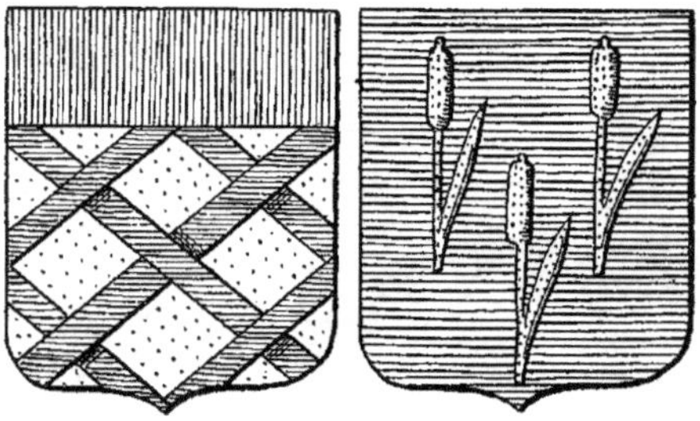

DE ROTZ
d'azur à 3 roseaux d'or, 2 et 1

XXIIe DEGRÉ. 1° Paul-Marie-Hyacinthe de FARCY, né le 10 décembre 1840, épousa le 8 décembre 1863 demoiselle Clothilde-Marie de ROTZ de la Madeleine, fille de Norbert de ROTZ de la Madeleine et de Edme-Camille-Antoinette MICHAU[1] de Montaran, elle mourut le 25 mars 1877, laissant : 1° René, 2° Cécile, 3° Henri, 4° Roger et 5° Madeleine.

Etat civil Château-Gontier. — Le 10 décembre 1840 acte de naissance de Paul-Marie-Hyacinthe de Farcy.

Id. — *Saint-Jean.* — Le 11 décembre acte de baptême, parrain Jonathas-Marie-Hyacinthe de Penfentenyo de Cheffontaines bisayeul, marraine Anne E. P. de Farcy née de Bonchamps, grand'mère.

Original. — *1er Décembre 1863.* — Contrat de mariage passé devant Niobey et son collègue, notaires à Bayeux.

XXIIIe Degré. 1° René-Marie-Henri de FARCY, qui suit.

1. Michau, *d'argent à l'aigle éployée de sable, becquée, membrée de gueules.*

2° Cécile-Marie-Louise, née le 16 juillet 1866.

3° Henri-Marie-Louis de Farcy, né le 19 octobre 1869.

4° Roger-Marie-Bernard de Farcy, né le 24 juillet 1872.

5° Madeleine-Marie-Charlotte, née le 22 février 1876.

1° René-Marie-Henri de Farcy, né le 19 septembre 1864, nommé sous-lieutenant au 70e de ligne le 24 mars 1890. XXIIIe De

ADDITIONS

P. 14. Le *Catalogue des gentilshommes du Maine* se trouve au Volume 439 du Cabinet des titres, à la Bibliothèque Nationale.

Au folio 68 on lit ce qui suit :

> Farcy originaire de Normandie.
>
> Gilles de Farcy, écuyer, juge ordinaire civil et criminel au Comté de Laval, y demeurant.
>
> Et Charles de Farcy, écuyer, seigneur de la Carterie, son frère, demeurant paroisse de Sévillé (Cuillé) élection de Chateaugontier.
>
> Ont justifié la possession du titre de noblesse ~~depuis l'année 1530~~ * commençant en la personne de leur ~~bisayeul~~ *père* *anobli le 16 février 1644.*
>
> Portant d'or fretté d'azur au chef de gueules.

* *Ce titre est faux ainsi que tous ceux qui parlent de leur noblesse avant l'an 1644.*

Ces ratures et annotations sont de la main de d'Hozier de Sérigny comme celle dont il est parlé p. 198. Nous avons tenu à publier celle-ci quoiqu'elle n'apporte aucune preuve de ce qu'elle avance. Lainé, dans sa tombe, nous accuserait aussi sans doute d'avoir dissimulé !....

D'Hozier de Sérigny n'ayant sous les yeux que des copies collationnées, a trouvé plus simple de les dires fausses et s'en est tenu simplement à l'anoblissement d'Annibal, qui, soit dit en passant, n'est pas du 16 février 1644 mais bien de décembre 1643, et fut enregistré le 23 mai 1644.

Les originaux des pièces depuis 1530 furent fournis aux recherches de Touraine et de Bretagne et le contrôle en fut fait contradictoirement avec les habitants de Laval qui avaient tout intérêt à en faire constater alors la *fausseté*.

P. 155. Pierre Farcy, écuyer, servait en 1415 dans la montre de Michel Justice, écuyer, ainsi qu'il résulte des deux pièces suivantes.

Bibliothèque Nationale. — Titres Clairambault, vol. 62. — La monstre de Michiel Justice escuier et de onze autres escuyers de sa compaignie receuz à Honnefleu le IXe jour de septembre l'an mil CCCC et quinze. C'est assavoir le dit escuier, Jehan le Conte, Durant de Tieuville, Guérin le Grant, Colard de Gaillon, Vincent de Berteville, Pierre de la Motte, Pierre-Farcy, Jacquet de Breteville, Thomas Hay, Maciot Seran, Guillaume du Mesnil.

— La reveue de Michiel Justice escuier et de neuf autres escuiers de sa compaignie receuz à Honnefleu le neufième jour d'octobre mil CCCC et quinze.... Thomas Hay.

2 quittances de 180 et 150 ₶ de gages données à Honnefleu le 16 septembre 1415 et à Rouen le 25 octobre « pour ses gages desservis et à desservir ou service du Roy nostre seigneur en ces presentes guerres, à la garde, seureté et défense du pays de la Basse Normandie et pour resister aux Anglois en la compaignie de Monseigneur d'Alençon capitaine général sur le fait de la guerre du pays et duchié de Normandie.

P. 145. Nous devons à l'obligeance de M[r] l'abbé Angot la connaissance d'une pièce qui rectifie ce qui a été dit de Grégoire Farcy. Il n'était pas fils de l'un « des heirs de Giffart Farci » mais bien fils bâtard de Pierre Farci, qui épousa ensuite Jeanne de Byon. En 1450 il habitait à Guilberville avec sa femme et ses enfants en bas âge, et fut condamné par Montfaut en 1463.

Archives Nationales. — Registre du trésor des Chartes. — N. J. J. 180, fol. 70. — Charles, par la grace de Dieu, roy de France, savoir faisons avoir receu humble supplication des parens et amis charnels de Gringoire Farcy, fils bastard de Pierre Farcy escuier seigneur de la Chapelle-Heuzebroc près Thorigny ou bailliage de Caen. Icelluy bastard chargé de femme et enfants et aagé de XXX ans ou environ, contenant que ès feries de Pentecoste derrain passez feussent survenus de jour en l'hostel dudit Bastard, trois compaignons semblans être gens de guerre du pais de Normandie, non estans d'aucune garnison ne prenans gaiges, mais eux vivans lors sur le plat pais, nommés Jehan Caumont, Jehan Lyot et Girot Postel, qui estoient montés à cheval et descendirent à terre, ou quel hostel ils eussent demandé du cydre à boire pour leur argent, à quoy le dit bastard leur repondit qu'ils en auroient voluntiers sans paier argent et leur en fist tirer et bailler un pot dont ils ne pairent riens, et après en eussent demandé en avoir encores à boire, pourquoy la dite femme d'icelluy bastard leur en bailla encore dont ils pairent argent à icelle femme.

Et après icelluy Jehan Liot pour trouver manière de noise eussent faict accroire qu'il avoit perdu son bonnet et que icelluy qui l'avoit prins n'estoit pas fils de paisant et lors remontèrent à cheval et ledit Lyot menaschant fors les gens dudit hostel pour son dit bonnet. Et après ce icelluy Jehan Caumont descendit de dessus son cheval et vint devant l'uis de la sale dudit hostel tenant la main à son espée. Et adoncq icelluy bastard ce voyant et que ledit Caumont approuchoit vers luy doubtant qu'il l'en voulsist frapper saillit hors de son dit hostel et donna de sa dague au dit Caumont ung horrion derrière l'espaule. Et lors les deux autres compaignons s'en allèrent et emportèrent une tasse d'argent d'icelluy hostel, qui depuis fut renvoyée pour doubte de justice....

Le blessé fut soigné quelques jours chez Grégoire Farcy puis il voullut aller se faire traiter ailleurs et mourut....

Donné à Caen, le 6 aout 1450.

P. 251. — *Bibliothèque de Laval.* — *Archives de Saint-Tugal*[1]. — « De Farcy Paul, étudiant, clerc de Séez, nommé chanoine de Saint-Tugal en août 1614, démis en mai 1616 en faveur de Jacques Arnould. »

Est-ce le même que des mémoires domestiques font mourir à l'armée?

1. Document fourni par M. Emile Moreau, secrétaire de la Commission archéologique de la Mayenne.

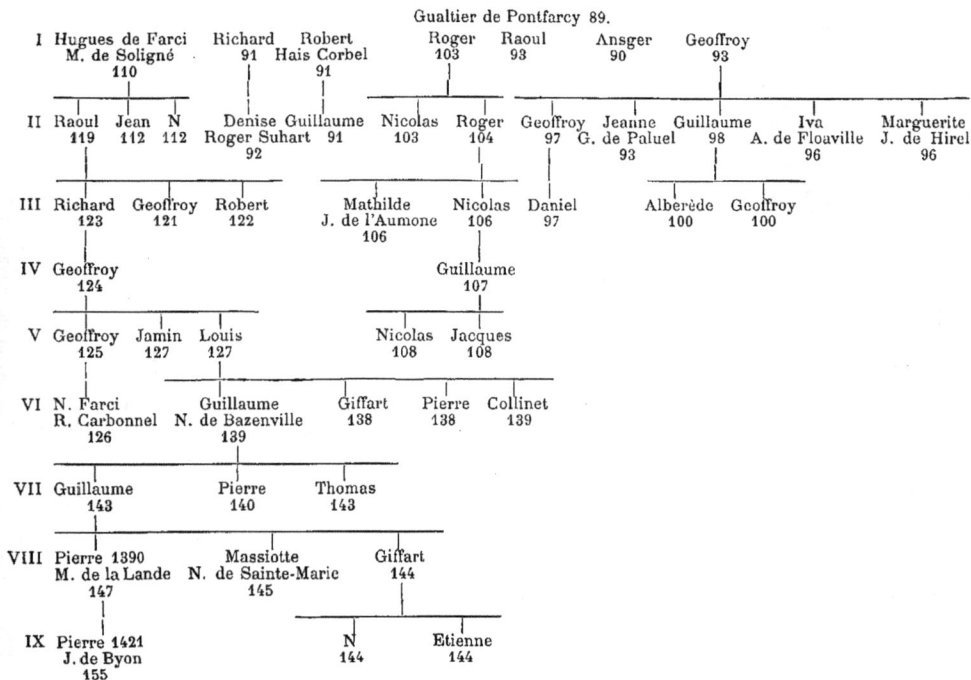

Gualtier de Pontfarcy 89.

I Hugues de Farci, M. de Soligné 110 — Richard 91 — Robert, Hais Corbel 91 — Roger 103 — Raoul 93 — Ansger 90 — Geoffroy 93

II Raoul 119 — Jean 112 — N 112 — Denise, Roger Suhart 92 — Guillaume 91 — Nicolas 103 — Roger 104 — Geoffroy 97 — Jeanne, G. de Paluel 93 — Guillaume 98 — Iva, A. de Floaville 96 — Marguerite, J. de Hirel 96

III Richard 123 — Geoffroy 121 — Robert 122 — Mathilde, J. de l'Aumone 106 — Nicolas 106 — Daniel 97 — Alberède 100 — Geoffroy 100

IV Geoffroy 124 — Guillaume 107

V Geoffroy 125 — Jamin 127 — Louis 127 — Nicolas 108 — Jacques 108

VI N. Farci, R. Carbonnel 126 — Guillaume, N. de Bazenville 139 — Giffart 138 — Pierre 138 — Collinet 139

VII Guillaume 143 — Pierre 140 — Thomas 143

VIII Pierre 1390, M. de la Lande 147 — Massiotte, N. de Sainte-Marie 145 — Giffart 144

IX Pierre 1421, J. de Byon 155 — N 144 — Etienne 144

X Jean Farci, M. Le Baillif, 167 — Grégoire, 531

XI Jean, F. Le Baillif, 174 — Jacqueline, A. Myée, 172 — Michel, F. du Moulinet, 185

XII Sébastien, M. du Moulinet, 179 — Guillaume, C. de St-Germain, 176 — Guillaume, M. Caget, 191

XIII Antoine, 183 — Anne, R. de Marcilly, 182 — Madeleine, R. Richer, 182 — Léonard, 1° A. Buherre, 2° 1575 C. Bizeul, 195 — Michel, N. de Bonvoust, 188 — Annibal, J. d'Eu, 190 — Pierre, 191

XIV Daniel, 1° M. Filote, 2° M. de Flottey, 202 — Anne, F. de St-Denis, 199 — Noël, 199 — Pierre, 199 — Israël, M. du Perche, 201 — Léonard, E. Rouillon, 201 — Gilles, P. de Gennes, 251 — Paul, 251 et 532 — Annibal, G. de Launay (*V. page suivante* A)

XV Pierre, J. Michelet, 227 — Marie, J. Treton, 204 — Elisabeth, 205 — Louise, 207 — Marie, Ch. Brière, 207 — Charles, A. de Houdan, 208 — Marguerite, 208 — Jacques, 1° M. de Marcilly, 2° M. Corneille, 216 — Louis, J. de Péronne (*V. page suivante* B)

XVI Pierre, Marie Beaudouin, 231 — Anne, J. Malart, 229 — Louise, F. de Quatrepuits, 230 — E. etc. 228-231 — Dominique, M. Caron, 212 — Charles, N, 214 — Antoine, 211 — Anne, G. du Pin, 211 — Françoise, A. de Corday, 223 — Marie, F. Le Coustellier, 225 — Marie, R. du Val, 226 — N. etc. 222-226.

XVII Antoine, M. de la Roque, 236 — Jeanne, A. de la Fournerie, 235 — N. etc. 233-235 — Dominique, M. Marchant, 213 — Charles, M. de Saulx, 215

XVIII Pierre, 239 — Marie, N. de Bernières, 240 — Perrine, 240

XIV Annibal (*Voir page précédente* A)

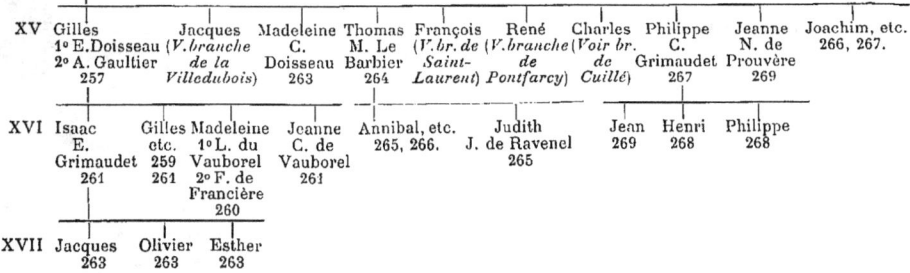

XV Gilles, 1° E. Doisseau, 2° A. Gaultier, 257 — Jacques (*V. branche de la Villedubois*) — Madeleine, C. Doisseau, 263 — Thomas, M. Le Barbier, 264 — François (*V. br. de Saint-Laurent*) — René (*V. branche de Pontfarcy*) — Charles (*Voir br. de Cuillé*) — Philippe, C. Grimaudet, 267 — Jeanne, N. de Prouvère, 269 — Joachim, etc., 266, 267.

XVI Isaac, E. Grimaudet, 261 — Gilles etc., 259, 261 — Madeleine, 1° L. du Vauborel, 2° F. de Francière, 260 — Jeanne, C. de Vauborel, 261 — Annibal, etc., 265, 266. — Judith, J. de Ravenel, 265 — Jean, 269 — Henri, 268 — Philippe, 268

XVII Jacques, 263 — Olivier, 263 — Esther, 263

XV Louis (*Voir page précédente* B)

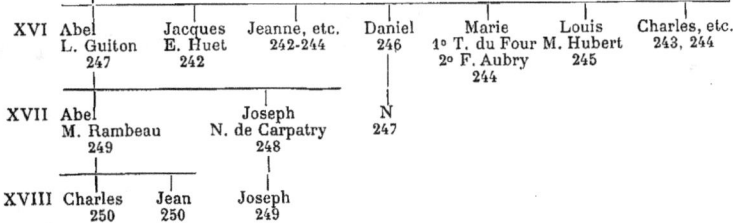

XVI Abel, L. Guiton, 247 — Jacques, E. Huet, 242 — Jeanne, etc., 242-244 — Daniel, 246 — Marie, 1° T. du Four, 2° F. Aubry, 244 — Louis, M. Hubert, 245 — Charles, etc., 243, 244

XVII Abel, M. Rambeau, 249 — Joseph, N. de Carpatry, 248 — N, 247

XVIII Charles, 250 — Jean, 250 — Joseph, 249

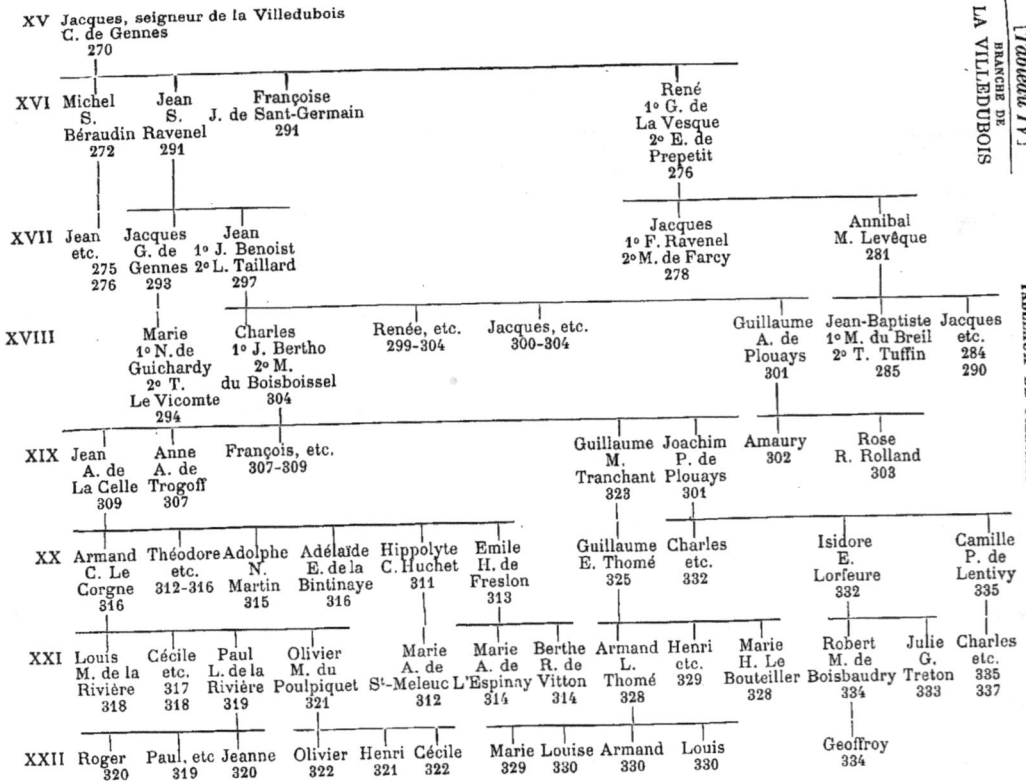

XV Jacques, seigneur de la Villedubois
C. de Gennes
270

XVI Michel / S. / Béraudin / 272 — Jean / S. / Ravenel / 291 — Françoise / J. de Sant-Germain / 291 — René / 1° G. de / La Vesque / 2° E. de / Prepetit / 276

XVII Jean / etc. / 275 / 276 — Jacques / G. de / Gennes / 293 — Jean / 1° J. Benoist / 2° L. Taillard / 297 — Jacques / 1° F. Ravenel / 2° M. de Farcy / 278 — Annibal / M. Levêque / 281

XVIII Marie / 1° N. de / Guichardy / 2° T. / Le Vicomte / 294 — Charles / 1° J. Bertho / 2° M. / du Boisboissel / 304 — Renée, etc. / 299-304 — Jacques, etc. / 300-304 — Guillaume / A. de / Plouays / 301 — Jean-Baptiste / 1° M. du Breil / 2° T. Tuffin / 285 — Jacques / etc. / 284 / 290

XIX Jean / A. de / La Celle / 309 — Anne / A. de / Trogoff / 307 — François, etc. / 307-309 — Guillaume / M. / Tranchant / 323 — Joachim / P. de / Plouays / 301 — Amaury / 302 — Rose / R. Rolland / 303

XX Armand / C. Le / Corgne / 316 — Théodore / etc. / 312-316 — Adolphe / N. / Martin / 315 — Adélaïde / E. de la / Bintinaye / 316 — Hippolyte / C. Huchet / 311 — Emile / H. de / Freslon / 313 — Guillaume / E. Thomé / 325 — Charles / etc. / 332 — Isidore / E. / Lorfeure / 332 — Camille / P. de / Lentivy / 335

XXI Louis / M. de la / Rivière / 318 — Cécile / etc. / 317 / 318 — Paul / L. de la / Rivière / 319 — Olivier / M. du / Poulpiquet / 321 — Marie / A. de / St-Meleuc / 312 — Marie / A. de / L'Espinay / 314 — Berthe / R. de / Vitton / 314 — Armand / L. / Thomé / 328 — Henri / etc. / 329 — Marie / H. Le / Bouteiller / 328 — Robert / M. de / Boisbaudry / 334 — Julie / G. / Treton / 333 — Charles / etc. / 335 / 337

XXII Roger / 320 — Paul, etc / 319 — Jeanne / 320 — Olivier / 322 — Henri / 321 — Cécile / 322 — Marie / 329 — Louise / 330 — Armand / 330 — Louis / 330 — Geoffroy / 334

[*Tableau* V]

BRANCHES DE SAINT-LAURENT ET DE PONTFARCY

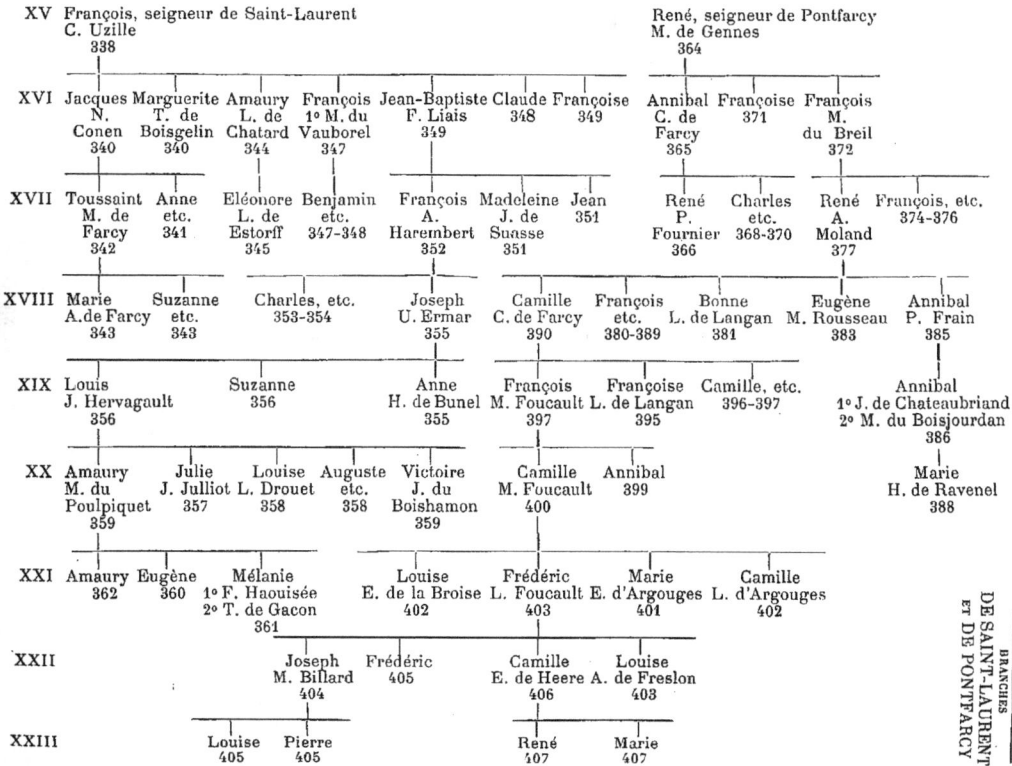

Génération	
XV	François, seigneur de Saint-Laurent, C. Uzille 338 — René, seigneur de Pontfarcy, M. de Gennes 364
XVI	Jacques, N. Conen 340 — Marguerite, T. de Boisgelin 340 — Amaury, L. de Chatard 344 — François, 1° M. du Vauborel 347 — Jean-Baptiste, F. Liais 349 — Claude 348 — Françoise 349 — Annibal, C. de Farcy 365 — Françoise 371 — François, M. du Breil 372
XVII	Toussaint, M. de Farcy 342 — Anne, etc. 341 — Eléonore, L. de Estorff 345 — Benjamin, etc. 347-348 — François, A. Harembert 352 — Madeleine, J. de Susse 351 — Jean 351 — René, P. Fournier 366 — Charles, etc. 368-370 — René, A. Moland 377 — François, etc. 374-376
XVIII	Marie, A. de Farcy 343 — Suzanne, etc. 343 — Charles, etc. 353-354 — Joseph, U. Ermar 355 — Camille, C. de Farcy 390 — François, etc. 380-389 — Bonne, L. de Langan 381 — Eugène, M. Rousseau 383 — Annibal, P. Frain 385
XIX	Louis, J. Hervagault 356 — Suzanne 356 — Anne, H. de Bunel 355 — François, M. Foucault 397 — Françoise, L. de Langan 395 — Camille, etc. 396-397 — Annibal, 1° J. de Chateaubriand, 2° M. du Boisjourdan 386
XX	Amaury, M. du Poulpiquet 359 — Julie, J. Julliot 357 — Louise, L. Drouet 358 — Auguste, etc. 358 — Victoire, J. du Boishamon 359 — Camille, M. Foucault 400 — Annibal 399 — Marie, H. de Ravenel 388
XXI	Amaury 362 — Eugène 360 — Mélanie, 1° F. Haouisée, 2° T. de Gacon 361 — Louise, E. de la Broise 402 — Frédéric, L. Foucault 403 — Marie, E. d'Argouges 401 — Camille, L. d'Argouges 402
XXII	Joseph, M. Billard 404 — Frédéric 405 — Camille, E. de Heere 406 — Louise, A. de Freslon 403
XXIII	Louise 405 — Pierre 405 — René 407 — Marie 407

[*Tableau VI*]
BRANCHE DE CUILLÉ ET RAMEAU DU ROSERAY

XV Charles, seigneur de Cuillé, 1° M. Rivault, 2° M. Uzille, 408

XVI François, M. de Guillon, 419 — Marguerite, F. Morel, 415 — Claude, A. de Farcy, 417 — Catherine, B. de Ravenel, 419 — Jacques, seigneur du Roseray, 1° J. Pineau, 2° P. d'Andigné, 467

XVII Annibal, R. du Moulin, 426 — Daniel, etc., 425 — Louise, J. Belot, 478 — Jean, etc., 475-479 — Charles, C. de la Douespe, 480

XVIII Jacques, P. Gourio, 450 — Madeleine, J. du Breil, 430 — François, etc., 431-450 — Ange, M. de Farcy, 431 — Louise, V. Marigo, 466 — Marie, P. du Fournet, 449 — Jacques, C. Gillot, 486 — Marguerite, A. de Bonchamps, 484

XIX Jacques, C. du Bahuno, 453 — Annibal, 433 — Jean, G. des Vaux, 491 — Pauline, G. Poulain, 498 — Charles, L. de Gurye, 503 — Marie, etc., 500 — Gabrielle, C. du Four, 501

XX Annibal, 461 — Julie, G. de Guichardy, 462 — Pauline, M. du Coetlosquet, 463 — Thérèse, B. de Ravenel, 465 — Ambroise, E. Weymouth, 496 — Camille, etc., 493-495 — Charles, A. de Bonchamps, 513 — Claude, J. de la Lande, 507 — Marie, F. de la Grandière, 509 — Marie, J. de Ste-Marie, 511

XXI Marguerite, P. Manisse, 497 — Hélène, L. Allard, 497 — Caroline, F. Allard, 497 — Louise, R. Baraize, 498 — Marie, C. Beunèche, 496 — Charles, etc., 495 — Charles, 516 — Alfred, L. de Penfentenyo, 517 — Louis, 516 — Pauline, etc., 516

XXII Louis, 1° A. Boguais, 2° G. de Caqueray, 518 — Paul, C. de Rotz, 524

XXIII Louise, 519 — Gabrielle, 520 — Maurice, 523 — Alfred, 520 — Marie, 523 — Jeanne, 521 — Pierre, 522 — François, 522 — René, 527 — Cécile, 525 — Henri, 525 — Roger, 526 — Madeleine, 526

TABLE GÉNÉRALE

Les familles dont les noms sont en caractères romains sont celles dont les armoiries sont décrites. Les noms de lieux sont écrits en caractères *italiques*.

B.

C

G

H

I

M

N

O

P

Q

R

S

T

www.ingramcontent.com/pod-product-compliance
Lightning Source LLC
Chambersburg PA
CBHW071143270326
41929CB00012B/1863